中國史學基本典籍叢刊

中興兩朝編年綱目

上

〔南宋〕陳均撰
孔學點校

中華書局

中興兩朝編年綱目卷第八

高宗皇帝

中興兩朝編年綱目卷第九

高宗皇帝

中興兩朝編年綱目卷第十

高宗皇帝

中興兩朝編年綱目卷第十一

高宗皇帝

中興兩朝編年綱目卷第十二

高宗皇帝

中興兩朝編年綱目卷第十三

中興兩朝編年綱目卷第十四

中興兩朝編年綱目卷第十五

中興兩朝編年綱目卷第十八

孝宗皇帝

校勘記

〔一〕淳熙十六年　此下原衍「淳熙十七年」。案孝宗於淳熙十六年已禪位於光宗，且正文也没有相應的内容，據删。

前言

中興兩朝編年綱目十八卷，倣朱熹資治通鑑綱目體例，記敘了上起建炎元年（一一二七）五月庚寅朔，下到淳熙十六年（一一八九）二月的南宋高宗、孝宗兩朝歷史。卷一至卷十三紹興三十二年（一一六二）六月丙子條爲高宗朝紀事，此後至卷十八爲孝宗朝紀事。有關此書，前人已經做了一些研究[一]，今在前人研究的基礎上作進一步的梳理。

一、作者問題

今存中興兩朝編年綱目，不著作者姓名。宋代官私書目也未見同名書籍的著録，然真德秀在爲陳均所著記載北宋九朝的史書皇朝編年舉要備要所撰序中，曾提到陳均「又將次及于中興之後」。陳振孫在直齋書録解題卷四著録：「皇朝編年舉要三十卷、備要二十卷，中興編年舉要十四卷、備要十四卷。太學生莆田陳均平甫撰。均，丞相俊卿之從孫。端平初，有言於朝者，下福州取其書，由是得初品官。大抵依倣朱氏通鑑綱目。舉要者，綱也；備要者，目也。然去取無法，詳略失中，未爲善書。」趙希弁在讀書附志卷上著録：「皇朝編年備要二十九卷，中興編年備要十卷。右壺山陳均所編也。其書用國史、實録等書爲編年體例，起於建隆，迄於淳熙。書法蓋微倣綱目之例而加斟酌焉。真德秀、鄭性之、林岊皆爲之序。」〔二〕二者均認爲陳均除了編撰北宋九朝的編年體史書外，還編撰了中興以後高、孝兩朝的編年史，只是名稱和卷數有所不同。二者還認爲此書是倣照朱熹通鑑綱目體例編寫。關於此書與中興兩朝編年綱目的關係，清人瞿鏞指出：「平甫又有中興編年舉要備要十四卷，或即其書，後人更其名耳。」〔二〕清人陸心源在爲本書所作的跋中認爲：「則此書即直齋書録『舉要備要』之改名，爲平甫所撰無疑也。」〔三〕今人許沛藻考證後認爲：「陳均中興編年舉要備要，經元、明、清三代流傳，其名更爲中興兩朝編年綱目，惟作者陳均之名已佚，卷帙也已稍異而已。」〔四〕

筆者認同作者是陳均的觀點。其理由有五：

（一）署名陳均的中興編年舉要備要與中興兩朝編年綱目是一書。通過宋代類書所引該書内容與今本中興兩朝編年綱目對比，見於宋代類書所引編年備要有四條：其中謝維新事類備要有兩條，分别見於後集卷二三經筵門及後集卷六五帥閫門；宋佚名編翰苑新書有兩條，分别見於前集卷七及卷三九。而二書中事類備要後集卷六五及翰苑群書前集卷三九所引内容相同，實際所引僅有三條。温志拔列表比較後，認爲二者文字「高度一致」，結論是二者「應爲一書當無疑問」〔五〕。

（二）南宋人徵引標明陳均所著的中興編年綱目與今存中興兩朝編年綱目一致。宋人周應合的景定建康志引皇朝中興編年綱目，考證云：「采石江闊而險，馬家渡江狹而平，兩處相去六十里，皆與和州對岸。昔金人入寇，直犯馬家渡，則此渡比采石尤爲要害。今分上下二渡。」案，此條見於今本中興兩朝編年綱目卷四「詔沿邊修守備」。而潛説友在咸淳臨安志卷六七人物八中，明確注明張九成、凌景夏、姚興三人的傳記，參考了中興編年綱目。卷七行在録小字注文云：「陳均編年綱目：淳熙四年、五年連書『幸秘書省』。國史無所考，恐誤。」案連書「幸秘書省」事，見於今存中興兩朝編年綱目卷十七。

（三）宋末元初王義山在其文集稼村類稿中云：「陳均作宋朝長編備要，續綱目也。其書法多有可議者，如書金兵弒其主亮于瓜洲一條，於理尤悖。亮弒母而來，國之賊也。孟子曰：『聞誅一夫紂矣，未聞弒其君也。』紂之罪不大於亮，而孟子書之曰誅，如此，亮安得稱弒？余用孟子法書云：『虜兵誅逆亮于瓜洲。』」〔六〕文中談到「陳均作宋朝長編備要，續綱目也」。陳均作有記載北宋九朝的皇朝編年綱目備要，然此處所述完顏亮南侵被其部下殺害之事，發生在南宋高宗紹興三十一年，屬於中興之後，見今存中興兩朝編年綱目卷一三「虜軍弒其主亮于揚州」條（案完顏亮當時在揚州附近的瓜洲）。

（四）在今存的中興兩朝編年綱目中，可以找到與陳均所著皇朝編年綱目備要的關係。中興兩朝編年綱目卷八紹興九年九月「旌忠義」條下，作者特别註明「前集未收，今附于此」。說明作者除了編著本書外，還有「前集」，由於本書是記載高、孝二朝的史書，「前集」則當爲記載北宋的史書，即皇朝編年綱目備要。從此條記事來看，記載劉士英在宣和年間於温州抗擊方臘進犯，及靖康年間在太原保衛戰殉難之事，均發生在北宋，本應記於「前集」，但由於各種原因，當時作者未記，所以補記於後。翻檢今存皇朝編年綱目備要，確實没有記載。

（五）陳均在編纂皇朝編年綱目備要時，曾參照本朝諸帝紀及朱熹通鑑綱目，訂爲皇朝編年備要參用凡例，計正例、雜例凡十五條，收録書前。中興兩朝編年綱目的記事，也遵守了這些凡例。下面略舉幾例以證明之。凡例「立后」云：「歷代帝紀，皆云立某、封某氏爲皇后。封號已見前者不書，如自外聘入者，書云：『納皇后某氏。』」編年綱目卷一建炎元年五月云：「立夫人邢氏爲皇后。」卷十紹興十三年閏四月云：「立貴妃吴氏爲皇后。」卷一四隆興二年正月云：「立賢妃夏氏爲皇后。」卷一八淳熙十六年二月（光宗已即位，未改元。）云：「立妃李氏爲皇后。」以上四例均依凡例。凡例關於宰執的除拜云：「本朝帝紀，凡宰執拜罷、貶降、薨卒皆書。今於宰相必書，執政以下有關係則書，否則略。」今檢此書，宰相全書，執政則酌情而書。凡例關於當時外國記載云：「今於遼國、高麗、西夏、交趾諸國，斟酌輕重書於年末。」今檢此書，有關外國的事跡均附於相應的年末。

綜上所述，我們可以確定本書的作者就是陳均。

二、書名卷數及成書時間

陳均的中興兩朝編年綱目流傳過程中有多種名稱。陳振孫稱「中興編年舉要十四卷、備要十四卷」。趙希弁稱「中興編年備要十卷」。周應合稱「皇朝中興編年綱目」。潛説友稱「編年綱目」。宋末元初王義山稱「宋朝長編備要」。明楊士奇等編的文淵閣書目有兩種：一稱「宋中興編年綱目一部六册」；一稱「宋中興編年備要」，有兩部，一是十册本，一是十四册本。概括有三種：

一是中興編年舉要備要，其中包括陳振孫、趙希弁著録及文淵閣書目著録的兩種宋中興編年備要。此種書名顯然是承襲陳均所著記載北宋九朝的皇朝編年舉要備要，陳振孫著録爲「皇朝編年舉要三十卷、備要二十卷（案文獻通考，備要亦作三十卷）」。舉要與備要是一種書還是兩種書，後人有不同的看法。清人錢大昕認爲：「據真、鄭、林三序，似平甫别有舉要一書。」〔七〕瞿鏞認爲：「伯玉云舉要爲綱，備要爲目，似當時分爲二書，各編三十卷。今綱目並列，出後人合併。」〔八〕四庫館臣在本書提要中，雖然認爲舉要、備要爲一書，但又認爲「今舉要亦佚，存者惟此編耳」。陸心源則認爲：「舉要、備要並非兩書。」〔九〕今人許沛藻經過嚴密的論證，認爲：「陳均所撰本爲一書，而非兩書，現存皇朝編年綱目備要，既非後人合併舉要、備要而成，亦非舉要已佚，僅存備要，概言之：它基本上就是陳均原書。」〔一〇〕筆者認同這一論點。同理，陳振孫所著録的中興編年舉要、備要也是一種書，其卷數是十四卷。趙希弁著録的中興編年備要十卷，也應該包括舉要。明代文淵閣書目著録有十四册本及十册本宋中興編年備要，册數與陳、趙二人著録的卷數一致，書名基本一致，因此，筆者推測，這兩種本子就是陳、趙所著録本子。這兩種在明初仍然流傳的本子，也應該包括舉要。

二是皇朝中興編年綱目，包括周應合及濳説友所引，以及文淵閣書目著録的宋中興編年綱目，今存中興兩朝編年綱目亦屬此類。陳均所編北宋九朝史書雖然原名皇朝編年舉要備要，但今天流傳的宋本書名則是皇朝編年綱目備要，其改名的原因，清人陸心源推測：「恐初刊本名綱目，及就正于真、鄭諸公，始改其名曰舉要。請列二證以明之：版刊紹定二年，書進于端平元年，刻在前而進于後，刻名綱目，進曰舉要，其證一也。余又藏有影宋抄本，每卷題名，『綱目』二字挖空，必挖去『綱目』，補刻『舉要』，版片經久挖補，『舉要』二字奪落，遂成空白，其證二也。」〔一一〕而許沛藻則認爲：「有些卷的題名闕二字者，亦非由於挖去

『綱目』，補刻『舉要』，經久奪落『舉要』二字，遂成空白；相反是是挖去『舉要』，補刻『綱目』，經久奪落『綱目』二字，遂成空白所致。今本亦有些卷的題名並無闕字，其全名適爲皇朝編年綱目備要，可以證明，所闕者正是『綱目』二字，而非『舉要』二字。概言之，陳均原書名爲皇朝編年舉要備要，端平二年上進朝廷，始挖版爲皇朝編年綱目備要。」〔二〕筆者認同後一説。同樣，原名中興編年舉要備要，應改名爲中興編年綱目備要。趙希弁所著録可能就是這個本子，只是他省去了「綱目」二字。至於今天流傳的中興兩朝編年綱目，則是宋代翻刻時的改名。現中國國家圖書館藏有本書的宋刻元修本，存十卷（卷一至卷七、卷十二至卷十四）。李致忠在爲此本所作提要中指出：「此宋本爲竹紙印造，似爲閩建刻梓。補版刻印亦精，建本風格更爲明顯。細檢此書，簡、俗、異體字亦復不少，如断、辞、礼、数、继、迁、荅、夆、斈等字，非俗即簡。宋元時期書鋪刻書，常用類似的簡、俗、異體字，原因無非是這些字結構簡化，筆畫減少，操刀易刻，節省工時，降低成本，便於易成速售，牟取利潤。這幾乎成了此期書鋪刻書的一大特點。此外當時書鋪刻書很講究營銷，常常自己策劃選題，自編自刻，此書很似此種情況下所爲，故可推定爲宋時書坊刻本。」〔三〕既然是書坊刻本，其目的是爲了牟利，所以書名要簡潔明瞭，具有廣告效應。而原書名中興編年綱目備要，首先斷限不明；其次，既有「綱目」，「備要」顯屬多餘。因此加上「兩朝」二字，删去「備要」，既明確了斷限，又突出了本書的體裁，所以改名爲中興兩朝編年綱目。卷數也由原來的十四卷、十卷變爲十八卷。此書坊刻本，應該刊刻於淳祐十年（一二五〇）以後，因爲在淳祐九年成書的讀書附志、約成書於淳祐十年的直齋書録解題，均没有著録該本。此後，景定建康志及咸淳臨安志所徵引均爲此本。而據許沛藻先生考證，陳均卒於淳祐四年（一二四四）〔一四〕，所以陳均生前並没有看到這個刊本。

三是王義山提到的宋朝長編備要。這個名字應該是從長編綱目演化而來。端平二年（一二三五）三月，朝廷宣取陳均所編的北宋九朝史時，使用的名字是長編綱目〔一五〕，亦稱宋長編綱目〔一六〕。王義山所引爲南宋高宗史事，名稱爲宋朝長編備要。明人陳第在世善堂藏書書目卷上著録有宋朝通鑑長編綱目，由於未標明作者，不知是否爲陳均奏進之書。因此，陳均原著書名爲中興編年舉要備要，隨着端平二年皇朝編年舉要備要改名爲皇朝編年綱目備要，中興編年舉要備要也改名爲中興編年綱目備要。而中興兩朝編年綱目則是宋代書坊刊刻時的改名，從咸淳臨安志所引，可以看出原書署名陳均，但今傳本在後世流傳過程中，作者姓名佚失。

關於本書的成書時間，真德秀爲皇朝編年舉要備要作序時，曾談到陳均纂成該書後，「又將次及於中興之後」。此序作于理宗紹定二年（一二二九）三月，那麽，陳均撰寫中興兩朝編年綱目約始於紹定二年以後，其最初的書名應該是中興編年舉要備要，陳振孫著録的正是這個書名。而著録本書在端平二年改名之前的書名，説明至遲端平二年三月以前，中興編年舉要備要已經成書，且以抄本或刊本的形式流傳於世。

三、資料來源

陳均在皇朝編年綱目備要一書前開列有引用諸書的書單，計有二十一種，並在最後説：「右諸書外，他有旁參互證者，不盡録。」〔一七〕説明他參考的典籍不限於此。中興兩朝編年綱目是前書的續作，按理其書前也應開列一個參考書目，但今傳本未見。

先看高宗朝，前書開列的書單中，官修的實録、會要，熊克的中興小曆，李壵的十朝綱要，蔡幼學的十朝政要，李心傳的建炎以來繫年要録，徐夢莘的三朝北盟會編，學士院奏進的中興紀事本末等，都包括了高宗朝的内容。陳均在編撰中興兩朝編年綱目中必定參考，下面分論之。

李心傳的建炎以來繫年要録二百卷，是以高宗日曆及會要爲主，參照衆多官私記載編撰而成，是記載高宗一朝最爲系統全面的編年史書，應是陳均編撰高宗朝部分的主要資料來源。温志拔曾列表對照編年綱目與繫年要録建炎二年的記事，發現編年綱目「四十七條中有四十條見於要録，只有七條見於它書，可以看出兩書文字確有淵源關係」〔三八〕。筆者在點校此書的過程中，發現編年綱目中的很多記事僅見繫年要録，且採用要録中考證結論。

中興小曆，清修四庫全書時爲避乾隆皇帝弘曆之諱而改爲中興小紀。陳均在編年綱目卷七紹興七年四月「岳飛入見」條，考證岳飛言立儲君之事云：「中興小曆載，飛入朝『以手疏言儲貳事』。」此段引文見今存中興小紀卷二十一。書中没有註明，而實際引用的更多。

中興紀事本末，今存七十六卷，很多内容與中興小曆相同，有人認爲也是熊克所著，但篇幅比後者豐富。陳均也參考了此書，如卷三建炎四年二月「虜復陷京師」條云：「虜更遣河北首領聶昌領衆來攻。」「聶昌」，中興紀事本末卷一二與此同，繫年要録卷三一作「聶淵」。則説明編年綱目史源與中興紀事本末同，或直接引自此書。

三朝北盟會編二百五十卷，是徐夢莘編撰的有關宋徽宗、欽宗、高宗三朝宋、金和戰關係的編年史巨著。編年綱目卷三建炎四年五月「置鎮撫使」條，考證鎮撫使被廢原因時説明：「此據北盟録編入，與上不同。」檢三朝北盟會編卷一四〇載有此段文字，説明北盟録指的就是三朝北盟會編。再如編年綱目卷二建炎三年九月「胡寅請罷絶和議」條下，小字云：「經涉變故，僅免死亡。」其中「死」，三朝北盟會編卷一五二與此同；胡寅斐然集卷一六上皇帝萬言書及繫年要録卷二十七作「危」。則此段文字當是轉引自三朝北盟會編。書中類似例子還有很多。

編年綱目也參照了官修的高宗中興會要及高宗實録，如卷一開篇記高宗出身，云：「宣和四年三月，封康王。」李心傳在繫年要録卷一中繫封康王時間於宣和三年十二月，並考證説：「日曆：四年正月，封康王。會要及熊克中興小曆並云四年三月封王，誤也。蓋三年冬進封，明年春乃出閤耳。今從汪藻所編元符庚辰以來詔旨。」那麽本書的依據源於會要或中興小曆。今存宋會要輯稿禮四九尊號有此條記載。再如卷十一紹興二十五年七月「加封李天祚」條云：加賜「衣著二百匹」，「二百」，宋會要輯稿蕃夷四之四四與此同，繫年要録卷一六九作「三百」。説明編年綱目所據資料或者與宋會要同源，或者就是直接引自該書。至於高宗實録，多達五百卷，其資料來源主要是高宗日曆，時人對它評價不高，有了考證精審的要録，實録僅作一般參考。

至於蔡幼學的十朝政要，也應該有引用，但此書今已經失傳，無從參證。李皇的十朝綱要二十五卷今存。除北宋九朝外，還包括高宗一朝，内容比較簡明，陳均也是加以參考的，如編年綱目卷一建炎元年九月「建州軍亂」條云「轉運毛奎、曾仔」。「曾仔」，十朝綱要卷二云：「朝廷令守臣季翔看詳。」「季翔」，宋會要輯稿食貨卷六六之二二與此同，宋史全文卷二七上作「李翔」。說明其書與宋會要資料同源或直接引自該書。

原本孝宗聖政五十卷，成書於光宗紹熙三年（一一九二）〔二〇〕。據梁太濟研究，今本中興兩朝聖政，已非原本之舊，但孝宗部分更多地參考了原本孝宗聖政〔二一〕。從今本兩朝聖政與陳均著作對勘，大致可以看出其參考了該書。如卷一四隆興元年四月「限改官員」條下介紹乾道三年的規定時說：「盜賞以三人。」「盜」，中興兩朝聖政卷四六與此同，宋會要輯稿選舉卷二四之二三作「鹽」。又如卷一五乾道五年正月「措置兩淮屯田」條云：「徐子實新知無爲軍。」「徐子實」，中興兩朝聖政卷四七與此同，宋會要輯稿兵一五之一九、宋史卷三四孝宗紀二作「徐子寅」。說明其史源與聖政相同，或直接引自孝宗聖政。

另外，李心傳的建炎以來朝野雜記也是孝宗部分的重要參考資料，如卷一四隆興元年三月「議節浮費」條下，小字敘述了北宋至高宗吏祿兵費的變化情況，取自朝野雜記甲集卷一七國初至紹熙中都吏祿兵廩。孝宗部分參考的宋人文集除誠齋集、晦庵先生朱文公文集、梅溪集外，還有周必大的文忠集、吴泳的鶴林集、黄榦的勉齋集等。

四、價值及不足

陳均在皇朝編年綱目備要自序中談到，他編撰此書的目的是「便繙繹，備遺忘」。鄭性之所作的序中也談到其書「舉宏撮要，在幾務之繁，尤便省覽」。林岊的序則稱陳均的書是「提綱挈領之書」，並認爲：「其取類博，其收功精。」「且綱羅天下放失舊聞，質之鉅工，中爲衡度，以裨金匱石室之藏。」這些話雖然説的是北宋九朝的史書，但對中興兩朝同樣適用。陳均學習朱熹綱目體，大字提綱，小字敘事，綱舉目張，眉目清晰，便於學習歷史是不言而喻的。

朱熹倣春秋經傳創綱目體，並參用春秋筆法，而不盡用。陳均「紀載本朝之事，則雖綱目之例亦不敢盡用」，所以制定了正例、雜例十五條作爲本書的凡例〔二二〕。隨着理學影響加深，後人對其凡例提出了批評。王義山從陳均書金兵弑其主亮于瓜洲，認爲不符合孟子之説，因而促使他撰寫宋史提綱一書，與陳均不同者竟然達三百餘條（應包括北宋）。他還引著名學者劉克莊語認爲「陳平甫壁角文字」，批評陳均見識短淺〔二三〕。但這些批評似未撓到癢處，作爲宋人寫宋事，忌諱較多，所以不用春秋之法，甚至朱熹綱目之法也不敢盡用，正如四庫館臣所説：「特據事直書，不加褒貶耳。」〔二四〕

中興兩朝編年綱目由於以私人著作流行，所以没有前書影響大，除了宋代的一些著作引用，及王義山和劉克莊的批評外，未見他人置評。清人張金吾認爲：「南宋編年之書，高宗一朝有中興小紀、繫年要録、十朝綱要，年經月緯，紀載詳核。孝宗一朝，則自劉時舉續資治通鑑、宋史全文外，别無專書。是書紀高、孝兩朝之事，宏綱細目，視劉時舉所載加詳，宋史全文則即以是書爲藍本。考孝宗一朝之政治者，是書其較備歟。」〔二五〕肯定了本書孝宗朝的價值，但實際上本書的價值並不止此。

中興兩朝編年綱目以繫年要録及孝宗實録爲主，參照其它官私記載編撰而成。繫年要録原本已經失傳，今本是四庫館臣從永樂大典中輯佚而來，其中人名、地名、族名等進行了改譯，而所謂違礙字詞如胡、虜、夷狄皆被删改，已非原貌。而編年綱目尚存宋刻元修本，可以部分校訂四庫館臣對要録的竄改。而孝宗實録今已失傳，本書所引更彌足珍貴。陳均參照的其它衆多官私記載，有的今存，可用本書進行校勘；有的失傳或殘缺，可用本書輯佚補闕。其史料價值，筆者認爲有以下幾點：

（一）所載内容爲本書僅見。隻言片語不計，據統計至少有八處大段資料僅見此書：

卷四紹興二年八月「詔沿邊修守備」條，其下小字附有論邊防利害的内容，其中論海道、巴蜀道約三百字，僅見本書。

卷四紹興二年九月「復用文臣爲都承旨」條，其下小字有紹興六年右司諫王縉的上奏，有一百八十餘字，談到樞密院都承旨的選任問題，僅見本書。

卷四紹興二年九月「以王似爲川陝等路宣撫處置副使」條，其下小字有張浚不久後的再次上疏，此道奏疏主要「爲劉子羽、趙開、吴玠辨譖」近四百字，僅見此書。

卷十紹興十三年八月「洪皓來歸」條，其下小字有張邵又一上疏，談到應該褒贈出使金國的忠義之士，計一百三十字，僅見本書。

卷十四孝宗隆興元年十一月「召張浚」條，其下小字有張浚「且曰」的一道奏疏，反對遣使議和，計一百三十餘字，僅見本書。

卷十五隆興二年三月「張浚復如淮視師」條，其下小字有龔茂良面對的一篇奏狀，要求孝宗對是和是戰當機立斷，計二百七十餘字，僅見本書。

卷十七淳熙三年六月「減四川虚額錢」條，其下小字有胡元質與李蘩、吴總共同奏疏，請求減虚額茶錢等，計七十餘字，僅見本書。

卷十七淳熙七年九月「振旱災降會子代納月樁錢」條，其下小字有趙雄等回答孝宗詢問月樁錢起於何時問題的奏疏，計一百餘字，僅見本書。

（二）所記他書雖有，而以本書較全。這樣的例子書中衆多，試舉幾例説明之：

卷一建炎元年十一月「竄李綱」條，其下小字中收録了建炎三年胡安國所上中興十四策中論覈名實的内容，文中批評朝廷有九條不核實的表現。要録卷一〇建炎元年十一月戊子條注文也收録了此部分内容，但僅列舉了六條，比本書少了三條。

卷五紹興四年八月「以趙鼎知樞密院、都督川陜荆襄諸軍」條，其下小字中有「貼黄」云云，趙鼎忠正德文集未收，中興紀事本末卷三〇、要録卷八十有部分節文。

卷十一紹興十九年二月「定歲賜諸軍馬額」條，其下小字中收有紹興六年朱震的一篇奏疏，談到大理國在歷史上及本朝與内地的關係。要録卷一〇五紹興六年九月癸巳條，雖然收録了此疏，但對大理的歷史情況作了較多的删節。

卷十四隆興二年七月「以災異水澇詔朝臣陳闕失」條，其下小字中收有龔茂良作監察御史的奏疏及此後遷爲右正言面對孝宗皇帝之言，前疏論水災是内侍、權倖專權引起，後言論龍大淵、曾覿擅權。宋史全文卷二四上雖有記録，但删節較多。

卷十四隆興二年十一月「禁太學生伏闕」條，其下小字中收有太學生張觀、宋鼎、葛用中等七十餘人上書，主張抗金，反對湯思退等人與金議和。宋史全文卷二四上雖有記録，但删節較多。

卷十八淳熙十年七月「廣西鹽復鈔法」條，其下小字中收有韓璧的一篇討論廣西鹽法的奏狀，雖然宋會要輯稿食貨二八、皇宋中興兩朝聖政卷六〇及宋史全文卷二一七上均有記載，但都没有本書完備。

(三)所記他書雖有，但所録文字有異。

卷八紹興八年二月「胡安國致仕」條，其下小字中記載了其從侄胡憲的生平事跡。朱熹晦庵先生朱文公文集卷九七有籍溪先生胡公行狀，宋史卷四五九則有其傳記，但其中均無「安國授以論語，曰：『此聖學之要也。』且爲言：『河南程氏所以得於孔孟之傳者。』憲服膺其言，遂厭科舉之業」記載。其他文字也多有不同。

卷十六淳熙二年十一月「申嚴保伍法」條，其下小字中收録有知静江府張栻的奏疏云：「保伍之設，誠戢盜之良法。國家令甲雖明，而州縣視爲文具，忽不加意。臣以爲鄉落之間，或有盜賊，比至巡尉知而逐捕，則人已受害，盜已遠遁。使保伍之法嚴，則連接上下，無非捕盜之人，盜發即擒，不至聚集滋長。兼配隷逃逸之徒，將無以容迹。然行之貴順民情，孰不欲保其室家，安其生理，要使詳諭此意，相率而爲之，毋得容吏胥並緣爲擾於其間，乃可以濟。」中興兩朝聖政卷五四及宋史全文卷二六上也有記載云：「保伍之設，誠戢盜之良法。臣自到官以來，講究措置，施行於静江境内，頗得其效。近復以推於一路。乞下有司考訂斟酌，申嚴而行之。」文字大有不同。

陳振孫批評陳均的北宋九朝史書：「然去取無法，詳略失中，未爲善書。」清人朱彝尊則有不同的看法，云：「以予觀平甫是書，簡而有要，可謂盡善矣。而陳振孫訕之，謂其去取無法，詳略失中，未免責人已甚矣。」〔二六〕錢大昕贊同朱氏之説，並進一步指出：「而以宋人述宋事，不敢過爲褒貶之辭。且書成於南渡之世，故老舊聞未盡散失，間有可補正史之闕者。較之陳桱、商輅輩，誠遠勝之矣。」〔二七〕筆者看來，陳振孫固然有過分貶損之嫌，而朱彝尊則有過譽之疑。

陳均制定了凡例十五例，去取是有法的，但在其書中確實存在去取無法、詳略失中的現象。首先，全書十八卷，高宗三十六年占十二卷半，孝宗二十八年僅占五卷半。孝宗所占不到全書的三分之一。其次，本書是綱目體，本應簡明，但書中對一些人的奏狀刪削不够，如卷二建炎三年九月「胡寅請罷絶和議」條，小字摘録胡寅的奏疏達近七千字。再如卷十紹興十四年三月「幸太學」條，小字收録紹興五年論時政的奏疏，有四千餘字。

陳均在前書自序中曾談到他的編撰方法：「抑今所記，或原其始，或要其終，或以附見，或以類從，舉宏撮要，主於事實，而不敢必以日月爲斷，亦信其可信，闕其可疑云爾。」〔二八〕陳均這種原始要終，附見類從，主於事實，而不以日月爲斷的寫法，頗類紀事本末體，對某一事，集中敘述，不再分散相應的時間之下。後集也採用這種做法。其優點是使讀者在讀到某一事時，不勞翻閲，就可盡知這一事件的原委，但也造成一些弊端。首先，時間不明。本書記事，大多僅繫年月，没有日期。由於集中敘事，發生在某一年的事，很多不在當年記載，使讀者查閲不便。其次，形成重複，有的記事在前面已經集中敘述，而在此事發生時再次敘述。如卷十五孝宗乾道四年四月「李燾上續資治通鑑長編」條，小字中記録了淳熙十二年王稱上東都事略之事。而卷十八淳熙十一年十二月「熊克上九朝通略」條，小字中又云：「明年，知龍州王稱上東都事略。」再如，卷十六乾道七年二月「立皇子恭王惇爲皇太子，大赦」條，小字收録有東宫官請求添讀范祖禹唐鑑的奏請，此事又分别在卷十七淳熙三年十二月「以通鑑紀事賜東宫」條下及同卷淳熙四年「是夏，皇太子讀唐鑑」條下小字中出現。再次，其追述有時超出本書的斷限。本書下限至孝宗淳熙十六年二月，但個别條目則超出此限。如卷十四乾道元年二月「陳康伯薨」條下小字，追述云「慶元初，配享孝宗廟廷」；卷十五乾道二年十二月「令密院文書關中書門下」條下小字，追述慶元三年記事；卷十八淳熙九年八月「限蔭補額」條下小字，載有慶元格和開禧末的記事；卷十七淳熙八年七月「吕祖謙卒」條下小字，載有嘉定八年婺州守臣爲吕祖謙請謚的奏疏。這裏的慶元、開禧及嘉定均爲宋寧宗的年號，遠超出本書的斷限。

陳均以個人之力，編成三十餘萬字當代史著作，敘事簡明扼要，較爲系統地概述了高、孝兩朝的史事。從總體上看，是一部成功的著作。由於當代人著當代事，所以書中不敢過於褒貶。但他在書中還是有自己的觀點的，如大量記載理學家如楊時、胡安國、胡寅、胡宏、張栻、朱熹的言論，收録主戰派李綱、宗澤、張浚、王十朋的言論，表明他對理學的讚賞及主張抗戰、反對議和的傾向。

五、本書的流傳

本書大約作於理宗紹定二年（一二二九）至端平二年（一二三五）間。陳振孫著録了其最初的本子，稱中興編年舉要十四卷、備要十四卷。後此書改名爲中興編年綱目備要，趙希弁著録了這個本子，稱中興編年備要十卷。這兩個本子内容應該是一樣，在此後宋人所編類書中有引用。成書於明英宗正統六年（一四四一）的文淵閣書目著録有十四册本及十册本宋中興編年備要，册數與陳、趙二人著録的卷數一致，筆者推測可能就是陳、趙二人著録的本子，但此後這兩個本子便失去蹤跡。今存中興兩朝編年綱目十八卷，是大約於淳祐十年以後由書坊刊刻的本子，未見宋人著録，但景定建康志及咸淳臨安志均有徵引。這個本子本來署有作者陳均的名字，但後來流傳中佚失。此本今存有宋刻元修本。明文淵閣書目著録有宋中興編年綱目一部六册，即此本。明以後此本也未見有人刊刻，但有抄本流傳，到清代有影宋抄本。宋刻元修本現存中國國家圖書館，殘存十卷（卷一至卷七、卷十二至卷十四），據中華再造善本總目提要云：「每半葉八行十六字，小字雙行二十三字。黑口，左右雙邊。」而清影宋抄本，有兩部：一是張金吾的抄本，現藏於中國國家圖書館，該本目録首葉從右至左、從上而下依次鈐有「秘册」朱方、「張月霄印」朱方、「愛日精廬藏書」朱方、「汪士鐘藏」白方、「鐵琴銅劍樓」白方、「北京圖書館藏」朱方。可知此本由張金吾、汪士鐘、汪振勳、瞿鏞依次收藏，最後入藏北京圖書館。清張金吾愛日精廬藏書志卷九著録：「中興兩朝編年綱目十八卷，影寫宋刊本。」瞿鏞鐵琴銅劍樓藏書目録卷九著録：「中興兩朝編年綱目十八卷，影鈔宋本。」就是此本。二是陸心源皕宋樓藏抄本，現藏日本静嘉堂，筆者無緣得見，但據陸心源跋稱：「中興兩朝編年綱目十八卷，不著撰人名氏。影寫宋刊本，每頁十六行，行十六字。小字雙行，每行二十二字。前無序，後無跋。」[二九]與國圖所藏抄本一致，應出自一個系統。另外還有張蓉鏡在道光時的抄本，十册，也是「大字八行十六字，小字雙行二十三字」。他作跋稱：「是册前二本尚是明人所抄，余得之邗上，欣喜過望，即假愛日精廬所藏影宋本補全校正。用染色紙者，蓋取其與舊鈔一色也。今愛日書已星散，展閲之，彌深感慨，更當珍重耳。道光丁酉（一八三七）仲秋，虞山張蓉鏡誌。」[三〇]此本原藏於國立北平圖書館甲庫，現藏於臺北故宫博物院。二〇一三年，國家圖書館出版社據美國國會圖書館所藏的膠卷掃描，影印出版原國立北平圖書館所藏甲庫善本叢書，收有此抄本。宋刻元修本刊刻早，錯誤較少，但僅存十卷；且由於多次印刷，很多地方字跡不清。國圖藏張金吾的清影宋抄本字跡清晰，但傳抄有誤字、漏字。張蓉鏡的道光抄本，前二册來自明抄本，據愛日精廬影宋抄本補全校正。但筆者看到的影印本品相不佳，很多地方模糊不清，前兩卷尤甚。這次點校以中華再造善本影印的宋刻元修本和清影宋抄本（其中卷一至卷七、卷十二至卷十四爲宋刻元修本，其它部分則是以該館所藏清影宋抄本配齊。）爲底本，以國圖所藏清影宋抄本爲主，參照道光抄本，以建炎以來繫年要録、皇宋中興兩朝聖政、宋史全文等書他校。

注　釋

〔一〕許沛藻皇朝編年綱目備要考略，見皇朝編年綱目備要附録，中華書局二〇〇六年版，考證了本書的作者爲陳均。温志拔中興兩朝編年綱目考略，載文獻二〇一三年第二期，也肯定了本書作者是陳均，論證了陳振孫著録的中興編年舉要備要就是本書原名，並梳理了史料來源及文獻價值。燕永成中興兩朝編年綱目考究，載宋史研究論叢，河北大學出版社二〇一三年十二月，亦認爲本書的作者就是陳均，並認爲今書名就是其最初的名字，但卷帙有分合變化甚至有殘缺，肯定本書有較高的史料價值。

〔二〕〔八〕清瞿鏞鐵琴銅劍樓藏書目録卷九史部二，上海古籍出版社二〇〇〇年版。

〔三〕〔二九〕清陸心源儀顧堂題跋卷三中興兩朝編年綱目跋，清刻潛園總集本。

〔四〕〔一〇〕〔一二〕〔一四〕許沛藻皇朝編年綱目備要考略，見皇朝編年綱目備要附録，中華書局二〇〇六年版。

〔五〕〔一八〕温志拔中興兩朝編年綱目考略，載文獻二〇一三年第二期。

〔六〕〔二三〕元王義山稼村類稿卷四宋史提綱序，文淵閣四庫全書本。

〔七〕清錢大昕潛研堂文集卷二八皇朝編年綱目備要跋尾，上海古籍出版社二〇〇九年版。

〔九〕〔一一〕清陸心源儀顧堂題跋卷三宋版宋朝編年綱目備要跋。

〔一三〕中華再造善本總目提要（唐宋編·史部），國家圖書館出版社二〇一三年版。

〔一五〕參見元佚名宋史全文卷三二，中華書局二〇一六年版及元佚名宋季三朝政要卷一理宗，中華書局二〇一〇年版。

〔一六〕見元脱脱宋史卷四二理宗紀二，中華書局一九七七年版。

〔一七〕宋陳均皇朝編年綱目備要卷首皇朝編年綱目備要引用諸書。

〔一九〕宋陳振孫直齋書録解題卷五孝宗實録，上海古籍出版社一九八七年版。

〔二〇〕宋王應麟玉海卷四九紹熙孝宗聖政，文淵閣四庫全書本。

〔二一〕梁太濟聖政今本非原本之舊詳辨，載中國學術第三輯，北京，商務印書館，二〇〇〇年。

〔二三〕宋陳均皇朝編年綱目備要卷首皇朝編年備要參用凡例。

〔二四〕清紀昀四庫全書總目卷四七宋九朝編年備要，中華書局一九六五年版。

〔二五〕清張金吾愛日精廬藏書志卷九史部，上海古籍出版社二〇一四年版。

〔二六〕清朱彝尊曝書亭集卷第四五莆田陳氏九朝編年備要跋，四部叢刊景清康熙本。

〔二七〕清錢大昕潛研堂文集卷二八跋九朝編年備要。

〔二八〕宋陳均皇朝編年綱目備要卷首陳均自序。

〔三〇〕見該抄本後所附張蓉鏡的跋及王重民中國善本書提要，上海古籍出版社一九八六年版。

凡例

一、以中華再造善本影印的宋刻元修本和清影宋抄本爲底本（其中卷一至卷七、卷十二至卷十四爲宋刻元修本，卷八至卷十一、卷十五至卷十八以清影宋抄本補入），校本以國家圖書館藏清影宋抄本爲主，參考張蓉鏡的道光抄本。

二、以建炎以來繫年要録、中興兩朝聖政、宋史全文續資治通鑑、中興小紀、皇朝中興紀事本末、宋史、宋會要輯稿、皇宋十朝綱要、續宋中興編年資治通鑑等書他校。

三、校勘只校文字的脱、訛、衍、倒，對史實有出入者不改原文，附説明於後，供讀者參考。

四、異體字一般不作改動，對於冷僻的異體字和不合乎規範的舊體字，則改爲規範的繁體字。

五、中華再造善本叢書的宋刻元修本中一些模糊漫滅的地方，一律以清影宋抄本爲準，不再一一出校。

六、避諱字如作缺筆，則徑直改回，不出校；若改爲他字，則不回改，如影響文意，則出校記説明。

七、分段依原書分隔符及大綱爲準。

八、爲方便讀者比較異同，個别條目在校記列出與底本文字相同書證；對年號紀年下以（　）加註公元紀年。對一些影響閲讀的地方，以【　】形式加註時間。

中興兩朝編年綱目卷第一

高宗皇帝　起丁未建炎元年，止戊申建炎二年。

上，道君皇帝之第九子，母曰賢妃韋氏。以大觀元年五月乙巳夜，生于宮中，紅光照室。初，賜名廟諱，授武定軍節度〔一〕，封蜀國公。二年，進封廣平郡王。宣和四年三月，封康王〔二〕。上博涉經史，道君問以古事及應詔制述，率常稱旨。常侍道君習射於鄆王府，上挽弓至一石五斗。宣和末，金虜入寇。淵聖皇帝方受内禪，虜騎抵城下，遣燕人吴孝民齎書請和，欲得親王、宰相爲質。時諸王皆從道君南幸，惟上與肅王留京師。上毅然請行，遂命少宰張邦昌副上，使于虜寨。時列兵四遶，上意閒暇如平日，數與大酋斡離不觀蹴鞠、雜技，留軍中經月。會都統姚平仲以所部兵劫寨，虜人以用兵責使者，邦昌懼而泣。上止曰：「爲國家何愛身耶！」斡離不由是憚之，不欲上留，更請肅王。淵聖嘉上忠勤，遂拜太傅。靖康改元，冬，金虜再入寇，尚書王雲奉使至虜寨，先遣親吏李裕回，道斡離不語：「須康王親到，議乃可成。」於是，上奉詔使斡離不軍，請緩師，雲副之。上請門下侍郎耿南仲偕行，淵聖曰：

「南仲老矣！」乃令其子中書舍人延禧〔三〕，與觀察使高世則爲參議官。以十一月丁丑發京師，晝夜行。庚辰，至相州，民遮道曰：「肅王已不返，乞大王起兵拒賊，不宜北去。」辛巳，至磁州。初，王雲使虜歸，過磁、相，勸二郡爲清野計，二郡從之，悉徹近城民居，運粟入城。洎虜再至，果以磁、相無糧，由他路入。二郡人怨雲，以爲雲通於虜。磁有崔府君祠，乃東漢之崔子玉也。封嘉應侯，號曰應王。上至，州人擁神馬，謂應王出迎，守臣秘閣修撰義烏宗澤啓上謁其廟。磁人力請上毋北去，謂離北門五六十里，即有虜兵。知相州、直龍圖閣祁門汪伯彥蠟書至，亦言虜五百餘騎，沿路問上所。於是，延禧等皆勸上回相州。閏十一月，朝廷議畫河，遣簽書樞密院臨川聶昌之河東，耿南仲之河北，皆爲割地使。昌偕虜至絳州，絳人殺之。南仲偕虜使王汭至衛州，衛人幾殺汭。南仲遂如相見上。乃與南仲連銜揭榜，召兵勤王，人情大悦。戊申，上登郡圃飛仙亭，因持弓矢呪之曰：「若次第中此牌字，則必聞京師音耗。」果三發三中，左右動色相賀。己酉，上與幕府從容語曰：「夜來夢皇帝脱所御袍賜吾，吾解舊衣而服所賜，此何祥也？」頃之，報京師使人來，乃武學生、借閤門祇候秦仔，齎蠟詔，命上爲大元帥，汪伯彥、宗澤副元帥，速領兵入衛。上捧詔嗚咽，軍民感動。上乃命耿南仲同預軍謀。十二月壬戌朔，大元帥開府，奏除汪伯彥爲集英殿修撰。上初開府，服排方玉帶，語伯彦等曰：「吾陛辭日，皇帝賜以寵行，吾遜辭久之。皇帝曰：『朕昔在東宮，太上解此帶賜朕，卿宜收取。』不得已，拜賜。」癸亥，南仲等言：「軍行先藉糧食，今勤王之師經由河北、京東兩路。」乃差徽猷閣直學士、河北都漕張慤，直龍圖閣、京東漕黄潛厚並隨軍應副〔四〕。甲子〔五〕，閤門祗候侯章齎蠟書至，催發勤王兵。章言：「陛辭日，皇帝喻臣曰：『康王辟中書舍人從行，可令便宜草詔，盡起河北兵，守臣自將入援。』」是夜，上命延禧草詔，曉頒諸郡。惟中山、慶源被圍，不得達。元帥府五軍總一萬人，上遣使詔劇賊楊青、常景等，皆效順，又得一萬餘人。丁卯，上欲引兵渡河，與幕屬謀所向，或請出濬、滑，或請度王俞，或請趨魏縣。言人人殊，猶豫未決。汪伯彦獨曰：「非出北門濟子汸河不可〔六〕。」衆莫能奪，上從之。仍遣前軍統制劉浩統兵出南門，陽爲濬、滑之行以疑虜。乙亥，上發相州，使臣馳報，黄河未凍，衆失色。上禱于天地河神，至子河渡〔七〕，報河凍已合。丙子，上總師渡河，至大名，都漕、權府事張慤與北道副總管奉符顔岐率衆郊迓。時京城圍久，及上駐北門，而四方事皆取決霸府矣。壬午，副元帥宗澤部兵二千人，自磁州先諸軍至，上悦。癸未，知信德府、直徽猷閣梁揚祖兵萬人、馬千匹繼至。諸將兵官如張俊、苗傅、楊沂中、田師中，皆在麾下。上問揚祖孰優？揚祖以俊對，上亦喜俊，自此，常在左右。上以揚祖爲隨軍轉運使。甲申，始聞金虜登城，斂兵未下。淵聖詔：「見通和，卿等兵未可動。」上涕泣，知詔書爲虜所迫。宗澤請進師，直趨開德，解京師之圍。汪伯彦等執講和之説，言：「虜兵十萬，吾兵才一萬三千，如何解圍？更檄宣總司、陝西、江、淮勤王之師，約日俱進，乃可破敵。」請上移軍東平，則措身於安地，身安，國難可圖。上問耿南仲，亦以爲然。遂決東去。庚寅，上離北京。二年正月辛卯朔，上入東平府界。癸巳，帥臣盧益、漕臣黄潛厚率衆出迎。上達府治。丁酉，右文殿修撰〔八〕、知冀州權邦彦以兵千人至，上命屯開德，隸于宗澤。壬寅，徽猷閣待制、知河間府黄潛善與高陽關副總管楊惟忠將數千兵至。潛善請上移書斡離不，與辨曲直，令退軍，通京城之問。耿南仲曰：「使虜知元帥府所在，非利也。」潛善計不行，乞戍兵于曹。從之。上留惟忠爲元帥府都統制。【二月】丁卯，上以京東漕臣閭丘陞所領濮州兵、及深州守臣姚鵬、博州守臣孫振等兵一萬四千隸宗澤。新降到軍賊丁順及單州王徹、廣濟軍孟世寧等兵三萬七千人隸潛善。壬申，上已約諸路合兵，而東平去京師差遠，與幕屬議進屯濟州。宗澤帥兵至韋城，與虜大戰，敗之。上奏除澤徽猷閣待制。【三月】丁巳，黄潛善以機事赴府禀議，且引探事人張宗得金虜僞詔及邦昌僞赦，并迎立孟太后書。上揮淚大慟，期身先士卒，追二聖於河北。諸將曰：「此將臣職爾，大王乃宗廟所係，不可輕舉。」時兵部尚書吕好問亦遣勇士李進持帛書至。戊午〔九〕，上以便宜除汪伯彦顯謨閣待制，充元帥，而黄潛善爲副元帥。癸亥，耿南仲等率文武官吏勸進，書再上，上流涕不受。諸路帥臣、監司推戴無虚日。使臣鄭安自京回，傳到少帝齧血書襟詔，上讀之慟哭。南仲又言：「帝王之興，必有受命之符，大王陛辭，皇帝賜以排方玉帶；大元帥建府，有賜袍異夢；四方申呈，或曰靖王，或曰康王，今始悟靖之爲字，皇帝立十有二月而元帥府建，則靖康紀元，實爲符兆。願大王亟即位，以當天心。」上不納。丙寅，張邦昌以諮目至，大略言：「國禍之酷，權以濟事，故寧忍死以報之於殿下。」上答邦昌書亦曰：「九廟不毁，生靈獲全，皆相公之功。」邦昌又遣上舅、忠州防禦使韋淵賫書稱臣，且言封府庫以待。又曰：「臣之所以不死者，以君王之在外也。」【四月】丁卯[一〇]，吏部侍郎汝陽謝克家以邦昌命，賫玉璽至，文曰「大宋受命之寶」。克家跪進，上慟哭，命汪伯彦司之。皇太后遣左丞安岳馮澥，權右丞江寧李回來奉迎。又令姪、權衛尉卿孟忠厚賫書詣上，略曰：「王其速驅輿衛，入處宸居，上以安九廟之靈，下以弭四方之變。」上覽書，乃命移檄諸道，具言邦昌忠順之意，約束不得擅入京城。

丁未建炎元年（一一二七）五月庚寅朔，皇弟康王即皇帝位于南京。大赦，改元。初，濟之父老請王即位於濟，或請用晉武陵王遵承制故事。幕屬難之，謂：「宜如唐肅宗即尊位，以定天下。」宗澤言：「恐邦昌等陰與虜結，未可深信。且開府於南京，乃祖宗受命之地。取四方中，運漕尤易。」時使臣曹勛自河北竄歸[一一]，進道君御札曰：「便可即真，來救父母。」王慟哭，拜受。於是，鄜延副總管劉光世以所部兵來會，曹輔、路允迪、范宗尹亦自京師至，由是，決意趨應天府。是日，行即位禮，大赦，改元。仍令從臣、監司、郡守，訪求文武才略出倫之士，雖布衣亦聽舉。又云：「誤國害民如蔡京、童貫、王黼、朱勔、孟昌齡、李彦、梁師成、譚稹，及其子孫見流竄者，更不復敍。」又：「民貸常平錢穀，悉與蠲放。」又：「散斂青苗，本以便民，處久法弊，反爲大患，亦令罷去。」又：「祖宗上供，自有常數，後緣歲增，不勝其弊，當裁損以紓民力。」又：「比來州縣受納租税，務加概量，以規出剩。可令禁止。應臨難死節，義不受辱，出使軍前及因守戰没於王事，許其家自陳，優與褒賞。應違法賦斂，與民間疾苦，許臣庶具陳，言雖訕訐，亦不加罪。」

初，耿南仲議改元，謂：「宜倣藝祖建隆之號。且本朝以火德王，請曰『建炎』云。」尋又詔：「不以手筆廢朝令，不以内侍典兵權。容受直言，謹聽斷，除苛撓，抑末作，去浮靡，斥聲樂，絶遊畋等事。」又詔：「戒厚斂，除弊政，赦盜賊，治贓吏，録忠義，招智勇。」

以汪伯彦同知樞密院，黄潛善爲中書侍郎。

遥上孝慈淵聖皇帝尊號。

尊元祐皇后孟氏爲元祐太后。初，淵聖意虜退師，詔近臣豫定赦文，仍依欽聖憲肅垂簾日所命，復册元祐皇后，仍尊爲太后。然未之布。至是，乃舉行之。

遥尊母賢妃韋氏爲宣和皇后。

立夫人邢氏爲皇后。

耿南仲罷。上薄南仲之爲人，因其告老罷之。言者又謂陛下欲進兵援京城，爲南仲父子所沮，遂與其子延禧並落職。言者又以爲罪大責輕。上曰：「南仲誤淵聖，天下共知，朕實欲手劍擊之。」命安置南雄州，行至吉州而卒。

以李綱爲右僕射。兼中書侍郎，仍趣赴闕。初，京城被圍，綱建議固守，後宣撫河東，救太原，雖無功而士論恕之，謂其平日有志，在今可用。黄潛善、汪伯彦自謂有攀附之勞，虚相位以自儗。上恐其不厭人心，乃自外用綱。二人不平，由此與綱忤。初，淵聖除綱領開封府，路梗，尚未赴也。

綱行至太平州，聞上登極，上疏略曰：「和不可信，守未易圖，而戰不可必勝。此三者，臣慮之至熟，非望清光於咫尺之間，未易殫言。」又言：「恭儉者，人主之常德；英哲者，人主之全才。繼體守文之君，則恭儉足以優於天下。至於興衰撥亂之主，則非英哲不足以當之。惟其英，故用心剛，足以斷大事，而不爲小故之所摇；惟其哲，故見善明，足以任君子，而不爲小人之所間。在昔人君體此道者，惟漢之高、光，唐之太宗，本朝之藝祖、太宗。愿陛下以爲法。」

初，江寧府禁卒周德叛，執知府宇文粹中，殺官吏，嬰城自守。會經制司屬官鮑貽遜統除，民所以益困也。又略以道州一郡言之，歲認上供錢二萬貫。往時，本州歲賣鹽錢四萬餘貫，以此鹽息樁充，故斂不及民而自足。今上供錢依舊，而鹽息則不復有矣。至以麴引均科人户，民所以日困也。又以耒陽一邑言之，未變法之前，官自運鹽。既變法之後，官所拘納鹽〔一七〕，封樁日久，既緣軍期支給矣，而鹽香司再欲追索，朝旨亦令撥還，不知此當自何而出？急則不免取於人户，民所以益困也。以一路一郡一縣言之，則他處可知矣。比聞榷貨務所入，未滿一年至六百餘萬，其利非不厚，何不遍下諸路並令檢會？若此類悉行蠲免。及諸路應係官監酒務，許百姓買撲，入納淨利，收官務遞年所費米麴等撥歸朝廷，專充贍軍費用。還所得淨利與轉運司及本州縣支使，利濟公私，百姓安業，不至爲盜。長納一稅，存國家大利之源也。」

安國又言：「以近事觀之，京東、西路歲入二稅及課利雜收，凡一千萬，其餘山澤之利，在祖宗時推以與民，不盡取也。百姓歸戴，無有二心。及李彦等取之兩路稅租，窮竭民力，其時若有言罷此掊尅，然後國用足，則必指爲謬説也。然百姓愁怨，轉而爲盜。此兩路常賦所入，不歸王府五年矣。荆湖南北歲入凡五百萬，其外豈無遺利？在祖宗時，捐以與民，不盡取也。百姓歸戴，無有二心。及部使者取之，折變則有一折、兩折、三折、四折；收糴則有均糴、敷糴、招糴〔一八〕；散引則有麴引、茶引、鹽引；受納則有一加、再加、倍加，而猶以爲未也。其時若有言罷此諸色，然後國用足，亦必指爲謬説也。然百姓怨苦，轉而爲盜。今此兩路常賦所入，不歸於王府者三年矣。乃知有若所謂『百姓足，君孰與不足』。信不誣也。」又曰：「爲敵國驅民者，今日之貪吏與弊法也。願詔大臣，速講輕賦恤民之事，爲生財足用之源，以京東西、湖南北爲至戒，則民心安，邦本固矣！」

張叔夜薨。叔夜既北遷，道中惟時飲湯，義不食其粟。至白溝，御者曰：「過界河矣。」乃矍然而起，仰天大呼，遂不復語。明日，扼吭死。上聞叔夜與秦檜之忠，遂遥拜叔夜觀文殿大學士，檜落致仕，充資政殿學士。而何㮚、孫傅輩以誤國〔一九〕，故不復録。㮚至虜中，不食死。傅北遷，後不知所終。

後叔夜家葬其衣冠於信州永豐縣，請建祠於墓側，賜名旌忠。

金虜陷河中府。郝仲連及其子致厚死之。初，守臣席益遁去，宣撫范致虚遣仲連權府事。婁宿以重兵壓城，仲連力戰，外援不至，度不能守，先自殺其家。已而城陷，父子不屈而死。

自虜之初入寇也，朝廷許諸郡得便宜行事，故各務自保。逐路帥司不能調發，無連衡合從相援之勢。又虜兵方盛，非一州之力所能敵。故虜得併兵，既破一州，又攻一州。時遣馬忠、張换合萬人追襲虜騎於河間。未幾，黄潛善等復主和議，請遣傅雱爲祈請使，國書外，又令張邦昌作書遺二酋。因用靖康誓書，畫河爲界。始，虜求割蒲、解，圍城中許之。潛善等乃令刑部不得謄赦文下河東、北兩路，及河中府、解州所遣追襲兵，且令屯大河之南，應機進止。

竄張所。所按視陵寢還，上疏言：「亟還京城有五利：奉宗廟、保陵寢，一也；慰安人心，二也；繫四海之望，三也；釋河北割地之疑，四也；早有定處而一意於邊防，五也。」又曰：「國家之安危，在乎兵之强弱與將相之賢不肖，而不在乎都之遷與不遷也。誠使兵弱而將相不肖，雖云渡江而南，安能自保？」又條上兩河利害。上欲以其事付所。會所復言：「黄潛善兄弟姦邪，不可用。」潛善引去，上留之，乃罷所言職。潛善意未已，命安置江州。

竄王襄、趙野。並分司，安置襄永州，野邵州。初，襄爲西道總管，野爲北道總管。皆以前執政任總帥，領兵赴闕，而遷延不進。汪藻草制曰：「豈有兩君之在野，略無一騎以入關，故取迂塗，以爲緩計〔三〇〕。」

六月，李綱入見。上之相綱也，中丞顔岐言：「張邦昌爲金人所喜，雖已位三公，宜增其禮。綱爲金人所惡，宜置閑地。」至是入見，首言：「陛下用臣爲相，而外廷之論如此，臣願歸田里。至如命相於金人喜惡之間，更望聖心審處。」上曰：「顔岐嘗有此言，朕告之以『如朕之立，恐亦非金人所喜者』。岐無辭而退。」綱乃赴堂治事。時諫議范宗尹亦言：

「綱名浮於實，而有震主之威，不可以相。」章三上，不報。既而綱上十議：一議國是，大略謂：「今日之事，欲戰則不足，欲和則不可。竊恐國論猶以和議爲然〔二〕，蓋以二聖播遷，非和則所以速二聖之禍。臣竊以爲不然。漢高祖與項羽戰於滎陽，太公爲羽所得，置之机上者屢矣。高祖不顧，其戰彌厲，羽卒不敢害，而還太公。然則，不顧其親而戰者，乃所以還太公之術也。昔金人與契丹二十餘戰，戰必割地厚賂以講和。既和，則又求釁以戰，卒滅契丹。今又以和惑中國，至於破都城，隳宗社，易姓改號，而朝廷猶以和議爲然，是將以天下畀之敵而後已。爲今之計，莫若一切罷和議，專務自守之策。建藩鎮於要害之地，置帥府於大河及江淮之南。修城壁、治器械、教水軍、習車戰，使其進無抄掠之得，退有邀擊之患，則雖有出沒，必不敢深入。三數年間，軍政益修，甲車咸備，然後大舉以討之，報不共戴天之仇，雪振古所無之耻。彼知中國自强如此，豈徒不敢肆兇，而二聖有可安之理矣！且金賊之於國家，雖奉藩稱臣，竭天下以予之，亦未爲德也。必至於混一區宇而後已。故今日法勾踐嘗膽之志，則可。法其卑辭厚賂，則不可。臣謂正當歲時遣使，奉問二聖。至於金國，我不加兵，專以守爲策。俟吾政事修、士氣振，然後可以大舉。」二議巡幸，謂：「關中爲上，襄陽、建康次之〔三〕。」三議赦令，「不當以張邦昌僞赦爲法。」四議僭逆，謂：「邦昌宜正典刑。」五議僞命，謂：「受僞命者，宜依唐肅宗以六等定罪。」六議戰，謂：「宜一新軍政。」七議守，謂：「沿河、沿淮、沿江，宜控扼其衝。」八議本政，謂：「朝廷，天下之本也。政事、法度於是乎出，故中書進擬，門下審駁，尚書奉行，皆所以宣布天子之命令，使四方禀承焉。政出於一，則朝廷尊而天下安；政出於二三，則朝廷卑而天下危。天下之安危，係於朝廷之尊卑；而朝廷之尊卑，係於宰相之賢否，與夫人主聽任之重輕，其可忽乎？唐至文宗之朝，可謂衰弱矣！武宗既立，得一李德裕相之，而威令遂振，何哉？由德裕知所本故也。其初爲相，即上言曰：『宰相非其人，當亟廢罷。至天下之政，則不可不歸中書。』武宗聽之，號令、紀綱咸自此出，故能削平僭僞，號爲中興。然則，於艱難多事之秋，所以出政者，尤不可不一也。自崇、觀以來，政出多門，閹官、恩倖、女寵皆得以干與朝政。所謂宰相者，保身固寵，不敢以爲言，遂失其職。法度廢弛，馴致靖康之禍。非一朝一夕之積也。願陛下深思天下安危之本，察德裕之言，而法武宗之任人，監崇、觀之失，以刷靖康之大耻。宗社生靈，不勝幸甚。」九議責成〔二三〕，謂：「宜擇大臣，責其成功。」十議修德，謂：「上當益修德，以感天人之心。」綱又言：「今日中興規模，有先後之序。當修軍政，變士風，裕邦財，寬民力，改弊法，省冗費，誠號令，信賞罰，擇帥臣，選監司。使吾政事已修，然後可議興師。而所急者，當先理河北、河東，蓋兩路，國之屏蔽。今河北惟失真定等四郡，河東惟失太原等六郡，其餘皆在。且推其土豪爲首，多者數萬，少者數千，不早遣使慰之，臣恐久之食盡，援兵不至，即爲金人用矣。」謂：「宜於河北置招撫司，河東置經制司，擇有才者爲使，以宣陛下德意。有能保一郡者，寵以使名。如唐之方鎮，俾自爲守，則無北顧之憂矣。」上曰：「誰可任此者？」綱薦張所、王𤫊、傅亮。乃以所爲河北招撫使。𤫊爲河東經制使，傅亮副之。尋又賜兩河錢鈔三百萬緡市軍需，因遣使臣賫夏藥，徧賜兩河守臣、將佐，且命起京東夏税絹於北京，川綱、河東衣絹於永興軍，以待支俵。於是人情翕然，蠟書日至，應募者甚衆。

上嘗問綱：「靖康初能守京城，金人再來，遂不克守，何也？」綱曰：「金人初來，未知中國虛實，斡離不雖渡河，而粘罕之兵失期不至。及再來，則兩路並進。初時，勤王之師數日皆集；再來，圍城，始召天下兵，遂不及事。初時，虜寨于西北隅，而行營司屯兵城外要地，四方音問不絶；再來，朝廷自決水浸西北隅，而東南無兵，賊反據之，故外兵不得進。又淵聖初即位，將士用命。其後人稍解體。又虜初來，城中措置有敘，其後無任責者。賊至，造橋渡壕，恬不加恤，賊遂登城。此前後所以異也。」

綱每留身奏事，多所規益。内侍石如岡素凶悍，淵聖斥之。上嘗召如岡，綱諫而止。又論開封府封臂買童女，及待遇諸將恩數宜均一。上嘉納之。

置檢鼓院。置於行宫門外。李綱言：「今日急務，在通下情故也。」仍置看詳官二員，可行者將上。

竄張邦昌。安置潭州，尋賜死。

論從僞罪，竄王時雍等有差。時雍，高州；徐秉哲，梅州；吴幵，永州；莫儔，全州；李擢，柳州；顔博文，澧州；孫覿，歸州。並安置。王紹容州編管，李回袁州居住。初，延康殿學士趙子崧言：「臣聞京城士人籍籍，謂王時雍（二四）、徐秉哲、吴幵、莫儔、范瓊、胡思、王紹、王及之、顔博文、余大均，皆左右賣國，逼太上皇，取皇太子，污辱六宫，捕繫宗室，盗竊禁中之物，公取嬪御。都城無大小，指此十人者爲國賊，此天下之所不赦者也。張邦昌未有反正之心，虜騎甫退，此十人者皆日夕締交密謀，勸以久假。未肆赦間，又復督迫之。時雍奴事金賊，肆出詭計，辱君父以安己，忘社稷以要功。秉哲、大均追捕宗室，急於寇盗，至拘閉濟王夫人於櫃（二五）。幵、儔邀請上皇，言氣軒驁，上皇至泣下。皇后及東宫將出，都人號泣遮道，瓊斬數人以徇。及之爲虜人搜索宫嬪，而藏其美者。邦昌既僭號，思獻赦文，直用濮安懿王諱，邦昌皇恐，思曰：『如今更理會甚濮王？』博文則曰：『雖欲避堯之子，其如畏天之威。』至紹則尤爲悖逆，其言不可道。竊聞時雍、秉哲落職宫觀，既不足以正典刑，又不足以安反側。伏望將此十人付獄鞫治，明正典刑，以爲萬世臣子之戒。」

七月，右正言鄧肅請竄斥邦昌僞命之臣。右司諫潘良貴亦言，宜分三等定罪。上以肅在圍城中，知其姓名，令具奏。肅言：「叛臣之上者，其惡有五：一曰自侍從而爲執政者（二六），王時雍、徐秉哲、吳幵、莫儔、李回是也。其二曰自庶官及宮觀而起爲侍從者，胡思、朱宗〔二七〕、周懿文、盧襄、李擢、范宗尹是也。其三曰撰勸進文與撰赦書者，顏博文、王紹是也。今紹已投嶺外，而撰赦者止令分司，亦何私於博文哉？其四曰事務官者，金人已有立僞楚之語，朝士集議，恐不能如禮，遂私結十友，作事務官，講册立之儀，搜求供奉之物，悉心竭力，無所不至。其五曰因邦昌更名者，何昌言、昌辰是也。已上數等，乞定爲叛臣之上，寘之嶺外。所謂叛臣之次者，其惡有三：其一曰諸執政、侍從、臺諫稱臣於僞楚，及拜於庭下者是也。所謂執政者，馮澥、曹輔是也。所謂侍從者，其餘已行遣矣。獨有李會尚爲中書舍人。所謂臺諫者，洪芻、黎確等，及舉臺之臣是也。當時臺中有爲金人根括而被杖者，四人以病得免，其餘無不在僞楚之庭矣。其二曰以庶官而陞擢者，此不可勝數，乞委留守司按籍考之，則無有遺者。其三曰願爲奉使者，黎確、李健、陳戩是也。已上數等，乞定爲叛臣之次，於遠小處編管。」於是，次第施行，吳幵、顏博文移韶、賀州；朱宗、范宗尹、盧襄，岳、鄂、衡州，並安置。何昌言追貶，何昌辰永州編管，馮澥成州居住〔二八〕，黎確、李健、陳戩遠小處監當。

八月，余大均、陳沖〔二九〕、洪芻流沙門島，張卿材、李彝、王及之、周懿文，雷、新、南恩、連州安置〔三〇〕。坐圍城時，或汙染國戚，詈辱諸王，括金銀自盜，與宮人飲酒也。上閱其獄，甚怒。李綱等共捄解之，遂止從流竄。

復公主號。

以宗澤知開封府，尋命留守東京。澤聞黄潛善等復唱和議，上疏言：「河之東、北，陝之蒲解，此三路者，祖宗基命之地。奈何輕聽姦邪附賊者張皇之言，遂自分裂？今日之事，正宜與賊弗共戴天，弗與俱生。今即位四十日矣〔三一〕，未聞有所號令，但見刑部指揮，不得謄報赦文於河東、河北、陝之蒲解。兹非新人耳目也，是欲蹈東晉既遷之覆轍，裂王者一統之緒，爲偏霸耳。爲是説者，不忠不孝之甚。臣雖駑怯，當躬冒矢石，爲諸將先。」上壯之。會開封尹闕，李綱因薦澤。澤至京，時盜賊縱横，澤下令曰：「爲盜者，贓無輕重，並從軍法。」由是盜賊屏息，人情粗安。

先是，有虜使牛大監等八人，以使僞楚爲名，直至京師，澤時即白留守械繫之，且以聞于朝。

上之初即位，命范訥爲京城留守。右正言鄧肅言：「訥去年出師兩河，望風先遁。今在東京，揭榜曰：『今日汴京，已爲邊面。』又嘗謂過客曰：『留守之説有四，戰、守、降、走而已。今戰則無兵，守則無糧，不降則走矣。』」乃責降訥而命澤。澤首抗疏，請上還京。

傅雱使虜。初，黄潛善等白遣雱爲祈請使〔三二〕，制詞有曰：「庶爾一言之合，爲吾兩國之成。」〔三三〕未行，朝論遣重臣以取信，改命周望爲通問使。未行，李綱爲上言：「今日之事，内修政事，外攘夷狄，使國勢日强，則二聖不竢迎請而自歸。不然，雖冠蓋相望，卑辭厚禮，終恐無益。今所遣使，但當奉表兩宫，致思慕之意可也。」上乃命綱草二帝表，付雱以行。因獻二帝衣各一襲，且致書于粘罕。

置賞功司。從右正言鄧肅之請也。三省委左、右司郎官，密院委都承旨檢察。已受功狀三日不行者，必罰。行賂乞取者，依軍法。許人告，仍以御史一員領其事。

置武尉。每縣添置一員。

置沿河、淮、江帥府要郡。以備控扼。從李綱之請也。帥府帶安撫，要郡帶鈐轄，次要郡領兵馬都監，皆武臣爲之副。大率自川、陝、廣南外，總分爲十九路。自帥府外，要郡三十九，次要郡三十八，總爲兵九十六萬七千五百人。非要郡不預。又别置凌波等水軍。

以張慤同知樞密院兼提舉户部財用〔三四〕。慤尋遷左丞，又遷中書侍郎，領職如故。黄潛厚以京祠副之。潛厚尋除户部侍郎，遷尚書。

皇長子生。尋賜名旉，封魏國公。

大赦。始，李綱爲上言：「登極赦，獨遺河東、北，而不及勤王之師。夫兩路爲朝廷堅守，而赦令不及；勤王之師雖未嘗用，然在道半年，亦已勞矣。況疾病死亡者，不可勝數，恩恤不及，後復有急，何以使人？」上嘉納，故此赦於二者特詳。

罷職田。

封吐蕃唃氏後。初，錢蓋制置陝西，言：「青唐無毫髮之得，而所費不貲。請求唃氏後而立之，必得其力。」至是，用其策，以蓋爲陝西總制使，持告賜趙懷恩，因召五路兵赴行在。懷恩者，吐蕃董氈從孫，懷德之弟益麻党征也。議者以其爲蕃部所推伏，故賜姓名，封爲隴西郡王[三五]。

詔河、陝等路募兵。李綱上三議：一曰募兵，二曰買馬，三曰募民出財助軍費。且言：「熙、豐間，内外禁旅五十九萬。今禁旅單弱，何以捍强敵而鎮四方？故莫若取財於東南，募師於西北，若得數十萬付諸將，以時練之，不久皆成精兵，此最爲急務。」於是，詔陝西、河北各募三萬，京東、河東各募二萬，合爲十萬。仍創驍勝、壯捷、忠勇、義成、龍武、虎威、折衝、果毅、定難、靖邊凡十號。每號四軍，每軍兩千五百人。綱又言：「步不足以勝騎，而騎不足以勝車。乃請以車制頒於京東西路，使製造而教習之。」其法，靖康間統制官張行中所創也。

諫議大夫宋齊愈入對，論招軍、買馬，勸民出財助國非是。冬十月，詔罷之。惟陝西每州令買馬百匹。凌波等水軍並罷。

戒侈靡。初，上皇既北遷，龍德宫器玩悉爲都監王球所竊〔三六〕。球，燕國長公主子也。及是，内侍陳烈以其餘寶器來上，皆遐方異物。李綱諫，上亟命碎之。

是冬，有内侍自京賫内府珠玉二囊來上〔三七〕，上命投之于汴水，且曰：「太古之世，擿玉毁珠，小盜不起。朕甚慕之，庶幾求所以息盜耳。」

初，温、杭二州上供物寄留鎮江，其間椅棹有以螺鈿爲之者，發至行在，上惡其靡，命碎於通衢。

四年，張浚奏大食國進珠玉至熙州。上謂宰執曰：「大觀以來，川茶不以博馬，惟市珠玉，故武備不修。今若復捐數十萬緡，易無用珠玉，曷若惜財以養戰士？」乃詔浚勿受，量賜以答其意。

紹興初，兩浙轉運徐康國自温州發宣和間所製間金、銷金屏障等物詣行在，爲言者所論。詔毁棄屏障，仍降康國二秩。

上又嘗謂輔臣曰：「近日，兩浙、閩、廣市舶司及四川茶馬諸處進貢真珠、文犀等，此物何所用，當批出禁止。」

二十六年，罷廉州貢珠。

二十七年，交趾獻翠羽，命焚之。又罷川蜀錦繡貢。上謂沈該曰〔三八〕：「頃蜀中歲貢錦繡帟幕，雖民之幼女，亦追以供役作，其擾如此，朕今止之。」蜀人極喜。

又申嚴銷金、鋪翠禁。

二十九年，禁龜筒、玳瑁、鹿胎飾用。

董氏女死于盜。盜李昱攻剽沂州滕縣。悦董氏女，欲亂之。女許嫁劉氏子矣。昱誘諭再三，且曰：「汝不我從，當剉汝萬段。」女終不屈，遂斷其首。昱尋就擒伏誅，劉氏子聞女死狀，大慟曰：「烈女也。」葬之而爲立祠，號烈女祠。

三年春，盜馬進掠臨淮縣，王宣要其妻曹氏避之，曹氏曰：「我聞婦人死不出閨房。」賊至，宣避之，曹堅臥不起。衆賊劫持之，曹肆罵不屈，爲所殺。

四年夏，盜祝友聚衆於滁州之龔家城，掠人爲糧。有東安縣民丁國賓同其妻爲友所掠〔三九〕，妻泣告曰：「丁氏之族流亡已盡，乞存夫以續丁氏之祀。」賊遂釋其夫而殺之。

五年春，真陽縣舉人吴琪妻譚氏爲盜所掠，盜欲妻之，譚氏極口肆罵〔四〇〕，爲所殺。

秋七月，命王淵等分討群盜。命淵及劉光世、韓世忠、張俊分討之。自宣和末，群盜蠭起，至是，祝靖、薛廣、党忠、閻僅、王存之徒〔四一〕，皆從招安赴行在。李綱言：「今日盜賊，正當因其力而用之，如銅馬、緑林、黄巾之比。然不移其部曲則易叛，而徙之則致疑。正當以術制之，使由而不知。」乃命御營司委官分揀，凡潰兵之願歸營，與良農願歸業者，皆聽之，所發至數萬。又擇其老弱者縱之。其他以新法團結，擇人爲部隊將及統制官。而其首領，皆命以官，分隸諸將。由是，無叛去者。獨淮寧之杜用，山東之李昱，河北之丁順、王善、楊進，皆擁兵數萬，不可招。而拱州之黎驛，單州之魚臺，亦有潰卒數千爲亂。綱以爲專事招安，則彼無所畏憚，勢難遽平，乃白遣淵等，率所部分往討之。既而，光世遣部將擊斬李昱，淵殺杜用。丁順等皆赴河北招討司自效，盜益衰。時李孝忠既破襄陽，守臣黄叔敖遁，大擾京西諸郡，綱以京城都巡檢范瓊反側不自安，因命瓊討孝忠，使離都城，且示以不疑之意。瓊乃將所部赴行在。

盜趙萬尋襲常州，執守臣何衮，犯鎮江，守臣趙子崧遁，保瓜洲。光世討平之。

復洛州。初，皇叔士珸從上皇北狩〔四二〕，次洛州城東五里，遁去。招集義軍以解洺圍，虜兵未退，士珸夜傅城下，力戰破其寨。翌日，入城，部分守禦，以計生獲首領，虜乃解去。

省冗官。自臺省、寺監以繁省相兼，館職、學官減半，以常平司歸提刑司，市舶事歸轉運司，併省州縣官員數，俸錢權減三分之一，開封府曹掾及諸州司録曹掾官，並復舊官稱。先是，李綱言：「艱難之際，賦入狹而用度增，當内自朝廷，外至監司、州縣，皆省冗員，以節浮費。」上命中書省條具，至是行下。

詔修京城。詔略曰：「朕將親督六師，以援京城，及河東、河北諸路。已奉迎隆祐太后〔四三〕，津遣六宮及衛士家屬，置之東南。朕與群臣獨留中原，應在京屯兵、聚糧、修樓櫓、治器具，令留守司趣辦之。」

時李綱入朝月餘，邊防、軍政已略就緒，獨車駕行幸未有定所。綱間爲上言：「今縱未能入關，猶當適襄、鄧，以示不忘中原之意。選任將帥，控扼要害，使今冬無虞，車駕還闕，天下之勢遂定。而近議紛紜，謂陛下將幸東南，果然，臣恐中原非復我有。」上曰：「但欲奉迎太后及六宮往東南耳。朕當與卿等留中原。」綱再拜賀，因乞降詔。上乃命綱草詔，頒之兩京焉。

以李綱、黄潛善爲左、右僕射。兼門下、中書侍郎，並兼御營使。同知張慤副之。以劉光世爲本司都統制。綱爲上謀，以秋末幸南陽，上許之矣。潛善與汪伯彦力請幸東南，上意中變，於是綱所建白，上多不從。數日，遂有並相之命。

尋召許翰爲右丞。

罷四道總管府。時諸路已各置總管。

宋齊愈抵死。齊愈初在圍城中，自外至會議所，寫張邦昌三字。至是，鞫于御史臺，獄具，賜死。或言：「齊愈論李綱不已，故綱以危法中之。」

詔修鄧州城。手詔：「京師未可往，當巡幸東南，爲避狄之計。」時黄潛善、汪伯彦皆欲奉上幸東南，故有是詔。李綱留之，極論其不可，因言：「今縱未能幸關中，當駐襄、鄧，以繫天下之心。」乃詔委守臣修繕城隍。又降鹽鈔、錢帛，令漕臣儲糧草。又命江、湖綱運由襄、漢通漕，並四川轉輕貨，自歸、峽以輸于鄧。時上雖用李綱議，營南陽，而朝臣多以爲不可。中書舍人劉珏亦言：「當今之要，在審事幾，愛日力爲急。自虜北歸，已再踰時，陛下中興，亦既數月矣。而六飛時巡，靡所定止。攻戰守備，闕然不講。臣聞近臣有欲幸南陽者，南陽，密邇中原，易以號召四方，此固然矣。然今日兵弱財單，陳、唐諸郡新刳於亂，千乘萬騎，何所取給？南陽城惡，亦不可恃。夫騎兵，虜之長技，而不習水戰。金陵天險，前據大江，可以固守。東南久安，財力富盛，足以待敵。」時伯彦、潛善皆主幸東南，故士大夫率附其議〔四四〕。

詔迎太廟神主赴行在。仍命京城留守宗澤移所拘虜使于别館。澤上奏曰：「臣不意陛下復聽姦臣之語，浸漸望和，爲退走計。營繕金陵，奉元祐太后，仍遣官奉迎太廟木主，棄河東、河西、河北、京東、京西、淮南、陝右七路生靈〔四五〕，如糞壤草芥，略不顧惜。又令遷虜使别館，優加待遇。不知二三大臣於賊虜情欵何如是之厚，而於國家訏謨何如是之薄也？臣之樸愚，必不敢奉詔，以彰國弱。此我大宋興衰治亂之機，願陛下察之。陛下果以臣言爲狂，請投之遠惡，以快姦賊。」詔答曰：「卿彈壓强梗，保護都城，深所倚仗。但拘留金使，未達朕心。」澤猶不奉詔，又請上回鑾。詔賜澤襲衣金帶。

初，太常少卿劉觀與汪藻謀，以栗木刻神主，易太廟主瘞之，故得全，尋命奉安于温州。四年春，奉啓運宫神御如福州，景靈宫神御如温州。

是月，淵聖自雲中如燕山府。居於愍忠寺。

八月，杭州軍亂。執安撫使葉夢得，殺轉運吴昉以下官吏十二人。尋詔賜黄榜招諭，以黄榜招安叛兵，始此。

尋復亂，命王淵討平之。

元祐太后發京師。將如揚州，都人始望車駕還内，及太后行，莫不垂泣。

未幾，名后所居宫曰隆祐，更稱隆祐太后，隆祐本欽聖憲肅皇后宫名，不當用，蓋學士院失之。

定河北忠義巡社法。令憲臣提領。初，張慤爲户部尚書，建言：「河朔之民，憤於賊虜，自結巡社。請因唐人澤、潞步兵、雄邊子弟遺意，聯以什伍，而寓兵於農。」會許翰、權邦彦亦以爲言，於是三省、樞密院斟酌，立法行下。其法，五人爲甲，五甲爲隊，五隊爲部，五部爲社，皆有長。五社爲一都社〔四六〕，有正、副二都社，有都、副總首。甲長已上免身役，所結及五百人已上，借補官有差，即有功或藝强，及都總首滿二年無過者，並補正官。犯階級者，杖之。歲冬十月，按試于縣，仍聽守令節制。歲中巡社增耗者，守貳令尉黜陟皆有差。論者以爲其法精審而詳整，可以久行，前此論民兵者，皆莫及也。

召譙定。定學於伊川程頤。靖康中，召爲崇政殿説書。定以言不用，辭不受。至是，猶在東都，右丞許翰薦于朝，詔宗澤津遣赴行在。自熙、豐間，程顥、程頤以道學爲天下倡，其高第門人，有故監察御史建陽游酢，監西京竹木務上蔡謝良佐，今徽猷閣待制、提舉西京嵩山崇福宫將樂楊時。其後黨禍作，頤屏居伊闕山，學者往從之，而定與尹焞爲首。至大觀以後，時名望益重〔四七〕，陳瓘、鄒浩皆以師禮事時，而胡安國諸人實傳其學。宣和末，或説蔡攸以時事必敗，乃召時至經筵，淵聖皇帝擢爲諫官，以論事不合去。呂好問在政府，首言時之賢于上，復召還朝。未至，而又召定，定卒辭不至。是時，給事中許景衡、左司吴給、殿中侍御史馬伸皆號得頤之學。已而傳之浸廣，好名之士多從之，亦有託以自售於時。

時又有贛縣人李朴，少力學，慷慨有大志。爲虔州州學教授，坐元祐學術廢。靖康初，自外五遷爲國子祭酒，以疾不能至。上即位，除秘書監，趣召，會卒，贈寶文閣待制，官其家二人。朴操履勁特，不以貧富貴賤死生易其守。自爲小官，天下高其名。蔡京將强致之，俾其所厚道意，許以禁從，朴力拒不見，京怒形於色，然終不能加害。

紹興三年〔四八〕，賜東陽縣隱士張志行「沖素處士」。

四年，授洪州隱士潘興嗣之孫濤右迪功郎〔四九〕。

六年，召臨江軍新淦縣隱士蕭建功赴行在所。

十一年，賜贛州免解進士李珙「養素處士」。珙，朴之猶子也。

李綱罷。落職奉祠，殿中侍御史張浚論之也。浚疏略曰：「綱任官圖事，無毫髮之功；報怨害民，有丘山之罪。强悍凶狠，悖慢無君。閱時三月，不聞報政。原其用心，尤肆姦惡，大要杜絶言路，獨擅朝政。當時臺諫，如顔岐、孫覿、李會、李擢、范宗尹，重者陷之以罪，輕者置之閑散，士夫側立，不敢仰視。於是，事之大小，隨意畢行，買馬之擾，招兵之暴，勸納之虐，優立賞格，召吏爲姦。四方之民被箠楚，苦刑禁，皇皇無告，不獲安居者，不知其幾千萬人矣。聖語戒飭，恬不知變，甚至擅易詔令，竊庇姻親。陛下之號令，綱得以改革而自專。人臣不道，無過於此。若非察見之早，而養成其惡，則宗廟之寄，百姓之託，幾敗於國賊之手，豈可不爲寒心？」責降制詞有曰：「謀猷弗效，狂誕罔悛。既盡括郡縣之私馬，又竭取東南之民財。出令符於公議，則屢抗以淹留；用刑拂於群情，則力祈於親札。以至貼改已畫之旨，芘其外姻之姦，玆遣防秋之師，實爲渡河之援。預頒誥命，厚賜緡錢，賞踰百萬之多，僅達京師而止。專制若此，設心謂何？」時浚章不下，黄潛善密以付朱勝非行詞。

初，綱薦張所招撫河北，傅亮經制河東。至是，所言乞置司北京，俟措置就緒，即渡河。

而權北京留守張益謙奏以爲：「招撫不當置司北京。」亮亦言：「經制司兵才萬人，河外皆虜界，乞權置司陝府。」潛善頗沮所，又以兵少，不如勿遣，罷之。綱言：「潛善力沮二人，乃所以沮臣，使不安職。臣每鑒靖康大臣不和之失，凡事必與潛善等議而後行，不謂彼乃設心如此，乞歸田里。」

浚與宋齊愈素善，謂：「齊愈死非其罪。上初即位，而綱以私意殺侍從，典刑不當，有傷新政，恐失人心。」於是，首論綱罪而罷之。綱相凡七十五日。

右正言鄧肅言：「人主之職，在論一相。陛下初登九五之位，召李綱於貶所，而任以台衡，待之非不專也。然綱學雖正而術疏，謀雖深而機淺。陛下嘗顧臣曰：『李綱真以身殉國者！』今日罷之，而責詞甚嚴，臣所以疑也。且既非臺章，又非諫疏，不知遣詞者何所據而言？臣若觀望，豈爲愛君？且兩河百姓雖願效死，而數月間茫然無所適從。及綱措置，不一月而民兵稍集。又僞楚之臣，紛紛皆官于朝，綱先逐邦昌，而叛黨稍正其罪。今綱去，則二事將如何哉？兩河無兵則夷狄驕，叛臣在朝則政事乖，綱於此不可謂無一日之長也。」肅尋與郡，而言者極論其罪。上曰：「肅亦何罪？送吏部足矣。」

右丞許翰因求去，且力言：「綱忠義英發，非綱無可與建中興之業者，今綱罷而留臣無益。」

初，綱嘗請減上供之數，以寬州縣；修鹽茶之法，以通商賈；劃東南官田，募民給佃；倣陝西弓箭、刀弩手法，養兵于農籍；陝西保甲、京東西弓箭社，免支移、折變，而官爲教閱。會綱去位，皆不果行。已而，傅亮以母病歸同州，張所亦以罪貶。招撫、經制司皆廢矣。

黄潛善、汪伯彦奏誅上書人陳東、歐陽澈。二人並坐狂直棄市。先是，上聞東名，召赴行在。東至，上疏詆潛善、伯彦不可任，李綱不可去。且請上還汴，治兵親征，迎請二帝。其言切直，章凡三上，潛善等憾之，欲以伏闕事中東，然未有間也。會撫州進士歐陽澈亦上書，極詆用事者，其間言宮禁燕樂事。上諭輔臣，以澈所言不審。潛善乘是密啓誅澈，並以及東，遂皆坐誅。東始未識綱，特以國故，至爲之死，行路之人，有爲之哭者。上甚悔之。東死年四十二。

右丞許翰見東死，謂所親曰：「吾與東，皆争李綱者，今東戮于市，吾在廟堂，可乎？」乃力求去，罷之。

正字胡珵爲東潤澤書藁，乃便文攝他官，從綱而行，同舟東下。言者論之。詔停官，編管梧州。

三年，上過鎮江，以金賜東家且官其子。

紹興四年，各贈秘閣修撰，官其二子，賜田十頃。

九月，建州軍亂。軍校張員等叛，執知州張勤。轉運毛奎、曾仔〔五〇〕，運管沈昇，茶幹林郁死之。

詔如淮甸。詔言：「捍禦少定，即還京闕。」以諜報金虜犯河陽、汜水，逼近東京故也。先是，河東之民心懷本朝，所在結爲紅巾，出攻城邑，皆用建炎年號。虜衆之在河東者，稍稍北去。虜之兵械亦不甚精，但心協力齊、奮不顧死，以故多取勝。然河東人與之習熟，略無所懼，是年，於澤、潞間劫粘罕寨，幾獲之，故虜捕紅巾甚急。終不得其真，但多殺平民。故强壯者多奔以逃命，而紅巾愈熾。朝廷先遣王瓔、馬忠經制河東、北，及聞虜且至，又遣鄭建雄、閻勍代之〔五一〕。而忠、瓔以逗留坐貶。於是，潛善、伯彦共政，方決策奉上幸東南，無復經制兩河之意矣。

東京留守宗澤累表請上還京，時澤募義士守京城，且造決勝戰車千二百乘，每乘用五十有五人，運車者十有一，執器械輔車者四十有四，回旋曲折，可以應用。又據形勝，立二十四壁於城外，駐兵數萬。澤往來按試之，周而復始。沿大河鱗次爲壘，結連兩河山水寨及陝西義士。開五丈河以通西北商旅。京畿瀕河七十二里，命十六縣分守之，縣各四里有奇，皆開濠深廣丈餘，於其南植鹿角。又團結班直諸軍及民兵之可用者。乃上表略曰：「今逆胡尚熾，群盜繼興。比聞遠近之驚傳，已有東南之巡幸。此誠王室安危之所係，天下治亂之所關。恐增四海之疑心，謂置兩河於度外，因成解體，未諭聖懷。儻胡人乘之而縱横，則中國將何以制禦？」不報。澤又上疏曰：「陛下回鑾汴京，是人心之所欲；妄議巡幸，是人心之所惡。」又不報。遂抗疏極言：「京師，祖宗二百年基業。陛下奈何欲棄之，以遺海陬之一狂虜？今陛下一歸，王室再造，中興之業復成。如以臣爲狂率，願延左右之將士，試一詢之。不獨謀之一二大臣。天下幸甚。」澤每疏奏上，以付中書省，潛善、汪伯彦笑以爲狂。張慤獨曰：「如澤之忠義，若得數人，天下定矣。」二人語塞。

是月，二帝自燕山如中京。在燕山北千里，虜謂霫郡，古奚國也。

冬十月，上如揚州。

抑内侍。時禁内侍不許見軍官，而康履以藩邸舊恩用事，頗忽諸將，諸將多奉之，而臺諫無敢言者。

三年夏，因苗傅等之變，詔：「内侍不得交通兵官，干預朝政，違者並行軍法。」

十一月，竄李綱。鄂州居住，以張浚等論綱罪狀不已也。浚疏重論括馬、招兵、勸納之非，且及於易詔令以芘翁彦國之罪，捐金帛以資張所、傅亮之妄費。又云：「若綱之專事姦邪，陰藏反覆，豈止滔天之罪。陛下若不斷自宸衷，早加竄殛，臣恐非所以靖天下。而聖謀宏遠，爲國至計，亦將黯闇而不明。」汪藻草制有曰：「朋姦罔上，有虞必去於驩兜；欺世盜名，孔子首誅於正卯。」

明年冬，中丞王綯劾綱靖康中要功劫寨、結衆伏闕、覆師太原，凡三罪，請竄之嶺海。移萬安軍。

三年，胡安國以給事中召，未至。先上中興十四策，其論覈名實，曰：「臣聞賞罰，政事之綱，必先核實，而核實者必自大臣與臺諫始。大臣治真僞於上，臺諫論真僞於下，不可不先核也。陛下嗣承寶位，渡江以前，所用三相，其賢否則有公論矣。而言者獨攻李綱爲甚，謂綱招軍括馬、勸納民財，令陛下失百姓心，而罷其相位。又謂綱閱時三月，不聞報政，貶黜孫覿，杜塞言路，而落其職名。又謂二聖北遷，皆綱之罪。萬一盜起，藉綱爲名，恐憂在蕭墻，宜寘綱於嶺海無盜之境，則國家可以少安。而移鄂州居住。又謂綱欺君要功，遽行劫寨，諷諭群小，伏闕呼噪。虜既歸國，大稱己功，請師解圍，奔潰誤國，而遠責之於鯨波南海之表。夫一言而罷相，再言而落職，又再言而放於遠郡，又再言而投諸海島。施於綱者，亦甚峻矣。然人心未服者，則以所毁亂真而不核實耳。比日防江，復令招刺諸州，勸納發赴計司〔五二〕，未有以爲非者。在綱行之，則謂失民心；在他人行之，則獨以爲可，此不核實者一也。自仲尼大聖，猶待三年有成，而乃責綱以一時不聞報政。彼孫覿者，嘗草降表，貶薄二聖，諂媚金賊，受其婦女，死有餘責，得貶輕矣。乃以爲杜塞言路，此不核實者二也。虜陷京城，邀請二聖，乃何㮚握權，郭京用事，綱方遠貶，不預戰守之謀，而固欲黜綱前日回鑾之功，指以爲罪，違逆人心，莫斯爲甚，此不核實者三也。綱既放於鄂渚、澧陽之後，若如言者所論，國家宜少安矣。而李成、張遇、丁進之徒縱横淮甸，所在如織，行朝危懼，未獲少安，此不核實者四也。綱本以建明禦敵守城回鑾之策，爲孝慈皇帝所知，擢與機政，而以爲欺君要功不貸之罪，此不核實者五也。劫寨之事，人皆以爲姚平仲謀於帷幄，种師道、李綱之所不與也。故罷綱與師道，而群情憤悶，皆有不平之氣。而乃言綱之用心，欲寘陛下於何地，以激怒聖意，爲不貸之罪，此不核實者六也。頃刻之間，衆數十萬，非人力所能致，載於靖康之詔，而又更言之，指爲不貸之罪，此不核實者七也。綱本獻回鑾之謀，爲守禦之計，虜人雖退，群議紛紛，故於章疏稍自稱揚。謂綱所學未至，所養未深，昧於恬退、不自矜伐之意，在朋友責之可矣。準於法令，未有罪名，而指此爲不貸之罪，此不核實者八也。太原之敗，綱固有罪，在靖康時已行朝典，罷樞密使而領外藩，又罷外藩，落職而領宫祠，又罷宫祠，以散官而放於遠郡，猶以爲未也。又自建昌徙之夔府，貶黜亦不輕矣。猶再言之以爲不貸之罪，此不核實者九也。」

密州軍亂。趙野以前執政知密州，見山東盜賊充斥，上如淮甸，王命不通，乃携其家棄城去。軍卒杜彦等乘間作亂，自爲知州。遣人追野并其家屬回。彦坐黄堂數之曰：「爾爲知州，自携其家南去，不知一州生靈，誰其爲主？」野不能應，推出斬之。家屬爲賊徒分去，惟一子學老得脱。

王倫使虜。傅雱至雲中見悟室，至是回。又命倫與雱至粘罕軍前，爲其所留。

詔傳宣許執奏。非經三省、密院勿行，復舊典也。

十二月，置講讀官。命侍從充之，凡四員。

尋進讀論語及資治通鑑。

故事，端午後罷講，至中秋開。明年夏，詔勿罷。

上嘗取孟子論治道之語，書之坐右素屏後，又嘗出所書旅獒篇、大有、大蓄卦示輔臣。又嘗以所書資治通鑑第四册賜黄潛善(五三)。

紹興初，因中書舍人洪擬轉對，論帝王之學，以爲章句、書藝非帝王之事。上曰：「人欲明道見理，非學問不可。惟能務學，則知古今治亂成敗，與夫君子小人善惡之跡。善所當爲，惡所當戒，正心誠意，率由於此。」

又嘗謂輔臣曰：「朕每退朝，押班以下奏事，亦正衣冠，端坐而聽，未嘗與之款昵。又性不喜與婦人久處，多坐殿旁小閤，筆硯外不設長物，静思軍國大事，或閲章疏。宫人有來奏事者，亦出閤子外，處分畢而後入。每日五更初，盡覽諸處奏報。比明，所覽略盡，乃出視朝。」

令分路類省試。以待親策。

以楊時爲工部侍郎。時年七十五矣。入對，首言：「自古聖賢之君，未有不以典學爲務，以君德在是故也。」尋命兼侍講。

初，宣和甲辰，天下多事，有言於當路者，以爲事至此必敗，宜力引舊德老成，置諸左右，開道上意，庶幾猶可及也。則以秘書郎召時，時年七十二矣。到闕，遷著作郎。及對，陳儆戒之言，除邇英殿説書。時知時勢將變，遂陳論政事，略曰：「近日蠲除租税，而廣濟軍以放税降官，是詔令爲虚文矣。安土之民不被恩澤，而流亡爲盜者蠲免租税，百姓何憚不爲盜？夫信不可去，急於食也。宜從前詔嘉祐通商税茶之法，公私兩便。今茶租錢如故，而榷法愈急，宜少寬之。諸犯榷貨，不得推究來歷，今茶法獨許推究，追呼蔓延，犴狴充斥，宜即革之。東南州縣均敷鹽鈔，迫於殿最，計口而授，人何以堪？宜酌中立額，俾州縣易辨。發運司宜給糴本，以復轉搬之舊。和預買宜損其數，即實支所買之直。燕、雲之軍，宜退守内郡，以省轉輸之勞。燕、雲之地，宜募邊民爲弓箭手，使習騎射，以殺常勝軍之勢。衛士，天子爪牙，而分爲二三，宜循其舊，不可增損。」凡十餘事，執政不能用。而虜騎已入寇，則又言：「今日所急者，莫大於收人心。邊事之興，免夫之役，毒被海内。誤國之罪，宜有所歸。及宜亟去西城聚斂、東南花石，與夫借應奉之名，豪奪民財之害。」會淵聖嗣位，時乞對曰：「君臣一體，上皇痛自引咎，至託以倦勤避位。而執政序遷，安受不辭，此何理也？城下之盟，辱亦甚矣。主辱臣死，大臣宜任其責，而皆首爲竄亡自全之計，宜正典刑，爲臣子不忠之戒。童貫棄軍，置而不問，故梁方平、何灌相繼逃去，遂使虜人奄至城下，宜以軍法從事。防城所仍用奄人提舉，授以兵柄，此覆車之轍，不可復蹈。」淵聖大喜，擢諫議大夫〔五四〕。朝廷方議棄三鎮〔五五〕，時上疏力爭辯之。又率同列論蔡京、王黼、童貫等罪惡，乞誅斥之。尋兼國子祭酒。又乞罷詳議司，以爲三省政事所出，六曹分治，各有攸司。今乃別辟官屬，新進少年，未必賢於六曹長貳也。又言：「蔡京以繼述神宗爲名，實挾王安石以圖自利，故推尊安石，加以王爵，配饗孔子廟庭。然致今日之禍者，實安石之有以啓之也。謹按：安石爲邪說，以塗學者耳目，敗壞其心術者，不可縷數，姑即一二事明之。昔神宗稱美漢文，罷露臺之費。安石乃言：『陛下若能以堯舜之道治天下，雖竭天下以自奉，不爲過也。』夫堯舜茅茨土堦，其稱禹曰『克儉于家』，則竭天下者，必非堯舜之道。後王黼以三公領應奉司，號爲享上，實安石自奉之說，有以召之也。其釋鳧鷖之末章，則曰：『以道守成者，役使群動〔五六〕，泰而不爲驕，宰制萬物，費而不爲侈。』按此章，止謂能持盈，則神祇祖考安樂之，無後艱耳。而安石獨爲此說，後蔡京輩爭以奢僭相高，輕費妄用，窮極淫侈，實安石此說有以唱之也。其害豈不甚哉？乞正其學術之謬，追奪王爵，毁去配饗之像。」遂降列從祀。又言：「姚古捄援太原〔五七〕，逗留不進，乞誅之以肅軍政。」又乞褒復元祐名臣凡在黨籍者。力辯宣仁誣謗，乞復元祐皇后位號。會諫官馮澥上章主王氏之學，而學官又自紛争，有旨皆罷。遂罷兼職。未幾，除給事中，力辭。是秋，奉祠。將去國，上奏凡數千言，略曰：「臣聞古之欲明明德於天下者，自一身之修，推而至於天下平，無二道也，本諸誠意而已。」又言：「自古願治之君，惟考慎一相。蓋宰相，人主之心膂；臺諫，耳目也；百執事，股肱也。心膂之謀慮不深，耳目之視聽不明，股肱之宣力不强，而能安其身者，未之有也。臣竊謂君臣相與之際，尤當以誠意爲主，一有不誠，則任賢不能勿貳，去邪不能勿疑，忠邪不分，鮮克以濟。」又言：「近聞百工技巧，雖蒙廢罷，猶私蓄於官臣之家，覬倖異時投間而入，不可不察也。」又言：「自崇寧至於宣和，寬恤之詔，歲一舉之，宣之通衢而人不聽，掛之墻壁而人不視，以其文具而實不至故也。陛下嗣守神器，尤宜謹始，詔令如此，亦文具而已。後雖有德意，人誰信之。」又言：「姦贓之吏〔五八〕，當究見情實，甚者肆諸市朝，投之嶺海。」又言：「自崇寧以來，爲害之甚，無如茶鹽之法。今復轉般而鈔法不變，未見其利也。今復轉般，而糴本乃取之諸路。昔在諸路〔五九〕，每歲一路所得鹽課，無慮數十萬緡。自鈔法行，鹽課悉歸榷貨務，諸路一無所得，漕計日已不給。今又欲取之，非出於漕臣之家，亦取諸民而已。朝廷雖有復轉般之名，而直達之實猶在。諸路漕米至真、揚、楚、泗，未嘗入敖，徒於文曆内爲收支，文具而已。竊謂鹽法與轉般相因以爲利，自行直達，而鹽法漸變。所謂相因爲利者，兩失之矣。祖宗時，荆湖南北、江東西漕米至真、揚下卸，即載鹽以歸，交納有剩數，則官以時直售之。舟人皆私市附載而行，陰取厚利，故以船爲家，一有罅漏，隨補葺之，爲經遠計。自直達鈔鹽之法行，而回綱無所得，沿江州縣，亦無批請，故毁舟盗賣，以充日食，而敗舟亡卒處處有之，轉爲盗賊，不可勝計。臣謂轉般、鹽法二事，爲發運司職事之根本，二者不可偏舉。不捐數百萬以爲糴本，無回運以養舟人，則雖復轉般，無異直達矣。」又言：「昔皇祐間，嘗爲會計録，以總天下財賦之出入，元豐之備對，元祐之會計，皆放此爲之。欲明詔大臣爲靖康會計録，取皇祐、元豐、元祐三書以爲式，有餘不足之本，可以究見矣。」又言：「宜諭大臣，闊略細務，付之有司，專務修政事，振軍旅，練兵選將，爲守戰之備，庶乎綱舉而目張矣。」

四年，乞致仕。

青州軍亂。守臣曾孝序死之〔六〇〕。

虜分三道入寇。粘罕先自草地還雲中，至是，聞上幸維揚，遂起燕京等八路民兵，與諸酋分道入寇。粘罕自雲中下太行，將由河陽渡河攻河南，斡离嗢與其弟兀术自燕山由滄州渡河攻山東〔六一〕，婁宿與其副撒离喝自同州渡河攻陜西。燕山軍欲先圍汴京，又分兵趨揚州。時宗澤增修禦敵之備，城外千里之地，無糧可因，兀朮乃遣人告粘罕，謂獨力難攻。粘罕告以將輟西京之行，併力圍汴。既而，知未可圖，如兀朮言，遂已。始，諸將請斷河梁，嚴兵自固。澤笑曰：「去歲城破，正坐此爾，尚可襲其軌乎？」命統制官劉衍趨滑州，劉達趨鄭州。各率車二百乘，戰士二萬人，且戒衍毋得輕動，力保護河梁，以竢大軍北渡。虜聞之，夜斷河梁而遁。於是，燕山軍肆暴於京東諸路，而婁宿等至河中府，官軍扼河西岸，賊不得渡，遂潛由上流韓城縣，一夕履冰而過，直犯長安，蒲津官軍不戰自潰。粘罕既犯河陽，據汜水，引軍而東，命萬户銀朱分軍犯京西，中原大震。

其攻河南府也，西京留守孫昭遠戰不利，其下擁之南去，行至陳、蔡間，昭遠麾下單弱，叛兵欲擁之以行，昭遠罵之，遂遇害。少尹阮駿死之。

圍棣州，守臣姜剛之拒守，虜圍二十有七日〔六二〕，不拔而去。

陷同州，守臣鄭驤赴井死。

其陷長安，經制判官傅亮以兵降虜，帥臣唐重、副總管楊宗閔、轉運副使桑景詢、運判曹謂〔六三〕、提刑郭忠孝，皆死之。先是，重度虜至，以書別其父堯臣曰：「忠孝不兩立，義當死國。」其父報之曰：「汝能捐軀殉國，吾含笑入地矣。」城陷，重縊而死，後謚恭愍。宗閔有孫曰沂中，護駕南巡，後貴顯。景詢剛介有守，童貫用事，時州縣官吏皆望塵而拜，景詢獨不屈，發擿姦吏，不受干請。忠孝事程頤，傳其易學與中庸。金人之來也，或勸以監司出巡，可以免禍，忠孝不答，卒死之。

陷鄭州，守臣董庠棄城走，通判趙伯振死之。

陷濰州，守臣韓浩死之。

陷青州，知臨淄縣陸有常率義兵拒守，死於陣。知益都縣張侃，千乘縣丞丁興宗亦死之。千乘縣市民率土軍、射士、保甲，及濱州亂兵葛進等擊敗之，虜棄青、濰去。

陷潁昌府，守臣孫默死之。

陷泰州，帥臣李積降〔六四〕，虜勢益張，引兵犯熙河，陷鳳翔府。

陷唐州，虜掠而去。

陷蔡州，汝陽縣令郭贇罵賊，死之。

陷淮寧府，守臣向子韶死之〔六五〕。

陷均州，守臣楊彥明遁。

以劉珏爲吏部侍郎，衞膚敏中書舍人。膚敏爲右諫議大夫，受命纔再旬，言事至十數，黄潛善等忌之，會膚敏論孟忠厚未已，而珏爲給事中，亦堅持不可，故並徙之，二人遂俱謁告不出。

劉觀給事中。觀嘗言：「今日之患，在中國不在夷狄，在朝廷不在邊鄙，在士大夫不在盜賊。天下之人皆以粘罕、斡離不此兩人者爲吾中國之患，臣獨以爲非也。粘罕、斡離不生於大漠之北，足未嘗踐中國之地，目未嘗識中國之人，所以能爲吾患者，中國有以來之也。今不治中國而欲治夷狄，不治朝廷而欲治邊鄙，不治向之士大夫而欲治盜賊，臣竊以爲過矣。日者，郡縣之間，有不肖之人，乘時射利，進其身於朝廷，人皆知其污佞，蠹國害民，爲天下毒孽久矣。朝廷曾不加罪，往往百姓、盜賊共起而攻之，至虜其家、奪其財、執而戮諸市，曰：『此宣和誤國之人也。』夫朝廷不戮，而使百姓、盜賊得以誅之，國柄倒置，主命下移如此，而欲治夷狄、邊鄙、盜賊，豈不難哉？臣願陛下委諫官、御史，取崇寧以來饕餮富貴最亡狀之人，編爲一籍。已死者，著其惡；未死者，明其罪。且曰：『此以開邊用兵進者也，此以花石應奉進者也，此以三山河賞進者也，此以刻剝聚斂進者也，此以交結宦官、貨賂權倖進者也。』如此之類，列爲數十條，概其罪惡，疏其名氏，有司鏤板，播告天下，與衆棄之。如此，夷狄聞之莫不畏，盜賊聞之莫不服，然後忠賢安於朝，而太平中興之業可得而定。今不早正其罪，使偃然自以爲得計，陛下踐祚踰半歲，臣謂緩急先後之序，幾且失矣。」疏奏，上嘉納。遂命臺諫具名以聞，三省、樞密院參酌，省臺各録副本，不許堂除及任守令。後不果行。

戊申建炎二年（一一二八）春正月，上在揚州。

虜陷鄧州。虜將銀朱兵號二十萬攻城，安撫使范致虛棄城走，權安撫使劉汲率兵出戰，死之。僉判李操以城叛降。初，李綱議營南陽，儲峙甚多，至是，悉爲虜有，需民間金幣如根括京城之法。又掠汝、金、房凡四州之民以歸。

汝州守臣滕祐遁。

盜焚真州。盜張遇犯江州，守臣陳彥文視事方十日，固守，遇引去。至是，焚真州，尋陷鎮江，守臣錢伯言遁，王淵招降之。

竄邵成章。時金人攻掠陝西、京東諸郡，而群盜起山東。潛善、伯彥皆蔽匿不以奏。及張遇焚真州，去行在六十里，上亦不聞。內侍邵成章上疏，條具二人之罪，曰：「必誤國。」且申潛善使聞之。上怒，詔成章不守本職，輒言大臣，送吉州編管〔六六〕。

盜犯壽春府。盜丁進來攻城，守臣康允之擊却之。奏至，上謂輔臣曰：「此郡守得人之效也。卿等六人，宜廣詢人才，若人得二人，則列郡便有十餘守稱職，然須參議，不可徇私。」張慤曰：「崔祐甫嘗謂非親非舊，安敢與官。今日當問所除當否。」

抑戚里。初，以隆祐太后兄子直徽猷閣孟忠厚爲顯謨閣直學士，皇后父右文殿修撰邢煥爲徽猷閣待制。右諫議大夫衛膚敏、殿中侍御史張浚，皆論以爲不可，乃改煥觀察使，而以太后故，未忍奪忠厚職名。至是，臺諫、給舍六章論列不已，乃改忠厚爲承宣使。仍詔后族勿除從官。

紹興初，韋淵求差遣，上曰：「淵以宣和皇后季弟，義當敦睦。然其人素不循理，難以出入禁闥，故斥遠之。朕不敢以公爵示私恩，密院可與一遠闕，恐居官有過，難以行法。」乃以淵爲福建副總管。

其後，帶御器械潘永思護六宮東歸，盧益頗與之交結，爲諫官所論，上因謂執政曰：「朕於戚里，未嘗私以恩澤，如邢后之父，不復收召，張婕妤兄弟皆小官，卿等所知。盧益觀望陰結永思，非端人也。」遂罷之。

又嘗謂富直柔言：「祖宗時，三衙用邊功、戚里，固祖宗法，然窒礙處多，恐不可用。」

有司因勘僞造告身事，辭連知閤門事潘永思。上曰：「雖戚里，既有過，安可廢法？」於是令罷職就逮。

三年，以高士瞳爲承宣使。上曰：「士瞳以宣仁近屬，故稍優之。然躐等亦不可，高爵厚禄，留待立功將士。朕於外戚，未嘗假以恩澤，今後宫之家，官未有過保義郎。此曹何厭之有？雖與之正任承宣使，又望節鉞矣〔六七〕。」

是歲，邢焕薨，妻熊氏進狀，乞賜田、賜第、官其子弟門客，皆踰常制〔六八〕。上令補二子官，餘皆不行。且諭輔臣曰：「祖宗待戚里，皆有常憲，朕不敢逾，豈以后族故私之耶？」後進呈熊氏遺表乞恩。上曰：「朕於外戚不敢有私也，況待后家，又不敢與宣和皇后家等。前此官邢氏中外親，已減於韋氏矣。」乃詔追贈焕少師、國公，許造進酒而已。

八年，吴國長公主入見，留宫中三日，爲駙馬都尉潘正夫求恩數。上曰：「官爵豈可私與人，須與大臣商議。況今日多事，未暇及此。」時方極暑，上每正衣冠，伴之飲食。主乃哲宗之女，上之妹也〔六九〕。

魏祐上書論潛善、伯彦誤國十罪。 祐，太學諸生也。

二月，虜犯東京，宗澤敗之。 初，虜犯滑，澤聞之，曰：「滑州衝要，必争之地，失之則京城危矣。」欲自往救之，張撝請行，澤大喜，即以鋭卒五千授之。撝至滑州與虜迎，敵衆且十倍，諸將請少避其鋒。撝曰：「退而偷生，何面目見宗元帥。」澤遣王宣以五千騎往援，未至，撝再戰，死之。後二日，宣至滑州，與虜大戰，虜夜濟河，復邀擊之，殺傷甚衆。澤即命宣知滑州。虜以宣善戰，不敢犯其境。乃遣兵自鄭州抵白沙，距京才數十里，都人甚恐。澤方與客對弈，寮屬請議守禦之策，澤不應。諸將退布部伍，撤弔橋，披甲乘城，都人益懼。澤聞之，命解甲歸寨，曰：「何事張皇？」時劉衍、劉達各將車二百乘在鄭、滑間，澤益選精鋭數千助之。下令張燈如平時，民始按堵。

又遣部將李景良、閻中立、郭俊民領兵萬餘趨滑、鄭，遇虜大戰，爲虜所乘。中立死之，俊民降虜。景良以無功遁去，澤捕得，謂曰：「勝負兵家之常，不勝而歸，罪猶可恕，私自逃遁，是無主將也。」即斬之。既而俊民與虜將史姓者，及燕人何祖仲直抵八角鎮〔七〇〕，都巡丁進與之遇，生獲之。虜令俊民持書招澤，澤謂俊民曰：「汝失利就死，尚爲忠義鬼。今乃爲虜遊説，何面目見人耶？」捽而斬之。謂史虜曰：「上屯重兵近甸，我留守也，有死而已，何不以死戰我，而反以兒女語脅我耶？」又斬之。謂祖仲本吾宋人，脅從而來，豈出得已？解縛而縱之。諸將皆服。

澤尋遣判官范延世奉表至行在，請上還京。且曰：「京師乃太祖、太宗一統之本根，願以祖宗二百年基業爲意，早賜回鑾，則天下皆知一人來歸，盜賊屏息，夷狄寢謀。臣若誤國，一子三孫〔七一〕，甘被顯戮。」此乃澤第十三表也。上答詔諭以旦夕北歸之意。澤復上表謝。

蠲減征斂。先是，翁彥國爲經制使，籍民輪建康修城磚數百萬，其人踰虔、吉、南安諸郡，陸負水運，率千錢致兩塼。江西提刑留佔勸民出私財助國〔七二〕，乃督責州縣，以等第厚賦於民，欲以求進。江西民苦二役，皆愁恨無聊。知洪州胡直孺奏軍民五害，言：「如經制司拋科灰塼；提刑司科配吏民，以私財助國；諸州受納苗税，加耗太重，有一斛而取五斗者；

又朝廷所須，郡縣率取之等第及行户，而無錢以償；監司巧爲犒設之名，務收恩保家，由此搖動軍情，愈益驕恣。望特下寬恤之詔，除此五害，以固人心、寬民力。」詔嘉奬之。於是諸役並罷。

是秋，減杭州和買絹十二萬疋。

明年春，減婺州歲貢羅二萬八千疋。又從兩浙轉運王琮之請，本路夏税及和買絹一百一十七萬餘疋，每疋折價錢二緡足，計三百五萬餘緡省。

秋，減閩、廣上供銀三之一。又減浙西和預買絹四之一，仍俵見錢，違寘之法。

冬，又詔兩浙身丁絹半許折估。初，未行鈔鹽以前，兩浙民户每丁官給蠶鹽一斗，令民輸錢一百六十六，謂之丁鹽錢。皇祐中，許民以紬絹從時價折納，謂之丁絹。自行鈔法後，官不給鹽，每丁增錢爲三百六十，謂之身丁錢。大觀中，始令三丁輸絹一匹，時絹直猶賤，未有陪費。其後物價益貴，乃令民每丁輸絹一丈、綿一兩，軍興，丁少，遂均科之，民甚以爲患。至是，聽五等下户以其半折帛、半納見錢。於是，歲爲絹二十四萬匹，綿百萬兩，錢二十四萬緡。

紹興元年，詔兩浙夏税、和買二色紬絹一百六十萬餘匹，半許折估，每匹三千〔七三〕。

二年，諸路絹帛並許半折估。

五年，罷常税外雜科。

六年，除緡錢税。

十三年，減諸路月樁錢。

十四年，減四川雜征，除永、道等州身丁賦。

十五年，折帛錢每匹各減一千。寬廬、光州上供，免耕牛税。

十七年，除力勝錢税。

十七年，減免行錢三之一。

二十一年，減官私僦舍、白地錢之半〔七四〕。

二十五年，罷免行錢、絹估。

二十六年，蠲諸州黄河竹索錢，免京西、淮南耕牛税。蠲臨安府和買絹，蠲建康府折帛積逋。

二十七年，減福建鹽錢。

間有蠲減，或附見，不盡録。

罷市易務。自熙寧初置市易務，及是，言者以爲所入不償所費，遂罷之。

復端明殿、樞密直學士。政和間改爲延康殿學士、樞密直學士，今復舊稱。

募振華軍。於河南北、淮南募之，以六萬人爲額。

虜陷中山府。自靖康末受圍，至是，三年乃陷。初，撻辣圍中山，陳亨伯冒圍入城，固守踰半年，虜不能下。至是，呼總管使盡括城中兵擊賊，以衆寡不敵辭，斬以徇。復呼部將沙振使往。振固辭，亨伯固遣之。振懼，潛裹刃入府〔七五〕，害亨伯，次子錫與僕妾十七人皆被禍，惟長子鉅奉其母官淮南，獨得免。振出，爲帳下卒所殺，捽裂之，身首無餘。城破，虜見其屍曰：「南朝忠臣也。」斂而葬之。中興，贈特進，謚曰愍節。

三月，以司馬光配饗哲宗廟庭。紹興間，上嘗詔趙鼎等曰：「上皇內禪之初，嘗遣梁師成諭淵聖曰：『司馬光前朝名相，今諸事當以光爲法。』則上皇之意可知矣。朕今行事與上皇時豈無修潤者？要之從百姓安便而已。百姓安便，乃上皇之意也。」又嘗曰：「資治通鑑首務名分，至於其間去取，皆有益於治道。觀此書，即知司馬光雅有宰相器識。若唐鑑，止可以爲諫書耳〔七六〕。」

復陝州。石濠尉李彥仙募兵復之。事聞，即以彥仙知州事。彥仙以信義治陝，不營毫髮之私，與其下同甘苦，由是人多歸之。

虜尋渡河，先攻虢，後圍陜，彦仙極力禦之，其酋至，拜於城下而去。復攻虢州，陷之。

虜犯涇原，吴玠敗之。帥臣曲端守麻務鎮，遣玠爲前鋒，守青溪嶺。婁宿自引精卒來攻，玠率將士殊死鬭，大敗之。虜遂東走同、華。

夏四月，罷巡社。陜西、河北依舊，餘路並罷。言者以爲其利於西北，而不利於東南故也。時温、杭二州已就緒，請存留，亦不聽。

虜復陷洺州。虜人圍之甚密，衆以糧盡不可守，乃擁土瑶往大名府〔七七〕，金人遂入城。自二帝北狩，兩河州郡外無應援，内絶糧儲，悉爲虜所取。惟中山、慶源、保、莫、祁、洺、冀、磁、相、絳，久而陷之。

以信王榛爲河外兵馬都元帥。初，馬廣聚鄉兵保慶源、五馬山〔七八〕，信王榛既亡去，變姓名。廣等陰迎以歸，奉榛總制諸山寨，兩河遺民聞風響應，先以奏附宗澤以聞，繼遣馬廣入見，故有是命。仍加廣元帥府都總管。廣將行，所請四事，上皆從之。潛善、伯彦終以爲疑，乃以烏合之兵付廣，且密授朝旨，使幾察之。廣行，復令聽諸路帥臣節制。廣知事變，遂以其軍屯於大名。

五月，詔擇日還京。或言信王榛有渡河入京城之謀也。

正字馮檝獻書於潛善，力言未可，恐金人再來，或不可當。

時宗澤招撫河南群盜聚城下，又募四方義士，合百餘萬，糧支半歲。又聞兩河諸縣虜兵不過數百，餘皆脅使胡服，日夜望王師之來，即召諸將，約日渡河，諸將皆掩泣聽命。乃累疏請上還京。又言：「丁進有衆數十萬，願守京城。李成願扈從還闕，即渡河剿虜，没角牛楊進等衆百萬，亦願渡河，且請修龍德、寶籙宮，以備迎奉二帝。」不報。澤請上還京，前後二十餘疏，言甚切。

澤聞王彥聚兵太行山，即以彥制置兩河。彥所部勇士萬數，面刺八字，號八字軍。彥方治兵，約日趨太原。澤又上疏，欲合諸將兵渡河，潛善忌澤成功，從中沮之，因憂鬱成疾。

復元祐科舉法。詩賦兼取。自紹聖後，舉人不習詩賦近四十年，至是復之。

虜退。初，婁宿犯鳳翔，守臣劉清臣遁。熙河帥張深遣裨將劉惟輔禦之，惟輔舞槊刺殺其將號黑風大王者〔七九〕，婁宿勢窮遁走。深更檄張嚴以兵繼進，嚴趨鳳翔。戰五馬山下，兵敗而死。虜謀趨涇州，又爲曲端、吴玠所敗。粘罕焚掠西京，取平陸，渡河，由解、絳、晉、汾以歸雲中。婁宿遂自馮翊渡河，破潼關，陷同、華、陝以歸。於是，知延安王庶遣將斷河橋，又遣將屯龍水峽〔八〇〕，斷其歸路，虜遂遁。

其陷冀州也，權州事單某死之。先是，將官李政備守有方，紀律嚴明，虜屢攻城，皆擊退之。或夜劫虜寨，所得盡散士卒，不以自私。一日，虜已登城，火其門樓，政以重賞募死士撲之，俄有數十人皆以濕氊裹身，躍火而進，大呼力戰，虜驚駭有先伏者，遂敗走，城賴以全。後政死而城失守。

賀師範以陝西兵與虜戰於八公原，死之。

陷相州，守臣趙不試同家屬赴井死。

陷德州，都監趙叔皎死之。

陷濟南府，守臣劉豫降之，遂爲虜用。

陷東平府，守臣權邦彦棄母而遁。

陷大名府，守臣張益謙、轉運裴億率衆迎降，虜曰：「城破乃降，何也？」皆以提刑郭永不從爲辭，虜遣騎召之，永正衣冠、南面再拜訖，易幅巾而入。粘罕曰：「沮降者誰？」永熟視曰：「不降者我。」虜見永狀貌魁傑，且夙聞其賢，欲以富貴啗之。永罵曰：「無知犬豕，恨不醢爾以報國，何説我降乎？」時大名人在縶者無不出涕，虜并其家害之。後贈資政殿學士，謚勇節。

陷延安府，守臣劉選遁，通判魏彦明死之。先是，虜陷府之東城，而西城猶堅守。虜諜知曲端與王庶不協，遂併兵寇鄜延。庶在坊州，乃自當鄜州來路，遣龐世才等當延安來路。

初，庶用端爲都統制，庶御下嚴，多誅將士，常曰：「設曲端誤我，我亦當斬之。」端頗銜其語。及是，端盡統涇原精兵駐邠州之淳化，庶屢趣其進兵，端不動。庶退屯龍坊，虜遂乘虛陷延安。數日，端至龍坊，以兵衛庶。且謀欲即軍中誅庶而併其兵，雖事弗果就，庶以故忿端。新知鳳翔府王瓔自陝府將兵二千人之任〔八一〕，亦爲端所襲，瓔不能軍，遂將其餘衆還入蜀。

陷濮州，守臣楊粹中及守禦官杜績死之。

陷開德府，守臣楊棣〔八二〕，巡檢楊彭年死之。城中殺戮無遺。

宇文虛中使虜。虛中時安置韶州，應詔願使絕域。遂詔赴行在，復資政殿大學士，爲祈請使，楊可輔副之。尋又遣劉誨、王貺爲通問使、副。明年春，虜人並遣歸，虛中曰：「奉命北來，祈請二帝，二帝未還，虛中不可歸。」於是獨留虜中。

紹興元年，上念其忠節，詔恤其家子孫。

張慤薨。慤時爲中書侍郎兼措置户部財用，自中原俶擾〔八三〕，内外財賦多失，吏毀其籍，漫無可考。慤曉錢穀利害，吏無敢欺。元豐舊制，中書專取旨，大臣所擬有不當者，慤輒屏不奏。立朝諤諤，有大臣節，不可干以私。秉政未踰歲，士類惜之。

後謚忠穆。

許景衡薨。時爲右丞。景衡修身行己，雖細必矜，公言廷争，正色直前，視權倖若無有者。後謚忠簡。

復閩、浙市舶官。廣南後亦併復。

增諸路役錢。

六月，建州軍復亂。初，張員等既誅，餘黨復懷反側。葉濃等相與謀〔八四〕，互殺妻子，縱火突城而出，進陷福州。其後，趙哲招降之。濃至張俊軍中，復謀爲變，俊誅之。

秀州軍亂。因守臣朱芾，命張俊討平之。俊誣殺前守臣趙叔近。

初，杭之亂也，叔近以權憲事往招安之，事已，復還治所，會王淵兵至，疑賊尚懷反側，捕誅爲首者。淵與叔近有宿憾，且忌其功，誣奏叔近嘗受賊賂，制勘亡實，繫郡獄以俟命。朱芾代之，治無善狀。州兵叛，因芾，迎叔近領郡事。叔近辭避不可，因撫定之，且爲請命于朝。奏未達，而朝廷已命張俊致討。俊，淵之部曲，希淵旨，至州執叔近，誣以同叛，殺之。後其家申訴，事白。紹興九年，贈集英殿修撰〔八五〕，制詞有「三定狂寇」之言。蓋叔近之未入杭也，詔辛道宗將西兵討之，兵道潰爲亂，抵城下。叔近乘城，諭以禍福，賊爲退却云。

秋七月，宗澤卒。澤爲黄潛善等所沮，憂憤成疾，疽發于背。將没，無一語及家事，但連呼「過河」者三。遺表猶贊上還京。死之日，都人爲之號慟，朝野無賢愚，皆相弔出涕，三學之士千餘人，爲文以哭澤。贈觀文殿學士，謚忠簡。

澤初拘虜使，上屢命釋之，澤不奉詔。至是，祈請使宇文虚中至東京，而澤已病，虚中攝留守事，遂歸之。

詔恤歸朝官。時所在多囚禁歸朝官，有疑則加殘害，一郡殺至千百人。上曰：「覆燾之間，皆吾赤子，偶生邊地，豈可與金人一概待之。」命悉發至行在，存養之。

召謝克家、孫覿。克家上疏自辨不受張邦昌僞命，且奉國寶至濟州。引吕好問爲證，遂有是命。御史馬伸言：「克家、覿趨操不正，在靖康間，與李擢、李會、王及之、王時雍、劉觀七人者，結爲死黨，附耿南仲，唱爲和議，助成賊謀。有不主和者，則欲執送虜營，望遠竄之。」詔好問開具因依，好問因自陳反正之功，由是二人復用。

以杜充爲東京留守。宗澤死數日，將士去者十五，都人憂之，相與請于朝，言：「澤子潁嘗居戎幕，得士卒心，請以繼其父任。」會充已除留守，乃以潁充留守判官。初，澤在東京，日繕兵爲興復計，兩河豪傑皆保聚形勢，期以應澤。澤又招撫河南群盜聚城下，欲遣復兩河，未出師而澤死。充無意於虜，盡反澤所爲，由是，兩河豪傑皆不爲用，而城下兵復去爲盜，掠西南州縣，數歲不能止，議者咎之。

時翟進在西京與虜夾河而戰，屢破之。充酷而無謀，士心不附，諸將多不安之。馬廣、王彦既還朝，餘稍稍引去。判官宗穎屢争不從，爲請歸持服。楊進亦叛，領數萬人攻掠汝、洛間，忽遣騎犯翟進營，翟進渡水先登，馬驚墜塹，爲賊所害。尋以進兄京代進任。

八月，復常平官，尋罷之。黄潛善遂命諸路拘催青苗積欠本錢，自崇寧以來，皆不得免。

明年秋，侍御史趙鼎言：「陛下即位之元年，即降指揮，罷常平官吏，蠲免常平錢穀。詔下之日，無遠無近，鼓舞歡呼。而去歲復置，根刷諸司侵支，催理民間舊欠。諸司侵支，固豈入己，非軍期犒賞，則月給錢糧，逼使撥還，亦非己出，奪彼與此，有何利害。民間舊欠，所在皆然，非逃亡人民，則黠胥猾户。迫令輸納，號令一行〔八六〕，良善之氓，例遭抑配。開猾吏衣食之源，遺平民椎剥之苦〔八七〕。人心駭愕，物論紛紜。願一依元年旨揮，罷提舉常平官吏，放見欠錢穀，仍令追理耗用樁充本錢，復舊平糴之法。」從之。

紹興三年，命提刑兼提舉常平。

鑄御寶。一曰「皇帝欽崇國祀之寶」，二曰「天下合同之寶」，三曰「書詔之寶」。

初，政和所造九寶，其八爲金虜劫取，惟「鎮國寶」在焉。

趙子砥歸自燕山。子砥遁歸，得上皇御書以進。且言：「金人講和以用兵，我國斂兵以待和。吾國與金國勢不兩立，其不可講和明矣。往者契丹主和議，女真主用兵，十餘年間，竟滅契丹。今復蹈其轍，譬人畏虎，以肉餧之，食盡，終必噬人〔八八〕。若設檻穽以待之，然後可以制虎矣。」已而賜對，遂命知台州。

是月，二帝自中京如韓州。韓州在中京東北千五百里，秦檜不與徙，依撻辣以居，撻辣亦厚待之。

九月，竄馬伸。伸爲御史，劾黄潛善、汪伯彦不謹詔令，廣市私恩，黜陟不公，政令不一，壅塞言路，毁法自恣，妨功害能，過則稱君，善則稱己，强狠自專，務收軍情等罪。疏奏，不報。改伸衛尉少卿。伸以論事不行，辭不拜，録所劾潛善等疏申御史臺，乞誅責。詔伸言事不實，送吏部，責濮州監酒，促使上道，死於中路，天下寃之。

紹興初，胡安國上時政論，有曰：「若言潛善、伯彦措置乖方，人皆以爲伸之言則有狀矣。不謹命令，則以下還都之詔也；廣市私恩，則以復祠官〔八九〕、教官之闕也；黜陟不公，則以罷衛膚敏而用孫覿不祥之人也；杜塞言路，則以貶吴給、張闓、邵成章也；妨功害能，則以沮宗澤與許景衡也；私收軍情，則以各置親兵千人，請給獨優厚也；同惡相濟，則以力庇罪人王安中也。凡舉一事，必立一證，皆衆所共知，亦衆所共見。不敢以無爲有，亦不敢以是爲非。而當時不信其言而罷之，反以爲言事不實而重責之。是罰沮忠讜，捐軀爲國之人，惡其毀譽核實而不亂也。邪説何由息，公道何由行乎？」

親試舉人。時諸路類試，並集行在。御殿策試，遂賜李易以下四百五十人及第、出身有差〔九〇〕。易，江都人也。

禁獻祥瑞。密州獻芝草，詔却之。上曰：「朕以豐年爲瑞，今密爲盜區，所獻何足爲瑞？其還之。」

紹興初，劉光世以枯秸生穗爲瑞，奏之。上曰：「歲豐，人不乏食，朝得賢輔佐，軍中有十萬鐵騎，乃可爲瑞，此外不足信。朕在潛邸時，梁間有芝草，府官皆欲上聞，朕手自碎之，不欲言此奇怪事〔九一〕。」輔臣嘆服。

二年，知撫州高衛坐獻甘露圖，貶。

七年，知果州宇文彬、通判龐信孺進禾登九穗圖。上曰：「此不過誕謾諂諛爾。去年四川荒旱，黎民艱食，安有瑞禾？政使偶然有之，何足爲瑞？往年，知撫州高衛進甘露圖，朕疾其佞，罷其守符，彬等可降官放罷。」

二十六年，上謂執政曰：「前大理寺獄空，不許上表稱賀，甚爲得體。比年四方奏祥瑞，皆飾空文，取悦一時，如信州林機奏秦檜父祠堂生芝草，其佞尤甚。蓮之雙頭，處處有之，亦何足爲瑞？麟鳳，瑞之大者，然非上有明君，下有賢臣，麟鳳之生，亦何所取？朕謂唯年穀豐登，可以爲瑞；得真賢實能，可以爲寶。若漢武作芝房、寶鼎之歌，奏之郊廟，非爲不美，然何益於事？可降指揮，今後不得奏祥瑞。」

冬十月，王彥入見。以河北制置自東京赴行在。上召見。彥見潛善、伯彥，力陳兩河忠義民引頸以望王師，願因人心向順，大舉北征，掎角破賊，收復故地。言極憤激，大忤二人之意，降旨除閤門宣贊舍人，免對。

復經制錢。先是，宣和間〔九二〕，陳亨伯爲陝西轉運使，始議創經制錢。大率添酒價、增税額、官賣契紙，與凡公家出納，每千收二十三文。其後行之東南，又行之京東西、河北，歲入數百萬緡。靖康初，廢。至是，四方貢賦，不能如期赴行在，會知沛縣李膺言：「方今多事，朝廷之費日廣。竊見昨來經制司酒糟、税契、頭子等錢，所收至微，所得至多，儻復行之，爲利不細。」呂頤浩、葉夢得乃請復之。頤浩言：「其法可以助國，而無害於民，賢於緩急暴歛多矣。」於是先取鈔旁定帖錢，命諸路提刑司掌之，仍無得移用，即所謂勘合錢也。

明年冬，增定其額，一曰權添酒錢；二曰量添賣糟錢；三曰增添田宅牙税錢；四曰官員等請給頭子錢；五曰樓店務添三分房錢。其後，歲收凡六百六十餘萬緡，而四川不與焉。

十一月，更四川茶法。初，成都府路轉運趙開言榷茶、買馬五害，請用嘉祐故事，悉罷榷茶，仍令漕司買馬。朝廷然之，擢開主管川、陝茶馬。開至成都，大更茶法，官買賣茶並罷，倣政和都茶場法，印給茶引，使商人即園户市之。每斤所過征一錢，住征一錢有半。置合同場，以譏其出入，重私商之禁，號合同場爲茶市。交易者必由市，而引與茶必相隨，違者抵罪。至四年冬，買馬乃踰二萬匹，引息錢至一百七十萬緡。

壬寅，郊。祀昊天上帝，奉太祖配。自元豐六年，罷合祀，元祐七年，復之。元符三年，又罷，遂因不改。至是，就江都縣築壇行事。庚子，先親享太廟神主於壽寧寺[九三]。

支賞用錢二十萬緡，金三百七十兩，銀十九萬兩，帛六十萬匹，絲綿八十萬兩，皆有奇。

十二月，虜陷襲慶府。有欲發孔子墓者，誅之。時漢兒將啓孔子墓，粘罕問曰：「孔子何人？」通事高慶裔曰：「古之大聖人。」曰：「夫聖人墓焉可發？」盡殺之。故闕里得全。

虜人之入洛也，禁勿犯司馬相公宅。

以黄潛善、汪伯彦爲左、右僕射。二人入謝，上曰：「潛善作左相，伯彦作右相，朕何患國事不濟？更同心以副朕之意。」皆稽首謝。潛善入相踰年，當上初政，天下望治，潛善獨當國柄，專權自恣，而卒不能有所經畫。伯彦繼相，略與之同，繇是胡寇益無所憚。

詔百官言事。以邊事未寧故也。於是，吏部尚書呂頤浩上備禦十事，其說甚備。

户部尚書葉夢得請上南巡，阻江爲險，以備不虞。又請以重臣爲宣總使，一居泗上，總兩淮及東方之師以待敵；一居金陵，總江、浙之師以備退保。

吏部侍郎劉珏言：「備敵之計，兵食爲先，今以降虜爲見兵，以糴本爲見糧，二者無一可恃〔九四〕。維揚城池未修，卒有不虞，何以待敵？」

御史張守上防淮渡江六事，大率以遠斥堠探報爲先。別疏論：「金人犯淮甸之路有四，宜取四路帥臣守倅銓擇，各賜緡錢，責之募戰士、繕甲兵、明斥堠、公賞罰，夙夜盡力捍敵。」疏至再上。又請：「詔大臣惟以選將治兵爲急，凡細微不急之務，付之都司。」潛善、伯彥滋不悦，乃請遣守撫諭京城，即日就道。

張俊奏敵勢方張，宜且南渡。又請移左藏庫于鎮江。

時金虜橫行山東，群盜李成輩因之爲亂。粘罕將自東平歷徐、泗以趨行在，而潛善、伯彥皆無遠略，且斥堠不明，東京委之御史，南京委之留臺，泗州委之郡守，所報皆道聽塗説之辭，未嘗多以金帛使人伺虜之動息。於是淮北屢有警報，而潛善等謂成餘黨，無足畏者。虜諜知朝廷不戒，亦僞稱成黨以款我師。至是，聞北京陷，議者以爲虜騎且來，而廟堂晏然不爲備。張浚率同列爲執政力言之。潛善、伯彥笑且不信，乃命浚兼參贊軍事，與頤浩教習河朔民兵。

校勘記

〔一〕授武定軍節度　「武定軍」，中興小紀卷一及皇朝中興紀事本末卷一上同，宋史卷二四高宗紀一及建炎以來繫年要録（以下簡稱繫年要録）卷一作「定武軍」。

〔二〕宣和四年三月封康王　「宣和四年三月」，宋史卷二四高宗紀一、繫年要録卷一皆繫於宣和三年十二月。據李心傳考證，認爲宣和四年三月爲誤，「蓋因三年冬封，明年春乃出閣耳」。

〔三〕乃令其子中書舍人延禧　「延禧」原作「延僖」，據下文、中興小紀卷一、皇朝中興紀事本末卷一上及繫年要録卷一改。

〔四〕直龍圖閣京東漕黄潛厚並隨軍應副　「龍圖閣」，繫年要録卷一作「顯謨閣」。「京東漕」，繫年要録卷一作「京東轉運副使」。

〔五〕甲子　原作「乙亥」，據三朝北盟會編卷七一、繫年要録卷一、皇朝編年綱目備要卷第三〇及上下文計時順序改。

〔六〕非出北門濟子汸河不可　「子汸河」，中興小紀卷一及宋史卷四七三汪伯彦傳均作「子城」。

〔七〕至子河渡　「子河渡」，中興小紀卷一作「子城渡」。

〔八〕右文殿修撰　「右」原作「佑」，據中興小紀卷一及皇朝中興紀事本末卷一上改。

〔九〕戊午　原作「戊子」，據中興小紀卷一及宋史卷二四高宗紀一改。

〔一〇〕丁卯　原作「丁酉」，據繫年要録卷四、靖康要録卷一六及宋史卷二四高宗紀一改。

〔一一〕時使臣曹勛自河北竄歸　案據李心傳在繫年要録卷四考證，曹勛「以五月離燕山府，七月，至南京」。此處記載有誤。

〔一二〕以淵爲使司都統制　「統」原作「總」，據繫年要録卷五、皇宋中興兩朝聖政卷一及宋史卷三六九王淵傳改。

〔一三〕又命光世提舉使司一行事務　「司」原作「同」，據繫年要録卷五、皇宋中興兩朝聖政卷一及宋史全文卷一六上改。

〔一四〕淳熙六年　「淳熙」，宋會要輯稿食貨五五之二八、皇宋中興兩朝聖政卷四及宋史全文卷二五上作「乾道」。

〔一五〕謂其所見者小　「謂」，歷代名臣奏議卷四七同，斐然集卷二五先公行狀作「爲」。

〔一六〕猶不能給　「猶」，斐然集卷二五先公行狀作「尤」。

〔一七〕官所拘納鹽　「官」，斐然集卷二五先公行狀作「客」。

〔一八〕招糴　「招」，斐然集卷二五先公行狀作「補」。

〔一九〕而何㮚孫傅輩以誤國　「傅」原作「傳」，據繫年要録卷五、皇宋中興兩朝聖政卷一及宋史全文卷一六上改。下同。

〔二〇〕以爲緩計　「緩」，繫年要録卷五同，浮溪集卷一二王襄趙野分司制、中興小紀卷一及宋宰輔編年録卷一四作「遁」。

〔二〕竊恐國論猶以和議爲然 「竊」原作「切」，據繫年要録卷六及皇宋中興兩朝聖政卷一改。下同。

〔三〕關中爲上襄陽建康次之 「襄陽建康次之」，梁溪集卷五八議巡幸作「襄陽次之，建康又次之」。繫年要録卷六及皇宋中興兩朝聖政卷一作「襄、鄧次之，建康又次之」。

〔三〕九議責成 「責成」原作「久任」，據梁溪集卷五九、繫年要録卷六及皇宋中興兩朝聖政卷一改。

〔四〕謂王時雍 「謂」原脱，據繫年要録卷五、皇宋中興兩朝聖政卷一及宋史全文卷一六上補。

〔五〕至拘閉濟王夫人於櫃 「櫃」，繫年要録卷五作「櫃坊」。

〔六〕一曰自侍從而爲執政者 「自」，繫年要録卷七作「諸」。下同。

〔七〕朱宗 原作「朱宗之」，據三朝北盟會編卷八六、繫年要録卷三及宋史卷三七五鄧肅傳改。下同。

〔八〕馮澥成州居住 「成州」原作「辰州」，據繫年要録卷七及宋會要輯稿職官七〇之四改。

〔九〕陳沖 原作「陳仲」，據宋史卷二四高宗紀一、繫年要録卷八及皇宋中興兩朝聖政卷二改。

〔一〇〕連州安置 「連州」，三朝北盟會編卷一一二、繫年要録卷八及宋會要輯稿職官七〇之五作「英州」。

〔一一〕今即位四十日矣 「即位」原脱，據宋史卷三七五宗澤傳補。

〔一二〕黄潛善等白遣雱爲祈請使 「祈請使」，繫年要録卷六作「通問使」，浮溪集卷一〇作「通和使」。

〔一三〕爲吾兩國之成 浮溪集卷一〇從仕郎傅雱改宣教郎借工部侍郎充大金通和使制作「成吾兩國之歡」。

〔一四〕以張慤同知樞密院兼提舉户部財用 「提舉」，繫年要録卷六及宋史卷二四高宗紀一作「提舉措置」。

〔三五〕封爲隴西郡王　「隴西」，繫年要録卷六及宋史卷一五四輿服志六作「隴右」。

〔三六〕龍德宫器玩悉爲都監王球所竊　「球」，繫年要録卷六、皇朝中興紀事本末卷一下及皇宋中興兩朝聖政卷一均作「球」。

〔三七〕有内侍自京賫内府珠玉二囊來上　「來上」原脱，據繫年要録卷一〇及皇宋中興兩朝聖政卷二補。

〔三八〕上謂沈該曰　「上」原脱，據繫年要録卷一七七補。

〔三九〕有東安縣民丁國賓同其妻爲友所掠　「丁國賓」，宋史卷四六〇列女傳作「丁國兵」。

〔四〇〕譚氏極口肆罵　「極」原作「之」，據清影宋抄本、道光抄本及繫年要録卷八六改。

〔四一〕王存之徒　「王存」，皇宋中興兩朝聖政卷五及宋史全文卷一七上同，梁溪集卷一七六建炎進退志總叙下之上、繫年要録卷七作「王在」。

〔四二〕皇叔士㻊從上皇北狩　「士㻊」原作「士琣」，據宋史卷二四高宗紀一、繫年要録卷七及皇宋中興兩朝聖政卷二改。下同。

〔四三〕已奉迎隆祐太后　「隆祐」，梁溪集卷三四赦牓獨留中原詔、繫年要録卷七及宋史卷二四高宗紀一作「元祐」。案「元祐太后」改稱「隆祐太后」，在本年八月。當是。

〔四四〕故士大夫率附其議　「夫」原作「天」，據清影宋抄本、道光抄本及繫年要録卷七改。

〔四五〕棄河東河西河北京東京西淮南陝右七路生靈　「河西」「京東京西」原脱，據宗忠簡集卷一奏乞依舊

〔四六〕拘留虜使疏、繫年要録卷七及皇宋中興兩朝聖政卷二補。

〔四七〕五社爲一都社 「一」原作「二」，據繫年要録卷八改。

〔四八〕時名望益重 「時」原脱，據繫年要録卷八及皇宋中興兩朝聖政卷二補。

〔四九〕紹興三年 「三」原作「二」，據宋會要輯稿崇儒六之三一、繫年要録卷六六及皇宋中興兩朝聖政卷一四改。

〔五〇〕授洪州隱士潘興嗣之孫濤右迪功郎 「濤」原作「淳」，據皇朝中興紀事本末卷一九、宋會要輯稿崇儒六之二六至二七及繫年要録卷七五改。

〔五一〕執知州張勤轉運毛奎曾仔 「張勤」，繫年要録卷九同，宋史卷二四高宗紀一及皇朝中興紀事本末卷二作「張動」。「曾仔」，皇宋十朝綱要卷二一同，繫年要録卷九作「曾伃」，宋史卷二四高宗紀一作「曹仔」。

〔五二〕又遣鄭建雄閭勍代之 「代」，繫年要録卷九作「助」。

〔五三〕勸納發赴計司 「赴計」，類編皇朝中興大事記講義卷四竄李綱作「招討」。

〔五四〕又嘗以所書資治通鑑第四册賜黄潛善 「册」原作「策」，據繫年要録卷一七及皇宋中興兩朝聖政卷三改。

〔五五〕擢諫議大夫 「諫議大夫」，伊洛淵源録卷一〇楊文靖公墓誌銘作「右諫議大夫」。

〔五五〕朝廷方議棄三鎮 「三」原作「二」，據龜山集卷一上欽宗皇帝及伊洛淵源録卷一〇楊文靖公墓誌銘改。

〔五六〕役使群動　「動」，龜山集卷一上欽宗皇帝及伊洛淵源録卷一〇楊文靖公墓誌銘作「衆」。

〔五七〕姚古捄援太原　「捄」原作「捒」，據清影宋抄本及道光抄本改。

〔五八〕姦臓之吏　「臓」原作「賊」，據清影宋抄本改。

〔五九〕昔在諸路　「昔」原作「皆」，據清影宋抄本、道光抄本及龜山集卷一上淵聖皇帝改。

〔六〇〕守臣曾孝序死之　「曾孝序」原作「張孝序」，據繫年要録卷一一、皇宋十朝綱要卷二一及宋史卷四五三曾孝序傳改。

〔六一〕斡离嗢與其弟兀朮自燕山由滄州渡河攻山東　「斡离嗢」，皇朝中興紀事本末卷三作「窩里嗢」。「由」原作「内」，據清影宋抄本改。

〔六二〕虜圍二十有七日　「二」，繫年要録卷一一作「一」。

〔六三〕運判曹謂　「運」原作「通」，據道光抄本並參考宋史卷四四七唐重傳改。

〔六四〕帥臣李積降　「李積」，宋史卷二五高宗紀二作「李復」，繫年要録卷一三作「李復生」。

〔六五〕守臣向子韶死之　「向子韶」原作「向子褒」，據繫年要録卷一三、皇宋中興兩朝聖政卷三及宋史卷四四七向子韶傳改。

〔六六〕送吉州編管　「吉州」，三朝北盟會編卷一一五同，宋會要輯稿職官三六之二四、繫年要録卷一二及宋史卷四六九邵成章傳作「南雄州」。

〔六七〕又望節鉞矣　「鉞」原作「錢」，據繫年要録卷六四及宋史全文卷一八下改。

〔六八〕皆踰常制　「踰」原作「如」，據中興小紀卷一五、繫年要録卷六八及皇宋中興兩朝聖政卷一四改。

〔六九〕上之妹也　「妹」，宋名臣言行録別集下卷四作「姊」。

〔七〇〕及燕人何祖仲直抵八角鎮　「何祖仲」，繫年要録卷一三同，魯齋集卷一四宗忠簡公傳及宋史卷三六〇宗澤傳作「何仲祖」。

〔七一〕一子三孫　「三」，宗忠簡集卷一乞回鑾疏作「五」。

〔七二〕江西提刑留估勸民出私財助國　「留估」，繫年要録卷一三作「留怙」。

〔七三〕每匹三千　「三」，繫年要録卷四一及皇宋中興兩朝聖政卷九作「兩」。

〔七四〕減官私僦舍白地錢之半　「僦」原作「蹴」，據繫年要録卷一六二改。

〔七五〕潛裹刃入府　「裹」原作「衷」，據繫年要録卷二改。

〔七六〕止可以爲諫書耳　「止」，劉達可璧水群英待問會元卷一〇同，繫年要録卷一〇五及皇宋中興兩朝聖政卷二〇作「正」。

〔七七〕乃擁士琣往大名府　「士琣」原作「士棓」，據繫年要録卷一五改。

〔七八〕馬廣聚鄉兵保慶源五馬山　「馬廣」，繫年要録卷一三作「馬擴」，是。蓋避宋寧宗趙擴之諱改。下同。

〔七九〕惟輔舞槊刺殺其將號黑風大王者　「黑風」，宋史卷四五二劉惟輔傳作「黑鋒」。

〔八〇〕又遣將屯龍水峽　「龍水峽」，中興小紀卷三及繫年要録卷一五作「神水峽」。

〔八一〕新知鳳翔府王瓊自陝府將兵二千人之任　「二千」，清影宋抄本、道光抄本及中興小紀卷四作「三千」。

〔八二〕守臣楊棣　「楊棣」，繫年要録卷一八及宋史卷二五高宗紀二作「王棣」。

〔八三〕自中原俶擾　「擾」原作「優」，據皇朝中興紀事本末卷三改。

〔八四〕葉濃等相與謀　「葉濃」原作「葉儂」，據繫年要録卷一六、皇宋中興兩朝聖政卷三及宋史卷二五高宗紀二改。下同。

〔八五〕贈集英殿修撰　「修」原脱，據繫年要録卷一三二及宋史卷二四七趙叔近傳補。

〔八六〕號令一行　「一」，繫年要録卷二七及宋會要輯稿職官四三之一八作「不」。

〔八七〕遺平民椎剥之苦　「椎」原作「推」，據繫年要録卷二七及宋會要輯稿職官四三之一八改。

〔八八〕終必噬人　「必」原作「於」，據繫年要録卷一七、三朝北盟會編卷九八及宋史卷二四七趙子砥傳改。

〔八九〕則以復祠官　「官」，伊洛淵源録卷一二馬殿院作「宫」。

〔九〇〕遂賜李易以下四百五十人及第出身有差　「四百五十」，續宋中興編年資治通鑑卷一及皇朝中興紀事本末卷六同，宋會要輯稿選舉八之二及宋史卷二五高宗紀二作「四百五十一」。

〔九一〕不欲言此奇怪事　「言」，宋會要輯稿瑞異一之二五及繫年要録卷四六作「主」。

〔九二〕宣和間　「宣和」原作「政和」，據宋會要輯稿食貨三五之一九、建炎以來朝野雜記甲集卷一五經制錢改。

〔九三〕先親享太廟神主於壽寧寺 「先」，繫年要録卷一八作「上」。

〔九四〕二者無一可恃 「二」原作「一」，據清影宋抄本及繫年要録卷一八改。

中興兩朝編年綱目卷第二

高宗皇帝　己酉建炎三年

己酉建炎三年(一一二九)春正月,上在揚州。

詔群臣陳備禦策。從中丞張澂之言也。於是,呂頤浩言:「今虜騎漸逼京東(一),若人心一摇,則淮南望風而下。望下哀痛之詔,存撫兩路。今百辟皆言强弱不敵,臣願陰爲過江之備,而申飭諸將,訓習强弩,以俟夾淮一戰,此不易之策。夫彼之所長者騎,而我以步兵抗之,故不宜於平原曠野,惟扼險用奇,乃可掩擊。又水戰之具,在今宜講。然防淮難,防江易,近雖於鎮江之岸擺泊海船,而上流諸郡,自荆南抵儀真,可渡處甚多,豈可不豫爲計?望置使兩員,一自鎮江至池陽,一自池陽至荆南,專提舉造舡,且詢水戰利害。又駐蹕維揚,當以一軍屯盱眙,一軍屯壽春,以備衝突。」

葉夢得言:「靖康之失,在固守京城而不知避也。事有緩急,必當從權。伏望陛下通下情、遠斥堠,如必至於過江,宜亟降詔,以諭中外,則人心安矣。臣又願取諸要郡,東則鄆、徐、南京，西則廬、壽、和州，南則唐、襄、荆渚，各立軍數，使之召募。仍命大將與帥參治，復選近臣爲總帥以節制之。又乘輿或至兩浙，則鎮江、金陵尤當先治。陛下毋以宇文虚中奉使未回，意和議爲可恃也。靖康正緣恃和議而墮虜計，今安可待萬里之報哉？」

權直學士院張守言：「金人自去冬已破澶、濮、德、魏，而游騎及于濟、鄆。雖遣范瓊、韓世忠會戰，而二將未可恃。臣謂今日莫先於遠斥堠。昔三國時，烽火一夕五千里，而前日北京失守，再浹始知。今之爲策有二：一防淮，二渡江。若爲中原計，而幸虜不至，則用防淮之策；若爲宗社計，而出於萬全，則用過江之策。然權其輕重，勢當南渡，而别擇重帥以鎮維揚。」時群臣奉詔論邊事者，黄潛善等皆送御史臺採節，申尚書省。

虜陷徐州。粘罕陷徐州，守臣王復駡虜不屈，闔門百口皆遇害，後謚莊節。

初，韓世忠在淮陽，將會山東諸寇以拒虜。會粘罕兵至滕縣，聞世忠扼淮陽，乃分兵萬人趨揚州，以議事爲名，使上不得出。而粘罕以大軍迎世忠，世忠不能當，夜引歸，軍無紀律。未曉，至宿遷縣，不慮金人之踵其後，質明，覺之，犇于沭陽。世忠與其帳下謀，夜棄軍走鹽城縣，翌日，諸軍方覺，遂潰去。

陷淮陽、泗、楚等州。陷淮陽，執守臣李寬。

陷泗州，守將吕元、閻瑾已焚淮橋遁。虜由招信路將渡淮，縣尉孫暉將射士民兵禦之〔二〕，沉其數舟。會大霧蔽日，虜不測其多寡，相持踰半日，以疑兵縻暉，自上流渡兵，暉且戰且卻，及城破，竟死於敕書樓。凡留虜三日，不爾，則仗衛幾於不戒。詩人王彦國作詩，紀其事甚詳。

陷楚州，守臣朱琳降。

以數百騎奄至天長軍，守將俱重、成喜將萬人俱遁。

陷泰州，守臣魯班降。

陷高郵軍，守臣趙士瑗遁，判官齊志行降。

犯滄州，守臣劉錫遁，通判孔德基降。

時命劉光世領軍迎敵，未至淮而軍潰。

陷揚州。二月，上如杭州。時得天長報，聞虜已至，上乃躬甲冑，乘馬南巡，惟内侍及護聖軍從之者數人而已。二相方會食，有問者，猶以不足畏告之。堂吏呼曰：「駕行矣！」乃戎服鞭馬南騖，軍民争門而出，死者不可勝數。給事中黄哲、左諫議大夫李處遯、太府少卿朱端友皆死。揚州守臣黄願遁去。大理卿黄鍔至江口〔三〕，軍人以爲潛善，罵之曰：「誤國誤民，皆汝之罪。」鍔方辨其非是，而首已斷矣。少卿史徽、丞范浩繼至，亦死。時事出倉卒，朝廷儀物皆委棄之。太常少卿季陵亟取九廟神主奉之，及出門，甲騎已塞道。行數里，回望揚州城中，煙焰燭天，臣僚士庶及帑藏所儲，爲虜殺掠殆盡。公私所載之物，舳艫相銜，而潮不應閘，盡膠泥淖中，虜悉取之。

呂頤浩、張浚聯馬追及上于瓜州鎮，得小舟，即乘以渡，至鎮江。

初，右諫議大夫鄭瑴累章請移蹕建康，宰執沮之。至是，瑴扈從，上曰：「不用卿言，及此。」

次鎮江，留劉光世以兵扼江險。

次平江，命朱勝非爲平江府秀州控扼使，以禮部侍郎張浚副之。勝非尋召赴行在，悉以兵事付浚。

過吴江縣，命張俊以所部屯於吴江〔四〕。

至杭州，以州治爲行宫。

虜陷晉寧軍。守臣徐徽言死之。初，徽言與府州折可求約出兵夾攻虜，時可求之子彦文自東京來，被虜至雲中，粘罕以利啗之，使爲書以招其父，於是可求遂降於虜。可求與徽言，親也。虜挾可求招徽言於城下。徽言以大義責可求，引弓射之，可求走，徽言因引兵擊虜，大敗之，斬婁宿孛堇之子。先是，徽言陰結汾、晉土豪，約以復故地，則奏官爲守長，聽其世襲。會朝論與虜結好，恐出兵則敗和議，抑其所請，不報。虜忌徽言，欲速拔晉寧以除其患，圍之三月，屢破却之。久之，城中矢石盡，士困餓不能興，監門官石贇夜啓關納虜，城遂陷。徽言即縱火自焚其家人，率親兵力戰。比曉，力屈，爲虜所執。虜知其忠義，欲生降之，徽言罵虜不絶聲而死。後加贈謚忠壯。時統領孫昂與徽言共守，亦力戰不屈而死。

大赦。惟李綱不赦。蓋潛善建陳，猶欲罪綱以謝虜也。

紹興初，胡安國上時政論，有曰：「陛下自初即位，思建中興，而將相大臣黄潛善、汪伯彦等，不能奉令承教，乃廣引廢忠毀信、靖譖庸回、服讒蒐慝之黨，變亂名實，顛倒是非，以上惑朝聽。貶馬伸於關市，出許翰、楊時於閑散。如孫覿、劉觀、鄭瑴輩流並居邇列。維揚奔潰，無所歸咎，恐陛下討其誤國之罪也。復指結余覩、殺邦昌，爲致寇之由。特下赦音，元惡大憝皆得洗滌，而李綱獨不與焉。此雖假借朝廷詔令行之，安能掩天下之公論乎？及范宗尹當朝，又欲汲引失節鄙夫如李擢等，以蓋其北面僞楚之惡。是非邪正，出於人心，如辨白黑，焉可誣也？其爲計不忠亦甚矣！」

黄潛善、汪伯彦罷。中丞張澂論之也。數其大罪二十，致陛下蒙塵于外，天下人切齒唾駡。乃並除外郡，尋宫觀責降。

臺臣言馬伸嘗論二人之過〔五〕，而陳東、歐陽澈於二人秉政日，以言被刑。乃以衛尉少卿召伸，而東、澈並贈京秩。

却獻助。泗州富民獻緡錢五萬，却之。

紹興十四年，饒州富民獻緡錢十萬，却之。

詔罪已求言。略曰：「朕已放宫嬪，損服御，黜宰輔，召忠良。尚慮多方未知朕意，自今事有關於國體，益於邊防，許士民直言，朕採擇行焉。仍旌以示勸，言之或失，亦不汝尤。」御史中丞張守言：「聽言之難，從古所患。臣嘗求其要，未有如伊尹告太甲之言，爲切且至也。其言曰：『有言逆于汝心，必求諸道；有言遜于汝志，必求諸非道。』臣試爲陛下論之，夫逆心之言，未必皆合乎道，然未見人主所向而言，志在責難，則鮮有不逆者，要當以道求之。遜志之言，未必皆違乎道，然或伺人主所向而言，志在容悦，則鮮有不順者，要當以非道求之。從違之際，禍福成敗，如反覆手。大抵人心喜順而惡逆，遜志則易入，逆心則難行。人主能於常情所惡而求其是，於常情所喜而求其非，然後智出衆人之上，而群言不能惑。君子小人之情狀，皆即吾心逆順之間而知之，不亦簡且易乎？又況逆心之言雖衆，每不能勝遜志之一言，尤不可不察，請以一二事明之。唐高宗志在廢王后而立武氏也，韓瑗、來濟、上官儀輩莫不切諫。以至受遺定策，如長孫無忌之親、褚遂良之忠，皆以爲不可。獨李勣曰：『此陛下家事，何須問外人。』卒立武氏，而篡奪之禍，幾至亡國。秦苻堅志在伐晉也，權翼、石越、苻融輩更進互説，以至所厚如王猛，親且愛如太子宏，少子詵，皆以爲不可。

獨慕容垂曰：『陛下神謀内斷足矣，不煩廣訪朝臣，以亂聖慮。』遂定計南伐，而淝水之敗，僅以身免。則是遂志之一言，足以喪邦；而逆心之衆言，莫能救藥。二君不能即所逆順，而求之於道與非道之間，禍敗至於如此，豈不痛哉！」

三月，以朱勝非爲右僕射。故事命相，進官三等，勝非特遷五官。

簽書呂頤浩爲江東制置使。兼知江寧府。自乾德以來，輔臣以本職典藩者，惟呂餘慶、郭逵及頤浩耳。

置强弩營。張浚乞於沿江置强弩營，選州禁兵、縣弓手爲之。

王淵簽書樞密院事。舊制，簽書必帶檢校官，故治平中，郭逵以檢校太保爲之。至是，淵以嚮德軍節度直除，非制也。仍依舊兼御營使司都統制。朱勝非言：「王淵除命，諸將有語，臣謂武將作樞，有免進呈書押故事。又兼都統制，於諸將尤有利害。臣欲用故事免之，仍罷其兼官，庶弭衆言。」上然之。

苗傅、劉正彦叛，請上禪位皇子魏國公，隆祐太后同聽政。上居睿聖宮，大赦。時御營前軍統制官苗傅與副統制劉正彦見王淵擢用〔六〕，且乘有狄難，遂圖不軌。正彦，法子也。淵故爲法部曲。先是，以舊恩從淵求官，淵薦於朝，而以文换武，得威州刺史。

又以所領精兵三千付之，正彥因招對賊丁進等。久之，除團練使。正彥意不滿，而淵檄取其兵，正彥固執不遣，以此怨之。又傅以淵素出其下，尤怏怏不平。上之在維揚也，内侍康履頗竊威福，諸將皆嫉之，未有以發。洎自杭州，江下觀潮，中官供帳，赫然遮道。傅等切齒曰：「汝輩使天子顛沛至此，猶敢爾邪！」癸未，劉光世除殿前都指揮使，百官入聽宣制。傅等脇所部兵以叛，執淵殺之，並殺内侍數十人。傅等與中軍統制官吴湛通爲囊橐，湛亟閉宫門。宰執入奏事，勝非、顏岐、張澂、路允迪急趨樓上，傅、正彥與其屬張逵、王鈞甫、馬柔吉、王世修輩列樓下，皆被甲露刃，以竿梟淵首。知杭州康允之扣内東門求見，請上御樓，不然無以止變。上從之。管軍王元大呼曰：「聖駕來。」傅等望見黄蓋，即山呼而拜。時百官咸在，三軍恟恟未定，傅乞誅康履，上未允。軍器監葉宗諤曰：「陛下何惜一康履，姑以慰三軍。」上命吴湛執履付傅等，即殺之。衆猶未退，乃請遣使金人，且乞隆祐太后垂簾聽政。上顧群臣曰：「今日之事如何？」有浙西機宜時希孟者輒曰：「乞問三軍〔七〕。」於是，杭州通判章誼越班出，斥希孟曰：「問三軍何義，若將鼓亂耶？」上乃命顏岐請太后出宫，太后不登樓，徑往諭諸軍，勝非從太后至樓前，太后鐫諭久之，傅等以垂簾請。樓上傳旨，可之。太后乃還。傅等不退，復請上爲太上皇帝，魏國公攝政，庶便和議。勝非泣曰：「逆謀一至於此，臣位宰相，義當死國。」乃趨出，呼其幕屬將佐至前，曰：「諸君言二將此事出于忠義爲國耶？或更有它圖？」皆曰：「忠義爲國。」勝非曰：「若果忠義，則當上下一心，並聽朝廷處分，有異志者誅之。」皆曰：「諾。」時兵部侍郎、直學士院李邴以逆順之理曉之，由是，兇焰少挫。既退，勝非奏來日當降赦，蓋群兇殺王淵，又劫掠，意必望赦，然不知逆惡自不赦。上可之。上曰：「康履忽諸將，有取死之道。」勝非曰：「附履者必有所求，求而不得，則怨矣。」上曰：「此事終如何？」勝非曰：「臣觀王鈞甫輩，乃其腹心。適嘗語臣云：『二將忠有餘，而學不足。』此語可爲後圖之緒。」上曰：「來早太后御殿。」勝非曰：「母后稱制，須二人同對。承平故事，於今難用。乞許獨對，仍自苗傅始，與其徒日引一人上殿，以弭其疑。且乞太后隨宜勉之，庶有動心者。」兩宮以爲然。太后語上曰：「賴用此人，若舊相未去，事已不可收拾矣。」時傅等揭榜通衢，有「天其以予救萬民」之語，見者憤之。甲申，上徽號於上曰「睿聖仁孝皇帝」。遂幸睿聖宮，以杭州顯慶寺爲之〔八〕。太后臨朝，魏國公攝政，大赦天下。自是日引傅等，太后勉之，皆有喜色。而臣僚獨對論機事，賊亦不疑矣。

先是，王世修見朱勝非，勝非知其可以利動，許以從官。於是爲之往來，傳道二兇，請移蹕建康。又趣遣使且改年號，且言炎爲兩火，故多盜賊。勝非以三事奏，太后曰：「三事中惟年號稍輕，若全然不從，恐別生事。」乃降詔以建炎三年三月十一日爲明受元年。

以鄭瑴爲御史中丞。時二兇日以殺人爲事，且頻入都堂，瑴嘗面折之。勝非白太后，故有是除。㲄遺所親謝嚮微服至平江，見張浚等，令嚴備而緩進。又作杜鵑詩諭百官，當迎乘輿反正之義〔九〕。㲄言：「傅等便宜，止可行於所部士卒。又都堂，國論所出，非庶臣得與，請頒其章示之。」傅等雖怒，然由此少戢。

呂頤浩、張浚等會師赴行在。初，赦書至平江，浚即走介入杭問賊狀。至江寧，頤浩亦走介入杭，且寓書於浚及劉光世，約共起兵。時朝廷以禮部尚書召浚，令以所部兵付浙西提刑趙哲。復除張俊鳳翔府總管〔一〇〕，令以所部兵付統制官倶重，趣俊令赴鳳翔。浚與哲各不奉詔。浚召哲及守臣湯東野，令各具奏，言：「虜未盡退，若浚朝就道，則夕敗事。」浚又慮苗傅等兵上抵平江，則失枝梧，乃令俊先遣精兵二千扼吴江。於是，浚上表，大略言：「國家多難，正人主馬上圖治之時，願請睿聖不憚勤勞，親總要務。」復與二兇咨目，且欲得辯士往説之，使無他圖。浚與蜀人馮轓有太學之舊，時轓在平江，浚乃遣之入杭見二兇，爲陳逆順。於是，剋日進發。先是，二兇以書抵浚，曰：「伊、周之事，非侍郎孰當之？」浚復書略曰：「自古言涉不順，謂之指斥乘輿；事涉不順〔一一〕，謂之震驚宫闕。至於遜位之説，則必其子長而賢，因託以政，使利天下。不然，謂之廢立。廢立之事，惟宰相大臣得專之。不然，則謂之大逆，族矣！上春秋鼎盛，一旦遜位，似非所宜。嗚呼！天祐我宋，所以保祐聖躬者歷歷可考，出質則虜人欽畏，而不敢留〔一二〕；奉使則百姓謳歌，而有所屬。天之所興，誰能廢之？」二兇得書，與其屬俱至都堂，言浚見詆，以爲逆賊，所不能堪。朱勝非恐生它變，即奏責浚散官，郴州安置。時兩宫音問幾不相通，太后遣小黄門密至睿聖宫，白上曰：「張浚不得已貶郴州。」上方啜羹，不覺羹覆於手。

甲午，頤浩發江寧。乙未，次丹陽，光世自鎮江來會。丙申，世忠由海道至平江。壬寅，頤浩至，浚乘小舟迓之。於郵中得堂帖，乃貶郴州之命。浚恐將士觀望，即袖之，語書吏云：「有旨，趣赴行在，令申已發之日。」是夜，共宿城外。頤浩呼其屬删定官李承造草檄文，浚爲潤澤之。時世忠兵寡，頤浩與浚議，分俊兵濟之，俊乃以統領官劉寶一軍二千借世忠。初，二兇矯制，命世忠屯江陰。世忠陽爲好語以報曰：「殘兵不多，欲部至行在。」二兇許之。時俊步將安義陰結二兇，欲代俊，奪其兵，斷吴江橋以應賊。浚乃遣世忠屯秀州，以伐其謀。世忠至秀，乃稱疾不行，而造攻具，二兇始駭。諸將皆謂賊窮，則邀駕入海，浚又遣統制官陳思恭、辛道宗治舟師於海道，以遮賊南遁。於是，傳檄内外，以世忠爲前軍，俊以精兵翼之，頤浩總中軍，光世親以選卒爲游擊，而分兵以殿。於是，知平江府湯東野悉倉儲以餉，軍用不乏。乙巳〔一三〕，勤王之師五萬發平江，時久陰乍晴，識者知必破賊。

先是，二兇懼外師之至，檄杭州集保甲、選器械、扃城門、塞河道，守臣康允之悉不爲行。勤王之師至秀州。是夜，有刺客至張浚帳前，浚顧左右已睡，問爾欲何爲，對曰：「某粗讀書，知逆順。豈爲賊用？況侍郎忠節，安忍相害？但見爲備不嚴，恐後有來者。」浚下執其手問姓名，曰：「言之是徼利，某河北人，有母在，今徑歸矣。」浚翌日取郡獄死囚斬以徇，曰：「此刺客也。」後亦無他。

夏四月朔，上復位。尊隆祐太后爲隆祐皇太后。二兇聞勤王師來，甚恐。至是，馮轓知可動，白朱勝非曰：「張侍郎以國步艱難，正當馬上治之。主上傳位幼子，恐有不測之變。縱主上固執內禪，猶有一說，主上受淵聖詔，爲兵馬大元帥，嗣聖易稱皇太姪，太母垂簾聽政〔一四〕，大元帥總兵征伐于外，此最爲得策。」勝非令轓與二兇議，二兇有許意，遂拉同議都堂。轓同二兇同王鈞甫等並引見，太后勞問曰：「卿等皆忠義之臣。」初，張浚戒轓乞以錢券賜二兇，用釋其疑，轓遂奏太后，許之。議遂定。詔百官赴睿聖宮奏請，人皆歡呼，以謂復辟。至則宣詔：「睿聖皇帝稱太弟，依舊康王、天下兵馬大元帥；皇帝宜稱皇太姪。」於是，中丞鄭瑴極論以爲不可。百官退詣睿聖宮，上御殿引見二兇，勞問有加，詞色粹然。二兇以手加額曰：「聖天子度量如此。」二兇歸營，逆黨張逵曰：「趙氏安矣，苗氏危矣！」王世修大悖，夜詣勝非府變其事，復欲正嗣皇依舊，而睿聖之名止稱處分天下兵馬重事。勝非不能奪，轓力爭。勝非曰：「勿與較，其實一也。」勝非召傅等六人至都堂，議復辟事，令軍中自爲一奏。傅無語，正彥尚以爲疑。勝非曰：「勤王之師未來者，使是間自反正耳。所以招君等議，蓋欲上下和同。不然，下詔率百官六軍請上還宮，君等置身何地？」正彥退立，傅長吁曰：「獨有死耳。」勝非以責世修，於是，世修以言逼傅等，不能答。勝非乃使世修草奏，持歸軍中，諸將書名。除世修工部侍郎，賜金帶。勝非即召學士李邴、直院張守分作百官章，三奏三答，及太后手詔與赦文皆具。是日，文武百官赴睿聖宮〔一五〕，迎請復辟。駕還行宮，都人夾道焚香，衆情大悅。詔太后宜上尊號曰隆祐皇太后，嗣君宜立爲皇太子。庚戌，復年號。

尋以苗傅、劉正彥爲淮西制置使、副〔一六〕。時勤王兵次臨平，苗翊、馬柔吉以重兵禦之，韓世忠等力戰，翊等敗走。傅、正彥遣兵援之，不能進。勝非命諸將集兵皇城門外，知杭州康允之謂勝非：「不若遣人諭二兇，使速引兵去。」是夕，遂開湧金門以出，遇大雨，倉皇而遁。世忠兵至，遂擒王世修及吳湛，皆戮之。

以張浚知樞密院事。浚時年三十三，國朝執政，自寇準以後，未有如浚之年少者。

朱勝非罷。勝非在相位凡三十三日。至是，出知洪州。門下侍郎顏岐、中書侍郎王孝迪、右丞張澂、簽書路允迪並罷，以不能止二兇之亂也。

李邴遷左丞〔一七〕，**鄭瑴遷簽書。**初，二兇之亂，朱勝非言：「浹日以來，從宮中能助朝廷者，惟邴與瑴。如中書舍人林遹、刑部侍郎衛膚敏，皆杜門不出，乞遷邴、瑴，以厲其餘。」自後，凡累遷。至是，復有是除。

以吕頤浩爲右僕射。初，勝非求去，上問誰可代者。勝非曰：「以時事言之，須吕頤浩、張浚。」上曰：「二人孰優？」勝非曰：「頤浩練事而麄率，浚喜事而踈淺。」上曰：「俱輕浚太少年。」

大赦。舉行仁宗法度，録用元祐黨籍。即嘉祐法有與元豐不同者，賞格聽從重，條約聽從寬。係石刻黨人，並給還元官職及合得恩澤。

時以給事中召胡安國，未至，先上中興策十四篇，其論覈實有曰：「凡政事綱紀，莫大於賞罰，而功罪是非，以毁譽爲本者也。必要其真僞，然後賞罰當〔一八〕。比者赦文，欲遵嘉祐，德意甚美。臣嘗攷嘉祐政事之大要，在於直言數聞，毁譽覈實而已。丁謂以姦邪爲宰相矣，雷允恭傳達内外擅權矣〔一九〕，黄德和以監軍誣奏邊將矣〔二〇〕，或斥或誅，或投諸四裔，而獄情審克，卒無冤濫，是毁譽不得亂真而邪説息也。寇準以忠正遭遠貶矣，范仲淹以危言屢獲罪矣，歐陽脩以譏斥佞人招難明之謗矣，或辨明誣枉，或擢升侍從，或遂聞政事〔二一〕，是毁譽不得亂真而直道行也。邪説息，直道行，則惡人有所憚而不爲，善人有所恃而不恐，此所以致至和、嘉祐之治者也。」

以僕射同平章事，復參知政事。命尚書左、右僕射並同中書門下平章事，門下、中書侍郎並改爲參知政事，尚書左、右丞並減罷。自元豐改官制，肇建三省，凡軍國事，中書揆而議之，門下審而覆之，尚書承而行之。三省皆不置官長，以左、右僕射兼兩省侍郎，二相既分班進呈，自是首相不復與朝廷議論〔二二〕。宣仁后垂簾，大臣覺其不便，始請三省合班奏事，分省治事，歷紹聖至崇寧，皆不能改。議者謂門下相既同進呈公事，則不應自駁已行之命，是東省之職可廢也〔二三〕。及是，上納頤浩等言，始合三省爲一，如祖宗之故。論者韙之。於是，頤浩同平章事，李邴改參知政事。

胡安國上中興策，有曰：「朝堂者，萬化之源，而法令之所從出也；宰相者，百寮之表〔二四〕，而人才之所由進也。欲知治亂存亡之驗，觀所用宰臣賢否，則可見矣。故人主所職在論相，而小事因革、小臣用捨，有不與焉。靖康之初，固欲興衰撥亂〔二五〕，建中興之業矣。然攷於政化，則郡縣諸路頹弊益深；攷於人才，則守令、監司曠瘝如舊者，以六曹、二省〔二六〕，尚多前日之臣也。六曹事壅不決，而賄賂公行，二省請託紛紜，而紀綱大紊者，以宰執重臣尚皆宣和之舊也。建炎改元，宜革前弊，而黄潛善、汪伯彦復居宰府，陷害忠臣，杜絶言路，正塗壅塞，顛倒是非，變亂名實，中原淪没，宗廟丘墟，雖食二臣之肉，何益矣？今者既屏巨姦，别除將相，亟下赦令，明告四方，紹述昭陵，敷求規諫。只此二事，自足興邦。願與大臣守而勿失，一由公道，深鑒覆車，廣招忠賢，布在列位。至於傾險衰亂之臣，屢經世變，罪惡昭著，指爲不祥，何必曲加保護，使汙朝省封植亂本乎？宜取殿院馬伸彈擊之人，書名司寇。而召公論所歸者，寘諸邇列，使各薦引其類，分布臺省，不以衰亂之臣錯雜其間，則諸路郡縣以次得人，而積習亦變而歸正矣。」又曰：「臣聞爲天下國家者，必先明其職守，謹擇宰臣，奉若天道者，人主之職。招延賢俊，布列中外者，宰輔之職。扶持公論，消伏邪説者，臺諫官之職。三者各得其職，而大經正矣。陛下嗣承寶位，遭值艱難，戎狄侵陵，勢當右武。屢下明詔，親與二三大臣專理戎旅之務，此固方今所急。然而，戎事以折衝爲先，以斥堠爲要。所任爲股肱心膂者，兩府重臣，而折衝之本也。所信爲耳目聰明者，諫官、御史，即斥堠之司也。不識二者已皆得其職守乎？若乃弊精神，勞智力，汲汲於簿書期會、決遣詞訴之間，日不暇給，而英俊不升，姦佞不黜，内司非其人而不知，外吏曠其守而不治，則宰輔失其職矣。似聞比日中外申陳，如防江利害，凡百措置，瑣細事目，悉經都堂批鑿。而言章所論，至及一京官淫汙，乞换爲武弁者。凡此類，亦何足煩化筆、汙白簡哉？夫宰輔失其職，則股肱墮，而精神不能折衝矣。臺諫失其職，則視聽壅，而耳目不能爲斥堠矣。是户内棄城，堂上失將也，尚何戎旅之可理乎？近者既合東西兩省，正宰相之權，願更敕尚書，細務並歸六曹長貳，非大政事，更不經由。而專責宰執以進賢退不肖，使文武各得其職爲己任。臺諫官凡將相有大姦惡，法度有大利害，國勢有大安危，首當盡言，無得緘默。至於薄物細故，勿復以聞。則人主之職守亦明〔二七〕，而精神折衝，斥堠見萬里之外，軍政亦舉矣。」

上如建康府。改江寧爲建康。

上之次鎮江也，諭執政，以張慤古之遺直，陳東忠諫而死，命守臣致祭，皆厚恤其家。

立皇子旉爲皇太子。

虜以我叛臣劉豫知東平府。兼節制河南。初，豫據濟南，以城降虜。至是，命豫知東平，以其子麟知濟南府。於是，虜盡取山東地，惟濟、單、興仁、廣濟以水阻尚存焉。

曾紆除直顯謨閣，章誼爲郎官。初，勤王所檄至湖州，守臣梁端會寄居官葉夢得等謀之。衆未及言，主管鴻慶宫曾紆曰：「此逆順甚明，出師無可疑者。」趣端張榜，用建炎年號。時賊使來取兵器，紆又請繫之，毋令還。至是，中丞張守言紆首明大義。詔除直顯謨閣。而殿中侍御史王庭秀亦言〔二八〕：「杭州通判章誼首叱時希孟，使人知逆順。」詔擢誼爲郎官。

五月，以張浚爲川、陝等路宣撫處置使。以川、陝、京西、湖南北路爲所部。初，上問浚以方今大計，浚請：「身任陝、蜀之事，置司秦川。而别委大臣與韓世忠鎮淮東，令吕頤浩扈駕來武昌，張俊、劉光世從行，庶與秦川首尾相應。」上許之。

初，群盜薛慶、靳賽皆嘯聚淮上，慶據高郵軍，衆至數萬。浚聞其欲歸麾下，請自往招之，纔渡江而賽降，浚徑至高郵，入慶壘，從行者不及百人。出黄榜諭之，慶感服再拜。欲求厚賞，留浚三日，而外閫不知〔二九〕，浮言胥動，真州守臣以聞。宰執遽議罷浚，仍遣王瓊提兵往平其事〔三〇〕。瓊渡江，慶先以兵衛浚而出，乃召浚赴行在，浚辭曰：「高郵之行，徒恃忠信，雖不至如所傳聞，然臣爲大臣，輕動損威，爲罪莫大。」詔不允。浚還，上太息，即日趣就職。既又改高郵軍爲承州，仍命慶守之。上親書御製中和堂詩賜浚，曰：「願同越勾踐，焦思先吾身。」卒章曰：「高風動千古〔三一〕，屬意種蠡臣。」

滕康簽書樞密院事〔三二〕。時張浚與吕頤浩建議幸武昌，爲趨陝之計，康爲右諫議大夫，與中丞張守力持不可。且曰：「東南，今日根本也。」上擢康翰林學士。翌日，而有是除。康既秉政，張浚西行之議遂格。

張忞罷。忞除中書舍人，初入見，言：「上即位以來，無纖毫之失。」上謂大臣曰：「自古人君不患無過，患不能改過耳。忞諂諛如此，豈可寘之從班。」乃落職宫觀。

洪皓使虜。充通問使，上遣粘罕書，願去尊號，用正朔，比於藩臣。

劉正彦、苗傅伏誅。韓世忠獲正彦于浦城。未幾，傅亦就擒。檻送行在〔三三〕，詔誅之。

改鑄虎符。

復西京。先是，兀室、余覩再入西京〔三四〕，尋棄去。翟興時爲京西北路制置，率將吏至永安軍，朝謁諸陵。

置江州路安撫制置使。尚書省言：「江、池、饒、信爲江州路，知州帶安撫制置使〔三五〕，庶幾任責稍專。」從之。

六月，淫雨，詔求言。上以陰雨不止，慮下有陰謀，或人怨所致，以諭輔臣。於是，呂頤浩、張浚皆謝罪求去。上曰：「宰執豈可容易去位？來日可召郎官以上赴都堂，言闕政。」

中丞張守言：「陛下罪己之詔數下，而天未悔禍，實有所未至爾。儻能應天以實不以文，則安知譴告警懼，非誘掖陛下以啓中興之業乎？」先是，守爲殿中侍御史，嘗進修德之説，疏凡三上，有曰：「願陛下處宮室之安，則思二帝、母后穹廬毳幕之居；享膳羞之奉，則思二帝、母后羶肉酪漿之味；服細煖之衣，則思二帝、母后窮邊絶塞之寒苦；操予奪之權，則思二帝、母后語言動作受制於人；享嬪御之適，則思二帝、母后誰爲之使令；對臣下之朝，則思二帝、母后誰爲之尊禮。要如舜之兢業，湯之危懼，大禹之菲惡，文、武之憂勤，聖心不倦，盛德日隆，而天下不助順者，萬無是理也〔三六〕。」及是，又申言之，且曰：「天時人事，至此極矣。陛下覩今日之勢，與去年孰愈？而朝廷之措置施設，與前日未始異也。俟其如維揚之變而後言之，則雖斥逐大臣，無救於禍。漢世災異，策免三公，今位宰相者，雖有勳績，然其才可以辦一職，而識不足以斡萬機。願更擇文武全才、海内所共推者，擢任之。」

中書舍人季陵言：「臣者，君之陰；妻者，夫之陰；夷狄者，中國之陰。金人累歲侵軼，生靈塗炭，城邑丘墟，怨氣所積，災異之來，固不足怪。惟先格王，正厥事，則在我者，其可忽耶？臣觀廟堂之上，無擅命之臣，惟將帥之權太盛。宫闈之内，無女謁之私，惟宦寺之習未革。今將帥位高身貴，家温禄厚，擁兵自衛，浸成跋扈之風。去年禦敵，嘗遣王淵，桀驁不行，改命范瓊，心懷怏怏。苗、劉二賊，乘間竊發，豈一朝一夕之故哉？逮勤王之師一至錢塘，拘占屋舍，攘奪舟船，凌轢官吏，侵漁百姓，恃功益驕，莫敢誰何，此將帥之權太盛，意其有以干陽也。宦寺撓權，爲日固久，不幸維揚大臣闇於事機，渡江之初，得以自衒，竊弄威柄，有輕外朝之心，上下共憤，卒碎賊手，亦可以戒矣。比聞藍珪之流，復有召命，黨與相賀，氣焰益張。衆召僧徒，廣設齋會，以追薦錢塘之被害者。行路見之，疑其復用，莫不切齒。此宦寺之習未革，意其有以干陽也。」

吏部侍郎劉珏言：「北戎强大，陰盛陽微，故陰雨爲災，此群臣所共知也。若乃孝悌通神明，至誠動天地，此陛下所宜知，群臣未嘗言也。今二聖遠在龍荒，陛下居九重之尊，享四海之奉，亦嘗思其燕處之不安、飲食之不時乎？願陛下精禱於天，詳見於事，揭爲臺觀，以表望思，時遣使人，以伸所請，則孝悌之道至矣。陛下有仁聖之資，而二三執政專爲蔽塞，使不外見。夷狄已和而背之，盜賊已降而殺之，詔令徒文具而無其實。實之不至，何以能格？願取建炎以來所下詔令，參稽而行，則至誠之道著矣。此感人心，銷天變，召和氣之大者也。」上嘉納之。

罷王安石配饗。司勳郎趙鼎言：「自熙寧間王安石用事，肆爲紛更，祖宗之法掃地，而生民始病。至崇寧初，蔡京託名紹述，盡祖安石之政，以致大患。今安石猶配饗廟庭，而京之黨未族。臣謂時政之闕，無大於此，何以收人心而召和氣哉？」上納其言，遂罷安石配饗神宗廟庭。靖康初，廷臣已有此請，争議紛然，至是始決。

罷賞功司。以其事歸本部。

録忠義後。

下罪己詔。以四事自責：一曰昧經邦之遠圖，二曰昧戡難之大略，三曰無綏人之德，四曰失馭臣之柄。仍命出榜朝堂，徧諭天下，使知朕悔過之意。

袁植罷。時爲右司諫。初，植請再貶汪伯彦，而誅黄潛善及失守者權邦彦、朱琳等九人。上曰：「渡江之役，朕方念咎責己，豈可盡歸罪大臣？植乃朕親擢，雖敢言，至導朕以殺人，此非美事。」吕頤浩曰：「聖朝弼臣罪雖大，止貶嶺外，故盛德可以祈天永命，植發此念，已傷和氣。」滕康曰：「如植言，傷陛下好生之德矣。」乃下詔，略曰：「朕親擢袁植，置之諫垣，意其補過拾遺，以救闕失。而植供職以來，忠厚之言未聞，殺戮之事宜戒。可出知池州。」明日，康見上曰：「大哉王言！太祖以來，未嘗戮大臣，國祚久長，過於兩漢者，此也。」未幾，潛善卒于梅州。

越明年，六月，以潘良貴爲湖南提刑。上因謂輔臣曰：「良貴頃爲諫官，與袁植皆勸朕誅殺。祖宗以來，未嘗戮近臣，故好生之德，信於天下，若此，必失人心。」趙鼎曰：「諫諍之職，尤不當以此導人主也。」

以吕祉爲右正言。祉上疏論致治之要，以聰明爲本。大略謂：「善持養之，則聰日聰，明日明，利及天下，而生靈皆蒙其福。不善持養，則聰日不聰，明日不明，害及天下，而生靈皆受其禍。所以爲堯、舜，爲文、武；爲桀、紂，爲幽、厲者，皆由是也。持養之道，要在有益於聰明者爲之，勿以小善爲無益而弗爲也。有損於聰明者去之，勿以小惡爲無傷而弗去也。」

虜陷磁、單等州。磁州守將蘇珪降。

尋陷單州。

陷興仁府。

陷南京，執守臣凌唐佐〔三七〕，因而用之。

陷沂州，守臣某人以城降。

秋七月，韓世忠加兩鎮節度。 賞平苗、劉之功也。且御書「忠勇」二字，表其旂幟。又封其妻梁氏爲和國夫人，給内中俸以寵之。將臣兼兩鎮，功臣妻給俸，並始此。

王庭秀罷。 自殿中侍御史出知筠州。以論呂頤浩除擬不公，故有是命。初，中丞張守亦以論頤浩難專任，張浚不宜西去，遷禮部侍郎。於是，右正言呂祉奏曰：「朝廷今日緣論大臣，移一言官；明日緣論大臣，罷一言官；則後日大臣行事有失，誰敢言者？願陛下以言章示大臣，使之自省，置身無過之地。如或不悛，黜之何惜？」

以胡舜陟爲淮西制置使。 時舜陟知廬州，請身守江北之地，以護行在。且言：「今淮南群盜，大者數萬，小者數千。欲以本州鄉兵、將兵及所降劉文舜之衆，共二萬人，仍更招群盜，須數萬，結之以恩，御之以威，足以捍虜。若其養兵之物，與夫屯泊、訓練、戰陳之方，則俟面奏。」上壯其言，故有是命。

皇太子旉薨。 謚元懿，年三歲。

鄭轂薨。轂任簽書才百日，卒。上慘然，謂宰執曰：「轂論事豈易得？昨喪元子，朕雖動懷，然聞轂亡，尤悼之。」

以王綯參知政事，周望同簽書樞密院事。望不加職，綯不進官，吕頤浩失之也。後四日，乃進綯中大夫，望除端明殿學士。綯密奏：「川、陝重地，張浚不可專任，宜求同德之人協贊之。」

詔諫院勿隸後省。別置局，許與兩省官相見。元豐初，用唐制，置諫官八員，分左、右，隸兩省。至是，始復之，如祖宗之故。

范瓊伏誅。初，虜寇京東，命瓊禦之，瓊領兵轉入江西。至是，召入見，不肯釋兵，且乞除殿前司職事。張浚奏瓊大逆不道，罪惡貫盈，上以其事付浚。浚退，與樞密院檢詳劉子羽謀。夜，鎖吏於浚府中，使作文字皆備。僞遣張俊以千人渡江，若捕它盜者。因召俊、瓊及劉光世赴都堂計事，俊將其衆甲以來。瓊從兵滿堦，意象自若。食已，頤浩等相顧未發，子羽坐廡下，遽取寫敕黄紙詣前麾下曰：「有敕，將軍可詣大理置對。」浚數瓊罪，瓊眙愕，遂以俊兵擁縛，付大理。使光世出撫其衆，數瓊罪狀，且曰：「所誅止瓊耳，若等固天子自將之兵也。」衆皆投刃曰：「諾。」於是，以八字軍付王彦，餘兵分隸御營衆軍，頃刻而定。至是獄上，賜瓊死。

崔縱使虜。 時粘罕自東平還雲中，窩里嗢自濱州還燕山，撻辣守山東。上慮其再至，復遣使議和。

張浚發行在。 賜度僧牒二萬、紫衣師號五千爲軍費。時劉錫、趙哲皆在浚軍，浚辟劉子羽、傅雱、馮康國、王彦、何佯〔三八〕、甄援與俱。康國將行，往別臺諫。趙鼎謂之曰：「元樞新立大功，出當川、陝，半天下之責。自邊事外，悉當奏禀。蓋大臣在外，忌權太重也。」

浚至襄陽，留二十餘日，召帥守、監司令預備儲峙，以待上西幸。時程千秋、王擇仁之軍咸在，及諸盜之來降者，凡數萬人。浚謂襄陽乃衿喉之地，因薦千秋爲京西制置，假以便宜，許之久任。自屬郡守貳以下，皆得誅賞。又以曲端在陝西，屢嘗挫虜，欲仗其威聲，乃辟端充本司都統制。端登壇，將士歡聲如雷。初，朝廷以端欲殺王庶，疑其有反心，乃以御營使司提舉官召之，端疑不行。議者喧言端反，浚入辭，獨以百口保之。

浚尋至漢中，上奏曰：「竊見漢中，實天下形勢之地，號令中原，必基於此。謹於興元積粟理財，以待巡幸，願陛下早爲西行之計，前控六路之師，後據兩川之粟，左通荆襄之財，右出秦隴之馬，天下大計，斯可定矣。」

浚初至漢中，問諸將以大舉之策，王彦曰：「陜西兵將，上下之情，皆未相通，若少有不利，則五路俱失。不若且屯兵利、閬、興、洋，以固根本。若敵人侵犯，則檄諸將帥，互爲應援以禦敵。若不捷，亦未至爲大失也。」時浚之幕客皆輕鋭，聞彦之言，相視而笑。彦以言不行，即求去。浚因以彦爲利路鈐轄。

詔奉隆祐皇太后如南昌。百司非軍旅之事悉從。命參政李邴權知三省樞密院事，簽書滕康權同知三省樞密院事。未幾，邴以與呂頤浩不合，求去，遂命康權知，劉珏權同知。凡常程有格法事，及四方奏讞、吏部差注、舉辟、功賞之屬，皆隸焉。御史陳戬一員，楊惟忠將衛兵萬人從行。

舟過南康落星寺，六軍及後宫舟漂覆者十數，惟太后舟無虞。

時洪皓等未至雲中，兀术請犯江、浙，粘罕許之。上以金虜將入寇，而有是詔。詔略曰：「朕念邊隅震擾，國制搶攘，因時變通，隨事參酌。合三省、樞廷之任，總百司庶府之繁。爰命近臣，以司厥職。若征伐、財用、賞罰、選任等事，悉屬行營。」

以上官悟權京城留守。初，杜充既去，留守判官程昌寓以無糧不可留，引所部還蔡。副留守郭仲荀亦引餘兵歸行在。悟遂以京畿轉運權留守。仲荀既行，都人從之來者以萬數，離京城數日，始得穀食，自此京城來者遂絶矣。悟權留守，令不復行，留守司名存而已。

杜時亮使虜。朝議以爲虜師且至，而洪皓、崔縱未得前，乃命持書遺金主晟請和，且致書粘罕，略曰：「古之有國家而迫於危亡者，不過守與奔而已。今以守則無人，以奔則無地，此所以諰諰然〔三九〕，惟冀閣下之見哀而赦已。故前者連奉書，願削去舊號，是天地之間，皆大金之國〔四〇〕，而尊無二上，亦何必勞師遠涉而後爲快哉？」且命吕頤浩以書遺劉豫，俾其爲面陳朝廷密意。

八月。

閏月，詔議駐蹕地。始，張浚建武昌之議，吕頤浩是之，有成説矣。浚行未幾，江、浙士大夫摇動，頤浩遂變初議。是日，召隨駕百官及諸統制赴都堂。至晚，以二十五封進入，大率皆言：「岳、鄂道遠，餽餉難繼。又慮上駕一動，則江北群盜，乘虚過江，東南非我有矣。」翌日，輔臣入對，上猶未觀，謂頤浩曰：「但恐封事中趣向不一，昔真宗澶淵之役，陳堯叟蜀人，則欲幸蜀，王欽若南人，則欲幸金陵，惟寇凖決策親征。人臣若不以家謀，專爲國計，則無不安利矣。」頤浩曰：「金人之謀，以陛下所至爲邊面。今當且戰且避，但奉陛下於萬全之地，臣願留常、潤死守。」上曰：「朕左右豈可無宰相？」周望曰：「臣觀翟興、李彦仙輩，以潰卒、群盜，猶能與金賊對壘，拒守陜、洛。臣等備位宰執，若不能死戰以守，異日何顔見彦仙輩？臣實恥之。」上曰：「張守入對，言不如留杜充建康，不可過江。」頤浩曰：「臣與王綯、周望、韓世忠議，本自如此。」上曰：「善。」遂決吴越之行。於是，命諸將分守沿江，防淮之議遂格。

以吕頤浩、杜充爲左、右僕射，尋命充兼江淮宣撫，守建康。初，頤浩、張浚薦充，遂除同知樞密院事，欲命總兵防淮。至是，除充右僕射，尋命兼江淮宣撫使，領行營之衆數萬，以節制諸將。

上發建康，如浙西。詔升杭州爲臨安府。先命奉太廟藝祖以下九室神御如臨安。尋遣户部侍郎葉份按視頓遞，張俊、辛企宗從行。

初，太白犯前星，次逼明堂纔一舍。上心甚懼，至是，稍北，復歸黄道。上語宰執曰：「天之愛君，猶父之於子，見其過，告戒之。及懼而改，則益愛之。」王綯曰：「今夜必益遠。」既而果然。

以韓世忠爲浙西制置，守鎮江；劉光世爲江東宣撫，守太平州及池州；辛企宗守吴江；陳思恭守福山；王瓊守常州。光世、世忠各持重兵，畏杜充嚴峻，論説紛紜。光世又上書言：「受充節制，有不可者六。」上怒，趣令過江，且詔毋納光世殿門。光世皇恐受命。上喜，賜以銀合湯藥〔四一〕。江、浙人皆倚充爲重，而充日事誅殺，無制御之方，識者爲之寒心焉。

上次平江。諜報金人將由海道以窺江、浙，乃命劉光世兼節制圖山等處〔四二〕。吕頤浩請自平江督諸將拒戰，上以頤浩未可去行在，乃命周望爲兩浙宣撫，守平江。時張浚屢薦胡安國可大用，再以給事中召之，且賜其子起居郎寅手札，令以上意催促速來。安國以建康東南都會，上既在此，而眷待如此，翻然欲入朝。行次池州，聞幸吴越，遂具奏，引疾而還。安國因置書吕頤浩，略曰：「夫嘉祐政事之大要，本於愛民。始於審謀，成於果斷。置寬恤司，詔均田税，募耕唐、鄧廢田，收諸坊監及牧馬餘田賦貧民，籍户絶田租，置廣惠倉，出百萬緡賜諸路常平爲糴本〔四三〕，弛江、淮茶禁，通商收税。罷提點刑獄，武臣守令治有善政者，使久其任。凡此數端，事方經始，必博采衆謀，詳究利害，立爲條約，委曲周盡。故議成而舉朝不異，令行而所至奉行，久而弊端不見。至於軍政修明，戎行輯睦，六軍聳聽而驕惰革，戎狄震慴而暴横消，則其政事本於愛民，審謀能斷之明驗也。夫審謀而不斷，罔克有成，果斷而不藏，必貽後悔。惟深究嘉祐政事本末，專務愛民。凡新舊法度與增添創置，一切擾民之事，置司討論，參稽衆謀，窮極利病而後罷行，則政事可立，民心可安，軍旅可强，讎耻可雪矣。」

九月丙午朔，日有食之。

胡寅請罷絶和議〔四四〕。寅時爲起居郎，上疏曰：「臣伏覩詔書，以敵人侵陵，備禦不給，遂有移蹕之意。右顧岳、鄂，左趨吴、越，安危利害，下訪群臣。臣聞孔子曰：『成事不説，遂事不諫，既往不咎。』今臣所陳，不免追咎既往者，蓋謂建炎已來，有舉措大失人心之事。今欲復收人心而圖存，則既往之失，不可不追，不可不改故也。一、昨陛下以親王介弟，受淵聖皇帝之命，出師河北〔四五〕。二帝既還，則當糾合義師，北向迎請。而遽膺翊戴，亟居尊位，遥上徽號，建立太子，不復歸覲宫闕，展省陵寢。斬戮直臣，以杜言路，南巡淮海，偷安歲月。虜兵深入陝右，遠破京西〔四六〕，漫不治軍，略無扞禦。盜賊横潰，莫之誰何。無辜元元，百萬塗地。怨氣上格，日昏無光；飛蝗蔽天，動以旬月。方且製造文物，縻費不貲，猥於城中，講行郊報，朝廷動色，相謂中興。虜騎乘虚，直擣行在，匹馬南渡，狼狽不堪。淮甸之間，又復流血。逮及反正寶位，移蹕建康，不爲久圖，百度頹弛。淮南宣撫，卒不遣行，自晝大江，輕失形勢。一向畏縮，惟務遠逃〔四七〕，軍民怨咨，如出一口。存亡之决，近在目前。凡此節次十餘條，皆所謂舉措失人心之大者也。」又曰：「自古中興之君，莫不任賢使能，修政事，治軍旅，而其奮發刻厲，期於必成者，則又本於憤耻恨怒之意，不能報怨，終不苟已。所以光復舊物，各稱賢君。未有乘衰微缺絶之後，竊竊焉因陋以爲榮，施施焉苟且以爲安，而能久長無禍者也。爲陛下計，當如何？而黄潛善、汪伯彦、顔岐顧以乳嫗護赤子之術待陛下，曰：『上皇之子殆將三十人，今所存，惟聖體，不可不自重愛也。』曾不知太祖勤勞取天下，列聖兢業嗣守，不敢墜失。今也宗廟爲草莽堙之，陵闕爲畚鍤驚之，堂堂中華，戎馬生之，赫赫帝圖，盜賊營之。本初嗣服，既不爲迎二帝之策；因循遠狩，又不爲守中國之謀。以至于今，德義不孚，而號令不行，刑罰不威，而爵賞不勸。巡幸所至，民以淮甸爲戒；駐蹕所在，人以虜至爲憂。東南之州郡幾何，翠華之省方無已，若不更轍以救垂亡，則陛下永負孝弟之愆，常有父兄之責。人心已去，天命難恃，雖欲羈栖山海，跋履崎嶇，臣恐非所以爲自全之計也。爲今之策，願陛下一切反前失而已。則必下詔曰：『繼紹大統，出於臣庶之謟而不悟其非；巡守東南，出於僥倖之心而不虞其禍。經涉變故，僅免死亡〔四八〕，蓋上天警戒於眇躬，俾大宋不失於舊物。金賊以小狄猖獗，薰汙中華，逆天亂倫，扶立僭僞，用夷變夏，俾臣作君。朕義不戴天，志思雪恥。父兄旅泊，陵廟荒殘，罪乃在予，無所逃責。』以此號召四海，聳動人心。不敢愛身，決意講武。然後選將訓兵，戎衣臨陣，按行淮甸，上及荆、襄，收其豪英，誓以戰伐。天下忠義之士，必雲合而景從；天下武勇之夫，必響應而飆起〔四九〕。陛下凡所欲爲，孰不如志。其爲利害，豈與退保吳、越，日就滅亡，同年而語哉！」又曰：「爲陛下畫中興之策，莫大於罷和議。蓋和之所以可講者，兩地用兵，勢力相敵，利害相當故也。非强弱盛衰不相侔所能成也。而其議則出於耿南仲，何也？淵聖皇帝在東宮，當宣和季年，王黼欲摇動者屢矣。南仲爲東宮官，計無所出，則歸依右丞李邦彦。邦彦其時方被寵眷，又陰爲他日之計，每因王黼讒譖，頗曾解紛，亦緣上皇仁慈，本無移易太子之意也。既而淵聖嗣極，遞遷前朝大臣，而邦彦爲次相。金賊遽至城下，遂獻和議。而南仲以宮傅之重，方奉椒房出奔，聞六飛堅守，至陳留而返。自愧其失，因附邦彦而沮种師道擊賊之謀。於是覆邦之患，滋蔓而起。分朋植黨，必欲自勝。主戰伐者，李綱、种師道兩人而已。幾會一去，國論紛然。中制河東之師〔五〇〕，必使陷没，以伸和議之必信。二帝遠去，宗族盡徙，中原塗炭，至今益甚者，本緣南仲主持邦彦以報私恩，不爲國慮之所致。其朋徒附合，根株膠結〔五一〕，寧誤趙氏，不負耿門之所爲也。」又曰：「若以爲强弱之勢，絶不相侔，縱使向前，萬不能抗，則自古徒步奮臂，無尺寸之地而争帝王之圖者，彼何人哉？伏望陛下明照利害之原，罷絶和議，刻意講武，以使命之幣，爲養兵之費，此乃晉惠公征繕立圉之策，漢高祖迎太公、吕后之謀。斷而行之，堅確不變，庶幾貪狄知我有含怒必鬬之志，沙漠之駕，或有還期。不然，則今僻處東南，萬事不競。納賂則孰富於京室，納質則孰重於二帝，飾子女則孰多於中原之佳麗，遣大臣則孰加於異意之宰輔。深思遠慮，反復計之，所謂乞和，必無可成之理。昔北狄至澶州，王欽若、陳堯佐請幸吴、蜀〔五二〕，惟寇準勸親征。及成功之後，欽若等羞恨，無以藉口，則撼真宗曰：『當是時，寇準亦豈有好計，但是熱血相沃，譬如博錢，以陛下爲孤注耳。』使人君不明，則欽若之言爲愛君，而寇準之功爲幸勝。」又曰：「事有緩急，治有先後。既定議講武，則其餘庶常〔五三〕，有日力不暇給者，當置行臺以區處之。今典章文物，一切掃地，百司庶府，殆爲虚設，其必不可闕者，惟吏部、户部爲急。誠使江、淮、兩浙、湖北並依八路法，慎擇監司而付之，則吏部銓事亦復減省。不過置侍郎一員、郎官兩員、胥吏三十人，則所謂磨勘、封敘、奏薦、常程之事，可按而舉矣。户部所以治天下財賦也，今四方供貢，久不入于王府，往往爲州郡以軍興便宜截用。經常一壞，未易復理。竊觀行在支費，每月無慮八十萬，惟以榷貨、鹽利爲無窮之源耳。故臣謂宜置行臺〔五四〕，或建康，或南昌，或江陵，審擇一處，以安太后、六宮、百司，以耆哲諳練大臣總臺，謹守成法從事〔五五〕。郎吏而下，不輕移易，量留兵將，以爲營衛。命户部計費調度以給之。陛下奉廟社之主，提兵按行，廣治軍旅，周旋彼此，不爲宸居〔五六〕。惟是侍從臣寮、帥臣監司〔五七〕、要害守牧，則當加意，以時進退其賢不肖功罪之著明者。而餽餉之權，自宜專責宰相，而選委發運，以佐行於下。如漢委蕭何以關中，唐委劉晏以東南。經制得人，加以歲月，量入爲出，何患無財？所謂宰相之任，代天理物，扶顛持危，其責甚重。非特早朝晚見，坐政事堂，弊弊然於文具無益之末，移那闕次，以處親舊，濟其私欲而已也。夫大亂之後，風俗靡然，躬率而丕變之者，則在陛下，務實效，去虚文。夫治兵必精，命將必賢，政事必修。誓戡大憝，不爲退計者，乃孝弟之實也。遣使乞和，廣捐金幣，不耻卑辱，冀幸萬一者，爲孝弟之虚文也。屈己致誠，以來天下之士，博訪策略，信而用之，以期成功者，乃求賢之實也。未見賢，若不克見，既見，則不能由之。或因苟賤求進之人，遂乃例輕天下之士，姑爲禮貌，外示美名者，爲求賢之虚文也。聽受忠鯁，不憚拂逆，非止面從，必將心改，苟利於國，即日行之者，乃納諫之實也。和顏稱善，泛受其説，合意則喜之，不合則置之。官爵所加，人不以勸，或内惡其切直，而用它事遷徙其人者，爲納諫之虚文也。將帥之材，智必能謀，勇必能戰，仁必能守，忠必不欺，得是人而任之，然後待以恩，御以威，結以誠信，有功必賞，有罪必刑者，乃任將之實也。庸奴下材，本無智勇，見敵輒潰，無異於賊，與之親厚，等威不立，賜予過度，官職逾涯，將以收其心，適足致其慢，聽其妄誕張大之語，望其朴實用命之功者，爲任將之虚文也。簡汰其疲老病弱，升擇其壯健驍勇。分屯在所，置營房以安其家室，聚粟帛以足其衣食，選衆所畏信者，以董其部伍，申明階級之制，以變其驕恣悍悖之習，大抵如周顯德年中，世宗命我太祖之意，然後被之以精甲，付之以利器，進戰獲酋虜則厚賞，死則恤其妻孥，退潰則誅其身，降敵則戮其族。令在必行，分毫不貸者，乃治軍之實也。無所別擇，一切安養姑息之，惟恐一夫變色不悦，幸無事則曰大幸矣。教習擊刺有如聚戲，紀律蕩然。雖其將帥不敢自保者，爲治軍之虚文也。慎選部刺史二千石，必求明惠忠智之人。使久於其官，懲革弊政，痛刈姦贓，以除民害。雖軍旅騷動，盜賊未平，必使寬恤之政實被於民，固結百姓將離之心，勿致潰叛，乃愛民之實也。詔音出於上，虐吏沮於下，誑以出力自保，則調發其丁夫，誘以犒設贍軍，則厚裒其錢穀、弓材弩料、竹箭、皮革，凡干涉軍須之具，日日征求，物物取辦，因緣姦弊，民已不堪，乃復蠲其税租，載之赦令，實不能免，苟以欺之者，爲愛民之虚文也。若夫保宗廟，保陵寢，保土地，保人民，以此六實者行乎其間，則爲天子之實也。陵廟荒圮，土宇日蹙，衣冠黔首，爲肉爲血，以此六虚者行乎其間。陛下戴黄屋，建幄殿，質明輦出房，雉尾金爐，夾侍兩陛，仗馬衛兵，儼分儀式，贊者引百官以次入奉起居。既退，宰相大臣卑卑而前，搢笏出奏，司晨唱辰正，則駕入而仗出矣。以此度日，而國勢益卑。彼粘罕者，晝夜厲兵，跨河越岱，電掃中土，遂有吞吸江湖，蹂躪衡、霍之意。吾方挾持虚器，茫茫然未知所之，此則爲天子之虚文也。」又曰：「今宿衛單弱，國威銷挫。臣嘗言，乞於兩浙、福建、江東西、湖南北、四川、二廣，抽揀禁軍，貢發充御營正兵，增厚其月廩，精加訓閲，陛下自將之。天子之軍既强，則中國之變自弭。」又曰：「東南之卒既起，則又命福建團結槍杖，建、汀、南劍、邵武四郡可得二萬人〔五八〕，各擇其土豪使部督之，以俟興發。命兩浙募水手，並起諸州撩湖、捍海等兵，盡付水軍。江東西、湖南北募弓手，以在官閑田給養，人得一頃，正税之外，科須一切與免。命廣西及辰、沅、鼎、靖於見教峒丁中，簡其精鋭，分番起之，屯戍襄、漢。以京西、淮南荒廢無主之田爲屯田，招集兩河、山東諸路流徙之人〔五九〕，略依古法均節之，擇强壯者訓習武藝，使且耕且戰。文武臣中，有明習營屯之事，肯自奮者，因以任使。凡此數條，陛下試使執政大臣，委棄簿書細故，勿設他説以相論駁，日夜圖回，擇人而爲之，必見績狀。於是時而兵不强，敵不畏，盗不息，然後可以歸之天命，無所復爲矣。不然，是自棄也。陛下苟有自棄之心，而欲於目前三四庸將、數萬潰卒中，求爲久安。三尺童子亦知其不能矣。」又曰：「自古圖王霸之業者，必定根本之地而固守之，而非建都之謂也。陛下家世都汴，舍汴何都焉？今欲用關中而制山東，則力未能至。按南渡六朝之遺迹，則舍建康不可。雖然，欲謀進取，則非堅坐不動之所能，必觀進取形勢之便，用之而圖成。臣切謂惟荆、襄爲勝。誠能屯唐、鄧、襄、漢之田，以養新兵；出廣西、武陵峒丁并施、黔獠軍築堅壘，列守漢上，阻以水軍，經以正軍，緯以弓手、民軍，牽制江、黄，呼吸廬、壽，則進取之基立，然後陝西聲氣血脉通達，而騎卒可至。川、廣之富，皆猶外府，易以拱把〔六〇〕。其比於漂泊大江之南，棲伏東海之濱，險易利害，相去遠矣。建康固是六朝舊都，甘守偏隅，遷延國祚，亦何不可？臣獨以爲不可焉，蓋爲陛下之責，與晉元帝不同故也。陛下之父兄在虜中固無恙，穹盧鑾帳，臭惡雜聚〔六一〕，其衣服、飲食、居處、動静，豈得比中國民庶中人之奉哉？其聞陛下嗣登寶位也，必日夕南望，曰：『吾有子弟爲中國帝王，吾之歸庶有日乎。』痛惟愁荒屈辱之中，發此念，爲此言，于今三年，日迫日切〔六二〕。而獻謀者方欲導陛下南狩，日遠日忘〔六三〕，遂無復國之心，别求建都之所，此臣所深不喻也。今河北、河東之民，知朝廷不復顧思，已甘心左衽。山東、京西、淮甸之民，猶冀陛下未忍遽棄。若更遲延歲月，無以及之，則怨恨陛下而爲敵國者，所至皆然，亦何必粘罕邪？臣願陛下先命吕頤浩、杜充分部諸將過江，廣斥堠，治盗賊。自以精兵一二三萬爲輿衛，於穩密州郡，速致營屋，以安存其所謂老小者。陛下提此兵渡江而北，緩轡而上，遣使巡問父老，撫綏挺刃之餘民。至于荆、襄規模措置，爲根本之地，猶漢高之於關中，光武之於河内，雖巡歷往來，征伐四出，而所固守必争而勿失者，以荆、襄爲重。誠能堅忍聳厲，坐薪嘗膽，悠久爲之而不能濟，則書傳所載周宣王、漢光武之事，皆爲妄言以欺後世，無足信矣。」又曰：「帝王爲治之道，惇睦宗族，强本弱枝，所以鞏固基圖〔六四〕，紹延佑命。原其用心，蓋以天下爲公，而不以爲私分也。今陛下之族，北去者衆矣，所幸免亦幾何？而黄潛善、鄭𣪊謂陛下以支子入繼，又不緣傳付之命，國步未夷，恐肺腑之間，不無非望之冀。恫疑虚喝，以恐動宸心。故自南都以至維揚，誅竄之刑，疑忌之意，相尋繼見。雖其罪戾，或自貽戚，然亦恐未必盡出於治親、齊家之美意。今宜於同姓中，不間親疎〔六五〕，選擇賢材，布之中外，廣加任使。其望實傑然出衆者，陛下宜留之宿衛，夾輔王室。其有克敵戡難之功者，宜漸爲茅土之制，星羅而棊列，以慰祖宗在天之靈，以續國家如綫之緒，使讎虜知趙氏之居中國者，尚如此其衆〔六六〕，既失而得復得者，非獨陛下一人而已。則其撲炎火之横心，立異姓之逆謀，庶其少息乎？」又曰：「夫創業垂統之君，必立紀綱，以遺子孫。繼世承序之君，必守綱紀，以法祖宗。綱紀存則存，綱紀亡則亡，所繫如此。夫一君子進，衆小人未必退；一小人進，則衆君子必退矣。勢不兩立，而於君子爲難。仁宗皇帝在位最久，得君子最多，小人亦時見用，然罪著則斥之；君子亦或見廢，然忠顯則收之。故其成當世之功，貽後人之輔者，皆君子也。至王安石則不然，斥絶君子，一去而不還；崇信小人，一任而不改。故其敗當時之政，爲後世之害者，皆小人也。仁宗皇帝所養之君子，既久且遠，日以消亡矣。安石所教之小人，方新而近，其蕃息未艾也。所以誤國破家，至毒至烈，不知已時。陛下欲求君子而用之，君子未得而已試，無堪敗事。顯著之小人，稍稍類聚，混然雜進，其黨必集。陛下土地、金帛能有幾何？豈堪此輩大言輕捨，盡輸之夷狄耶？將以汲引豪傑，延致英雄，而標的如此，是猶却行而求前，北轅而適越爾！夫以賢治不肖，此治平以前陛下之家法；以不肖治賢，此熙寧已後陛下之家戒。矧當今日否塞之氣，充牣於中原，陰長之滋，勃興於夷虜，非得希世異材，上下内外，迭任交用，泰何由復，而否何由傾乎？此綱紀國家之一事也。」又曰：「右文左武者，有國不易之道。漢高祖用韓信、彭越，不以加於蕭、曹；光武用賈復、耿弇，不以加於鄧禹；唐太宗用李靖、李勣，不以加於房、杜；蜀先主用關羽、張飛，不以加於諸葛孔明。非獨其禮文等降不同，其誠心所以待遇之亦異。今儒學衰息，未有巨賢碩德屹乎朝廷，以收運籌指縱之功。陛下所深恃以爲心膂爪牙者，惟三四庸將耳。夫此數人者，以近時論之，曾不足以當种師道之厮役，况望古昔名將乎？而偃蹇庞然，當負重寄，使平寇盗，尚或未能，豈敢冀其向虜賊發一矢也？自愧無以塞責，則大言詭論，以上欺睿聽，慢辭倨禮，以下視朝士，謂今日禍亂，皆文臣所致耳。敵人方强，不可與争鋒，必退避自保，乘時而動。又不鈐勒其衆，動則潰，潰則盜，盜則招，招則官，反覆循環，無有窮已，其爲國家之害，豈文臣所敢望哉？切聞陛下推心撫之，失於太厚，出入内禁，不以時節。小人不知義理，習於所熟，以謂君臣上下，猶朋輩然，恃憑威靈，無有紀極，寵而不驕，驕而能降，降而不憾，憾而能眕者，鮮矣。臣願陛下委大臣以腹心，待近臣以禮貌，常使南衙朝士，氣勢重於此曹。天下抱才自愛之人，必願立於左右。緩急之際，必有能爲陛下竭忠盡節，不愧古人者矣！臣參奉内朝，班綴之後，欲求近臣如汲黯之流，氣折淮南，尚未多得。羸軀弊輿，惴惴然於長戟犬馬之中〔六七〕，卒伍賤人，皆得以惡聲誰何之，不敢正色忤視，少拂其勢。從臣如此，況其下者乎？唐制，監察御史秩七品，衣緑，至卑也，然銜命出使，則節度使具櫜鞬郊迎。本朝沿此意，郎官出使，則序位在轉運使之上。凡此，蓋欲尊重天朝，習民於上下之分也。故事，宰相坐待漏院，三衙管軍於簾外，倒杖聲喏而過。吕夷簡爲相日，有管軍忽遇於殿廊，年老皇遽，不及降階而揖，非有悖戾之罪也。夷簡上疏求去，以爲輕及朝廷，其人以此廢斥。蓋分守之嚴如此。今見其分庭抗禮矣。推此類非一，日長不已，陛下不爲之别異表著，是自削堂陛，無復等威，亦將何所不至哉？此綱紀國家之二事也。」又曰：「治天下者，必取篤實躬行之士，而舍浮華輕薄之人。所以美教化，善風俗。本朝自熙寧以前，皆守此道。至王安石以佛、老之似，亂周、孔之實，絶滅史學，倡説虚無，以同天下之習。其習既同，于今五十年，士以空言相高，而不適于實用，以行事爲粗迹，曰不足道也。其或蹈規矩，守廉隅，稍異於衆，則群嘲而族笑之，以爲異類，紛紛肆行，以至敗國。二帝屈辱，羿、莽擅朝，以謂是適然耳。伏節死難者，不過一二人，此浮華輕薄之爲害也。夫欲變風移俗，惟係上所好惡。韓琦、富弼在朝，文武兩班，升朝官以上，即不許自陳磨勘，皆聽檢舉，所以養勸廉恥，恢張四維。故當時人知自重，風俗忠厚。至今乃有身爲從官，而自陳磨勘，乞覃恩轉官，不以爲恥者矣。推而上之，見利必忘義，貪得必患失，遺其親，後其君，背叛篡奪，便可馴致。此明君之所甚畏，而深戒者也。今萬化之原，本於陛下，苟力行孝弟，則天下之忠順者來矣；好賢遠佞，則天下之名節者出矣；賞清白，則貪汙者屏矣；崇行義，則奔競者息矣；旌能實，則謬誕者懲矣；貴忠厚，則殘刻者遠矣。至於文辭之麗，言語之工，倒置是非，移易黑白，誠不宜任用，以爲浮薄之勸也。靖康二年，著作郎顔博文佞諛張邦昌，則曰：『非湯、武之干戈，同堯、舜之禪讓。』及爲邦昌作請罪表，則曰：『仲尼從佛肸之召，本爲興周；紀信乘漢王之車，固將誑楚。』博文，近世所謂能文之士也，其操術反覆如此。故廉耻道消，四維大壞，則社稷隨之，陛下何利焉？此綱紀國家之三事也。」又曰：「法度者，所以治天下之具；號令者，所以行法度之幾；而信義者，所以出號令之實也。孔子曰：『自古皆有死，民無信不立。』聖人重信至於易死，疑若太過。鄙夫陋儒，以智詐譎詭爲術者，必忽此言。然真宗澶州與契丹結盟，契丹守之百有二十年，不敢先動。宣和宰相王黼一旦敗盟，舉兵結遠夷，伐與國，取景德誓書，還之天章閣。天地鬼神所臨重誓，自我背之，遂使虜人得以藉口。夫金賊何憾於我哉？皆契丹甚之，假手借兵，報滅國之怨耳。失信之禍，乃至於此。孔子之言，良不爲過。而近日以來，朝廷失信於民尤甚，臣不能偏舉其目，但如所謂『前降指揮，更不施行』，如所謂『已差下人，別與差遣』。此等奏語，必日聞於冕旒之側矣。陛下何惜不敕大臣，俾審熟思慮，而直爲此反汗之失，以欺駭四海之聽乎？今外州郡專制不稟朝命者，漸多有之，所恃以指揮役使，惟在號令。出之不審則輕，守之不固則疑。輕而且疑，則制命之權不在陛下矣。承受既數，奉行實難，不曰略與應破指揮，則謂不晚必又更改。近在朝廷，尚有此風，遠而四方，從可知矣。陛下縱有真賢實能，付之民社，仁政惠澤，播之黔黎，以是之故，何繇責其功效。百姓雖愚，然習於知見，必謂朝廷之令，率皆誑我，是心一萌，姦雄得以誘之矣。此綱紀國家之四事也。」又曰：「郡守、縣令者，親民之官。監司者，統臨州縣之長。天下之治起於一縣，縣治則州治，州無不治，則天下治矣。明主必慎擇居此之人，既得其人，必久任之，以考功罪之實而施賞罰焉。近日以來，朝廷移易郡守、監司，無月無之，殆不可勝紀。東南路分不過十數，何爲紛紛如此？陛下宜察其故矣。謂其不才而罷之耶，則曷若考慎於未命之前也。顧恐未必然，特出於用事者之私意耳。民力已困，財用已竭，潰兵劇賊徜徉乎其間〔六八〕，戎務軍須交制乎其上，朝廷憂勞嘆息而未能救，尚忍不爲擇忠信之長、慈惠之師，以撫綏之乎？此綱紀國家之五事也。」又曰：「日月逝矣，歲不我與，以爲今日難於前日，安知後日不又難於今日乎？往者雖不可復追，不當謂不可爲者，而遂已也。今年之春，雷電大震〔六九〕，白虹貫日，中有黑子。錢塘之禍〔七〇〕，實先示象。陛下出於屯難，責身怨艾〔七一〕，親近書史，引對多士，減徹玩好，躬親庶政，亦非復維揚之比，臣民共知，不可誣矣。然任至重者力必强，責至大者憂必深，天下萬姓以二帝之故，所望陛下者，非止如是而已也。迺閏月，金犯大火，芒怒赫然。九月朔旦，日有食之，車駕復有思患預防之行。明堂遂虛，陽德大弱。錢塘受辱之地，豈可再枉六飛。縣名柏人，漢祖不宿。若趨會稽，幸三衢，則地形窮僻，扈衛益勞；貢賦不通，財用益窘；道路艱阻，朝覲益稀；郵置迂深，命令益隔。人知陛下無興復之志，威權日削，無可瞻望，投戈四起〔七二〕，孰能止之？惟有臣區區之言，理明事順，思迎父兄，誓報讎虜，奮志强厲，有進無退。庶足以感發軍情，率先將佐，於危絶之中，求生存之道。此非怯懦畏避之所能濟也。今粘罕之强未如秦，其得罪於中國，無人不怨，則有甚於始皇之於六國也。東南形勢，控帶江山，兼有吴、楚之地，坤維嶺海，提封自如，非如湯以七十里而起也。而乞憐偷生之勢，乃甚於楚之爲秦役，此臣所以日夜憤懣，爲陛下痛惜，而傷大臣之過計也。昔宗澤留守京師，一老從官耳，猶能致誠鼓動群賊，北連懷、衛之民，誓與同迎二帝，皆相聽許，尅期密應者，無慮數十萬人。不幸爲黄潛善所惡，百方沮抑，憤悒而死，其志不就，群臣亦無敢以澤所謀，達于宸聽者。以此知人心未厭二帝之德。何況陛下，身爲子弟，責孰加焉。誠欲北向而有爲，臣將見鋤擾慘於長鎩，奮臂威於甲兵，舉四海惟陛下之用，決不爲失策，惟在陛下斷與不斷，爲與不爲耳。五路事宜，張浚已行措置，今能使淮南、荆、襄肘臂相應，山東合從，則虜人所守者數千里之地，兵分勢離〔七三〕，批亢擣虚，攻其不備，多方以誤之，不厭不退〔七四〕。以十年爲期，陛下必能掃除妖氛，一清天步，修上京之廟貌，拜鞏、雒之神皋，遠迓父兄，歸安鳳闕，再新儀物，永固皇圖。巍然南面，稱宋中興。其與愓息退藏〔七五〕，蹈危負耻，豈不天地相絶哉！」疏入，吕頤浩惡其切直，罷之。

張邵使虜。充通問使。邵自楚州渡淮，即逢虜軍，遂見撻辣於昌邑，秦檜在焉。撻辣責邵拜禮，邵不從，怒拘之。

盜李成殺知泗州耿堅，以成知州事。成殺堅，據其城，舉兵擾淮北。上降詔撫諭，以成知州事，仍賜絹萬匹〔七六〕。

成尋攻陷滁州，執守臣向子伋及官屬，殺之。

高麗遣使入貢。詔止之。略曰：「比年多故，强敵稱兵。如行使之果來，恐有司之不戒。俟休邊警，當問聘期。」

虜陷永興軍。婁宿陷長安，帥臣郭琰遁。

以趙鼎爲殿中侍御史。中丞范宗尹一日因奏事，言：「趙鼎由司諫遷殿中，非故事。」上曰：「朕除言官，即置一簿，攷其所言多寡。此祖宗舊制，外廷未必知也。鼎所言四十事，已行三十六事。」遂有是除。

鼎爲右司諫，嘗上疏曰：「天下有公論，不可以力制，不可以智勝〔七七〕。由堯、舜、周、孔，以迄于今，如權衡之設，黑白之辨，自一人之善惡，至朝廷之賞罰，一付于此，則天下治矣。國家陵遲衰弱之漸，人皆謂夷狄之爲患，其亦知有以致之乎？以善惡是非之倒置，公論久鬱而不明也。其未遠矣〔七八〕，固宜痛心疾首，亟變而力新之。如救焚拯溺，惟恐不及。如去惡草，絕其本根。使風教純一，物情和會。則人之所欲，天必從之。悔禍於我，其或在是〔七九〕，縉紳之間猶昧於此，或狃於術業之異，或牽於恩舊之私，陰有所懷，巧爲沮遏，忘乎大公至正之道，而甘心於亡國喪家之術，亦其人之不幸歟！非特其人之不幸也，宗廟社稷，生民之不幸也。靖康之初，發蔡京之罪，録黨籍之家。而議者則曰：『今邊事未息，軍政不修，忽而不省，乃復爲此不急之務。』建炎之初，辨宣仁之謗，復詞賦之科。而議者又曰：『今二聖未還，兩河未復，置而不問，乃復舉此迂闊之議。』其言一行，姦計潛發，遂使上皇引咎哀痛之詔，半爲空文；淵聖紹復祖宗之言，迄無成功。噫！太平之治，須太平而後爲之。抑亦爲之，而後至耶？苟惑於其說，如前所云，則天下之事無時而可爲。雖善惡是非之鬱於公論者〔八〇〕，亦不得而措詞矣。必欲厭伏人望，得其歡心，不亦難哉！唐憲宗用皇甫鎛、程异爲相，裴度論之曰：『可惜者，淮西盪定，河朔底寧，承宗斂手削地，韓洪輿疾討賊〔八一〕，豈朝廷之力能制其命哉？但以處置得宜，能服其心耳。』德宗當奉天之難，詔問陸贄：『一時急務，何者切直？』贄對以：『理亂之本，繫於人心。』況當變故動搖之時，危疑向背之際，人之所歸則植，人之所去則傾，安可不審察群情，同其欲惡？使億兆歸趣，以靖邦家？此誠當今之急務也。以裴度、陸贄之才，非不知高城深池、堅甲利兵、與夫折衝制勝禦侮防患之策，而納忠於君者，其言如此。誠知弭亂之本歟！陛下紹膺大統，適茲多艱，欲大有爲，必知其要。念憲宗中興之業，在處置之得宜；察陸贄理亂之言，在人心之向背。凡祖宗之法，復而未盡；崇、觀之患，染而未除，以至進退賞罰，苟當於人心而合乎公論。雖流離顛沛，而因革可否，不可一日而廢。惟公論著，善惡明，輿議攸歸，士風丕變，則慕德向化，心悅而誠服之矣。寧謂已往之事無益於今耶！若夫積粟、練兵之計，攻守奇正之謀，當責之有司。而朝廷之上，朝夕之所講明者，正宜在此，惟陛下不以疎闊而忽之。」

虜分我河北、河東爲四路。分河間、真定二府爲河北東、西兩路，平陽、太原二府爲河東南、北兩路，去中山、慶源、信德、隆德府號，皆復舊州名。自餘軍壘，亦多改焉。

虜下令禁民漢服，及削髮不如式者皆死。故真定帥李邈，時陷虜，自祝髮爲浮屠。虜大怒，命擊殺之。邈將死，顏色不變。謂行刑者曰：「願容我辭南朝皇帝。」拜訖，端坐就戮。燕山之人皆爲之流涕。秦檜後言於朝，贈官，謚忠壯。

冬十月，虜圍蔡州，守臣程昌寓敗之〔八二〕。

上至臨安，詔如浙東。

虜分道寇江。先是，犯萊州，張成以城降。犯密州，李逵、吴順以城□降。遂分兩道：一自滁、和犯江東，一自蘄、黄犯江西。

陷滁州。

陷壽春府，官吏以城降。

陷廬州，帥臣李會降，遂以僞檄抵濠州，權守張宗望降〔八三〕。

陷和州，守臣李儔降〔八四〕。

陷無爲軍，守臣李知幾遁。歷陽丞王之道率遺民固守山寨。

陷真州，守臣向子忞遁。

陷黄州，守臣趙令峸罵賊而死〔八五〕，遂自黄州濟江。劉光世時在江州，日惟置酒高會。比寇至，以爲蘄、黄小盗，遣統制王德拒之于興國軍，始知爲虜至，遂遁。虜自大冶縣徑趨洪州，帥臣王子獻遁，攝守李積中以城降。

陷臨江，守臣吳將之遁。

陷吉州，守臣楊淵遁。

陷撫州，守臣王仲山降。

陷袁州，守臣王仲嶷降。仲山，珪子。仲嶷，仲山兄也。

尋屠洪州，分寧令陳敏識斬虜使，聚衆拒守，虜引去。

張浚承制以趙開爲隨軍轉運。浚知開有心計，即承制用開。開言：「蜀民已困，惟榷利尚有贏餘，而貪猾認以爲己私。惟不恤怨詈，斷而行之，庶救一時之急。」浚以爲然。於是，大變酒法，自成都始。先罷公帑賣供給酒，即舊撲買坊場所置隔槽〔八六〕，聽民以米赴官自釀。每一斛，輸錢三千、頭子錢二十二，多寡不限數。明年，遂偏四路行其法。夔路舊無酒禁，開始榷之。舊四川酒課，歲爲錢一百四十萬緡，自是遞增至六百九十餘萬緡。

先是，同州既陷，河東經制使王瓊軍潰，亂不能整。乃率衆由金、商西入蜀，利路提刑張上行迎瓊，屯興元府，且供其衣糧。時叛賊史斌僭號興州，將攻興元。瓊遣其部將拒之，復興州。既而，瓊留屯久，軍餉不繼。開時爲成都府路轉運，乃率兩川民間助軍錢以佐之。又以便宜，截用遞歲應輸陝西、河東三路綱，川、陝屯西兵始此。

開尋變蜀鹽法，盡榷之，倣大觀法〔八七〕，置合同場，收引税錢，與茶法大抵相類，而嚴密過之。初，成都、潼川、利州路十七軍州鹽井户，自元豐間，歲輸課利錢銀絹，總爲直八十萬緡。比軍興，所輸已增數倍。及開變法，始令輸引錢，及增添貼納等錢。蜀中鹽課最盛者，莫如簡州。舊州課利錢，纔千三百緡、絹千九百匹、銀百兩。引法初行，歲課至四十八萬餘緡，它州做此。自是，歲益增加，合三路所輸，至四百餘萬緡，而夔路十三州及隆、榮、邛、岷諸州官煎者不與焉。

張浚既召歸，開亦罷。王似等奏言：「川、陜屯駐大軍，費用浩瀚，漕司所入，止充常賦。諸司錢物，見在不多，累年經費，委是趙開悉力措置，茶鹽酒息之類，通計約二千萬貫，資助調度。」令再任，紹興四年也。

時總領所歲收錢物三千三百四十二萬餘緡，支三千三百九十四萬餘緡。而吴玠一軍，費錢一千九百五十五萬緡。

自金人犯陜、蜀，開職饋餉者十年，軍用得以無乏，一時賴之。開既黜，主計之臣率三四易，於開條畫，毫髮無敢變更者，人偉其能。然議者咎開竭澤而漁，使後來者無所施其智巧。凡茶、鹽、榷酤、激賞、零畸絹布之征，遂爲四蜀常賦，故雖累經減放，而害終不去焉。

十一月，增印四川錢引。張浚以便宜，增印錢引一百萬緡，以助軍食。

至紹興七年，通行三界，爲三千七百八十萬緡，遂禁增印。十三年，增印四百萬緡。

虜犯采石渡，郭偉敗之。偉時知太平州，虜既敗，遂趨馬家渡濟江。

隆祐皇太后如虔州。太后至洪州，而虜已自黃州渡江，太后倉皇解舟，至泰和縣，舟人耿信反〔八八〕，楊惟忠所領萬人皆潰，其將傅選等九人悉去爲盜。隨行金帛、宮人、從官皆散失。遂自萬安縣捨舟而陸，退保虔州。兵衛不滿百，從者惟中官二三人而已。

虜陷建康，杜充、李棁叛降之。初，杜充以宰相領重兵鎮江左，李棁以前執政爲户部尚書供饟事。充聞兀朮兵大至，以其軍六萬人列戍江岸，而閉門不出。虜由馬家渡過江，我師盡潰。充率麾下數千北去，遂降虜。棁及守臣陳邦光並降，通判楊邦乂獨不從，刺血書其衣裾，曰：「寧作趙氏鬼，不爲他邦臣！」衆擁以見兀朮，命之拜。邦乂叱不拜，虜命引去。虜累日誘諭邦乂。邦乂至以首觸柱礎求死，虜驚止之。一日，兀朮觴二降人於堂上，立邦乂庭下。邦乂熟視棁、邦光，曰：「天子以若扞城，賊至不能抗，又不能死，乃與共燕樂，尚何面目見我乎？」虜怒，乃命引去。明日，再以見，邦乂遥望兀朮而大駡曰：「若以夷狄而圖中原〔八九〕，天寧久假汝乎！恨不磔汝萬段。」虜怒，使人疾擊，梃交下，邦乂駡不絶口。見殺，剖腹取其心。尋賜廟額曰「褒忠」，謚曰忠襄，贈秘閣，賜其家田二百畝。後車駕幸建康，復加贈待制，仍增賜田及銀絹。且曰：「忠烈如此，顔真卿異代忠臣，朕昨已官其子孫，況邦乂爲朕死節乎。」統制陳淬禦虜于馬家渡〔九〇〕，力戰死之。

以范宗尹參知政事，趙鼎爲御史中丞。二人皆嘗建議避狄〔九一〕，故遂用之。時密院惟張守獨員〔九二〕，乃命宗尹兼權樞密院事。

虜犯建昌軍，蔡延世敗之。時守臣方昭慮爲軍民所脅，以印授通判晁公邁而去，公邁亦以募兵爲詞而出，衆推監押蔡延世以守。先是，虜既入洪，遣十人持檄至城下，延世盡斬之。及是，虜以兵臨城，問十人所在〔九三〕，延世示之以其首。虜怒求戰，延世擊却之。公邁歸，延世拒不納，遂領軍事，公邁坐罷去。延世，建昌人，本爲太學諸生。

盜桑仲據襄陽。先是，京西制置程千秋在襄陽，而所降桑仲，有衆數千，屯漢水之北。時商賈巨舟無數，載四方之貨，皆列于南岸，以傍州城。舟中多至百人，少亦數十，各有兵械自護，緩急亦能併力禦寇。千秋一日下令，欲盡拘之。商賈曰：「此利吾貨也，中夕悉遁去〔九四〕。」人謂千秋自撤藩籬。仲尋攻城，千秋遣將抵戰，一晝夜殺傷相當。黎明，仲盡驅良民，各持竹一竿，第見城外青竹蔽野，仲軍繼之，城遂陷。仲入據襄陽，千秋遁去，仲追之不及。

張浚至秦州。浚至秦州，置司節制五路諸帥，才數日，即出行關、陝，移環慶帥王似知成都府，而以武臣趙哲代之。於是，參議軍事劉子羽薦涇原都監吴玠，浚與語，大悦，拔爲統制官。又以其弟璘領帳前親兵。

浚尋以玠知鳳翔府。時當兵火之餘，玠勞來安集，民賴以生。始，青溪嶺之戰，玠牙兵皆潰。及是，玠治兵秦鳳，諸潰卒復出就招。玠問訊再三，搜索非是者五六人，斥遣之，餘悉斬於遠亭下。去秦州十里，軍中股慄。自是，每戰皆效死，無復潰散者矣。

十二月，盗戚方犯鎮江。初，鎮江府無守兵，獨恃浙西制置韓世忠軍以爲固，時世忠引兵駐江陰，而建康潰卒戚方等迫城以萬計。守臣胡唐老度不能支，因撫定之。無何，方欲犯浙西，妄言赴行在，請唐老部衆以行，唐老不從，爲方所害。

尋犯常州，守臣周杞守子城，遣統領官劉晏擊敗之。

明年夏，犯廣德軍，通判王儔死之(九五)。

圍宣州，守臣李光拒守，詔巨師古、劉晏救之，晏戰殁。

上自明州航海。上之將幸明州也，吕頤浩奏令從官已下，各從便而去。上曰：「士大夫當知義理，豈可不扈從？若如此，則朕所至，乃同寇盗耳！」於是，郎官已下，或留越，或徑歸者多矣。

行次明州，衛士張寶、譚焕等不欲入海，謀作亂。因宰執入朝，百餘輩譟而前，吕頤浩怒詰之。范宗尹曰：「此輩豈可以口舌争？」引其裾入殿門。門閉，衆不得入。上遣内侍宣諭，衆遂定。命中軍都統制辛永宗勒兵捕實、焕輩十七人誅之，餘黨分隸諸軍。

虜陷杭、越等州。虜初犯餘杭，守臣康允之退保赭山。錢塘令朱蹕白允之率弓手、土軍於前路拒敵，使杭民爲逃死計。行二十里，遇虜騎，蹕兩中流矢，左右掖至天竺山，猶能率鄉兵以擊賊。後數日，遇害。允之遂航海走温州。時兀术自安吉進兵，過獨松嶺曰：「南朝可謂無人，若以羸兵數百守此，吾豈能遽度哉？」

陷越州，帥臣李鄴降。鄴，邴兄也。親事官唐琦袖石擊虜僞守琶八，並責罵鄴，琶八殺之。後爲立祠，名旌忠。監三江寨曾忞拒守不屈，並其家皆遇害。或云屬邑不降者，惟嵊縣宋宗年而已〔九六〕。知秀州程俱遁。

初，虜分兵犯餘姚，知縣事李穎士募鄉兵數千，列旗幟以捍賊。把隘官陳彦助之，虜既不知其地勢，又不測兵之多寡，爲之彷徨不敢進者一晝夜。繇是，上得以登舟航海。

張俊敗虜于明州。浙東制置使張俊自越州領兵至明州，時已無船可載，俊因納隱士劉相如之策，遂留以抗虜。俊下令曰：「天子即巡海道，汝輩宜用命。進者重賞，不進者不貸。」劉寶、楊沂中、田師中、趙密等皆死戰，而守臣劉洪道率州兵以射其旁，遂大破之。

校勘記

〔一〕今虜騎漸逼京東　「京東」，繫年要録卷一九同，宋名臣言行録別集下卷二及皇朝中興紀事本末卷八上作「東京」。

〔二〕縣尉孫暉將射士民兵禦之　「孫暉」，揮麈前録卷三及繫年要録卷一九作「孫榮」。

〔三〕大理卿黄鍔至江口　「大理卿」，中興小紀卷五同，三朝北盟會編卷一二二、繫年要録卷二〇、宋史卷四七三黄潛善傳作「司農卿」。

〔四〕命張俊以所部屯於吴江　「張俊」原作「張浚」，據三朝北盟會編卷一二一、繫年要録卷二〇及宋史卷二五高宗紀二改。

〔五〕臺臣言馬伸嘗論二人之過　「論」原作「諭」，據皇朝中興紀事本末卷八上改。

〔六〕時御營前軍統制官苗傅與副統制劉正彦見王淵擢用　「軍」原脱，據皇朝中興紀事本末卷八下補。

〔七〕乞問三軍　「三」原作「二」，據清影宋抄本、道光抄本及皇朝中興紀事本末卷八下改。

〔八〕以杭州顯慶寺爲之　「顯慶寺」，中興小紀卷五及宋史卷二五高宗紀二作「顯寧寺」，繫年要録卷二一及宋史卷四七五苗傅傳作「顯忠寺」。

〔九〕當迎乘輿反正之義　「義」，中興小紀卷五及皇朝中興紀事本末卷八下作「意」。

〔一〇〕復除張俊鳳翔府總管　「張俊」原作「張浚」，據繫年要録卷二一及皇朝中興紀事本末卷八下改。

〔一一〕事涉不順　「順」，晦庵先生朱文公文集卷九五上張公（浚）行狀上及宋史卷三六一張浚傳作「遜」。

〔一三〕而不敢留 「留」，晦庵先生朱文公文集卷九五上張公（浚）行狀上及繫年要録卷二一作「拘」。

〔一三〕乙巳 繫年要録卷二一及宋史卷二五高宗紀二作「丙午」。

〔一四〕嗣聖易稱皇太姪太母垂簾聽政 「太姪」與「太母」互倒，據清影宋抄本、道光抄本及晦庵先生朱文公文集卷九五上張公（浚）行狀及皇朝中興紀事本末卷八下乙正。

〔一五〕文武百官赴睿聖宫 「武」原作「或」，據清影宋抄本及皇朝中興紀事本末卷八下改。

〔一六〕尋以苗傅劉正彦爲淮西制置使副 「淮西」原作「淮南」，據繫年要録卷二二、皇宋中興兩朝聖政卷五及宋史卷四七五苗傅傳改。

〔一七〕李邴遷左丞 「左丞」，周必大周益國文忠公集卷七〇李邴神道碑、宋宰輔編年録卷一四、宋史卷二一三宰輔表四同，繫年要録卷二二及宋史卷二五高宗紀二作「右丞」。

〔一八〕然後賞罰當 「罰」原脱，據斐然集卷二五先公行狀補。

〔一九〕雷允恭傳達内外擅權矣 「雷允恭」原作「雷充恭」，據清影宋抄本、道光抄本及宋史卷四六八雷允恭傳改。

〔二〇〕黄德和以監軍誣奏邊將矣 「黄德和」原作「黄應和」，據續資治通鑑長編卷一二六及歷代名臣奏議卷四七改。「以」原作「人」，據清影宋抄本、道光抄本及歷代名臣奏議卷四七改。

〔二一〕或遂聞政事 「聞政事」，歷代名臣奏議卷四七作「遷執政」，當是。

〔二二〕自是首相不復與朝廷議論 「是」原作「中」，據清影宋抄本、道光抄本及建炎以來朝野雜記甲集卷一〇丞相改。

〔二三〕是東省之職可廢也　「可」原作「力」，據清影宋抄本、道光抄本及繫年要録卷二二改。

〔二四〕百寮之表　「表」，道光抄本作「長」。

〔二五〕固欲興衰撥亂　「興」原作「與」，據清影宋抄本、道光抄本改。

〔二六〕以六曹二省　「二省」，疑爲「三省」之誤，下同。

〔二七〕則人主之職守亦明　「守」原作「安」，據清影宋抄本、道光抄本改。

〔二八〕而殿中侍御史王庭秀亦言　「王庭秀」原作「楊庭秀」，據繫年要録卷二一及宋史卷三九九王庭秀傳改。

〔二九〕而外閫不知　「閫」，皇朝中興紀事本末卷九同，繫年要録卷二三及皇宋中興兩朝聖政卷五作「間」。

〔三〇〕仍遣王瓚提兵往平其事　「王瓚」原作「王瓊」，據忠正德文集卷七建炎筆録、中興小紀卷六及繫年要録卷二三改。下同。

〔三一〕高風動千古　「千古」，乾道臨安志卷二、繫年要録卷二三及皇宋中興兩朝聖政卷五作「君子」。

〔三二〕滕康簽書樞密院事　「簽書樞密院事」，忠正德文集卷七建炎筆録及宋史卷三七五滕康傳作「同簽書樞密院事」。

〔三三〕檻送行在　「檻」原作「入」，據清影宋抄本及道光抄本改。

〔三四〕兀室余覩再入西京　「余覩」原作「餘覩」，據皇宋十朝綱要卷二一改。

〔三五〕知州帶安撫制置使 「安撫制置使」，中興小紀卷六及宋會要輯稿職官四一之九八作「安撫使」。

〔三六〕萬無是理也 「萬」原作「方」，據清影宋抄本、繫年要録卷二四及皇宋中興兩朝聖政卷五改。

〔三七〕執守臣凌唐佐 「凌唐佐」原作「唐佐」，據中興小紀卷一三、三朝北盟會編卷一五一及宋史卷四五二凌唐佐傳改。

〔三八〕何佯 宋名臣言行録别集下卷三同，繫年要録卷二五及宋史全文卷一七上作「何洋」。

〔三九〕此所以諰諰然 「諰諰」，繫年要録卷二六及續宋中興編年資治通鑑卷二作「鰓鰓」。

〔四〇〕皆大金之國 「大」原作「夫」，據清影宋抄本、道光抄本、繫年要録卷二六及續宋中興編年資治通鑑卷二改。

〔四一〕賜以銀合湯藥 「湯」，繫年要録卷二七作「茶」。

〔四二〕乃命劉光世兼節制圌山等處 「劉光世」，宋名臣言行録别集下卷二同。繫年要録卷二八及宋史卷二五高宗紀二作「韓世忠」，當是。

〔四三〕出百萬緡賜諸路常平爲糴本 「出」原作「世」，據清影宋抄本、道光抄本及斐然集卷二五先公行狀改。

〔四四〕胡寅請罷絶和議 案胡寅上萬言書反對和議事，繫年要録卷二七及宋史卷二五高宗紀二均繫於閏八月庚寅，繫於九月實誤。

〔四五〕出師河北 「師」原作「帥」，據斐然集卷一六上皇帝萬言書、繫年要録卷二七及宋史卷四三五胡寅傳改。

〔四六〕遠破京西　「遠」，繫年要録卷二七作「遂」。

〔四七〕惟務遠逃　「逃」，宋史全文卷一七上及三朝北盟會編卷一三一同，斐然集卷一六上皇帝萬言書及繫年要録卷二七作「巡」。

〔四八〕僅免死亡　「死」，三朝北盟會編卷一五二同，斐然集卷一六上皇帝萬言書及繫年要録卷二七作「危」。

〔四九〕必響應而飆起　「響」原作「享」，據清影宋抄本、三朝北盟會編卷一五二、宋史全文續資治通鑑卷一七及歷代名臣奏議卷八六改。

〔五〇〕中制河東之師　「河東」，斐然集卷一六上皇帝萬言書作「河南」。

〔五一〕根株膠結　「根株」，皇宋中興兩朝聖政卷六及宋史全文卷一七上同，斐然集卷一六上皇帝萬言書及繫年要録卷二七作「狠忮」。

〔五二〕王欽若陳堯佐請幸吴蜀　「陳堯佐」，斐然集卷一六上皇帝萬言書、繫年要録卷二七及三朝北盟會編卷一五二同。長編卷五七及宋史卷二八一寇準傳作「陳堯叟」，當是。

〔五三〕則其餘庶常　「常」，斐然集卷一六上皇帝萬言書作「務」。

〔五四〕故臣謂宜置行臺　「臺」原作「宫」，據上文、斐然集卷一六上皇帝萬言書及繫年要録卷二七改。

〔五五〕謹守成法從事　「謹」原作「諫」，據斐然集卷一六上皇帝萬言書及繫年要録卷二七改。

〔五六〕不爲宸居　「宸」，斐然集卷一六上皇帝萬言書及繫年要録卷二七作「定」。

〔五七〕帥臣監司　「帥」原作「師」，據清影宋抄本、道光抄本及繫年要録卷二七改。

〔五八〕建汀南劍邵武四郡可得二萬人　「可得二萬人」，三朝北盟會編卷一五二同，斐然集卷一六上皇帝萬言書、繫年要録卷二七及歷代名臣奏議卷八六作「精選萬人」。

〔五九〕山東諸路流徙之人　「諸」，皇宋中興兩朝聖政卷六及宋史全文卷一七上同，斐然集卷一六上皇帝萬言書、繫年要録卷二七作「及本」，當是。

〔六〇〕易以拱把　「把」，皇宋中興兩朝聖政卷六及宋史全文卷一七上同。斐然集卷一六上皇帝萬言書、繫年要録卷二七作「挹」。

〔六一〕臭惡雜聚　「臭惡」，斐然集卷一六上皇帝萬言書作「羈棲」。

〔六二〕日迫日切　下一「日」字，斐然集卷一六上皇帝萬言書及三朝北盟會編卷一五二作「月」。

〔六三〕日遠日忘　下一「日」字，繫年要録卷二七及三朝北盟會編卷一五二作「月」。

〔六四〕所以鞏固基圖　「圖」，三朝北盟會編卷一五三同，斐然集卷一六上皇帝萬言書作「扃」，繫年要録卷二七作「局」。

〔六五〕不間親疎　「間」，繫年要録卷二七、皇宋中興兩朝聖政卷六同。斐然集卷一六上皇帝萬言書及三朝北盟會編卷一五三作「問」，當是。

〔六六〕尚如此其衆　「如」原脱，據斐然集卷一六上皇帝萬言書及繫年要録卷二七補。

〔六七〕惴惴然於長戟犬馬之中　「犬」原作「大」，據斐然集卷一六上皇帝萬言書及繫年要録卷二七改。

〔六八〕潰兵劇賊徜徉乎其間　「徜」原作「彷」，據繫年要録卷二七及宋史全文卷一七上改。

〔六九〕雷電大震　斐然集卷一六上皇帝萬言書及繫年要録卷二七作「震雷大雪」。

〔七〇〕錢塘之禍　「禍」，斐然集卷一六上皇帝萬言書及繫年要録卷二七作「變」。

〔七一〕責身怨艾　「責」，斐然集卷一六上皇帝萬言書、三朝北盟會編卷一五二及繫年要録卷二七作「側」。

〔七二〕投戈四起　「起」，皇宋中興兩朝聖政卷六與此同，斐然集卷一六上皇帝萬言書及繫年要録卷二七作「逸」。

〔七三〕兵分勢離　「離」原作「合」，據斐然集卷一六上皇帝萬言書及繫年要録卷二七改。

〔七四〕不厭不退　「退」，繫年要録卷二七作「倦」。

〔七五〕其與愓息退藏　「退」，斐然集卷一六上皇帝萬言書、繫年要録卷二七及宋史卷四三五胡寅傳作「遁」。

〔七六〕仍賜絹萬匹　「萬匹」，中興小紀卷七、繫年要録卷二八及宋史卷二五高宗紀二作「二萬」，當是。

〔七七〕不可以智勝　「智」原作「私」，據忠正德文集卷一論明善惡是非及歷代名臣奏議卷八六改。

〔七八〕其未遠矣　忠正德文集卷一論明善惡是非作「其來久矣」，歷代名臣奏議卷八六作「其來遠矣」，當是。

〔七九〕其或在是　「在是」原脱，據忠正德文集卷一論明善惡是非補。

〔八〇〕雖善惡是非之鬱於公論者　「之」，忠正德文集卷一論明善惡是非及歷代名臣奏議卷八六作「久」。

〔八一〕韓洪興疾討賊　「韓洪」，歷代名臣奏議卷八六作「韓弘」，是。此處蓋避宣祖趙弘殷之諱而改。

〔八二〕守臣程昌寓敗之　「程昌寓」原作「陳昌寓」，據繫年要録卷二八改。

〔八三〕權守張宗望降　「張宗望」，三朝北盟會編卷一三三同，繫年要録卷二九及宋史卷二五高宗紀二作「王宗望」。

〔八四〕守臣李儔降　「李儔」原作「李鑄」，據三朝北盟會編卷一三四、繫年要録卷二九及宋史卷二五高宗紀二改。

〔八五〕守臣趙令宬罵賊而死　「趙令宬」原作「趙令晟」，據繫年要録卷二八及皇宋中興兩朝聖政卷六改。

〔八六〕即舊撲買坊場所置隔槽　「買」原作「賣」，據建炎以來朝野雜記甲集卷一四四川酒課及宋史卷一八五食貨志下七改。

〔八七〕倣大觀法　「倣」原作「政」，據繫年要録卷五八、文獻通考卷一六征榷考三及宋史卷一八五食貨志下七改。

〔八八〕舟人耿信反　「耿信」，宋史卷二四三昭慈孟皇后傳作「景信」。

〔八九〕若以夷狄而圖中原　「狄」原作「秋」，據清影宋抄本、道光抄本及繫年要録卷二九改。

〔九〇〕統制陳淬禦虜于馬家渡　「陳淬」原作「陳浮」，據繫年要録卷二九、三朝北盟會編卷一三四及宋史卷二五高宗紀二改。

〔九一〕二人皆嘗建議避狄　「狄」原作「秋」，據清影宋抄本及道光抄本改。

〔九二〕時密院惟張守獨員　「惟」原作「推」，據清影宋抄本、道光抄本及繫年要録卷二九改。

〔九三〕問十人所在　「問」原作「間」，據清影宋抄本及繫年要録卷二九改。

〔九四〕中夕悉遁去　「遁」原作「追」，據清影宋抄本、道光抄本及皇朝中興紀事本末卷一一改。

〔九五〕通判王儔死之　「王儔」原作「王鑄」，據繫年要録卷三一、皇宋十朝綱要卷二一及宋史全文卷一七下改。

〔九六〕惟嵊縣宋宗年而已　「嵊縣」原作「剩縣」，據繫年要録卷三〇改。

中興兩朝編年綱目卷第三

高宗皇帝　起庚戌建炎四年，止辛亥紹興元年〔一〕。

庚戌建炎四年（一一三〇）春正月，上舟次台州章安鎮。

虜陷明州。兀术再犯明州，張俊率衆拒之高橋，戰數合，慮其益兵復來，與守臣劉洪道俱避去。兀术遂破明州，屠其城。時宫觀鄭億年避地山間，爲虜所得，驅以北去。億年，居中子也。虜以舡犯昌國縣，欲追襲御舟，提領海舟張公裕引大船擊散之〔二〕，虜遂退。

陷陜、潭等州。時關以東，獨陜在焉。李彦仙守禦甚備。婁室益生兵，攻之愈急。城陷，彦仙巷戰而死。民間雖婦女亦升屋，以瓦擲賊，哭李觀察不輟。虜殺其家，陜民無噍類。虜始敢西，而全陜没矣。彦仙守陜再踰年，大小戰二百。及城陷，其屬官陳思道等五十一人，皆與同死，無屈降者。

陷潭州，守臣向子諲遁，王暕、劉玠、趙聿之死之。時軍民請以死守。虜力擊之，遂登城。子諲突圍出，城遂陷。軍民猶極口詈賊，力與巷戰，虜怒，屠其城而去。

陷荆南府，守臣唐慤遁。

陷醴州，守臣王淑遁。

夜大雷雨。上謂宰執曰：「昨夕雷聲頗厲，晉志以雷發聲非時，爲女主顓權、君弱臣强、四夷兵不制所致。朕與卿等當共修德，以應天也。」

詔近臣條備禦策。中丞趙鼎請遣使督王璦進軍宣州，周望分兵出廣德，與之合邀虜歸路。仍責璦不策應杜充之罪，俾立功自贖。及詔劉光世渡江，駐軍蘄、黄，牽制湖南賊兵，與杜充爲聲援。並趣光世，爲邀擊之計，或與杜充會于楚、泗〔三〕，使賊知江左軍衆，歸路稍艱，必有退軍之漸。如尚占臨安、建康，則乘暑擊之，期於克復而後已。時或傳金人在建康築城，爲度夏計，故鼎有是言。

給事中兼直學士院汪藻言：「金人爲患，今已五年。陛下以萬乘之尊，而倀然未知税駕之所者，由將帥無人，而御之未得其術也。如劉光世、韓世忠、張俊、王璦之徒，身爲大將，論其官，則兼兩鎮之重，視執政之班，有韓琦、文彦博所不敢當者；論其家，則金帛充盈，錦衣肉食，輿臺厮養，皆得以功賞補官，至一軍之中，使臣反多，卒伍反少。平時飛揚跋扈，不循朝廷法度，所至驅虜，甚於夷狄，陛下不得而問。正以防秋之時，責其死力耳。張俊明州僅能少抗，奈何敵未退數里間，而引兵先遁。是殺明州一城生靈，而陛下再有館頭之行者，張俊使之也。臣痛念自去秋以來，陛下爲宗社大計，以建康、京口、九江皆要害之地，故杜充守建康，韓世忠守京口，劉光世守九江，而以王𤫊隸杜充，其措置非不善也。而世忠八九月間，已掃鎮江所儲之資，盡粧海舶，焚其城郭，爲逃遁之計。洎杜充力戰于前〔四〕，世忠、王𤫊卒不爲用。光世亦偃然坐視，不出一兵，方與韓梠朝夕飲宴，賊至數十里間而不知。則朝廷失建康，虜犯兩浙，乘輿震驚者，韓世忠、王𤫊使之也。失豫章，而太母播越、六宫流離者，劉光世使之也。嗚呼！諸將已負國家，罪惡如此，而俊自明引軍至溫，道路一空，居民皆逃奔山谷。世忠逗留秀州，放軍四掠，至執縛縣宰以取錢糧，雖陛下親御宸翰，召之三四而不來。元夕取民間子女〔五〕，張燈高會，君父在難而不恤也。𤫊自信入閩，所過邀索千計，公然移文曰：『無使枉害生靈。』其意果安在哉？臣觀今日諸將，用古法皆當誅，然不可盡誅也。惟王𤫊本隸杜充，充敗于前而𤫊不救，此不可赦，當先斬𤫊，以令天下，其它以次重行貶降〔六〕，使以功贖過。臣愚以爲虜退之後，正大明賞罰、再立紀綱之時，莫若擇有威望大臣一人，盡護諸軍，雖陛下親軍，亦聽其節制，稍稍以法裁之。凡軍輒敢擅移屯，以護駕爲名者，自主將以下，並論如法。仍使於偏裨中擇人才之可用者，間付以方面之權，待其有功，加以爵秩，陰爲諸將之代。此今日所最急者，惟陛下與大臣熟議，斷而行之。」

時太常少卿陳戩亦准詔論時事，其略謂：「兵將用命，則寡可敵衆；不用命，則多適以致敗。今之握兵柄、秉旄鉞，非闒冗，即跋扈也。國之典刑不能加之將，將之威令不能施之軍。宜申嚴紀律，使進退左右，惟命之從，則虜可破矣。」

虜寇邠州。金虜撒離曷及黑峰等寇邠州，張浚遣統制曲端拒之，兩戰皆捷〔七〕。至白店原〔八〕，撒離曷乘高望之，懼而號哭，虜人因目之曰「啼泣郎君」，虜引去。

二月，虜復陷京師。時東京雖城守而勢益危，虜更遣河北首領聶昌領衆來攻〔九〕，上官悟力不能拒，城破，爲虜所害。自是四京皆陷没矣。

上舟次台州松門。宰執奏駐蹕之所。上曰：「會稽止可暫駐，稍久則人懷安，而不樂屢遷。」呂頤浩曰：「將來宜駐浙右，徐謀入蜀。」上曰：「朕倚雍之强，資蜀之富，固善，但張浚奏漢中只可備萬人糧，恐太少。兩浙若委付得人，錢帛猶可泝流而西，至於糧斛，豈可漕運？」頤浩白曰：「若第携萬兵入蜀，則淮、浙、江、湖以至閩、廣將爲盜區，皆非國家有矣。」上曰：「當益進上流，用淮、浙榷貨鹽錢以贍軍費，運江、浙、荆、湖之粟以爲軍食。」王綯曰：「議者但知輕議晉元帝遠都建鄴，不能恢復中原，而多言入蜀便，殊不知自秦用張儀，至本朝遣王繼恩，下蜀者八矣，取輒得之，不勞再舉，而亦未可謂之便也。」范宗尹曰：「臣謂若便入蜀，恐兩失之。據江表而徐圖關陝之事，則兩得之。決擇取舍，不可不審。」上曰：「然。」既而浚復上疏言：「陛下果有意於中興，非幸關陝不可。願先幸鄂渚，臣當糾率將士，奉迎鑾輿，永爲定都大計。」上不許。

是夕風順，御舟遇淺幾覆。尋次定海縣。上顧縣爲虜所焚，惻然曰：「朕爲民父母，不能保民，使至如此。」王綯曰：「陛下留杜充提兵四萬守建康，留周望提兵二萬守平江，非輕棄江、浙而遠適南方。不幸充、望不稱任使，乃至如此。」頤浩因言：「承平之久，士多文學，而罕有練達兵財，可濟今日者。」上曰：「前此太平，朝士若乘馬馳騁，言者必以爲失體；纔置良弓利劍，議者將以爲謀叛。」綯曰：「大抵文學之士未必應務，有才者或短於行。自非陛下棄瑕録用，則舉世無全人矣。」

盜鐘相起鼎州，尋討平之。相，武陵縣土豪也。以左道惑衆，因結集忠義民兵，以捍賊爲名挺之亂。遠近響應，僭號楚王，改元天戰〔一〇〕，自補官屬。尋詔湖南北帥司發兵討之。於是，鼎、澧、荆、潭、辰、岳之諸邑，多爲盜區。三月，相陷澧州，守臣王宗〔一一〕、澧陽丞葉審及其子侁并死之〔一二〕。時孔彦舟已招安，湖北帥司檄彦舟領兵捕相，彦舟過澧州，而澧之民有應相者，襲而攻之，彦舟僅以身免。彦舟入鼎州，復慮其應相，遂屠其城，民死者十八九，餘悉黔爲兵。時賊勢甚盛，彦舟據城，時出兵與戰，尋設計捕獲之，并其妻子及僞官，檻送行在。

虜陷秀州。守臣趙士醫死之。

兀术自越州執李鄴，復還杭州，縱火屠掠，以輜重不可遵陸，遂由秀州、平江取塘岸路而還。

陷平江府、常州。虜回兵過平江城下，宣撫使周望與守臣湯東野棄城遁，虜入城，縱火焚掠。死者近五十萬人，得脱者十之一二而已。

陷常州，守臣周起遁〔一三〕。

或謂若犇牛、吕城官吏斷閘，涸練湖水使乾，則虜舟膠就擒，惜乎！我計之不出此也。

盜李成陷舒州。胡文舜率衆禦之〔一四〕，戰敗走。權知州鄭嚴亦遁，城遂陷。前秘書省正字李雱以王命不通，金人在江、浙，懷顧望意，勸成順流而據金陵，阨江、浙以觀天意，成留雱于軍中，執前提刑李著及見任提刑、州縣官吏百餘人，拘于太平寺。尋有執鄭嚴至者，成命殺之。

三月，陳思恭敗虜于太湖。虜過吴縣，統制陳思恭以舟師邀于太湖，擊敗之，幾獲兀术。

以葉份爲户部尚書。先是，份在户部侍郎，言：「駕幸浙西，須早除發運使。」臣觀可任漕計，極難得人，間有之，又素行不修。」上曰：「有德者率淳直，或不能辨事；有才者多是小人，如梁揚祖誠無學術，使爲發運使則有餘矣。大抵小人不可在侍從之列，若藉其才，任於外，亦何不可？」未幾，遷份。

張浚帥師入衛，至襄、漢，聞虜退而還。時浚聞虜大入寇，上浮海東征。亟治兵入衛，至襄、漢，知虜退，乃還。

先是，宰執登舟奏上，上曰：「張浚措置陝西，極有條理。」呂頤浩曰：「陛下雖失之杜充，復得之張浚。」上曰：「浚自薦辛興宗作秦帥，比至陝西，見孫渥材優，則奏罷興宗而用渥，蓋其用心公也。」

命盧益等奉迎隆祐皇太后。虔州鄉兵陳新作亂，圍虔州，太后震恐。滕康、劉珏、楊惟忠皆坐視其亂而不能禁。上聞之，遂罷康、珏，以盧益、李回代之。先是，上喻呂頤浩曰：「朕初不識隆祐皇太后，自建炎初迎奉至南京，方始識之，愛朕不啻己出，宮中奉養及一年半，朕之衣服飲食，必親調製。今朕父母兄弟皆在遠方，尊長中唯皇太后。不惟相別數千里外，加之胡騎衝突，兵民驚擾。當早遣大臣領兵迎奉，以稱朕朝夕慕念之意。」乃有是命。

大赦。以虜退也。

夏四月，上次明州。中丞趙鼎言：「吳、越介在一隅，非進取中原之勢。荆、襄左顧川、陝，右視湖湘，而下瞰京、洛，在三國必爭之地。宜以公安爲行闕，而屯重兵於襄陽，以爲屏翰。運江、浙之粟，資川、陝之兵。經營大業，計無出此。願詔張浚未可長驅深入，姑令五路各守其地，掎角相援可也。」

後言者謂，御舟經由，知明州張汝舟應奉簡儉，粗能給足。知台州晁公爲頗務豐華〔一五〕，不免擾民，乞行賞罰，以示好惡。范宗尹曰：「若黜公爲，則知温州盧知原、發運使宋煇皆當貶矣〔一六〕。」上曰：「只褒汝舟，則好惡自明，如公爲輩，不必皆黜。」乃詔汝舟轉一官。

韓世忠敗虜于鎮江。世忠先屯焦山寺，以邀虜歸。兀朮遣人約日會戰，世忠謂諸將曰：「是間形勢，毋如金山龍王廟者，虜必登此覘我虚實。」乃遣偏將將三百卒伏廟中〔一七〕，又遣二百卒伏江岸。戒之曰：「聞江中鼓聲，岸兵先入，廟兵繼出。」虜至，果有五騎趣龍王廟。廟中之伏喜，先鼓而出，五騎振策以馳〔一八〕，僅得其二。有一人紅袍玉帶，既墜，復跳馳而脱。詰二人者，即兀朮也。既而，戰數十合，俘獲甚衆。又獲兀朮之婿僞封龍虎大王者舟千餘艘〔一九〕，虜終不得濟。復使致詞，願還所掠，假道世忠，不從。益以名馬，又不從。時撻辣在濰州，乃遣孛堇太一趨淮東，以爲兀朮聲援。

褒録元祐忠賢。以張耒、晁補之、黄庭堅、秦觀四人爲黨籍餘官之首，特追贈之。以江公望、常安民論事勁切，命録其後。

是冬，詔吕公著、吕大防、范純仁，各贈太師，追封魯、宣、許三國公。其餘黨籍，令有司具名取旨褒贈。

明年八月，追贈程頤、任伯雨、龔夬、張舜民。

紹興元年，録程頤後。

二年夏，追封韓忠彦魏國公，以元祐宰輔入黨籍者八人，獨忠彦未加贈故也。

三年，因嚴州通判黄策坐贓抵罪。上謂大臣曰：「元祐黨人固皆賢，然其中亦有不賢者乎？」吕頤浩等曰：「豈能皆賢？」徐俯曰：「若真元祐黨人，豈有不賢？但蔡京輩，凡己之所惡，欲終身廢之者，必名爲元祐之黨，是以其中不免有小人。」上曰：「若黄策之類是也。」俯曰：「黄策乃元符末上書以狂直被罪者。」

六年春，贈鄒浩寶文閣直學士〔二〇〕，謚曰忠。以浩子柄入對，上浩諫立元符皇后手藁也。

六年，檢詳范直方言：「朝廷旌别淑慝，大開黨禁，以風動天下。凡隷名石刻之人，皆蒙追録，此千載盛德之舉也。然其間賢否是非，未免混淆。自崇寧以後，黨籍日衆，其間固多忠讜勁正之士，出處議論具在方册。至如妒賢妬能，助成黨論之人，偶乖迎合，以至睚眦。京、卞欲終廢之，故借黨籍以報怨。汙蔑善類，以至今日。子孫又從而藉口，倖覬恩典。倖門一開，流風靡靡。」遂有甄别黨籍之命。

二十六年，賜陳瓘謚曰忠肅。

吴玠及虜戰于彭店原〔二一〕。

婁室將攻環慶，兵出麻亭。涇原副總管吴玠禦于邠州彭店原，戰失利，楊晟死之。曲端擁兵不救，退屯涇州。

上次越州。

詔親征。呂頤浩聞虜窮蹙，乃請上幸浙西，且下詔親征，以爲先聲，而亟出鋭兵〔三二〕，策應韓世忠，庶幾必擒兀朮。王綯亦言：「宜遣兵夾擊。」上納之，遂下是詔。

韓世忠奏捷，上曰：「金人侵侮以來，兵將多是望風奔潰。今歲如世忠輩，雖不成大功，皆累獲捷，若自此訓卒繕甲，極力措置，今冬虜來，似有可勝之理。朕觀自古恃衆而敗，如尋、邑，昆陽之戰者多矣。」范宗尹曰：「古者取勝，皆有先定之謀。惟漢敗尋、邑，晉敗苻堅，全是天意。今此力戰，天意可知。更愿陛下修德，臣等以公心處之。庶幾天意必回，則事可爲矣。」

呂頤浩罷。趙鼎論之也。制曰：「下吴門之詔，則有失於先時〔三三〕；請浙右之行，則力違於衆論。」於是，范宗尹攝行相事，遂留會稽，無復進居上流之意矣。

虜兀朮遁。先是，世忠與兀朮相持于黄天蕩，世忠以海艦進泊金山下。將戰，世忠預命工鍛鐵相連爲長綆，貫一大鈎，以授士之驍捷者。平旦，虜以舟噪而前，世忠分海舟爲兩道，出其背，每縋一綆，則曳一舟而入，虜竟不得濟。乃求與世忠語，世忠酬答如響，時於所佩金鳳瓶傳酒，縱飲示之。兀朮見世忠整暇，色益沮，乃求假道甚恭。世忠曰：「是不難，但迎還兩宮，復舊疆土，歸報明主，足相全也。」兀朮既爲世忠所扼，欲自建康謀北歸，不得去。或教於蘆場地鑿大渠二十餘里，上接江口，在世忠之上。遂傍治城西南隅鑿渠〔二四〕，一夜渠成，次早出舟，世忠大驚，金人悉趨建康。世忠尾擊，敗之，虜終不得濟。乃揭榜募人獻所以破海舟之策。有教其於舟中載土，以平版鋪之，穴舡板以櫂槳，俟風息則出江，有風則勿出。海舟無風，不可動也。以火箭射其篛蓬，則不攻自破矣。一夜造火箭成。是日，引舟出江，其疾如飛，天霽無風，海舟皆不能動。以火箭射海舟篛蓬，世忠軍亂，焚溺而死者不可勝數。世忠與餘軍至瓜步，棄舟而陸奔，還鎮江。

牛皋敗虜于寶豐。金人犯江西者，自荆門北歸，皋邀擊於宋村，敗之。

五月，以范宗尹爲右僕射。時江北、荆湖諸路盜益起，大者至數萬人，據有州郡，朝廷力不能制。盜所不能至者，則以土豪、潰將或攝官守之，皆羈縻而已。宗尹以爲此皆烏合之衆，急之則併死力以拒官軍，莫若析地以處之。盜有所歸，則可以漸制。乃言於上曰：「昔太祖受命，收藩鎮之權，天下無事百有五十年，可謂良法。然國家多難，四方帥守事力單寡，束手而莫知所出，此法之弊也。今日救弊之道，當稍復藩鎮之法，亦不盡行之天下，且裂河南、江北數十州爲之，少與之地，而專付以權，擇人久任，以屏王室。」群臣多以爲不可。宗尹曰：「今諸郡爲盜據者以十數，則藩鎮之勢駸駸成矣。曷若朝廷爲之，使恩有所歸？」上決意行之，遂以爲相。宗尹時年三十三〔二五〕，自漢、唐及國朝宰相，未有如是之年少者。故事，命相必進三秩。至是，宗尹纔遷二官，蓋汪藻失之。

詔三省、密院同班奏事，輪修時政記。

岳飛敗虜于静安。杜充之敗也，其將士潰去，多行剽掠，獨飛嚴戢所部，不擾居民。士大夫避寇者皆賴以免，故時譽翕歸之。及是，金人焚建康〔二六〕，掠人民，虜財物，自静安渡宣化而去。兀术屯六合，輜重自瓜步口舳艫相銜，至六合不絶。飛時爲淮南宣撫、右軍統制，以所部邀擊，勝之。

壬子，夜，赤氣亘天。有白氣如練貫之〔二七〕。殿中侍御史沈與求言：「此天心仁愛陛下，出變示警也。且天子所在，謂之朝廷。今虔州一朝廷，秦州一朝廷，號令之極，至爲詔矣。願敕張浚等止降指揮，勿得爲詔令。」又論相，天子之職也。願親書所屬意之臣姓名，禱于天地，占而用之。仍舉行開寶故事，使參知政事得與宰相輪日知印。又論劉光世軍名及罷浙西預借苗米、置諸軍功罪簿等事。詔三省以次施行。

以張守參知政事。守既秉政，范宗尹語之曰：「今日國勢，正如人之疾病，沉痼方篤。稍施駃藥，必有顛仆之患。要使施設有序，勿遽勿亟。當相與戮力，啓沃上前，廣言路，拔賢才，節財用，惜名器，抑僥倖，左右彌縫，庶乎其可也。」

趙鼎簽書樞密院事。時宰相未兼樞密，同知周望在平江，鼎以獨員兼總。前此兵政，悉隸御營使司。事權既分，又再經大變，文移紛亂，鼎檢故事舉行，以正西府之體。

是冬，上欲除辛企宗節度使，鼎格詔，再乞罷，奉祠而去。

復權侍郎。如元祐故事，位太中大夫上，請給視中書舍人。告謝日，即賜三品服，滿二年爲真，補外者除待制，未滿者除修撰。范宗尹言：「自崇寧罷權侍郎之後，庶官進用，有不可任以給、舍者，則正除侍郎，超躐太甚。請復舊制，以待資淺新進之人。」故有是命。

置鎮撫使。從范宗尹之議也。宗尹乞將京畿、京東西〔二八〕、湖北、淮南並分爲鎮，其分鎮州軍多經殘破，或緊要控扼去處，理宜增重事權，庶可倚辦。應管内州縣，並許辟置知、通，令帥臣具名辟奏，朝廷審量除授。管内州軍並聽節制，遇軍興，許以便宜從事。其帥臣不因朝廷召擢，更不除代。如能扞禦外寇，顯立大功，當議特許世襲。於是，以河南、孟、汝、唐四郡授知河南府翟興，楚、泗、漣水三郡授知楚州趙立；滁、濠二郡授知滁州劉位〔二九〕，光、黄二郡授知光州吴翊，舒、蘄二州授知舒州李成，海、淮陽二郡授知海州李彦先；承、天長二郡授知承州薛慶，和、無爲二郡授知和州趙霖，並爲鎮撫。

六月，又以德安、復、漢陽三郡授知德安府陳規，荆南、歸、峽、荆門、公安五郡授知荆南府解潛，鼎、澧二郡授知鼎州程昌寓〔三〇〕，金、均、房三郡授知金州范之才〔三一〕，襄陽、鄧、隨、郢四郡授知襄陽府陳求道，淮寧、潁昌二郡授知淮寧府馮長寧〔三二〕，並爲鎮撫使。求道在襄陽，既而有劇盜劉忠，號「白氊笠」，擁衆來犯，求道禦之，戰敗，爲賊所害。長寧在淮寧，亦不能守，以地降于劉豫。

或云規摹參錯，多寡不均。李成以舒、蘄、光、黄叛去。孔彦舟授鼎、澧、辰、沅、靖五州，不赴，遂犯湖南。劉剛授濠、泗，岳飛授通、泰，趙立授承、楚，郭仲威授真、揚，王彦授金、房〔三三〕，皆不能守。惟桑仲，宗尹以兄宗禮在其軍中，故授以襄、鄧、隨、郢、金、均、房、信陽八郡，地大人衆，後稍稍爲患，仲爲其徒所殺。李横代之，横爲僞齊所逐，鎮遂廢。此據北盟録編入，與上不同。桑仲之除襄陽府、鄧隨郢鎮撫使，在明年春。汪藻外制，只作鄧隨郢三州鎮撫使。

自中原失守，諸重鎮多失。惟規與群盜屢戰，皆不能犯。由是，德安獨存。牢城卒方壽等嘗謀亂，規方會食，有告變者，規捕而詰之，問從謀者幾。壽曰：「一城之軍，公之左右皆是，今夕舉事矣。」規命誅壽，餘不問，一府皆服。

趙立敗虜于楚州。兀术自六合歸，屯於楚州之九里徑，欲斷立糧道，立又大破之。

先是，劉豫在東平，遣立故人葛進等賫書誘立，令供賦税。立大怒，不撤封，斬之。已而，又遣沂州舉人劉偲持旗榜招立，具言金人大兵且至，必屠一城生聚。立令將出就戮。偲大呼曰：「公非吾故人乎？」立曰：「吾知忠義爲國，豈問故人耶？」趣令纏以油布，焚死市中，且表其旗榜于朝。

沿江分三路，置安撫大使。三省言：「沿江道遠，緩急恐失機會。鄂、岳雖係湖北，宜撥屬江南。今欲建三安撫大使，一置司鄂州，以岳、筠、袁、虔、吉、南安隸之；一置司江州，以洪、撫、信、興國、南康、臨江、建昌隸之；一置司池州，以建康、饒、宣、徽、太平、廣德隸之；建康本帥府〔三四〕，緣近鎮江，去江州一千四百里，獨置帥於池州，沿江相去甚均。」從之。大約每帥相去七百里，不問形勢。池陽僻陋，乃置江東大帥，議者非之。

尋又詔浙西於鎮江置司，其臨安府罷兼帥職。六月，以呂頤浩、朱勝非、劉光世爲建康府路、江州路、兩浙路安撫大使〔三五〕，兼知池州、江州、鎮江府。

詔二品以上，即除大使。

明年春，以鄂、岳撥還湖北，江南仍舊分爲東、西路，池州爲東路，江州爲西路。頤浩東路安撫大使兼知池州，勝非西路安撫大使兼知江州。

其夏，又命頤浩兼壽春、滁、廬、和、無爲，勝非兼德安、舒、蘄、光、漢陽，光世兼真、揚、通、泰、承、楚、漣水，並爲宣撫使。

九月，江東西路安撫復置於建康府、洪州〔三六〕。

六月，復命宰臣兼樞密，罷御營司。以范宗尹兼知樞密院，罷御營使，以其事歸樞密院機速房。自慶曆後，宰相不兼樞密者八十餘年，其復兼始此。

劉光世所領部曲既無所隸，因號「太尉兵」。御史沈與求論其非宜，會御營司廢，乃以「巡衛」名其軍，除光世都統制。

尋改御前五軍爲神武軍，御營五軍爲副軍。其御營統制、統領官等銜〔三七〕，並帶樞密院統制、統領軍馬。

紹興二年，給事中胡安國言：「自古盛王，雖用文德，必有親兵，專掌宿衛。成王即政，周公指虎賁與常伯同戒于王，欲其知恤。虎賁者，猶今侍衛親軍也。康王初立，太保俾齊侯呂伋以虎賁百人，逆于南門。呂伋者，太公望子，自諸侯入典親兵，猶今殿前馬步軍都帥也。勳德世臣，總司禁旅；虎賁鋭士，宿衛王宮，其爲國家慮深遠矣。本朝鑒觀前代，命三衙分掌親軍，雖崇寧間，舊規猶在。及至高俅得用，軍政廢弛，遂以陵夷。陛下嗣承寶位，謀國者不思復古，親兵寡弱，宿衛單少，豈尊君彊本，消患預防之計也？伏望考祖宗選擇禁旅之法，修明軍政，威服四方，上嚴宸極。」詔三衙措置。未幾，進呈。上曰：「一衛士所給，可贍三四兵，朕命楊沂中治神武中軍，此皆宿衛兵也。」遂命沂中兼提舉宿衛親兵。五年冬，廢神武中軍隸殿前司，以沂中主管殿前司公事。七年，復合馬司餘軍及八字軍爲六軍十二將，命劉錡主之，而解潛典步軍如故。自是三衙始復矣。

初，御營五軍之外，又更置御前五軍〔三八〕，尋又改爲神武五軍。紹興五年〔三九〕，又改爲行營四護軍，張俊稱前軍，韓世忠稱後軍，岳飛稱左軍，劉光世稱右軍，楊沂中中軍已隸殿前司，而吴玠軍如故。七年，光世軍叛降僞齊，於是川、陝軍更以右護軍爲號。十一年，三宣撫司罷，乃改稱某州駐劄御前諸軍。十八年，川、陝諸軍亦如之。其軍皆不隸三衙。由是，御前軍又在禁軍之外矣。

紹興初，内外大軍凡十九萬四千有奇，而川、陝不與焉。

釐正崇寧以來冒賞。三省具冒賞名色十八項。詔今後並不許收使，轉官已收使人，令吏部改正。

范宗尹去位，遂罷討論。

紹興七年秋，復開坐二十四項，凡調官、遷秩、任子，皆令吏部審量以聞，自是追奪者復衆矣。

季陵仍中書舍人。陵入對，上奏：「臣觀今日國勢，危如綴旒。夷狄盛强，盜賊充斥，人所共憂者，姑置未論。事有深可慮者四，尚可恃者一：大駕時巡，未有駐蹕之地；賢人遠遁，皆無經世之心；兵柄分於下，而將不和〔四〇〕；政權去於上，而主益弱。所恃以僅存者，人心未厭而已。前年議渡江，人以爲可，朝廷以爲不可，故諱言南渡，而降詔回鑾。去年議幸蜀，人以爲不可，朝廷以爲可，故弛備江、淮，而經營關陝。以今觀之，孰得孰失？張浚出爲宣撫處置使，不過欲迎陛下耳。胡虜長驅，深入吴越，至今尚在淮甸，曾無一騎入援王室。設或當時侵犯屬車之塵，縱能提兵，問大臣罪，如苗、劉時，事亦何及？維揚之變，朝廷不及知而功歸於宦寺；錢塘之變，朝廷不能救而功歸於將帥。是致陛下信任此曹，有輕朝士之心。黄潛善好自用，而不能用人；吕頤浩知使能，而不知任賢。自張慤、許景衡飲恨而死，劉豫、杜充相繼颺去，凡知幾自重者，往往卷懷退縮矣。厥今天下不可謂無兵，若劉光世、韓世忠、張俊者，各率諸將，同心而謀，協力而行，何往不克？然兵柄既分，其情易睽；各招亡命，以張軍勢，各效小勞，以報主恩；勝不相遜，敗不相救，大敵一至，人自爲謀，其能成功哉？君臣之間，義同一體，朝堂出命，百官承禀，知有陛下，不知有大臣。大臣在外，事涉形迹，其可作威福以自便乎？周望在浙西，人能言之；張浚在陝右，無敢言者。夫區處軍事，恐失幾會，便宜可也，乃若自降詔書，得無竊命之嫌耶〔四一〕？官吏責以辦事，便宜可也，若安置從臣，得無忌器之嫌耶？以至賜姓氏、改寺額，事類此者，無與治亂，待報何損？是浚在外，傷於太專，雖陛下待之不疑，臣恐自陝以西，不知有陛下矣。三代之得天下者，得其民也。得其民者，得其心也。民墜塗炭，無甚於今日，發掘丘墓，焚燒屋廬，六親不能相保，而戴宋惟舊，實祖宗德澤在人心者未厭也。所望以中興，惟此一事耳。然人心無常，固亦難保，陛下宜有以結之。今欲薄斂以裕民財，而用度方闕；今欲輕徭以紓民力，而師旅方興。罪己之詔屢降，憂民之言屢聞，丁寧切至，終莫之信。蓋動民以行不以言。臣意陛下舉事，當人心服，自足以結之也〔四二〕。爵當賢，禄當功，刑當罪，施設注措無不當於理，天下不心悦而誠服者，未之有也。臣願陛下以其所當慮者，使一二大臣謀之，無偏聽，無自賢，無畏强禦，無徇私昵，處之得其當，則人心服，人心服，則盜賊將自息，而夷狄亦可圖矣。」

敘用責降人。詔檢舉責降官，以言者有請也。於是，宣、靖執政及圍城、明受僞命之人，皆收敘矣。

盜戚方降。授武翼大夫。時人爲之語曰：「要高官，受招安。」

楊勍犯處州，守臣梁頤吉遁。

劉超據荆南府。

王闢陷房州，守臣韋知幾遁〔四三〕。又陷歸州，鈐轄田祐恭率義兵討之〔四四〕，闢遁〔四五〕。崔增犯太平州。

張用據漢陽軍〔四六〕。趙延壽犯德安軍，焚郢州。

秋七月，復順昌府〔四七〕。淮寧鎮撫馮長寧復之，擒其僞守陳珏。

復鄜州。環慶經略趙哲遣將復之。其餘州縣皆迎降。

呂頤浩爲建康大帥。上因曰：「議者謂頤浩多引用山東人，且頤浩爲相，當收天下之材，而獨私鄉曲，非公道也。」頤浩過闕，見上言：「自去國，不知金虜之實，聞已渡淮北去，然虜人多詐而難測。避寇固當預辦，禦寇之計，尤不可緩。夫難得易失者，天之時；難成易敗者，人之功。臣願陛下愛惜分陰，汲汲圖之。」

二帝自韓州如五國城。五國城者，在金國所都西樓之東北千里。金人將立劉豫，乃請二帝徙居之。

八月，隆祐皇太后至自虔州。

虜陷揚州、承州。兀朮既屯六合縣，欲自運河引舟歸，而趙立在楚，薛慶在承，扼其衝，不得進，兀朮患之。撻辣自孫村來見兀朮計事，欲會兵攻楚州。郭仲威聞之，約慶俱往迎敵。慶至揚州，仲威殊無行意，置酒高會。慶怒曰：「此豈縱酒時耶？我爲先鋒，汝當繼後。」上馬疾馳去。從騎不滿百，轉戰十餘里，仲威迄不至〔四八〕，慶與其下走還揚州，仲威閉門拒之。慶墜馬，爲賊追騎所擒，殺之。仲威棄揚州，奔興化，虜長驅陷承州。

王德敗虜于召伯埭。

復永興軍。初，浚之西行也，上命浚三年而後用師。及是，撻辣及兀术皆在淮東，約秋高入寇。浚聞兀术躊躇淮上，必再犯東南，議出師攻取，以分其勢。士大夫多以爲不可。浚召諸將議，曲端曰：「金人新造之勢，難與争鋒。宜訓兵秣馬，保疆而已，俟十年，乃可議戰。」吴玠曰：「高山峻谷，我師便於駐隊，賊雖驍果，甲馬厚重，終不能馳突。吾據嵯峨之險，守關輔之地，虜師大至，決不容争此土。」浚皆不聽。劉子羽争之曰：「相公不記臨行天語乎？」浚曰：「事有不可拘者，假如萬一有前日海道之行，變生不測，吾儕雖欲復歸陝西，號令諸將，得乎？」遂決策治兵，移檄粘罕問罪。會吴玠復永興軍，乃以玠權經略。虜大懼，遂調兀术自京西，令星馳至陝西，與婁室等合。而浚亦劄諸路，合兵四十萬，約日會于耀州，以與虜戰。

先是，吴玠以彭原之敗〔四九〕，望曲端不濟師〔五〇〕，與王庶共譖端有反心，而浚亦疑之，卒用彭原事罷端兵柄，安置萬州。西人倚端爲重，及貶，軍情頗不悦。

罷催税户長。依熙寧法，村疃三十户，每料輪差甲頭一名。

以桑仲知襄陽府。仲既逐程千秋，即據襄、鄧、隨、郢數州〔五一〕，有衆十餘萬。久之，其軍食絶，乃以人爲糧。范宗尹念其鄉國被禍之酷，請赦仲罪。遂命之，尋以仲爲鎮撫使。

九月，皇太后鄭氏崩。

嚴贓吏法。詔吏以贓敗，長官不按者並坐。先是，上謂輔臣曰：「常賦外，科斂及贓吏害民，最宜留意。祖宗雖崇好生之德，而贓吏死、徙，未嘗末減。自今官吏犯贓，雖未欲誅戮，若決脊流配，不可貸也。」

是冬，湖口令孫咸以贓罪抵死。詔貸命黥之。上謂宰執曰：「祖宗時，贓吏有杖朝堂者，黥尚爲寬典。」又曰：「自今贓吏須與痛懲，庶幾可革久弊。」

紹興初，班真決贓吏條制〔五二〕，鏤板行下。自今有犯，依法行遣，仍籍没家財。上以軍興民困，吏緣爲姦，故盜賊蠭起，乃下此詔。未幾，言者謂贓吏當棄市。上曰：「杖之足矣。朕本於專尚德化，顧贓吏害民耳，非有甚不得已，豈忍遽置縉紳於死地耶〔五三〕？」

二年，錢塘縣欒振坐贓抵死，詔論如律，仍班下諸州。

虜犯揚州，靳賽敗之。僞號龍虎大王者，以鐵騎使犯揚州，統制靳賽舉兵迎戰，擊敗走之。

桑仲犯金州，帥臣王彦敗之。仲既陷房、均，有窺蜀之志，擁衆犯金州，以書抵彦曰：「願假道入蜀。」時官軍纔二萬〔五四〕，糧且不繼，或請少避賊鋒。彦曰：「今虜在陝西，若賊至安康，則四川腹背受敵矣，有言避賊者斬。」賊張步騎六道並進。彥執旗大呼麾士，士殊死鬭，大敗賊于長沙平。追至竹山縣而還。

明年，仲陷鄧州，守臣譚兖遁，知汝州王俊死之。初，兖求援於俊，俊引衆赴之。兖與飲，俊醉，兖率衆突圍出奔。城陷，仲執俊歸襄陽，磔之。

陷復州，守臣祖遹遁。

仲尋屢爲王彥所敗，欲再攻金州，檄霍明進兵，明不從。仲怒，陰有殺明意。明措置郢州，漸成井邑，亦有戀郢之心。仲以二十騎疾馳之郢州，明以計殺之，時二年春也。

以王林知承州。代薛慶也。廢天長軍爲縣，隸揚州。盱眙軍爲縣，隸泗州。自是，諸鎮撫使稍因事並廢矣。

張浚及虜大戰于富平。初，浚既定議出師，幕客、將士皆心知其非，而口不敢言，唯諸相應和。會上亦以虜萃兵淮上，命浚出兵，分道由同州、鄜、延以擣虜虛〔五五〕。時吴玠已得長安，而環慶經略使趙哲收復鄜、延諸郡。浚乃檄召熙河經略使劉錫、秦鳳經略使孫渥、涇原經略使劉錡，各以兵會合。六路兵四十萬人，馬七萬，以錫爲統帥。吴玠與鳳翔提刑郭浩皆言：「虜鋒方銳，當且分守其地，掎角相援，待其敝，乃可乘。」浚不從。諸軍行至富平縣，錫會諸將議，玠曰：「兵以利動，今地勢不利，未見其可。宜擇高阜據之，使不可勝。」諸將皆曰：「我衆彼寡，又前阻葦澤，敵有騎不得施，何用他徙？」將戰，乃許立前都統制曲端旗，以懼虜。虜酋婁室曰：「彼紿我也。」婁室擁兵驟至，輿柴囊土，藉淖平行，進薄吾營。錫等與之戰，錡身率將士，殺虜頗衆，勝負未分，而虜鐵騎出不意，直擊環慶軍（五六），他路兵無與援者。會趙哲離所部，哲軍見塵起，驚遁，諸軍亦退，虜遂乘勝而前。

虜陷楚州。 帥臣趙立先中砲死，而城陷。後謚忠烈，祠號顯忠。始，立走人詣朝廷告急，上命劉光世督淮南諸鎮往援之。東海李彥先首以兵至淮河，扼虜不得進；高郵薛慶至揚州，轉戰被執死；光世畏虜騎之衆，不敢前，止遣王德、酈瓊至承州，猶豫不進；維揚郭仲威按兵天長，陰懷顧望；獨海陵岳飛屯三墪，僅能爲援，而亦衆寡不敵。虜知外援絶，故攻圍益急。立爲人木彊，不知書，其忠義蓋出天性；善騎射，不喜聲色財貨，月俸給皆取其半，與士卒同甘苦；每戰，擐甲冑先登（五七），有退却者，必大呼疾馳至其側，捽而斬之。衆畏服，亦樂爲用。自虜犯中國，所過名城大都，多以虛聲挾降，如探囊取之。惟冀州堅守逾一年（五八）。濮州城破巷戰，殺傷略相當，皆爲虜所憚。而立威名戰多，咸出其上。是役也，虜鋭意深入，會張浚出師關陝，兀术往援之，又立以其軍蔽遮江、淮，故虜師亦困弊而止。議者謂立之功，雖張巡、許遠不能過云。

時朝廷未知，上曰：「趙立堅守孤城，雖古名將，無以過之。」以手札趣劉光世進援兵者五，光世卒不行。

冬十月，張浚駐軍秦州。初，諸軍既敗還，浚至邠州，召劉錫等計事。浚立堂上，諸將帥立堂下。浚問：「誤國大事，誰當任其咎者？」衆皆言：「環慶軍先走。」浚命擁趙哲斬之。哲不伏，且自言有復辟功。浚親校以撾擊其口，斬于堠下，軍士爲之喪氣。浚遂以黄榜放諸軍罪。哲已死，諸將帥聽令，浚命各歸本路歇泊。令方脱口，諸路之兵已行，俄頃皆盡。浚率帳下退保秦州，於是，陝西人情大震。

浚既誅趙哲，乃以便宜命轉運判官孫恂權環慶路經略使〔五九〕。或言劉子羽諭恂，令陰圖環慶諸將。恂納其言，斬統領官喬澤、張忠。統領官慕容洧覺之，懼，遂以環州叛附于夏國。洧既叛，浚遣涇原帥劉錡追之，錡留將官張中孚〔六〇〕、幕僚趙彬守渭。二人皆附曲端，意輕錡，又知浚已還秦州，恐一旦金人至而不能守，乃相與謀逐錡而據涇原。錡進不敢追洧，退不敢入渭，遂走順德。中孚、彬以錡去，乃遣人詣虜乞降。

浚以失律，上章待罪。上謂宰執曰：「浚用曲端、趙哲、劉錫，見其過，即重譴之。浚未有失，焉可罷也？」李回曰：「須得勝浚者，方可易。」上曰：「有才而能辦事固不少，若孜孜爲國，無如浚。亦有人言其過，朕皆不聽。」命放罪。

十一月，裁定祀典。禮官裁定：「每歲孟春上辛祈穀，孟夏雩祀，季秋及冬至日四祀

於是，吴玠自鳳翔走保大散關之東和尚原。或謂玠宜移屯漢中，以保巴蜀。玠曰：「賊不破我，詎敢輕進？吾堅壁重兵，下瞰雍甸，虜懼吾乘虚襲其後，此保蜀長策也。」諸將乃服。時玠在原，軍食不繼，鳳翔之民感其遺惠，相與夜負芻粟輸之。玠亦憐其遠意，厚償以銀帛，民又益喜。虜怒，遣兵伏渭南，邀而殺之。又令保伍相坐，犯者皆死，而民益冒禁輸之，數年然後止。秦鳳經略孫渥收本路兵保鳳州，統制官關師古收熙河兵保鞏。

關陝之陷也，士大夫守節死義者甚衆，熙河副總管劉惟輔及部將韓青並爲所獲，罵虜而死；知蘭州龕谷寨高子儒先刃其家而後死；慶陽守將楊可昇堅守不降；知隴州劉化原不肯降〔六七〕，虜驅入河北，隱民間，終不屈辱。原州通判米璞亦謝病，不受汙。知扶風縣康傑罵賊而死。知天興縣李伸堅守不下，城既陷，曰：「吾豈使賊殺我？」遂自殺。盧大受欲會合軍兵，解慶陽之圍，爲人所告，論死。秦州定西知寨鄭涓力戰，城破，自刺不殊，金人高其節，亦弗害也。是時，以城降者，虜僞皆因而命之。知彭陽縣李喆獨不降，其後虜以歸附官之。喆曰：「元係捕獲，不敢受歸附之賞。」以其牒還之。知環州安塞寨田敢嘗得太祖御容，欲間行南歸以獻，事泄，坐死。秦鳳都監劉宣，以蠟書通吴玠，且遣僞將任拱等歸朝。謀泄，賊取宣絲擘之。弓門寨巡檢王琦〔六八〕、天水縣令趙璧、統制官雷震、主簿張旹，並不屈死之。

十二月，定四川激賞絹額。張浚命四川民户輸激賞絹三十三萬匹有奇，俟邊事寧息即罷。四川田税大約凡三百錢，令民輸一匹絹。而成都、彭、漢、邛、蜀、永康六郡，自天聖間，官以三百錢市民間布一匹，民甚便之。其後，不復予錢，而但取其布，民始以爲病。至是，宣撫司歲截陝西、河東北三路絹綱三十萬匹，令民輸其直以贍軍。西川匹爲十一千，東川匹爲十千，歲凡三百萬緡有奇，謂之絹估。又截布綱七十餘萬匹，匹取其直三千，歲凡二百萬緡有奇，謂之布估云。

自浚入蜀，盡起諸路常平、坊場錢以贍軍，次科激賞絹、布，次則盡起常平司積年本息、和糴等米，次則對糴税户米。對糴者，謂如甲家歲輸米百斛，則又對糴百斛，以備軍儲。蜀民始困矣。

是歲，劉豫僭位于大名府，僞號齊。是年五月也，或云九月。

初，虜陷山東，撻辣有封豫之意。大同尹高慶裔，粘罕之心腹也。恐爲所先，乃説粘罕曰：「吾君舉兵，只欲取兩河。故汴京既得，則立張邦昌，後以邦昌廢，故再有河南之役。今河南州郡，官制不易，風俗不更者，可見吾君意非貪土，亦欲循邦昌之故事。元帥盍建議，無以恩歸他人。」粘罕乃令悟室馳白金主晟，晟許之。粘罕遂遣慶裔至東平問豫，豫陽推張孝純，粘罕報曰：「當以孝純輔爾。」其議遂決。至是，晟乃遣慶裔及韓昉，册命豫爲皇帝，國僞號大齊，都大名府。昉有文學，仕遼爲知制誥，晟因而用之。凡大詔令，多昉所草也。

豫既立，復還東平。以張孝純爲尚書左丞相，李孝揚、張柬權爲左、右丞，弟益爲北京留守，子麟知濟南府。時虜又以兀朮南寇所降李鄴、李儔、鄭億年臣豫。豫降南京爲歸德府，改東京爲汴京。升東平府爲東京，去淮寧、潁昌、順昌、興仁、壽春府名，復舊州名。

及粘罕既得關中地，悉割以與豫。豫升渭州爲平涼府，去慶陽、延安府名，復舊州名。豫自以生景州，守濟南，節制東平，僭位大名，遂起四郡强壯，爲「雲從子弟」，應募者數千人。豫又置三衛官：曰翊衛、曰親衛、曰勳衛，以士大夫之子爲之。二年升一等，滿六歲則試以弓馬，合格人出官。

豫之僭立也，止用天會之號。是冬，奉虜命，改元阜昌。

馮長寧尋以淮寧府降豫，請行什一税法，除僞户部郎中、權侍郎。

後罷什一之法，將山東百姓六十以下、二十以上，皆簽發爲兵，每畝田科錢五百。上聞之，曰：「朕未嘗一日忘中原之民，使其陷於塗炭，皆朕之過。百姓爲豫虐用如此，朕心惻然。」

豫建歸受館於宿州，招延南方士大夫、軍民。置榷場，通南北之貨。

虜大索客户，拘殺之。是冬，虜西元帥府密諭諸路，令同日大索兩河之民。一日，虜境州縣皆閉門，及拘行旅于道，凡三日而罷。應客户並籍入官，刺其耳爲「官」字，鎖之雲中，及散養民間，立價鬻之，或驅之於達靼諸國以易馬。蓋既立僞齊，以舊河爲界，恐陷虜者逃歸豫地故爾。欒壽縣得客户六十八人，誤作六百八人以報。粘罕必責其數。縣官執窮民以足之。被掠歸雲中者，不令出城，無以自活，士大夫往往乞食于途。粘罕見其多，恐或生事，聚三千餘人，坑之。

辛亥紹興元年（一一三一）春正月，上在越州。尋升爲紹興府。

大赦，改元。

復制科。自紹聖廢制科，至是，始因德音，下禮官講求故事，然未有應者。

以張俊爲江淮招討使，討李成。俊入辭，頗言李成兵衆。上曰：「汝將全軍，設爲朕攻一郡，若何？」俊曰：「臣朝至而夕可入也。」上曰：「成竭力攻九江，兩月不能下，則雖衆，何能爲？」俊大以爲然。上因謂俊：「今日諸將，獨汝未嘗立功。」俊曰：「臣何爲無功？」上曰：「如韓世忠擒苗傅、劉正彦，則功績顯著，卿殆不如。」俊恐悚承命。

時李成乘金人殘亂之餘，據江、淮六七州，連兵數萬，有席卷東南之意，使其徒多爲文書、符讖，幻惑中外，朝廷患之。至是，聞虜不渡江，上乃止饒、信之行。范宗尹因請遣大將討成，故有是命。

成遣馬進陷江州，守臣姚舜明遁〔六九〕。成入城，括寓客及州縣官僅二百員，悉殺于庭下。尋陷筠州，守臣王庭秀遁。陷臨江軍，守臣康倬遁。

是夏，李忠陷商州，守貳楊伯孫、張純之遁。

孔彦舟犯衡州、永州〔七〇〕。

邵青寇太平州，守臣郭偉固守，劉光世招降之。

張琪犯宣州，犯徽州，提邢王圭、守臣郭東遁；犯饒州，吕頤浩擊敗之，還走徽州。

孔彦舟據鄂州。

李忠犯金州〔七一〕，帥臣王彦擊敗之，走降劉豫。

荆湖分東、西路。鄂、岳、潭、衡、永、道、郴、桂陽八郡爲東路，鼎、澧、辰、沅、靖、峽〔七二〕、邵、全、武岡九郡爲西路，安撫於鄂、鼎二州。明年，復爲南、北路。

録趙普後。五年秋，又録其後。

復封安定郡王。神宗時，初封太祖後爲安定郡王。宣和末，遂廢。至是，詔復封，世世勿絶。

二月己卯，日中有黑子。范宗尹曰：「此在修德以消弭之。臣等輔政無狀，當罷。」

上曰：「日爲太陽，人主之象，豈關卿等。惟在君臣同心，行安民利物實事，庶幾天不爲災也〔七三〕。」

詔近臣條陳時務。詔訪以弭盜、遏虜、豊財、强兵之策。於是，翰林學士汪藻疏，大略謂：「諸將過失，不可不治，今陛下對大臣不過數刻，而諸將皆得出入禁中，是大臣見陛下有時，而諸將無時也。道路流傳，遂謂陛下進退人材，諸將與焉。又廟堂者，具瞻之地，大臣爲天子立政事，以令四方者也。今諸將率驟謁徑至，便衣密坐，視大臣如僚友，百端營求，期於必得，朝廷豈不自卑哉？祖宗時，三衙見大臣，必執梃趨庭，肅揖而退，蓋等威之嚴，乃足相制。又遣將出師，必詔侍從集議者，所以博衆人之見，今則諸將在焉。且諸將，聽命者也，乃使之預謀。彼既各售其説，則利於公不利於私者，必不以爲可行；便於己不便於國者，必不以爲可罷。欲其冒鋒鏑，趨死地，難矣。自今諸將當律以朝儀〔七四〕，毋數燕見。其至政事堂，亦有祖宗故事，且無使參議論之餘，則名分既正而可責其功矣。何難乎弭盜，何憂乎遏虜哉？若夫理財，則民窮至骨。臣願陛下毋以生財爲言也。今國家所有，不過數十州，所謂生者，必生於此，數十州之民，何以堪之？惟痛加裁損，庶乎其可爾。外之可損者，軍中之冒請；內之可損者，禁中之泛取。今軍中非戰士者率三分之二，有詭名而請者，則一使臣之俸兼十戰士之費；有借補而請者，則便支廩禄，與命官一同。聞岳飛軍中，如此者數百人。州縣懼於憑陵，莫敢呵詰，其盗支之物，可勝計哉？臣竊觀禁中有時須索，而户部銀絹以萬計，禮部度牒以百計者，月有進焉。人主用財，須要有名，而使有司與聞。至於度牒，則以虚名而權實利，以濟軍興之用，誠非小補。幸毋以方寸之紙，捐以予人，而不知惜也。然臣復有私憂過計者，自古以兵權屬人久，未有不爲患者。蓋予之至易，收之至難，不早圖之，後悔無及。國家以三衙管軍，而出一兵，必待密院之符。祖宗於兹〔七五〕，蓋有深意。今諸將之驕，樞密院已不能制，臣恐賊平之後〔七六〕，方勞聖慮。自古偏霸之國，提兵者未嘗乏人，豈四海之大而寥寥如此？意偏裨之中，必有英雄，特爲一二三大臣抑之而不得伸爾〔七七〕。謂宜精擇偏裨十餘人，各授以兵數千，直屬御前而不隸諸將，合爲數萬，以漸銷諸將之權，此萬世計也。」是時，諸將中劉光世尤横，故藻言及之。

給事中陳戬言：「今當省徭薄賦〔七八〕，務本厚生〔七九〕，先以保民，然後用光武策。聽盗自相糾擿，以追捕多少作守令殿最，可爲弭盗之術。占上流、據形勢，可爲遏虜之策。而躬儉節用，量入爲出，斥内庫之藏以歸太府，乃生財之計也。」

中書舍人胡交修言：「盗賊之起，惟其飢凍無聊，日與死迫〔八〇〕，然後自棄而爲之。陛下哀憫無辜，詔許自新。官無急征暴斂而俾安其故，高下種植而無廢壤，男女耕織而無懈人，穀帛不可勝用，則盗弭而財裕矣。日者，翟興在西洛，什伍其民，爲農爲兵，不數年，雄視一方。彼起於卒徒，猶能屹然自立於虜巢之中，而不可犯。矧吾以東南二百郡，欲强兵禦戎而不能爲興所爲乎？」

中書舍人洪擬言：「兵興累年，餽餉悉出於民。無屋而責屋税，無丁而責丁税。不時之須，無名之歛，殆無虚日，所以去而爲盜。今閩中之盜不可急，宜求所以消之；江西之盜不可緩，宜求所以滅之。夫豐財者政事之本，而節用又豐財之本〔八一〕。」

藻疏既傳，諸將皆忿，有令門下作論，以詆文臣者。其略曰：「今日誤國者皆文臣。自蔡京壞亂紀綱，王黼收復燕、雲之後，執政、侍從以下，持節則喪節，守城則失城。建議者執講和之論，奉使者持割地之説。提兵勤王則潰散，防河拒險則逃遁。自金人深入中原，蹂踐京東西、淮南地，爲王臣而棄地棄民、誤國敗事者，皆文臣也。間有竭節死難、當横潰之衝者，皆武臣也。又其甚也，張邦昌爲僞楚，劉豫爲僞齊〔八二〕，非文臣誰敢當之？」自此文武二塗，若冰炭之不合矣。

置秘書省。 尋召范同等試館職。

令分路類省試。 於是，張浚以便宜，合川、陜舉人，即置州司類試，自是爲例。

三月，詔募民耕閒田。 先是，廣州教授林勳獻本政書十三篇，大略謂：「國朝兵農之政，大抵因唐末之故。今農貧而多失職，兵驕而不可用，是以饑民、竄卒，類爲盜賊。宜倣古井田之制，使民一夫占田五十畝，其有羨田之家，毋得市田；其無田與游墮、末作者，皆驅之使爲隸農〔八三〕，以耕田之羨者。而雜紐錢穀，以爲什一之稅。本朝二稅之數，視唐增至七倍。今本政之制，每十六夫爲一井，提封百里，爲三千四百井，率稅米五萬一千斛，錢萬二千緡〔八四〕。每井賦二兵、馬一匹，率爲兵六千八百人，馬三千四百匹。歲取五之一，以爲上番之額，以給征役。無事則又分爲四番，以直官府，以給守衛。是民凡三十五年而役始一徧也。悉上則歲食米萬九千餘斛，錢三千六百餘緡〔八五〕。無事則減四分之三，皆以一同之租稅供之。匹婦之貢，絹三尺，綿一兩，百里之縣，歲收絹四千餘匹，綿三千四百斤。非蠶鄉，則布六尺，麻二兩，所收視綿、絹率倍之〔八六〕。行之十年，則民之口筭，官之酒酤，與凡茶、鹽、香、礬之榷，皆可弛以與民。」其說甚備。書奏，以勳爲桂州節度掌書記。其後，勳又獻比校書二篇，大略謂：「桂州地東西六百里，南北五百里，以古尺計之，爲方百里之國四十。當墾田二百二十五萬頃，有田夫二百四萬餘人。出米千二十四萬斛〔八七〕，禄卿大夫以下四千人，賦兵三十萬人。今桂州墾田約萬四千二頃，丁二十一萬一千〔八八〕，稅錢萬五千餘緡，苗米五萬餘斛，州縣官不滿百員，官兵五千一百人。蓋土地荒蕪，而游手、末作之人衆，是以地利多遺，而財用不足，皆本政不修之故也。」

俾守令各以所宜措畫，或官耕、或予民、或假貸以取贏、或召募以共利，凡有施設，朝廷並不牽制。候秋成覈實，其有效者，當擢以不次。或怠墮因循，亦必按其罪。

張俊復江州，誅馬進，李成遁降僞齊。先是，俊復筠州、臨江軍，馬進走江州，俊追殺之。成遂遁。於是，俊軍有「鐵山」之號。

罷免行錢。詔州縣官市買方物，如民間之直。違者以自盜論。

張浚駐軍閬州。時虜騎已破福津，蹂同谷，迫武興，浚遂保閬州，而以張深爲四川制置，與參議劉子羽趨益昌。虜陷階州，引兵犯文州，而江漲不得渡，遂還，因棄成州去。而知岷州李惟德亦以城來歸，於是盡失陝西地，但餘階、成、岷、鳳、洮五郡，及鳳翔府之和尚原、隴州之方山原而已。

浚承制以王庶知興元府，時興元師事草創，倉廩乏絶，師旅寡弱。庶募民教之，河東、陝西潰師多舊部曲，往往來歸，不數月，有衆一萬。

虜之陷陝西也，李師顔爲耀州守，獨率所部來歸，其家屬皆爲虜所得。虜人服其忠義，遣其弟師文招之，師顔不顧，師文卒爲所害。是冬，浚承制以師顔知成州。

是春，張榮敗虜于泰州水寨。初，榮據鼉潭湖，爲虜所破。率舟船至通州，欲入海，爲風濤所阻，遂據通州。糧且盡，殺人爲糧，又以地勢不利，率舟船入縮頭湖，作水寨以守。撻懶在泰州〔八九〕，謀再渡江，欲先破榮水寨，以舟師直犯之。榮亦出數十舟載兵與之遇，榮倉皇欲退，不可，覘虜只有戰艦數隻在前，餘皆小舟。水退，阻隔不得前，乃捨舟而陸〔九〇〕，大呼而攻之。虜不得騁，舟中自亂，溺水或陷泥淖，俘馘不可勝計。獲其壻盆輦。撻懶率餘衆奔還楚州，遂退師。榮聞劉光世在鎮江，乃遣人獻捷，上功狀。光世聞于朝，尋以榮知泰州。

夏四月，隆祐皇太后孟氏崩。 詔以繼體之重，當承重服。

張浚殺曲端。 端既爲王庶所譖，吴玠亦憾之，乃書「曲端謀反」四字于手心，因侍浚立，舉以示浚。浚素知端、庶不可並立，且方倚玠爲用，恐玠不自安。庶等知之，即言端嘗作詩題柱，有指斥乘輿之意，曰：「不向關中興事業，却來江上泛漁舟。」此其罪也。浚乃送端恭州獄。有武臣康隨者，在鳳翔嘗以事忤端，端鞭其背，有切骨恨。浚以隨提點夔州路刑獄。端聞之，曰：「吾其死矣！」呼天者數聲，端有馬名鐵象，日馳四百里，至是連呼「鐵象可惜者」又數聲，乃赴逮。既至，隨命獄吏縶之維之，糊其口，熁之以火，端乾渴而死。士大夫莫不惜之，軍民亦皆悵恨，西人以是益非浚。然或者謂，使端不死，一日得志，逞其廢辱之憾，一摇足，則秦、蜀非朝廷有，雖殺之可也。

五月，吴玠大敗虜于和尚原。 元顔没立與烏魯、折合以數萬騎〔九一〕，分爲兩道入寇。一自鳳翔，一自階、成出散關〔九二〕，約日會和尚原。玠與其弟璘以鋭卒數千人駐原上，朝問隔絶，軍儲匱乏，將士家屬往往陷賊，人無固志。有謀劫玠兄弟北去者，幕官陳遠猷入白玠與璘。遽召諸將〔九三〕，勵以忠義，歃血而誓。諸將感泣，爲備益力。已而烏魯、折合先期而至，陳于原北，玠率諸將列陣待之，更戰迭休。烏魯、折合大敗，由他道遁去。没立方攻箭筈關，玠復別選將擊退之，兩寇卒不得合。

出爵募民振糴。尋下鬻爵令，承直、修武郎以下，厥直有差。

收雇役錢。委提刑拘收。言者謂：「舊官給錢，募户長催税。近已差甲頭，宜椿其雇錢，用助經費。」故有是命。既而，言者以差甲頭不便。於是，甲頭不復差，而耆户長役錢因不復給〔九四〕。

六月，賜經筵官扇。時資政殿學士王綯、刑部尚書胡直孺並兼侍讀，中書舍人胡交修兼侍講。一日，上賜經筵官扇，皆取杜甫詩句，親書與之。於綯則曰：「霖雨思賢佐，丹青憶老臣。」直孺則曰：「文物多師古，朝廷半老儒。」交修則曰：「相門韋氏在，經術漢臣須。」蓋上之寵儒臣如此。

殰昭慈聖獻皇后孟氏于會稽。初謚昭慈獻烈。三年，改昭慈聖獻。

秋七月，罷鬻官田。是冬，廢餘姚、上虞二縣湖田。初，明、越州鑑湖、白馬、竹溪、廣德等十三湖，自唐長慶中創立，湖水高於田，田又高於海，旱澇則遞相輸放，其利甚博。自宣、政間，樓异守明〔九五〕，王仲嶷守越，皆內交權臣，專事應奉。於是悉廢二郡陂湖以爲田，其租悉屬御前。民失水利而官失省税，不可勝計。至是，吏部侍郎李光請復之。既而上虞縣令趙不摇以爲便，遂廢二縣湖田，而它未及也。

十三年，明州言：「自廢湖田，歲失官租三千餘斛，請復爲田。」從之。

范宗尹罷。侍御史沈與求條其罪狀二十，罷爲觀文殿學士，奉祠。尋落職。初，宗尹既建討論濫賞之議，大夫僥倖者争排之。諸大將楊惟忠、劉光世、辛企宗兄弟，皆嘗從童貫行軍，論者疑其亦當貶削。吏部侍郎高衛初以圍田改官，及是，主右選，力持此以爲不便，上疏詆之。同知李回亦言：「宣和間任中書舍人，以校正御前文籍遷官，乞削秩罷政。」上曰：「宣和政事，恐不必一一皆非。人主留意文籍，自是美事，豈可與其他濫賞同科？」秦檜曰：「此法一行，濁流者稍加削奪，便比無過之人〔九六〕，誠爲僥倖；清流者少挂吏議，即爲辱甚大，不敢立朝，恐君子受弊。」上顧諭宗尹，宗尹曰：「此事如回者無幾，其他亦不足惜。」遂降旨，侍從及館職兼領者非。又詔：「武臣濫賞，並免討論，令尚書省榜諭。」命既下，上終以爲難。後二日，上批：「朕不欲歸過君父，斂怨士夫，可日下寢罷。」宗尹堅以爲可行，即力求去。始，宗尹之建議也，檜力贊之，至是，見上意堅，反以此擠宗尹。制曰：「日者，輕用人言，妄裁官簿。以廟堂之尊，而負天下之謗；以人主之孝，而暴君親之非。朕方丁寧德意而申命于朝，汝乃廢格詔書而持必于下。」翰林學士汪藻之詞也。宗尹入相踰一年。始，宗尹與辛道宗兄弟往來甚密，上不樂之，及是遽罷。於是崇、觀以來濫賞，悉免討論〔九七〕，但命吏部審量而已。

詔江東、西路以昇、洪爲帥府。中書省言：「池、江二州地勢僻隘，失祖宗分道置帥之意。」詔依舊以昇、洪爲帥府。

八月，以秦檜爲右僕射。范宗尹既免，相位久虛。檜昌言曰：「我有二策，可以聳動天下。」或問：「何以不言？」檜曰：「今無相，不可行也。」語聞，遂有是命。

韓亮許換文資。亮，世忠之子也。世忠爲之請，詔許之。諸將以文資禄子孫，始此。

九月癸亥〔九八〕，大饗明堂，復合祭。奉太祖、太宗配。明堂始於皇祐中，合祭並配，又設從祀諸神。政和七年，既建明堂於大内，自是却以九月行之〔九九〕，然獨祀上帝，而配以神宗，惟五帝從祀。至是，上依法仁祖，詔一遵皇祐之制。

有司初議三聖並侑，如皇祐詔書。禮部員外郎王居正以爲：「皇祐明堂，本非爲萬世不易之禮也。蓋古之帝王，自非建邦啓土，肇造區夏者，皆無配天之祭。故雖周之成、康，漢之文、景、明、章，其德業非不美，然而子孫不敢推以配天，避祖宗也。聖宋崛起，非有始封之祖〔一〇〇〕。則創業之祖，太祖是矣。有德之宗，太宗是矣。太祖則周之后稷，配祭於郊者也。太宗則周之文王，配祭于明堂者也。此二者，不遷之法。皇祐宗祀，合祭天地，固宜以太祖、太宗配。當時，蓋拘於嚴父，故配帝並及於真宗。主上紹膺大統，自真至神，均爲祖廟，獨躋則患在於無名，並配則幾同於祫享。望以太祖、太宗並配明堂，於禮爲合。」宰相范宗尹是之，議遂定。天地復合祭，並設從祀，始此。

是歲，内外諸軍犒賜，凡一百六十萬緡。川、陜諸軍，則宣撫制置司以川路助賞物帛給之。自諸軍外，宰執、百官並權行住支，以貢賦未集故也。是歲，日南至，初復舊禮，祀昊天上帝於告成觀，遣官行禮。

明年，日北至，祭地於天慶觀望祭殿〔一〇一〕，始用牲玉〔一〇二〕。自政和方澤之祭，改設皇地祇位於壇南方，北鄉。至是，禮官請如舊制，爲位于北方，南鄉。從之。

九月，又詔雩祀復命太宗配。先是，配以神宗。用禮官議，詔復之。

又詔：「近降赦恩，慮州縣奉行不虔，委逐路提刑親行體訪。令實惠及民。若所載寬恤事，或有未盡，亦令監司條上。」

録元符末上書人。有司求訪元籍定姓名，依元祐黨人例，檢舉推恩。五年，詔邪等尤甚范柔中等三十人〔一〇三〕，並官一子。

以吕頤浩爲左僕射。頤浩復相，首言：「先平内寇，然後可以禦外侮。今李成摧破，李允文革面，張用招安，李敦仁已敗，江、淮惟張琪、邵青兩寇，非久必可蕩平。惟閩中之寇不一。又孔彦舟據鄂，馬友據潭，曹成、李宏在湖南、江西之間，而鄧慶、龔富剽掠南雄、英、韶諸郡。賊兵多寡不等，然閩中之寇最急，廣東之寇次之。蓋閩中去行在不遠，二廣未經殘破，若非疾速剿除，爲患不細。」詔樞密院措置。

先是，席益草郊祀赦文，有曰：「上蒼懷悔禍之心。群策竭定傾之力。六師奏愷，九扈成功。」上以其意夸大，不悦。及除吕頤浩麻制，又言：「中天而興聖緒，兼創業守文之難。」上覽之，滋不悦，命與外任。

以劉一止爲監察御史。一止首上疏言君子小人用舍之辨，以謂：「天下之治，衆君子成之不足，一人小人敗之有餘。君子雖衆，道則孤；小人雖寡，勢易蔓。」

命汪藻修日曆。初，藻在翰林，嘗請修元符以來日曆，上遂以命藻。至是，以藻知湖州，詔領日曆如故。藻至湖州，尋上言曰：「自太上皇帝、淵聖皇帝及陛下建炎改元，至今三十餘年，並無日曆。本朝宰相皆兼史館，故書榻前議論之辭，則有時政記；柱下見聞之實，則有起居注。類而次之，謂之日曆；修而成之，謂之實録；所以備記言，垂一代之典也。苟曠三十年之久，漫無一字之傳，何以示來世？望許臣編集元符庚辰至建炎己酉三十年間詔旨，繕寫進呈，以備修日曆官採擇。」許之。時湖州不被寇，元符後所受御筆、手詔、賞功、罰罪等事皆全，藻因以爲張本。又訪諸故家士大夫，以足之。

七年，藻再進大觀、政和詔旨，且言：「置史局見修日曆，臣不當預。」詔藻仍續編進。

八年，又進政和三年以後詔旨，詔藻仍舊纂集。

九年，藻言：「人君之治天下，其大而見於史者，不過政事弛張，人才升黜。弛張有本有末，升黜有先有後，不以歲月日時繫之，將安所考乎？故設爲四類以求之。一曰年表，二曰官閥，三曰政迹，四曰凡例。以祖宗實録考之，何謂年表？辛相之拜免，臺諫之去留，六曹、寺監長貳之遷移，三京二十八帥之委任，皆事干政體者書之，不可少差。而徽宗臨御二十六年間，除目以千萬計，非歲爲旁通，何以見之？何謂官閥？朝臣自館閣而上差除悉書，文臣自卿監、武臣自刺史、宗室自小將軍而上，皆當立傳。而徽宗朝，當書差除者八千餘人，當立傳者二千餘人。差除必首尾相續，立傳必始終相應，非人爲累歷，何以見之？何謂政迹？內而百度之廢興，外而四夷之叛服，皆當叙其源流以書。如黨論、舍選、禮制、河防、方田、市易、茶鹽、錢幣之類，皆百度之源流，當叙者也。青唐之棄地、復地，金人之請盟、叛盟，西夏之進築，高麗之遣使之類，皆四夷之源流，當叙者也。何謂凡例？有一月之例，有一季之例，有一年之例〔一〇四〕，有三年之例。其例之不可以年月見之者，猶不與焉。臣自紹興二年，承旨揮編次，字字綴緝，七年于兹。本欲每類爲一書，以備史官採擇。既功力浩渺，非歲月可成。又恭聞近開史院，修徽宗皇帝實録，事體宏大，非臣疎外敢爲。今於每類各修成一門，除凡例一門已具，重修元符庚辰以後三年詔旨，節次進呈訖，今修到年表門，具元符、建中、崇寧年臣僚，旁通六册；官閥門具宰相十三人、執政三十三人，累歷十册；政迹門具青唐棄地本末〔一〇五〕，金人請盟、叛盟本末十二册，共二十八册投進。通前總八百册，乞賜睿覽。」藻時奉祠，上遣使賜茶藥，進官二等，命知徽州。

冬十月，詔戒朋黨。蔡京、王黼門人有材者，聽舉用。時呂頤浩爲政，喜用材吏，以其多出京、黼之門，恐爲言者所指，乃白於上，下是詔焉。

先是，侍御史沈與求之論范宗尹也，其言頗多及禮部員外郎王居正，故居正請外。上謂輔臣曰：「宗尹既去，朕嘗諭止責萬格、王俣一二人〔一〇六〕，以刻薄附會討論事，招致人言，當罷。餘不可因宗尹進退。卿等在廟堂，且爲朕力破黨與。」上因謂呂頤浩曰：「劉光世與卿有故怨，諸事略與應副。」頤浩具奏致怨本末。因言：「臣蒙聖恩，再使備位宰相，軀命不足惜。但觀近日事，尤費力。」秦檜曰：「頤浩所謂費力者，蓋恐其人不悦〔一〇七〕，事多掣肘耳。」上曰：「但問縉紳公論，小人何足恤？」始，與求再居言路，或疑其論范宗尹所引用者悉出之。與求曰：「近世人才，以宰相出處爲進退，蓋習以成風。今當別人之邪正、能否，而公言之，豈可謂一時所用皆不賢，而使視宰相爲進退哉？」

以廖剛爲起居舍人。剛首乞經營建康，爲固守計。又言：「陛下游意翰墨，博覽群書，亦可謂之好學。然帝王之學，與文士異。因援孟子所言天下之本在身，與大學之道，治國、平天下，其端在正心、誠意。願去末學之無益，坐進此道，則可以福群生矣。」

吴玠大敗虜于和尚原。初，金婁宿死，兀术遂會諸道及女真兵，合數萬人，謀入寇。張浚命玠先據鳳翔之和尚原以待之。兀术造浮梁於寶雞縣，渡渭攻原。玠及從弟璘、裨將雷仲等，選勁兵强弩與戰，分番迭射，號「駐隊矢」，迭發不絶，且繁密如雨。虜稍却，則以奇兵旁擊，斷其糧道。凡三日，戰三十餘陣，大破之。兀术中流矢，僅以身免。自虜入中原，其敗衄未嘗如此也。於是，兀术始自河東還燕山。

行營屯田民兵法。初，工部侍郎韓肖胄在都司時，嘗言：「國以兵爲强，兵以食爲本。宜理淮南，以修農事，則轉輸可省。」遂命屯田郎官置局建康，行屯田之法于兩淮。上又親書趙充國傳，刻石摹本，賜諸將以厲之。於是，荆南鎮撫使解潛於部内五郡屯田，且辟直秘閣宗綱爲措置官。而知公安縣孫倚率先辦集，詔加兩秩。既而，言者復請江之南岸亦興屯田。至是，江西帥李回又言：「江州赤地千里，望依淮、浙，委監司興營田。」並從之。

是歲，德安府等州鎮撫使陳規亦奏營田、屯田事宜。時群盜稍息，規以境内多官田、荒田，乃倣古屯田之制，命射士、民兵分地耕墾。其説：「以兵、民不可並耕，故使各處一方。軍士所屯之田，皆相其險隘，立爲堡塞。寇至則保聚捍禦，無事則乘時田作。其射士皆分半以耕屯田，少增錢糧，官給牛、種，收其租利〔一〇八〕，有急則權罷之，使從軍。凡民户所營之田，水田畝賦粳米一斗，陸田賦麥、豆各五升〔一〇九〕；滿二年無欠輸，給爲永業。流民自歸者，以田還之。凡屯田事營田司兼行，營田事府縣官兼行，皆不更置官吏。」條劃已具，乃聞于朝，詔嘉獎。明年，下其法於諸鎮，使行之。

時知興元府王庶以本路軍籍單寡，乃籍興元府、興、洋州諸邑及三泉縣强壯，每兩丁取一，三丁取二，與免户下物力錢二百千，號曰「義士」。每五十人爲一隊，知縣爲軍正，尉爲軍副，日閲武於縣，月閲武於州。不半年，有兵數萬。每遇州教，則厚犒賞之。教閲有方，可以出戰，則令、尉皆改京秩。張浚言于朝。其後合興、洋、三泉四郡義士，至七萬餘人。

沅州奏：「本州自熙寧末爲郡，始創營田，招置弓弩手四千人，靖康調發，往往不歸。今軍食窘急，乞以閑田募民承佃，招補弓弩手二千人，餘助歲計。」從之。

先是，鼎、澧、辰、沅、靖諸州，以地接蠻傜溪洞，故熙、豊間排置弓弩手，五郡合萬三千人，散居邊境，教以武藝。無事則耕作自贍，有警則集而用之，最爲利便。後全軍調發，應援河東，或死或亡，其法浸廢矣。後以閒田〔一一〇〕，共招到三千五百人，分澧、辰、沅、靖四州。

明年，中丞沈與求上屯田集議一卷。

立便錢法。時發神武右軍統制張俊率所部屯婺州，有司請合用錢理須樁辦，緣行在至婺州不通水路，難以津般。契勘便錢之法，祖宗以來行於諸路爲便。詔：「户部印押見錢關子〔一二〕，降付婺州，召人入中。執關子赴杭、越榷貨務請錢，每千搭十錢爲優潤。有僞造者，依川錢引抵罪。」東南會子法，蓋張本于此。

紹興府火。守臣奏百姓失火罪狀。上曰：「此災不細，恐是天戒，杖遣足矣。」

録張九齡後。

盜范汝爲據建州。守臣吴必明退保光澤縣。汝爲粗知書，其諸父皆以販鹽爲事，而號黑龍、黑虎者尤善格鬭。每數百人負販，横行州境。後爲官所擒，斃于獄。其徒復依汝爲。一日，因傷人至死，遂作亂。時方艱食，飢民從者甚衆，州兵戰敗，賊勢滋盛。詔本路帥臣程邁討之。官軍戰多失利，乃命辛企宗捕之。企宗入閩，不敢進，而駐軍于邵武。尋以企宗爲福建制置使，企宗遣兵攻賊，率爲所敗，乃遣人招安之。汝爲雖招安，不肯散其徒，而企宗握兵玩寇，怯懦不能制賊〔一三〕，乃反屯其衆於建之城外。遂命參知政事孟庾爲福建等路宣撫使〔一三〕，太尉韓世忠副之，發大軍由温、台路入閩，仍罷企宗，以其兵隸世忠。汝爲聞大軍將至，亟入據州城。

僞齊寇廬州，守臣王亨敗之。

十一月，詔侍從舉官。内外侍從各舉所知三人。舉得其人，當受上賞。毋以先得罪於朝廷及蔡京、王黼門人爲嫌。先是，上得陳襄薦司馬光等三十三人奏章，大喜，故有是詔。禮部侍郎李正民，以爲光等皆不合時宜者，由是上薄之。

建盜犯南劍，守臣張觷敗之。先是，制置司遣任士安將兵屯城西。賊將葉徹來攻，士安未肯力戰，觷獨率州兵拒之，射殺徹而賊退。觷知士安方懼無功，即函徹首與之。州兵皆憤，觷曰：「賊必再至，非與大軍合，不能破也。」士安得之大喜，遂馳報諸司，謂已斬徹。未幾，徹二子果引衆聲復父讎〔一一四〕，縞素來攻。於是，士安與州兵夾擊，賊大敗。汝爲自此遂挫。

十二月，詔略曰：「聞范汝爲嘯聚日久，今再遣師徒翦除，其徒有能執汝爲請命者，當受重賞。自餘咸赦除之。」上因諭宰執曰〔一一五〕：「若不許其自新，何以示好生之德。」

復秦州。僞齊來侵，張浚遣王彥、關師古等戰却之。遂復秦州。

盜曹成陷道州。初，成既屯攸縣，湖東安撫向子諲之兵甚單弱，駐司于衡之安仁，遣使招安，成亦聽命。子諲乃遣將，西扼衡陽，南定宜章，賊徒逡巡不敢南向者百餘日。上江諸郡，遂得以穫。既而援兵不至，成忿子諲扼己，即擁衆而南。子諲與成相拒，自午至申，官軍悉潰。子諲度不可遏，單騎入成軍，諭以國家威靈。成不服，遂掠安仁，進攻道州，守臣向子忞遁，執子諲而去。

復洮州。張浚命階州安撫孫注招撫陷没州縣，首復洮州。

岷州來歸。李惟德以州來降。

十二月初，除宗室爲從官。以趙子晝爲禮部侍郎。

定西南外宗正司。建炎中，詔西外宗司居高郵軍，南外宗司居鎮江府。又渡江以來，遷徙不常。是年，西外宗居福州，南外宗居泉州。其後，兩宗學各置教官，如諸州例云。

彗星見。

詔求言。

復廣西茶鹽司。舊淮南鹽息，歲收八百萬緡。自軍興，淮南道梗，許通廣鹽於江、湖諸路，而二年半入納才七十萬緡。至是，江、湖鹽價每斤爲七八百錢，議者以爲利厚而冒販者多，故復置官。

海州來歸。知州薛安靖，本劉錫屬官，通判李彙嘗爲沙河簿，在滄州結約來歸。會劉豫使守海州，至郡踰年，遂誘率簽軍殺虜、僞之戍守者，以城來歸。

詔恤張孝純等家。 録孝純及鄭億年、李鄴期以上親，以其用事於僞齊故也。其後，上密詔孝純、鄴及李儔，令束身來歸，當待之如初。孝純等不奉詔。

文階繫銜復分左右。 有出身人帶左字，無出身人帶右字，贓罪人更不帶，如舊制。明年，詔選人七階，亦分左右。

劉光世創赤心、奇兵兩軍。 時虜人尚留承、楚，浙西大帥劉光世守鎮江，欲携貳之，乃以金銀銅爲三色泉。其文曰「招納信寶」，獲虜人則燕餞而遣之。未幾踵至，得數千衆。皆給良馬利器，用之如華人。因創赤心、奇兵兩軍，頗得其用。

是歲，交趾李乾德死。 子陽煥立。乾德在位四十五年。

校勘記

〔一〕止辛亥紹興元年　「止」原作「土」，據清影宋抄本及道光抄本改。

〔二〕提領海舟張公裕引大船擊散之　「張公裕」原作「張公祐」，據繫年要録卷三一、皇宋中興兩朝聖政卷七及宋史卷二六高宗紀三改。

〔三〕或與杜充會于楚泗　「與」原作「一」，據道光抄本、忠正德文集卷一論敵退事宜、皇朝中興紀事本末卷一二及繫年要録卷三一改。

〔四〕洎杜充力戰于前　「洎」原作「泊」，據道光抄本、繫年要録卷三一及皇宋中興兩朝聖政卷七改。

〔五〕元夕取民間子女　「元」原脱，據三朝北盟會編卷一三六、繫年要録卷三一及皇宋中興兩朝聖政卷七補。

〔六〕其它以次重行貶降　「次」原作「此」，據三朝北盟會編卷一三六、繫年要録卷三一及皇宋中興兩朝聖政卷七改。

〔七〕兩戰皆捷　「捷」原作「戰」，據道光抄本及皇朝中興紀事本末卷一二改。

〔八〕至白店原　「白店原」，三朝北盟會編卷一九五同，下文作「彭店原」，繫年要録卷三一、皇宋中興兩朝聖政卷七及宋史卷三六六吴玠傳作「彭原店」。李心傳考證作「彭原店」是。

〔九〕虜更遣河北首領聶昌領衆來攻　「聶昌」，皇朝中興紀事本末卷一二同，繫年要録卷三一作「聶淵」。

〔一〇〕改元天戰　「天戰」，皇宋中興兩朝聖政卷七及宋史全文卷一七下作「天載」。

〔一一〕守臣王宗　「王宗」，宋史卷二六高宗紀三作「黄宗」，繫年要録卷三一及皇宋中興兩朝聖政卷七作「黄琮」。

〔一二〕澧陽丞葉審及其子侁并死之　「葉審」，繫年要録卷三一作「葉畬」。

〔一三〕守臣周起遁　「周起」，繫年要録卷三一及宋史卷二六高宗紀三作「周杞」。

〔一四〕胡文舜率衆禦之　「胡文舜」，三朝北盟會編卷一三七及繫年要録卷三一作「劉文舜」。

〔一五〕知台州晁公爲頗務豐華　「晁公爲」，中興小紀卷八及繫年要録卷三一同，皇宋中興兩朝聖政卷七、寶慶四明志卷一一及繫年要録卷三三作「晁汝爲」。下同。

〔一六〕則知温州盧知原發運使宋煇皆當貶矣　「宋煇」原作「宋暉」，據皇宋中興兩朝聖政卷七及繫年要録卷三三改。

〔一七〕乃遣偏將將三百卒伏廟中　「三百」，三朝北盟會編卷二一七、皇宋中興兩朝聖政卷七及繫年要録卷三二作「二百」。

〔一八〕五騎振策以馳　「五」原作「王」，據道光抄本、皇朝中興紀事本末卷一三、皇宋中興兩朝聖政卷七及繫年要録卷三二改。

〔一九〕又獲兀术之婿僞封龍虎大王者舟千餘艘　「千」，中興小紀卷八作「十」。

〔二〇〕贈鄒浩寶文閣直學士　「寶文閣」原作「實文閣」，據清影宋抄本、道光抄本及宋史卷三四五鄒浩傳改。

〔二一〕吴玠及虜戰于彭店原　「彭店原」原作「彭店源」，據下文改。案三朝北盟會編卷一九五同，上文作「白店原」。參見本卷校勘記〔八〕。

〔二二〕而亟出鋭兵　「鋭」原作「衛」，據皇朝中興紀事本末卷一三、皇宋中興兩朝聖政卷七及繫年要録卷三二改。

〔二三〕則有失於先時　「有」，中興小紀卷八同，浮溪集卷一二吕頤浩罷尚書左僕射同中書門下平章事御營使特授鎮南軍節度使開府儀同三司醴泉觀使食邑食實封如故任便居住制、三朝北盟會編卷一三七及繫年要録卷三二作「慮」。

〔二四〕遂傍治城西南隅鑿渠　「治」原作「冶」，據三朝北盟會編卷二一八及皇宋中興兩朝聖政卷七改。

〔二五〕宗尹時年三十三　「三十三」，宋史卷三六二范宗尹傳作「三十」，建炎以來朝野雜記甲集卷九本朝未三十知制誥未四十拜相者及揮麈録前録卷二本朝宰相年少無逾范覺民張魏公作「三十一」。

〔二六〕金人焚建康　「焚」原作「禁」，據繫年要録卷三三、皇宋中興兩朝聖政卷七及宋史卷二六高宗紀三改。

〔二七〕有白氣如練貫之　「白」原作「曰」，據清影宋抄本、道光抄本改。

〔二八〕京東西　「京」原脱，據宋會要輯稿職官四二之七四、皇宋中興兩朝聖政卷七及宋史卷二六高宗紀三補。

〔二九〕滁濠二郡授知滁州劉位　「劉位」原作「劉立」，據宋會要輯稿職官四二之七五、繫年要録卷三三及宋史卷三六二范宗尹傳改。

〔三〇〕荆南歸峽荆門公安五郡授知荆南府解潛鼎澧二郡授知鼎州程昌寓　「授知荆南府解潛鼎澧二郡」原脱，「程昌寓」原作「陳昌禹」，據皇朝中興紀事本末卷一三補、改。

〔三一〕金均房三郡授知金州范之才　「范之才」原作「范之材」，據皇朝中興紀事本末卷一三、繫年要録卷三四及宋史卷二六高宗紀三改。

〔三三〕淮寧潁昌二郡授知淮寧府馮長寧　「潁昌二郡」，繫年要録卷三四及三朝北盟會編卷一四〇作「順昌蔡州三郡」。

〔三四〕王彦授金房　「王彦」原作「王彦先」，據三朝北盟會編卷一四〇改。

〔三五〕建康本帥府　「帥」，原作一字空格，據皇朝中興紀事本末卷一三及繫年要録卷三三補。

〔三六〕以吕頤浩朱勝非劉光世爲建康府路江州路兩浙路安撫大使　「兩浙路」原作「浙西路」，據繫年要録卷三四、皇宋中興兩朝聖政卷七及宋史卷二六高宗紀三改。

〔三七〕江東西路安撫復置於建康府洪州　「洪州」原作「池州」，據宋會要輯稿職官四一之一〇二至一〇三、皇宋中興兩朝聖政卷一〇及宋史卷二六高宗紀三改。

〔三八〕其御營統制統領官等銜　「銜」，皇宋十朝綱要卷二一作「御内」。

〔三九〕又更置御前五軍　「五」原作「三」，據建炎以來朝野雜記甲集卷一八御前諸軍、皇宋中興兩朝聖政卷七及宋史卷一八七兵志一改。

〔四〇〕紹興五年　「五」原作「元」，據繫年要録卷九六、皇宋中興兩朝聖政卷一八及宋史卷二八高宗紀五改。

〔四一〕而將不和　「和」原作「知」，據北海集卷三五季公(陵)墓誌銘及繫年要録卷三四改。

〔四二〕得無竊命之嫌耶　「竊」原作「切」，據北海集卷三五季公(陵)墓誌銘及繫年要録卷三四改。

〔四三〕自足以結之也　「自」原作「目」，據北海集卷三五季公(陵)墓誌銘及繫年要録卷三四改。

〔四三〕守臣韋知幾遁　「遁」原作「遊」，據清影宋抄本、道光抄本，並參考皇宋十朝綱要卷二一及宋史卷二六高宗紀三改。

〔四四〕鈐轄田祐恭率義兵討之　「田祐恭」原作「田恭」，據三朝北盟會編卷一四二、繫年要録卷三五及宋史卷二六高宗紀三改。

〔四五〕闢遁　「闢」原作「開」，據清影宋抄本、道光抄本及皇宋十朝綱要卷二一改。

〔四六〕張用據漢陽軍　「漢陽軍」原作「桂陽軍」，據三朝北盟會編卷一四〇、繫年要録卷三五及宋史卷二六高宗紀三改。

〔四七〕復順昌府　「順昌府」原作「郢昌府」，據皇宋十朝綱要卷二一及宋史卷二六高宗紀三改。

〔四八〕仲威迄不至　「不」原作「下」，據道光抄本、繫年要録卷三六及續宋中興編年資治通鑑卷二改。

〔四九〕吴玠以彭原之敗　「彭原」原作「彭衙」，據下文、繫年要録卷三六及皇宋中興兩朝聖政卷八改。

〔五〇〕望曲端不濟師　「不濟師」原脱，據繫年要録卷三六及皇宋中興兩朝聖政卷八補。

〔五一〕即據襄鄧隨郢數州　「襄」原作「湘」，據繫年要録卷三六及皇朝中興紀事本末卷一六改。

〔五二〕班真決贓吏條制　「條」，繫年要録卷五〇及皇宋中興兩朝聖政卷一〇作「舊」。

〔五三〕豈忍遽置縉紳於死地耶　「遽」原作「虚」，據皇朝中興紀事本末卷一九、皇宋中興兩朝聖政卷一〇及宋史全文卷一八上改。

〔五四〕時官軍纔二萬　「萬」，三朝北盟會編卷一四二及繫年要録卷三七作「千」。

〔五五〕分道由同州鄜延以擣虜虚　「由」原作「中」，據清影宋抄本、道光抄本及皇宋中興兩朝聖政卷八改。

〔五六〕直擊環慶軍　「環慶軍」原作「環軍」，據繫年要録卷三七及皇宋中興兩朝聖政卷八改。

〔五七〕擐甲冑先登　「擐」原作「援」，據繫年要録卷三七、皇宋中興兩朝聖政卷八及宋史卷四四八趙立傳改。

〔五八〕惟冀州堅守逾一年　「冀州」，宋史卷四四八趙立傳作「太原」。「一年」，繫年要録卷三七、皇宋中興兩朝聖政卷八及宋史卷四四八趙立傳作「二年」。

〔五九〕乃以便宜命轉運判官孫恂權環慶路經略使　「孫恂」原作「張恂」，據中興小紀卷九、三朝北盟會編卷一四二及繫年要録卷三八改。

〔六〇〕錡留將官張中孚　「張中孚」，繫年要録卷三八及續宋中興編年資治通鑑卷三作「張中彦」。

〔六一〕季秋及冬至日四祀天夏至日一祀地　「二至日」原倒，據宋會要輯稿禮一四之七五及宋史卷九八禮志一乙正。

〔六二〕孟冬上辛祀感生帝　「冬」，宋史卷九八禮志一作「春」。

〔六三〕高禖　原作「高媒」，據繫年要録卷一七七改。

〔六四〕逮二帝東徙韓州　「徙」原作「徒」，據清影宋抄本、道光抄本及繫年要録卷三八改。

〔六五〕且乞上致書於撻辣以求好　「求」原作「來」，據繫年要録卷三九及皇宋中興兩朝聖政卷八改。

〔六六〕守臣吕伸遁　「吕伸」原作「吕紳」，據三朝北盟會編卷一四三、繫年要録卷四三及宋史卷二六高宗紀三改。

〔六七〕知隴州劉化原不肯降　「劉化原」，繫年要録卷四二及宋史卷四五三劉化源傳作「劉化源」，當是。

〔六八〕弓門寨巡檢王琦　「王琦」原作「李琦」，據繫年要録卷四三及宋史卷四五三屈堅傳改。

〔六九〕守臣姚舜明遁　「姚舜明」原作「姚舜民」，據三朝北盟會編卷一四三、繫年要録卷四一及宋史卷二六高宗紀三改。

〔七〇〕孔彦舟犯衡州永州　「孔彦舟」原作「孔彦威」，據三朝北盟會編卷一四五、繫年要録卷四三及宋史卷二六高宗紀三改。

〔七一〕李忠犯金州　「李忠」原作「劉忠」，據上文及宋史卷三六八王彦傳改。

〔七二〕峽　三朝北盟會編卷一四五、宋會要輯稿方域六之二四及宋史卷八八地理志四均無此路。應删。

〔七三〕庶幾天不爲災也　「災」原作「炎」，據清影宋抄本、道光抄本、皇朝中興紀事本末卷一六、繫年要録卷四二及皇宋中興兩朝聖政卷九改。

〔七四〕自今諸將當律以朝儀　「儀」原作「議」，據浮溪集卷一行在越州條具時政、三朝北盟會編卷一四五及繫年要録卷四二改。

〔七五〕祖宗於兹　「兹」原作「盜」，據清影宋抄本、浮溪集卷一行在越州條具時政及繫年要録卷四二改。

〔七六〕臣恐賊平之後　「賊」原作「城」，據清影宋抄本、道光抄本及繫年要録卷四二改。

〔七七〕特爲二三大臣抑之而不得伸爾　「伸」原作「仲」，據浮溪集卷一行在越州條具時政及繫年要録卷四二改。

〔七八〕今當省徭薄賦　「賦」原作「城」，據清影宋抄本、道光抄本、皇朝中興紀事本末卷一六及繫年要録卷四二改。

〔七九〕務本厚生　「務」，繫年要録卷四二作「敦」。

〔八〇〕日與死迫　「日」原作「月」，據清影宋抄本、道光抄本、皇朝中興紀事本末卷一六及繫年要録卷四二改。

〔八一〕而節用又豐財之本　「本」原作「木」，據清影宋抄本、道光抄本、皇朝中興紀事本末卷一六及繫年要録卷四二改。

〔八二〕劉豫爲僞齊　「僞」原作「外」，據皇宋中興兩朝聖政卷九及繫年要録卷四二改。

〔八三〕皆驅之使爲隸農　「爲」原脱，據宋史卷四二三林勳傳補。

〔八四〕錢萬二千緡　「二」，宋史卷一七三食貨志上一及繫年要録卷二六作「一」。

〔八五〕錢三千六百餘緡　「三」原作「二」，據清影宋抄本、道光抄本、宋史卷一七三食貨志上一及繫年要録卷二六改。

〔八六〕所收視綿絹率倍之　「視」原作「祖」，據清影宋抄本、道光抄本、宋史卷一七三食貨志上一及繫年要録卷二六改。

〔八七〕出米千二十四萬斛　「千二十四萬斛」，繫年要録卷二六同，宋史卷四二三林勳傳作「二十四萬八千斛」。

〔八八〕丁二十一萬一千　繫年要録卷二六同，宋史卷四二三林勳傳作「二十一萬六千六百一十五」。

〔八九〕撻懶在泰州　「撻懶」即前文「撻辣」。

〔九〇〕乃捨舟而陸　「舟」原作「州」，據三朝北盟會編卷一四五、繫年要録卷四三及皇宋中興兩朝聖政卷九改。

〔九一〕元顔没立與烏魯折合以數萬騎　案「元顔」一作「完顔」，下同。

〔九二〕一自階成出散關　「成」下原衍「一」「鳳」，據繫年要録卷四四、皇宋中興兩朝聖政卷九及宋史卷三六六吴玠傳删。

〔九三〕遽召諸將　「遽」原作「還」，據清影宋抄本、道光抄本、皇朝中興紀事本末卷一七及繫年要録卷四四改。

〔九四〕而耆户長役錢因不復給　「户」原脱，據皇宋中興兩朝聖政卷九及繫年要録卷四四補。

〔九五〕樓弆守明　「弆」原作「昇」，據皇宋中興兩朝聖政卷一〇、宋會要輯稿食貨七之四一及繫年要録卷五〇改。

〔九六〕便比無過之人　「比」原作「此」，據清影宋抄本、道光抄本及繫年要録卷四六改。

〔九七〕悉免討論　「討」原作「試」，據清影宋抄本、道光抄本、皇宋中興兩朝聖政卷一〇及繫年要録卷四六改。

〔九八〕九月癸亥　「癸亥」，繫年要録卷四七、皇宋中興兩朝聖政卷一〇及宋史卷二六高宗紀三作「辛亥」。

〔九九〕自是却以九月行之　「却」，建炎以來朝野雜記甲集卷二南北郊明堂作「歲」。

〔一〇〇〕非有始封之祖　「有」後原衍「祖宗」二字，據繫年要録卷四三删。

〔一〇一〕祭地於天慶觀望祭殿　「祭」原作「癸」，據清影宋抄本及道光抄本改。

〔一〇二〕始用牲玉　「用」原作「風」，據清影宋抄本、道光抄本、皇宋中興兩朝聖政卷一一及繫年要録卷五四改。

〔一〇三〕詔邪等尤甚范柔中等三十人　「三十」，中興小紀卷一九及續宋中興編年資治通鑑卷三同，繫年要録卷九三、宋會要輯稿職官六二之九及宋史卷二八高宗紀五作「二十七」。

〔一〇四〕有一年之例　「有」原脱，據道光抄本及歷代名臣奏議卷二七七補。

〔一〇五〕政迹門具青唐棄地本末　「棄地」，歷代名臣奏議卷二七七作「棄地復地」。

〔一〇六〕朕嘗諭止責萬格王俁一二人　「責」原脱，據繫年要録卷四八補。

〔一〇七〕蓋恐其人不悦　「其」，繫年要録卷四八作「小」。

〔一〇八〕收其租利　「其」原作「兵」，據皇宋中興兩朝聖政卷一〇及繫年要録卷四九改。

〔一〇九〕陸田賦麥豆各五升　「麥」原作「夌」，「升」原作「勝」，據繫年要録卷四九、皇宋中興兩朝聖政卷一〇及宋史卷一七六食貨志上四改。

〔一一〇〕後以閒田　「閒」原作「間」，據皇宋中興兩朝聖政卷九及繫年要録卷四四改。

〔二一〕户部印押見錢關子　「印」原作「即」，據清影宋抄本、皇宋中興兩朝聖政卷一〇及繫年要録卷四八改。

〔二二〕怯懦不能制賊　「賊」原作「賤」，據清影宋抄本、皇朝中興紀事本末卷一九及繫年要録卷四五改。

〔二三〕遂命參知政事孟庾爲福建等路宣撫使　「孟庾」原作「孟慶」，據清影宋抄本、道光抄本及繫年要録卷四九改。

〔二四〕徹二子果引衆聲復父讐　「二」原作「一」，據清影宋抄本、道光抄本、皇朝中興紀事本末卷一九及繫年要録卷四九改。

〔二五〕上因諭宰執曰　「諭」原作「論」，據清影宋抄本及皇朝中興紀事本末卷一九改。

中興兩朝編年綱目卷第四

高宗皇帝　起壬子紹興二年

壬子紹興二年（一一三二）春正月，上在紹興。

詔舉制科。待制以上各舉一人，不拘已仕、未仕。

建盜平。范汝爲竄回源洞，自殺。餘黨葉諒走邵武，韓世忠遣將擊斬之。初，世忠疑城中人皆附賊，欲盡殺之。至福州，見李綱，綱謂曰：「建城百姓多無辜。」世忠受教，故民得全活。及師還，父老送之，請爲建生祠。世忠曰：「活爾曹者，李相公也。」

上如臨安。去冬，從吕頤浩之請，且以會稽漕運不繼，乃命徐康國與内侍楊公弼先營宫室〔一〕。至是，臨幸焉。

詔横行非軍功勿遷。自政和初改武臣官稱爲郎、大夫，遂併與横行易之，而爲轉官之等級。由是，武功大夫率徑遷右武大夫，右武大夫即横行也。至是，横行以千百數。中書舍人程俱力論其不可，且謂：「祖宗之制，文臣自守將作監主簿至尚書左僕射，武臣自三班奉職至節度使，即是此以次遷轉一官。而武臣自閤門副使至内客省使爲横行，不係磨勘，即非皇城使所得轉入之官，皆特旨而授。蓋横行職事，親近人主，恩數多類從官。以元豐三年班簿攷之，横行共二十二人，如种諤、韓存寶、劉昌祚、姚麟之徒，皆一時名將。故元豐官制，以承務郎至特進爲寄禄官，武臣獨依舊，不以寄禄官易之，蓋有深意。政和有司不習典故，率意而改，以開僥倖之門，故流弊日深。且文臣之爲庶官者，率不過中大夫，而武臣乃遷横行，此何理也？祖宗時，官至皇城使者尚少。其有至皇城使合轉官者，多是只與遥郡刺史。今乃於武功大夫上，一例轉行，其爲冗濫甚矣。望自今非軍功勿遷。」從之。

二月，收御府圖書。詔御府圖籍，經遷徙散亡。比聞平江府賀鑄家見鬻所藏書，令守臣悉買之，以付秘書省。

以李綱爲湖廣宣撫使。兼知潭州。宰臣呂頤浩、秦檜因陳：「天下大計，當用二廣財力，葺荆湖兩路，使通京西，接陝右，此天下左臂。如京東諸州，爲叛臣所據，正如國初河東，且留以蔽虜。諸路先定，他時併力圖之，似爲未晚。」檜請身至湖外，自當一面，上曰：「卿等當居中運才，不可授人以柄。」至是以命綱。

九月，詔諸路帥臣帶宣撫者並罷。於是，綱止帶湖南安撫。

詔除監司避本貫。七年，令復祖宗舊法，不避本貫，仍只避置司州。三十二年，復令避本貫。

初御講殿。自巡幸以來，經筵久輟，至是復之。

董先叛降僞齊〔二〕。**先知商州，以商、虢二州叛。**

虜陷慶陽府。執楊可昇，降之。

復光州。葉夢得遣兵討劉豫〔三〕，復之。

三月，罷發運司。

虔盜平。李敦仁及其徒三十八人，皆補官。敦仁，虔化縣人，起書生。爲盜三歲，蹂四州十縣，最後爲江東都統顔孝恭所破。至是始平。

盜翟進陷漢陽軍，殺守臣趙令戣及官吏，以其衆附孔彦舟。

盜曹成陷賀州，守臣劉全遁。尋爲岳飛擊敗之。收餘衆，退保桂嶺縣，又爲飛所敗。會韓世忠至，招降之。

趙進犯江州瑞昌，李綱遣將討降之。劉忠據白面山三年，韓世忠擊敗之。

六月，李宏入潭州，執馬友，殺之。

是冬，虔盜謝達犯惠州，守臣范璟退保子城〔四〕，城外居民悉委以啗賊，達縱其徒焚掠，獨葺蘇軾白鶴故居，奠之而去。璟遂盡取賊所殺居民首以效級，州人怨之。

封李陽煥。交趾郡王。

虜犯隴州，吴玠遣楊政敗之于方山原。

楊偉叛，殺翟興，降僞齊。初，劉豫欲遷居東京，而興屯伊陽山以阻其路。豫每遣人往陝西，則假道於金虜，由懷、衛、太行取蒲津濟河以達。豫患之，嘗遣蔣頤持僞詔遺興，許以王爵。興戮頤而焚其書。豫乃陰遣人，啖其部將楊偉以利，偉遂殺興，携其首犇豫。興子琮收餘衆保故寨，自是不能軍。事聞，贈興保信節度。

親試舉人。賜張九成以下二百五十餘人及第、出身有差。川陝類試楊希仲等一百二十人，皆即家賜第。

九成對策略曰：「禍亂之作，天所以開聖人。願陛下以剛大爲心，無遽以驚憂自沮。」又曰：「臣觀金虜有必亡之勢，而中國有必興之理，特在陛下何如耳。夫好戰必亡，失其故俗必亡，人心不服必亡，而金虜皆與有焉。彼劉豫何爲者耶！素無勳德，殊乏聲稱，天下徒見其背叛君親，而委身夷狄耳。黠雛經營，有同兒戲，何足慮哉？」又曰：「今日待虜之計，當先用越王之法以驕之，使侈心肆意，無所忌憚，天其滅之，將見權臣争强，篡奪之禍起矣。」

又曰：「臣觀濱江郡縣，爲守令者，類無遠圖，海濱山嶠之民，何其被酷之深也！率斂之民，種類闊大。秋苗之外，又有苗頭；苗頭未已，又行折八；折八未已，又曰大姓；大姓竭矣，又曰湮實〔五〕；湮實虛矣，又曰均敷；均敷之外，名字未易數也。流離奔竄，益以無聊。」又曰：「臣竊謂前世中興之主，大抵以剛德爲尚，去讒節慾，遠佞防姦，皆中興之本也。」又曰：「陛下之心，臣得而知之。方當春陽晝敷，行宮別殿，花氣紛紛，竊想陛下念兩宮之在北邊，塵沙漠漠，不得共此融和也！其何安乎？盛夏之際，風窗水院，涼氣凄清，竊想陛下念兩宮之在北邊，鑾氈擁蔽，不得共此疎暢也。亦何安乎？澄江瀉練，夜桂飄香，陛下享此樂時，必曰：『西風凄動，兩宮得無憂乎？』狐裘溫煖，獸炭春紅，陛下享此樂時，必曰：『朔雪袤丈，兩宮得無寒乎？』至於陳水陸，飽珍奇，必投筯而起曰：『鴈粉腥羊，兩宮所不便也，食其能下咽乎？』居廣廈，處深宮〔六〕，必撫几而嘆曰：『穹廬區脫，兩宮必難處也，居其能安席乎？』今閭巷之人，皆知有父兄妻子之樂，陛下雖貴爲天子，富有四海，以金虜之故，使陛下冬不得溫，夏不得清，昏無所於定，晨無所於省，問寢之私，何時可遂乎？在原之急，何時可救乎？日往月來，何時可歸乎？每歲時遇物，想惟聖心雷厲，天淚雨流，撫劒長吁，思欲清鑾帳，以還二聖之車。此臣心之所以知陛下者如此。」又曰：「搜攬小蟲〔七〕，馳驅駿馬，道路之言，有若上誣聖德者。深察其源，蓋亦有自。彼閹人私求禽、馬，動以陛下爲名。且閹寺聞名，國之不祥也。今此曹名字稍稍有聞，此臣之所憂也。賢士大夫，宴見有時，宦官女子，實居前後。有時者易疎，前後者難間〔八〕。聖情荏苒，不知其非，不若使之安掃除之役，復門户之司。凡交結往來者有禁，干與政事者必誅。陛下日御便殿，親近儒者，講詩、書之旨趣，論古今之成敗；將見聞閹寺之言，如狐狸夜號，而鵩梟晝舞也。」上感其言，擢九成第一，餘杭凌景夏次之。吕頤浩言：「景夏之詞，實勝九成。」欲以景夏爲第一。上曰：「九成對策，文雖不甚工，然上自朕躬，下逮百執事之人，無所回避。擢寘首選，誰謂不然。」初，上謂輔臣曰：「朕此舉將以作成人才，爲異日之用。若其言鯁亮切直，它日必端方不回之士。自崇寧以來，惡人敢言，士氣不作，流弊至今，不可不革。」手詔諭考官：「直言者置之高第，諂諛者居下列。」致仕楊時遺九成書曰：「廷對自更科以來未之有，非剛大之氣，不爲得失回屈，不能爲也。」九成，故樞密直學士鑑曾孫也。

時舉人策有犯廟諱者，依格降落。至犯御名者，上曰：「朕豈以己名妨人進取耶？」命於本等收之。

夏四月，詔戒朋黨。時吕頤浩、秦檜同秉政，檜知頤浩不爲時論所與，乃多引知名之士爲助，欲傾頤浩而專朝權，上頗覺之，故下是詔。

以翟汝文參知政事。汝文嘗知密州，秦檜爲州學教授，汝文薦其才。至是，檜引用之。然汝文性素剛，不爲檜屈，嘗爭於殿庭，至目檜爲金人之姦細，必誤國。遂因罷去，是年六月也。

太平州軍亂。囚守臣張錞。知池州王進尋討平之。

以呂頤浩都督江、淮、荆、浙諸軍〔九〕。先是，桑仲遣人告朝廷顧當協力，恢復京師。頤浩信之，屢嘗請因夏月舉兵北向，以復中原。且謂：「人事天時，今皆可爲，何者？昨自維揚之變，兵械十亡八九。未幾，虜分三路入寇，江、浙兵皆散而爲盜。自陛下專意軍政，揀汰其冗，修飭器甲。今張俊軍三萬，有全裝甲萬副〔一〇〕，刀槍弓箭皆備〔一一〕；韓世忠軍四萬；岳飛軍二萬三千；王𤫉軍一萬三千，雖不如俊之軍，亦皆精鋭；劉光世軍四萬，老弱頗衆，然選之亦可得其半；又神武中軍楊沂中、後軍巨師古皆不下萬人；而御前忠鋭如崔增、姚端、張守忠等軍亦二萬。臣上考太祖之取天下，正兵不過十萬，況今有兵十六七萬，何憚不爲？且向者群黨四擾〔一二〕，朝廷枝梧不暇，今悉已定。又自虜之南牧，莫敢嬰其鋒者。近歲，張俊獲捷於四明，韓世忠扼於鎮江，陳思恭擊于長橋，而張榮又大捷於淮甸，良由虜貪殘太甚，天意殆將悔禍。又虜以中原付之劉豫，而豫煩碎不知國體，三尺童子知其不可立國，事固可料。觀宇文虛中密奏，雖未可盡信，然虜騎連年不至淮甸，必有牽制，天意蓋可見矣。今韓世忠已到行在，臣願睿斷早定，命世忠、張俊與臣等共議，決策北向。今世忠由宿、泗，劉光世由徐、曹以入。又於明州留海船三百隻，令范温、閻皋乘四月南風北去，徑取東萊〔一三〕。此數路皆有糧可因，不必調民饋運。大兵既集，豫必北走。所得諸郡，就擇土豪爲守。虜舉兵來争其地，則彼出我入，彼入我出，擾之數年，中原可復。況今之戰兵，其精鋭者皆中原之人，恐久而銷磨，異時勢必難舉，此可爲深惜者也。」及聞桑仲進兵，乃議大出師，身自將軍北向，且言：「近聞虜、僞合兵以窺川、陝。若於未來舉兵，必可牽制陝西之急。萬一王師逐豫，則彼必震恐。因令韓世忠自京入關〔一四〕，此亦一奇也。」上諭二相曰：「頤浩專治軍旅，秦檜專理庶務，當如范蠡、大夫種分職。」而檜黨亦建言：「昔周宣王内修政事，外攘夷狄，故能中興。今二相宜分任内外之事。」上乃命頤浩總師，開府鎮江。頤浩請辟參謀官已下文武七十七員，鑄都督府印，賜激賞銀、帛二萬匹、兩，上供經制錢三十萬緡，米六萬斛，度牒八百道，月給公帑錢二千緡。乃許召諸州守臣，時暫至軍前議事。皆從之。上諭頤浩曰：「卿耆艾有勞，今總督之任，以大事委卿，不當復親細務。」頤浩皇恐奉詔。

頤浩尋次常州，部將趙延壽叛，劉光世討平之。於是，頤浩稱疾不進。尋命傅崧卿權主管都督府事，召頤浩還。

閏月，嚴吏部注擬法。 輔臣言：「祖宗舊制，内外差遣並付審官。士大夫自有調官之路，故請謁奔競之風息。近世堂除闕多，侵占注擬，士人失職，廉耻道喪。欲外自監司、郡守及舊格堂除通判；內自察官、省郎以上及館職、書局編修官外，寺監丞以下，並令吏部依格注擬。」從之。

五月，臨安府火。 延燒六七里。中丞沈與求因推言災異，謂：「徽、嚴水泉暴湧，漂及城郭、廬舍。臨安火延居民至萬餘家。天變異常，同時而見，可畏也。陛下當於行事之際，思其所未至者，加之以誠。夫畏天不以誠，則工祝雖具〔一五〕，近於致瀆；愛民不以誠，則詔令雖繁，終於失信；用人不以誠，則讒間日進，將以疑似而遠正人；聽言不以誠，則阿諛日聞，將以忌諱而惡直士。遵祖宗之法而不以誠，則不無背戾；待骨肉之親而不以誠，則不無猜嫌；薄宦寺之權而不以誠，則雖名爲裁抑，而桀黠之輩不除；正宮闈之化而不以誠，則雖外示樸素，而奢靡之習猶在。願陛下加意而行，則天地感格，陰陽和平，災異之生，顧爲福耳。」上嘉納焉。

上嘗諭輔臣曰：「人主待臣下當以至誠，若知其不可用，不若罷去，疑而留之，無益也。」又曰：「人主之德，莫大於仁，仁之一字，非堯、舜莫能當。」

十二月，又火。焚吏、工、刑部、御史臺及官私廬舍甚衆。

置修政局，尋罷之。 以秦檜提舉，翟汝文同提舉，又有參詳、參議官，皆侍從爲之。是秋，因彗見，以言者謂：「修政所講，多刻薄之事，失人心，致天變。」罷之。

急也。」

詔内外官條陳治道。侍從、臺省寺監官、監司、守令各述所見,言省費、裕國、强兵、息民之策。於是,監察御史劉一止言:「宣王内修政事者,修其所謂攘夷狄之政而已。如緩其所急〔一六〕,先後倒置,何修爲哉?今不過簿書、獄訟與官吏遷除,土木營造之務,未見所當急也。」

工部侍郎韓肖胄言:「天下財賦窠名,舊悉隸三司,今户部惟有上供之目而已〔一七〕。問諸路所總窠名於户部〔一八〕,户部不能悉。問諸郡所總窠名於漕司〔一九〕,漕司不能悉。失一窠名,則所入亡矣。積以歲月,所亡至多。願詔諸路漕司,括州縣所入、所出,可罷罷之,可併併之,立爲定籍,簡明可考。漕司總諸州,户部總諸路,以視出納,則無陷失矣。且經費之大,莫過於養兵。今諸軍兵人亡而冒請者甚多,財如江河,難實漏巵,願立諸軍覆實之法,重將帥冒請之罪,優給告賞,斷在必行。則兵數得實,餽給不虚,省費裕國,此其大者。艱難以來,正兵散於四方,流爲盜賊,故軍籍日削。願倣康定、治平弓手、義勇之制,申以選練教習之法,即有緩急,俾佐行陣,或令保守。蓋人有顧藉,則進必死敵,退不潰散矣。生民之不得休息,爲日已久矣。常賦之外,迫以軍期,吏緣爲姦,歛取百端。復爲寇所逼逐,田桑失時。寇去歸業,未容息肩,催科之吏,已呼於門,使何所措手足乎?願詔郡邑,招集流散,官貸之種,俟三年收,始責其賦,置籍書之,以課殿最。强兵息民,此其先者。」

起居郎胡世將言：「兵衛寡弱，乞以神武五軍，並建都副統制，以分其勢，益增三衙精卒，爲萬乘扈衛，以備非常。」

太常少卿王居正言省費尤切，大略謂：「今有司以數路之所出，欲盡爲向者一百七十三年之事，不忍暫廢，非所謂知時變。夫不知隨時以省事，而乃隨事以省費，故今日例有減半之説，究其實，未始不重，而徒示人以弱。如國初，歲舉進士不過數十，今至四五百人，此其費亦大矣。然御試之日，臣備員考官，有司給燭半挺，曰此省費也。嗚呼！其亦拙矣。他皆類此。臣願詔大臣論定，若非禦寇備敵與卹民之事，一切姑置，則費省而國裕矣。」

司勳郎張燾請復置御營司，分諸將爲六軍，命大臣、大將爲使、副，各典一軍，以收兵權。舉淮南之地，分置征鎮，使自戰自守。又乞躬行實德，以率百官。

右文殿修撰季陵言：「國家承平日久，純以文治，其弊極矣。自軍興以來，朝廷所降，類多誥牒，非强以與民，則莫售。師旅所須，最先糧草，非强取於民，則莫給。民之倍費，已莫能堪。又況重役暴斂，有不可勝言者，故民之流亡，終莫能救，甚可痛也。今之爲監司、守令者，亦太巧矣。監司移文於郡守，則曰：『不得搔擾科率。』郡守移文於縣令，則亦曰：『不得搔擾科率。』舊例和買，無本可支者久矣。新行和糴，能償其直者幾何？一遇軍興，事事責辦，有不足者，預借來年之賦；又不足者，預借後年之賦。雖名曰和，乃强取之；雖名曰借，其實奪之。上下相籠，專以智詐，此文弊之極也。今之爲兵將者，亦少恣矣。衣食不取其飽煖，而取其豐美；器械不取其堅利，而取其華好。務末勝本，初無鬭心。賊至則僞言退保，賊去則盛言收復。遇敗則千爲一，遇勝則一爲千，此亦文弊之極也。臣願陛下用夏之忠，以革誕謾；兼商之質，以去華侈。守此爲修政之本，庶幾其有瘳乎！今乘輿服御之費，十去七八，百官有司之費，十去五六。至此而無益於國者，軍政不修而軍太冗也。張浚一軍，以川、陝贍之；劉光世一軍，以淮、浙贍之；李綱一軍，以湖、廣贍之。上供之物，得至司農、太府者無幾矣。計行朝每月官吏之費寡，而軍兵之費多，是竭天下之財，秖足以養兵。兵籍日衆，財用日窘，國日削，民日貧，厥咎安在？議者非不知此意，謂兵爲大事。艱難之際，恃以恢復，當盡節浮費，唯兵是圖，其意誠美。殊不知欲强兵者，正不在冗食也。爲今之計，儻能一舉而空虜庭，暫費暫勞，皆不足卹。若猶未也，當爲長久之慮，無徇目前，至於大壞而後已。」

十月，直龍圖閣胡寅應詔論修政事、備邊陲、治軍旅、用人才、除盜賊、信賞罰、理財用、核名實、屏佞諛、去姦慝十事。大略謂：「今政事之大，莫甚於四夷强盛，而兵甲不振；以爵禄與人，而人莫肯用命。抑又有甚焉者，今年以來，大政幾變矣。內則立修政之司，外則開都督之府。今日講議，而明日併廢；今日出師，而明日召還。廟謨成筭，其果安在？今國步雖日蹙，譬人之身，瘠則甚矣，而血氣未動。江左雖微，尚跨有江、淮之地。自古未有欲守長江，而不保淮甸者。淮甸者，國之脣；江南者，國之齒。脣亡齒寒，其理明甚。金人遁三年矣，邊備宜日有可恃，乃反不如前日。淮甸數十州，地方二千里，孫權以來，所恃以爲障塞者，今不過置一二鎮撫使，以處盜賊。一旦有急，安知不并力助虜，爲彼先驅，藩籬何賴焉？軍旅之事，大要有三：一曰選將、二曰蒐練、三曰教閱。今王室危甚，緊諸將是賴，宜得慷慨知兵之士，付之重權，庶幾能翼戴天子，而加之以恭。今也至有不知兵法，不習戰鬪，内不能與士卒同甘苦，而得群下之死志；外不能讋服夷、盜，而書尺寸之功。平居趑趄，以邀其上，一旦有急，首唱奔潰，豈不痛哉！今國内空虛，養兵尚衆，非得已也。而偷惰冗食，十常三四。爲將帥者，以動揺軍情爲畏，專務姑息，故常敗事。爲今之計，宜無恤紛紛之論，而惟實效是圖。兵不可用者，悉蒐去之。猝有搶攘之變，驅以赴敵，何患不致死。今養兵雖衆，獨不聞暇時以教閱爲事者〔二〇〕，而貴游近戚、大臣權要，拘占役使，動以百數。軍政一壞，緩急之際，何可復理？戰而不捷，彼之肉其足食乎？臣願修此十事，以承天意，惟陛下留神，天下幸甚。」

復余深官，尋寢之。責授中奉大夫余深元任觀文殿大學士，該赦復元官。給事中程瑀言：「深實蔡京腹心，深官可復，則京黨未死，官亦可復也。夫曠蕩之澤，雖曲示於寬恩，而眚災之赦，難例施於巨蠹。」乃詔寢前命。

復轉封。用建隆故事，行在釐務官，自通直郎以上，日輪一人轉對，令極言得失。八月，詔論對已周，復令轉對。

六月，頒戒石銘。以黄庭堅所書太宗皇帝御製戒石銘，頒于州縣，令刻石。

孔彦舟叛降僞齊。彦舟時爲蘄黄鎮撫，與權邦彦有隙，聞邦彦入樞府，心不自安。時韓世清既伏誅，韓世忠連破湖、湘群盜，順流東歸，彦舟疑其圖己，遂決策叛去。幕客王玠諫之，不聽，遂面罵之。彦舟怒，殺玠，以所部叛降劉豫。

詔川、陝於宣撫司省試。詔：「川、陝合赴省試人，令宣撫司於置司處試，仍職司充監試官。」川、陝類試，自此始也。

復鬻官田。

參政翟汝文罷。

秋七月，胡安國入對。時以中書舍人兼侍講召之，至是入對。上曰：「聞卿大名，何爲累召不至？」安國再拜辭謝。遂進言曰：「臣聞保國必先定計，定計必先定都。建都擇地，必先設險。設險分土，必先遵制。制國以守，必先恤民。夫國之有斯民，猶人之有元氣，不可不恤也。除亂賊，選縣令，輕賦斂，更弊法，省官吏，皆恤民之事也。而行此有道，必先立政。立政有經，必先核實。核實者，是非毀譽，各不亂真。此致理之大要也。是非核實而後賞罰當，賞罰當而後號令行，人心順從，惟上所命。以守則固，以戰則勝，以攻則服，天下定矣。然欲致此，顧人主志向如何耳？尚志所以立本也，正心所以決事也，養氣所以制敵也，宏度所以用人也，寬隱所以明德也。具此五者，帝王之能事畢矣〔三一〕。乞以覈實。而上十有五篇〔三二〕，付宰相參酌施行。」先是，安國未至，先爲時政論二十篇以獻，其論定計，略曰：「陛下履極六年，以建都，則未有必守不移之居；以討賊，則未有必操不變之術；以立政，則未有必行不反之令；以任官，則未有必信不疑之臣。舍今不圖，後悔何及？」論建都，謂：「建康有可都者五，不宜數動，與夷狄逐水草無異。」論設險，謂：「昔人謂大江所以限南北，而陸抗乃曰此守國末務，非智者所先，何也？杜預嘗襲樂鄉矣，胡奮嘗入夏口矣〔三三〕，賀若弼嘗濟廣陵矣，曹彬嘗渡采石矣，則其險信未足恃也。雖未足恃，然魏武困於居巢，曹丕困於濡須，拓跋困於瓜洲，苻堅困於淝水，皆不得渡。則其險亦未可棄也。設險以得人爲本，保險以智計爲先。人勝險爲上，險勝人爲下。人與險均，僅得中策。方今所患，在於徒險而人謀未善爾。地有常勢，當孫氏時，上流欲争襄陽而不得，故以良將守南郡與夷陵；下流欲争淮南而不得，故以大衆築東興與皖口；中流欲争安陸而不得，故以三萬勁卒戍邾城，今黃岡是也。今欲固上流，必保漢、沔；欲固下流，必守淮、泗；欲固中流，必以重兵鎮安陸，此不可易者也。」論制國，謂：「宜以襄陽隸湖北，岳陽隸湖南，而鄂渚隸江西。蓋祖宗都汴，其勢當自内而制外。今都江左，當自南而制北，與祖宗時事雖殊，而意則同，此復中原之勢也。」論賞罰，謂：「三綱者，軍國政事之大本，人道所由立也。三綱正則基於治以興，三綱淪則習於亂以亡。案春秋華督有不赦之惡，魯、鄭、齊、陳同會于稷，以成其亂，受賂而歸。而天子不討，方伯不征，咸自以爲利也。不知百官象之，有大不利焉。未幾，陳有五父之亂，齊有無知之亂，鄭有祭仲、子突、亹、儀之亂，魯有叔牙、慶父、班、閔之亂，數十年間，四國舛逆，幾至喪亡。則以昧於履霜堅冰之戒，不能辨之於早也。春秋備書于策，明三綱之重，爲後世鑒，深切著明矣。昨者，胡塵犯闕，要請二聖，而立張邦昌，僭竊名號，援引契丹立晉事迹，用爲證例，分遣使人，宣諭諸路，直下赦令、倍行恩賞，原其用心，與華督無異。賜死于隱，而不尸諸市朝，已失刑矣。及虜騎南鶩，鑾輿渡江。黃潛善及其黨悉皆震恐，事窮計迫，無所從出，乃指邦昌爲金人所立，而迫之至死，遂以致寇。欲解其迷國誤朝之罪，至其宗族皆命以官。是訓誘亂臣賊子之心，使利於爲惡。此臧哀伯所謂百官象之，其又何誅焉者也。故不踰旬月，苗傅、劉正彦敢有無將之心。陛下既正典刑，順承天意，而近臣乃有抗章，乞行湔滌者，敢肆姦言，無所忌憚。故比日諸方群盜，所在焚劫，至有官吏入其隊中，肯爲之用。末流至此，可不戒乎？伏望特降旨揮。昨在圍城，有職當守禦，視城垂破而端坐不救，忘廟社之危者；有草表章上詆君父〔二四〕，取媚虜人，受其婦女者；有起自閑散，特仕僞朝，長其諫省者；有於苗、劉並建節旄，所除制命，極意稱美者；及昨來乞用邦昌、苗傅、正彥之黨者。審其輕重，不過此數人。依法施之，以正人心、息邪説，則三綱不淪，而軍國政事得以時立矣。」論正心，謂：「能正其心，則朝廷百官萬民莫不一於正，安與治所由興也。不正其心，則朝廷百官萬民皆習於不正，危與亂所由致也。然心有所忿怒而弗能忍，則不得其正；有所貪欲而弗能窒，則不得其正；有所蔽惑而不能斷，則不得其正；有所畏怯而弗能自强，則不得其正。正心之道，在先致其知而誠其意，故人主不可不學。願更選正臣多聞識、有智慮、敢直言者，置諸左右。」論養氣，謂：「用兵之勝負，軍旅之强弱，將帥之勇怯，係人主所養之氣曲直如何，願强於爲善，益新厥德，使無曲失，可得指議。」論宏度，謂：「人主以天下爲度，不可以私勞行賞，私怨用刑。中外百執，其有迷國誤朝、罪惡昭著、衆所指目不可掩者，雖有私勞，願陛下與衆棄之，不使幸而得免，以致天下之疑也。其有抱忠守正、犯顔逆耳、公論所歸不可蔽者，雖遭讒謗，願陛下與衆共之，不使退而窮處，以失天下之心也。如此，賞而必當，是謂天命；罰而必當，是謂天討。施諸一人，而千萬人悦以畏矣。」論寬隱，謂：「創業興衰與增光洪業之君，其待遇臣下，恩禮雖一，而崇高嚴恪，當行於介胄爪牙之夫，以折其驕悍難使之氣。柔遜謙屈，必施於林壑退藏之士，以礪其廉靖無求之節。乃能駕馭人才，表正風俗。故漢高之威行於暴秦、强楚，而不行於四皓；世宗之威行於匈奴、西域、東南夷，而不行於汲黯；光武之威行於尋、邑、王郎、赤眉、銅馬、隴蜀之主，而不行於嚴光、周黨。惟公孫述能行其威於李業等，然不能行於吴漢。是何也？威有所當加，勢有所可屈。加於所當加，以立威則强；屈於所可屈，以忘勢則昌。陛下所下赦書，首欲上遵仁宗法度。謹按康定間嘗以儒館招張俞矣，辭而不受，至於四五。其後又以修起居注用王安石矣，辭而不受，至於八九。皆從其欲，又優奬之，以勵風俗。望特降詔書，凡被召有不能赴者，悉從其欲，不强致之；獨以威刑外施暴横之戎，内拂貪殘之賊，與悍驕不可使之將，讒説殄行之臣，則天下歸心，而治道成。」其大指如此。至是，又申言之。時上欲講春秋，遂以左氏傳付安國點句。安國言：「今方思濟艱難，豈宜耽玩文采？莫若潛心聖人之經。」上稱善，安國因薦司勳員外郎朱震。

尋遷安國給事中，仍命兼侍讀春秋，且諭以「隨事解釋，不必作解義，朕將咨詢。」

以張守知福州。上曰：「福建盜賊之後，要在拊循凋瘵，用守爲宜。」初，僞閩以八州之產，分三等之制：膏腴者給僧寺、道觀，中下者給土著、流寓。自劉夔守福，始貿易以取貲。守與士大夫謀爲實封之説，存留上等四十餘刹，以待高僧，他悉爲實封〔二五〕，金多者得之，歲入不下七八萬緡，以助軍衣，餘寬百姓雜科，時實便之。

王居正罷。自起居郎出知婺州。居正素與秦檜善，檜爲執政，嘗與居正論天下事甚銳。及拜相，所言皆不讎。居正見上曰：「秦檜嘗語臣：『中國之人，唯當着衣噉飯，共圖中興。』臣時心服其言。又自謂：『使檜爲相，數月必聳動天下。』今爲相，施設止是，願陛下以臣所言，問檜所行。」於是，檜始恨之。

吕頤浩入見。詔頤浩日下赴都堂治事。

修玉牒。初，宗正寺所掌四書：曰玉牒、曰仙源積慶圖〔二六〕、曰宗藩慶系録、曰宗支屬籍。玉牒如帝紀，而特詳，於國書中，最爲嚴重。建炎南渡，舉四書而逸於江滸。至是，從宗正少卿李易之請，始命修之。

以孟庾權同都督諸軍。先是，頤浩自江上回，欲傾秦檜，而未得其便。過平江府，守臣席益謂之曰：「目爲黨可也，然黨魁在鎖闥，當先去之。」頤浩大喜，乃引朱勝非爲同都督。胡安國論勝非不可用，仍薦李綱，乃以勝非爲侍讀，而改命庾。未幾，落權字。明年，移都督府于鎮江。

併省鑄錢監。提點鑄錢司言：「江、池殘破，遠涉大江，乞權就虔、饒二州，併工鼓鑄。」許之。舊制：江、池、饒、建四郡，歲鑄錢百三十萬緡，以贍中都，其後皆不登此數。至是，併廣寧監於虔州，永豐監於饒州。是歲，鑄錢纔八萬緡。

詔引對守臣。自今除伐并引對，從左司諫吴表臣之請也。

八月，詔沿邊修守備。亦從吴表臣之請也。表臣言：「大江之南，上自荆、鄂，下至常、潤，不過十郡之間，其要緊處不過七渡。上流最急者三：荆南之公安、石首，岳之北津。中流最緊者二：鄂之武昌，太平之采石。下流最緊者二：建康之宣化，鎮江之瓜洲是也。惟此七渡，當擇官兵，修器械。其餘數十處，或道路迂曲，或水陸不便，非大軍往來徑捷之處，略爲之防足矣。又十郡之間，地不過三千餘里，有一州占江面五百里者，有占百餘里者，遠近、多寡、勞逸大不均，如七處渡口外，宜每縣分定百里，專令巡尉守之，則力均而易守。」詔以付沿江守帥。

先是，無爲軍守臣王彦恢言：「建康古都，乃用武之地。欲保建康，必内以大江爲之控扼，外以淮甸爲之藩籬。又必措置兵食，以贍國費。然大江以南，千里浩渺，決欲控扼，非戰艦不可。大江以北，萬里坦途，欲遏長驅，非戰車不可。舒、廬、滁、和，良疇百萬，欲措置軍食，非營田不可。舟車之法，以輕捷爲上。彦恢所制飛虎戰艦，傍設四輪，每輪八檝，四人旋斡，日行千里。又有神武戰車，下安四輪，略同飛虎，頂張布帷，以避矢石，傍斜衝擊，其用如神。又有拒馬車，一人之力可以轉用，比之蒙衝、偏箱、鹿角，此尤至要。淮西良疇，不可以數計，不須朝廷給本，秖以有無相濟，併力營田，計其户口，什一養兵，則淮西可以守矣。如許令彦恢招兵教習，只乞那融淮西數州財賦，可足舟車之用，及以數州秋成所得，那融營田，可足兵食之費。萬一今秋虜人長驅深入寇，及盜賊猖獗，彦恢當以此舟車推鋒陷陣，以此士卒斬將搴旗，以此種蒔飛芻輓粟，保守淮疆，決無疎失。」詔彦恢就本軍措置。

先是，中丞沈與求言：「劉豫於京東造舟，則海道當防。議者多欲於明州向頭設備(二七)，使賊舟至此，則已入吾心腹之地矣。如通州料角、泰州石港，水勢湍險，海舟至此，必得沙上水手方能轉入。宜於此爲備，盡拘水手，以防衝突。」

時創沿海制置司於浙西，以仇悆領之。吕頤浩言：「虜舟從海來有二道：一自海北岸來，至明之定海；一自海南岸來，至秀之海鹽。萬一有警，遠不相及。乞令仇悆專管浙西，別命人管浙東。」從之。尋罷司，只令明州守臣總領之(二八)。

後之論邊防要害者，並附于此。論兩淮者有曰：「自古倚長江之險者，屯兵據要，雖在江南，而挫敵取勝，多在江北。故吕蒙築濡須塢，而朱威以偏將却曹仁之全師，諸葛恪修東興堤，丁奉以兵三千破胡遵之七萬。轉弱爲强，形勢然也。欲乞將淮甸郡縣，不必盡守故城，各隨所在，擇險據要，置寨栅，守以偏將；敵來仰攻，固非其利，若欲長驅深入，則我綴其後，二三大將，浮江上下，爲之聲援，敵之進退，墮落吾計中，此萬全之策也。」又有曰：「無爲軍巢縣之濡須及東西關，山川重複。蓋昔人尺寸必争之地。大率巢湖之水，上通焦湖、濡須，正扼其衝。東西兩關，又從而左右輔翼之，餽舟既已難通，故雖有十萬之師，未能便寇大江，得逞其志。淮西雖號平地，而水陸要害，皆可戰守，稍加措置，未易輕犯。」又有曰：「若虜重兵出淮西，則池州軍出巢縣，江州軍出無爲軍，便可爲淮西官軍之援。」又有曰：「淮東宜於盱眙屯駐，以扼清河上流；淮西宜於濠、壽屯駐，以扼渦、潁之運。」論江面者，有曰：「自建康至姑熟一百八十里，其險可守者有六：曰江寧鎮、曰碙砂夾、曰采石、曰大信口，其下則有蕪湖、繁昌〔二九〕，皆與淮南對境。其餘皆蘆篠之場，或碕岸斗絶，水勢湍險，難施舟楫。」又有曰：「采石渡在太平州界下，馬家渡在建康府界上，宣化渡在建康府界下，采石江闊而險，馬家渡江狹而平，兩處相去六十里，皆與和州對岸。昔金人入寇，直犯馬家渡，杜充以萬餘衆不能捍。金人亦嘗分兵犯采石，太平州以鄉兵等禦之，遂退。雖杜充處畫有未盡善，亦形勢使然。則馬家渡比采石尤爲要害。」又有曰：「和州烏江縣界，即可自江北車家渡徑衝建康府馬家渡。一自滁州全椒縣，即可自江北宣化渡徑衝建康府界之靖安。兼自泗州、盱眙有徑小路。由張店、上、下瓦梁、盤城，亦可徑至宣化，不滿三百里。兀术曾於此路前來，至六合下寨，並自上瓦梁下船，直至滁河口〔三〇〕，可以入江。宜於靖安、馬家渡、碙砂夾相對三處防守〔三一〕，所有北岸滁河口、宣化兩處來路，應和州東地分，尤宜嚴切隄防。」又有曰：「昨來金人自黄州張家渡渡江，由湖北路鄂州武昌縣上岸，方入興國軍大冶縣界，取山路以犯江西。宜於興國軍大冶、通山等處擺布防托。」又有言：「漢陽沌口係漢江下流〔三二〕，湖北帥司所隸，尤宜嚴切隄防。」論海道者有曰：「海道，臨安之腹心也。自海舟而來，其道有四：江陰也，華亭也，金山也，四明也。江陰、四明雖曰有備，而由華亭可以入秀州，由金山可以入錢塘，則金山、華亭亦當嚴備。」論巴蜀，有曰：「入蜀之道有四：曰階、成〔三三〕，曰興、鳳，曰漢中，曰夔、峽。興、鳳一路雖有重軍，而漢中、階、文不過遣偏裨守之，宜逐路置大將，各分邊面以備之。至夔、峽一路，若自荆、襄而入，則由水路，若自均、房而入，則由陸路，皆不可不防。」又有曰：「宜於受敵之衝，折爲三道：以興、鳳、大安軍、利、閬、劍州曰武興道；大安，即昔之三泉縣也。岷、階、文、成、龍、綿州曰階文道；興元府、洋、巴、蓬、梁州曰梁洋道。各置帥，統之以宣撫副使焉，或敵人自梁、洋入寇，即武興帥爲之援，階文道搗其虚焉；自武興道入寇，即階文帥爲之援，梁洋道搗其虚焉；或階文道入寇，即武興帥爲之援，梁洋道搗其虚焉〔三四〕，此正所謂常山蛇勢也。」

胡安國罷。以黄龜年爲殿中侍御史，劉棐右司諫。頤浩用二人，將以逐檜也。時呂頤浩引朱勝非奉京祠兼侍讀，恐安國持録黄不下〔三五〕，特命檢正黄龜年書行。安國言：「由臣愚陋，致朝廷過舉，侵紊官制，隳壞紀綱。孟子曰：『有官守者，不得其職則去。』臣待罪五旬，毫髮無補，既失其職，當去甚明。況勝非係臣論列之人，今朝廷乃稱其處苗、劉時，能調護聖躬，即與向來詔旨責詞是非乖異。昔公羊氏以祭仲廢君爲行權，先儒力排其説，蓋權宜廢置，非所施於君父，春秋大法，尤謹於此。自建炎改元，凡失節者，非特釋而不問，又加進擢，習俗既成，大非君父之便。臣蒙睿獎〔三六〕，方俾以春秋入侍，而與勝非爲列，有違經訓。儻貪禄位，不顧曠官，縱臣無恥，公論謂何？」不報。遂卧家不出。秦檜三上章乞留安國，不報，亦家居不出。

秦檜罷。與職奉祠，尋落職。頤浩既引朱勝非還朝，復自内批，令日赴都堂議事，位知樞密院事上，欲以逼檜。會邊報王倫來歸。黄龜年因劾檜專主和議，沮止國家恢復遠圖，且植黨專權，漸不可長。檜即上章辭位。上召當制學士綦崇禮，出檜所獻二策，大略欲以河北人還金虜，中原人還劉豫。上又曰：「檜言『南人歸南，北人歸北』。朕北人，將安歸？」又檜言：『臣爲相數月，可使聳動天下。』今無聞。」故崇禮載之制詞，略曰：「自詭得權而舉事，當聳動於四方；逮兹居位以陳謀，首建明於二策。罔燭厥理，殊乖素期。」檜既免，上乃諭朝廷，終不復用，仍榜朝堂。於是，給事中程瑀、侍御史江躋、左司諫吴表臣、起居舍人張燾，皆坐檜黨，罷去。

彗出胃。上憂之，命太官進素膳。宰執言：「所次分野甚遠。」上曰：「今不論所次齊、魯、燕、趙之分，天象示譴，朕敢不畏天之威耶？」

九月，赦。以彗出故也。

求直言。

潘致堯使虜。自宇文虚中之後，率募小臣或布衣，借官以行，如王倫及朱弁、魏行可、崔縱、洪皓、張邵輩，皆爲所拘。既而，粘罕在雲中，遣烏陵阿思謀至館中，具言息兵議和之意。俾倫南歸，須使人往議。粘罕貽上書，略曰：「既欲不絶祭祀，豈肯過於恡愛，使不成國。」於是皓、弁皆得以家問，附倫而歸。至是入見。上嘉其勞，特優遷之。倫言：「虚中奉使日久，守節不屈。」遂命其子師瑗添差福建路轉運判官。吕頤浩議當再遣使人，以驕虜意。乃命致堯爲奉表通問使。高公繪副之。命倫作書與其近臣耶律紹文，且附香藥、果茗、縑帛、金銀，進兩宫二后。又遺粘罕、悟室、耶律紹文，及賜宇文虚中、朱弁已下各有差。以路由東京，令頤浩作書，且以果茗、幣帛遺劉麟。

以朱勝非爲右僕射。勝非再相，不進官，當制學士綦崇禮失之。勝非尋奏淮北五事：「一謂國家屯軍二十萬，月費二百萬緡，儻無變通，必致坐困。逆豫方行什一税法，聚以資虜。若王師不出，豫計得行。今當渡江，取彼所積，以實邊圉。淮南既實，民力自寬。二謂逆豫招到淮北山寨及知名賊二十六項，所以然者，彼謂官軍不敢出，逆賊能驟來耳。宜分爲三軍，聲言取徐、邳，而實取淮陽；聲言趨京師，而實取陳、蔡；聲言入濱、滄〔三七〕，而實取青、密。使逆豫聞之，必分兵拒守，然後大軍出廬、壽，直搗宋、亳，豫必成擒矣。三慮虜、賊併力南寇，今虜使既行，未有要約，不若先破豫兵，去其一助。四大軍一出，所得金帛，當明諭將帥，悉以賞軍。五淮北有土豪助順者，就以爲守將，俾自爲備，則兵勢益張。如此，則不三二年，中原可定。」上納之。

置六部監門。初置六部監門一員，比寺、監丞〔三八〕。

初用御筆除官。御筆除醫官樊彦端遥郡刺史，免執奏。言者謂：「恐斜封墨敕，復自此始。」詔寢前命。然御筆行下如故，蓋吕頤浩意也。

尋以御筆除綦崇禮翰林學士。自靖康後，從官以御筆除拜，始此。

以劉光世爲江東西安撫使。置司建康，光世置背嵬親隨軍〔三九〕，皆鷙勇絶倫，一以當百者。又自出新意，造尅敵弓，斗力雄勁，射鐵馬，一發應紘而倒。

初，言者論光世軍中冗費。上曰：「光世一軍，蒐汰冗雜，約留兵幾何，可以贍足？」范宗尹曰：「今月給錢十六萬緡，米三萬斛。若留精兵三萬人，且汰其使臣之罷軟者，可以足用。」上曰：「俟作手書與之，如家人禮，直示朕意。庶幾光世不疑，委曲聽命。」遂賜光世手書及玉帶。

尋又罷鎮江府織御服羅〔四〇〕。上諭輔臣：「方軍興，有司匱乏，豈可以朕服御之物爲先？且省七萬緡，助劉光世軍費也。」

復用文臣爲都承旨。以趙子畫爲之。自改官制後，都承旨除文臣，始此。

六年，右司諫王縉言：「樞密，本兵之地。其屬有都承旨、副都承旨。都承旨例以從官練達邊事者爲之，副都承旨亦武臣之高選也。又有逐房副承旨，諸房副承旨，則皆吏職也。承旨之名則同，而文武之高選與吏職則異。近日以來，因都承旨、副承旨闕，遂以諸房副承旨權承旨司公事，是猶三省宰屬闕，而以都事、録事兼之也。名之不正，實亦隨紊。每日殿庭與兩省官，比肩侍立，至於關借金帶，自比從官，豈不玷國體乎？臣愚欲望陛下詔大臣議之，如謂官名未可遽易，乞別選文武臣僚，以正其實。」

以王似爲川陝等路宣撫處置副使。詔與張浚相見，同治事。初，浚出使，但以宣撫處置爲名。至是，始帶「川陝」及「等路」字。浚在關陝，凡事雖以便宜行之，然於鄉黨親舊之間，少所假借。於是，士大夫有求於宣司而不得者，始起謗議於東南，朝廷疑之，將召歸，先爲置副。

浚尋上疏，略曰：「臣熟知王似平生最詳，鎮重寬厚，於民不擾，似之所長。至於駕馭將帥，裁處機事，不爲身謀，以圖事功，緩急之際，恐未可仗，一也。臣又伏思陛下之意，欲委似招徠未附之人。臣竊惟天下之患，獨在金虜。虜未退聽，難將不已，何暇撫叛。又況似任環慶日，嘗爲制置使，行檄諸路，皆不奉從。如張中孚之徒，昔有深隙，今又安能懷之使來乎？二也。臣被命川、陝，外而劉子羽、吴玠之徒，蹈萬死一生之地，與虜爲讎，内而張深、程唐日夜謀議，此輩皆以侍從高選，嘗立破虜之功。各望陛下天日照知，寖加任使。今事將就緒，一旦以無功侍從，驟處副任，人情謂何？三也。臣去歲差似知興元府兼節制吴玠、王彦，彦與玠各有論列，遂復以劉子羽代之。今似爲副使，必不安職，四也。臣最單微，獨荷陛下知遇，屢經大謗，悉荷保全。凡所委任，莫非親付，似未嘗得對天日之表，有此除擢，恐自此臣之過失，日聞於陛下之前矣，五也。」貼黄又云：「臣所陳事理，上干國家。臣非不知含糊苟且，自爲身謀，特慮劉子羽、張深、程唐、吴玠、王彦之徒，必自引去，而似之才能庸常，終至敗事。臣雖萬死，無以塞責。兼事之利害，又有至切者。伏見蜀之士大夫，及流寓侍從官以下，貽書至臣及朝廷執事，皆以自守安静爲言。彼非爲陛下國家計，乃自爲家屬及一身計者也。曾不知將士所以捨僞從正，數至十五餘萬，彼於臣何有哉？特以上念祖宗恩德之厚，次戴陛下養育之仁，各欲奮力，以求平定。今若按兵自固，能保其不離散而爲亂乎？此特其一耳。而況虜爲不道，必欲傾摇我社稷，翦除我民人。而我乃委靡日困，終必爲虜所滅。爲此説者，蓋不思之甚也。臣每與劉子羽、吴玠、王彦等，日夜治兵，儲糧食、備器械，其一蓋欲張大聲勢，使虜知我必與爲敵，不敢萌意南行。其二亦欲激勵將士，講明戰陣，爲陛下興大利，除大害，奉迎車駕，以福中原。而或者區區獨爲身謀，遂起怨謗，相爲朋黨，求撓臣權。在臣去就利害甚輕，而國家之計恐有未便。伏望陛下謀之於心，斷之於己，以惠天下。臣之此言，天日鬼神，實所照知，伏望陛下留臣章疏于中，恐大臣不安其職，求爲進退，益煩聖慮。」

尋又上疏，爲劉子羽、趙開、吴玠辨譖，略曰：「臣被命出使以來，獨荷陛下眷遇之厚，致茲保全，而浸潤之言，静思可畏。至如劉子羽雖稍輕易，而忠義盡瘁，以死任責，故於調和將士，最其所長。而或者乃謂其盡失將帥之心。趙開公廉持身，深疾贓吏。所措置茶鹽酒三事，斂不及民，以足用度。而或者乃謂其苛虐於民。吴玠和尚原每行獲捷，招來甚衆。而或者乃謂其將士背叛。諸叛迫於畏死之故，從虜偷生。虜之欲危社稷，固亦有素。而或者乃謂叛人致之。緣臣匃抵關陝、川蜀〔四二〕，所乞廢放流逐者不一，如辛彦宗、潘浹之徒不下數十人。而又别白功罪，退黜贓私。四川員闕不能盡滿人人之欲，此輩日夜騰議，欲以危臣，先及官屬。況劉子羽預邊議，趙開總財賦，二人者先被罪責，則臣束手廢事矣。且自昔立人之朝者，往往各立門户，不恤國家大計。至於因循敗事，則歸之無可奈何。此臣所以日夜痛心，恨無羽翼以仰訴於陛下之前。」貼黄云：「契勘王似與宰相吕頤浩通鄉里親戚之好，臣今所奏，不免違拂頤浩之意。又臣兄滉近離行在，吕頤浩之子爲臣兄滉言，有譖臣於朱勝非者，謂臣在平江勤王日，嘗欲斬勝非之首。事之有無，仰惟不逃聖鑑。而臣孤危之蹤，日夕恐懼，伏乞眷照。」

冬十月，置饒州馬監。 命守臣提領。

五年，罷之。

置九路都轉運，尋罷之。 江、浙、荆湖、閩、廣置司湖州，以張公濟爲之。

禁私酤。

遣官如温州薦饗。 是月，已先祫祭。祠部郎向宗厚言：「祭不欲數，乞用故事，權罷時饗。」禮官援政和五禮新儀，不從。於是，祫祭、孟饗、薦新、朔祭，兼行於一月之間(四二)。非故事也。

録孔氏後。 孔端朝特改京秩，命爲秘書省正字。

八年，詔衢州賜孔氏田五頃。時衍聖公孔玠避亂居焉，遂就賜之。

十一月，沈與求罷。 洪擬兼吏部尚書，擬奏：「有官必有吏。然先世之吏正，後世之吏邪。有所謂猜禍吏，有所謂豪惡吏，有所謂輕黠吏，有所謂深刻吏。尹賞、張湯、王温舒之徒，猶能制而用之。近時吏强官弱，官不足以制吏。官有罪，吏告之，有司治之，惟恐後；吏有罪，官按之，則相疑。故任職者，皆以不按吏爲得計，所在姦吏專權，大作威福〔四三〕。願詔有司立法，官能自按吏，則許免失覺察之坐。」上謂宰執曰：「朕思此一事，要在官得其人，吏不敢舞文爲姦。」呂頤浩曰：「緣官不知法，致吏得以欺也。」權邦彦曰：「昔有三不欺：不敢欺在威，不能欺在明，不忍欺在德。」上然之。

詔侍從條陳中興策。 上諭輔臣曰：「自昔中興，豈有端坐不動於四方者？將來朕撫師江上。朕觀周宣王修車馬、備器械，其車攻復古一篇可見。若漢世祖起南陽，初與尋、邑之戰，以少擊衆，大破昆陽。其下如唐肅宗，雖不足道，能用郭子儀、李光弼，以復王室。朕謂中興之治，無有不用兵者。卿等與韓世忠曲折議此否？如朝廷細事，姑付有司，卿等當熟講利害。朕前日與世忠論，至晚膳過時，夜思至四更不寢。朕與卿等，固有定議，昨日批出，可更召侍從，日輪至都堂，給劄條對來上。朕將參酌，以決萬全。」

吏部侍郎韓肖胄言：「今日之勢，終當用兵。如晁錯之論七國，以爲削亦反，不削亦反，金虜猶是也。」繼因賜對面奏：「賊豫盜據中原，人心不附，宜出不意，遣兵將鼓行進討，聲言翠華再幸金陵，督使過江。願賜睿斷，克成大勳。」

禮部尚書洪擬獨言：「國勢强則戰，將士勇則戰，財用足則戰，我爲主、彼爲客則戰。陛下前年幸會稽，今年幸臨安，興王之居未定，如唐肅宗之在關中，光武之在河内也。又邇者諸將雖有邀擊小勝，未見雷合電發，以取大捷。又江、浙農耕未盡復，淮甸鹽筴未盡通，平日廩給尚艱，緩急將何以濟？又千里餽糧，士有飢色。今使千里出戰，則彼逸我勞，凡此皆可以言守，未可以言戰也。」

命李綱等會兵捕湖寇楊么。初，綱至衡陽，招降曹成及馬友之將步諒。尋入潭州，漸易置權攝官，禁擅科率者。

又遣統制官郝政降潰將王進於湘鄉，吴錫擒王俊於邵陽，自是湖南境内潰兵爲盜者悉平。惟楊么據洞庭，文榜指斥，言詞不遜。綱命諸將分屯以備之。湖南無水軍，綱乃拘集沿江網漁户，得三千人，屯潭州。言于朝，乞兵討蕩。詔湖北安撫劉洪道、知鼎州程昌寓、荆南宣撫使解潛，遣兵會之，仍權聽綱節制。

遣使宣諭諸路。賜以宣諭詔書、御寶、手曆，居他官者，並攝御史。劉大中、胡蒙、朱異、明橐、薛徽言五人，同入見。上諭曰：「比所下詔令，州縣徒掛墻壁，皆爲虚文。今遣卿等，務令民被實惠。守令，民之師帥，縣令尤親於民，姦贓之吏〔四四〕，必須按發；公正奉法之人，必須薦舉。如山林不仕賢者，亦當具名以聞。平反獄訟、觀風問俗等事，並書於曆，朕一一行之。此非尋常遣使比也。」乃詔巽使浙東、福建，蒙浙西，大中江東、西，徽言湖南，而櫜使廣東、西如故。其分鎮地分，令鎮撫使選清廉强明官，徧歷所部。五使將行，上命各賜内帑帛二百。大中等辭，上謂大臣曰：「朕欲出使無擾，一切不受饋遺。若不賜予，何以養廉耶？」大中薦舉按劾，兩盡其公，士論稱之。

六年冬，遣右司郎范直方宣諭川、陝，及撫諭吴玠軍。

十二月，申禁銷金。上曰：「昨因閱韓琦家傳，論戚里多用銷金衣服。朕聞近來行在銷金頗多，若日銷不已，可惜廢於無用。朕又觀春秋正義，謂質則用物貴，淫則侈物貴，蓋淫侈不可不革。」

李綱罷。諫官徐俯、劉棐論其慢君父、輕朝廷及改制書等罪。罷職奉祠。綱常言：「荆湖之地，自昔號爲用武之國。今朝廷保有東南，制御西北，當於鼎、澧、荆、鄂，皆宿重兵，使與四川、襄、漢相接，乃有恢復中原之漸。」未及行而綱廢。

召張浚，又以盧法原爲宣撫處置副使。命法原與王似同治事，仍召浚與劉子羽、馮康國俱還。

初，浚既受便宜黜陟之命，事重者出敕行之。執政大不平，指以爲僭。及浚召還，而王似等代之，遂罷便宜指揮。

詔諸軍教習禁軍。司封郎官鄭士彦言：「國以兵故强，兵以教故精。國家承平時，禁軍教法甚嚴，今諸州往往冗占，大抵以將迎爲急務，以教習爲虚文。望詔有司，申嚴故事。歲終，則較其精粗而賞罰之。」詔劄付諸路帥司。

詔獎陳規奏屯田事。自中原失守，諸重鎮多失，惟德安府獨存。鎮撫使陳規與賊黨屢戰皆勝。至是，規奏屯田事，請以兵爲農，因農爲兵，其策甚可行。遂降詔獎規。言者又謂：「規深得古者寓兵於農之意，望頒其法於諸鎮，使舉行之。」

復汝州。襄陽糧乏，李横不能軍，乃引兵而北。虜自入中國〔四五〕，少能抗之。不意其猝至，悉潰而去。横至汝州城下，守將彭玘以城降。横尋復破潁順軍〔四六〕，又敗僞虜兵于長葛縣，復潁昌府。

虜陷商州。初，粘罕在雲中，使撒离曷哀五路叛兵，與僞齊劉夔入寇。時吴璘以兵駐和尚原，虜懼不得進，欲以奇取蜀。乃令叛將李彦琪駐秦州，窺仙人關，以要吴玠。别將以游騎出熙河，綴關師古，而大軍由商於入寇。師古與别將遇，敗之。撒离曷至商州，守將邵隆度不能守，即退屯上津。

是歲，高麗來貢。

僞齊劉豫徙汴。時四月也。至之日，大風拔木，人人震恐，豫曲赦以安之。與民約曰：「今後更不肆赦，不用宦官，不度僧道，文武雜用，不限資格。」且奉其祖父爲帝。親巡郊社以從，徙弟益爲京兆留守〔四七〕，鄭億年爲開封尹。張孝純致仕，更以李鄴、范恭爲左、右丞相。時西京奉先營卒賣玉枕〔四八〕，疑非民間物，鞫之，知得于山陵。遂置河南淘沙官，求金虜所取不盡之物。

虜盡殺契丹人。是秋，金主晟如燕山，諸酋皆會。留耶律餘覩守大同府，撻辣守祁州。餘覩久不遷，頗怨望，遂與燕山統軍槁里謀爲變，蓋統軍之兵皆契丹人。盡約燕雲之郡守契丹漢兒，令悉誅女真之在官、在軍者。天德知軍僞許之，遣其妻來告。時悟室微聞其事而未信。偶獵居庸關上，遇馳書者，覺而獲之。粘罕族槁里，命悟室誅餘覩於大同。餘覩微覺，父子以遊獵爲名，遁入夏國，不納。遂之達靼，達靼已受悟室之命，以兵圍之，餘覩父子皆死。於是粘罕令諸路盡殺契丹，其得脱者，皆西亡入夏，北奔沙漠云。

校勘記

〔一〕乃命徐康國與内侍楊公弼先營宫室　「楊」原作「揚」，據清影宋抄本及繫年要録卷四九改。下文徑改，不出校。

〔二〕董先叛降僞齊　「董先」原作「董商」，據三朝北盟會編卷一五〇、繫年要録卷五一及宋史卷二七高宗紀四改。下同。

〔三〕葉夢得遣兵討劉豫　「討」原作「計」，據清影宋抄本、道光抄本及續宋中興編年資治通鑑卷三改。

〔四〕守臣范璟退保子城　「范璟」，繫年要録卷六一作「范漴」。

〔五〕又曰湮實　「湮」，横浦集卷一二狀元策一道同，繫年要録卷五二及皇宋中興兩朝聖政卷一一作「經」。

〔六〕處深宫　「處」原作「其」，據清影宋抄本、道光抄本及横浦集卷一二狀元策一道改。

〔七〕搜攬小蟲　「攬小蟲」，横浦集卷一二狀元策一道作「攬珍禽」。

〔八〕前後者難間　「間」原作「聞」，據清影宋抄本、道光抄本、横浦集卷一二狀元策一道及繫年要録卷五二改。

〔九〕以吕頤浩都督江淮荆浙諸軍　「浙」原作「湖」，據繫年要録卷五三、皇宋中興兩朝聖政卷一一及宋史卷三六二吕頤浩傳改。

〔一〇〕有全裝甲萬副　「甲」原作「田」，據清影宋抄本、道光抄本及繫年要録卷六〇改。

〔一一〕刀槍弓箭皆備　「槍」原作「搶」，據清影宋抄本、道光抄本、皇朝中興紀事本末卷二〇及繫年要録卷六〇改。

〔一二〕且向者群黨四擾　「黨」，文獻通考卷一五四兵考六作「盜」。

〔一三〕徑取東萊　「萊」原作「來」，據皇朝中興紀事本末卷二〇及繫年要録卷六〇改。

〔一四〕因令韓世忠自京入關　「京」，中興小紀卷一二及繫年要録卷五三作「西京」。

〔一五〕則工祝雖具　「工」，皇宋中興兩朝聖政卷一一、宋史全文卷一八上同，繫年要録卷五四作「巫」。

〔一六〕如緩其所急　「緩」原作「綏」，據清影宋抄本、道光抄本、皇朝中興紀事本末卷二一及繫年要録卷五四改。下文多處作「綏」者，徑改，不一一出校。

〔一七〕今户部惟有上供之目而已　「目」原作「日」，據皇朝中興紀事本末卷二一及繫年要録卷五四改。

〔一八〕問諸郡所總窠名於户部　「諸」原作「本」，據皇朝中興紀事本末卷二一、繫年要録卷五四及宋史卷三七九韓肖胄傳改。

〔一九〕問諸郡所總窠名於漕司　「諸」原作「本」，據皇朝中興紀事本末卷二一、繫年要録卷五四及宋史卷三七九韓肖胄傳改。

〔二〇〕獨不聞暇時以教閲爲事者　「聞」原作「間」，據繫年要録卷五九改。

〔二一〕帝王之能事畢矣　「畢」，斐然集卷二五先公行狀、繫年要録卷五六及皇宋中興兩朝聖政卷一二作「備」。

〔二二〕而上十有五篇　「五」，斐然集卷二五先公行狀作「六」。

〔二三〕胡奮嘗入夏口矣　「胡奮」原作「曹奮」，據斐然集卷二五先公行狀改。

〔二四〕有草表章上詆君父　「詆」原作「及」，據斐然集卷二五先公行狀改。

〔二五〕他悉爲實封　「他」原作「仁」，據清影宋抄本及道光抄本改。案皇宋中興兩朝聖政卷一二及繫年要録卷五六作「餘」。

〔二六〕曰仙源積慶圖　「仙源」後原衍「曰」，據皇宋中興兩朝聖政卷一二及繫年要録卷一二刪。

〔二七〕議者多欲於明州向頭設備　「向頭」原作「四頭」，據繫年要録卷五四、寶慶四明志卷五及宋史卷三七二沈與求傳改。

〔二八〕「并引對從左司諫吴表臣之請也」至「只令明州」凡七一六字，底本原缺頁，據清影宋抄本及道光抄本補。

〔二九〕其下則有蕪湖繁昌　「繁昌」原作「蕃昌」，據宋史卷三六三李光傳及景定建康志卷三八武衛志一改。

〔三〇〕直至滁河口　「滁河」原作「滁江」，據石林奏議卷一三奏乞下將帥把截滁河口宣化等處賊馬來路狀及景定建康志卷三八武衛志改。

〔三一〕宜於靖安馬家渡礪砂夾相對三處防守　「礪砂夾」原作「罔沙夾」，據上文、宋史卷三六三李光傳及景定建康志卷三八武衛志一改。

〔三二〕漢陽沌口係漢江下流　「沌口」原作「篆口」，據忠正德文集卷一乞下湖北帥司隄備賊馬狀及景定建康志卷三八武衛志一改。

〔三三〕曰階成　「成」原作「城」，據下文及宋史卷八九地理志五改。

〔三四〕梁洋道擣其虚焉　「擣」原作「擳」，據清影宋抄本及道光抄本改。

〔三五〕恐安國持録黄不下　「恐」原脱，據皇宋中興兩朝聖政卷一二及繫年要録卷五七補。

〔三六〕臣蒙睿奬　「睿」原作「勸」，據斐然集卷二五先公行狀、皇宋中興兩朝聖政卷一二及繫年要録卷五七改。

〔三七〕聲言入濱滄　「滄」，宋名臣言行録别集上卷二同，繫年要録卷五九作「海」。

〔三八〕比寺監丞　「寺」原作「求」，據清影宋抄本、道光抄本及繫年要録卷五八改。

〔三九〕光世置背嵬親隨軍　「光世」，中興小紀卷一五、三朝北盟會編卷二一七及宋史三六四韓世忠傳作「世忠」，當是。

〔四〇〕尋又罷鎮江府織御服羅　「鎮江府」原作「平江府」，據繫年要録卷五八、皇宋中興兩朝聖政卷一二及宋史卷一七九食貨志下一改。

〔四一〕緣臣匂抵關陝川蜀　「匂」，疑是「自」之誤。

〔四二〕兼行於一月之間　「月」原作「日」，據繫年要録卷五九改。

〔四三〕大作威福　「大」原作「人」，據皇朝中興紀事本末卷二三改。

〔四四〕姦贓之吏　「吏」原作「朝」，據清影宋抄本、道光抄本、皇宋中興兩朝聖政卷一二及繫年要録卷六〇改。

〔四五〕虜自入中國　「虜」原作「乃」，據皇朝中興紀事本末卷二四改。

〔四六〕横尋復破潁順軍　「潁順軍」原作「潁昌軍」，據繫年要録卷六二、皇宋中興兩朝聖政卷一三及宋史卷二七高宗紀四改。

〔四七〕徙弟益爲京兆留守　「徙」原作「徒」，據中興小紀卷一二、三朝北盟會編卷一八一及繫年要録卷五三改。

〔四八〕時西京奉先營卒賣玉枕　「枕」，三朝北盟會編卷一八一及繫年要録卷五三作「椀」。

中興兩朝編年綱目卷第五

高宗皇帝　起癸丑紹興三年，止甲寅紹興四年。

癸丑紹興三年(一一三三)春正月，上在臨安。時行宫外朝止一殿，日見群臣、省政事，則謂之後殿。食後引公事，則謂之内殿。雙日講讀，則謂之講殿。梁朽，前榮且壞。是秋，命有司繕治之〔一〕。乃權御射殿，殿極卑陋，茆屋裁三楹，侍臣行列，巾裹觸棟宇。

翟琮入西京。俘僞留守孟邦雄。先是，邦雄盜發永安陵，琮憤不能平，思出奇以擒之。知虢州董震亦與僞將董先密謀〔二〕，以所部應琮。至是，琮及震以山寨餘衆入潼關〔三〕，遂入西京。邦雄醉方臥，俘其族以歸。琮，興子也，時爲河南鎮撫使。

置總領錢糧官。從孟庾之請也。時諸軍屯建康者，歲用錢糧五十餘萬，皆户部財計，故命姚舜明以侍郎總之，總領名官，始此。

以户部郎官霍蠡爲湖北總領，置司鄂州，贍岳飛軍。

詔恤刑。詔戒飭治獄之官恤刑。上親筆書手詔，仍命諸州立石。

虜陷金州。 初，撒離曷等衆十萬，自鳳翔、長安聲言東去，其實由商於出漢陰，直趨金、商。至是，入洵陽界。鎮撫使王彦倉卒招兵，使别將以三千人迎敵，敗走。彦聞敗，退保石泉縣，虜遂入金州。

以湯東野知揚州。 先是，劉光世不肯渡江，朝廷以寇盜既平，民未歸業，故復用文臣。

望祭諸陵。 詔春、秋二仲，遣宗室環衛官於法惠寺行之。

二月，置邕州買馬司。 自是歲得千疋。每百疋爲一綱，雖道斃者半，然亦有補軍政。

未幾，移貴州，後復故。

虜陷興元。 初，利州經略使兼知興元府劉子羽聞金州失守，即遣田晟率兵守饒風嶺，且報陝西統制吴玠。玠驚曰：「事迫矣，當亟邀于險。諸將不能辦，我當自行。」遂自河池縣一日夜馳三百里至饒風，列營拒之。官軍萬七千人，益以洋川義士爲三萬〔四〕。玠以黄甘遺虜酋撒離曷〔五〕，虜怒，斬其千户孛堇數人，募死士，由饒風之左，間道援崖而上，犯祖溪關，繞出饒風嶺後〔六〕。玠遽還仙人關。虜陷興元府，子羽退保三泉縣，從兵才三百。子羽遺玠書，與之訣。玠得書，泣。乃引麾下兵由間道趨三泉縣。子羽留數日，兵稍集，而統制官王俊又以五千人至，於是軍聲復振。玠會子羽于三泉，子羽以潭毒山形斗拔，其上寬平有水，乃築壁壘，凡十六日而成，且儲粟守之。

初，諸叛以利訹虜，謂四川唾手可取。虜所忌者獨玠，故道險，從金、商，不意玠之越境而戰也。破金、商，無所得，已失望。而洋州公私之積皆寘他處，至是，野無所掠，殺馬而食。馬且盡，遂殺兩河簽軍而食之。忌春癘方作〔七〕，又至金牛鎮，距我師百十里而退〔八〕，且遣人齎書招子羽及玠。子羽斬之，而縱其一，問：「孰遣汝來？」曰：「國相。」國相謂劉益也。子羽與玠謀，遣兵邀于武休關，而虜棄輜重已去，擊其後軍，敗之。

張浚念非王庶不可修葺興元，乃復起庶，使詣巴州，措置梁、洋一帶。庶至巴，急散牓梁、洋境上，招其軍民。不數日，遠近來會。巴之北境即米倉山，下視興元，出兵之孔道。撒離曷至金牛鎮，不見兵，疑有伏，自以深入，恐無歸路。又聞庶在巴州，吳玠陽爲軍書會諸將，欲斷虜歸路，虜邏得之，懼。會野無所掠，食且盡，乃引兵還興元。

先是，官屬有勸張浚移治潼川府者，軍士聞之皆怒，子羽馳書請勿徙，浚用其言，乃定。

以席益參知政事。

徐俯簽書樞密院事。故事，簽樞下執政一等。至是，特詔鈞禮，又例外賜以金帶。

上嘗書世祖紀賜俯。

詔守臣條上五事。到任半年，先具民間利害，或邊防五事來上。因以察其材能。

後又詔不必拘五條之數。

嚴貢羨餘罰。先是，知明州吴懋坐獻羨餘貶。兩浙轉運徐康國獻羨錢十萬緡〔九〕，上却之。至是，言者論其科率，罷之，仍貶二秩。時知滕州侯彭老獻賣鹽見錢十萬〔一〇〕。上批其奏曰：「縱有寬剩，自合歸之有司，非守臣所當進納。」特降一官，罷之。

三月，寬贓吏法。東流令王鮪坐贓罪，本抵死，降從編竄。四年〔一一〕，吕應問坐贓貸死，編竄。五年夏，貴池丞黄大本坐贓貸死，黥配。六年冬，有監階州倉草場苗亘者，以贓獲罪。詔黥之。中書舍人吕本中奏曰：「近歲姦吏犯贓〔一二〕，多抵黥罪。且既名士人，行法之際，宜有所避。況四方之遠，或有枉濫，何由盡知？若遽施此刑，異時察其非辜，雖欲深悔，亦無所及矣。論者皆以嚴刑上法祖宗。夫祖宗之時，臨機制變，事有不得已也。然自仁宗而降〔一三〕，寬大之政，久已成風，累聖相承，不敢輒易。今一旦盡改成法，欲用祖宗權宜之制，將重失人心，臣未見其可也。又此刑既用，臣恐後世不幸，姦臣弄權，必且借之以及無罪，直言私議亦不能免，何者？用之已熟，彼得籍口，不以爲異也。使國家此刑不絶，則紹聖以來，憸人盜柄，縉紳遭此，殆無遺類矣。願酌處常罰，以稱陛下仁厚之意。」疏再上，從之。

七年秋，詔命官犯贓，刑部不得坐例，止伸朝廷，酌情斷遣，自後贓吏不復黥配矣。

以韓世忠爲淮東宣撫使。泗州置司。朝廷聞李横進師，故召見世忠而遣之。仍命姚舜明往泗州總領錢糧。

未幾，朝廷遣韓肖胄等使虜，乃詔解元以二千人戍泗州，餘留屯江北。世忠亦請移屯鎮江。

復兩淮監司。兩淮舊爲分鎮，至是始置監司。命韓世清提舉淮西茶鹽〔一四〕。

夏四月，朱勝非罷。以母喪去位。

以陳規知池州。規守德安七年，賊不能犯。至是，召還。入對，首乞罷鎮撫使。又言：「諸將跋扈，請用偏裨，以分其勢。」上皆納之。乃命韓之美知德安府，仍以安、復二郡隸湖北，自是不復除鎮撫使矣。

以劉光世爲江東宣撫使。池州置司。時光世與世忠更戍，世忠已至鎮江，而姦細入池州城，潛燒倉庫。光世擒而鞫之，皆言世忠所遣。於是，世忠與光世交訴於上。詔光世移司建康府，上遣使和解，仍書後漢寇恂、賈復事戒之。

僞齊陷虢州。 統制官謝皋死之。皋舉刃對李成曰：「此吾赤心也，汝宜視之。」遂剖心以死。鎮撫董先以餘兵奔襄陽。

命折彥質會兵捕楊么。 時帥湖南。命督潭、鼎、荆南兵討之。么衆益盛，僭號大聖天王，書之旗幟，且以紀年。又以兵二萬人寇公安縣，彥質言：「么之勢不減曹成，望朝廷勿輕此賊。」故有是命。賊徒屢抗官軍，多被殺戮，人心頗摇，乃肆僞赦，立鐘相之少子子儀爲太子〔一五〕，自么以下皆臣事之。

録文彥博後。

五月，作睦親宅。 東京宗室，皆築大舍聚居之〔一六〕，太祖、太宗子九王後曰睦親宅，魏王後曰廣親宅〔一七〕，英宗子吴、益二王曰親賢宅，神宗子五王曰棣華宅，徽宗子諸王曰蕃衍宅。南渡，宗子散居郡邑，惟親賢子孫爲近屬，則聚居之。

是秋，諸州各置檢察一人，以行尊者爲之。

增小吏俸。 上曰：「小官增俸，雖變祖宗舊法，亦所以權一時之宜。自元豐增選人俸至十千二百，當時物價甚賤，今飲食衣帛之價，比宣和間猶不啻三倍，則選人何以自給？而責其廉節難矣。」

韓肖胄使虜。以簽書充奉表通問使，胡松年副之。潘致堯回，言虜欲再遣重臣以取信，故有是命。肖胄等陛辭日，奏曰：「臣等已行，願無踰先約，或半年不復命，必別有謀，請宜速進兵，不可因臣等在彼而緩之。」

宰執奏禀回書事。上曰：「有天下者，當持之以謙。易曰：『謙尊而光。』則知能謙者尊而光矣。」

王彥復金州，又敗虜于洵陽。金人棄均、房去。

六月，以王𤫉爲荆南府等州制置使。時，楊么復犯公安、石首等縣，折彥質請濟師，乃命𤫉總舟師以行。𤫉請招安金字牌。上曰：「近來盜賊踵起，蓋黄潛善等專務招安，而無弭盜之術，高官厚禄以待渠魁，是賞盜也。么跳梁江、湖，罪惡貫盈，故命討之，何招安爲？但令𤫉破賊後，止戮渠魁數人，貸其餘可也。」乃給黄榜十道。自么及黄誠等并近上知名頭領不赦外，脅從之人，一切不問。如徒中自併及頭首出首，當議優與推恩。

增月樁錢。初，韓世忠之軍建康也。詔江東漕臣月給錢十萬緡，以酒税、上供、經制等錢應副。至是，劉光世移屯，又增月樁錢五萬七千緡〔一八〕，轉運劉景真等告乏于朝〔一九〕，詔通融應副。自吕頤浩、朱勝非並相，以軍用不足，創取江、浙、湖南諸路大軍月樁錢，以上供、經制、係省、封樁等窠名充其數。茶鹽錢並不得用，所樁不給十之一二，故郡邑多橫賦於民，大爲東南之患。今江、浙月椿錢，自紹興二年始。

立武科。以科舉人數三分之一待武士〔二〇〕。給事黄唐傳乞立武選格士〔二一〕，詔兵、吏部條上〔二二〕。

令國子監量養士。置博士二人。

秦州復市西馬。自陝西既陷，買馬路久不通。至是，知秦州吴璘始以茶綵招致小蕃三十八族，以馬來市。西馬復通，始此。

秋七月，置博學宏詞科。工部侍郎李擢請參紹聖、大觀法，立此科。其法，以制、詔、書、表、露布、檄、箴、銘、記、贊、頌、序十二件爲題，古今雜出六題，分三日，以省試年分引試。

大旱。先是，諸路和買紬絹匹支錢一千〔二三〕，而州縣又多不給。上恐民咨怨而傷和氣，諭大臣曰：「雨不濡土，黨務修政事，以感天意。和買未爲良法，重困吾民，其令監司覈實，毋爲文具也。」

録勳臣後。自曹彬至藍元振三百二十人子孫，其後得趙普、趙安仁、范質、錢若水諸孫，皆官之。

詔群臣言闕政。旱故也。禮部尚書洪擬奏曰：「法行之公，則人樂而氣和；行之乖，則人怨而氣偏。試以小事論之，近時監司、守臣獻羨餘則黜之，宣撫司獻則受之，是行法止及疏遠之臣也。有自庶僚爲侍從，臥家視事，未嘗入謝，遂得美職而去。若鼓院官移疾廢朝，則斥罷之。是行法止及冗賤之官也。榷貨立法甚嚴，犯者籍家財以充賞。而大官有勢者，連營列肆，公行酤賣，則不敢問。是行法止及孤弱之家也〔二四〕。小事如此，推廣而言之，則怨多而和氣傷可知矣。」疏奏，上嘉納之。

朱勝非起復右僕射。

庚辰，雨。先是，自六月丙午不雨，上命議獄省刑，弛力役，進素膳。及是，雨乃足。

翌日，上始御玉食焉。

八月，詔求言。以兩暘弗時，蘇、湖地震，詔中外極言無隱。

置史館。以從官兼修撰，餘官兼直館、檢討。

命監司條上五事。具便民或邊防五事，如守臣例。

九月，振泉州水災。上謂大臣曰：「國朝以來，四方水旱，無不上聞，故修省蠲貸之令隨之〔二五〕。近日蘇、湖地震，泉州大水，輒不以聞，何也？」繼而泉州奏其事，乃詔民之被害者，除其税。其當濟給及營繕者，以度牒二百賜之。

吕頤浩罷。侍御史辛炳劾其不恭不忠，敗壞法度，御史常同因論其十罪。於是，授頤浩鎮南舊節，奉祠。炳復論列，乃觀文殿大學士〔二六〕，奉祠如故。

增贓絹錢數。舊法，一千三百爲一疋。建炎初，增爲二千。至是，言者欲舉祖宗之制，脊杖贓吏於朝堂上。以絹直高，增爲三千。

乾道六年，詔增作四貫足〔二七〕，候絹價低平日取旨。

吴勝敗僞齊兵于黄堆寨。僞齊兵深入，寇清水縣，宣撫司命勝等禦之。是役也，將士死者百二十有三人，皆贈官、録其子。

以吕祉知建康府。祉初除淮南宣撫司參議官，未至，上奏言：「今屯兵淮甸，表裏雖一，而上下不接。如人之身，四體不備。今日荆楚之地不可不宿兵，以固上游之勢。」上納其言。會江東謀帥，遂用之。建康自南渡後，率以前執政或侍從官爲帥。至是，特有此授。祉既至，對于内殿，首論：「治道之要，先自治而後治人。兵家之法，先爲不可勝，以待敵之可勝。臣所謂先自治而後治人，先爲不可勝，以待敵之可勝者，莫急於形勢，故一曰形勢。日者，朝廷命諸將分屯沿江，得之矣。然此特形勢一事，若軍政不修，恐亦不可恃，故以軍政次之。軍政修，在擇守將，故次以守將。屯田乃宿兵之先務，故次以屯田。宿兵既多，則生財必有術，故次以通貨。然生財莫如省費，故次以省費。欲將士用命〔二八〕，蓋在謹賞，故次以謹賞。正兵以當大敵，而保守鄉井、助戰策應，以防賊兵衝突，不可無民兵，故次以民兵。防固吾圉，欲知賊中動息，則不可無斥堠，故次以斥堠。若欲知賊中虛實，乘利進討，則不可不遣間探，故次以間探終焉。凡玆十事，皆今日所當行，闕一不可也。」

記注官復許直前奏事。起居郎曾統言：「本朝多以諫臣兼記注，且聽直前奏事。元豐更制，不復兼任諫列。然有事亦許直前。頃者權臣用事，言路寖壅。居是官者，既無言責，率以出位爲嫌，甚非祖宗兼聽之意。」乃詔依元豐制。

以趙鼎爲江西安撫制置大使。兼知洪州。

復給、舍書讀法。詔非機速事，仍命給、舍書讀。中書舍人孫近言：「艱難以來，軍期機速之事，先以白劄子行下，然後乃經給、舍。循習寖久，凡擬官、斷獄之類，亦徑下有司。今欲申舊制。」故有是詔。

置沿邊諸路及沿海制置使。劉光世，江東淮西路〔二九〕；韓世忠，鎮江建康淮東路；王𤫉，荆南岳鄂潭鼎澧黄州漢陽軍；岳飛，江西路舒蘄州；吴玠，利州路〔三〇〕；郭仲荀知明州兼沿海制置。始，諸將雖擁重兵，而無分定路分，故無所任責。朱勝非再相，始議分遣諸帥，各據要害。

冬十月，詔戒奔競。詔略曰：「奔競之風不息，朋比之勢漸成，可令臺諫察其微而劾之。」

僞齊陷鄧、隨等州。李成既得鄧州，僞齊之衆有歸襄陽者，李橫以爲寇至，且軍食不繼，遂引兵遁。成入襄陽，知隨州李道聞之，亦棄城去。商虢鎮撫董先、蔡州信陽軍鎮撫牛皋先已渡江至洪州，橫遂以所部至洪州，依趙鼎。尋攻郢州，守將李簡遁，於是唐州、信陽軍亦相繼陷没。

罷諸路類試。

黄州守臣鮑貽遜徙治磐口〔三〕。漢陽呼延虎、興國徐璋並棄城遁。

十一月，罷走馬承受。廣西走馬承受俞似爲諸司所劾而罷，自是遂不復除。

禁邊兵侵齊。

修運河。

復司農丞。自建炎初罷司農寺，至是，始復置丞一員。明年，又復置長貳。

詔毋輕改祖宗法。先是，御史常同援臺格，請皇城隸臺察，而幹辦皇城司復言：「自祖宗至今，並無隸臺察指揮。」上曰：「政使皇城司隸臺察，何所憚？顧祖宗法不可易。今如易之，後將輕言變祖宗成憲，故不可不慎〔三二〕。」乃詔自今臣僚，不得妄有陳請更改，如違，重行黜責。

上嘗與呂頤浩論祖宗兵制，且曰：「祖宗之制，自朕家法。至於仁祖臨御最久，澤在人最深。朕於政事，每思仁祖，庶幾其髣髴也。」

又嘗與輔臣歷敘古今帝王治跡。且曰：「朕專以仁祖爲法。」

復薦舉十科。 初，元祐司馬光爲相，請設十科，以舉人材，歲令侍從以上各舉三人。紹聖以來，此科遂廢。至是，三省、樞密院請復舉行〔三三〕。

二十六年，言者又請增損爲六科。詔討論取旨。

十二月，韓肖胄偕虜使來。 自上即位，遣使入虜六七年，未嘗報聘。至是，粘罕始遣李永壽等來。永壽請還僞齊之俘及西北士民之在南者，且欲畫江以益劉豫。殿中侍御史常同言：「先振國威，則和戰常在我，若一意議和，則和戰常在彼。靖康以來，分爲兩事，可爲鑒戒。」上因從容語武備曰：「今養兵已二十萬有畸。」同曰：「未聞二十萬兵而畏人者也。」

復將作、軍器監官。 先是，建炎中，將作、軍器二監皆併歸工部。至是，詔復置監、少監、丞、簿等員，將作仍總少府之事。

虜陷和尚原。統制官吳璘以無糧不能守，拔寨棄去。

分屯西師。時宣撫處置副使同在關中，乃分陝、蜀之地，責守於諸將。自秦、鳳至洋州，以利州制置使吳玠主之，屯仙人關；金、房至巴、達，命鎮撫使王彦主之，屯通川；文、龍至威、茂，命統制官劉錡主之，屯巴西；洮、岷至階、成，命統制官關師古主之，屯武都。

甲寅紹興四年（一一三四）春正月，上在臨安。

章誼使虜。充軍前奉表通問使。時虜所議事，朝廷皆不從。乃遣誼等，請還兩宮及河南地。命王倫作書予粘罕所親耶律紹文、高慶裔，且以資治通鑑、木綿、虔布、龍鳳茶等物遺之。

韓肖胄罷。同簽書樞密院事韓肖胄與朱勝非議不合，力求罷。詔以本職知温州，改提舉洞霄宫。

虜犯仙人關，吳玠擊走之。先是，虜得和尚原，吳玠度虜必深入，乃預治壘於關側，號殺金平，嚴兵以待。玠弟璘在階州，移書言：「殺金平之地去原上遠，前陣散漫。宜益治第二隘，示必死戰。」至是，兀术果與撒離曷、劉夔率十萬入寇，進攻鐵山，鑿崖開道，犯仙人關。既至，虜據高嶺爲壁，循嶺東下，直攻我軍。玠自以萬人當其前，璘率輕兵，由七方關倍道而至，轉戰凡七日，晝夜不息。統制官郭震爲兀朮所襲，破其寨，王師屢敗，玠斬震以徇。與虜力戰，虜將韓常爲官軍射損左目，虜不能支，引兵宵遁。玠設伏河池，扼其歸路，又敗之。是舉也，虜決意入蜀，自撒離曷已下，皆盡室而來。既不得志，遂還鳳翔，授甲士田〔三四〕，爲久留計，自是不復輕動矣。

虜之始入也，玠檄王彦、關師古來援，時師古已叛，彦亦不至，獨劉錡以所部會之。時慕容洧拔寨遁去。師古深入賊境，忽遇虜兵，與戰大敗。師古歸大潭，内懷慚懼，遂隻身降賊。玠念其下忠義，不從師古以叛，亟撫定之。玠既併其衆，所統益以精强。然自此遂失洮、岷之地，獨存階、成而已。尋復秦、鳳、隴州。

二月，張浚入見。先是，監廣州鹽税吴伸上疏，訟浚無罪，大略謂：「浚忠有餘而智不足，且復辟之功大，失地之罪小，天下之人所共知之。其退保四川，敵人卒未能下，蓋亦浚之功也。臣竊見里巷游談，皆曰：『張浚之來，章疏列上，必於失地之外，吹毛求疵，增其過惡。』使浚不至，則議者必曰：『慢而不恭，有違命之罪。』至則議者必曰：『覆軍之將，有失地之罰。』非特一二人言之，且將群起而攻之，必使罪去而後已。臣謂艱難以來，未有如浚比者，使浚罪去，不知誰可繼其忠乎？望陛下痛察之，無使朋黨得以快其私，無使敵國得以乘其間，實宗廟社稷之福，天下生靈之幸也。」御史常同、辛炳俱有論列，疏入，不報。浚既見，遂赴樞密院治事。

詔舉制科。

三月，以趙鼎參知政事。上令鼎薦人才，鼎即以朱震、范同、吕祉、陳槖、吕本中、林季仲上之。

時有僞宿遷令張澤率其邑二千餘人自拔來歸，泗州守臣徐宗誠納之，簽書徐俯以爲恐妨和議，欲斬澤，送首劉豫，鼎固争之。乃命澤以官，且給閑田，處其衆於淮西。

孟庾入見。時督府諸將既已分戍，遂併其府廢，而以其餘兵隸張俊〔三五〕。

竄張浚。浚在關陝三年，以新集之軍，當方張之虜，蚤夜訓輯。以劉子羽爲上賓，任趙開爲都轉運使。開善理財，治茶鹽酒法，方用兵，調度百出，而民不加賦。擢吴玠爲大將，守鳳翔。玠每戰輒勝。先是，將軍曲端逐其帥王庶，而奪之印，又不受節制。富平之役，其腹心張中彦等降虜，曲端與知之，浚下端獄，論死。西北遺民聞浚威德，歸附日衆，於是全蜀按堵，且以牽制東南，江、淮亦賴以安。會有言浚殺趙哲、曲端爲無辜，而任劉子羽、吴玠、趙開爲非。朝廷疑之，遣王似副浚。浚聞王似來，求解兵柄。吕頤浩、朱勝非不悦，而臺臣辛炳率同列劾浚，遂落職，奉祠。謫詞有曰：「假便宜行事之制，忘人臣無將之嫌。肖内閣以詔賢，擬尚方而鑄印。」始，浚之在蜀也，嘗以秦川館爲學舍，以待陝西、河東失職來歸之士，給衣食養之。又新復州郡乞鑄印，浚以便宜先給而後聞于上故也。炳等復交論浚跋扈不臣之罪大。於是，詔浚福州居住。浚即日如福州，從者皆去，肩輿才兩人。浚雖得罪，猶上疏論虜、僞暫和，心必未已，當益爲備具。大略言：「北虜情狀，專以和議誤我，亦云久矣。彼勢促則言和，勢盛則復肆，前後一轍。姑請以近事言之，紹興二年秋，黏罕有親寇蜀之意，先遣王倫還朝，且致勤懇，蓋懼朝廷大兵乘彼虛隙，又其爲劉豫之計，至委曲周悉也。自後九月，余覩作難，前謀遂寢。至十二月，余覩之難稍息，則復大集番漢之衆，徑造梁、洋。是時，朝廷已遣潘致堯出使矣。次年二月，虜困饒風，進退未皇。先是，朝廷開都督府，議遣韓世忠直抵泗州，虜實畏之。於四月遣致堯還，其詞婉順，欲邀大臣共議，此非無所忌憚而然也。梁、洋之寇未能出竟，至五月，而後得歸，既狼狽矣。而世忠大兵尋復輟行，虜之氣力固已復蘇，而叛豫之心亦云紓緩，所以前日使人之來，求請不一，故爲難從之事也。竊惟此虜傾我社稷，壞我陵寢，迫我二帝，驅我宗室、百官，自謂怨隙至深，其朝夕謀我者不遺餘力矣。況劉豫介然處於其中，勢不兩立，必求援於虜，借使暫和，心未必已。數年之內，指摘他故，豈無用兵之詞？而我將士，率多中原之人，謂和議已定，不復進取，將解體思歸矣。若謂今日不得已而與之通使，爲陛下之權，敵國固能用權也。願陛下蚤夜深思，益爲備具。處將士家屬於積粟至安之地，使出而戰守者，無返顧奔散之憂。精擇奇才，以撫川、陝之師，使積年屯邊者，無懈墮懷望之意。江淮、川陝互爲牽制，斥遠和議，用集大業。臣奉使川、陝，竊見主兵官，除吴玠、王彦、關師古累經拔擢，備見可任外，其餘人才尚衆，謹開具如左：吴璘、楊政可統大兵，田晟可總一路，王宗尹、王喜等可爲統制。」後皆有聲，世服其知人。

王似升川陝宣撫使，盧法原副之。

夏四月，又以吴玠爲副使。專一措置沿邊戰守，免簽書本司公事。上賜以所御戰袍、器甲，且賜親筆曰：「朕恨阻遠，不得拊卿之背也。」

玠苦軍餉不繼，遂於洋州及關外成、鳳、岷三州治屯田，歲收十萬斛。又調戍兵，治褒城廢堰〔三六〕，人知灌溉可恃，皆願歸業。

五年三月，又以邵溥爲副使，置司綿州，應軍期錢糧等事，與吴玠通行主管〔三七〕。時盧法原已死，溥寓居犍爲縣，故就用之。然自是戰守事，玠始專行，而溥不得預。明年，罷之。

竄劉子羽。諫議大夫唐煇、給事中胡交修、殿中侍御史常同交章論之也。大略謂：「張浚過惡，皆子羽助成之。秦、蜀之民恨不食其肉。子羽專主軍議，贊富平之大舉，既斬趙哲，復害曲端，淫刑以逞。其它將士心不自安，率衆叛去。自降指揮，令赴行在，乃領鋭卒歸建之崇安，乃其鄉里。聞浚到，即出迓於信州。今乃稱疾不至，無人臣禮。」安置白州。

是冬，吴玠復辭兩鎮之節，乞贖子羽之罪，詔玠篤於風誼，降詔奬諭。士大夫以此多玠之義，而服子羽之知人焉。

其後，張浚入相，召子羽自白州還，除知鄂州。以親老辭，改知泉州。上八事，其論禁衛有曰：「臣切惟藝祖削平僭僞，聚天下精兵以强京師，取太原兵以爲神武，取幽州兵以爲神武左右員寮，本藩鎮廳頭也。左射拱聖，本諸州騎兵也。忠節之軍，陞自川陜。虎翼之軍，選自江淮。凡此之類，不可悉舉，皆總于三衙。訓練精閑，故能坐制四方，如臂運指。」其論舟師有曰：「大艦利於控扼，若五牙、蒙衝之類是也。小舟利於走集，若金翅、油船之類是也。大船有飛樓，有拍竿，有長櫓，屯兵走馬，可容西北勁兵，以當衝要。小舟欲輕快追逐，須擇吴越水工，輕果善没，負船鑿艦，出入湍流，見之若神，敵人所以魂驚膽墮也。」

置臨安府牧馬監。

五月，岳飛復隨、郢、襄陽等州。飛初遣張憲引兵攻隨州，月餘不能下。牛皋請行，乃裹三日糧往，衆皆笑之。糧未盡而城拔。飛進復郢州，董先頗有功。先、皋皆久在京西，故飛以爲將。李成聞郢州失守，乃棄襄陽遁去〔三八〕，與虜、僞合兵，屯鄧之西北。飛遣王貴、張憲至城下，賊兵來戰，董先出奇邀擊，大敗之。賊將高仲入城據守〔三九〕，將士蟻附而上，遂克之。飛移屯德安府，軍聲大振。捷奏至，上曰：「朕素聞飛行軍極有紀律，未知能破敵若此。」

罷武尉。

詔清三省之務。初，因言者論中書細務歸六曹，至是，條上裁省細務一百十一事，歸之六曹。上諭朱勝非曰：「朝廷所以多事者，以六曹不任責，每事取決耳。自今宜專責長貳，毋得循習苟且，卿等當進退人材，修明法度，助朕圖恢復之計。繁文末節，非所以委付大臣者。」勝非頓首謝。

七年，吏部尚書孫近請詔三省、樞密院，凡所謂復中原、攘夷狄者，日夜講求，而常程之事，付之有司。上諭宰執曰：「近所論甚當。」

六月，復川、陝類試。

詔御前軍並隸樞密院。詔改御前五軍爲神武軍，御營五軍爲神武副軍。其統制、統領官並隸樞密院。

秋七月，建昌軍亂。殺守臣劉滂，脇宮觀王羲叔權軍事，嬰城自守。制置司尋遣兵討平之。羲叔待罪于朝，士民言其撫定之勞。乃詔放罪。

章誼使還。初，誼等之行，論李永壽所需三事，虜人互有可否，獨畫疆一事未定。而粘罕答書，又約以淮南毋得屯駐軍馬，蓋欲盡江以益劉豫也。誼等還，至睢陽，爲豫所留，以計得免，上嘉勞久之。

復勳官。十二級。

八月，范沖入對。時爲宗正少卿兼直史館。上云：「以史事召卿。兩朝大典，皆爲奸□臣所壞，若此時更不修定，異時何以得本末？」沖因論：「熙寧創制，元祐復古，紹聖以降，弛張不一，本末前後各有所因，不可不深究而詳論。」讀畢，上顧沖云：「如何？」沖對曰：「臣聞萬世無弊者，道也；隨時損益者，事也。仁宗皇帝之時，祖宗之法誠有弊處，但當補緝，不當變更。當時大臣如呂夷簡之徒，持之甚堅。范仲淹等初不然之，議論不合，遂攻夷簡，仲淹坐此遷謫。其後，夷簡知仲淹之賢，卒擢用之。及仲淹執政，猶欲伸前志，久之，自知其不可行，遂已。王安石自任己見，非毀前人，盡變祖宗法度，上誤神宗皇帝。天下之亂，實兆於安石，此皆非神宗之意。」上曰：「極是，朕最愛元祐。」上又論史事，沖對：「先臣修神宗實録，首尾在院，用功頗多。大意止是盡書王安石過失，以明非神宗之意。其後安石壻蔡卞，怨先臣書其妻父事，遂言哲宗皇帝紹述神宗，其實乃蔡卞紹述王安石。惟是直書安石之罪，則神宗成功盛德，焕然明白。哲宗皇帝實録，臣未嘗見，但聞盡出姦臣私意。」上曰：「皆是私意。」沖對：「未論其他，當先明宣仁聖烈誣謗。」上曰：「正要辯此事。」上又曰：「本朝母后皆賢，前世莫及。道君皇帝聖性高明，乃爲蔡京等所誤，當時蔡京外引小人，內結閹宦，作奇伎淫巧，以惑上心，所謂逢君之惡。」沖對：「道君皇帝止緣京等以『紹述』二字劫持，不得已而從之。」上曰：「人君之孝，不在乎此，當以安社稷爲孝。」沖對：「臣頃在政和間，嘗聞道君皇帝六鶴詩，一聯云：『綱羅今不密，回首不須驚。』宣示蔡京等云：『此兩句專爲元祐人設。』以此知道君皇帝非惡元祐臣僚。」上曰：「題跋小詩，雖可以見意，何如當時便下一詔，用數舊臣，則其事遂正，惜乎不爲此。」沖對：「若如聖諭，天下無事矣。」上又論王安石之姦，曰：「至今猶有說安石是者。近日有人要行安石法度，不知人情何故直至如此？」沖對：「昔程頤嘗問臣：『安石爲害於天下者何事？』臣對以新法。頤曰：『不然，新法之爲害未爲甚。有一人能改之，即已矣。安石心術不正，爲害最大。蓋已壞了天下人心術，將不可變。』臣初未以爲然，其後乃知安石順其利欲之心，使人迷其常性，久而不自知。且如詩人多作明妃曲，以失身胡虜爲無窮之恨。至於安石爲明妃曲，則曰：『漢恩自淺胡自深，人生樂在相知心。』然則劉豫不是罪過，漢恩淺而虜恩深也。今之背若父之恩，投拜而爲盜賊者，皆合於安石之意，此所謂壞天下人心術。」上曰：「安石至今猶封王，豈可尚存王爵？」

沖尋條上宣仁聖烈皇后誣謗事。沖奏：「臣親奉玉音，開諭再四，至於議熙豐之法度，則曰：『神宗之意，初實不然。』言紹聖之繼述，則曰：『帝王之孝，豈在於是？』辯宣仁之誣謗，謂功烈之盛，何可不明？思道君之聖明，謂姦臣所誤，安得不悔？臣願陛下特出睿斷，明詔群臣，以聖意所在，示之好惡。」詔付史館。

以趙鼎知樞密院、都督川陝荆襄諸軍。初，除鼎川陝宣撫處置使。鼎因奏事言：「臣今所行，與吴玠爲同事，或當節制之耶？」上悟，乃改命焉。

鼎將行，上疏言：「陛下建炎中遣張浚出使川、陝，國勢百倍於今。浚有補天浴日之功，陛下有山河之誓，君臣相信，古今無二。而終致物議，以被竄逐。夫喪師失地，浚則有之，然未必如言者之甚也。大抵專黜陟之典，受不御之權，則小人不安其分，謂爵賞可以苟求，一不如意，便生觖望。是時蜀士，至於醵金募人，詣闕訟之，以無爲有，何以自明？故有志之士，欲爲國立事者，每以浚爲戒。且浚有罪，臺諫論之可也，人主誅之亦無憾。今乃下至草澤、行伍，凡有求於浚而不得者，人人投牒醜詆，及其母妻，甚者指爲跋扈，抑何甚哉！今臣無浚之功，當此重責，去朝廷遠，恐好惡是非，行復紛紛於聰明之下矣。伏望睿鑒，憫臣孤忠，使得展布四體，少寬陛下西顧之憂。」

鼎又奏云：「陛下軫念西陲，宵衣旰食，以圖勞來安輯之方〔四〇〕，故遣大臣往將使指。是宜上下勠力，以寬君父之憂。汲汲皇皇，協濟厥事。若但爲僥倖之圖，姑行嘗試之法〔四一〕，一切苟且，恬不介意，號曰出師，其實何補？今臣備員督府，近在闕庭，施置之間，已多齟齬，請兵於諸軍，非爲臣之使令也，將以備出戰入守也。請給於公帑，非爲臣無資財也，將以勸功賞士也。辟士於幕府，非爲臣私親舊也，將以得人爲用也。然所謂兵者，不滿數千，半皆老弱，不勝甲冑，疲癃跛倚，吁笑可憐〔四二〕。所賚金帛，至爲微少，猶控顔瀝懇，幾同乞丐。薦舉士人，皆憚遠適，面得睿旨，令除京局。薦章甫上，彈奏已行。今臣意氣憂沮，舉措畏忌，退視賓僚，有靦面目。士大夫間或笑其單弱，或憂其無成，皆謂事大體輕〔四三〕，有名無實。若臣一身，亦何足道？顧國事安危，不知安在？今孤蹤遠去，君門萬里，若或更加沮抑，臣亦何能自辯？伏望陛下察此行之重輕，憫微臣之拙直，凡有所請，略賜主張，無使臣茫然遐徼之外，欲自訴於陛下則不可，欲盡載之紙筆則不敢〔四四〕。悵焉自失，莫知爲計也。臣詞意迫切，不覺至此，惟陛下矜察。」貼黃云：「臣隨行兵馬除王進外，初取於密院、又取於忠鋭、取於中軍、取於喬俊、取於臨安，得二千餘人。而壯彊可使者曾無數百。隨行錢帛命依張浚則例，而初乞錢百萬，只得五十萬，度牒二萬，只得二千〔四五〕。再乞，得萬八千，又乞，始足元數。臣身在闕庭，日侍宸扆，而凡所陳乞，其難如此，況千萬里之外，欲祈懇於奏牘文字之間，萬一不蒙省察，又不知如何艱難。是以將行之日，輒敢盡言於陛下。伏望發神明之斷，不爲群議所移，庶全始終，以盡勸功之術，不勝萬幸。」

魏良臣使虜。奉表通問使。時虜人已定議出兵，而朝廷未之知也。韓世忠奏遣使議和非計，乞厲兵恢復。上謂大臣曰：「世忠爲國之忠甚切，可降詔奬諭。」仍先開諭，二聖在遠，當時遣使通問。

追削王安石王爵。新福建提刑吕聰問辭行，上疏乞追奪安石之謚。故有是命。靖康初，已詔追奪安石王爵。至是，始毁其告焉。

置襄陽府路。郢、隨、唐、鄧、信陽屬焉。

九月辛酉，大饗明堂。紹興初，宗祀止設天地祖宗四位。至是，始及從祀神位，而五帝、神州、地祇，上不親獻，用崇寧禮也。

合内外諸軍，共支二百五十九萬餘緡，視元年明堂，增支九十四萬餘緡，而宰執、百官、諸司給賜，以軍興故，權住。

復畫黄、録黄法。侍御史魏矼言：「國家法度森嚴，講若畫一。凡成命之出，必先録黄。其過兩省，則給、舍得以封駁；其下所屬，則臺諫得以論列。已而，傳之邸報，雖遐方僻邑，莫不如家至户曉，此萬世良法也。臣竊聞近時三省、樞密院間有不用録黄，而直降指揮者，亦有雖畫黄而不下六部者，紀綱廢弛，莫此爲甚。欲望特詔三省、樞密院，除實係機密邊事外，常切遵守舊典。」從之。

先是，砳入對，因論：「選擇群才，隨宜器使，考之僉論，揆之已試。毋分朋類，毋徇愛憎。各因其材而用之。則天下之務，粲然舉矣。抑臣聞之，陸贄有言：『覈材馭吏有三術焉：一曰拔擢以旌其異能〔四六〕，二曰罷黜以糾其失職，三曰序進以謹其官守。』望陛下於因任之外，更取是三術而力行之，則用人之道，罔不周盡。」又言：「善用兵將者，必也宰執因其事幾，而御之有道，臺諫乘其闕失〔四七〕，而言之當理。是以國能御將，將能使兵。紀綱既張，人主可垂拱而治矣。」因舉唐韋處厚、李德裕、李勉、温造事爲證。上納其言，賜以五品服。

朱勝非罷。勝非請解官持餘服，從之。

勝非後以與秦檜有隙，奉祠八年，寓居湖州僧寺，以紹興十四年卒，謚忠靖。

僞齊以虜分道入寇。初，劉豫既納其臣羅誘南征議，遣人詣金主晟乞師。晟命諸將議之。粘罕、悟室以爲難，窩里嗢以爲可。於是，窩里嗢、撻辣權左右副元帥，調渤海漢兒軍五萬人以應豫。粘罕、悟室由是失兵柄。以兀术嘗過江，知地險易，使將前軍。豫遣其子麟，姪猊將兵，與俱入寇。於是，騎兵自泗攻滁，步兵自楚攻承。楚州守臣樊序遁，韓世忠自承州退保鎮江。諜報至，舉朝震恐，勸上它幸，議散百司。趙鼎獨曰：「戰而不捷，去未晚也」。鼎每留身，必陳用兵大計。上意已悟，又使張俊密爲之助〔四八〕。至是，決議親征，留鼎不遺入蜀，已有命相之意矣。

以趙鼎爲右僕射。沈與求參知政事。初，鼎奏禀朝辭，上曰：「卿豈可遠去，當相卿，付以今日大計。」制下，朝士動色相慶。

冬十月，詔親征，上如平江。上謂輔臣曰：「朕爲二聖在遠，生靈久罹塗炭，屈己請和，而虜復肆侵陵。朕當親總六軍，往臨大江，決於一戰。」趙鼎曰：「累年退避，虜情益驕。今親征出於聖斷，將士皆奮，決可成功。臣等願效區區，亦以圖報。」上因曰：「伐蔡之功，亦憲宗能斷也。故韓愈謂凡此蔡功，惟斷乃成。」沈與求曰：「今日親征，亦由聖斷。」乃詔張俊以所部往援韓世忠。又令劉光世移屯建康，定日起發。時諸將異議，鼎恐上意移動，復乘間言：「今日之勢，若虜兵渡江，恐其別有措置。不如向時，尚有復振之理。戰固危道，有敗亦有成〔四九〕，不猶愈於退而必亡者乎？且虜、僞俱來，以吾事力對之，誠爲不侔。然漢敗王尋，晉破苻堅，特在人心而已。自詔親征，士皆鼓勇，陛下養兵十年，正在一日。」由是，浮言不能入矣。上舟既發，以孟庾爲行宮留守，命六宮自温州泛海往泉州。

次崇德縣，韓世忠遣人以所俘女真一百八人來獻。沈與求曰：「自建炎以來，將士未嘗與金人迎敵一戰，今世忠速捷〔五〇〕，以挫其鋒，其功不細。」鼎曰：「陛下既親總六師，則第功行賞與他時不同。」上曰：「第優賞之，庶幾人知激勸，必有成功。」

次平江，追贈陳東、歐陽澈，録其後，賜以官田。上曰：「朕初即位，昧於治體，聽用非人，至今痛恨之。雖已贈官推恩，猶未足以稱朕悔過之意，可更贈官賜田。雖然，死者不可復生，追痛無已。」

李綱尋上疏陳禦戎之策，大略謂「僞齊悉兵南下，其境内必虚。宜擣潁昌〔五二〕，出其不意，則必還以自救，此爲上策。召上流之兵，沿江而下，以助軍勢，此爲中策。萬一借親征之名，爲順動之計，此下策也。」上曰：「綱去國數年，無一字到朝廷。今豈非以朕總師親臨大江，合綱之意？」乃降詔奬之。

以張俊爲浙西江東宣撫使。以事係機速，更不降制，只令尚書省出敕。

韓世忠進屯揚州。初，上聞虜騎渡淮，再以御札賜世忠，略曰：「今虜氣正鋭，又皆小舟輕捷，可以横江徑渡浙西，趨行朝無數舍之遥，朕甚憂之。建康諸渡，舊爲賊衝，萬一透漏，存亡所係。朕雖不德，無以君國子民，而祖宗德澤猶在人心，所宜深念累朝涵養之恩，永垂千載忠誼之烈。」世忠讀詔感泣，遂進屯。

補獻助者官。渡江後，許民間獻納補官，始此。

韓世忠敗虜于大儀鎮。時世忠駐揚州，魏良臣將命過揚。世忠置酒與别，盃一再行，流星庚牌沓至，良臣問故，世忠曰：「有詔移軍守江。」乃命撤爨班師。世忠度其已出境，乃上馬令軍中曰：「視吾鞭所嚮。」於是諸軍大集，行至大儀鎮，勒精兵爲五陣，設伏二十餘處。戒聞鼓聲，則起而擊之。良臣至虜軍，虜問我軍動息，良臣以所見對。虜酋大喜，勵兵趨江口，距大儀五里，其將孛堇撻也擁鐵騎過五陣之東，世忠與戰不利，統制官呼延通救之，得免。世忠傳小麾鳴鼓，伏者四起，五軍旗與大軍旗雜出〔五二〕，虜軍亂，弓刀無所施。而我師迭進，背嵬軍各持長斧，上揕人胸，下捎馬足。虜全裝陷泥淖中，人馬俱斃，遂擒撻也。世忠又遣董旼分兵往天長縣，遇虜于鵶口橋，擒女真四十餘人〔五三〕。撻辣召良臣，責其賣己，將殺之，良臣好詞得免。

董旼敗之于天長軍。

解元、成閔敗之于承州，一日凡十三戰，皆克。時虜進據壽春、安豐，知廬州仇悆遣兵出奇，直抵城下，與守將孫暉合兵擊之，敵戰敗〔五四〕，卻走渡淮，官軍入城。翌日，遂復安豐。

虜陷濠州。守臣寇宏遁。尋陷滁州。

十一月，下詔罪狀劉豫。略曰：「朕以兩宮萬里，一別九年，覬迎鑾輅之旋，期盡庭闈之奉。卑辭厚幣，遣使請和。比得强敵之情，稍有休兵之議。而叛臣劉豫，懼禍及身，造爲事端，間諜和好，信逆雛之狂悖，率群偷而陸梁。警奏既聞，神人共憤。願挺身而效死，不與賊以俱生。今朕此行，士氣百倍，殪彼逆黨，成此雋功。咨爾六軍，咸知朕意。」自豫僭逆，前此至以大齊名之，及是，始正其逆罪焉。

蜀兵敗虜于臘家城。先是，朝廷命吴玠乘機牽制，玠遣將擊敗之。

以張浚知樞密院。初，浚知虜無西顧憂，必併力窺東南。朝廷已議講解，乃極言其狀。及劉麟引虜兵入寇，上思浚前言之驗，而趙鼎亦乞召浚。既入見，而有是除。浚請：「遣岳飛渡江入淮西，以牽制虜兵之在淮東者。」從之。

上曰：「君臣之間，當至誠相與。勿事形迹，庶可同心協德，以底于治。朕於二三大臣，當分委以事。張浚專治軍器，胡松年專治戰艦。」浚曰：「仁宗時，亦嘗令范仲淹、韓琦分事而治，言者數以爲辭，不旋踵報罷。」上曰：「今日若不專責，事無由集，如國用，亦須委一大臣。」松年曰：「議論既定，力行之，必有效。若今日行，明日罷，徒紛紛無益耳。」松年時簽書樞密院事。

王德敗虜于滁州。地名桑根。

復南壽春府。淮西宣撫司選鋒將王師晟復之。

命張浚視師江上。浚疾驅臨江，召韓世忠、劉光世與議〔五五〕，且勞其軍。將士見浚來，勇氣百倍。浚部分諸將，遂留鎮江節度之。

時，金人於滁上造舟，有渡江之意。趙鼎密爲上言：「今日之舉，雖天人咸助，然自古用兵，不能保其必勝。計當先定，事至即應之，庶不倉卒。萬一虜人渡江，陛下當親總衛士趨常、潤，督諸將，乘其未集，併力血戰，未必不勝。或遏不住，則由他道復歸臨安，堅守吴江，虜亦安能深入？臣與張浚分糾諸將，或腰截，或尾襲，各據地利，時出擾之，必不使之自肆如前日也。惟不可聞渡江便退，即諸將各自爲謀，天下事不再集矣。」殿帥劉錫、神武中軍統制楊沂中見鼎曰：「探報如此，駕莫須動？」鼎曰：「俟虜已渡江，方遣二君率兵趨常、潤，併力一戰，以決存亡，更無他術。」錫等同聲曰：「相公可謂大膽。」鼎曰：「事已至此，不得不然。二君隨駕之親兵也，緩急正賴爲用，豈可先出此言？」錫等慚懼而退。

十二月，魏良臣使還。良臣自虜軍回，張浚遇之，問以虜事及大酋之語。良臣謂虜有長平之衆，且出大言，謂當割建州以南，王爾家爲小國，索銀絹犒軍，其數千萬。仍約良臣等再使。浚密奏：「不可以其言而動，及不須令再往。」侍御史魏矼亦言：「當罷講和二字，以攻守代之。飭勵諸將，力圖攘狄。」遂不復遣。

良臣進奉使語録，言虜人比至天長縣，得親筆手詔墨本，謂良臣曰：「恤民如此，民心安得不歸？」上謂宰執曰：「向下詔丁寧，欲刑無冤耳。」胡松年曰：「臣伏覩詔書，載『小大之獄，雖不能察，必以情，忠之屬也，可以一戰』。使虜人讀至此，能無懼乎？」

初，秦檜自京城隨虜北去，爲撻辣任用。至是，遣魏良臣奉使至其軍，數問檜，且稱其賢。逮檜再相，力薦良臣爲都司，繼除從官，欲弭其言耳。

月犯昴。太史以爲胡滅之象。上以諭輔臣，胡松年曰：「天象如此，中興可期。」上曰：「范蠡有言：『天應至矣，人事未盡也。』更在朝廷措置如何耳？」趙鼎曰：「當修人事以應之。」

牛皋、徐慶敗虜于廬州。時仇悆求援於岳飛。飛遣二將二千人往赴之。金人以五千騎逼城，二將邀擊之。虜敗遁去。

求直言。詔以日食來年正旦，命公卿講闕政，察冤獄，訪疾苦，舉遺逸。

虜退。初，達辣在泗州，而兀术屯於竹塾鎮(五六)，嘗以書幣遣韓世忠約戰。世忠方與諸將飲，即席遣伶人，持橘、茗爲報，報書略曰：「元帥軍事良苦，下諭約戰，敢不疾治行李，以奉承旨揮也。」時虜師既爲世忠所扼，會大雨雪，糧道不通，野無所掠，至殺馬而食，軍皆怨憤。僉軍又爲飛書，擲於帳前，云：「我曹被驅至此，若過江，必擒爾諸酋，以獻南朝。」俄聞上親征，且知金主晟病篤，將軍韓常謂兀术曰：「今士無鬬志，過江不叛者，獨常爾，它未可保也。況吾君疾篤，内或有變，惟速歸爲善。」兀术然之，夜引還。虜軍既去，乃遣人諭劉麟及其弟猊。於是，麟等棄輜重遁去，晝夜兼行二百餘里，至宿州，方敢少憩，西北大恐。

校勘記

〔一〕命有司繕治之　「繕」原作「繾」，據清影宋抄本、道光抄本及繫年要録卷六八改。

〔二〕知虢州董震亦與僞將董先密謀　「僞」原作「潙」，據清影宋抄本、道光抄本及繫年要録卷六二改。

〔三〕琮及震以山寨餘衆入潼關　「潼關」原作「潼川」，據繫年要録卷六二改。

〔四〕官軍萬七千人益以洋川義士爲三萬　中興小紀卷一四及皇朝中興紀事本末卷二四同，繫年要録卷六三作「玠軍纔數千人，益以洋川義士萬三千人」。

〔五〕玠以黄甘遺虜酋撒離曷　「撒離曷」原作「撒離」，據下文及皇朝中興紀事本末卷二四改。

〔六〕繞出饒風嶺後　「饒風嶺」原作「饒嶺」，據上文及皇朝中興紀事本末卷二四改。

〔七〕忌春癘方作　「作」原脱，據皇朝中興紀事本末卷二四補。

〔八〕距我師百十里而退　「百十里」，中興小紀卷一四作「數十里」。

〔九〕兩浙轉運徐康國獻羨錢十萬緡　「徐康國」原作「徐康」，據繫年要録卷六三、皇宋中興兩朝聖政卷一三及宋史卷二七高宗紀四改。

〔一〇〕時知滕州侯彭老獻賣鹽見錢十萬　「十萬」，皇宋中興兩朝聖政卷一三同，宋會要輯稿食貨二六之一二作「一萬」，繫年要録卷六三作「千萬」。

〔一一〕四年　原作「三年」，據繫年要録卷八〇、宋會要輯稿刑法六之二七及皇宋中興兩朝聖政卷一六改。

〔一二〕近歲姦吏犯贓　「姦」，中興小紀卷二〇、繫年要録卷一〇六及宋史卷三七六吕本中傳作「官」。

〔一三〕然自仁宗而降　「仁宗」，皇朝中興紀事本末卷三九同，繫年要録卷一〇六作「神宗」。

〔一四〕命韓世清提舉淮西茶鹽　「韓世清」，繫年要録卷六三及皇宋中興兩朝聖政卷一三作「賈直清」。

〔一五〕立鐘相之少子子儀爲太子　「子儀」前脱「子」，據鄂國金佗稡編卷六及宋史卷二八高宗紀五補。案中興小紀卷一四、繫年要録卷六四及宋史卷二七高宗紀四作「子義」。

〔一六〕皆築大舍聚居之　「之」原作「安」，據清影宋抄本、道光抄本及建炎以來朝野雜記甲集卷二睦親宅改。

〔一七〕魏王後曰廣親宅　「魏」原作「愧」，據清影宋抄本、道光抄本及建炎以來朝野雜記乙集卷一三宗學博士改。案建炎以來朝野雜記甲集卷二睦親宅作「秦王」。據宋史卷二四四魏王廷美傳，其生前封「秦王」，徽宗即位後，改封「魏王」。

〔一八〕又增月椿錢五萬七千緡　「七千」，宋名臣言行録別集下卷七同，繫年要録卷六六作「六千」。

〔一九〕轉運劉景真等告乏于朝　「乏」原作「之」，據繫年要録卷六六及宋名臣言行録別集下卷七改。

〔二〇〕以科舉人數三分之一待武士　「士」原脱，據中興小紀卷一四及繫年要録卷六六補。

〔二一〕給事黄唐傳乞立武選格士　「格士」，繫年要録卷六六及皇宋中興紀事本末卷二五作「之格」。

〔二二〕詔兵吏部條上　「吏」原作「使」，據中興小紀卷一四及皇朝中興紀事本末卷二五改。

〔二三〕諸路和買紬絹匹支錢一千　「匹」原作「正」，據繫年要録卷六七改。

〔二四〕是行法止及孤弱之家也　「止」原作「上」，據清影宋抄本、道光抄本及宋史卷三八一洪擬傳改。

〔二五〕故修省蠲貸之令隨之　「蠲」原作「嗣」，據宋會要輯稿食貨五九之三六、皇朝中興紀事本末卷二六及繫年要録卷六八改。

〔二六〕乃觀文殿大學士　「大」原作「火」，據清影宋抄本、道光抄本、宋宰輔編年録卷一五及繫年要録卷六八改。

〔二七〕詔增作四貫足　「足」原作「是」，據清影宋抄本、道光抄本及皇宋中興兩朝聖政卷四八改。

〔二八〕欲將士用命　「欲」原作「故」，據繫年要録卷六八改。

〔二九〕江東淮西路　「淮西」原作「淮南」，據皇宋中興兩朝聖政卷一四、繫年要録卷六八及宋史卷二七高宗紀四改。

〔三〇〕吴玠利州路　此句下，三朝北盟會編卷一五五、繫年要録卷六六及宋史卷二七高宗紀四有「階成鳳州」。

〔三一〕黄州守臣鮑貽遜徙治礬口　「遜」原作「孫」，據繫年要録卷六九並參考皇朝中興紀事本末卷二六改。「礬口」，繫年要録卷六九作「樊口」。

〔三二〕故不可不慎　「故」原作「最」，據繫年要録卷七〇及皇宋中興兩朝聖政卷一四改。

〔三三〕三省樞密院請復舉行　「三」原作「二」，據皇朝中興紀事本末卷二七及續宋中興編年資治通鑑卷八改。

〔三四〕授甲士田　「士」原作「上」，據清影宋抄本、道光抄本及宋史卷三六六吴玠傳改。

〔三五〕而以其餘兵隸張俊 「張俊」原作「張浚」，據繫年要録卷七四、皇宋中興兩朝聖政卷一五及宋史卷二七高宗紀四改。

〔三六〕治褒城廢堰 「褒城」原作「褒斜」，據繫年要録卷九五、三朝北盟會編卷一九五及宋史卷三六六吴玠傳改。

〔三七〕與吴玠通行主管 「主管」原脱，據繫年要録卷八七補。

〔三八〕乃棄襄陽遁去 「去」，原作墨丁，據清影宋抄本及道光抄本補。

〔三九〕賊將高仲入城據守 「高仲」原作「高伸」，據鄂國金佗稡編卷六、繫年要録卷七八及宋史卷二七高宗紀四改。

〔四〇〕以圖勞來安輯之方 「輯」，忠正德文集卷二論防邊第一疏及歷代名臣奏議卷二三三作「集」。

〔四一〕姑行嘗試之法 「法」，忠正德文集卷二論防邊第一疏及歷代名臣奏議卷二三三作「説」。

〔四二〕吁笑可憐 「吁」，宋名臣言行録別集下卷四同，忠正德文集卷二論防邊第一疏及歷代名臣奏議卷二三三作「可」。

〔四三〕皆謂事大體輕 「輕」原作「重」，據忠正德文集卷二論防邊第一疏及歷代名臣奏議卷二三三改。

〔四四〕欲盡載之紙筆則不敢 「敢」，忠正德文集卷二論防邊第一疏及歷代名臣奏議卷二三三作「能」。

〔四五〕只得二千 「二」，繫年要録卷七九及皇朝中興紀事本末卷三〇作「三」。

〔四六〕一旦拔擢以旌其異能 「旌」原作「精」，據繫年要録卷七九及陸宣公奏議注卷一三改。

〔四七〕臺諫乘其闕失　「乘」原作「棄」，據繫年要録卷七九改。案皇朝中興紀事本末卷三〇作「因」，亦通。
〔四八〕又使張俊密爲之助　「張俊」原作「張浚」，據繫年要録卷八〇及宋名臣言行録别集下卷四改。
〔四九〕有敗亦有成　「成」原作「歲」，據清影宋抄本、道光抄本及繫年要録卷八一改。
〔五〇〕今世忠速捷　「速」，繫年要録卷八一及皇宋中興兩朝聖政卷一六作「連」。
〔五一〕宜擣潁昌　「潁昌」原作「永昌」，據中興小紀卷一七、繫年要録卷八二及宋史卷三五九李綱傳改。
〔五二〕五軍旗與大軍旗雜出　「大軍」，宋史全文續資治通鑑卷一九作「虜」，繫年要録卷八一及皇宋中興兩朝聖政卷一六作「敵」，宋史卷三六四韓世忠傳作「金人」。
〔五三〕擒女真四十餘人　「四十餘人」，皇朝中興紀事本末卷三一上作「百餘人」。
〔五四〕與守將孫暉合兵擊之敵戰敗　「之敵」原脱，據繫年要録卷八一補。
〔五五〕召韓世忠劉光世與議　「劉光世」原作「劉光祖」，據繫年要録卷八二及皇宋中興兩朝聖政卷一六改。
〔五六〕而兀术屯於竹塾鎮　「竹塾鎮」原作「竹墪鎮」，據繫年要録卷八三、皇宋中興兩朝聖政卷一六及宋史卷三六四韓世忠傳改。

中興兩朝編年綱目卷第六

高宗皇帝　乙卯紹興五年

乙卯紹興五年（一一三五）春正月乙巳朔，日有食之。

上在平江。

詔前宰執條上攻守策。從趙鼎之請也。鼎言：「善後之策，願詔前宰執，各條所見。」遂各賜詔，訪以攻戰之利，備御之宜，措置之方，綏懷之略，令悉條上。於是，李綱言：「陛下勿謂賊馬退遁爲可喜，而以僭僞未誅、仇敵未報爲可慮；勿以保全東南爲可安，而以中原未復、赤縣神州猶汙腥羶爲可耻；勿以諸將屢捷爲可賀，而以軍政未修、士氣未振，尚使狂寇得以濳逃爲可虞。則中興之功〔一〕，可指日而俟。守備之宜，則當料理淮甸〔二〕、荆襄，以爲藩籬。當於淮南東西及荆襄，置三大帥，屯重兵以臨之。東路以揚州，西路以廬州，荆襄以襄陽爲帥府。淮東路則以江東路財用給之，淮西路則以江西路財用給之，荆襄則以湖北路財用給之〔三〕。徐議營田，使之贍養。假以歲月，則藩籬成。守備之宜，莫大於是矣。然後，可以議攻戰之利，亦當分責於諸路大帥，謂如淮東西之帥，則當責以收復京東東西路〔四〕；荆襄之帥，則當責以收復京西南北路；川陜之帥，則當責以收復陜西五路。此事雖若落落難合，然在陛下聖意先定於中，而以至誠不倦，決斷行之，蓋無不可成之理。至於擇將之方、治兵之政、車馬器械之制、號令賞罰之權，兵家皆有成法，無待於言。而戰陣之間，因敵決勝，臨事制度者，兵無常形，又不可預圖也。臣願竊以爲獻者，在勿失機會而已。若夫措置之方，則臣願先定駐蹕之所，今鑾輿未復舊都，莫如權宜且於建康駐蹕，控引二浙，襟帶江湖，運漕財穀，無不便利。臣昨於建炎初，建議幸關中爲上，襄陽次之，建康爲下者，以天下形勢言之也。然淮南有藩籬形勢之固，然後建康爲可都。願陛下與二三大臣熟計之。綏懷之略，則臣願先爲自治、自彊之計，使陷溺之民，知所依怙〔五〕，益堅戴宋之心。」又曰：「陛下憂勤至矣，而未足以成中興之業，則群臣誤陛下也。大概近年所操之説有二，閒暇則以和議爲得計，而以治兵爲失策；倉卒則以退避爲愛君，而以進禦爲誤國。萬口和之，牢不可破。終累年以來〔六〕，冠蓋相望，而初不得其要約；翠華蒙犯〔七〕，而尚未有所定居。上下苟且偷安，而不爲長久之計。天步益艱，國事益弱，職此之由。大運有開，天啓宸衷，超然遠覽，悟前日和議之失，而躬總六師；懲前日退避之非，而親臨大敵。逆臣、悍虜數十萬衆，飲馬江干。雖未能掃蕩邀擊，盡殲醜類，而天威所臨，亦足以使之震怖，不敢南渡，濟師宵奔。則和議之與治兵，退避之與進禦，其效概可覩矣〔八〕。臣願陛下反前日之所爲，勿復爲退避之計，姑罷遣和之使，擇所當爲者，一切以至誠之意爲之。先後本末，各以次第修舉，倉廩實、府庫充、器用備、士氣振、力可有爲，方議大舉，則雖兵未交，而勝負之勢已決矣。抑臣聞朝廷者，根本也；藩方者，枝葉也。根本固則枝葉蕃。朝廷者，腹心也；將士者，爪牙也。腹心壯則爪牙奮。今國家遠有强盛之黠虜，近有僭僞之逆臣，所仰以爲捍蔽者在藩方，所資以致攻討者在將士。然根本、腹心則在朝廷，惟陛下正心以正朝廷，以正百官，使君子、小人各得其分，則是非既明，賞罰必當，自然藩方協力，將士用命。雖有黠虜不足畏，逆臣不足憂，此特在陛下方寸間耳。」且條上六事：「一曰信任輔弼，二曰公選人材，三曰變革士風，四曰愛惜日力，五曰務盡人事〔九〕，六曰龕畏天戒。」其論士風尤切，其略謂：「士風尤薄，陛下得一張浚，付西事。浚以忠許國，雖失機會，不爲無過，而言者繩以大惡。賴浚有浴日之功，足以結知。又有大臣爲之辯，得自洗濯。不然，何以雪哉？夫朝廷設耳目之官〔一〇〕，固許風聞。若言而無實，則是誣人之罪。願降明詔，以戒士風，使變而從厚，則中興之業，不難致矣。」疏累數千言。時，秦檜、汪伯彦、李邴、顔岐、王綯、韓肖胄皆應詔上對，惟綱議剴切的當。

呂頤浩上十事：「一論不用兵，則中原不可復。二論虜將志驕意滿，此將亡之兆。三論用兵，當用夏月。四論分道進兵，宜以五萬人由泗上擣汴京，二萬人由海上攻沂、密，又二萬人駐濠上爲援，不可深入。惟敕大將不得殺掠。至八月班師，明年復出。五論軍糧，海道二萬人，日食米四百石，合於四明支一月糧，計一萬二千石，附海船以去。至山東，則有糧可因。濠上軍糧，由淮可運，此皆不患。惟趨汴京之師，合齎十日糧，至南京，則糧亦可因矣。六論發兵日，乞聖駕駐蹕鎮江。七論淮南通、泰鹽，歲一千四五百萬貫，而二浙止七八百萬，通、泰倍於二浙，尤宜選能吏爲守。八論機不可失。兵屢得捷，如吳玠初擊退於和尚原，再禦退於饒風嶺，又大捷於仙人關。去歲，賊犯淮甸，亦無所得而遁。若不發兵，終無息肩之期矣。臣考宣和間，户部月支纔九十萬，而近年月支百一十萬。夫養兵二十萬，不北向以爭天下，則東南民力何以堪？九論海船，以閩爲上，廣次之，温、明又次之。今天以此利賜我，宜用之，以擾登、萊，南風而往，北風而歸。虜雖鐵騎百萬，必不能禦。十論今前宰執六人，議必不一，是非可否，在陛下獨斷而已。」

朱勝非言：「自陛下講明軍政，賞罰必當。今内外勁兵三十餘萬，宜於此時進取，無失機後悔。」遂列四事以獻：一曰進討僭僞，二曰守禦江淮，三曰招撫遺民，四曰審度虜勢。

翟汝文言：「朝廷無遠略、無定論、無腹心謀議之臣，三者不立，何後之善？自金賊躪藉中國，乘輿越在裔土，雖西晉戎狄之禍，唐室安史之亂，不至於此。自建炎俶擾，今九年矣。

天下日苦於兵，而戰守之計，初未定也。經國規模，初未立也。將相大臣，每至防秋，則豫謀避地之計，至春，則泰然安肆，如無事之日。敵至與衆同懼，敵退與衆同喜，如斯而已。所謂禦敵者，臣不識也。昔晉武帝欲平吴，得張華、羊祜、杜預，以贊其計。唐憲宗討淮、蔡，武宗平澤、潞，賴裴度、李德裕以成其功。今群臣泛泛然，如河中之木〔二一〕，則陛下誰與權事揆策，以圖今日之事乎？臣願擇大臣有深謀者任之，責其恢復；拔用能將，必以尅敵；合天下之英傑，相與謨議立國之綱紀，規模先定，然後可爲也。」

知福州張守言：「明詔四事，臣以爲莫急於措置，措置苟當，則餘不足爲陛下道矣。臣請言措置之大略，其一措置軍旅，其二措置糧食。何謂措置軍旅？神武中軍當專衛行在〔二二〕，而以餘軍分成三路，一軍駐于淮東，一軍駐于淮西，一軍駐於鄂、岳或荆南，擇要害以處之。使北至關輔，西抵川、陝，血脉相通，號令相聞，有唇齒輔車之勢，則自江而南，可以奠枕而卧也。然今之大將，皆握重兵，貴極富溢，前無禄利之望，退無誅罰之憂。故朝廷之勢日削，兵將之權日重。而又爲大將者，萬一有稱病而賜罷〔二三〕，或卒然不諱，則所統之衆，將安屬耶？臣謂宜拔擢麾下之將，使爲統制，每將不過五千人，棊布四路。朝廷號令，徑達其軍，分合使令，悉由於朝廷之權以用之，然後可以有爲也。何謂措置糧食？諸軍既已分屯諸路，則所患者，財穀也。然所費多寡，在彼猶在此爾，則所患者，轉輸也。攷祖宗以來，每歲上供六百餘萬，悉出於東南轉輸，未嘗以爲病也。今宜舉兩浙之粟，以餉淮東；江西之粟，以餉淮西；荆湖之粟，以餉岳、鄂、荆南。量所用之數，責漕臣將輸，而歸其餘於行在，錢帛亦然，恐未至於不足也。錢糧既無乏絶之患，然後戒飭諸將，不得侵擾州縣，以復業之民户口多寡，爲諸將殿最，歲遣官覈實而升黜之，則民得以還其鄉里，而田野日闢，生齒日滋，江北州縣有興復之漸矣。如是措置既定，俟至防秋，復遣大臣爲之統督，使諸路之兵，首尾相應，綏懷之略，亦在是矣。然臣復有區區之愚，猶以爲未然，究其本原，則在陛下内修德，而外修政耳。所謂修德，不過正心誠意、畏天愛民、儉于家、勤于邦、遠聲色、屏貨利、兢兢業業，凡可以累德者，無不去也〔一四〕。所謂修政，不過任賢使能、信賞必罰、抑權倖、裁冗濫、謹法度、興廉耻，凡可以害治者，無不去也。持久不倦，盛德日新，四海愛戴，何患夷狄之不服？在陛下果斷而力行之。」

胡安國時在湖南，聞有是詔，以書與其子起居郎寅曰：「比詔問舊宰執，即是國論未定，正要博謀，此機會不可失。若贊得國是〔一五〕，其績不小，汝勉思之，吾有時政論二十篇，雖未詳，大綱舉矣。諸葛復生，不能易此也。」

詔宰執求人才。 上謂宰執曰：「恢復之圖，所宜愛日。仍先求人才，有人才則天下之事無不舉。然用人才，要在進君子、退小人。」趙鼎曰：「臣待罪宰相，爲陛下别君子、小人用舍之〔一六〕，乃其職也。敢不奉詔。」沈與求曰：「堯、舜之世，不無小人。在處之得其宜爾！」

王進敗虜于淮河。金人自六合北歸，張俊遣進追之，薄諸河，虜衆悉潰，墮淮而死。降其驍將程師回、張延壽而還〔一七〕。

崔德明又敗之於盱眙。

以韓世忠、劉光世、張俊爲淮東、西、江東宣撫使。世忠置司鎮江，光世太平州，俊建康。先是，世忠等入覲。世忠奏：「虜騎遁去，陛下必喜。」上曰：「此不足喜，若復中原，還二聖，乃可喜耳！然有一事，以卿等將士賈勇争先，非復昔時懼敵之比，所喜蓋在此也。」後數日，上以諭輔臣，趙鼎等贊上誠得馭將之道。至是，朝辭。趙鼎與張浚、沈與求、胡松年侍立。上謂之曰：「敵人南侵，諸名酋皆在其中，蓋有吞噬江、浙之意，賴卿等戮力捍蔽，卒伐姦謀，使其失利而去，朕甚嘉之。」鼎曰：「臣聞降虜程師回言，劉豫紿虜人云，光世、世忠比失歡。虜至淮甸，異所聞，其氣已沮矣！」上曰：「烈士當以氣相許，先國家之急，而後私讎。昔寇恂戮賈復部將，復以爲耻，深憾之。光武曰：『天下未定，兩虎安得私鬭，今日朕分之。』於是，並坐極歡，共車同出，結友而去。光世、世忠縱有睚眦，今日朕爲分之，宜釋前憾，結歡如初。」光世、世忠感泣再拜，且曰：「臣等頃嘗有違言，至於安國家，不敢分彼此。況今已相好，無他矣！乃煩君父訓飭丁寧，臣等皇懼無所容，敢不奉詔。」鼎等頓首賀上曰：「將帥和，社稷之福也。」上詔内侍出内金盤尊斝，賜三帥酒一行，並以所飲器賜之。陛辭而退。與求曰：「將軍，國之爪牙。推轂授師，則聞之矣。未聞天子御座賜巵酒，而親勸之，其禮甚重。臣聞英宗待司馬光，嘗有是賜。其後淵聖用李綱，實踵行之。光世等乃蒙寵榮如此，必思所以圖報。」上曰：「光世等忠誠許國，必能爲朕掃平僭亂，尅復疆土。」俊嘗以其軍從上行，至是，始軍于外。在左右者，獨楊沂中而已。

復光州。 擒僞知州許約。初，金人之犯淮也，光世遣酈瓊自廬州統兵，聲言過淮，至芍陂，乃輕兵間道，徑趨光州急攻，城欲破，約勢窮乃降。

罷教官試。 諸州學官並從朝廷選差。

二月，以王居正爲兵部侍郎。 初，趙鼎喜程頤之學，朝士翕然嚮之。時有言今託稱伊川門人者，却皆進用，如選人桐廬喻樗真其人也，乃不見知。是月，鼎始薦樗，改官除正字，誥辭曰：「頃窮西洛之淵原，遂見古人之大體。」居正行也。樗以此頗爲衆所嫉，胡安國亦師頤者也，聞之，以爲西洛淵源，古人大體，雖其高第游酢、楊時、謝良佐諸人，尚難言之，而況樗耶？

至是，居正遷兵部侍郎，上疏云：「近因進對，伏蒙聖慈許臣，以舊所著論王安石父子平昔之言不合於道者，繕寫進呈。臣退而追省，得四十二篇，釐爲七卷，一曰蔑視君親，虧損恩義，凡所褒貶，悉害名教。二曰非聖人〔一八〕，滅天道，詆誣孔、孟，宗尚佛、老。三曰深懲言者，恐上有聞。四曰託儒爲姦，以行私意，變亂經旨，厚誣天下。五曰隨意互説，反復背違。六曰排斥先儒，經術自任，務爲新奇，不恤義理。七曰三經、字説，自相牴牾。集而成之，謂之辯學。」詔送秘書。嘗因事請對，進言曰：「臣聞陛下深惡安石之學久矣，不識聖心灼見其弊安在？敢請。」上曰：「安石之學，雜以伯道，取商鞅富國强兵。今日之禍，人徒知蔡京、王黼之罪，而不知天下之亂，生於安石。」居正對曰：「禍亂之原，誠如聖訓。然安石所學，得罪於萬世者不止此。」因爲上陳安石訓釋經義，無父、無君者一二事。上作色曰：「是豈不害名教？孟子所謂邪説者，正謂是矣。」居正退，即序上語，繫於辯學書首，上之。

秦檜之初相也，居正爲修注，嘗白上以檜作相前所言皆不讎，檜憾之〔一九〕。及檜專國，居正畏禍，屏居常州，時事一不掛口，檜猶追奪其職，奉祠十餘年，卒。

岳飛入見。自池州來朝，加鎮寧崇信節度，賞淮西之功也。

胡安國與其子起居郎寅書曰：「昔裴度平淮西，功亦大矣，制辭不過曰『燕弧載櫜，楚廣旋軫，錫階旌德，祚土報勳』而已〔二〇〕。李繼隆澶淵奇績，止進一階。比觀二揆制詞，四將賞典，頗未曉也。」又曰：「元鎮非大手，亦得一半，恨佐之者弱。」元鎮，趙鼎字也。

上如臨安。詔臨安守臣依舊帶浙西安撫。

以趙鼎、張浚爲左、右僕射，浚仍兼都督諸路軍馬。始，議浚以右揆出使湖外，平楊么，鼎陞左揆。方鎖院之夕，鼎密啓曰：「宰相無不統，不必專以邊事，乃爲得體。」暨兩制出，浚獨以軍功及專任邊事爲言。上既以邊事付浚，而政事及進退人才，專付於鼎矣。浚因面謝，又以儲貳爲言。上首肯曰：「宫中見養藝祖之後二人，長者年九歲，不久當令就學。」浚復奏：「王者以百姓爲心，修德立政，惟務治其在我〔二〕，則大邦畏其力，小邦懷其德，天下捨我，將安歸哉？固不僥倖於近績也。仰惟陛下，躬不世之資，當行王者之事，以大有爲，正心以正朝廷，正朝廷以正百官，正百官以正萬民。國勢既隆，强虜自服，天下自歸。」因書王朴平邊策以獻。又奏：「臣昨奉清光，竊見陛下於君子、小人之分，聖意拳拳於此〔三〕，宗社生靈之福也。昔唐李德裕言於武宗曰：『邪正二者，勢不相容，正人指邪人爲邪，邪人亦指正人爲邪，人主辨之甚難。臣以爲正人如松柏，特立不倚；邪人如藤蘿，非附他物，不能自起。』臣嘗推類而言之，君子、小人見矣。大抵不私其身，慨然以天下百姓爲心，此君子也。謀身之計甚密，而天下百姓之利害，我不顧焉，此小人也。志在於爲道，不求名而名自歸之，此君子也。志在於爲利，掠虚美，邀浮譽，此小人也。其言之剛正不撓，無所阿徇，此君子也。詞氣柔佞，切切焉伺候人主之意於眉目顏色之間，此小人也。樂道人之善，惡稱人之惡，此君子也。人之有善，必攻其所未至而掩之；人之有過，則欣喜自得，如獲至寶，旁引曲借，必欲開陳於人主之前，此小人也。難進易退，此君子也。叨冒爵禄，蔑無廉耻，此小人也。臣嘗以此而求之君子、小人之分，庶乎其可以概見矣。小人在位，則同於己者，譽之以爲君子；異於己者，排之以爲小人。不顧公議，不恤治亂，不畏天地、鬼神。是以自崇、觀以來，以至今日，有異於己者，而稱其爲君子乎？臣以爲必無之也。彼其專於進身自營之計，故好惡不公，以至於亡身、亡家，亂天下而莫之悔。惟陛下親學問，節嗜慾，清明其躬，以照臨百官，則君子、小人之情狀，又何隱焉？」

浚尋行邊，而鼎居中總政事，表裏相應。鼎於是以政事之先後，及人材所當召用者，密條而置諸坐右，一一奏禀，以次行之。鼎謙沖待士，犯顔敢諫，權倖請謁、内降差除，一切格止。鼎素重伊川程頤之學，元祐黨籍子孫多所擢用。去贓吏，進正人，時號爲賢相，翕然有中興之望。

鼎嘗入見，見自外移竹栽入内〔三〕，奏事畢，亟往視之，方興工於隙地。鼎問：「孰主其事？」曰：「入内高品黄彦節也。」鼎即呼彦節，責之曰：「頃歲，艮嶽花石之擾，皆出汝曹，今將復蹈前轍耶？」勒軍令狀，日下罷役。翌日，鼎入對，上改容謝之。

舊制，御膳進一百二十器，淵聖減作四十器。上即祚，又加裁省。其後早晚共止一羊，不過數品。巡幸東南，駐蹕郡廨，兵火之後，屋宇闕陋，雖久駐亦不增葺。中宫未還，妃嬪有名位者才二三人，其餘宫嬙并有職掌者，通不及百人。而三丞相則不然，李綱私藏過於國帑，乃自厚奉養，侍妾歌僮、衣服飲食極於美麗。每饗客，殽饌必至百品。遇出則厨傳數十檐。其居福州也，張浚被召，綱贐行一百二十合，合以朱漆、銀鏤粧飾，樣致如一，皆其宅庫所有也。吕頤浩喜酒色，侍妾十數，夜必縱飲。前户部侍郎韓梠家畜三妾，俱有殊色，名聞一時。梠死，諸大將以厚賂取，吕用數千緡，得一人，號「三孺人」，大寵嬖之。初則專其家政，既而頤浩爲留守，兼判臨安，權勢甚盛。三孺人者遂預外事，公然交通韓氏，中外因以媒進。時頤浩六十七歲矣。趙鼎起於白屋，有朴野之狀。一旦拜相，驟爲驕侈。别起大堂，奇花、嘉木環植周圍。堂之四隅，各設大爐，爲異香數種，每坐堂中，則四爐焚香，煙氣氤氳，合於坐上，謂之香雲。又艱難以來，堂饌菲薄，鼎增厚十倍，日有會集，侍從、將帥，下逮省、寺官，日費香直數十緡，酒饌尚不計也。其後，鼎坐臺疏，落職守泉，累章數千言，而乾没都督錢十七萬緡，竊用激賞庫錢七十餘萬緡，奄有臨安府什物三千餘件，乃章中一事。命下，人皆謂鼎必辨，而不辨也〔二四〕。

以岳飛爲荆湖、襄陽路制置使，討楊么。是冬，陞爲湖北京西招討使〔二五〕。

復秦州。先是，吴玠聞虜犯淮南，遣吴璘、楊政乘機牽制。璘等出奇兵，自天水至秦，諭僞守胡宣以逆順，宣不肯降。遂攻之，拔其城，秦民大悦。撒離曷聞被圍，集諸道兵來援〔二六〕，政復擊敗之。

命張浚視師江上。 浚至鎮江，召韓世忠，親諭上旨，使舉軍前屯楚州，以撼山東，世忠欣然承命。浚遂至建康，撫張俊軍。至太平州，撫劉光世軍，軍士無不踴躍思奮。浚以諸路軍馬所用錢糧，當從督府總制，故悉以上佐兼之，仍關送尚書省旨揮。行府關三省旨揮，始此。

命近臣編類奏疏。 初，上既命群臣條具利害，范沖因對，乞：「依先朝故事，編類進呈，斷自聖意，擇而行之。」乃以命翰林學士孫近，直學士院胡交修。

僞齊犯信陽軍。 守臣舒繼明死之〔二七〕。岳飛聞賊退，命李迪知軍，就戍之。

修紹興會計録。 殿中侍御史張絢言：「國朝有景德會計録，又有皇祐會計録，至治平、熙寧間，皆有此書。其後，蘇轍又倣其法，作元祐會計録，雖書未及上，其大略亦有可觀。皆所以總括巨細，網羅出納。凡天下賦入之數、官吏之數、養兵之數，條章各立，支費有限。謹視其書，上下遵守，此作會計録之本意也。」故有是旨。其後，户部第具去歲收支數以聞而已。

是歲也，四川收錢物總三千六十餘萬緡，支四千六十萬餘緡，以宣撫司趲剩錢補其闕。

而玠一軍所費爲二千三百七十萬緡。

厥後，四川都轉運李迨奏四川財賦數，言：「臣嘗竊讀劉晏傳，見史臣稱晏理財，謂亞管、蕭。是時，天下歲入緡錢千二百萬，而筦榷居其半。今四川區區一隅之地〔二八〕，榷鹽、榷酒歲入一千九十一萬，過於劉晏所榷之數多矣。并諸窠名錢，已三倍劉晏歲入之數。於大軍歲計，闕一百六十一萬。彼以一千二百萬貫贍六師，恢復中原而有餘。今以三千六百萬貫贍一軍，屯駐川、陝而不足。」

以參知政事孟庾、沈與求兼樞密院事〔二九〕。

趙鼎曰：「仁宗時，陝西用兵〔三〇〕，宰臣兼樞密。臣既以宰相兼治院事，而參知政事之臣，並令兼權，則事歸一體，無前人所謂密院調兵，而三省不知；三省財竭，而密院用兵不止者矣。」上曰：「往時，三省、樞密院不同班進呈，是以事多不相關白。然朝廷論議，豈有帷幄二三大臣不與聞者？」

時張浚視師江上，以行府爲名。趙鼎居中總政，表裏相應。然浚所行之事，亦有關三省、樞密者，與求與庾皆不能平，曰：「三省、樞密院，乃奉行行府文書耶？」明年，相繼以疾求出。

牛皓及虜戰于瓦吾谷，死之。

撒離曷與僞齊慕容洧欲犯秦川，吴玠遣諸校分道伺賊，牛皓與虜將虎山遇，罵賊而死。高萬、任安、秦元、薛琪、張亨皆死於陣。

罷福建鑄錢。

閏二月，置總制司，命孟庾兼領之。初，命户部尚書章誼專切措置財用，以庾提領。庾請以總制司爲名，專察内外官司隱漏違欠，行移如三省體式。應本司措置事件，依例進呈。得旨關尚書省，仍鑄印以賜。諸路係省錢出入，舊經制司每千收頭子錢二十三，其十上供，其十三州縣及漕計支用。庾請增十錢。又請收耆户長雇錢、抵當庫四分息錢、轉運司移用錢、勘合朱墨錢、常平司七分錢、茶鹽司袋息等錢；又收人户合零就整二税錢、免役一分寬剩錢；又收官户不減半、民户增三分役錢；又收常平司五分頭子錢。並令諸州通判、諸路提刑司拘催。其後，東南諸路，歲收總制錢七百八十餘萬緡，而四川不預焉。大凡東南諸路經、總二司錢，歲收一千四百四十餘萬緡，四川歲收五百四十餘萬緡。

三十年，言者奏：「國家因陳亨伯建議，始立經總制錢，多出於酒税、頭子、牙契錢分隸，歲之所入，半於常數〔三一〕。自紹興十六年，因李朝正上言，專委通判拘收。通判既許自專，因得盡力，於是，歲之所入至一千七百二十五萬緡。無何，議者妄有申請，始命知、通同掌。通判壓於長官之勢，恣其侵用，迄今九載，歲虧二百餘萬緡。請復舊制。」從之。

開講筵。自上視師，暫輟講讀，至是復之。朱震、范沖專講春秋左氏傳，孫近、唐煇仍講論語、孟子〔三二〕，鄭滋、胡交修讀三朝寶訓。

尋以御書無逸篇爲圖，置講殿。

是歲，御書尚書，賜趙鼎，曰：「尚書所載君臣相戒敕之意，所以賜卿，政欲共由此道，以成治功耳。」

又書車攻詩賜輔臣，曰：「當與卿等日日勉勵，以修政事，攘夷狄。」

三月，立三衙轉員法。初，禁衛諸軍遇赦轉員，其法甚備。自中原俶擾，軍營紛亂，排轉不行。諸將所總，歲歲奏功。而天子親兵，久無陞遷之望。趙鼎請據三衙見管人數，彷佛舊例，立爲轉員之法。時殿前司有兵九百餘人，馬、步司各六百餘人而已。

韓世忠移屯楚州。上以手劄勞之，曰：「今聞全師渡江，威聲遐暢，卿妻子同行否？乍到，醫藥、飲食或恐未備，有所須，一一奏來。」時山陽殘弊之餘，世忠披荆棘，立軍府，與士同力役。其夫人梁氏，親織薄爲屋。將士有臨敵怯懦者，世忠遺以巾幗，設樂大燕會，俾爲婦人粧而耻之。軍壘既成，世忠乃撫集流散，通商惠工，遂爲重鎮。

李綱上建炎時政記。綱進省記到建炎時政記二册。

鬻契紙。令諸州通判印賣田宅契紙。自後民間競産，執出白契者，毋得行用。

榷鉛、錫。總制司請應鉛、錫坑冶，盡行封椿。令榷貨務依茶鹽法印造文引，許客人筭請。所有鑄錢司合用冶鑄數，仰賚錢赴場，依價收買，本錢令轉運司支撥。

夏四月，汰諸路監司七人。殿中侍御史張絢論：「外臺，耳目之寄。臣采諸公論〔三〕，田積中等七人，皆冒濫之尤者。」並罷免。

先是，常同爲御史，不數月，劾罷監司之不才者二十三人，中外聳然。

更差役法。詔：「鄉村五保爲一大保，通選保正，於免役令中去『長』字。」始改紹聖法也。

先是，言者以爲：「役法歲久積弊，鄉村保正、長最爲重役，不專取物力厚薄，而兼用人丁多寡，不通輪一鄉點差，而但取逐甲人户。稍革舊法，專用物力，及通輪一鄉差募保正、長。凡官吏因役事受財者，重爲典刑，以示懲戒。」祠部郎林季仲亦奏疏：「乞總一鄉物力，次第選差。其單丁，許募人充役。」至是，頗采其説焉。

二十六年，令保正並以上户定差，下户只輪差充大保長。

楊時卒。年八十三。侍講朱震言：「時學有本原，行無玷缺，進必以正。晚始見知。嘗排邪説，以正天下學術之誤。辨誣謗，以明宣仁聖烈之功。雪冤抑，以復昭慈聖憲之位。據經論事，不愧古人。其所撰述，皆有益於學者。」詔有司取時所著三經義辨，賜其家銀帛二百匹兩。後謚曰文靖。

時趙鼎素尊程頤之學，一時學者皆聚於朝。然鼎不及見頤，故有僞稱伊川門人以求進者，亦蒙擢用。

是月，太上皇崩。崩于五國城，聖壽五十四。遺言，欲歸葬内地。金主亶未之許。兵部侍郎司馬朴與通問副使朱弁同在燕山，聞之，密議舉哀制服。弁欲先請，朴曰：「吾儕爲人臣子，聞君父喪〔三四〕，當致其哀，又何請？設不見許，可但已乎？」遂服衰，朝夕哭，虜人義之而弗問。

五月初，謁太廟。初，太廟神主寓於温州，歲時薦享，委之守臣。司封郎林待聘言：「原廟之在郡國，有漢故事。而太廟神主，禮宜在都。今新邑未奠，宜考古師行載主之義，遷之行闕，以彰聖孝。」於是，始就臨安府建太廟，遣太常少卿張銖迎至行在。既而奉安，上行款謁之禮。明年，親征，遂奉木主以行。

先是，行孟夏朝獻禮于射殿，祔惠恭皇后于宣仁聖烈皇后，即靖和皇后王氏也。後改謚顯恭。

國朝宗廟之制，太廟以奉神主，一歲五享，朔祭而月薦新。五享以宗室諸王，朔祭以太常卿行事。景靈宮以奉塑像，歲四孟饗，上親行之。帝后大忌，則宰相率百官行香，僧、道作法事，而后妃六宮皆亦繼往。天章閣以奉畫像，時節、朔望、帝后生辰日，皆徧薦之，内臣行事。欽先孝思殿以奉神御，上日焚香。而諸陵之上宮亦有御容，時節酌獻如天章閣。每歲寒食及十月朔，宗室、内人各往朝拜。春秋二仲，太常行園陵。季秋，監察御史按視。太廟之祭以俎豆，景靈宮用牙盤〔三五〕，而天章閣等以常饌，用家人之禮云。

詔都督行府措置屯田。給事中廖剛言：「國不可一日無兵，而兵不可一日無食。今諸將之兵，被於江、淮，不知幾萬數。初無儲蓄之備，日待哺於東南之轉餉，東南之民，已不勝其困矣。欲爲之救此患者，莫若屯田，朝廷亦嘗行之於淮南，及今閱數秋，曾未聞其有補。豈措畫之方，勸相之誠，有未至乎？何其效之遲也。臣願有説於此，昔郭子儀以河中軍常乏食〔三六〕，乃自耕一畝，將校以是爲差。於是，士卒皆不勸而耕。是歲，河中野無曠土，軍有餘糧，以此知在主將加意而已。夫子儀之事，固不可以强大將，然自偏裨而降，獨不可勉之以身率乎？陛下誠詔之曰：『將校有如郭子儀之躬耕者，朝廷當加旌賞。』彼亦必以爲榮而胥勸矣，此一説也。昔漢之盛時，力田者與孝悌同科。臣觀比年行兵之賞，以功遷資者，動以萬計。誠詔之曰：『每耕田一頃，與轉一資。』彼以執耒之安，方之操戈之危，豈不特易？此賞誠行，萬頃且不難得，將無不耕之田矣，此二説也。臣又聞諸葛亮據武功，分兵屯田，耕者雜於渭濱居民之間，而百姓按堵，軍無私焉。今江、淮之民，流離失業者甚衆，顧未有以安集之耳。誠詔之曰：『假爾種糧，復爾賦租，雖有士卒，不汝侵擾。』有主將之可恃如此〔三七〕，則彼有轉相勸率，負耒耜而來者矣，此三説也。」故有是詔。

明年，命司農少卿樊賓提領營田，王弗同提領，並於建康府置司，仍令行府兼行。時議者以張浚出師，故專置一司措置。

明年，令諸路安撫並兼營田使。

罷江淮營田司，以其事屬之帥漕。

厥後，四川都轉運李迨奏云：「欲省漕運，莫如屯田。近因興元府、洋州守臣修築堤堰，特降奬諭，蜀人皆知德意在此。然臣會問屯田等事，皆不報。止有紹興六年朝廷遣使，取會到陝西路屯田頃畝，共六十莊，計田八百五十四頃七十九畝。臣據前頃畝會計，每畝除出種糧，止以三石爲率，約收二十五萬餘碩。若將一半樁充自來不係水運應副去處歲計米，一半對減川路糴買〔三八〕，般發歲計米，亦可少寬民力。」

何蘚使虜。張浚奏遣蘚往雲中見虜酋，並通問二聖。

中書舍人胡寅上疏，言：「昔孔子作春秋，以示萬世，人君南面之術，無不備載，而其大要則在父子、君臣之義而已。魯威公爲齊所殺〔三九〕，魯之臣子於齊有不共戴天之讎。而莊公者，乃威公之子也，非特不能爲父雪恥，又與齊通好。元年，爲齊主王姬；四年，及齊狩于禚；五年，會齊同伐衛；八年，及齊同圍郕；九年，及齊盟于蔇；是年，爲齊納子糾。仲尼惡之，備書于册，以著其釋怨通和之罪，魯莊惟忘父子、君臣之義也。魯之臣子則而象之，故公子牙弑械成于前，慶父無君之心動於後。卜齮圉人犖之刃交發於党氏武闈之間〔四〇〕，魯之宗祀不絶如綫，此釋怨通和之效也，豈非爲後世之永鑒乎？女真者驚動陵寢，戕伐宗廟，劫質二帝，塗炭祖宗之民，乃陛下之讎也。頃者，誤國之臣，自知其才術不足以勘定禍亂，而又貪慕富貴，是故譸張爲幻，遣使求和，以苟歲月。九年于此，其功如何？彼之一身，叨竊爵位而去，曾何足道？而於陛下聖德，國家大計，虧喪多矣。所幸陛下智勇日躋，灼然獨見於邪言久惑之後，奉將天討，罪狀劉豫，再安國步，漸圖興復。天下忠臣義士，聞風興起，各思自效，以佐丕烈。譬如人行萬里，登車出門。又如枝梧厦屋，初正基柱，存亡治亂，實係此時。今乃蹈庸臣之轍，踐阽國之址，犯孔子之戒，循魯莊之事，忘復讎之義，陳自辱之辭，臣竊爲陛下不取也。或謂不少有貶屈，其如二帝何？臣應之曰：『自建炎丁未至於紹興甲寅，所謂卑辭厚禮，以問安迎請爲名而遣使者，不知幾人矣。知二帝所在者誰歟？見二帝之面者誰歟？得女真之要領者誰歟？因講和而能息虜兵者誰歟？』臣但見丙午而後，通和之使歸未息肩，而黄河、長淮、大江相次失險矣。臣但聞去年冬，使者還，言酋豪帖服，國勢奠安，形于章奏，傳播遠近。曾未數月，而劉豫稱兵犯順矣。女真者，知中國所重在二帝，知中國所恨在劫質，知中國所畏在用兵，則常示欲和之端，增吾所重，平吾所恨，匿吾所畏。而中國坐受此餌既久，而後悟也。天下其謂自是改圖必矣，何爲復出此謬計耶？苟曰姑爲是。豈有修書稱臣，厚費金帛，而成就一姑息之事也〔四二〕？苟曰以二帝之故，不得不然，則前效可考矣。況歲月益久，虜情益闊，必無可通之理也。臣嘗思之，陛下與女真絶，則臣下無所得，而人主爲義舉。若通和，則利歸臣下，而人主受其惡。故凡願奉使通和者，皆身謀，非國計也。陛下何不據孔子之論，而決此策乎？自王安石廢黜春秋，天下學士不知尊尚，一旦亂臣賊子接跡乎四海。幸遇陛下篤信此書，孔子之志，將伸於今日，便當攷筆削之意，斷當今之事，只行一二大者，陛下美名，輝映千古矣。當今之事，莫大於夷狄之怨也。欲紓此怨，必殄此讎，則用此之人而不用講和之臣，行此之政而不修講和之事，使士大夫、三軍、百姓皆知女真爲不共戴天之讎，人人有致死於女真之志，百無一還之心。然後二聖之怨，有可平之日。陛下爲人子之職舉，臣等駑下，伸眉吐氣，食息世間，亦預榮矣。苟爲不然，以中國萬乘之尊，而稱臣於醜虜，則宰輔而下，皆其陪臣也。借使女真欣然講解，以一將軍數萬衆，駐兵泗水之上，願與陛下面相結約，歃血而退，不知陛下何以待之？則又欲變置吾之大臣，分部吾之兵將，割我之地土，而取其租賦，有一于此，其能從之乎？從之，則無以立國；不從，則墮敗和好。將何據而可？臣實戇昧，思之不通。是以略具古義，浼瀆聰聽，惟陛下試加採擇，或合聖意，即以此讎當復，無可通之義，明降指揮，寢罷奉使之命。」疏奏，上嘉納。命趙鼎召至都堂諭旨，仍賜詔獎諭。寅又上表言：「天下有至公之心，有至正之論。違正論，拂人心，以行其邪說，雖當時不悟，及事已敗，世已陵遲，然後悔之，則無及已。姑以近事明之，方王安石得志，託大有爲之說，大有爲之說者，孟子之言也。豈不美哉？當時元勳舊德，皆以祖宗舊法不可變改，安石斥之爲流俗，而其說盛行。自今觀之，其所謂大有爲者，乃所以召亂；其所謂流俗者，皆賢才也。使神祖照之於司馬光辭樞密副使之時，而退王安石，罷新法，則尚有崇、觀之亂乎？及蔡京秉政，託繼志述事之說。繼志述事之說者，孔子之言也。豈不美哉？當時忠臣義士，皆以新法害民，當遵元祐，蔡京名之爲謗訕，而其說盛行。自今觀之，其所謂繼志述事，乃所以遂其私意；其所謂謗訕者，皆忠言也。使上皇照之於陳瓘論列之時，而退蔡京，復元祐，則尚有宣、靖之禍乎？天下之理，一是一非，出於是則入非，出於非則入是，理不並立，人無兩存，此人材邪正之所由分，而國家治亂之所由判。自古如此，豈惟今哉？女真入寇以來，和戰兩議，肇於孝慈在位之日，兩議不決，馴致北狩。自今觀之，夷狄之不可與和，亦易見也。而和議之說不息，非特通和女真，又欲通和劉豫。和之一字，實懷二心，以國與人，亦所不恤，豈不過甚矣哉？原其所本，起於耿南仲昌言之，正猶王安石大有爲之論，蔡京繼志述事之說。而尊主庇民，疾讎殄惡，不欲和者，亦猶司馬光不以王安石爲然，陳瓘不以蔡京爲是。八年於此，正論不勝，監觀前事，識者憂之。尚賴陛下險阻備嘗，照知情僞，於和議事皆已試用〔四二〕，了無功效。此策不足中興，斷自宸衷，舍非從是，遂嚴降詔旨，罪狀反虜，聲罪致討，一振國威。豈於女真，尚肯通使？臣姿稟素愚，誤以文字，上簡聖知，擢置綸闈，仍使獻納。適覩何蘚之事，恐和説復行，國論傾危，士氣沮喪。所繫不細，遂具陳奏。陛下憲天聰明，灼見忠志，曲賜褒諭，以來衆言，使天下忠義之士，皆知陛下雪耻復讎之意。用賢才、修政事，厲兵選將，駸駸北向，以爲迎二帝之實。大計一定，邪説不行，中興可期，宗社之福，豈獨微臣忝竊恩詔，以爲今日美談而已？」

寫奏疏爲圖。右司諫趙霈奏疏，大略謂：「安危治亂之機，相爲倚伏。今鑾輿言還，遠邇寧乂。臣願陛下無忘親征時，臣亦無忘扈從時，則治安可保，恢復可期矣。伏望益軫聖念，載廣遠圖，知燕安不可懷，則前日跋履之勞不可忘也。知愷樂不可極，則前日宵旰之憂不可忘也。知前日倉卒之驚，則凡所謂備禦之策，其可忘乎？知前日餽餉之艱，則凡所謂理財之道，其可忘乎？臣於此當念扈蹕之勞，殫報國之誠，指陳得失，獻替可否。庶幾君臣上下，共享治安之美〔四三〕。如漢光武、唐太宗時，無愧馮異、魏證之所陳〔四四〕。不勝至願。」詔霈論奏，深得諫臣之體，可轉一官，賜紫章服，仍令尚書省，將所奏修寫成圖進入。

六年八月，左司諫陳公輔入對，上奏曰：「臣聞人主所以得天〔四五〕，莫先於孝；所以得民，莫先於誠。今二聖北征，遠在沙漠，願陛下跬步在念，斯須不忘，焦心勞思。期於報父兄之讎，雪積年之耻。若乃前日懷姦罔上，陷吾親至此，不忠不義，負國之徒，吾痛恨之，殺而勿貸可也。今日有能竭忠盡力，削平僭亂，俾廟社復安，庭闈無恙，必思所以厚報之。庶幾復還兩宮，得以盡問安視膳之禮。如此用心，孝斯至矣。用兵以來，勞民費財，願陛下誠意惻怛，孚于四方。雖曰取之，不敢不以道；雖曰用之，不敢不知節。凡一金之細、一縷之微，未嘗妄有所費也。其間貪吏猾胥，並緣爲姦，重害於民者，吾痛懲之，罰而勿赦。儻能體國愛民，撫循不擾，俾均而無貧，勞而無怨，必思所以重賞之。事平之後，庶幾與民休息，盡罷無名橫斂。如此用心，誠斯至矣。中興根本，不出於此。願陛下守之而勿失，行之而不倦，實宗社之福、生靈之幸。」疏奏，上大感動〔四六〕。詔公輔論奏，深得諫臣之體，可賜三品服，令尚書省以其奏疏修寫成圖進入。

置資善堂。初，上令擇太祖下宗室，得子偁之子伯琮，年六歲，自秀州取歸，育于宮中，賜名瑗。至是，年九歲矣。上語宰執曰：「此子天資特異，儼如成人〔四七〕。朕欲自教之讀書，性極强記。」令造書院於行宮門内，爲資善堂。欲令就學，且曰：「朕年二十九，未有子，然國朝自有仁宗故事，今未封王，止令建節、封國公，似合宜。以朕所見，此事甚易行，而前代帝王多以爲難。」趙鼎曰：「自古帝王以爲難，而陛下行之甚易，此所以莫可跂及也。」上曰：「藝祖創業至勤，朕取『子』字行下子，鞠於宮中，庶仰慰藝祖在天之靈。」孟庾曰：「陛下念藝祖創業，而聖慮及此，帝王所難之事也。」遂加保慶節度，封建國公。以宗正少卿范沖、起居郎朱震爲資善堂翊善、贊讀，時張浚在潭州，聞建國公當就傅，亦薦沖、震可備訓導，朝論以二人爲極天下之選。上命國公見翊善、贊讀，皆設拜。沖等每因箋奏，導國公以仁義之言，輒標軸藏之，時一展玩。國公嘗得李公麟所畫孝經圖，沖書其後，以諸侯卿大夫之孝爲勉。

初，元懿太子之薨，有李時雨者，上言請收養宗室子，以待皇嗣之生。時雨，黨人新之子也，方在吏部敘理恩澤。詔停其命，押還本貫。紹興初元，選人婁寅亮上書〔四八〕，援英宗故事，且謂太祖受命，而子孫不有天下。請於太祖直下擇一人，育於宮中，皇嗣誕育，不過授以節鉞，俾還藩邸耳。書奏，深契上意，即擢寅亮爲監察御史。制詞略曰：「爾上書論事，慮國則深〔四九〕，既還之一官。朕意未足云。」

命監司分慮囚。分詣所部，以盛暑故也。自是，遂爲定制。

六月，行統元曆。布衣陳得一所造也。自行紀元曆，至是三十餘年，會日食正旦，太史定食在辰，其驗在巳，定分以九，其驗以八。於是命得一別造新曆，至是成，名曰統元。

併省鑄錢司。令虔州本司兼管。自渡江後，泉司所發額錢，比舊十虧八九，乃合爲一司。

旱。上曰：「亢陽如此，朝廷政事闕失，更宜講求。」趙鼎等曰：「敢不奉詔。近日蠲除翎毛箭鏃，及官舟運糧等事，皆是仰承聖意，以寬民力。」沈與求曰：「雲漢之詩，雖『上下奠瘞，靡神不宗』，不廢禱祈之事，要之以側身修行爲本。陛下勤恤民隱如此，宜蒙嘉應。」時詔禁屠以禱雨。右諫議大夫趙霈言：「自來斷屠，止禁猪羊，而不及鵝鴨，請並禁之。」中書舍人胡寅見霈疏，曰：「諫職乃及此乎？聞虜中統兵者，號『龍虎大王』，脱或入寇，當以『鵝鴨諫議』拒之。」時人以爲名對。

減貢茶。詔福建歲貢龍鳳團茶[五〇]，權減一半。

湖寇平。張浚謂：「楊么據洞庭，實爲上流，不先去之，爲腹心害，將無以立國。請自行。」上許焉。初，席益得么探者數百人，皆傳致遠縣。浚至醴陵，召囚問之，盡釋其縛，給以文書，俾分示諸寨，令早降，皆懽呼而往。會岳飛兵亦至，復令分屯鼎、澧、益陽，壓以兵勢。飛遣先出降人楊華入賊招安。至是，賊將楊欽以三千人詣飛，飛既降欽[五一]，乘勝急攻水寨，楊么窮蹙，赴水死。惟夏誠固守，飛攻禽之。黄誠斬么首，挾僞太子鍾子儀奔都督行府。湖寇既平，得丁壯五六萬人、老弱十餘萬。浚一以誠信撫之，乃更易郡縣姦贓吏，宣布寬恩，命岳飛進軍屯荆、襄，以圖中原。浚率官屬泛洞庭而下。

初，賊自恃其險，官軍陸襲則入湖，水攻則登岸。賊中爲之語曰：「有能害我，須是飛來。」蓋言其險，非有羽翼，莫能近也。俄召用岳飛，盡招降之，飛來之讖，於是乎驗。

召尹焞。范沖薦之也。焞〔五二〕，程頤之高第也。頤死〔五三〕，聚徒洛中，焞非弔喪問疾不出户，士大夫尊仰之。靖康初，种師道薦於朝，召至闕，將命之官，力辭而去，賜號和靖處士。建炎兵亂，鎮撫使翟興辟之，不能致。紹興初，避難長安，僞帥趙彬以劉豫命招之，焞却幣奔蜀，居於涪州。上聞其賢，故召。未至，除崇政殿説書。

散福建槍杖手。自熙寧始置，迄是五十餘年。論者言其呼集擾民，故罷之。

秋七月，薦饗太廟。自是，歲五饗如常禮。

先是，三年春，宰執奏禁中神御薦享禮料。上曰：「朕皆自閲，有一事可議，神御二十五位，各用羊肚一，須殺二十五羊。恭惟祖宗，以仁覆天下，豈欲多殺物命？謹以別味代之，在天之靈，亦必歆也。」吕頤浩等言：「陛下盡禮以奉先帝，而仁恩及於微物，天下幸甚。」

以王彦知荆南府。兼充歸峽州荆門公安軍安撫使〔五四〕。先是，荆南經盜賊後，城郭爲墟，移治於枝江縣〔五五〕。彦至，始還舊治，帑藏空乏，無三日儲。彦依川錢法，先措兑交子，於荆南管内行使。漸措置屯田，以爲出戰入耕之計。乃擇荒田分將士，與百姓並耕。舊有千户、石塘、瓦窑三堰堤水分溉，爲最良。時堰廢不治，彦親督將士，具畚鍤修築，計工六萬有畸，不旬浹告成，公私之利無窮。天下論屯田、營田實不擾民，而得充國之遺意者，必以彦爲稱首。詔獎諭之。

後荆南舊部曲聞彦之喪，皆即佛宫爲位而哭。彦事親孝，居官廉。其爲將也，與士卒同甘苦，屢破大盜。子弟從軍者，未嘗濫賞。及將死，召其弟姪，悉以家財分給之。時號名將。然性剛寡合，雖待士盡禮，而黑白太分。

令宰執謹擇守令。 上謂宰執曰：「民窮爲盜，多緣守令不良以擾之。若安其田里，肯爲盜乎？卿等當留意擇守令，庶幾百姓樂事〔五六〕。」趙鼎曰：「臣等敢不躬聖訓。」

八月，放進士榜。 自建炎兵興，省試分諸路類試。至是，始復舊制。

試博學宏詞科。 新敕局删定官王璧、新明州教授石延慶二人，並與堂除。

録趙普後。 詔：「故趙普佐太祖開基，非他勳臣之比，官其五世孫六房各一資。」

追貶章惇、蔡卞。 詔略曰：「比覽元符諫臣任伯雨章疏，論章惇、蔡卞詆誣宣仁聖烈太后，欲追廢爲庶人。誰無母慈，何忍至此？賴哲宗皇帝聖明灼見，不從所請。向使其言施用，豈不蔑大母九年保祐之功，累泰陵終身仁孝之德？可追惇節度副使，卞團練副使，子孫不許除内職。」先是，伯雨之子起居舍人申先，乞贈其父官，因上伯雨諫疏。趙鼎留身，奏惇、卞罪惡，遂贈伯雨右諫議大夫，而有是旨。

僞齊陷光州。

親試舉人。賜汪洋等二百餘人及第、出身有差。仍賜以御書中庸。時初定黄中爲首選，係有官人。上問故事如何？沈與求曰：「臣聞皇祐元年，沈文通考中第一，仁宗曰：『朕不欲以貴冑先天下寒俊。』遂以馮京爲第一，文通第二。」上曰：「可用此故事。」遂擢洋爲第一。

時新復詞賦，上欲重其選，策試日，謂大臣曰：「詩賦取士，累年未聞有卓然可稱者，俟唱名日，可將省試詩賦高等人，特與陞甲，以勸多士。」遂詔省試魁賦鄭厚循二資，與陞擢差遣。厚，莆田人也。同日，賜特奏名進士汪喬年以下二百餘人同出身至助教。詔五路人依祖宗故事與陞等。而取應宗子不尤等四人，武舉正奏名進士張深等五人，亦次第補官。自是以爲例，後不復録。

尋賜洋名應辰。

川、陜類試第一名，依殿試第三人推恩，餘並賜同進士出身。以途遠，赴殿試不及也。

明年，王洙之孫楚老獻仁宗所賜飛白字及御書賜洙(五七)。問今歲科舉内中，合要奏告文宣王及諸賢表章。趙鼎奏：「此事不見於它書。」上曰：「祖宗留意人材如此，天下安得不治？」

九月，趙鼎上神宗實録。五十卷。舊文以墨，新修以朱，删出以黄，官屬推賞有差。自後進書，率如此例。後續成二百卷。

復光州。淮西宣撫遣將華旺復之也。

冬十月，張浚入見。浚自湖南轉由兩淮，會諸將議防秋。至是，入見。上勞勉之，賜賚甚厚，親書泰、否二卦以賜浚。浚奏：「自古小人傾陷君子，莫不以朋黨爲言。夫君子引其類而進，志在於天下國家而已。其道同，故其所趨向亦同，曾何朋黨之有？惟小人則不然，更相推引，本圖利禄，詭詐之蹤，莫可跡究。故或爲小異，以彌縫其事；或内外符合，以信實其言。人主於此，何所決擇而可哉？則亦在夫原其用心而已。臣嘗考泰之初九：『拔茅茹，以其彙，征。』而象以爲『志在外』。蓋言其志在天下國家，非爲身故也。否之初六〔五八〕：『拔茅茹，以其彙，貞。』而象以爲『志在君』。則君子連類而退，蓋將以行善道，而未始忘憂國愛君之心焉。觀二爻之義，而考其心，則朋黨之論，可以不攻而自破矣。臣又觀否、泰之理，起夫人君一心之微〔五九〕，而利害及於天下百姓。方其一念之正，其畫爲陽，泰自是而起矣；一念之不正，其畫爲陰，否自是而起矣。然而泰之上六，陰已盡，復變爲陽，則君子在外，而否之所由生焉；否之上九，陽已盡，復變爲陰，則小人在外，而泰之所由生焉。當今時適艱難，民墜塗炭，陛下若能日新其德，正厥心於上，臣知其將可以致泰矣。異時天道悔禍，幸而康寧，則願陛下常思其否焉。」上嘗召對便殿，問所宜爲。且命以所聞見，置策來上。浚承命條列以進，號中興備覽，凡四十一篇，莫不備具。上深嘉歎，置之坐隅。

以席益爲四川制置大使。兼知成都。先是，川陝宣撫副使吴玠與都轉運使趙開不咸，玠疊以饋餉不給訴于朝，開亦稱老病求罷，故命益往帥。明年，益上漕運六策，降詔奬諭。玠與益相疑，事竟不行。其冬復行陸運，名曰支移。民間率費七十千致一斛糧，夫死者甚衆。

李綱江西制置大使。兼知洪州。初，張浚之謫福州也，綱亦寓居於福，二人相見，除前隙，更相厚善。至是，數於上前言其忠，趙鼎嘗爲綱辟客，亦爲上言綱才器過人，故有是命。綱辭，上手書諭之，有曰：「朕之用卿審矣，卿宜以安社稷爲己任，勿間中外，勉爲朕行，不必數有請也。」綱請過闕入覲，上許之。

僞齊犯漣水，韓世忠敗之〔六〇〕。

祫享太廟。祖宗並爲一列〔六一〕，不序昭穆，謂之隨宜設位，以廟之前楹迫狹故也。

十一月，鬻户帖。令州縣造户帖出賣。令民間自行開具管地宅田畝，間架之數，立爲定價，凡六等，期一季足其錢。令都督府椿管，非被旨毋得擅用。

録顔真卿後。上謂大臣曰：「人有一死，或輕於鴻毛，或重於泰山，在處死爲難耳。真卿在唐死節，可謂得所處矣。況今艱難之際，欲臣下盡節，可量與推恩，以爲忠義之勸。且仁祖時，曾命顔似賢以官，自有故事。」遂官其後三人。

出宫人。上謂大臣曰：「邦計匱乏，苟有一毫可以節省，亦當行之。朕宫人僅給使令，然昨日亦搜柬三十人出之。」趙鼎曰：「節省之道，始於宫庭，此陛下盛德也。」

以任申先爲中書舍人。國朝詞臣進不由科第者，林攄、顔岐及申先而已。

胡寅罷。初，寅既論不當遣使，上賜詔奬諭。而張浚自江上還，奏使事兵家機權，不用其説。寅復奏疏，言其無益者，大略謂：「庚戌而後不遣使，虜兵亦不來。及癸丑，日遣使，則鈎引虜人入國，曾不旋踵。」又曰：「去冬下詔，罪狀劉豫，名其爲賊，今豫豈肯賓吾使人，達之於虜哉？所謂無益，皆此類也。獨有一説，使陛下難處者，以二帝爲言耳。然自建炎改元以來，使命屢遣，無一人能知兩宫起居之狀、謦欬之音者。況今歲月益久，虜必重閟，惟懼我知之。今以虜爲父兄之讎，絶不復通，則名正而事順。他日或有異聞，在我理直，易爲處置。若通使不絶，則虜握重柄，歸曲於我，名實俱喪，非陛下之利也。使或有知二帝所在，一見慈顔，宣達陛下孝思之念，雖歲一遣使，竭天下之力以將之，亦何不可之有？其如艱梗悠邈，必無可達之理乎？以此揆之，則以二帝爲言者，理不難處也。臣聞善爲國者，必有一定不可易之計。正其大義，不徼倖以爲之。今日大計，只當明復讎之義，用賢才、修政事、息民訓兵，以俟北向，更無他策。儻或未可，惟是堅守。若夫二三其德，無一定之論，必恐不能有爲。至於何蘚之行，非特無效，決須取辱。臣所見如此，豈得以張浚有言而自抑也？」

寅既與浚異論，乃以父病不及迎侍，乞湖南小郡，命知邵州。

先是，寅上六事。一曰清中書之務，大略謂：「宰相大臣，陛下之所委任，以圖中興之丕烈者也。而兼總六曹有司之事，受詞訴、閱案牘，走卒賤吏，一有所求，皆得自達。窮日之力，不得少息，皆細故也，而政事堂與州縣無以異矣。望陛下詔宰執大臣，選補六部長吏，凡有格法者，一切付之，使得各舉其職。法之所不載者，事之所不可行者，六部無得爲人申請，破壞成法。如是，則大小詳要，不相奪倫。中書之務清，有司之事治，文移奏報各從簡省。廟堂之上，可以志其遠者、大者、久長之策，恢復之功，庶乎可冀矣。」二曰議學校之制，大略謂：「自軍興以來，布衣韋帶之士，失其常產，因無常心，棄毛錐而說劍，上封事而覓官，泯泯紛紛，儒風掃地。謂宜稍增教授員闕，慎擇老成名士，以充其選。仍詔守臣留意學校，加以歲月，必有可觀。則凡鄉舉遊學之科，居處飲食之制，生徒多寡之額，師儒殿最之法，皆在所議，如合聖心，即乞睿斷，詔大臣施行。」三曰重縣令之任，大略謂：「宜籍中外已爲臺省、寺監官，依倣漢制，分宰百里。俟有治績，不次陞擢。則又增重事權，優假其禮，借以服色，厚給餼廩。凡軍馬屯駐本縣者，許之節制。其經由者，悉用階級。則又據諸路縣分户口賦入，分爲三等：上等自朝廷除授，中等則自吏部注擬，下等令帥司、監司同共辟奏，立爲定格，不得差互。則又用宋元嘉致治之法，以六期爲斷，革去三年成任、兩考成資，與堂選數易之弊。則又立四條，爲三等縣考課之法，曰糾正税籍、曰團結民兵、曰勸課農桑、曰敦勉孝悌。俟及三年，考其績效，已就緒者，就加旌賞。未有倫者，嚴行程督。皆無善狀，則黜汰之。又命從臣各舉二人之能任者，剌舉二人之姦贓者，皆籍於中書俟考，按功實以次施行。如是，縣令之選重，仁人君子有愛民利物之心者，皆舉其職矣。」四曰京官必歷親民，大略謂：「近來由判司簿尉初改官人，及雖爲京朝官〔六二〕，而實不曾歷親民差遣者，例皆不肯參部，便欲直爲通判。作威勢、黷貨賄，爲民之害，無所不至。望詔大臣，嚴守格法，不輕除授。其已除未赴者，亦乞别作施行。庶幾息僥倖之風，勵人材之操。」五曰監司、郡守並以三年爲任，大略謂：「近歲監司、郡守更易頻數，雖使絶人之才居之，號令未及信於民，而已報除代矣。望明詔大臣，凡前宰執、侍從官爲州郡，未滿三年，不許除代。其庶官知州及轉運使副、判官、提點刑獄，候到任一年，方差替人。其餘，凡係堂除者，除代以兩人而止，仍皆以三年爲任。如此，則官有宿業之士，功緒可稽，士息競奪之風，廉恥可立，乃中興急務也。」六曰除監司迴避户貫之禁，大略謂：「周制興賢，出長入治。後漢熹平間，朝議以州郡相黨，人情比周，乃制婚姻之家，及兩州人士，不得對相監臨。近年指揮，監司、郡守不得除用土人，違周公之訓，蹈熹平之失，出於當時用事大臣私意，非良法也。夫得賢才，使臨本邦，知利害尤悉，愛百姓尤切。不賢不才者，雖在他方，以非吾土，爲害滋甚矣。不擇人而繆於立法，此與三互同爲後世笑也。望明詔大臣，蠲除近禁，盡心選授，惟務得人。有功則賞，有罪則罰。」詔三省措置立法，其在内窠闕，并樞密院差除依此。後頗有所施行，然不盡用也。

十二月，改神武軍爲行營護軍。中護軍者，張俊所部也；前護軍者，韓世忠所部也；後護軍者，岳飛所部也。劉光世之兵稱左護軍，吴玠之兵稱右護軍，王彦稱前護副軍，並聽本路宣撫招討司節制。後與世忠、光世之軍最多，玠次之，飛又次之，彦兵視諸將最少。自渡江以後，三衙名存實亡。逮趙鼎、張浚並相，乃以楊沂中所將隸殿前司，解潛部曲隸馬軍司，統制官顔漸部曲隸步軍司。沂中之軍，本辛永宗部曲，後又益以它兵，故其衆特盛。潛之軍纔二千餘，漸所統，烏合之兵而已。

罷鎮撫使。

復侍從請對法。給事中吕祉請：「侍從官免輪面對，如有己見，即許依舊例請對。」從之。

以周葵爲司農少卿。葵任殿中侍御史，嘗入對，言：「今天步尚艱，非君子諷諫之時，臣願直言其失，大抵務虛文而無實效。」因數近所行之事不當者〔六三〕，凡二十許。上曰：「趙鼎、張浚爲朕任事，不可以小事形迹之。」葵曰：「陛下即位，已相十許人，其初皆極意委之，卒以公議不容而去。大臣亦無固志〔六四〕，假如陛下有過，尚望大臣納忠，豈大臣有過，而言者指陳，便爲形迹？臣願因人言，使大臣易意，不惟可救朝廷之闕，亦可保全之。」上曰：「此論甚奇。」至是，朝廷議大舉，而葵三章力言：「此存亡之機，不必更論。安危治亂，未有不先自治其國而成大功者。」或言葵沮國大計，遂有是命。

劉子羽、熊彥詩川陝撫諭使。時張浚將謀出師，故令子羽等見宣撫使吳玠諭指〔六五〕，而玠亦屢言軍前糧乏，因命子羽與都轉運使趙開計事，並察邊備虛實焉。

是歲，虜主吳乞買死，阿骨打孫亶立。時僞天會之十三年也。初，虜之故主旻與晟相約兄終弟及，復歸旻之子孫，故旻在日，以晟爲諳版孛極烈〔六六〕。諳版孛極烈者，儲副之位也。及晟代旻，即捨己之子宋王宗盤，而以旻之長孫，小名曷囉馬者爲諳版孛極烈，仍領都元帥之職。是春，晟卒，宗盤與旻之子固倫及粘罕皆争立，而亶爲嫡，遂立之。蓋粘罕去歲爲窩里嗢所代，已失兵柄，故不得立。時窩里嗢、撻辣諸酋，自江上回至燕山，悉赴晟之喪。

初，晟已僞謚旻爲武元皇帝。至是，亶復謚晟爲文烈皇帝，追謚其父宗浚爲景宣皇帝。

旻即阿骨打，晟即吴乞買也。

初，晟嘗下詔改正官名而未畢。至是，置三省六部，略放中國之制。以太師、太傅、太保爲三師，太尉、司徒、司空爲三公。尚書省置令，次左、右丞相，皆平章事；左、右丞皆參知政事。侍中、中書令皆居丞相下，仍爲兼職。元帥府置都元帥、左右副元帥、左右監軍、左右都監。樞密院置使、副、簽書院事。大宗正府置判、同判、同簽書事。宣徽院置左右使、同知、簽書事。六部初置吏、户、禮三侍郎，後置三尚書，仍兼兵、刑、工。既而，六曹皆置尚書、郎官，左右司及諸曹皆備。國史院置監修，以宰相兼領，次修史、同修史。御史臺置大夫、中丞、侍御史以下，而大夫不除，中丞惟掌訟牒及斷獄會法。諫院置左、右諫議大夫、補闕、拾遺，並以他官兼之，與臺官皆充員而已。翰林學士院置承旨、學士、侍讀、侍講學士、待制、修撰，而承旨不除。殿前司置都點檢、左右副點檢、左右衛軍。勸農司置使、副。記注院置修注。太常寺置卿、少。秘書省置監、少，以下皆備。國子監官不設。外道置轉運使，而不刺舉，故官吏無所憚。都事、令史用登進士第者預其選。官無磨勘之法，每一任則轉一官，此其大略也。初宇文虚中留其國。至是，受虜官，爲之參定其制。

時虜以粘罕、悟室爲相，左副元帥撻辣居祁州〔六七〕，右副元帥兀术已歸燕山。左丞高慶裔者，粘罕之腹心也，宗盤欲挫粘罕，因慶裔以贓敗，下之大理寺。臨刑，粘罕哭與之别，慶裔曰："公早聽我言，豈有今日？我死，公亦善保之。"蓋慶裔嘗教粘罕反也。粘罕於是絶食縱飲而死。

虜伐蒙。是冬，金以蒙國叛，遣宗盤提兵破之。蒙國者，在女真之北〔六八〕，在唐爲蒙兀部，亦號蒙骨斯，其人勁悍善戰，夜中能視，以鮫魚皮爲甲，可捍流矢〔六九〕。

校勘記

〔一〕則中興之功　"功"，梁溪集卷七八奉詔條具邊防利害奏狀及歷代名臣奏議卷八四作"期"。

〔二〕則當料理淮甸　"甸"，梁溪集卷七八奉詔條具邊防利害奏狀及歷代名臣奏議卷八四作"南"。

〔三〕荆襄則以湖北路財用給之　"湖北"，梁溪集卷七八奉詔條具邊防利害奏狀及歷代名臣奏議卷八四作"湖南北"。

〔四〕則當責以收復京東東西路　"東西路"原作"京西路"，據清影宋抄本、道光抄本及皇宋中興兩朝聖政卷一七改。

〔五〕知所依怙　"怙"原作"告"，據梁溪集卷七八奉詔條具邊防利害奏狀及歷代名臣奏議卷八四改。

〔六〕終累年以來　梁溪集卷七八奉詔條具邊防利害奏狀、三朝北盟會編卷一七一及歷代名臣奏議卷八四作"然累年之間"。

〔七〕翠華蒙犯 「犯」，三朝北盟會編卷一七一同，梁溪集卷七八奉詔條具邊防利害奏狀及歷代名臣奏議卷八四作「塵」。

〔八〕其效概可覩矣 「概」原作「既」，據梁溪集卷七八奉詔條具邊防利害奏狀及歷代名臣奏議卷八四改。

〔九〕五曰務盡人事 「事」原作「情」，據梁溪集卷七八奉詔條具邊防利害奏狀、繫年要録卷八七及皇宋中興兩朝聖政卷一七改。

〔一〇〕夫朝廷設耳目之官 「設」原作「詔」，據繫年要録卷八七及皇宋中興兩朝聖政卷一七改。

〔一一〕如河中之木 「木」原作「水」，據繫年要録卷八七及皇朝中興紀事本末卷三二改。

〔一二〕神武中軍當專衛行在 「神」後原衍「旅」，據繫年要録卷八七及皇宋中興兩朝聖政卷一七删。

〔一三〕萬一有稱病而賜罷 「一有」互倒，據毘陵集卷五應詔論事劄子、繫年要録卷八七及宋史卷三七五張守傳乙正。

〔一四〕無不去也 「去」，毘陵集卷五應詔論事劄子及三朝北盟會編卷一六六作「戒」。

〔一五〕若贊得國是 「國」原作「歸」，據繫年要録卷八五改。

〔一六〕爲陛下別君子小人用舍之 「舍」原脱，據繫年要録卷八四及皇宋中興兩朝聖政卷一七補。

〔一七〕降其驍將程師回張延壽而還 「程師回」原作「陳師回」，「張延壽」原作「張巡壽」，據中興小紀卷一八、繫年要録卷八四及宋史卷二八高宗紀五改。

〔一八〕二曰非聖人　「二」原作「三」，據上下文、繫年要録卷八七及皇宋中興兩朝聖政卷一七改。

〔一九〕檜憾之　「檜」原脱，據中興小紀卷三五及繫年要録卷一六二補。

〔二〇〕祚土報勳而已　「報勳」，皇朝中興紀事本末卷三二作「報勤」，繫年要録卷八五作「執勤」。

〔二一〕惟務治其在我　「治」原作「知」，據繫年要録卷八五及皇宋中興兩朝聖政卷一七改。

〔二二〕聖意拳拳於此　「拳拳」原作「奉拳」，據繫年要録卷八五及皇宋中興兩朝聖政卷一七改。案晦庵先生朱文公文集卷九五上張公（浚）行狀上及歷代名臣奏議卷一五六作「孜孜」，亦通。

〔二三〕見自外移竹栽入内　「栽」原作「成」，據清影宋抄本、道光抄本、繫年要録卷八六及皇宋中興兩朝聖政卷一七改。

〔二四〕而不辨也　「辨」原作「下」，據中興小紀卷一八、三朝北盟會編卷二一六及繫年要録卷一三六改。

〔二五〕陞爲湖北京西招討使　「湖北」原作「河北」，據中興小紀卷一九及繫年要録卷九七改。

〔二六〕集諸道兵來援　「集」上原衍「圍」，據繫年要録卷八五及皇朝中興紀事本末卷三二删。

〔二七〕守臣舒繼明死之　「舒繼明」原作「許繼明」，據繫年要録卷八五、皇宋中興兩朝聖政卷一七及宋史卷二八高宗紀五改。

〔二八〕今四川區區一隅之地　「四川」原作「西川」，據上文、繫年要録卷一一一及宋史卷三七四李迨傳改。

〔二九〕以參知政事孟庾沈與求兼樞密院事　案繫年要録卷八六、皇宋中興兩朝聖政卷一七及宋史卷二八高宗紀五繫此事於閏二月。

〔三〇〕陝西用兵　「兵」原脱，據繫年要録卷八六及皇朝中興紀事本末卷三二補。

〔三一〕半於常數　「數」，宋會要輯稿食貨三五之二七及繫年要録卷一八五作「賦」。

〔三二〕孫近唐煇仍講論語孟子　「唐煇」原作「唐燁」，據繫年要録卷八七及皇宋中興兩朝聖政卷一七改。

〔三三〕臣采諸公論　「采」原作「粂」，據繫年要録卷八八改。

〔三四〕聞君父喪　「聞」原作「間」，據繫年要録卷八八及皇宋中興兩朝聖政卷一七改。

〔三五〕景靈宫用牙盤　「用」原脱，據建炎以來朝野雜記甲集卷二太廟景靈宫天章閣欽先殿諸陵上宫祀式補。

〔三六〕昔郭子儀以河中軍常乏食　「以」原脱，據高峰文集卷五轉對論屯田奏狀及繫年要録卷八九補。

〔三七〕有主將之可恃如此　「有」，高峰文集卷五轉對論屯田奏狀及繫年要録卷八九作「凡」。

〔三八〕一半對減川路糴買　「半」原作「年」，據繫年要録卷一一一及宋史卷三七四李迨傳改。

〔三九〕魯威公爲齊所殺　「威」，斐然集卷一一論遣使劄子及歷代名臣奏議卷八六作「桓」，是。此蓋避宋欽宗趙桓之諱改。下同。

〔四〇〕卜齮圉人犖之刃交發於党氏武闈之間　「圉」原作「圍」，據道光抄本及斐然集卷一一論遣使劄子改。

〔四一〕而成就一姑息之事也　「息」，斐然集卷一一論遣使劄子及歷代名臣奏議卷八六作「爲」。

〔四二〕於和議事皆已試用　「事」原作「輩」，據繫年要録卷八九改。

〔四三〕共享治安之美　「美」原作「策」，據繫年要録卷八五及宋會要輯稿職官三之五七改。

〔四四〕無愧馮異魏證之所陳　「證」當作「徵」，蓋避仁宗嫌名諱改。

〔四五〕臣聞人主所以得天　「臣」前原衍「大」，據繫年要録卷一〇四及皇宋中興兩朝聖政卷二〇刪。

〔四六〕上大感動　「動」原作「異」，據繫年要録卷一〇四及皇宋中興兩朝聖政卷二〇改。

〔四七〕儼如成人　「成」，皇朝中興紀事本末卷三三及宋會要輯稿方域三同，繫年要録卷八九及皇宋中興兩朝聖政卷一八作「神」。

〔四八〕選人婁寅亮上書　「婁寅亮」原作「樓寅亮」，據繫年要録卷四五及皇宋中興兩朝聖政卷九改。

〔四九〕慮國則深　「深」原脱，據北山集卷二六婁寅亮除監察御史及中興小紀卷一一補。

〔五〇〕詔福建歲貢龍鳳團茶　「鳳團」互倒，據宋會要輯稿食貨三一之一、繫年要録卷九〇及皇宋中興兩朝聖政卷一八乙正。

〔五一〕飛既降欽　「飛」原作「兵」，據繫年要録卷九〇改。

〔五二〕焞　原作「惇」，據上下文、繫年要録卷九〇及皇宋中興兩朝聖政卷一八改。

〔五三〕頤死　「死」原脱，據繫年要録卷九〇及皇宋中興兩朝聖政卷一八補。

〔五四〕兼充歸峽州荆門公安軍安撫使　「歸」原脱，據繫年要録卷八八及宋史卷三六八王彦傳補。

〔五五〕移治於枝江縣　「枝」原作「松」，據清影宋抄本、道光抄本及三朝北盟會編卷一六八改。

〔五六〕庶幾百姓樂事　「事」，繫年要録卷九一及皇宋中興兩朝聖政卷一八作「業」。

〔五七〕王洙之孫楚老獻仁宗所賜飛白字及御書賜洙　「楚老」原作「孝老」，據繫年要録卷一〇六及皇宋中興兩朝聖政卷二〇改。

〔五八〕否之初六 「六」原作「九」，據晦庵先生朱文公文集卷九五上張公（浚）行狀上改。

〔五九〕起夫人君一心之微 「夫」，道光抄本及晦庵先生朱文公文集卷九五上張公（浚）行狀上作「于」。

〔六〇〕韓世忠敗之 「韓」原作「朝」，據道光抄本、繫年要録卷九四及宋史卷二八高宗紀五改。

〔六一〕祖宗並爲一列 「宗」原作「廟」，據繫年要録卷九四及皇宋中興兩朝聖政卷一八改。

〔六二〕及雖爲京朝官 「雖」，斐然集卷一〇輪對劄子同，繫年要録卷九五作「初」，皇宋中興兩朝聖政卷一八作「親」。

〔六三〕因數近所行之事不當者 「近」，皇朝中興紀事本末卷三五作「進」。

〔六四〕大臣亦無固志 「無」原作「合」，據清影宋抄本、道光抄本、繫年要録卷九六及皇朝中興紀事本末卷三五改。

〔六五〕故令子羽等見宣撫使吴玠論指 「宣撫使」，繫年要録卷九六作「宣撫副使」。

〔六六〕以晟爲諳版孛極烈 「諳」原作「諸」，據清影宋抄本及皇朝中興紀事本末卷三二改。

〔六七〕左副元帥撻辣居祁州 「祁州」原作「祈州」，據皇朝中興紀事本末卷四〇改。

〔六八〕在女真之北 「北」，繫年要録卷九六作「東北」。

〔六九〕可捍流矢 「矢」原作「矣」，據道光抄本及繫年要録卷九六改。

中興兩朝編年綱目卷第七

高宗皇帝　起丙辰紹興六年，止丁巳紹興七年。

丙辰紹興六年（一一三六）春正月，上在臨安。

命振濟。時雪寒，上謂張浚曰：「朕居燠室，尚覺寒，細民甚可念。若湖南、江西旱災去處，亦宜早措置賑濟。民既困窮，則老弱者轉於溝壑，强悍者流爲盜賊。朕爲民父母，豈得不憂？」浚曰：「陛下推是心以往，則足以感召和氣，況實惠乎？」上曰：「朕每以事機難明，專意精思，或達旦不寐。」浚曰：「陛下以多難之際，兩宫幽處，一有差失〔一〕，存亡所係，慮之誠是也。然雜聽則易惑，多畏則易移。以易惑之心行易移之事，終歸於無成而已。以陛下聰明，苟大義所在，斷以力行，夫何往而不濟？臣願萬機之暇，保養天和，澄心静氣，庶幾利害紛至而不能疑，則中興之業可建矣。」遂有是旨。

詔寬卹。旱災，故詔三省，檢會累降寬卹事件，務令實惠及民。仍委帥守賑濟。尋命帥臣、監司比較州縣賑濟優劣，取旨賞罰。

三月，又詔蠲旱災州逋租。

是冬，敕令所删定官鄭剛中對言：「陛下臨御十年，寬刑罰，省科徭，戒貪贓，恤饑窮，嚴警備。每一詔下，丁寧懇惻，而德澤未徧者，蓋天下有虚文之弊。臣願爲士大夫下厲精之詔，許自今宣布實德，視民利害，如在其家，不得以虚名文具，欺罔朝廷，使陛下之誠意，被覆赤子之身，不在於官府文書之上。」上謂輔臣曰：「近所引對，多是人才，朕雖得珠玉珍玩，不足爲貴〔二〕，但冀一歲之間，得十數輩人物，乃足爲寶也。」以其言令學士降詔，出榜朝堂，而除剛中樞密院編修。

復命張浚出視師。浚以虜勢未衰，而劉豫復據中原，爲謀叵測，奏請親行邊塞，部分諸將，以觀機會。上許焉。浚即張榜，聲豫叛逆之罪。時韓世忠駐軍承、楚，劉光世屯兵太平州，張俊屯建康府〔三〕，而岳飛在鄂州。朝論以爲邊防未備，空闕之處尚多。浚獨謂：「楚、漢交兵之際，漢駐兵殽、澠間，則楚不敢越境而西，蓋大軍在前，雖有他歧捷徑〔四〕，敵人畏我之議其後，不敢踰越而深入。故太原未陷，則粘罕之兵不復濟河〔五〕，亦以此耳。」

初，言屯田者甚衆，而行之未見其效。至是，浚兼領屯田以出，始置官屬，凡所行之事，皆畫一而去。

浚至江上，會諸大帥議事，乃命韓世忠自承、楚以圖淮陽；命劉光世屯廬州，以招北軍；張俊練兵建康〔六〕，爲進屯盱眙之計；楊沂中領精兵爲後翼；岳飛進屯襄陽，以窺中原。於是國威大振。上御書裴度傳，遣使賜浚，以示至意。

二月，置交子務，尋罷之。先是，都督行府主管財用張澄，請依四川法造交子，與見緡並行。仍造三十萬〔七〕，用於江、淮矣。至是，中書言：「交子、錢引并沿邊糴買文鈔，皆係祖宗舊法，便於民間行使。自軍興以來，未嘗檢舉。今商賈雖通，少有回貨。已倣舊法，先椿一色見緡，印造交子，分給諸路，令公私並同見緡行使，期於必信，決無更改。」詔諸路漕司榜諭，遂造百五十萬緡充糴本，將悉行之東南焉。

五月，詔官吏並罷，仍依逐年所降關子指揮。初，用澄議，置務於行在，而未有所椿見錢。於是，言者極論其害，以爲：「四川交子行之幾二百年，公私兩利，不聞有異議者，豈非官有椿垛之錢，執交子而來者，欲錢得錢，無可疑者歟？今行在建務之初，印造三十萬，令榷貨務椿撥見錢矣。續降指揮，印造和糴本錢交子，兩浙、江東西一百五十萬，而未聞椿撥此錢，何以示信於人乎？竊見前年和糴，用見錢關子。已而赴榷務請錢者，以分數支，民間行使，亦以分數論。去年，和糴關子一百三十萬，先令榷貨務椿足見緡，日具數申省部，民間行使，亦依見緡用。然則，可信者固在此，不在彼也。欲乞應印造交子，先令庫務椿垛見錢，行使之日，齎至請錢者，不以多少，即時給付，則民無疑心，而行之可久矣。」諫議大夫趙霈、翰林學士胡交修，皆言其不便。交修以爲：「崇寧大錢，覆轍可鑒。方大臣建議，舉朝無敢非者。法行未幾，錢分兩等，市有二價，姦民盜鑄，死徙相屬，終莫能勝。今之交子，校之大錢，無銅炭之費，無鼓鑄之勞，一夫日造數十百紙，鬼神莫能窺焉，真贋莫辨，轉手相付，旋以僞券抵罪，禍及無辜。久之，見錢盡歸藏鏹之家，商賈不行，細民艱食，必無束手待盡之理。比及悔悟，恐無及矣。」江西帥李綱亦遺執政書，言其不可行。繇是遂復爲關子焉。關子自十千至百千，凡五等。

襄陽府路改京西南路。

韓世忠敗僞齊兵于淮陽。時劉豫頗於僞境聚衆，世忠自楚州引兵渡淮，擊敗之，直至淮陽而還。上手書賜浚，曰：「世忠既捷，遂整軍還屯〔八〕，進退合宜，不失事機，亦卿指授之方。卿更審虛實，徐爲後圖，或遣岳飛一窺陳、蔡，使賊枝梧之不暇也。」尋賞世忠淮陽之功，賜號揚武翊運功臣，加横海武寧安化節度。大將賜功號，節度開三鎮，始此。

三月，初收官告綾紙錢。

命韓世忠、岳飛分屯楚州及襄陽。世忠京東淮東宣撫處置使，飛湖北京西宣撫副使。張浚於諸大帥中獨稱世忠與飛可倚以大事，故並用之。

浚時在淮南，謀渡淮北向，惟倚世忠爲用。世忠辭以兵少，欲摘張俊之將趙密爲助。以行府檄俊，俊拒之，謂世忠有見吞之意。浚奏乞降聖旨，而俊亦稟於朝。趙鼎白上曰：「浚以宰相督諸軍，若號令不行，何以舉事？俊亦不可拒。」乃責俊當聽行府事〔九〕，不應尚稟於朝。復下浚一面專行，不必申明，慮失機事。時議者以爲得體。至是，浚終以俊不肯分軍爲患。鼎謂浚曰：「世忠所欲者，趙密耳。今楊沂中武勇，不減於密，而所統乃御前軍，誰敢覬覦？當令沂中助世忠，却發密入衛，俊尚敢爲辭耶？」浚曰：「此上策也，浚不能及。」乃詔江東宣撫使司趙密、巨師古屬殿前司。

俊尋進城盱眙，遂屯泗州。

六月，浚又渡江，撫淮上諸屯，屬方盛暑，浚不憚勞，人皆感悦。時防秋不遠，浚以方略諭諸帥，大抵先圖自守，以致其師，而後乘機擊之。劉光世自當塗進屯廬州，與韓世忠、張俊鼎立。又遣楊沂中進屯泗州。軍聲大振。

李綱入對。時除江西帥，因請入覲，所上疏凡十六，其論中興及金人失信，襄陽形勝與和戰、朋黨五事，皆利害之大者。上嘉勞久之。其論金人失信，略曰：「自金人起兵以來，不過以失信二字加我，臣請詳言之。方宣和間，遣使與金人結約海上，同謀契丹，厚與之賂，而得雲、燕之地。以爲失信於契丹則可，以爲失信於金人則不可。其後，金人敗盟，以犯燕山，遂犯京城。此則金人之失信一也。虜騎犯闕，勤王之師未集，議者不爲長久之計，一切以不可許者許之，結成禍根，至今爲梗。然當時所許，乃城下之盟，神祇弗聽。元約肅王至河而返，不肆侵掠。而金人挾肅王以渡河，虜掠子女、玉帛，殺戮尤甚。粘罕復犯威勝、隆德等州。淵聖嘗降詔書，謂金人渝盟，必不可守，此則金人之失信者二也。朝廷遣使交割三鎮，三鎮之人守死不從，此特中國之人不願淪於夷狄耳。淵聖奉書，請增歲幣，以代三鎮租賦。金人挾此，遂有再入之舉。朝廷遣執政、郎官分河割地〔一〇〕，奉使虜中，往往爲兩河之民所殺，如聶山、王雲之流是也。由是觀之，三鎮之民，朝廷豈能令之哉？虜騎既破汴都，登城不下，猶假和約已成之説，以欺勤王之師，遂遷二聖，卷六宮而北之，策立逆臣，易姓建號，此則金人失信者三也。金人負大失信者三，反以此名加於中國，正猶盜賊劫略主人，恃其兇威〔一一〕，靡所不至，而猶自以爲己之直，而主之曲也。又況夷狄禽獸，豈可以信義與之較曲直哉？願下明詔，詳述自宣和、靖康以來，失信在彼而不在此，使中外周知其故，曉然不疑。庶幾人百其勇，士氣自振。」及辭退，又上疏言：「今日主兵者之失，大略有四：兵貴精不貴多，多而不精，反以爲累；將貴謀不貴勇，勇而不謀，適爲敗擒；陣貴分合，合而不能分，分而不能合，皆非善置陣者；戰貴設伏而直前，使敵無中斷邀擊之虞，皆非善戰者〔一二〕。願明詔之，使知古人用兵之深意，非小補也。朝廷近來措置恢復，有未進善者五，有宜預備者二，有當善後者二。今降官告、給度牒、賣户帖、理積欠，以至折帛博糴、預借和買，名雖不同，其取於民則一，而不能生財節用，覈實懋遷，一也。議者欲因糧於敵，而不知官軍抄掠，甚於寇盜，恐失民心，二也。金人專以鐵騎勝中國，而吾不務求以制之者，三也。今朝廷與諸路之兵，盡付諸將，外重内輕，四也。兵家之事，行詭道，今以韓世忠、岳飛爲京東、京西宣撫，未有其實，而以先聲臨之，五也。且中軍既行，宿衛單弱，肘腋之變〔一三〕，不可不虞。則行在當預備。江南、荆湖之衆盡出，敵或乘間擣虛，則上流當預備。海道去京東不遠，乘風而來，一日千里，而蘇、秀、明、越，全無水軍，則海道當預備。假使異時王師能復京東、西地，則當屯以何兵？守以何將？金人來援，何以待之？萬一不能保，則兩路生靈虛就屠戮，而兩河之民絶望於本朝。勝猶如此，當益思善後之計。」綱又言：「今日之事，莫利營田。然淮南兵革、江湖旱灾之餘，民力必不給。謂宜令淮南、襄漢宣撫諸使，各置招納司，以招納京東西、河北流移之民〔一四〕，明出文榜，厚加撫諭。撥田土，給牛具，貸種糧，使之耕鑿。許江、湖諸路於地狹人稠地分，自行招誘，而軍中人兵願耕者，聽，則人力可用矣。初年租課，盡畀佃户，方耕種時，仍以錢糧給之。秋成之後，官爲糴買，次年始收其三分之一，二年之後，乃收其半，罷給錢糧。此其大概也。不然，徒有營田之名，初無營田之實，何補於事？」詔都督行府措置。其後，頗施行之。

夏四月，嚴考校監司守令法。殿中侍御史周秘言：「國家歲以十五事考校監司，四善、四最考校縣令。而五六年間，惟成都、潼川路一嘗奏到，其餘諸路課績，並不申奏，法令廢弛。」乃詔吏部申嚴行下，違者，令御史臺糾劾。

六月，正字李誼因對言：「吏之臧否，係乎人君之好惡。其從違，常係乎人君之賞罰。考漢書循吏傳六人，而五人出于宣帝；酷吏傳十二人，而八人出于武帝。唐書循吏傳十五人，而出于武德、正觀之時者半〔一五〕；酷吏傳十二人，而出于武后之時者亦半。以是知吏之爲治，皆視上之趣嚮爾。願詔諸路監司，舉劾部内守令政績之善否，其有蔽賢容姦者，皆當坐以違制之罪。」詔下其章。翌日，除監察御史。

是冬，令監司分上下半年，開具所部知縣有無善政顯著、繆懦不職之人，申尚書省〔一六〕。

僞齊陷唐州。判官扈舉臣〔一七〕、推官張從之死之。

賜功臣號。應能決勝强敵，恢復境土，並降制特賜，以示異恩。

訓宗室名。自元豐後，非祖免親，皆罷賜名。至是，以同名者衆，故詔宗正寺復訓名。明年，本寺奏：「太祖下『希』字子連『與』字，太宗下『崇』字子連『必』字，親賢宅『居』字子連『多』字，棣華宅『卿』字子連『茂』字，魏王下『夫』字子連『時』字。」從之。

復翰林侍讀學士。以范沖爲之。咸平初，始置講讀學士。經元豐、紹聖再省。至是，特以命沖。

劉光世破僞齊劉龍城。僞齊築之，以窺淮西，光世遣將王師晟破之，盡俘其衆而還。

尋加光世三鎮節度。

五月，振湖南饑。去歲，旱傷，湖南尤甚。帥臣呂頤浩究心荒政，奏截撥上供米三萬石，及令廣西帥、漕兩司備五萬石，水運至本路，充振濟。又乞降助教敕、度僧牒，誘上户糴米。民不能耕，則借之糧種，夏稅亦就秋併輸。全活甚衆。

收免丁錢。

金星犯畢。上謂宰執曰：「近日金星犯畢，占法，邊有敗兵。當喻與張浚，令諸帥戒守邊者，天既有象，須修人事以應之。」

六月，以王庶知荆南府。兼湖北經略安撫使。庶既老，愈通習天下事。因入對，首言：「今日之患，莫大於士氣之委靡。願振拔名節，士起其氣。」又論：「安危在修己，治亂在立政，成敗在用人。」上韙其言。庶因請曰：「臣肝膽未盡吐也。願賜臣間，得縷數于前。」上乃燕見之，庶言益深，嘗跪而問曰：「陛下欲保江南，無所復事，如曰紹復大業，都荆爲可。荆州左吴右蜀，利盡南海，前臨江、漢，可出三川，涉大河，以圖中原，曹操所以畏關羽者也。」上大異之。及是，至鎮江。時荆南屢爲盗殘，庶與士卒披荆棘，致材用，治城隍，繕府庫，廨舍畢修，陶瓦爲民室廬，闢市區如承平時，流庸四集。庶乃下令：「有欲吾田者，肆耕其中，吾不汝賦。有能持吾錢而得息者，視其息與去之日多少，授其職有差。」武吏争出應令。未幾，還輸其息，府庫大充，得以養兵，遂成軍，隱然爲雄藩。

明年夏，有上殿官奏乞駐蹕江陵。上謂宰執曰：「荆南形勢，自古吴、蜀必争之地。故杜甫江陵望幸詩云：「地利西通蜀，天文北照秦。」宜諭帥臣王庶練兵積粟，及治城塹，招流移，爲悠久之計。」

地震，詔罪己，求言。上曰：「故事，當避殿減膳。今只一殿，而常膳甚薄，更減亦何害？」趙鼎曰：「此文具耳，應天當修人事。今費用大而科斂煩，此最傷和氣者也。臣等日夕惴惴，終恐才薄，上辜任使。」於是，右司諫王縉言：「地震駐蹕之所，豈非天心仁愛？著陰盛之戒，女子、小人則遠之，夷狄、盗賊則備之，是皆陰類也。」又言：「陛下即位十年，軍政未立，國用未節。宜詔大臣，參酌祖宗舊制，每歲出納之數而裁酌之，抑僥倖以集衆志〔一八〕，薄賦斂以寬民力，爲長久之計也。」

行江、淮守臣久任法。詔兩淮、沿江守臣，三年爲任。從都督行府司措置營田官王弗之請也〔一九〕。弗候對，上望見之，謂宰執曰：「當詳喻弗，令竭力久任，若一二年間營田就緒，庶可少寬民力。朕昨在會稽，嘗書趙充國傳，以賜諸將。若早做得數年〔二〇〕，今已獲其利。」鼎曰：「爲國根本之計，莫大於此。」上曰：「然。」弗既對，乞江、淮守令皆久任。上又謂宰執曰：「朕昔爲元帥時，嘗見州縣官說在官者以三年，猶且一年立威信，一年守規矩〔二一〕，三年則務收人情，爲去計矣。況今以二年爲任乎？雖有緝治之心，蓋亦無暇日矣。王弗所論甚當，宜舉行之。」乃有是詔。

先是，上嘗詔輔臣曰〔二二〕：「知宣州趙不群爲郡有稱，守公奉法，使百姓安其田里。當寵旌之，以爲四方之勸。」乃命增秩再任。又曰：「民窮無聊，起而爲盜，多緣守令不良，擾之使然。若百姓安其田里，其肯爲盜乎？朕夙夜以此爲懷，卿等復留意，謹擇守令，庶幾百姓有安居樂業之意。」

未幾，知廣德軍湯鵬舉以轉運言其政績，上命增秩再任。仍諭大臣曰：「近時，士大夫數言縣令多有不稱其職者，朕再三思之，亦難盡擇。莫若謹選監司、郡守，似爲要道。正如朕深居九重之中，安能盡知百執事之能否？但當留意宰相耳。」

嚴贓吏法。上與宰執論及治體，因曰：「治天下之道，在必賞必罰而已。淫刑以逞，固不可。苟有罪，豈可以不刑？」趙鼎曰：「近時贓吏雖不棄市，亦杖脊刺配。且殺人者死，古今常法。比年皆從貸例，聖人以謂罪疑惟輕。既無所疑，何爲而貸？貸一有罪，則犯者愈衆，而善人咸被其禍矣。」

秋七月，黜内侍馮益。與在外宫觀，日下出門。上謂輔臣曰：「聞益交關外事，寖不可長，宜亟出之。」鼎等再三賀上威斷。上曰：「朕待此曹，未嘗不盡恩意，然纔聞過失，亦不少貸也。」先是，劉豫揭榜山東，妄言益遣人收買飛鴿，因有不遜之語。知泗州劉綱得而上之。張浚請斬益以釋謗，上未許。趙鼎曰：「益事誠曖昧，然疑似間有關國體，若朝廷略不加罰，外議必謂陛下實嘗遣之，有累聖德。不若暫解其職，姑與外祠，以釋衆惑。」上欣然出之。浚意未快。鼎曰：「自古欲去小人者，急之，則黨合而禍大；緩之，則彼自相擠。今益罪雖誅，不足以快天下，然群閹恐人君手滑，必力争以薄其罪。不若謫而遠之，既不傷上之意，彼但見奪職責輕，必不致力營救。又幸其去位，必以次規進，安肯容其復入耶？若力排之，此輩側目吾人〔三〕，其黨愈固，而不可破矣。」浚乃服。

復壽春府。劉光世復之也。

九月，上如平江。初，張浚謂：「東南形勢，莫重於建康，實爲中興根本。且使人主居此，則北望中原，常懷憤惕，不敢自暇自逸。而臨安僻居一隅，内則易生安肆，外則不足以號召遠近，係中原之心。」遂奏請聖駕，以秋冬臨建康，撫三軍而圖恢復。時召浚自江上歸，又力陳建康之行爲不可緩，朝論不同，上獨從其計。先是，三大帥既移屯，而岳飛亦遣兵入僞齊，至蔡州，焚其積聚。會諜報劉豫有南窺之意，趙鼎乃建議進幸平江，以朔日發臨安，秦檜爲行宫留守，孟庾同留守。

浚尋復出視師。

僞齊分道入寇。初，劉豫以因粘罕、高慶裔得立，每歲皆有厚賂，而蔑視其他諸酋。至是，豫聞上將親征，告急於金主，求兵爲援，且乞先寇江上。亶使諸將相議之〔二四〕，領三省事宗盤言曰：「先帝所以立豫者，欲豫闢疆保境，我得安民息兵也。今豫進不能取，又不能守，兵連禍結，愈無休息。從之則豫受其利，敗則我受其弊。況前年因豫乞兵，嘗不利於江上矣。奈何許之？」亶乃聽豫自行，遣兀朮提兵黎陽以觀釁。於是豫以其子麟領行臺尚書，許清臣權大總管，李鄴、馮長寧皆參行臺謀議，以李成、孔彦舟、關師古爲將，僉鄉兵三十萬，號七十萬，分道入寇。中路趨合肥，以麟統之；東路由紫荆山出渦口，犯定遠縣，趨宣、徽，以姪猊統之；西路由光州犯六安，彦舟統之。

麟令鄉兵僞胡服於河南諸處，十百爲群，人皆疑之，以爲虜、僞合兵而至。劉光世奏禦賊事宜，謂廬州難守。張俊駐軍泗州，亦請益兵。衆情恟懼，議欲移盱眙之屯，退合淝之戍，召岳飛盡以兵東下。張浚以爲不然，乃以書戒俊及光世曰：「賊豫之兵，以逆犯順，若不剿除，何以立國？平日亦安用養兵爲？今日之事，有進擊，無退保。」而趙鼎及簽書折彥質皆移書抵浚〔三五〕，欲飛兵速下。且擬條畫項目，請上親書付浚。大略欲退師還江南，爲保江之計，不必守前議。於是，韓世忠統兵遇虜騎，與訛里也孛堇等力戰，既而亦還楚州。或請上回臨安。浚奏：「若諸將渡江，則無淮南，而長江之險與虜共。淮南之屯，正所以屏蔽大江。使賊得淮南，因糧就運，以爲家計，江南其可保乎？今淮西之寇，正當合兵掩擊，況士氣甚振，可保必勝。若一有退意，則大事去矣。又岳飛一動，則襄漢有警，復何所制？願朝廷勿專制于中，使諸將不敢觀望。」上乃手書報浚：「近以邊防所疑事咨卿，今覽所奏甚明，俾朕釋然無憂。非卿識高慮遠，出人意表，何以臻此？」浚奉此詔，異議乃息。吏部侍郎吕祉亦言：「士氣當振，虜鋒可挫。」上乃命祉往江上視師。而劉光世已舍廬州而退，浚甚怪之，即星馳至采石，遣人喻光世之衆，曰：「若有一人渡江，即斬以徇！」且督光世復還廬州。

冬十月，劉光世敗僞齊劉麟于安豐。光世不得已，乃駐兵與楊沂中相應，遣王德、酈瓊將精卒自安豐出謝步，遇賊將崔皋于霍丘，賈澤于正陽，王遇于前羊市，皆敗之。是日，賊攻壽春府寄治芍陂水寨，守臣孫暉夜劫其寨，又敗之。

楊沂中大敗劉猊于藕塘鎮。時猊將東路兵至淮東，阻韓世忠承、楚之兵，不敢進，復還順昌。麟乃從淮西繫三浮橋而渡〔二六〕，於是，賊衆數十萬已次於濠、壽之間〔二七〕。江東宣撫張俊拒之，即詔併以淮西屬俊。楊沂中爲俊統制官。張浚即遣沂中至濠州與俊合〔二八〕，且使謂之曰：「上待統制厚，宜及時立大功，或有差跌，浚不敢私。」又遣張宗顏等自泗州來，爲其後繼。猊以衆數萬過定遠縣，欲趨宣化，以犯建康。沂中與猊前鋒遇于越家坊，敗之。猊孤軍深入，恐王師掩其後，欲會麟于合淝。沂中至藕塘，與猊遇，統制官吴錫率勁卒五千突入猊軍中，賊衆潰亂，沂中縱大軍乘之。宗顏等亦俱進，賊衆大敗，横屍滿野，猊挺身逃去。麟聞猊敗，亦望風而潰。光世乘勢追襲，亦捷。通兩路所獲軍須、器甲、錢物，不可勝計。於是孔彦舟圍光州，聞猊敗，亦引去，北方大恐。俊與沂中引兵攻壽春府，不克而還。

張俊加三鎮節度，楊沂中加保成節度，主管殿前司，賞淮西之功也。先是，右司諫陳公輔言：「濠、梁之急，浚遣沂中來援〔二九〕，遂破賊兵，此功固不可掩。劉光世不守廬州，而濠、梁戍兵輒便抽回，如渦口要地，更無人防守。若非沂中兵至，淮西焉可保哉？光世豈得無罪？又沂中之勝，以吴錫先登；光世追賊，王德尤爲有力。是二人當有崇獎，以爲諸軍之勸。」朝廷亦以俊、沂中功尤著，遂優賞之。

四川增印錢引。三百萬緡。制置司增印錢引，始此。

旌死節。廣東賊曾衮爲亂，經略南連夫與統制韓京會于惠州，督兵討之，募死士劫其寨。效用易青爲所獲，不屈，賊焚之，詈不絶口而死。青無妻子，事聞，追贈官，爲薦祭。

十二月，趙鼎罷。出知紹興府。先是，楊沂中捷奏至，鼎即求去，上不許。鼎因曰：「臣初與張浚如兄弟，因呂祉輩離間，遂爾睽異。今同相位，勢不兩立。陛下志在迎二聖，復故疆，當以兵事爲重。今浚成功淮上，其氣甚鋭，當使展盡底蘊，以副陛下之志。浚當留，臣當去，其勢然也。」上曰：「俟浚歸商量。」至是，浚還平江，隨班入見，且奏劉光世退屯事。上曰：「却賊之功，盡出右相。」時鼎已議回蹕臨安，浚力請幸建康，且言：「天下之事，不唱則不起，不爲則不成。今四海民心，孰不思王室？而虜脅之以威，雖有智勇，無緣展竭。此三歲間，賴陛下一再進撫，士氣稍振，今當示以形勢，激忠興懦，則三四大帥不敢偷安。蓋天下者，陛下之天下，陛下不自致力以爲之先，則人有解體之意。日復一日，終以削弱。異時復詔巡幸，其誰信之？何哉？彼知以此爲避地之計，無意於圖天下故也。論者不過曰『萬一有警，難於遠避』。夫將士用命，扼淮而戰，破敵有餘。苟人有離心，則何地容足？又不過曰『當秋而戰，及春而還』，此但可以紓一時之急，年年爲之，人皆習熟，難立國矣。又不過曰『賊占上流，順舟可下』[三〇]，今襄、漢我有，舟何自來？使賊有餘力，水陸偕進，陛下深處臨安，亦能安乎？」鼎曰：「强弱不敵，且宜自守，未可以進。」於是遂罷。

鼎在越，惟以束吏恤民爲務，每言：「不束吏，雖善政不能行。蓋除害，然後可以興利。」是以所至，姦猾屏息。又場務利入之源，不令侵耗，財賦遂足。

折彦質罷。 罷簽書樞密院事，提舉洞霄宫。

嚴内外更迭法。 詔略曰：「朝廷設官，本以爲民。比年重内輕外，殊失治道之本。自今監司、郡守秩滿，考其治效内除，而郎曹未歷民事者，復使承流于外。庶幾民被實惠，以稱朕意。」時張浚專任國政，首言：「比年内重外輕，又官于朝者，多不歷民事，請以監司、郡守有治狀者除郎曹，郎曹資淺者除監司、郡守，館職未歷民事者除通判〔三二〕。仍乞降詔。」從之。是月，又以編修、删定、檢鼓等院官未經民事者，堂除近闕大邑。遂以山陰、諸暨、餘杭、富陽、江寧、上元、南昌、分寧等，凡四十處爲大邑。

陳公輔請禁伊川學。 左司諫陳公輔上言：「今世取程頤之説，謂之伊川之學。相率而從之，倡爲大言，謂堯、舜、文、武之道，傳之仲尼，仲尼傳之孟軻，軻傳之頤，頤死遂無傳焉。狂言怪語，淫説鄙論，曰『此伊川之文也』，幅巾大袖，高視闊步，曰『此伊川之行也』。師伊川之文，行伊川之行，則爲賢士大夫，捨此皆非也。乞禁止之。」上批：「士大夫之學，宜以孔、孟爲師，庶幾言行相稱，可濟時用，可布告中外，使知朕意。」時方召尹焞。焞，頤門人也，公輔之意蓋有所指云。

録黄下禮部，吏欲鏤板。時董弅爲中書舍人、權侍郎，曰：「少俟之。」乃以己見求對。

郎中黄次山申臺，謂弁沮格詔令。於是，侍御史周秘彈弁。正月，出弁知衡州。既而翰林學士朱震白張浚求去。胡安國聞之，與其子寅書曰：「子發求去晚矣。當公輔之説纔上，若據正論力争，則進退之義明。今不發一言，默然而去，豈不負平日所學？惜哉！且復問宰相云『某當去否』？既數日，又云『今少定矣』。此何等語？遇緩急則是偷生免死計，豈能爲國遠慮？平生讀易何爲也？」於是，安國自上奏曰：「士以孔、孟爲師，不易之至論，然孔、孟之道，失其傳久矣。自程頤始發明之，而後其道可學而至。今使學者師孔、孟，而禁不得從頤之學，是入室而不由户也。夫頤之文，於易則因理以明象，而知體用之一源；於春秋則見諸行事，而知聖人之大用；於諸經、語、孟，則發其微旨，而知其求仁之方、入德之序。則鄙言怪語，豈其文哉？頤之行，則孝弟顯於家，忠誠動於鄉，非其道義，一介不以取予，則高視闊步，豈其行哉？自嘉祐以來，頤與兄顥及邵雍、張載，皆以道德名世，如司馬光、吕公著、吕大防，莫不薦之。頤有易、春秋傳，雍有經世書，載有正蒙書，惟顥未及著書。望下禮官，討論故事，加此四人封爵，載在祀典，比於荀、揚之列。仍詔館閣裒其遺書，以羽翼六經，使邪説不得作，而道術定矣。」安國時以祠官兼侍讀。奏入，公輔、秘及殿中侍御史石公揆交章，謂安國學術頗僻，除知永州，安國辭，復與祠。

丁巳紹興七年（一一三七）春正月，上在平江。

復樞密使、副。詔：「本兵之地，事權宜重，可依祖宗故事置使、副。宰相仍兼樞密使，其知院以下如舊。」

自元豐改官制，而密院不置使名。至是，浚將引秦檜共政，以其舊弼，不可復除執政官，於是，浚自知樞密院事改兼樞密使〔三二〕。

太上帝、后凶問至。初，以道君遠在沙漠，乃遣問安使何蘚等往通問。至是，還，始知道君及寧德皇后已相繼上僊。丁亥，宰執入見，上號慟擗踊，終日不食，張浚等力請，方進少粥。己丑，上成服于几筵殿。

知邵州胡寅上疏，略曰：「三年之喪，自天子至於庶人，一也。及漢孝文自執謙德，用日易月，至今行之。子以便身忘其親，臣以便身忘其君。心知其非而不肯改。以臣觀之，孝文固有罪矣。孝景冒奉遺詔，陷父於失禮，自陷於不孝，乃千古薄俗之首也。自常禮言之，由且不可，況變故特異？如今日者又當如何？恭惟大行太上皇帝、大行寧德皇后蒙犯胡塵，永訣不復，實由粘罕，是有不共戴天之讎。考之於禮，讎不復，則服不除，寢苫枕戈，無時而終。所以然者，天下雖大，萬事雖衆，皆無以加於父子之恩、君臣之義也。伏觀某月某日聖旨，緣國朝故典，以日易月。臣切以爲非矣。自常禮言之，由須大行有遺詔，然後遵承。今也大行詔旨不聞，而陛下降旨行之。是以日易月，出陛下意也。大行幽厄之中，服御飲食，人所不堪；疾病粥藥，必無供億；崩殂之後，衣衾斂藏，豈得周備？正棺卜兆，知在何所？茫茫沙漠，瞻守爲誰？伏惟陛下一念及此，荼毒摧割，倍難堪忍。推原本因，皆自粘罕。怨讎之切，切於聖情，情動于中，必形於外，苴麻之服，其可二十七日而遂釋乎？縱未能遵春秋復讎之義，俟讎殄而後除服，由當革漢景之薄喪，紀以三年爲斷。不然，以終身不可除之服，二十七日而除之，是薄之中又加薄焉，必非聖心之所安也。」又曰：「雖宅憂三祀，而軍旅之事皆當決於聖裁，則諒闇之典有不可舉，蓋非枕塊無聞之日，是乃枕戈有事之辰。故魯侯有周公之喪，而徐夷並興，東郊不開，則以墨衰即戎，孔子取其誓命。今六師戒嚴，誓將北討，萬機之衆，孰非軍務？陛下聽斷平決，得禮之變。卒哭之後，以墨衰臨朝，合於孔子所取，其可行無疑也。」又曰：「如合聖意，便乞直降詔旨云：『恭惟太上皇帝、寧德皇后誕育眇躬，大恩難報，欲酬罔極，百未一伸。鑾輿遠征，遂至大故。訃音所至，痛貫五情。想慕慈顏，杳不復見，怨讎有在，朕敢忘之？雖軍國多虞，難以諒闇，然衰麻枕戈，非異人任。以日易月，情所不安，興自朕躬，致喪三年。即戎衣墨，況有權制，布告中外，昭示至懷。其合行典禮，令有司集議來上。如敢沮格，是使朕爲人子而忘孝之道，當以大不恭論其罪。』陛下親御翰墨，自中降出，一新四方耳目，以化天下，天地神明，亦必以佑助。臣不勝大願。」

以秦檜爲樞密使〔三三〕。

王倫奉迎梓宮使〔三四〕。

二月癸巳朔，日有食之。

詔舉制科。自復賢良方正科，久未有應者。至是，以太陽有異，氛氣四合，張浚乞因災異降詔，乃命中外從官舉之。

上徽宗廟號。

寧德皇后改謚顯肅。

十二月，以梓宮未歸，不可久停常祀，乃返虞祔廟。

明年三月，以韓忠彦配享廟庭。

以岳飛爲湖北京西宣撫使。時淮東宣撫使韓世忠、江東宣撫使張俊皆已立功，而飛以列將拔起，世忠、俊不平。先是，飛皆屈己下之，書數通，皆不答。及飛破楊么，而俊益忌之，於是飛與俊隙始深矣。

三月，上如建康。

中書舍人吕本中疏言：「當今之計，必先爲恢復事業，乃可觀釁而動。若但有其志而無其業〔三五〕，國本未强，恐益它患。今江南、二浙，科須寖繁，閭里告病，尤當戒謹。儻有水旱乏絶之虞，奸宄竊發，未審朝廷何以待之？臣近看詳臣庶所上封章，勸爲興師問罪者，不可勝數，觀其辭似爲有理，考其實即不可行。大抵獻言之人，與朝廷利害絶不相侔，言不酬，事不濟，則脱身而去耳，彼亦何害之有？朝廷施設失當，禍患之至，誰任其咎哉？」又因轉對，請：「儌孫權以來捍守次第，於九江、鄂渚、荆南諸處，多宿師旅，臨以重臣。至於孫氏以來名將，皆言西陵、建平，國之蕃表。今二處正在荆、峽間，當擇守臣，假之權柄，以待緩急，則江南自守之計，差爲備矣。」復疏論：「朝廷任人，當別邪正，邇來建言用事之臣，稍稍各徇私見，不主正説，元祐、紹聖混爲一途，其意皆有所在。若不早察，必害政體。宜堅守聖志，不匿厥指，銷邪説之患於未然，天下幸甚。」

本中，公著曾孫，希哲之孫，好問之子，以蔭補入官。六年，召賜進士出身，擢起居郎、權中書舍人。尋奉祠去。八年春，復除。

召胡安國。時安國上所纂春秋傳，上曰：「安國明於春秋之學，比諸儒所得尤邃。」而有是命。且曰：「俟其來，當寘講筵。」安國自言：「所著傳，事按左氏，義取公羊、穀梁之精者。大綱本孟子，而微辭多以程氏之説爲據。凡三十年乃成。」

安國尋乞祠，趙鼎因言：「安國昨進春秋解，必嘗經聖覽。」上曰：「安國所解，朕置之座右，雖間用傳注，頗能發明經旨。朕喜春秋之學，率二十四日讀一過。居常禁中亦自有日課，早朝退，省閱臣僚上殿章疏，食後，讀春秋、史記，晚食後，閱内外章奏，夜讀尚書，率以二鼓罷。」

遥尊宣和皇后爲皇太后。

劉光世罷。言者論其昨退當塗，幾誤大事，後雖有功，可以贖過，不宜仍典兵柄。光世亦屢辭疾，遂命奉祠。以其兵屬都督府。張浚分光世所部爲六軍，令聽參謀軍事呂祉節制。未幾，秦檜、沈與求以握兵爲都督府之嫌，乞置武帥。臺諫觀望，繼亦有請，乃命王德統之。

夏四月，岳飛入見。是春，飛入見，陞宣撫使，因扈駕至建康。以劉光世所統王德、酈瓊等兵五萬餘隸飛。且詔王德曰：「聽飛號令，如朕親行。」飛上疏論恢復，略曰：「望陛下假臣日月，勿拘其淹速，使敵莫測臣之舉措，萬一得便可入，則擬兵直趨京、洛，據河陽、陝府、潼關，以號召五路之叛將。叛將既還，王師前進，劉豫必棄汴京而走河北，京畿、陝右可以盡復。至於東京諸郡〔三六〕，陛下付之韓世忠、張俊，亦可便下。臣然後分兵濬、滑，經略兩河，則劉豫父子斷必成擒。假令汝、潁、陳、蔡，堅壁清野，商於虢略，分屯要害，進或無糧可因，攻或難於餽運。臣須斂兵，退保上流，賊必襲而南。臣俟其來，當率諸將，或挫其鋭，或待其疲。賊利速戰，不得所欲，勢必復還。臣當設伏，邀其歸路，小入則小勝，大入則大勝，然後徐圖再舉。設若賊見上流進兵，併力侵淮上，或分兵攻犯四川，臣即長驅，擣其巢穴。惟願陛下戒敕有司，廣爲儲備，俾臣得以一意静慮，不以兵食亂其方寸，則謀定計密〔三七〕，必能濟此大事。」疏奏，御札答曰：「有臣如此，朕復何憂？進止之機，朕不中制。」飛復奏述前志，賜札報曰：「覽卿近奏，鋭然以恢復爲請，豈天實啓之？將以輔成朕志，行遂中興也。」方率厲將士，將合師大舉。會秦檜主和議，忌其成功，沮之。其議遂寢。夏，奉詔詣督府與張浚議，而淮西之兵猶未有所付。浚意屬吕祉，乃謂飛曰：「王德爲將，淮西軍之所服也，浚欲以爲都統制，仍命吕祉以督府參謀領之，如何？」飛曰：「德與酈瓊故等夷，素不相下，吕尚書雖通才，然書生不習軍旅，不足以服其衆。」浚曰：「張宣撫如何？」曰：「飛之舊帥也，然其人暴而寡謀，且酈瓊之素所不服。」曰：「然則楊沂中耳？」飛曰：「沂中視德等耳，豈能御此軍哉？」浚艴然曰：「浚固知非太尉不可也。」飛曰：「都督以正問飛，不敢不以正對，豈以得軍爲念耶？」飛去夏以内艱奪情莅職，既與浚忤，即日上章，乞解兵柄，以終喪，步歸廬山，廬於墓側，以張憲權管軍事。浚怒，乃命參議官張宗元爲宣撫判官，監其軍。上連詔飛還軍，飛力辭。詔屬吏造廬起之，飛不得已，乃趨朝，既見，猶請待罪。上優詔答之，俾復其位，而還宗元。浚竟用王德統淮西軍，而以吕祉監之，果召變。

中興小曆載，飛入朝，「以手疏言儲貳事」。按飛家集，乃十年夏，詔飛援順昌，飛將發，手書密奏，略曰：「今欲恢復，必先正國本，以安人心。然後不常厥居，以示不忘復讎之志。」

命張浚視師淮西。以淮西之軍新易大帥也。

中原遺民有自汴都來者，言：「劉豫自猊、麟敗後，意沮氣喪，其黨皆携貳虜中，謂豫必不能立國，而民心日望王師之來。」朝廷因是遂謀北伐。都督張浚乃出行淮上，撫諭諸軍，且築廬州城。五月，還行在。

置轉搬倉。初，鎮江府吕城、夾岡地勢高，久不雨，則水淺而漕舟艱。至是，兩浙轉運使向子諲建言：「欲置斗門二，石磋一，以復舊迹，度費萬緡，庶爲永利。」詔從之。子諲又請：「每上江糧運至鎮江，冬則候潮，鬧占舟而妨擢運，綱兵亦復侵耗。乞置倉，以轉搬爲名，諸路綱至，即令卸納。」從之。

五月，嚴舉官連坐法。詔：「自今内外臣寮薦士，或不如所舉，罪當並按者，必罰無赦，不許首免。令有司申嚴條制行之。」

六月，命吕祉撫諭淮西諸軍。初，王德與酈瓊交惡，德乃劉光世愛將，遂命德統其軍。瓊等大噪，列狀詣都督府，訟其過，德亦交訟。乃召德以本軍還，爲都督府都統制，命祉以都督府參謀領之。於是，中書舍人張燾言：「祉書生，不更軍旅，何得輕付？」張浚不從。右司諫王縉請於都督府屬官中選知兵者，助之謀議，且留軍中，撫循訓練，以通將士之情。又直秘閣詹至，前在都督府機幕，時已去，亦貽書於浚曰：「呂尚書之賢，固一時選。然於此軍恩威曲折，卵翼成就，不及前人。兼此軍已付王德，德雖有功，而與酈瓊輩故等夷耳，恐其中有不能平者。願更擇偏裨、素爲軍中所親附者，使爲德副，以通下情。」浚雖然其言，未及行也。至是，卒遣祉，祉辟陳克自隨。葉夢得與克厚，謂之曰：「呂安老非御將之材，子高詩人，非國士也。淮西諸軍方互有紛紜之論〔三八〕，是行也，危矣哉。」亦弗聽。

秋七月，旱。

蠲逋負。諸路五年以前公私積欠，并蠲之。

先是，建康有未起左藏庫錢帛，奏乞蠲免。上曰：「建康兵火之後，遺民無幾，朕何忍更追取積逋耶？可並除之。」因謂宰執曰：「邊事未靖，軍須取於諸路者尚多，斯民重困。他日兵寢，當一切蠲之，雖常賦，亦與除一二年。朕之此心，天實臨之。」

詔求直言。旱故也。時臺臣有謂右司諫王縉曰：「上任我輩言路，而求直言，何也？」縉曰：「此故事也，豈以臺諫而廢哉？」

詔户部出按州縣財賦。先是，起居郎樓炤言：「唐重理財之職，故宰相兼鹽鐵轉運使。今若使宰相兼有司之職，則不可。若參唐制，使户部長貳兼領諸路漕權，何不可之有？蓋内則總大計之出入，外則制諸路之盈虛，以時巡行，如劉晏自按租庸，則事皆親覩，何者可行，何者可罷，斷然無復疑矣。」上從之。至是，乃詔户部長貳，時輪一員出按，以考之。

八月，置淮西宣撫使、制置使。張俊宣撫使，楊沂中制置使，劉錡副使。俊置司盱眙，沂中及錡並置司廬州。

俊與沂中尋還行在，在淮西者，錡一軍而已。十月，以錡兼知廬州。

以朱松爲校書郎。松以薦者得召見。時已用張浚策，進次建康，指授諸將，計日大舉，以復中原，國勢亦少振矣。松欲堅上志，即奏言：「陛下當抗志於高明，而輔以睿智日躋之學，垂精延訪，早夜汲汲，以求宗廟社稷經遠持久之計。申明紀律，崇獎節義，而又以民心爲基本，忠良爲腹心，則恢復大功，指日可冀矣。」因論：「自古中興之君，惟漢之光武，勤勞不怠，身濟大業，可以爲法。晉之元帝、唐之肅宗，志趣卑近，功烈不終，可以爲戒。」又言：「人主持大權，以御一世，其所以處此者，必有以切中於理，然後有以深服天下之心，是以無爲而不成。今萬機之務，決於蚤朝侍立逡巡之頃，未有以博盡謀謨之益，使其必當事理，以服人心。謂宜略倣唐朝延英坐論之制，仰稽仁祖天章給札之規，延訪群臣，博采至計，然後總攬參訂，以次施行〔三九〕。則政令之出，上下厭服，天下之事，無所爲而不成矣。」又言：「宜鑒既往之失，深以明人倫、勵名節爲先務。而又博求魁磊骨鯁、純正不回之士，寘之朝廷，使之平居無事，正色立朝，則姦萌逆節銷伏於冥冥之中。一朝有緩急，則奮不顧身，以抗大難，亦足以禦危辱凌暴之侮，庶幾乎神器尊嚴，而基祚强固矣。」蓋亦深病夫士溺於俗學，不明於君臣之大義，是以處於成敗之間者，常有苟生自恕之心，而闕於舍生取義之節，將使三綱淪墜，而有國家者無所恃以爲安，而發爲是言。上深悦之。而於光武、晉、唐之論，尤所嘉歎。明日，以喻輔臣，且論元帝、肅宗之失，而以元帝區區僅保江左，略無規取中原之志爲誚。乃詔改松京秩，而有是諭。

松常曰：「士之所志，其分在於義利之間，兩端而已。然其發甚微，流甚遠。譬之射焉，失毫釐於機括之間，則差尋丈於百步之外。」又常謂：「父子主恩，君臣主義，是爲天下之大戒，無所逃於天地之間。如人食息呼吸於元氣之中，一息之不屬，理必至於斃。是以，自昔聖賢立法垂訓，所以維持防範於其間者，未嘗一日而少忘其意，豈特爲目前而已哉？」松之學蓋如此。

酈瓊叛，殺吕祉，以其衆降僞齊。祉简倨自處，將士之情不達。淮西轉運韓璡舊在劉光世幕中，光世待之不以禮。至是，諸校或以罪去。祉聞瓊等反側，密奏乞殿前司吴錫一軍屯廬州，以備緩急，且遣璡詣建康趣之。仍乞罷瓊及靳賽軍權。書吏漏言於瓊，瓊、賽懼，遂相與謀叛，擁兵詣祉升階，取統制官張景并喬仲福殺之。遂執祉及盧之新舊二帥趙康直、趙不群皆北，既而以不群至官未久，無憾於軍中而釋之〔四〇〕。到淮岸，祉曰：「劉豫逆臣，爾乃降之耶？」遂爲瓊所害。瓊以所部數萬人降豫。

劉錡、吳錫等至廬州，追之不及，於是錡復還濠州。

九月，張浚罷。初，浚自淮西歸，與趙鼎同在相位，以招來賢才爲急務，從列要津，多一時之望，人號爲「小元祐」。又以人主當務講學，以爲修身致治之本，薦尹焞，置之講筵，有旨促召赴闕。會旱灾及酈瓊之變，浚力求去。而中丞周秘、殿中侍御史石公揆、左正言李誼交章論之，遂罷職奉祠。公揆及秘復論浚敗事及跋扈、不臣等罪大，乞遠竄。上批浚散官，安置嶺表。趙鼎營救之甚力，且以浚母老爲請。上意稍解，遂命分司，居永州。

浚之爲相，以親民之官，治道所急，而比歲内重外輕，遂條具郡守、監司、省郎、館閣出入迭補之法。又以災異，奏復賢良方正科，皆從之。七年，乘輿發平江，至建康，幾事叢委，浚獨以身任之，人情賴浚以安。每見，必深言讎恥之大，反復再三，上未嘗不改容流涕。時天子方勵精圖治，事無巨細，必以咨浚。賜諸將詔，往往命浚草之。四方灾異，浚必以聞，祥瑞，皆抑不奏。

浚之去也，惟右司諫王縉、都官郎中趙令衿乞留浚〔四一〕，尋並罷。

以趙鼎爲左僕射。初，張浚求去，上問可代者，浚不對。上曰：「秦檜何如？」浚曰：「近與共事，始知其闇。」上曰：「然則用趙鼎。」令浚擬批召鼎。檜謂必薦己。退至都堂，就浚語良久。上遣人趣進所擬文字，檜錯愕而出。浚始引檜共政，既同朝，乃覺其包藏顧望，故因上問及之。

鼎既至，屢辭，且疏言：「進退人才，乃其職分〔四二〕。今之清議所與，如劉大中、胡寅、呂本中、常同、林季仲之徒，陛下能用之乎？妬賢黨惡，如趙霈、胡世將、周秘、陳公輔，陛下能去之乎？陛下於此或難，則臣何敢措其手也？昔姚崇以十事獻之明皇，終致開元之盛，臣何敢望崇？而中心所懷，不敢自隱，惟陛下擇之。」疏入。於是，世將自給事中兼侍講、直學士院，徙兵部侍郎，公輔等相繼補外。

十月，召常同爲禮部侍郎，劉大中爲禮部尚書，所薦者以次用之。及鼎再相已踰月，未有所施，朝士或以此責之。鼎曰：「今日事如久病虛弱之人，再有所傷，元氣必耗，惟當靜以鎮之。若作措置，煥然一新，此起死之術也。張德遠非不欲有爲，而其效如此，亦足以戒矣。」

辛巳，大饗明堂。自咸平以來，國有喪則罷廟祭。熙寧元年，郊祀，英宗喪未除，前期猶有事於景靈宮及太廟。元祐元年，宗祀亦如之。至是，徽宗未祔廟，太常少卿吳表臣奏行其禮，翰林學士朱震以爲不然。監察御史趙涣言：「升祔以後，宗廟常祭，皆不當廢，而當喪享廟，亦有顯據。左氏傳曰：『烝嘗禘於廟。』曾子問曰：『已葬而祭。』此不當廢也。詩頌：『成王即位，諸侯助祭。』春秋：文公四年十二月〔四三〕，成風薨，六年十月，猶朝於廟。此顯據也。」疏奏。詔侍從、臺諫議。吏部尚書孫近等十五人言：「按唐故事，以皇帝將行郊禮，奏告太廟、太清宮，蓋告也，非祭也。」禮部侍郎陳公輔言：「今日秖當前期一日奏告先帝，暫假吉服，行事畢，喪服如初，期合禮意。」從之。

冬十月，開講筵。初，陳公輔建議以爲：「上日臨講筵，有妨退朝居喪之制，只令講讀官供進口義。」

右正言李誼奏：「切見真宗嗣位，首命崔頤正講尚書於廣福殿；英宗嗣位，司馬光首請開講筵，以謂陛下初臨大寶，宜延訪群臣，講求先王之道。是祖宗於三年之制，未嘗廢學也。」至是，依舊間日一開經筵。

明年八月，詔經筵官分講讀經史。於是，侍讀曾開讀三朝寶訓，侍講吴表臣講孟子，張九成講春秋，吕本中講左氏傳，崇政殿説書尹焞講尚書。既而，本中辭兼局，乃命中書舍人勾龍如淵兼侍講。九成在經筵，一日論日食，奏曰：「日食之變，本於惡氣。惡氣之萌，本於惡念。不芟夷藴崇之，絶其根本，將奔騰四達，上觸乎天，則日月薄蝕，五星失序；下觸乎地，則菑及五穀，怪妖迭見；中觸乎人，則爲兵爲火，札瘥薦至。則惡念之起，可不應時撲滅乎？」上聳然，曰：「誠在朕念慮間，當爲卿戒之。」九成進講畢，上嘗論王道曰：「易牛，微事耳，孟子遽謂是心足以王，朕竊疑之。」九成曰：「陛下不必疑，疑則心與道二，不忍一牛，仁心著見，此則王道之端倪。推此心以往，則華夏蠻貊、根荄鱗介，舉天下萬物，皆在陛下仁政中，豈非王道乎？」它日，上謂近臣曰：「朕於張九成所得甚多。」

戒朋黨。都官郎中馮康國求去。趙鼎言：「自張浚之罷，蜀士多不自安。今留者十餘人，皆一時選，臣恐臺諫或以浚黨論之。」上曰：「頃臺諫好以朋黨罪人，如罷一相，則凡所薦，不問才否，一時俱黜。此乃朝廷使之爲朋黨，非所以惜人才、厚風俗也。」

復四川茶馬司。

閏月，以尹焞爲秘書郎。兼崇政殿説書。焞在道屢辭。至九江，值陳公輔論程氏之學，又辭曰：「學程氏者，焞也。」及國門，稱病未已。上趣起之，既而焞入見，遂就職。焞每當講前夕，必齊戒沐浴。或問之，曰：「欲以所言，感悟人君，安得不敬？」焞時年六十七矣。焞既至講筵數日，即乞致仕。趙鼎言：「焞有山林志，不樂居此，願陛下以禮留之。」因加賜賚，焞乃止。尋遷秘書少監，兼職如故。明年夏，焞求去，且曰：「人若不理會進退，安用所學？」乃令焞奉京祠，留侍經筵。

詔舉監司、郡守。上謂宰執曰：「朕思安民之要，無過擇監司、郡守。可令侍從官公舉，仍不限員數，中書置籍。朕亦書之屏風，置諸左右。已差下不任職無他過者，與自陳宫觀。」上又曰：「贓吏，一身取錢爾。繆吏爲州爲縣，則一縣之吏皆取錢〔四四〕，其害民甚於贓吏也。」

李綱罷。時，趙鼎、秦檜已叶議回蹕臨安。綱在江西聞之，上疏諫，大略謂：「自昔用兵以成大業者，必先固人心、作士氣，據地利而不肯先退，盡人事而不肯先屈。是以楚、漢相距於滎陽、成皋間，高祖雖屢敗，不退尺寸之地；既割鴻溝，羽引而東，遂有垓下之亡。曹操、袁紹戰於官渡，操雖兵弱糧乏，荀彧止其退師〔四五〕，既焚紹輜重，紹引而歸，遂喪河北。由是觀之，今日之事，豈可因一叛將之故，望風怯敵，遽自退屈？果出此謀，恐六飛回馭之後，人情動摇，莫有固志，士氣銷縮，莫有鬭心。我退彼進，使賊馬南渡，得一邑則守一邑，得一州則守一州，得一路則守一路，亂臣賊子、黠吏姦氓，從而附之，虎踞鴟張，雖欲如前日返駕還轅，復立朝廷於荆棘瓦礫之中，不可得也。」既又具防冬畫一事件言之，遂忤當路意。時江西大旱，而綱課民修城，民不以爲便。於是，臺諫交章論之，命奉祠。綱自是不復出矣。

十一月，張俊入見。俊引兵還建康。入對，爲上言：「劉光世罷軍政閑居，自有登仙之歎〔四六〕。」上不樂，謂俊曰：「卿初見朕，何官？」曰：「副使。」「是時家資如何？」曰：「貧甚，從陛下求戰袍以禦寒。」上曰：「今日貴極富溢，何所自邪？」曰：「皆陛下所賜。」上曰：「然則卿宜思所以自效，而有羨於光世，何邪？」俊皇恐謝。

九月，宰執奏張俊、韓世忠皆入覲，議移屯事。秦檜曰：「臣嘗謂世忠、俊兩大將，上倚之，譬如兩虎，能各守藩籬，使寇不可近。」上曰：「此論未切〔四七〕，正如左右手，豈可一手不盡力也？」

十二月，詔韓世忠移屯鎮江。仍命留兵守楚州。

時議欲盡撤兩淮之戍，還建康以自衛。朱松率同列拜疏言曰：「淮、淝，東南之屏蔽，昔人之所百戰而必争者，今皆幸爲我有，而無故撤之以資敵，非計之得也。若彼乘我之隙〔四八〕，長驅以來，不信宿而至江津，人心一摇〔四九〕，則建康雖有甲卒十萬，亦何所施矣。即以宿衛單寡，必行今策，則願毋庸盡撤，而使合淝、盱眙兩戍所留，各不下三萬人，則亦足以固吾圉，而折虜衝矣。」疏奏，不省。

王倫使還，命再使。劉豫既廢，撻辣乃送倫等歸，曰：「好報江南，既道塗無壅，和議自此平達。」至是，倫還。上顰蹙曰：「朕以梓宫及皇太后、淵聖皇帝未還，曉夜憂懼，未嘗去心。若虜人能從朕所求，其餘一切非所較也。」倫言：「虜人許還梓宫及皇太后，又許還河南諸州。」上大喜，賜予特異。時通問副使朱弁因以表附倫歸進，上覽之，感愴，恤其家甚厚。

是歲，虜廢劉豫，僞齊亡。先是，金主亶已定議廢豫，會豫乞師不已，乃建元帥府於太原，及屯兵河間，令齊國兵權聽元帥府節制，遂分戍於陳、蔡、汝、亳、許、潁之間。於是，尚書省檄豫治國無狀，亶下僞詔數之，略曰：「建爾一邦，逮茲八稔，尚勤兵戍〔五〇〕，安用國爲？」遂令撻辣等以寇江爲名，伐汴京，先約劉麟單騎渡河計事，麟以二百騎至武城，與兀术遇，爲所擒。二酋同葛王裦馳至汴京〔五一〕，入東華門，逼豫出見。兀术以鞭麾命羸馬載之而去，廢爲蜀王。是冬十一月也。

時豫弟益守陝西，虜又別遣撒離曷提兵聲言攻蜀，即長安擒益。遂於汴京建行臺尚書省，以張孝純、蕭寶壽奴爲左右丞相〔五二〕，張通古爲左丞〔五三〕。虜又恐汴人不安，紿之曰：「汝舊主人少帝在此。」於是民心稍定，而北軍亦不敢擾民。

豫之廢也，汴京有錢九千八百餘萬緡，絹二百七十餘萬匹，金一百二十餘萬兩，銀一千六十餘萬兩，糧九十萬石，而方州不在此數。

是夏，汴京無雲而雷，有龍起，撼宣德門，滅宣德二字。

交趾李陽煥死。子天祚嗣。

校勘記

〔一〕一有差失　「失」原作「天」，據清影宋抄本、道光抄本、繫年要録卷九七及皇朝中興紀事本末卷三六改。

〔二〕不足爲貴　「貴」，繫年要録卷一〇六及皇宋中興兩朝聖政卷二〇作「賓」。

〔三〕張俊屯建康府　「張俊」原作「張浚」，據繫年要録卷九七改。

〔四〕雖有他歧捷徑　「徑」原脱，據繫年要録卷九七及名臣碑傳琬琰集中編卷五五張忠獻公浚行狀補。

〔五〕則粘罕之兵不復濟河　「罕」原脱，據繫年要録卷九七及名臣碑傳琬琰集中編卷五五張忠獻公浚行狀補。

〔六〕張俊練兵建康　「張俊」原作「張浚」，據晦庵先生朱文公文集卷九五上張公（浚）行狀上、三朝北盟會編卷一六九及宋史卷三六一張浚傳改。

〔七〕仍造三十萬　「三十萬」，繫年要録卷九八及皇宋中興兩朝聖政卷一九同，中興小紀卷二〇及建炎以來朝野雜記甲集卷一六東南會子作「二十萬」。

〔八〕遂整軍還屯　「還」原脱，據晦庵先生朱文公文集卷九五上張公（浚）行狀上、三朝北盟會編卷一六九及繫年要録卷一〇〇補。

〔九〕乃責俊當聽行府事　「事」，繫年要録卷九九及皇朝中興紀事本末卷三八作「命」。

〔一〇〕朝廷遣執政郎官分河割地　「河」，皇宋中興兩朝聖政卷一九同，梁溪集卷八一論金人失信劄子及歷代名臣奏議三四八作「行」。

〔一一〕恃其兇威　「恃」原作「特」，據清影宋抄本、道光抄本及梁溪集卷八一論金人失信劄子改。

〔一二〕案四條原文僅載其二，其中「將貴謀不貴勇，勇而不謀，適爲敗擒」和「戰貴設伏而直前，使敵無中斷邀擊之虞，皆非善戰者」二條，據梁溪集卷八四論進兵劄子並參考歷代名臣奏議卷二三三補。

〔一三〕肘腋之變　「肘」原作「射」，據清影宋抄本、梁溪集卷八四論進兵劄子及繫年要録卷九九改。

〔一四〕以招納京東西河北流移之民　「西」原作「而」，據清影宋抄本、道光抄本、梁溪集卷八一論營田劄子及繫年要録卷九九改。

〔一五〕而出于武德正觀之時者半　「正」當作「貞」，蓋避仁宗嫌名之諱而改。

〔一六〕申尚書省　「省」原脱，據繫年要録卷一〇七及皇宋中興兩朝聖政卷二〇補。

〔一七〕判官扈舉臣　「扈舉臣」原作「唐舉臣」，據繫年要録卷一〇〇、皇宋中興兩朝聖政卷一九及宋史卷二八高宗紀五改。

〔一八〕抑僥倖以集衆志　「集」，繫年要録卷一〇二及皇朝中興紀事本末卷三七作「靖」。

〔一九〕從都督行府司措置營田官王茀之請也　「王茀」，宋會要輯稿職官六〇之二九、繫年要録卷一〇二及皇宋中興兩朝聖政卷一九作「王弗」。

〔二〇〕若早做得數年　「做」原脱，據繫年要録卷一〇二補。

〔二一〕一年守規矩　「一」，繫年要録卷一〇二作「二」。

〔三〕上嘗詔輔臣曰 「詔」，道光抄本作「語」。

〔三〕此輩側目吾人 「吾」，繫年要録卷一〇三作「正」。

〔四〕亶使諸將相議之 「亶」原作「旦」，據繫年要録卷一〇五及皇宋中興兩朝聖政卷二〇改。下同。

〔五〕而趙鼎及簽書折彦質皆移書抵浚 「折彦質」原作「折彦實」，據繫年要録卷一〇六及皇宋中興兩朝聖政卷二〇改。

〔六〕麟乃從淮西繫三浮橋而渡 「繫」原作「擊」，據繫年要録卷一〇六及皇宋中興兩朝聖政卷二〇改。

〔七〕賊衆數十萬已次於濠壽之間 「數十萬」，繫年要録卷一〇六及皇朝中興紀事本末卷三九作「十萬」。

〔八〕張浚即遣沂中至濠州與俊合 「濠州」，繫年要録卷一〇六及皇朝中興紀事本末卷三九作「泗州」。

〔九〕浚遣沂中來援 「浚」原作「俊」，據上文、道光抄本及繫年要録卷一〇七改。

〔一〇〕順舟可下 「舟」原作「不」，據繫年要録卷一〇七及皇朝中興紀事本末卷三九改。

〔一一〕館職未歷民事者除通判 「未」原作「木」，據皇朝中興紀事本末卷三九改。

〔一二〕浚自知樞密院事改兼樞密使 「改」原作「故」，據繫年要録卷一〇八改。

〔一三〕以秦檜爲樞密使 「密」後原衍「副」，據繫年要録卷一〇八、皇朝中興紀事本末卷四〇及宋史卷二八高宗紀五删。

〔一四〕王倫奉迎梓宫使 案繫年要録卷一〇九、皇宋中興兩朝聖政卷二〇及宋史卷二八高宗紀五繫此事於二月。
〔三五〕若但有其志而無其業　「業」，宋史卷三七六吕本中傳及歷代名臣奏議卷二三三作「策」。
〔三六〕至於京東諸郡　「京東」原作「東京」，據鄂國金佗稡編卷一一乞出師劄子乙正。
〔三七〕則謀定計密　「密」，鄂國金佗稡編卷一一乞出師劄子作「審」。
〔三八〕淮西諸軍方互有紛紜之論　「紛紜」，繫年要録卷一一一及皇宋中興兩朝聖政卷二一作「紛紛」。
〔三九〕以次施行　「次」原作「決」，據晦庵先生朱文公文集卷九七朱公（松）行狀改。
〔四〇〕無憾於軍中而釋之　「釋」原脱，據繫年要録卷一一三補。
〔四一〕都官郎中趙令衿乞留浚　「趙令衿」原作「趙令伶」，據繫年要録卷一一四及皇朝中興紀事本末卷四一改。
〔四二〕乃其職分　「其」原作「共」，據清影宋抄本、道光抄本、繫年要録卷一一四及皇朝中興紀事本末卷四一改。
〔四三〕文公四年十二月　「十二」，文獻通考卷九八宗廟考八作「十一」。
〔四四〕則一縣之吏皆取錢　「一縣」，皇朝中興紀事本末卷四二作「一州一縣」。
〔四五〕苟或止其退師　「苟或」原作「苟或」，據繫年要録卷一一六及皇宋中興兩朝聖政卷二二改。
〔四六〕自有登仙之歎　「自」原作「臣」，據繫年要録卷一一七及皇宋中興兩朝聖政卷二二改。
〔四七〕此論未切　「論」，繫年要録卷一一四作「喻」。

〔四八〕若彼乘我之隙　「隙」，晦庵先生朱文公文集卷九七朱公（松）行狀作「却」。

〔四九〕人心一摇　「一」，原作一字空格，據晦庵先生朱文公文集卷九七朱公（松）行狀補。

〔五〇〕尚勤兵戍　「兵」，繫年要録卷一一七及皇朝中興紀事本末卷四二作「吾」。

〔五一〕二酋同葛王裦馳至汴京　「裦」原作「褒」，據皇宋中興兩朝聖政卷二六及本書卷九紹興十年五月「陷興仁淮寧府等州」條改。

〔五二〕以張孝純蕭寶壽奴爲左右丞相　「蕭寶壽奴」，皇朝中興紀事本末卷四二作「蕭三寶奴」。

〔五三〕張通古爲左丞　「左丞」，中興小紀卷二三同，繫年要録卷一一七及三朝北盟會編卷一八二作「右丞」。

中興兩朝編年綱目卷第八

高宗皇帝　起戊午紹興八年，止己未紹興九年〔一〕。

戊午紹興八年（一一三八）春正月，上在建康。

張守罷。自參知政事出知婺州。初，上將還臨安，而守謂：「建康自六朝爲帝王都，江流險闊，氣象雄偉，且據會要以經理中原，依險阻以捍禦强敵，可爲别都，以圖恢復。」每對，必爲上言之。及將下詔東歸，守與趙鼎議於都省，不合。又謀諸朝，上顧守曰：「何如？」守曰：「昨日都省已與趙鼎言之矣。陛下至建康，席未及煖，今又巡幸，百司六軍有勤動之苦，民力邦用有煩費之憂。願少安於此，以繫中原民心。」鼎持不可，守引疾求去，故有是命。

以辛次膺爲湖南提刑。時爲左正言。秦檜議復遣王倫使北請和，次膺力言國耻未雪，義難講好。面陳及上疏者六七，不從。乃以母疾求去，故有是命。

虜使張通古之來也，次膺上疏言：「父之仇不與共戴天〔二〕，兄弟之讎不反兵。豈有降萬乘之尊，屈己稱藩者乎？」書奏，不報。即請奉祠而去。歲滿，終檜世，不復請。上親政，始復召用。

胡世將四川安撫制置使。兼知成都。上聞席益已去，因問刑部尚書胡交修：「孰可守蜀者？」交修曰：「臣從子世將可用。」遂有是除。自重兵聚關外以守蜀，而餉道險阻，漕舟出嘉陵江，春夏漲而多覆，秋冬涸而多膠。紹興初，創行陸運，調成都、潼川、利州三路夫十萬，縣官部送，激賞争先，倍道而馳，晝夜不息，十斃三四。至是，交修言：「養兵所以保蜀也，民不堪命，則腹心先潰，尚何保蜀之云？臣愚，欲三月已後，九月已前，第存守關正兵，餘悉就糧他州。如此，則給守關者水運有餘，分戍者陸運可免。」上乃命學士院述交修意，詔吴玠行之。

是歲，世將即成都、潼川府、資、普州、廣安軍創清酒務，歲收息錢四十五萬緡。舊成都酒務，許人户買撲，分認歲課，爲錢四萬八千餘緡。趙開行隔槽法，所增至十四萬六千餘緡。及世將改爲官監，所入又倍。自後累益增加，至五十四萬八千餘緡，而外邑及民户坊場又爲三十九萬餘緡。於是，隔槽之法已壞，諸郡漸變爲官監。而民户坊場，率以三年一榜賣，公私俱困矣。

趙鼎請進兵。趙鼎言：「人多謂中原有可圖之勢，宜便進兵，恐異日咎今失此機會。

乞召諸將。」上曰：「不須恤此，今須與虜議和，梓宫與太后、淵聖皆未還，若不與和，則無可還之理。」參知政事陳與義曰：「若和議成，豈不賢於用兵？萬一無成，則用兵所不免。」上曰：「然。」

蔡州、亳州來歸。

二月，上如臨安。自是遂定都焉。

朱松因召對，爲上言：「當今國論不過兩端，喜進取之謀者，既以行險妄動而及於敗；爲待時之説者，又以玩歲愒日而至於媮。二者不能相通〔三〕，而常墮於一偏。是以成功不可見，而均受其弊。故臣謂惟能自治以觀釁，則是二者通爲一説〔四〕，而無所偏廢。蓋能夙夜憂勞，率厲衆志，則未嘗不待時而不至於媮。審知彼己，必順天道，則未嘗不進取而不及於敗。謀人之國者，誠能如是，以求逞於讎敵，而有不得志者，臣不信也。然臣竊觀往年江上之捷，日者僞齊之廢，中原之釁，可謂大矣。而吾終未肯求有所逞，豈非以行險妄動爲不可以不戒，而於吾所以自治其國家者，將益求其至歟？今日之勢，雖未至於危機交急，亦可謂迫矣。謂宜斷自聖志，深思昔人愛日之義，憂勞庶政，無少怠忽。凡事之故常，非天下所以安危存亡者，悉歸之有司。而日與輔相大臣，一心戮力，明禮義，正綱紀，除弊政，振媮俗，撫循凋瘵之民，淬勵士大夫，而責之職業。凡以求吾所以自治者，然後謹察四方之釁，投隙而起，安受其變〔五〕，以致天地之殛〔六〕。則雖有智者，亦不知爲敵謀矣。」

初，劉光世守淮西，御軍無法，而寇至輒謀引避。既正其罪而奪之兵矣，尋有叛兵之變，而俊廟議反謂由罷光世使然，既更慰藉而寵秩之。張俊守盱眙，方撤戍時，猶命分兵留屯，而俊不受命，悉衆以歸，朝廷亦不能詰。松於是又言：「陛下有爲之志，未嘗少衰，而天下之事，每每病於不立，使中興之烈，未有卓然可見之效。臣竊不勝憂憤，而深惟其故，以爲陛下誠能並進忠賢，修明紀律，懲陵夷委靡之禍，革姑息苟且之政。深詔大臣，號令所出，必務合於天下之正義。而毋恤匹夫狗私之怨，則威令必振，國勢安强。雖桀驁之虜，將斂衽而退聽，尚何病於事之不立哉？」

胡安國致仕。命未下而安國卒。安國風度凝遠，言必有教，動必有法。燕居獨處，未嘗有怠慢。而與人談論，氣恬詞簡，若中無所有。性本剛急，晚更沖澹。年浸高，加以疾病，而謹禮無異乎平時，家居，食不過兼味。病中值歲大旱，所居岑寂，膳羞不可致，子弟或請稍近城郭，便藥餌。安國曰：「死生有命，豈以口體移不資之軀哉？」雖轉徙屢空，取舍一介，必度於義。少從游酢、謝良佐、鄒浩游，與向子韶、曾開、唐恕、朱震情義最篤。又嘗曰：「四海神交，惟君曼一人。」君曼者，清河劉奕也。震被召，問出處之宜，安國曰：「世間惟講學論政，則當切切詢究。若夫行己大致，去就語默之機，如人飲食，其飢渴寒温，必自斟酌，不可決諸人，亦非人所能決也。」故其出處，自崇寧以來，皆内斷於心。自登第，逮休致，凡四十年，在官實歷不登六載。雖數以罪去，其愛君之心，遠而愈篤。由中興以來，諸儒之進退，最合於誼者，安國與尹焞而已。後謚文定。

憲，安國從父兄之子也。少從安國講學求志，安國授以論語，曰：「此聖學之要也。」且爲言：「河南程氏所以得於孔孟之傳者。」憲服膺其言，遂厭科舉之業。紹興五六年間，朝廷方博求人才，以濟中興之業。於是，近臣折彦質等，以其行誼聞。詔特召之，憲以母老不就。及彦質入樞府，又獨薦之，乃賜進士出身，添差建州教官。在秩凡七年，請奉祠去。後閒嘗一爲閩帥屬僚，以與帥守議不合，復請祠，歸老於籍溪之上。是時，權臣用事，憲無復當世之念。權臣死，天子收用舊人，有以憲爲言者，乃以秘書省正字召，憲一辭而遂拜詔，蓋有謂也。及當奏事，而病增劇，乃喟然歎曰：「吾衰久矣，詎復敢望於一來，正欲一見明主，伸吐所懷，而後歸死林壑，無復餘恨耳。今病乃爾，使吾不可以進趨殿庭，奉承顧問，其命也夫！」時虜敗盟有端，中外憂恐，咸以謂非張浚與劉錡不能抗之〔七〕。憲欲因轉對爲上言，以病不果。乃奏疏凡數千言，首乞召用之。時二人方爲積毁所傷，上意有未釋然者，故論者雖或及之，而無敢直指其姓名者。憲乃直意誦言，無所回撓。疏入，即求去。上亦感其言，詔特改京秩，與祠禄。憲既歸，而繼其説者始衆，二人卒召用，憲卒以病不起矣。

三月，林季仲罷。自檢正奉祠，中丞常同言其貪惏邪佞也。季仲嘗因對上奏曰：「臣聞古語有曰：『乳犬搏虎〔八〕，伏雞搏狸。』夫犬非虎之敵，雞非狸之敵，其能搏之者，發於感憤之誠也。金人肆爲貪虐，以吞噬中夏，自今觀之，誠强矣。然中原之地尚數千里，帶甲之士無慮百萬，亦何至如是之弱哉！嘗試號於衆曰：『金人殺而父兄，係而妻子，燔而廬舍，奪而財寶，是爲不共戴天之讎，必思有以報之。』則俯仰之間，氣必百倍。以此衆戰，誰能禦之？今世之説者不然。曰：『天命如此，其如彼何？』而釋老報應之説，又從而蠱之，縉紳士大夫率以爲然，往往束手受囚〔九〕，引頸待刃，爲之甘心焉。嗚呼！能洗是耻，猶有餘耻；能雪是冤，猶有餘冤。若歸之命，而聽其自爾，可謂善自寬矣。且人事盡，而後可以言命。四夷交侵，必因小雅之廢。小雅之廢，命耶？人耶？外攘夷狄，必由政事之修。政事之修，命耶？人耶？如以命而已矣，則賢才不必求，政刑不必用，將帥士卒不必選練，車馬器械不必修備，以待命之將興，斯可也。故李泌謂：『君相不可言命，惟當修人事而已矣。』吴王闔廬之敗也，謂其子曰：『夫差，而忘越王之傷而父乎？』卒能破越於夫椒。越王勾踐之敗也，喟然嘆曰：『吾終此乎？』卒能滅吴於姑蘇。區區吴、越，激於感憤〔一〇〕，猶能以危爲安，以亡爲存。況以天下之大，億兆之衆，乘其怒心而爲之，何遽不爲福乎？建炎二年冬〔一一〕，蒙恩召赴揚州，聞諸道路，未知信否。且云：『陛下中秋對月，酒初行，愴然泣下，乃命徹酒。』

臣以是知陛下之心，無一日不在北也。舉斯心以感衆人之心，赫斯怒以激衆人之怒，養以沉潛，待時而動，則克復宗社，取舊物以還中原，夫亦何難之有？」

以向子諲爲户部侍郎。以兩浙轉運使、徽猷閣待制爲户部侍郎〔一二〕。子諲言：「安民固圉，必資儲蓄。江西宜於洪州置糴，於江州置轉搬倉，以給淮西。湖南於潭州置糴，於鄂州置轉般倉，以給襄漢。湖北於鼎州、淮東於真州，仍多造船，則遣戍出兵，往無不利。」又言：「今天下急務，在攷兵籍，究户版，故汰老弱，升勇健，使諸州上帳於兵部〔一三〕，諸將上帳於樞府，季申歲攷，所以除詐冒也。凡詭名挾户，進丁退老，分煙析産，田畝升降，貨殖盈虚，必以時覈實，所以革欺弊也。此其大略耳，推而行之，則在乎人焉。」

參知政事陳與義罷。出知湖州。

以王庶爲樞密副使。庶爲兵部尚書時，嘗論：「制夷狄之道，在於愛民。周文王問太公以爲國，太公曰：『愛民而已。』兵書無不本諸愛民者。今縉紳無一言及民，何也？敵之强弱，吾無與也，顧在我者如何耳。古之已衰而興者，未有不由於威令行、紀綱立；既盛而衰者，未有不由於威令不行〔一四〕、紀綱不立。求古之言，不若論今之事。群臣有言，慮合聖心者，願略煩文爲簡易，與之反復圖成敗。」上歎曰：「大臣才也！」遂有是除。辭其位者三，不聽。遂論：「江西、淮南、廣東盜發四十餘輩，出於凍饑。宜蠲平賦役，治部使者、守令貪虐，以慰安其心。」且曰：「負陛下恩德、壞陛下天下者，彼則去矣。陛下爲宗廟社稷主，何所之乎？」其言激切類此。

秦檜爲右僕射。制下，朝士皆相賀。惟吏侍晏敦復退而有憂色，曰：「姦人相矣。」給事中張致遠、秘閣修撰魏矼聞之，皆以敦復之言爲過，其後乃服。

封李天祚。交趾郡王。

録胡瑗後。用湖州諸生請也。

夏四月，命王庶視師江、淮。自酈瓊叛，張俊擅棄盱眙而歸，諸將稍肆。庶素有威嚴，臨發，勞師於都教場，軍容嚴整。庶便服坐壇上，自大將三衙而下，雖身任使相，悉以戎服，步由轅門，庭趨受命，拜賜而出，莫敢仰視〔一五〕。自多事以來所未有。庶至淮上，乃移張俊前部張宗顏將七千人軍淮西，請於朝，授以節鉞，就除安撫使、知廬州。巨師古將三千人屯太平州。分淮東劉安世軍〔一六〕，一軍屯天長，一軍屯泗上，緩急相爲聲援。劉錡軍還駐鎮江，專隸密院，以壯根本。岳飛與庶書曰：「今歲若不舉兵，當納節請閑。」庶稱其壯節。

五月，給貧民養子錢。鄉村五等、坊郭七等以下貧乏之家，生男女而不能養贍者，每人支免役寬剩錢四千。守令滿替，並以生齒增減爲殿最之首。劉大中之爲禮書也，嘗有是請，事下户部措置，而久不之報。至是，大中執政，乃檢會取旨行之。

十四年〔一七〕，大理寺官周懋言：「免役寬剩，所收至微，豈能賙給？今所在義倉，未嘗移用，若歲令一路發千斛，以活千人，以諸路計之，不知所活幾何。皇天親饗，本支有衍於百世矣！」乃命户部措置行之。

以張燾爲兵部侍郎。引對。上慰勞久之，曰：「卿去止緣張浞。」燾曰：「臣頃者備員後省，苟有所見，事無大小，不敢不盡愚忠。如内侍王鑑，乃陛下親信委任之人，其擅置御莊事，臣尚論列，不敢有隱。豈有宰相親兄，自賜出身者？公論不與之，臣若不言，豈惟負陛下，亦負張浚〔一八〕。」上曰：「卿於交游且盡忠若此，事主可知。」因問：「朕圖治一紀于兹，而收效蔑然，其弊安在？」燾曰：「自昔有爲之君，未有不先定其規摹，而能收效者。臣紹興初始蒙召對，首以治道當先定其規摹爲言，于今七年矣。所謂規摹者，臣未見其有一定之說。臣竊觀方今朝廷施設之方，朝令夕改，其事大體重，不可輕舉者，莫如六飛之順動。往者前臨大江，繼又退守吴會，曾未期年，而或進或却，豈不爲黠虜所窺乎？此無他，規摹不素定故也。陛下之所朝夕相與斷國論者，二三大臣而已。而一紀之間，命相之制，凡十有四下，執政遞遷者，亦無慮二十餘人。非規摹不定，任之不一，責之不專，致此紛紛乎？日月逝矣，大計不容復誤。願陛下以先定規摹爲急，規摹既定，未有治效不著。」上歎息曰：「此誠方今急務。朕非不欲立定規摹，緣宰輔數易，未有定論爾。」

六月，復六路經制發運使，尋罷之。專掌糴事。從户部侍郎李彌遜之請也，以程邁爲之。

四年春，言者以爲舊發運使總六路財賦，而餉中都。中興以來〔一九〕，既無轉輸，今但以糴事委之，每歲纔糴四十萬斛，朝廷給本錢無慮五六百萬緡。又諸路常平既使茶鹽司兼領，又别差主管官，有司莫知適從。今欲將發運使并常平主管罷之。乃詔去「發運」二字，命户部長貳一員兼領，仍别差副使或判官一員，不時巡按諸路〔二〇〕。其常平官並改充經制某路幹辦官〔二一〕，以户部侍郎梁汝嘉兼江淮荆浙閩廣經制使，司農卿霍蠡爲判官。汝嘉尋遷尚書，兼領經制使如故。是秋，言者又謂：「經制使本户部之職，更置一司，無益。」乃詔罷經制司，其諸路幹辦事依舊爲主管常平官〔二二〕。常平事令提刑兼領。

常平法起於西漢，歲豐則斂，歉則散。後世講之尤詳，秋成則斂，春饑則散，可以平物價，抑兼并，人有接食，官無折閲，法至良也。熙寧初，王安石修水土之政〔二三〕，與筦榷之利，置提舉官，以常平司爲名。當時所行新法，如免役、坊場、河渡、青苗、市易、方田、水利，皆俾提領，遂爲民患。議者不察，但云常平法可廢。建炎初，遂盡罷提舉官。時諸路苗役羨錢，各不下百數十萬緡，朝廷草創，多取諸此。次年，吕頤浩等言：「常平法不可廢。其附益之者，如坊場、免役等可行。青苗、市易等可罷。」有詔委頤浩等詳議〔二四〕，已成書矣。會南渡，未及行。已而，言者概斥提舉官不可復，前議遂寢。其後，或隸提鹽司，或隸發運司，或隸經制司，終無定論。而兵火焚蕩，户部及州縣案籍皆廢〔二五〕，財賦多失矣。

趙鼎上重修哲宗實録。鼎尋以書成，加特進。吕本中草制，有曰：「謂合晉、楚之成，不若尊王而賤霸；謂散牛、李之黨，未如明是而去非。惟爾一心，與予同德。」秦檜以爲破和議，深恨之。

賜舉人第。以亮陰，不臨軒策士。乃御射殿引見，參以四川類試人，賜黄公度等三百九十五人及第、出身有差〔二六〕。時知舉、翰林學士朱震，出院而病，同知舉張致遠、勾龍如淵對，上問考試事，如淵對曰：「大抵所取皆當，惟第二人陳俊卿，賦自落卷中得之。」上曰：「何故如此相遠？」如淵以其辭工而晦，細閲方見工也。

試博學宏詞科。詹叔羲〔二七〕、陳巖肖、王大方中選。詔：「叔羲、大方並與堂除，巖肖賜出身。」

朱震卒。上曰：「楊時既物故，胡安國與震又亡，同學之人，今無存者，朕甚惜之〔二八〕。」趙鼎曰：「尹焞可繼震。」上曰：〔二九〕「震亦嘗薦焞代資善之職。但焞微聵，恐教兒童費力。

侯國公稍長，則用之。」

常同、向子諲、潘良貴並罷。同時爲御史中丞，子諲爲户部侍郎，良貴爲中書舍人。初，上命侍從官共議講和事，子諲以和議爲是，良貴大叱之。及是，同奏事，子諲與良貴交争於殿上，上知同爲子諲所引，必助子諲，因顧問同，同以良貴之言爲是，大忤上旨，並罷。子諲以徽猷閣直學士告老，歸玉笥之舊，隱號曰「薌林」。凡十五年而卒。子諲早受學於劉安世。宣和初，方臘之亂，詔發運司捕之。子諲時爲屬官，獻言曰：「若急請於朝，以安世尹南都，前諫官陳瓘守金陵，人望所歸，不勞兵而賊可破。」識者謂此真良策，其長不能用。靖康末，張邦昌僭位，遣人持赦書至廬州，問其家。子諲時爲發運副使，牒郡守馮詢及提舉香鹽官范仲拘之〔三〇〕。胡安國嘗謂：「其忠節可以扶持三綱者。」蓋指此也。

王倫偕虜使來。初，倫使虜，見撻辣于祁州。撻辣遣使偕倫至北地，見金主亶，首謝廢劉豫，然後致上旨。金主始密與群臣定議許和，且命烏陵思謀等來議。思謀即撒盧母也，乃始來通好海上所遣之人，今再遣來，示有許和意。

秋七月，命再使。

録司馬光後。官其族曾孫伋，嗣光後。

彗出西方〔三二〕。

八月，修徽宗實録。趙鼎奏曰：「先帝以仁厚之德，涵養天下幾三十年。其間法令有未盡善者，皆出於群臣貪功冒賞之私，而有司壅於上聞，非先帝本意。劉大中宣和初知如皋縣，時有旨，即隱者徐神翁所居建爲觀，而基包士民墓甚衆，大中顧有司不能決，乃具圖申省，且束裝待罪。洎取旨，先帝愕然曰：『豈可發民墳墓？』即詔移之别地。則知當時有不便於民者，使先帝悉知，未有不改之者。此群臣之罪，而蔡京爲之首也。」上深然之，以至泣下。鼎又曰：「崇、觀之失，不歸之蔡京，使何人任責？今士大夫力主京者，皆厚私恩而薄祖宗之人也，願陛下深察之。」

劉大中罷。大中是年春除參知政事。時欲講和，大中與趙鼎合議，以爲不可。秦檜怒，令蕭振言其罪，出之，知處州。

冬十月，趙鼎罷。出知紹興府。初，侍御史蕭振本鼎所薦，後因秦檜引入臺，其劾劉大中也，蓋以摇鼎。鼎、大中既出，振謂人曰：「如趙丞相不必論，蓋欲其自爲去就也。」時檜力勸上屈己議和，鼎持不可。

是月朔，宰執入見，檜獨留身，奏講和之説，且曰：「臣以爲講和便。」上曰：「然。」檜曰：「臣僚之説，各持兩端，畏首畏尾，此不足與斷大事。若陛下決欲講和，乞陛下英斷，獨與臣議其事，不許群下干與，事乃可成。不然，無益也。」上曰：「朕獨委卿。」檜曰：「臣亦恐未便，望陛下更思慮三日，容臣別奏。」上曰：「然。」又三日，檜復留身奏事，上意欲和甚堅〔三〕，檜猶以爲未也。曰：「臣恐別有未便，欲望陛下更思慮三日，容臣別奏。」上曰：「然。」又三日，檜復留身奏事如初，知上意堅確不移，乃出文字，乞決和議，不許群臣干與。鼎繇是卒罷。鼎入辭，從容奏曰：「臣昨罷相半年，蒙恩召還，已見宸衷所向，與鄉來稍異。臣今再辭之後，人必有以孝悌之説脇制陛下矣。臣謂凡人中無所主，而聽易惑，故進言者得乘其隙而惑之。陛下聖質英邁，洞見天下是非善惡，謂宜議論一定，不復二三。然臣甫去國，已稍更改，如修史本出聖意，非群臣敢建言，而未幾復修，此爲可惜。臣竊觀陛下未嘗容心，特既命爲相，不復重違其意，故議論取舍之間，有不得已而從者。如此，則宰相政事，非陛下政事也。」

初八月，御筆：「防禦使璩建節，除國公。」執政聚議，副樞王庶大言曰：「並后匹嫡，古以爲戒。」鼎謂秦檜曰：「鼎前負曖昧之謗，今不敢奏，須公開陳。」檜無語。翌日，鼎奏曰：「今建國在上，兄弟之間，恩數宜少異。」又曰：「建國名雖未正，天下之人皆知陛下有子矣，以前後恩數，並同皇子。又昨幸平江及謁太廟，兩令建國扈蹕，國人見者，咨嗟太息，此社稷大計，蒼生之福也。至於外間稱呼之語，陛下豈不聞之？臣身爲上相，義當竭忠，以報陛下。

在今日禮數，不得不異，蓋以繫人心，不使之二三而惑也。」後數日，劉大中奏事，亦以爲言，命遂寢。檜亦嘗留身，不知所説何事。及鼎上章解機務，上曰：「前日所議璩建節事如何？」鼎又如前所陳。鼎既去，明年正月，遂建榮國公，乃知檜所奏不然也。

王庶謂鼎曰：「公欲去，早爲庶言。」鼎曰：「去就在樞密，鼎豈敢與？」鼎行，檜奏乞同執政往餞，乃就津亭設筵。鼎至，即一揖登舟而去，自是，檜益憾之。

明年夏，諫議大夫曾統、殿中侍御史謝祖信，交章論鼎靖康末嘗受張邦昌僞命。時鼎以奉國節知泉州，詔落節。

召孫近、李光。勾龍如淵奏：「陛下既罷鼎相，則用人才，振紀綱，必令有以聳動四方，如君子當速召，小人當顯黜。」上曰：「君子謂誰？」曰：「孫近、李光。」上又曰：「小人謂誰？」曰：「吕本中。」

以近爲翰林學士承旨，光爲吏部尚書。

十一月，吕本中罷。本中前後所繳還制敕甚衆，務抑僥倖，明是非，鼎多所聽從，檜深以爲罪。鼎罷去，言者遂以朋黨斥本中，罷奉祠。

張九成罷。時爲禮部侍郎。九成嘗從容於上曰：「虜情多詐，議者不究異日之害，而欲姑息以求安，不可不察。」會檜聞九成在經筵講書，因及西漢災異事，大惡之。九成入見，面奏曰：「外議以臣爲趙鼎之黨，雖臣亦疑之。」上問其故，九成曰：「臣每造鼎，見其議論無滯，不覺坐久，則人言臣爲鼎黨，無足怪也。」既而九成再章求去，上命以次對出守。檜必欲廢置之，奏除秘撰，奉祠江州太平觀，免謝辭。

張戒罷。時爲殿中侍御史。坐前奏疏論和議難成，及乞留趙鼎。論講和之疏略曰：「爲國者當自勉，不可僥倖偷安，果得偷安猶可，但恐屈辱已甚，而偷安亦不可得。苟知自勉而有備，和而成，固可以息兵，否則亦可以招寇也〔三三〕。」乞留鼎之疏曰：「陛下即位十一年，命相九人，前後拜罷以三十數。已試未試，人材可知。使後來者皆大過人，雖去鼎可也。但斥逐異己，而遷除附己者，徒爲紛紛耳。」

王倫使還，命再使。馮檝奏疏主和議，故命副之。初，以大理寺丞陳括除待制，爲之副，括白檜曰〔三四〕：「朝廷多事，欲遣某奉使，臣子之職，豈敢辭難？若朝廷遣臺省諸公，某願爲之副。王倫之行，則某必不敢奉命。」檜怒，謫監浙東酒税。

詔議講和。詔曰：「大金遣使至境，朕以梓宫未還，母后在遠，陵寢宫闕久稽汛掃，兄弟宗族未得會聚，南北軍民，十餘年間不得休息，欲屈己就和。在庭侍從、臺諫之臣，其詳思所宜，條奏來上，限一日進入。」

先是，禮部侍郎兼侍讀曾開、兵部侍郎兼權吏部尚書張燾，皆請以和議詢可否於衆，故秦檜白上，下此詔焉。於是，燾及吏部侍郎晏敦復、權吏部侍郎魏矼，皆上疏言其不可。矼且請詢之大將，時諸將韓世忠等皆以議和爲非，故矼有是言上。既而，矼以憂去，矼既與檜異論，檜後欲除矼近郡，矼辭不受，奉祠十餘年，寓居常山僧舍，一室蕭然，卒免於禍焉。

王庶罷。自副樞出知潭州。初，庶論虜不可和，於道上疏者七。及見上，言者六。庶疏有曰：「先帝北征而不復，天地鬼神爲之憤怒，陛下與賊有不共戴天之讎，忍復見其使乎？其將何以爲心？其將何以爲容？其將何以爲說？且彼之議和、割地，不過以畫河、畫淮二者而已。若曰畫淮，則我之固有，而淮之外亦有見今州縣所治，如泗州、漣水軍是也〔三五〕。既爲我有，安用和爲？若曰畫河，則東西數千里荊棘無人之地，儻欲宿兵守之，財賦無所從出。彼必厚索歲幣，以重困我矣。不如拘其使而怒之。」及虜使至，庶再上章，力執前議，有曰：「陛下當北狩之役，龍飛睢陽，匹馬渡江，扁舟航海，以至苗、劉之變，艱難萬狀，終無所傷，天之相陛下厚矣。至今雖未能尅復故疆，鑾輿順動，而大將互列，官軍雲屯，百度修舉，較前之日，可謂小康。何苦不念父母之讎，不思宗廟之恥，不痛宮闈之辱，不恤百姓之冤，逆天違人，以事夷狄乎？」秦檜方挾虜自重以爲功〔三六〕，紬其說。庶語檜曰：「公不思東都抗節存趙時，而忘此虜耶？」檜大恨，庶又抗章求去，而有是命。尋詔落職與祠，庶遂卜居于九江。

以勾龍如淵爲御史中丞。 時秦檜方主和議，力贊屈己之説，以爲此事當斷在宸衷，不必謀之在廷。上將從其請，而外論群起，計雖定而未敢即行。如淵言於檜曰：「相公爲天下大計〔三七〕，而群説横起，何不擇人爲臺官，使盡擊去，則相公之事遂矣。」檜大悟，遂擢如淵中司，人皆駭愕。

胡銓乞斬王倫、秦檜、孫近。 銓疏言：「王倫本一狎邪小人，市井無賴。頃緣宰相無識，遂舉以使虜。專務詐誕，欺罔天聽。驟得美官，天下之人，切齒唾罵。今者無故誘致虜使，以『詔諭江南』爲名，是欲臣妾我也，是欲劉豫我也。劉豫臣事醜虜，南面稱王，自以爲子孫帝王萬世不拔之業，一旦豺狼改慮，捽而縛之，父子爲虜。商鑒不遠，而倫又欲陛下效之。夫天下者，祖宗之天下也；陛下所居之位，祖宗之位也。奈何以祖宗之天下，爲犬戎之天下？以祖宗之位，爲犬戎藩臣之位？陛下一屈膝，則祖宗廟社之靈盡汚夷狄，祖宗數百年之赤子盡爲左衽，朝廷宰執盡爲陪臣，天下士大夫皆當裂冠毀冕，變爲胡服。異時豺狼無厭之求，安知不加我以無禮如劉豫也哉？夫三尺童子，至無知也，指犬豕而使之拜，則拂然怒，今醜虜則犬豕也。堂堂大朝，相率而拜犬豕，曾無童稚之羞，而陛下忍爲之邪？倫之議乃曰：『我一屈膝，則梓宮可還，太后可復，淵聖可歸，中原可得。』嗚呼！自變故以來，主和議者，誰不以此説啗陛下哉？然而卒無一驗，則虜之情僞已可知矣。陛下尚不覺悟，竭民膏血而不恤，忘國大讎而不報，含垢忍耻，舉天下而臣之，甘心焉？就令虜決可和，盡如倫議，天下後世謂陛下何如主也？況醜虜變詐百出，而倫又以姦邪濟之，則梓宫決不可還，太后決不可復，淵聖決不可歸，中原決不可得。而此膝一屈，不可復伸，國勢陵夷，不可復振，可爲痛哭流涕，長太息者矣！向者陛下間關海道，危如累卵，當時尚不肯北面臣虜，況今國勢稍張，諸將盡鋭，士卒思奮。只如頃者醜虜陸梁，僞豫入寇，固嘗敗之於襄陽，敗之於淮上，敗之於渦口，敗之於淮陰，校之前日蹈海之危，已萬萬不侔。儻不得已而至於用兵，則我豈遽出虜人下哉？今無故而反臣之，欲屈萬乘之尊，下穹廬之拜，三軍之士不戰而氣已索，此魯仲連所以義不帝秦，非惜夫帝秦之虚名〔三八〕，惜夫天下大勢有所不可也。今内而百官，外而軍民，萬口一談，皆欲食倫之肉〔三九〕。謗議洶洶，陛下不聞，正恐一旦變作〔四〇〕，禍且不測。臣竊謂不斬王倫，國之存亡未可知也。雖然，倫不足道也。秦檜以心腹大臣而亦爲之。陛下有堯、舜之資，檜不能致陛下如唐、虞，而欲導陛下爲石晉。近者，禮部侍郎曾開等引古誼以折之，檜乃厲聲責曰：『侍郎知故事，我獨不知。』則檜之遂非狠愎，已自可見。而乃建白，令臺諫、侍臣僉議可否，是蓋畏天下議己，而令臺諫、侍臣共分謗爾。有識之士，皆以爲朝廷無人，吁，可惜哉！孔子曰：『微管仲，吾其被髮左衽矣！』夫管仲，霸者之佐耳，尚能變左衽之區，而爲衣裳之會。秦檜，大國之相也，反驅衣冠之俗，而歸左衽之鄉，則檜也，不惟陛下之罪人，實管仲之罪人矣。孫近傅會檜議，遂得參知政事。天下望治，有如飢渴，而近伴食中書，謾不敢可否一事。檜曰：『虜可講和。』近曰：『可和。』檜曰：『天子當拜。』近亦曰：『當拜。』臣嘗至政事堂，三發問而近不答，但曰：『已令臺諫、侍從議之矣。』嗚呼！參贊大政，徒取充位如此。有如虜騎長驅，尚能折衝禦侮耶？臣竊謂秦檜、孫近亦可斬也。臣備員樞屬，義不與檜等共戴天，區區之心，願斷三人頭，竿之藁街，然後羈留虜使，責以無禮，徐興問罪之師，則三軍之士不戰而氣自倍。不然，臣有赴東海而死，寧能處小朝廷求活耶！」

竄胡銓。銓之上書也，都人喧騰，數日不定。上語秦檜曰：「朕本無黃屋心，今横議若此。據朕本心，惟應養母耳。」於是，秦檜等乃擬昭州編管。時銓妾孕臨月，遂寓湖上僧舍，欲少遲行，而臨安已遣人械送貶所。秘書省正字范如圭與敕令所删定官方疇，同見吏侍晏敦復，爲銓求援。敦復曰：「頃嘗言秦檜之姦，諸公不以爲然，今方專國，便敢如此。此人得君，何所不爲？」敦復即往見守臣張澄，語之曰：「銓論宰相，天下共知。祖宗朝言事官被謫，開封府必不如是。」澄愧謝曰：「即追還矣。」

銓之行也，監登聞鼓院陳剛中以啓送之曰：「屈膝請和，知廟堂禦侮之無策；張膽論事，喜樞庭謀遠之有人。身爲南海之行，名若泰山之重。」又曰：「知無不言，願借上方之劍；不遇故去，聊乘下澤之車。」秦檜大恨之。尋貶剛中令安遠，死焉。

檜恐言者不已，白上下詔，以銓上書狂悖，戒諭中外。

十二月，曾開罷。時爲禮部侍郎。先是，秦檜嘗因語和議事，曰：「此言大係安危。」開於座中抗聲曰：「丞相今日不當説安危，止合論存亡爾！」檜矍然驚其言而罷，遂命出守。開辭，遂與宮觀。

後開卒于衢州。上覽奏，謂秦檜曰：「當北使張通古等在館，議歸疆休兵之時，開與李彌遜等不止異議，察其用心，罪不容誅。」於是，除開職名，致仕，其贈官、推恩並停。時紹興二十年也。

以李光參知政事。秦檜與光初不相知，特以和議初成，將揭榜，欲藉光名以鎮壓耳。上意亦不欲用光，檜言：「光有人望，若同押榜，浮議自息。」上乃許之。

虜使張通古來議和。以「詔諭江南」爲名，言先歸河南地，徐議餘事。先是，宮觀李綱上疏略言：「臣竊見朝廷使王倫使金國，奉迎梓宮，往反屢矣。今倫之歸，與虜使偕，乃以「詔諭江南」爲名，不著國號，而曰江南，不云通問，而曰詔諭，此何禮也？臣在遠方，雖不足以知其曲折，然以愚意料之，虜爲此名以遣使，其邀求大略有五：必降詔書，欲陛下屈體降禮以聽受，一也；必有赦文，欲朝廷宣布，頒示郡縣，二也；必立約束，欲陛下奉藩稱臣，禀其號令，三也；必求我賂，廣其數目，使我坐困，四也；必求割地，以江南爲界，淮南、荆、襄、四川盡欲得之，五也。此五者，朝廷從其一，則大事去矣。金人變詐不測，貪惏無厭，縱使聽其詔令，奉藩稱臣，其志猶未已。必繼有號召，或使親迎梓宫，或使單車入覲，或使移易將相，或使改革政事，或竭取賦税，或朘削土宇。從之，則無有紀極，一不從，則前功盡廢，反爲兵端。以謂權時之宜，聽其邀求，可以無後悔者，非愚則誣也。」

校書郎許忻因入對，奏疏略曰：「金人始入寇也，固嘗云講和矣。靖康之初，約肅王至大河而返，已而挾之北行，訖無音耗。河朔千里，焚掠無遺，復破威勝、隆德等州。淵聖嘗降詔書，謂金人渝盟，必不可守。是歲，又復深入，朝廷制置失宜，都城遂陷。虜情狡甚，懼我百萬之衆，必以死争也。止我諸道勤王之師，則又曰講和矣。乃邀淵聖出郊，次邀徽宗繼往，追取宗族，殆無虚日。傾竭府庫，靡有孑遺。公卿大臣類皆拘執，然後僞立張邦昌而去。則是金人所謂講和者，果可信乎？此已然之禍，陛下所親見。今徒以王倫繆悠之説，誘致虜人，責我以必不可行之禮，而陛下遂以屈己從之。臣是以不覺涕泗之横流也。」

樞密院編修官趙雍亦奏疏極諫。著作郎胡珵〔四一〕、司勳員外郎兼史館校勘朱松、著作郎張廣、凌景夏、正字兼校勘常明、范如圭同上書，略曰：「虜人方據中原，呑噬未厭，何憂何懼，而一旦幡然與我和哉？蓋其狃於荐食之威，動輒得志，而我甚易恐，故常喜於和之説以侮我。又慮我訓兵積粟，蓄鋭俟時，而事有不可測知者，故不得不爲和之説以撓我耳。蓋虜之和使，即秦之衡人，兵家用之，百勝之術也。六國不悟衡人割地之無饜，以亡其國；今國家不悟虜使請和之得策，其禍亦豈可勝言哉？而執事者，顧方以爲吾爲梓宫、母后、淵聖天屬之故，遂不復顧祖宗社稷二百年付託之重，而輕從之，使彼得濟其不遜無稽之謀，而籍躪以逞，將焉逃之哉？昔楚、漢相持之際，項羽嘗置太公俎上，而約高祖以降矣。使爲高祖者，信其詐謀而遽爲之屈，則自其一身且無所處，尚何太公之可還哉？惟其不信不屈，而日夜思所以圖楚者，以故卒能蹙羽鴻溝之上，使其兵疲食盡，勢窮力屈，而太公自歸。此其計之得失〔四二〕，亦足以觀矣。」其奏，埕所草也。

時士大夫皆以和爲不可，而如圭與王庶、曾開、户侍李彌遜、御史臺檢法方庭實，言之尤力。彌遜疏大略言：「虜情叵測，奈何信其空言，委身聽命，自同下國？異時脱有意外之求，不從，則釁端復生，是徒有屈辱而後患未已也。」庭實疏言：「臣自靖康以至今日，每論議和之無益，徒竭民膏血，坐困中國，沮將士之氣，啓姦雄之謀，此臣愚陋，自守所見，而不敢附會其説，以欺陛下。今使人以江南詔諭爲名，或傳陛下欲屈膝受詔，則臣不知所謂也。嗚呼！誰爲陛下謀此也？天下者，中國之天下，祖宗之天下，群臣、萬姓、三軍之天下，非陛下之天下。陛下躬聰明勇智之資，傳嗣正統，有祖宗積累之基，有長江之險，有甲兵之衆，群臣、萬姓、三軍皆一心欣戴陛下，如子弟之從父兄，手足之扞頭目。陛下縱未能率勵諸將，尅復神州，尚可保守江左，何遽欲屈膝於虜乎？陛下縱忍爲此，其如中國何？其如先王之禮何？其如天下之心何？」

如圭復貽書秦檜，切責之，其語有曰：「設若虜人擁梓宫、母后、淵聖於大江之外，下一紙詔，召吾君相以下，來迎于境。我若從之，立有禍變，如其不從，彼將責我曰：『吾歸而父母之喪，歸而親，歸而兄，有大造于而國，乃違我之命，不肯來迎，是不孝於父母，不恭於兄，不忠於我也。』聲罪來寇，將何以待之？事至如此，則前日所以從其意者，非特未有分毫之益，適足以致莫大之禍。和好既敗，雖欲兵之不用，其可得乎？相公以爲忠，而不知身陷於大不忠，主上以爲孝，而不知身陷於大不孝。」又切責其曲學倍師、忘讎辱國之罪，且謂：「公不喪心病狂，奈何一旦爲此？若不早改圖，必且遺臭萬世。」檜怒，罷之。

虜使之未授書也，前一日，從臣晏敦復、李彌遜、梁汝嘉、張燾、樓炤、蘇符、蕭振、薛徽言同班入對，上奏曰：「臣聞聖人與衆同欲，是以濟事。自古人君施設注措，未有不以從衆而成，違衆而敗者。伏見今日屈己之事，陛下以爲可，士大夫不以爲可，民庶不以爲可，軍士不以爲可，如是而求成，臣等竊惑之。仰惟陛下獨以爲可者，謂梓宫可歸也，淵聖可還也，母后可復也，宗族、土地可得也。國人不以爲可者，謂虜人素多變詐，今持虛文以來，而梓宫未歸，淵聖未還，母后未復，宗族、土地未得，何可遽爲卑辱之事？此公論也。以陛下聖孝，固無所不盡，然天下公論，又不可不從。使天誘其衷，虜果悔禍，惟我之從，而梓宮已歸，淵聖已還，母后已復，宗室、土地皆已得之，則兩國通好，經久之禮，尚有可議。豈有但信其虛辭，一未有所得，而遂欲屈膝以從之乎？一屈之後，將舉國以聽之，臣等恐彼之所許，未必可得，而我之爲國，日朘月削，遂至不可復支矣。臣等竊聞虜使入境，伴使北向再拜，問虜酋起居，此故事也。然軍民見者，或至流涕。夫人心戴宋如此，雖使者一屈，猶爲之不平，況肯使陛下不顧群議〔四三〕，斷而行之？萬一衆情不勝其忿，而王雲、劉晏之事，或見於今日。陛下始有追悔之心，恐其晚矣。傳曰：『衆怒難犯，專欲難成，合二難以安國，危之道也。』臣等職在論思，竊聞輿議，不敢緘默。伏望聖慈俯同衆情，毋遂致屈而緩圖之，不勝幸甚。」奏，燾所草也。上乃詔王倫，責其取書事。倫見北使張通古，以一二策動之。通古亦恐，遂請用明日。

或曰：時欲行此禮，檜未有以處，因問給事中樓炤，炤舉書「高宗諒陰三年不言」之句以對。檜悟，於是上不出，而檜攝冢宰受書。通古猶索百官備禮迎其書，檜乃命三省、樞密院吏朝服乘馬導從。

以施廷臣爲侍御史。庭臣爲監察御史，抗章力贊和議，故有是除。命下，中外駭愕〔四四〕。

劉一止中書舍人。莫將賜出身，除起居郎。都省翻黃下吏部，尚書張燾、侍郎晏敦復言：「仰惟陛下聖孝天至，痛梓宮之未還，念兩宮之未復，不憚屈己，與虜議和，夙夜焦勞，誠心懇切，孜孜汲汲，惟恐後時。特以衆論未同，故未敢輕屈爾。幸而日者上自朝廷，下逮百執之臣，小大一心，無復異議，朝夕進退，從容獻納，庶幾天聽可回，卒不致屈，此宗社之福也。彼施庭臣乃務迎合，輒敢抗章，力贊此議，姑爲一身進取之資，不恤君父屈辱之耻，覈實定罪，殆不容誅，乃由察官超擢御史。夫御史府，朝廷紀綱之地，而陛下耳目之司也。前日勾龍如淵以附會此議而得中丞，衆論固已嗤鄙之矣。今庭臣又以此而躋横榻，一臺之中，長貳皆然，既同鄉曲，又同腹心，惟相阿附，變亂是非，豈不紊國家之紀綱，蔽陛下之耳目乎！衆論沸騰，方且切齒。而莫將者，又以此議，由寺丞而擢左史。如淵、庭臣，庸人也。初無所長，但知觀望。而將姦人也，考其平昔，奚所不爲，陛下奈何遽與此輩斷國論乎？詩曰：『憂心悄悄，愠于群小。』孔子曰：『小人成群，斯可愠矣。』今如淵、庭臣、將輩漸已成群，豈國家之福哉？伏望睿斷，幡然而改（四五），特加斥逐（四六）。庶幾少杜群枉之門，天下幸甚。」於是將、庭臣皆不敢拜。時燾既力詆拜詔之儀（四七），秦檜患之。燾亦自知言切，恐得罪，遂托疾在告。檜使樓炤諭之曰：「北扉闕人，上欲以公爲直院，然亦假途耳。公疾平，宜早出。」燾大駭曰：「果有是言，愈不敢出矣。燾乃不主和議者，若使草國書，豈能曲徇意指哉？檜嘗思之，不過一去，今日之事，其去在我。一受遷官，他日以罪去，則事由人矣。」檜不能奪，遂止。

韓肖胄使虜。充奉表報謝使。時韓世忠伏兵於洪澤，詐令爲紅巾，候虜使回則劫之，以壞和議。而部將郝卞密以告漕臣胡紡〔四八〕，紡白之肖胄，故導虜使由淮西以去。

詔：「以金國使來，盡割河南、陝西故地，與我講和，許還梓宮、母、兄、家族，餘無需索。慮民間不知，令尚書省榜諭。」

是歲，虜伐蒙，爲所敗。虜主亶之立〔四九〕，尚仍天會之號。是歲，始改元天眷。遣萬户湖沙虎北攻蒙兀部，糧盡而還。蒙兀追襲之，至上京之西北，大敗其衆於海嶺。

又以其叔胡盧馬爲招討使，提點夏國、韃靼兩國市場。韃靼者，在金國之西北，其近漢地，謂之熟韃靼，食有粳稻；其遠者謂之生韃靼，止以射獵爲生，性勇悍，然地不産鐵，故矢簇但以骨爲之。遼人初置市場，與之回易，而鐵禁甚嚴。至金人始弛其禁。又劉豫不用鐵錢，繇是，河東、陝西鐵錢率自雲中貨於韃靼，韃靼得之，遂大作軍器焉。

有郎君吴矢者謀反，事連宗盤、宗英、宗偉。會以七月朔入見，亶與悟室謀，伏兵執之，皆坐誅，悉夷其族。初，宗盤自以晟之長子，嘗與亶争立，而韃辣，實穆宗楊割長子，亶大父行也。自黏罕以憤悒死，宗戚大臣皆懼禍，故有逆謀。撻辣尋亦以謀叛誅。虜自立國以來，雖名爲帝，而與其下無尊卑之別，樂則同享，財則共用。自亶幼時，詞臣韓昉已教之學，稍賦詩染翰。及嗣位，左右儒士日進諂諛，導之以宮室之壯，侍衛之嚴。入則端居九重，出則警蹕清道，視舊功大臣如夷狄，且非時莫得見，盡失女真之故態。由是，宗戚思亂。

九年，悟室及蕭慶俱坐謀叛誅。以兀朮爲左丞相，二人皆粘罕腹心，兀朮素出其下。至是，兀朮得權，凡悟室所以得罪，則兀朮之爲也。

己未紹興九年（一一三九）春正月，大赦。赦文略曰：「乃上穹開悔禍之期，而大金報許和之約。割河南之境土，歸我輿圖；戢宇内之干戈，用全民命。」

張浚在永州上疏言：「燕雲之舉，其鑒不遠。虜自宣和以來，挾詐反覆，傾我國家，蓋非可結以恩信、事以仁義者。今日事之虛實，姑置未論，借令虜中有故，上下紛雜，天屬盡歸，河南遂復，我必德其厚賜，謹守信誓。數年之後，人情益解，士氣漸消，彼或内變既平，指瑕造隙，肆無厭之欲，發難從之請，其將何詞以對？顧事理可憂，又有甚於此者。陛下積意兵政，將士漸孚。一旦北面事虜，聽其號令，比肩遣使，接武求盟，小大將帥，孰不解體？陛下方經理河南而有之，臣知其無與赴功而共守者也。蓋自堯、舜以來，人主奄有天下，非兵無以立國。未聞委質夷狄，可以削平禍難。遠而石晉，近而叛豫，著人耳目，歷歷可想。戰國之時，楚懷王入覲於秦，一往不返，逮今千載之下，爲之痛心，由辨之不早也。漢高祖知項羽之寡恩少義，其和不可恃，故雖再敗固陵，甘心不悔。玆二事者，足以爲今之戒矣。」前後凡五上疏爭之。且移書孫近，略曰：「魯仲連不肯尊秦爲帝，且云：『連寧有蹈東海而死。』蓋知帝秦之禍，發遲而大。況我至讎深隙，迺欲修好而幸目前少安乎？異時歲幣求增而不已，使命絡繹以來臨，以至更立妃后，變置大臣，起罷兵之議，建入覲之謀，皆或有之矣。浚是以伏讀詔書，不覺戰汗。幸公深思，密以啓沃。」又以書抵李光論之。

正字汪應辰疏言：「和議既諧，則因循無備之可畏；異議既息，則上下相蒙之可畏。臣聞前日王倫之行，未嘗一詣虜廷，此必有深謀至計〔五〇〕，而畏吾使者之或能覘之也。是豈能洞然無疑於我哉〔五一〕？臣又聞虜之遷而北也，竭取財物，盡驅其丁壯而往，下至雞豚狗彘，靡有遺者。是豈能有愛於我而不取哉？是豈誠有悔過效順之本意哉？虜使既去，所宜深詔執事，交修庶政；申戒邊吏，以虜人雖通和，疆埸之上，各宜戒嚴，以備他盜。今方且肆赦中外，厚賚士卒，褒寵諸帥，以爲休兵息民自此始矣。縱一朝遂忘積年之耻，獨不思異時意外之患乎？此臣所以言因循無備之可畏也。方朝廷力排群議之初，大則竄逐，小則罷黜，雖舉世非之而不顧。至有以一言迎合，則不次擢用。今者事既少定，陛下必以出於獨斷，益輕天下之士矣。夫事是而臧之，猶欲衆謀〔五二〕，況其非乎？是以小人窺見間隙，輕躁者阿諛以希寵，畏懦者循默以備位，淺謀者遂謂無事，而忠臣正士乃無以自立於群小之間，此臣所以言上下相蒙之可畏也。臣願陛下痛心嘗膽，以圖中興，勿謂和好之可以無虞，而思患預防，常若敵人之至也。何至以中國之大，而下爲讎人役哉？」

正字樊光遠疏言：「臣竊觀今日士大夫之論，莫不憂金人之詭詐。臣獨曰詭詐不足憂，而信實深可懼也。彼盡出於詭詐，則其術固止於是耳！吾乃撫養東南根本之地，嚴飭西北備禦之方，亦可以爲國也，夫何足憂？近者，遣使來曰：『當與我故地〔五三〕。』士大夫凡有憂國愛君之心者，争言其詭詐。已而版圖果歸職方，是彼不出於詭詐，而出于信實矣，乃臣之所深懼也。凡其所謂歸梓宫、歸兩宫者，莫不次第以如其言，其可信愈甚，則其可懼亦愈甚。是吾既得吾之所欲，則彼亦將求以得彼之所欲。通和之使，背項相望，吾既空府庫以奉之；河南之地，租賦悉蠲，吾又竭江左民力以給之矣。府庫已空，民力已竭，士氣已墮，一言不酬，金人改慮，此臣之所以私憂過計，而爲陛下深慮也〔五四〕。夫有無故之福，必有無故之禍。往年燕山六州二十四縣，金人以兵取之，來歸于我。當時竭天下之力以償之，所得只數空城而已。朝廷動色相賀，而天下蹙頞相弔。而旦改慮〔五五〕，席卷而南，如寄諸鄰而取之，此陛下所親見也。陛下撫此厄運，雖未受祖宗所全付，然即位之初，河南猶陛下有也，旋没於僞齊。凡吾所以經營攘斥者，踰一星終矣！未能復尺寸之地，今一旦得之于彼，豈非無故之福，如往年之得燕山哉？又將竭內地以實之，弊所恃以事之，可爲寒心矣。廟謨深秘，慮之當已熟，如臣之愚，未知所以善其後也。」

知廣州連南夫疏言：「臣竊惟金人素行兇詐，比年以來，兩國皆墮其術中，大概彼以和議成之，此以和議失之。今陛下果推赤心信之，以其割河南之地〔五六〕，遂恩之乎？臣知陛下知幾，有不信也。何以言之？丙午之禍，父母兄弟、六宫九族，咸被驅虜，逮今十四年，辱莫大焉！使太上聖躬無恙，隨所割地，全而歸之，十四年羈縻隔絶之恨，念之猶且心折，得梓宫猶不足爲恩，得土地顧何足以爲恩乎？況陛下於太上有終天之別，於大金有不戴天之讎。方且許還河南之地，許還梓宫，許還淵聖、六宫，彼其計，寔老子所謂『將欲取之，必固與之』。兵法所謂『不戰而屈人兵』之術也。誰不怒髪衝冠，握拳嚼齒而痛憤哉？借使盡得所許，彼何加損？漢王語呂后曰：『使趙王有天下，顧少乃女乎？』臣竊恐陛下天性孝弟，方感其恩，遂無赫怒振旅之志，蓋用心不剛，則四支委靡，將士雖欲斷髪請戰，有不可得，誰爲陛下守四方者？是陛下十有餘年，寵將養兵，殫財曲意之計，一旦積于空虚不用之地，倒持太阿，交手而付之矣。」又爲表賀曰：「雖虞舜之十二州，昔皆吾有；然商於之六百里，當念爾欺。」秦檜大惡之。

岳飛表云：「謂無事而請和者謀，恐卑辭而益幣者進。願定謀於全勝，期收地於兩河。

唾手燕雲，終欲復讎而報國；誓心天地，尚令稽首以稱藩。」吳璘時兼知熙州，其幕客擬爲表以賀，璘愀然曰：「在朝廷休兵息民，誠天下慶，璘等叨竊，不能宣國威靈，亦可愧矣！但當待罪稱謝可也。」

潭州判官韓紃上書論講和之非，守臣李昭祖得其副本以聞，降官編管循州。

初，宰執奏赦條事，上曰：「凡臣僚抵罪，大則竄黜，小則停降。雖其才可用，而資實小人，亦不可輕赦而復進，蓋世無用小人之理。或偶因微罪，既沾霈澤，豈可不湔洗收録？若以前事論列不已，乃使人材終廢，亦可惜也。」上甄别賢否，愛惜人才如此。

王倫使虜。充迎奉梓宮、奉還兩宮、交割地界使。

薛徽言卒。時爲起居舍人。會秦檜於上前諭和戎事，徽言直前，引義固争，反復數刻，遂中寒疾而卒。

名徽宗陵曰永固。

虜歸我陝西、河南故地。虜頒僞詔於河南，略曰：「頃立齊豫以守南夏，累年于兹，天其意者，不忍遽泯宋氏社稷，猶留康邸在江之南，以安吾南北之赤子也。倘能偃兵息民，我國家豈貪尺寸之地，而不爲惠安元元之計乎？所以去冬特廢劉豫，今自河之南，復以賜宋氏，爾等處爾舊土，還爾世主，我國家之恩，亦已洪矣！爾能各安其生，無忘吾上國之大惠，雖有巨河之隔，猶吾民也。其官吏等，已有誓約，不許輒行廢置，各守厥官，以事爾主，無貽悔吝。」又命官吏軍民願歸山東、河北者，聽。

初，有武臣成希靖以策干張浚〔五七〕，言：「國家阻江據關，深得禦敵之道，彼之騎兵蓋無所施，近年屢戰屢北，終不得志於吴、蜀。必將遺我以破殘之地，使吾取之，則兵勢遂分。而又約以和好，使吾信之，然後出吾不意。以此詭道而圖吴、蜀。一落其計中，爲害不細。」又虜將撒離曷常與其腹心人黄職方者，於陷蕃人賀仔處言之，以謂有金國王子定計，要入川不難，第將陝西棄下三四年不顧，南兵必來作主，則一舉而四川可取。其後，仔歸朝授官，及虜已歸我河南、陝西故地，仔始言之。

先是，有趙榮、王威者，以宿、亳二州來歸。及王倫抵東京，兀术首問榮、威，必欲得之，尋詔遣還。韓世忠以書與秦檜曰：「榮、威不忘本朝，以身歸順，父母妻子悉遭屠滅，相公尚忍遣之〔五八〕，無復中原望耶？」

命士㒟、張燾祗謁陵寢。士㒟時爲大宗正，燾爲兵部侍郎。二人至西京，朝拜陵寢，民夾道驩迎，遂入栢城，披荆履蘗，隨宜葺之而去。及還，奏言：「諸陵下澗水〔五九〕，自兵興以來久涸，二使到日，水即大至，父老驚歎，以爲中興之祥。」上問：「諸陵寢如何？」燾不對，惟言：「萬世不可忘此賊！」上爲之黯然。

以王倫爲東京留守。郭仲荀副之，仍交割地界。兀术自祁州渡河，移行臺於大名。初，兀术既還祁州，密奏於其主亶曰〔六〇〕：「河南之地，本撻懶、宗盤主謀，割與南宋，二人必陰結彼國，今使已至汴京，未可令過界。」會西京留守孟庾至京師，倫始解留鑰，將使指北行。倫至中山府，爲虜人所拘，後送祁州。是冬，始見亶於御林子〔六一〕，倫致上命，亶悉無所答，令宣勘官問倫：「還知元帥撻辣罪否？」又問：「無一言及歲幣，却要割地，但知有元帥，豈知有上國耶？」乃遣副使藍公佐先歸，議歲貢、正朔、誓表、册命等事，且索河東、北士民之在南者，而拘倫以俟報。已而，遷之河間，遂不復遣。

虜遣張孝純還。上詔孝純赴闕，孝純自懇，乃白兀术，願歸徐州，致仕而卒。又以李鄴爲翰林承旨，馮長寧爲户部使。户部在遼陽府，二人受命，皆髡髮左衽以赴焉。

川陝宣撫使吴玠改爲四川宣撫使。初，玠軍中所用激賞錢，每歲下四川都轉運司應副一百八十萬緡。至是，玠言：「今不發兵，乞省其半。」詔獎之。

方庭實三京、淮北宣諭使。庭實至西京，先朝謁陵寢，見永昌而下皆遇驚犯，泰陵至暴露，庭實解衣覆之。歸日痛哭流涕，爲上言之，由是大忤秦檜意。庭實又奏言：「三京并淮北新復州郡，共二十一處，在承平時，主客户一百三十餘萬，今纔三十九萬有奇。」

又薦前知開封府尉氏縣姚邦基，自解官尉氏，屬劉豫僭竊，邦基遂匿迹村落，聚徒教學自守，不求禄仕。尋命特改京秩。

尹焞罷。去春，除秘書少監，焞五具辭免，不允。遂乞歸田里，又乞致仕。四月，除直徽閣，奉京祠，仍舊崇政殿説書。十一月，除太常少卿。十二月，除禮侍兼侍講。焞以疾固辭，上疏力諫講和之非。略曰：「本朝戎虜之禍，亘古未聞，然賴祖宗德澤之厚，陛下勤撫之至，所以億兆之心，無有離異。遠近愛戴，國勢可保。前年徽宗皇帝、寧德皇后凶問遽來，莫究不豫之狀，天下之人痛心疾首，而陛下方且屈意降心，以迎奉梓宮、請問諱日爲事。遂使虜意益驕，謂我無人，乃再啓和議於今日，意欲潛圖混一，臣妾中國。陛下十二年勤撫之功，當決於此矣。況先王之禮：『父母之讎，不與共戴天；兄弟之讎，不反兵。』陛下信仇敵之譎謀，而覬其肯和，以紓目前之急，豈不失不共戴天、不反兵之義乎？又況使人之來，以詔諭爲名，以割地爲要，欲與陛下抗禮於庭，復使陛下北面其君，則是降，非和也。今以不共戴天之讎，與之和猶且不可，況實降乎？切爲陛下痛惜之〔六二〕！更願深謀熟慮，採衆論以全大計，則天下幸甚。」又移書責秦檜，略曰：「比者，切聞主上以父兄未返，降志辱身，於九重之中有年矣。然亦未聞虜人悔過，還二帝於沙漠。繼之梓宮崩問不詳，天下之人痛恨切骨。則虜人虎狼貪噬之性，不言可見，天下方將以此望於相公，覬有以革其已然？豈意爲之已甚乎？今之上策，莫如自治。自治之要，内則進君子而退小人，外則賞當功而罰當罪。使主上孝弟通於神明，主上之道德成於安强，勿以小智孑義而圖大功，不勝幸甚。」檜大怒。焞既以議和不合，乃力辭新命，章十上，遂命以在京宫觀兼侍讀。焞又五辭，不拜。至是，乃以待制奉祠而去，居于平江之虎丘。明年正月，焞曰：「七十而老尚矣！」遂致仕。後二年卒，詔越制賻之，贈官四等。

以張浚知福州。

明年夏，浚奏言：「臣切念，自群下決回鑾之計，國勢不振，事機之會失者再三。向使虜出上策，還梓宫、歸兩殿，供須一無所請，宗族隨而盡南。則我德虜必深，和議不拔，人心懈怠，國勢寖微。異時釁端卒發，何以支持？臣知天下非陛下之有矣。今幸上天警悟，虜懷反覆，士氣尚可作，人心尚可回。願因權制變，轉禍爲福，用天下之英才，據天下之要勢，奪敵之心，振我之氣。措置一定，大勳可集。」繼聞淮上有警，連以邊計奏知。又條畫海道舟舡利害。上嘉浚之忠，遣中使奬諭。浚時大治海舟至千艘，爲直指山東之計，以俟朝命。

又明年春，獻緡錢六十萬助軍，詔奬之。

三月，以廖剛爲御史中丞。時知漳州。嘗應詔上封事，乞早以建國公正皇子之號，大略謂：「惟誠足以動天地，感人心。今意雖有屬，而名未之正，恐未足以慰幽顯之望。」至是，以年將七十，謂宜謝事。會已有召旨，詔書趣行，至則有中司之拜。剛首奏，言：「唐文宗擢丁居晦爲御史中丞，謂宰相鄭覃曰：『朕嘗與居晦論世人，言李、杜、元、白爲四絶，如何？』居晦曰：『此非君上合論之事。』朕以此記得居晦，可爲御史中丞。又謂牛僧孺可以爲大夫。覃曰：『向爲中丞，頗不能擊搏，恐非夙望。』文宗搖首曰：『不然，鸞鳳自與鷹隼異。』美哉！文宗任人之意也。臣伏讀訓詞，責臣持大體以立國之紀綱，有以見陛下之意，與文宗合矣。人主惟患不得論道經邦、燮理陰陽之人，與之躋一世於仁壽之域。若乃區區藝文之末，豈所當留神者哉？中執法固當維持邦憲〔六三〕，擊去姦邪之爲國害者。乃捃摭細故，矜觜爪，曾何足道？臣願陛下不以文宗爲無足法而忽其意。臣亦不敢徇流俗之見，專事苛察而忘大體也。」它日入對，又言：「今經費不支，盜賊不息，事功不立，命令不孚，及兵驕官冗之弊蓋不一。其原則在於一人之身。若意誠心正，以照臨百官，則是非不紊，姦邪洞見，天下之弊，可次第革矣。」

晏敦復吏部尚書。四月，罷知衢州。方議和之初，敦復力詆屈己之非。秦檜患其不附己，使腹心人誘之，曰：「公若曲從，兩地旦夕可至。」敦復曰：「吾終不以身計而誤國家，況吾薑桂之性，到老愈辣，請勿復言。」檜卒不能屈。上嘗面諭曰：「卿鯁峭敢言，無所回避，可謂無忝爾祖矣。」

河南分三路。京畿路治東京，河南府路治西京，應天府路治南京。

夏四月，吕頤浩卒。謚曰忠穆。

以樓炤爲陝西宣諭使。炤時爲簽書。右諫議曾統言：「自去冬以來，凡七遣使。初命韓肖胄報聘，又使王倫交地，又遣方庭實宣諭三京，郭仲荀留守東京，周聿宣諭陝西，士㒟、張燾恭謁陵寢，樓炤又至永興宣德意。竊聞熙寧初〔六四〕，宰臣韓絳宣撫陝西，纔費十八萬緡，今一使之費，已數倍於昔，蓋自崇寧權臣用事，務爲華侈，以悦人情。乞以舊制裁定。」炤依秦檜之勢，妄自尊大，輕忽士流。民訴事者〔六五〕，非錢不達。所至，人厭苦之。

六月，皇后邢氏崩。

吴玠卒。謚武安。玠御下嚴而有恩，故士樂爲之死。胡世將嘗問玠所以勝於其弟璘，璘曰：「虜令酷而下必死，先兄每與虜戰，非累日不決，然其弓矢不若中國之勁利。吾嘗以勁技洞重甲於數百步外〔六六〕，又據其形便，争出鋭卒，與之爲無窮，以沮其堅忍之勢。至於決機兩陣之間，則璘有不能言者。」初，富平既失律，蜀口屢危，金人必欲以全取勝，獨賴玠以爲固，由是蜀人至今思之。

十年，詔立廟仙人關，賜額曰忠烈。

秋七月，韓世忠請襲虜。淮東安撫使韓世忠奏：「金人近誅宗族大臣，國内紛擾，淮陽所屯兵皆抽回，世忠意欲乘虚襲之。」上謂宰執曰：「世忠武人，不識大體，金人方通好，若因其無備襲之，是乘亂而幸災也。異時何以使夷狄守信義乎？」

九月，李世輔來歸，賜名顯忠。命爲樞密院都統制。

顯忠，鄜延路綏德軍青澗城人也。由唐以來，累世爲蘇尾九族都巡檢使。顯忠與父永奇雖仕僞齊，每父子相泣，以未得同報國恩爲恨。永奇尋爲鄜延副總管，顯忠爲本路都監，會經略令顯忠率軍馬赴東京，永奇戒之曰：「汝若得便，可乘機會歸朝廷，勿以我與骨肉爲念。我亦自爲規畫。汝若能成事，我亦名譽萬世不朽。」顯忠至東京，僞授亳南路鈐轄，知鎮安府。虜之廢豫也，兀术以萬騎馳獵淮上，圍場廣袤數十里，兀术與顯忠獨位圍場間。顯忠預遣人探淮水渡馬處，欲執兀术歸朝。其人還，顯忠馳馬迎問，馬蹄偶爲竹刺傷，悵恨而止。顯忠尋改知同州。時永奇知鄜州，顯忠至鄜省侍永奇，戒之曰：「同州入南山六七十里，乃金人諸酋往來驛路，汝得便可擒其酋，渡洛、渭而入南山〔六七〕，由商、虢以歸朝。第報我知，我當與世壽輩以兵取延安。」世壽，顯忠弟也。顯忠之任，會關西元帥撒里曷來同州〔六八〕，顯忠以計執之。顯忠老幼皆騎而行，出南門，至洛河，以舟舡後期不得渡，遂還同州。欲北行，入丹州，取本族軍馬，入延安，而以永奇爲經略使。議已定，出北門至漢村源路，與追騎屢戰皆捷。顯忠見生兵來益多，又有澄城扼於前，乃與撒里曷折箭爲誓：「不得殺同州人民，不得使人追我，不得害我父母、骨肉。」皆許之。遂縱之歸。行至鄜城縣，急遣人詣鄜州告永奇。永奇即攜家出城，由瓦堂川而去，未至延安府，爲人所害。母蒙氏與二子一孫亦同日而死。顯忠遂奔夏國。夏人問所欲，顯忠曰：「願得二十萬人，不半年，可取陝西五路，及生擒撒里曷以歸于夏國。顯忠亦得以報不共戴天之讎也〔六九〕。」夏主曰：「爾能爲吾立功，則不靳借兵。」時有酋豪號「青面夜叉」〔七〇〕，恃衆擾邊，乃令顯忠圖之。顯忠請精騎三千，晝夜疾赴，奄至其穴，擒之以歸。夏主大悅，即出二十萬人騎援之，以文臣王樞、武臣哆訛爲收復陝西招撫使〔七一〕，顯忠爲鄜延等路安撫使，擇日進兵。是年二月也。顯忠至延安，先入東城，繼至西城。延安帥趙惟清呼曰：「鄜延路今已歸大宋矣。」顯忠見赦書，率官吏列拜。乃以所招舊部曲八百餘騎見夏國兩招撫，諭之曰：「顯忠已得延安府，見大宋講和赦書，招撫可以本部軍歸國。」哆訛不從。王樞曰：「即容議之。」顯忠知勢不可，乃出刀斫哆訛，幾中，哆訛仆于地，其下急扶之上馬，直北去。顯忠擒王樞縛之。夏人以鐵鷂子萬騎來，顯忠以其所部拒之，馳騎揮兩刀，所向披靡，手刃數百人。夏衆大潰，殺死蹂踐死者無慮萬人，獲馬四萬疋。顯忠揭榜招兵，以「紹興九年」爲文書，每得一人，與馬一疋，旬日間得萬人〔七二〕，且誅害其父母弟姪者於東城之内。然後啓行，至鄜州，已有馬步軍四萬餘人。時撒里曷在耀州，聞顯忠來，一夕遁去。四月，至坊州，有詔令少休就糧。顯忠止留七千人，餘悉發歸元來去處。行至長安，樓炤、周聿招納之。至是入見，王樞亦與焉。王樞留月餘，遣使送之歸夏國。上見顯忠，慰勞再三，賜賚有加，又賜田于鎮江府。

旌忠義。樓炤言：「米璞不汙僞命，劉化源陷虜十年不屈。劉長孺當劉豫僭逆，嘗致書勸諭，轉禍爲福，爲豫所囚。陰晫亦是陷隔以來守節不仕之人〔七三〕。」其後，金人復叛盟，長孺權知華陰縣〔七四〕，不屈而死。詔並加其官。有高穎者，宣和末，中進士第。虜、僞之際，隱于民間，亦因炤言，上召見之，命爲國子監丞。

初，虜騎之南牧也，士大夫皆避地。朝奉郎趙俊獨不肯避，曰：「死生，命也。避將安之？」豫以俊爲虞部郎，辭疾不受，以告畀其家，卒却之，如是再三，豫亦不復彊。凡家書文字，不用僭號，但書甲子，後三年卒。是時，本朝宗室南渡不及者，尚散居民間，豫募人索之。承務郎閻琦匿不以聞，爲人所告，豫杖之死。承直郎姚邦基知尉氏縣〔七五〕，秩滿，不復仕，屏居村落間，授徒以自給。

有劉士英者，宣和間，爲温州教授。方臘之陷處州也，州人争具舟欲走，士英秩且滿，奮然建議以不當避。自郡將而下，皆排沮之。士英獨身任責，擢郡茂才石礪爲謀主，治守具，峙餱糧，籍保伍，分其地爲八隅，委官統率。令浮屠毋擊鐘，民聞鐘聲，則趨所守堞。未幾，賊來攻，拒守凡四十餘日，王師繼至，賊潰去。尋通判太原府，屬虜人入寇，帥臣張孝純欲避寇，士英率通判方笈、將官王稟力止孝純。及城陷，稟赴火死，士英持短兵接戰，亦死之。笈在虜，因講和，使附家書言二人死節，其家繳進，後付下。笈子刻石于衢州、温州。前集未收，今附于此。

駕部郎喻如礪亦言：「臣謂忠義之士，如玉鎮大寶。故爲天下者，雖有高城巨浸以爲之防，漕粟庾糧以爲之備，良士選卒以爲之戰，而微忠義之士以爲之守，是委社稷而輸之敵也。願申詔史臣，採自靖康而來，蒙患死難，暴人耳目，較然不欺者，書之爲死節之士。復掇近日樓炤之所蒐訪，周聿之所論薦，書之爲守節之士。庶幾彰國家臨危有伏節之士，勸世有消萌之術。」詔送史館。

十年，褒贈陸昇〔七六〕、吴温舒、張傑、郭永、曲念祖、張彬、閻琦。初，有詔新復諸州，詢訪潔身挺節之士。於是，諸州以昇等事跡聞，虜、僞之際，或棄官不仕，或不復就舉，或以結集忠義被刑，或以思念本朝，藏匿宗室坐誅，並詔收録褒贈之。

十三年，從吏部郎王揚英之請，編靖康建炎忠義録。其後，書不克成。

以胡世將爲川陝宣撫副使。置司鳳州河池縣，諸路並聽節制。世將精神明悟，閑習吏治，其守成都，甚有政績。成都人謂：「自張詠後，惟世將能繼之。」至是就用〔七七〕。世將既除宣副，諸將皆賀。世將語之曰：「世將不能騎射，不知虜情，不諳邊事，朝廷所以遣來者，襲國朝之故事，以文臣爲制將爾。自今以往，軍中事務，皆不改吴宣撫之規摹。世將有所未達，諸公明以指示，或諸公有所未達者，亦當奉聞。各推誠心，勿相疑忌，共濟國事可也。」諸將皆拜謝。

鄭億年奉朝請。初，億年爲虜執北去，遂臣劉豫，累遷左丞。河南初復，秦檜與億年爲親，召之還，除雜學士，奉朝請。

明年，復資政殿學士，依舊奉祠。中丞廖剛言：「億年身爲從官，委質叛臣，今而歸國，赦其戮幸矣。」右正言陳淵亦言：「億年乃故相居中之子，雖嘗爲從官，而有從賊之醜，況資政隆名，乃賊豫所竊，以與億年，固不可以言復。」李光亦力争之，乃已。光罷，億年竟復資政，仍奉朝請。

冬十月，訪中原遺才。詔侍從各薦二人。上曰：「朕久在東南，中原隔絶，遺才必多，可令訪求推薦，以見朕兼收並用，求賢無方之意。」

以張燾知成都府。兼本路安撫使。上諭秦檜曰：「燾雖安撫一路，如四川前日無名横斂，不急冗費，可令蠲減，以寬民力。」以成都帥臣而得行四川民事，自燾始。

燾在蜀時，有詔宣撫司納契丹降人。燾謂胡世將曰：「蜀地狹，安能容？且不鑒前朝常勝軍乎？」世將奏寢其事。蜀自用兵，預和買布匹，折估錢二引，民已病之。轉運司迫餉軍，增至三道，成都一路總七十四萬七千有奇。燾言：「昨降度牒二千，稱提錢引，數適相當。願以此代輸。」從之。初，燾開府，適當歲旱，大發積粟以賑饑民，撫存黎、雅蕃部，禁戢貪吏，開修渠堰，蠲落江田稅，決遣獄訟，修文翁舊學。時與諸生講論經旨，政無不舉，蜀人大悦。

十二月，李光罷。光與秦檜議事不合，於上前紛爭，且言檜之短。御史何鑄劾之。光引疾求去，章九上，除知紹興府，尋奉祠。

劉一止、周葵罷。一止時爲給事中，葵爲起居郎，皆以言事忤秦檜也。

是秋，葵請犯茶監人免根問來歷。上曰：「犯榷貨者，不根問經由，此嘉祐著令，仁祖盛德也。舉而行之，則吏不至並緣，獄不至滋蔓，可速付省部。」

是冬，王忠植復石州等十一郡。忠植，太行義士也。事聞，上嘉之，拜觀察使，統制河東忠義軍馬。

明年，金人圍慶陽，帥臣宋萬年拒守。忠植時爲河東經略，胡世將檄忠植以所部赴陝西會合，行至延安，叛將趙惟清執忠植，使拜僞詔。忠植不屈，惟清械送撒离曷，使甲士引詣慶陽城下，使諭降。忠植大呼曰：「我河東步佛山忠義人也，爲虜所執，使來招降，願將士勿負朝廷。」遂遇害。後贈節度，賜謚義節。

虜之割地也，以新河爲界，朔方盛傳御駕北征，民間往往私結徒黨，市軍器以備緩急，沿河尤甚。每遇陰晦，輒引領南望曰：「御營烈火光矣〔七八〕。」太行義士又攻懷州萬善鎮，破之。僞守臣烏陵思謀率軍民城守，思謀自虜中内亂，每夜披衣而坐，喟然歎曰：「可惜官人備歷艱險以取天下，而今爲數小子壞之，我未知其死所矣！」官人謂黏罕也。知濬州韓常嘗與判官宮茵夜飲，論及南北攻戰之事，茵盛言北兵之强，南兵之弱。常曰：「不然，今昔事異，昔我强彼弱，今我怯彼勇，所幸者南人未知耳。」

是歲，夏國李乾順死。子天祚立。

校勘記

〔一〕止已未紹興九年　「止」原作「上」，據體例及上下文義改。

〔二〕父之仇不與共戴天　「父」，三朝北盟會編卷二二一作「父母」。

〔三〕二者不能相通　「相」原作「自」，據韋齋集卷七論時事劄子六、晦庵先生朱文公文集卷九七朱公（松）行狀及上文改。

〔四〕則是二者通爲一説　「二」原作「三」，據上文、韋齋集卷七論時事劄子六及晦庵先生朱文公文集卷九七朱公（松）行狀改。

〔五〕安受其變　「變」，韋齋集卷七論時事劄子六及晦庵先生朱文公文集卷九七朱公（松）行狀作「燼」。

〔六〕以致天地之殛　「殛」原作「福」，據韋齋集卷七論時事劄子六及晦庵先生朱文公文集卷九七朱公（松）行狀改。

〔七〕咸以謂非張浚與劉錡不能抗之　「張浚」原作「張俊」，據晦庵先生朱文公文集卷九七胡公（憲）行狀改。

〔八〕乳犬搏虎　「犬」，繫年要録卷一一八及皇宋中興兩朝聖政卷二三作「㲋」。下同。

〔九〕往往束手受囚　「囚」原作「因」，據繫年要録卷一一八及皇宋中興兩朝聖政卷二三改。案道光抄本作「困」。

〔一〇〕激於感憤　「感」原脱，據繫年要録卷一一八及皇宋中興兩朝聖政卷二三補。

〔一一〕建炎二年冬　「二」原作「一」，據繫年要録卷一一八改。

〔一二〕以兩浙轉運使徽猷閣待制爲户部侍郎　「轉運使」，繫年要録卷一一八作「都轉運使」。

〔一三〕使諸州上帳於兵部　「州」，繫年要録卷一一八作「軍」。

〔一四〕未有不由於威令不行　「有」原作「必」，據繫年要録卷一一八及皇宋中興兩朝聖政卷二三改。

〔一五〕莫敢仰視　「仰」原作「抑」，據繫年要録卷一一九及皇宋中興兩朝聖政卷二三改。

〔一六〕分淮東劉安世軍　「劉安世」，繫年要録卷一二〇及皇朝中興紀事本末卷四四作「韓世忠」。

〔一七〕十四年　繫年要録卷一五三及宋會要輯稿食貨五三之二四作「十五年」。

〔一八〕亦負張浚　「張浚」原作「張俊」，據繫年要録卷一一九及宋史卷三八二張燾傳改。

〔一九〕中興以來　「中」，皇朝中興紀事本末卷四七作「兵」。

〔二〇〕不時巡按諸路　「不」原作「一」，據繫年要録卷一二五及皇朝中興紀事本末卷四七改。

〔二一〕其常平官並改充經制某路幹辦官　「辦」原作「辯」，據道光抄本改。下同。

〔二二〕其諸路幹辦事依舊爲主管常平官　「事」，中興小紀卷二七作「官」。

〔二三〕王安石修水土之政　「王安石」原作「王安召」，據繫年要録卷一三二及皇宋中興兩朝聖政卷二五改。

〔二四〕有詔委頤浩等詳議　「頤」原脱，據上文及繫年要録卷一三二補。

〔二五〕户部及州縣案籍皆廢　「案」，繫年要録卷一三二作「圖」。

〔二六〕賜黄公度等三百九十五人及第出身有差　「三」原作「二」，據繫年要録卷一二〇、皇宋中興兩朝聖政卷二三及宋史卷二九高宗紀六改。

〔二七〕詹叔義　「詹叔義」原作「詹叔羲」，據中興小紀卷二四及繫年要録卷一二〇改。下同。

〔二八〕朕甚惜之　「甚」，繫年要録卷一二〇及皇朝中興紀事本末卷四四作「痛」。

〔二九〕上曰　原脱，據中興小紀卷二四，參考繫年要録卷一二〇及宋史全文卷二〇中補。

〔三〇〕牒郡守馮詢及提舉香鹽官范仲拘之　「范仲」，三朝北盟會編卷八六同，五峰集卷三向侍郎行狀及文忠集卷五〇跋向子諲遺書作「范沖」。

〔三一〕彗出西方　「西方」，皇宋十朝綱要卷二三同，宋史卷二九高宗紀六作「東方」。

〔三二〕上意欲和甚堅　「上」前，繫年要録卷一二二及三朝北盟會編卷一八四有「知」。

〔三三〕否則亦可以招寇也　「招」原作「拒」，據繫年要録卷一二三及三朝北盟會編卷一八五改。

〔三四〕括白檜曰　「括」原作「栝」，據上文、繫年要録卷一二二及三朝北盟會編卷一二五改。

〔三五〕如泗州漣水軍是也　「漣」原作「連」，據宋名臣言行録别集下卷三改。

〔三六〕秦檜方挾虜自重以爲功　「挾」原作「狹」，據宋名臣言行録别集下卷三改。

〔三七〕相公爲天下大計　「相」原作「初」，據繫年要録卷一二三及三朝北盟會編卷一八六改。

〔三八〕非惜夫帝秦之虚名　「秦」原作「奏」，據上文、道光抄本、澹庵文集卷二上高宗封事及繫年要録卷一二三改。

〔三九〕皆欲食倫之肉　「倫」原作「淪」，據上下文、道光抄本、澹庵文集卷二上高宗封事及繫年要録卷一二三改。

〔四〇〕正恐一旦變作　「旦」原作「早」，據繫年要録卷一二三、皇宋中興兩朝聖政卷二四及宋史卷三七四胡銓傳改。

〔四一〕著作郎胡珵　「胡珵」原作「胡理」，據晦庵先生朱文公文集卷九七朱公（松）行狀及皇宋中興兩朝聖政卷二四改。

〔四二〕此其計之得失　「計」原作「許」，據晦庵先生朱文公文集卷九七朱公（松）行狀改。

〔四三〕況肯使陛下不顧群議　「肯」原作「有」，據繫年要録卷一二四及三朝北盟會編卷一八六改。

〔四四〕中外駭愕　「駭」原作「駁」，據繫年要録卷一二四及皇宋中興兩朝聖政卷二四改。

〔四五〕幡然而改　「幡」原作「番」，據繫年要録卷一二四改。

〔四六〕特加斥逐　「逐」原作「遂」，據道光抄本、繫年要録卷一二四及三朝北盟會編卷一八七改。

〔四七〕時燾既力詆拜詔之儀　「儀」，繫年要録卷一二四、宋史全文卷二〇中及宋史卷三八二張燾傳作「議」。

〔四八〕而部將郝卞密以告漕臣胡紡　「郝卞」，三朝北盟會編卷一九一同，繫年要録卷一二五及皇宋中興兩朝聖政卷二五作「郝抃」。

〔四九〕虜主亶之立　「亶」原作「旦」，據繫年要録卷一二三改。下同。

〔五〇〕此必有深謀至計　「深謀至計」，文定集卷二輪對論和戎失計及群臣阿蔽劄子及三朝北盟會編卷一九二作「詭謀密計」。

〔五一〕是豈能洞然無疑於我哉　「疑」原作「擬」，據繫年要録卷一二五及文定集卷二輪對論和戎失計及群臣阿蔽劄子改。

〔五二〕猶欲衆謀　「欲」原作「郤」，據三朝北盟會編卷一九二改。

〔五三〕當與我故地　「當」原作「常」，據道光抄本及三朝北盟會編卷一九二改。

〔五四〕而爲陛下深慮也　「慮」，繫年要録卷一二七及三朝北盟會編卷一九二作「懼」。

〔五五〕而旦改慮　「而」，三朝北盟會編卷一九二作「虜」。

〔五六〕以其割河南之地　「河」原作「何」，據道光抄本、繫年要録卷一二五及皇宋中興兩朝聖政卷二五改。

〔五七〕有武臣成希靖以策干張浚　「成希靖」原作「成希竦」，據繫年要録卷一三一及皇朝中興紀事本末卷三五改。

〔五八〕相公尚忍遺之　「尚」原作「向」，據中興小紀卷二七及繫年要録卷一三一改。

〔五九〕諸陵下澗水　「澗」，皇朝中興紀事本末卷四八、皇宋中興兩朝聖政卷二五及宋史卷一二三禮志二六作「石澗」。

〔六〇〕密奏於其主亶曰　「亶」原作「旦」，據繫年要録卷一二九改。下同。

〔六一〕始見亶於御林子　「子」原脱，據繫年要録卷一三二及皇朝中興紀事本末卷四九補。

〔六二〕切爲陛下痛惜之　「切」，繫年要録卷一二四及三朝北盟會編卷一八九作「竊」。下同。

〔六三〕中執法固當維持邦憲　「中執法」，歷代名臣奏議卷一四三作「中丞執法」。

〔六四〕竊聞熙寧初　「竊」原作「切」，據繫年要録卷一二八及皇朝中興紀事本末卷四八改。

〔六五〕民訴事者　「訴」原作「訢」，據繫年要録卷一三一及三朝北盟會編卷一九七改。

〔六六〕吾嘗以勁技洞重甲於數百步外　「勁」，繫年要録卷一二九及皇朝中興紀事本末卷四八作「長」。

〔六七〕渡洛渭而入南山　「渭」原作「滑」，據宋史卷三六七李顯忠傳改。

〔六八〕會關西元帥撒里曷來同州　「撒里曷」，它處作「撒離曷」，係同名異譯。下同。

〔六九〕顯忠亦得以報不共戴天之讎也　「戴」原作「載」，據宋史卷三六七李顯忠傳改。
〔七〇〕時有酋豪號青面夜叉　「叉」原作「义」，據宋史卷三六七李顯忠傳改。
〔七一〕以文臣王樞武臣哆訛爲收復陝西招撫使　「王樞」原作「玉樞」，據下文及宋史卷三六七李顯忠傳改。
〔七二〕旬日間得萬人　「間」原作「聞」，據道光抄本及宋史卷三六七李顯忠傳改。
〔七三〕陰晫亦是陷隔以來守節不仕之人　「晫」原作「暉」，據繫年要録卷一三二及宋會要輯稿禮六一之一〇改。
〔七四〕長孺權知華陰縣　「華陰縣」原作「淮陰縣」，據繫年要録卷一三二及宋史卷四五三劉化源傳改。
〔七五〕承直郎姚邦基知尉氏縣　「氏」原作「民」，據繫年要録卷三七及宋史卷四五三趙俊傳改。
〔七六〕褒贈陸昇　「陸昇」，繫年要録卷一三五作「陸睦」。
〔七七〕至是就用　「用」下，繫年要録卷一三二及皇宋中興兩朝聖政卷二五有「之」。
〔七八〕御營烈火光矣　「御」原作「節」，據繫年要録卷一三三及皇朝中興紀事本末卷四九改。

中國史學基本典籍叢刊

中興兩朝編年綱目

下

〔南宋〕陳均撰
孔學點校

中華書局

中興兩朝編年綱目卷第九

高宗皇帝　起庚申紹興十年，止壬戌紹興十二年。

庚申紹興十年（一一四〇）春正月，莫將使虜。充迎護使。

李綱卒。時在福州。

後謚忠定。謚議略曰：「始，公自起居郎極論都城水災，斥爲監當，而抗直之聲震於天下矣。及斡离不來寇，在庭茫然，將從乘輿以出。公獨請與執政辯詰，遂奪其議，力守京師，而虜以退卻。然其請留割三鎮詔書，擊女真之歸，而嚴兵以防其再至，皆爲同列所沮之，不果用也。高宗中興，首命公自輔。於是張邦昌以僭逆誅矣。先事河北、河東，録堅守者，建遣張所、傅亮往援接之。乞幸襄鄧，以係人心，而毋走東南。使周望、傅雱通問二聖，而毋踵和約，時中原尚未潰也。公方除京、黼亂政，漸復祖宗舊法，奏請施行數十事，多中機要。使稍得歲年之須（一），則兩河不遂陷，而虜不敢鼓行入内地矣，而讎恥因可報也。不幸又七十五日而罷去。迄其後，常疎外坎壈，雖僅免顛沛，而曾不少得其意焉。自是禍難横出，而南北竟以分裂。此爲國家惜者，所以哀公之志，而深悲其相之不終也。」又曰：「以當時避走乞和、讐賊虜卑中國之人，而議公之得失，故其自許爲謀詳慮密，而謂公爲略而踈；自以爲鎮重能消弭，而謂公爲輕鋭而喜事。其恬視君上之仇，畏死持禄，甘爲世所賤侮，而以公之能尊君、以身狥國、爲人望所屬者，謂爲朋黨要結以自營。故主和者非致寇，而守京師者爲失策矣。則公之負謗於時，固亦其理之所宜得也。何足辨哉？」

二月，以劉錡爲東京副留守。錡帶騎司之軍以行，即王彦所刺八字軍也〔二〕。

定科詔年。國朝治平以來，始詔三歲一科舉，自是率用今年大禮，明年科場，又明年省、殿試。建炎元年殿試，爲軍興展至次年，就維揚試，其年大禮年也。紹興元年殿試，爲明堂，又展次年。自後三年科舉，遂與大禮同年。有司勞於應辦，乃詔紹興十年依舊科場，仍展省、殿試一年，以合舊制。

以廖剛爲工部尚書。剛每因奏事，論君子、小人、朋黨之辨，反覆切至。又論人君之患，莫大於好人從己，若大臣惟一人之從，群臣惟大臣之從，則天下事可憂。剛本秦檜所薦，至是，滋不悦。它日因對，又請起舊相有人望者，處之近藩重鎮。檜聞之曰：「是欲寘我何地耶？」既積忤檜，遂出臺。而剛之名聞天下。

罷史館。以日曆事歸秘書省國史案，令著作官修纂。仍命宰相提舉，以監修國史繫銜。遇修國史、實録，即各置院，始用元豐制也。既而，著作佐郎王揚英言：「國史案文移諸司多不報。」乃命以「國史日曆所」爲名。

以孟庾爲東京留守。

罷審量濫賞。從中丞王次翁之請也。先是，秦梓、王喚皆以恩倖得官，秦檜初罷政，二人擯斥累年。及是，次翁希檜旨，奏乞悉罷建炎、紹興前後累降旨揮，由是二人驟進。

置教官。初，淮南諸州已置教官。至是，言者又謂：「四川士人衆多，宜選分教，乞諸州並置。」詔從之。

三月，詔舉制科。

張中孚等入見。初，詔陝西諸路帥入覲，環慶路帥趙琳已先到闕。至是，永興軍帥張中孚、涇原帥張中彦、鄜延帥關師古，並入覲。

夏四月，旌賢令宰。建康府溧水縣令李朝正有政績。上語秦檜曰：「近時縣令以政績被薦，往往別除差遣。不若與之進秩還任，庶久則民安其政。」乃詔對，遷一官、賜五品服，遣還。

十三年，宰執奏知嚴州淳化縣令孔括治狀。上曰：「可與轉一官，令再任，任滿更與陞擢。縣令最親民，而員最多，難於一一選擇。但有治狀者進用之，有過惡者黜責之，使知所勸懲，則人自勵，而不害吾民矣。」

時選人張鼎，以治縣有善狀，被薦引，與改秩，堂除劇縣。且曰：「此因能以任之也。若一縣得良令，則百姓皆受其賜。」秦檜曰：「陛下勤於恤民，故親民之官尤謹擇之也。」

五月，置敷文閣。藏徽宗御制。

虜分四道入寇，兀术陷東京，孟庾叛降之。初，撻辣既廢僞齊，乃議以河南地歸我。兀术力不能争。及撻辣誅，兀术始得政，以歸地非其本計，決欲敗盟。乃舉國中之兵，集于祁州元帥府，大閲，遂分四道入寇。命聶黎孛堇出山東，撒離曷寇陝右，李成寇河南，而兀术自將精兵十餘萬人，與孔彦舟、酈瓊、趙榮抵汴。至是犯東京，孟庾帥官吏迎拜，兀术入城，駐舊龍德宫。於是，金主亶詔諭諸州縣，以撻辣擅割河南，且言朝廷不肯徇其邀求之故。詔辭略曰：「非朕一人與奪有食言，恩威弛張之間，蓋不得已。」遂命使持詔徧抵諸郡，又分兵隨之。

陷興仁、淮寧府等州。守臣李師雄、李正民並降〔三〕。自是，河南諸郡望風從虜。

陷拱州，守臣王慥死之。

陷南京，逐留守路允迪。初，金人既叛盟，復以葛王裦知歸德府。裦以數千騎至宋玉臺〔四〕。遣人諭都人，告以不殺不掠之意。請路留守出門相見，允迪朝服出城見之，會於宋玉臺。允迪爲主，褒爲客，允迪奉觴爲褒壽，褒酬飲。遂送允迪於汴京。褒鼓吹入城，秋毫不犯。或曰：「允迪至汴京，七日不食死。」

陷西京，留守李利用遁〔五〕。

陷慶陽府，守城宋萬年降。

陷亳州，守城宋超遁，提轄魏經死之。

撒離曷自河中渡河，入同州界，疾馳二百五十里，趨永興軍，權知軍事郝遠即開門納之。長安既陷，陝西州縣僞官所至迎降。

李寶敗虜於興仁。寶，岳飛所遣也。

姚仲等敗虜于鳳翔府、于涇州。初，右護軍七萬餘人自復故疆，進屯陝西。其留保川口者不過兩萬，多是吴璘所部〔六〕。時永興帥郭浩領八千人在邠、耀二州，餘別分於利路帥楊政、涇原帥田晟、環慶帥范綜、鄜延帥王彦、熙河帥孫渥，布于諸路。及撒離曷入寇，胡世將倉促召諸帥，時吴璘、孫渥已隨世將在河池，而楊政、田晟亦繼至。惟范綜、王彦仍守其地。諸軍稍集，渥勸世將退保，諸將亦請少退清野，以挫其鋒。獨吴璘請以百口保破敵，世將壯之。指所坐帳曰：「世將誓死於此矣。」遂遣晟還涇原，渥還熙河。仍命璘統軍兩萬於寶雞河南捍賊，遣楊政、郭浩爲之聲援。至是，虜犯石壁寨，璘遣仲等拒之。仲自奮身督戰，折合孛堇中傷，退保武功。時楊政母病方危，亦不顧家，徑與璘協力捍虜。

六月，撒離曷遣鶻眼郎君以三千騎直衝我軍，李師顔、姚仲等以驍騎擊走之。鶻眼入扶風縣城守，師顔等攻扶風，拔之。别遣將擊鳳翔西城外虜寨，撒離曷怒，自出戰，列陣二十餘里，姚仲等力戰敗之，殺獲尤多。

撒離曷既破鳳翔，與吴璘、楊政夾渭河而陣，璘駐兵大蟲嶺，撒離曷自登西平原覘之，曰：「善戰者立於不敗之地，此難與争。」乃引去，自涇原路欲趨邠州。於是郭浩之師在邠州三水縣，田晟遣將拒之於清溪嶺，胡世將又遣王彦、楊從儀分道而出，屢戰敗之。金人去，復還屯鳳翔。撒離曷既爲王彦所却，閏月，自鳳翔悉兵攻涇州。田晟據山爲陣，乘虜壁壘未定，奮兵掩殺，自巳至申，連戰皆捷，奪其戰馬兵械甚衆，金人敗走。

金人既爲晟所破，會僞將又引虜人取間道〔七〕，繞出晟所駐山後，大呼擊晟，而晟所領兵將有舊嘗從僞者，望風驚潰。惟右護軍萬人與虜鏖戰，傷死什一，無一人遁者。金人雖幸勝晟，亦殺傷過當而還，自是歸鳳翔，不復戰。以兵攻陝西諸郡城守未下者。河南糧食垂盡，世將乃離河池〔八〕，登仙人原山寨，爲防秋之計，保險以自固。

初，璘閲兵河池，一新戰陣之法，每戰以長槍居前，坐不得起。次最强弓，次强弩〔九〕，跪膝以俟。次神臂弓，約賊相搏，至百步内，則神臂先發；七十步，强弓並發，次陣如之。凡陣，以拒馬爲限，鐵鈎相連，俟其傷，則更替之。遇更替，則以鼓爲之節。騎出兩翼，以蔽於前。陣成而騎兵退，謂之疊陣。諸將竊議曰：「軍其殲於此乎？」璘曰：「古之束伍令也，軍法有之，諸君不識爾。得車戰餘意，無過於此。戰士心定，則能持滿，敵雖鋭，不能當也。房琯知車戰之利可用於平原廣野之間〔一〇〕，而不得車戰之法，其敗固宜。虜騎長於奔衝，不爾，無有能抗之者。」

六月，馮檝罷。初，金人叛盟，秦檜以其言不讎，甚懼。一日謂給事中馮檝曰：「金人背盟，我之去就未可卜。前此大臣皆不足慮，獨君鄉衮，未測上意，君其爲我探之。」明日，檝入見曰：「金人長驅犯順，勢須興師，如張浚者，且須以戎機付之。」上正色曰：「寧至覆國，不用此人。」檜聞之喜。檝云：「適觀天意，檝必被逐。」即引疾求去，乃罷奉祠。

檝以傅會和議，故爲秦檜所厚。後知瀘州，帥本路者凡八年〔一一〕。

劉錡敗虜於順昌府。初，錡赴東京副留守任，行至順昌，守臣陳規得報，虜騎入東京，以示錡，遂共議爲捍禦計。鑿舟沉之，示無去意。分命諸統制官守諸門，且明斥堠，及募土人做鄉導、間諜。於是，軍人皆奮曰：「平時人皆欺我八字軍，今日當爲國家立功。」錡親於城上督工，設戰具，修壁壘，凡六日粗畢，而賊之游騎已渡河至城外。錡豫設伏，擒其千户二人，詰之，云：「韓將軍在白龍渦下寨〔一二〕，距城三十里。」錡夜遣千餘兵擊之，頗殺虜衆。既而葛王褎及龍虎大王軍並至城下，凡三萬餘人。錡以神臂弓及强弩射之。稍引去，復以步兵邀擊，溺於河者甚衆。奪其器甲，及生獲女真、漢兒，皆謂：「賊已遣銀牌使馳詣東京〔一三〕，告急於兀朮矣。」時錡見陳、蔡以西皆望風投拜，又有王山者，舊爲兀朮所用，嘗知順昌，至是復來城下，兀朮欲再令守順昌。錡慮有苟全性命者賣己於外，故順昌官吏軍民，皆不許登城，用己所部兵守之。時虜衆圍城四日，乃移寨於城東，號李村，距城二十里。錡遣驍將閻充〔一四〕，以鋭卒五百，募土人前導，夜劫其寨。是夕，天欲雨，電光所燭，見辮髪者殲之甚衆。既而，報兀朮親擁兵至。先是，兀朮在龍德宫，得告急之報，即索靴上馬，麾其衆出京，頃刻而集。過淮寧，留一宿，治戰具，備糗糧，自東京往復千二百里，不七日而至。錡聞兀朮至近境，乃登城，會諸將於東門，問策將安出。或謂：「今已屢捷，宜乘此勢，具舟全軍而歸。」錡曰：「朝廷養兵十五年，正欲爲緩急之用。况已挫賊鋒，軍稍振，雖多寡不侔，然有進無退。兼賊營近在三十里，而四太子又來援，吾恐一動，被虜追及，老小先亂，必至狼狽。不惟前功俱廢，致虜遂侵兩淮，震驚江浙。則平生報國之志，反爲誤國之罪。不如背城一戰，於死中求生可也。」衆以爲然，求欲效命。錡呼帳下曹成等二人，諭之曰：「吾遣爾作間事，捷有厚賞。第如我言，虜必不殺汝。今遣騎綽路，置汝隊中，汝遇敵，必墜馬，使爲所得。虜酋問我何人?則曰:『太平邊帥子,喜聲色,朝廷以兩國講好,使守東京圖逸樂耳。』」已而遣探騎,果遇虜,二人被執。兀朮問之,對如其言。兀朮喜,遂下令,不用負鵝車砲具行。翌日,錡行城上,見二人遠來,心知其歸。則縋上,虜械二人,以文書一卷繫於械,錡取焚之。兀朮至城外,責諸將用兵之失,衆曰:「今者南兵非昔之比,國王臨城自見。」兀朮見其城陋,謂諸將曰:「彼可以靴尖趯倒耳。」即下令來早府治會食,諸軍所得玉帛、子女,聽其自留,男子長成者皆殺。且折箭爲誓,以激其衆〔一五〕。平明,虜併兵攻城,凡十餘萬,府城惟東西兩門受敵。錡所部不滿二萬,而可出戰者僅五千。賊先攻東門,錡出兵應之。賊敗退。兀朮自將牙兵三千,往來爲援。皆帶重甲,三人爲伍,貫韋索,號「鉄浮屠」。每進一步,即用拒馬子遮其後,示無反顧。復以鐵騎馬左右翼,號「拐子馬」,悉以女真充之。前此攻所難下之城,並用此軍,故又名長勝軍。時虜諸酋各居一部,衆欲擊韓將軍。錡曰:「擊韓雖退,兀朮精兵,尚不可當也。法當先擊兀朮,兀朮一動,則餘軍無能爲矣。」時叛將孔彥舟、酈瓊、趙榮輩騎列于陣外。有河北簽軍告官軍曰:「我輩元是左護軍,本無鬭志,惟兩拐子馬可殺。」故官軍皆憤。時方劇暑,我居逸而彼暴露,早涼則不與戰,逮未、申間,彼力疲而氣索,錡忽遣數百人出西門,虜方來接戰,俄以數千人出南門,戒令勿喊,但以短兵極力與戰。統制官趙樽、韓直皆被矢,戰不肯已,錡遣其屬扶歸。士殊死鬭,入虜陣中,斫以刀斧，至有奮手捽之，與俱墜于濠者〔一六〕。虜大敗，殺其衆五千，横屍盈野。兀术乃移寨於城西，掘塹以自衛，欲爲坐困官軍之計。是夕，大雨，平地水深尺餘，錡遣兵劫之。上下皆不寧處。兀术之未敗也。秦檜奏俾錡擇利班師，錡得詔不動。至是，兀术不能支，乃作筏繫橋而去。兀术至泰和縣，臥兩日，至陳州，數諸將之罪，自將軍韓常已下，皆鞭之。於是，復以葛王裦守歸德府，韓常守許州，翟將軍守陳州，兀术自擁其衆還汴京，自是不復出矣。

牛皋尋捷於京西。孫顯捷於陳、蔡間。

曹成捷於天興縣。

王勝、成閔捷於淮陽〔一七〕。十月，楊從儀捷於寶雞縣。

以劉錡爲武泰軍節度。上謂宰執曰：「用兵之際，賞罰欲明。劉錡以孤軍挫賊鋒，兀术遁去，其功卓然。自觀察使便除節鉞。」即日降制，秦檜等承命而退，以鼎州觀察使、沿淮制置使劉錡爲武泰軍節度、馬軍都虞候。

向子忞罷。子忞爲湖北提刑，先聲入境，奸吏望風解印綬者數十人。湖北營田，舊以抑配百姓，人不聊生。有破産不能償者，日號訴于馬前，子忞爲詢究其便利可行者，使遵守之；罷一切抑配者，遠近鼓舞。子忞按部所至，立大榜於前，云「久負抑屈，州縣不理者，立其下」。於是，積年無告之冤，咸得伸雪。子忞再以毀去，自是閑居十九年。

閏月，復宿、亳等州。張俊遣張憲、傅選復宿州〔一八〕。岳飛遣將復潁昌府。張憲復淮寧府。郝政復鄭州。王勝復海州。張俊復亳州。張應、韓清復西京，又復汝州，復永安軍。時劉光世充三京招撫使，置司太平州，李顯忠爲招撫司前軍都統制。是月，顯忠渡江到濠州，渡淮與李貴同攻靈璧縣，破之，尋還當塗。十月，三京招撫司移治池州。郭浩亦遣將復醴州〔一九〕。

以陳規知廬州，劉錡知順昌府，尋召還。時秦檜將班師，故命規易鎮淮右。先是，上賜錡空名告身千五百，命書填將佐之有功者。錡復繳上，謂：「不若自朝廷給之爲榮。」至是，始具公狀以聞。凡統兵官之立功者，皆以上所錫椀帶予之。其有過者，則杖責之，斥爲士伍。虜之始至也，統領田守忠、正將李忠恃勇深入，皆手殺數十人而後死，錡加厚優恤，遂以犒軍銀帛十四萬匹兩，均給將士，軍無私焉。於是，錡方欲進兵，乘虜虛，而檜招錡還。洪皓時在燕山，密奏：「順昌之役，虜震懼喪魄，燕之珍寶悉取而北，意欲捐燕以南棄之。王師亟還，自失機會，可惜也。」

竄趙鼎。初，鼎罷泉州，歸紹興，上書言時政。秦檜忌鼎復用，乃令中丞王次翁論：「鼎近聞邊報，喜見顏間，幸時有警，規圖復用。直抵近輔，略不避嫌。門下黨與，往來臨安，鼓惑衆聽。」又論：「鼎在靖康末，結王時雍，薦之張邦昌，遂受僞命，爲京畿憲。退而語人，有親奉玉音之語。又向以元樞都督荆襄，未幾，拜相。而乾没官錢十七萬緡。」章三上，責散官，興化軍居住。諫議大夫何鑄論鼎罪重罰輕，移漳州。次翁又論擊不已，責置潮州。

秋七月，岳飛敗虜於郾城縣。是役也，統制官楊再興單騎入虜陣，欲擒兀术，不獲，身被數十創，猶殺數十人而還〔二〇〕。

王貴、姚政尋又敗之於潁昌府。

王俊敗虜於東洛谷。俊時爲永興路副經略，金將鶻眼攻盩厔縣，俊逆戰，却之。又捷於盩厔東。辛鎮捷於長安城下。

邵俊、王喜又捷於汧陽縣。

犯陝州，守臣吴琦敗之。

來春，楊從儀又敗之於渭南。

八月，韓世忠敗虜於淮陽之泇口。又敗其舟師。

虜屠宿州。楊沂中至宿州，以步軍退屯於泗，金人以計紿之，爲所敗，死亡甚衆，沂中竟以身免〔二一〕。金人復入宿州，怒州人納沂中之軍，遂屠其城。

九月，復陷西京。先是，李成數爲知河南府李興所敗，乞師於兀术。興度衆寡不敵，棄其城去。寓治於永寧之白馬山。明年六月，以糧餉道梗，命興班師，駐鄂州。

辛亥，大享明堂〔二二〕。

是秋，岳飛兵至朱仙鎮，詔班師。飛遣將梁興等率兵渡河，連破金人，復趙州及垣曲王屋縣。飛等親提兵繼進，與兀朮戰，又破之。軍至朱仙鎮，距東京四十五里，詔班師。於是潁昌、淮寧〔二三〕、蔡、鄭諸州皆復陷虜，議者惜之。秦檜主罷兵，召飛赴行在，命起居舍人李易見韓世忠諭旨，楊沂中還師鎮江，劉光世還池州，劉錡還太平州。自是不復出師矣。

冬十月，臨安府火〔二四〕。居民遺漏，延燒省部官舍。

十一月，班真宗御製文武七條。十六年，詔州守令廳揭示。先是，上嘗與秦檜歷論古今帝王治迹，專以仁祖爲法。又言：「真宗時，有宮人犯法，法當誅，帝令執付有司，陰諭旨笞而遣之。在内足以警衆，而於外可以示恩。蘇軾元祐中嘗於講筵進讀，退又爲疏以進，軾用心不易得。朕今寶藏之。」又嘗謂宰執曰：「太祖以英武定天下，仁宗以惠愛結天下，此朕家法。」

十二月，婺州妖賊亂，討平之。

是歲，虜創屯田軍。金人既復取河南地，猶慮中原士民懷貳，始創屯田軍。凡女真、奚、契丹之人，皆自本部徙居中州，與百姓雜處。計其户口，授以官田，使自播種。春秋量給衣焉〔二五〕。若遇出軍，始給其錢米。凡屯田之所，自燕之南，淮、隴之北，俱有之。多至六萬人，皆築壘於村落間。

明年，改皇統元年〔二六〕。

尋頒行皇統新律千餘條，大抵依倣中朝，間有創立者。如歐妻至死，非用器刃者不加刑，佗率類此。徒自一年至五年，杖自百二十至二百，皆以荆決臀，仍拘役之，使之雜作。惟僧尼犯姦，及强盜不論得財不得財，並處死，則與古制異矣。

辛酉紹興十一年（一一四一）春正月，虜入寇。兀朮自順昌敗後，遂保汴京，留屯宋、亳〔二七〕，出入許、鄭之間。簽兩河軍，與蕃部凡十餘萬，以謀再舉。至是，果入寇。陷壽春府，守將孫暉、雷仲遁。犯廬州，時知州陳規病，朝命劉錡自太平州渡江援淮西。錡至州，巡其城，曰：「不足守也。」遂與關師古趨東關〔二八〕，依水據山，以遏金人之衝。

虜尋陷滁州，守臣趙時遁。

陷濠州，執守臣王進，鈐轄邵青叛降之〔二九〕。

二月，犯商州，守臣邵隆敗之。隆尋復陝州、虢州〔三〇〕。

劉錡、楊沂中等敗虜於拓皋。拓一作槖。兀术已陷廬州，次侵和州。錡移屯濡須塢至尖山、清流、下關，兩與賊遇，俱捷。至拓皋，其地坦平，虜自以爲騎兵之利也，隔河相拒。會夜大雨，錡遣人會合張俊及沂中之軍。時俊爲宣撫使，詔沂中副之，自臨安晝夜疾馳，六日至歷陽。翌日，諸將各以軍來，而俊未至。錡與諸將分軍爲三，並進渡水擊賊。田師中欲俟俊至，王德曰：「事當機會，復何待？」錡即與德上馬，率先迎敵，沂中軍繼之。兀术鐵騎十餘萬，分爲兩隅，夾道而陣。德與師中揮兵先薄其右隅，賊陣動，乃以拐子馬兩翼而進。沂中令萬兵各持長斧，堵而前，錡與諸軍合擊之。虜兵望見曰：「此順昌旗幟也。」即退走，屯於紫金山。」

兀术之破廬州也，御筆賜李顯忠，令以軍往淮南與張俊會，以扼兀术。顯忠以全軍渡江，至孔城鎮與虜戰，敗之。兀术覘伺顯忠欲往廬江，乃焚廬江，收兵。謂韓常曰：「李世輔歸宋，不曾立功，此人敢勇，宜且避之。」兀术已行，顯忠率背嵬軍二百急赴廬州與張俊會。時王德、劉光世、楊沂中之兵皆至。顯忠謂俊曰：「本部軍去此不遠，呼之即來，願與王德同往追兀术，與之死戰，以報朝廷。」俊曰：「來時已得聖訓，且與照管李某，實以爾付我，爾若去無不成功，萬一踈虞，將何辭以見君父？」事遂已。翌日，各以軍還。

是時，劉光世亦遣崔皋敗虜於舒城縣〔三一〕。

三月，班師。沂中自瓜洲渡歸行在，張俊自宣化歸建康，劉錡自采石渡歸太平州。拓皋役之明日，俊至，諸軍皆會。俊之姪子蓋指揮諸軍。錡呼子蓋語之曰：「爾安得擅揮吾軍？如此，號將令安出？他日如是，當以軍法從事。」俊聞之不悦。自是，與錡有隙〔三二〕。初，諸軍之捷，議當以奇功奏，俊獨抑錡功。數日，内侍至，勞賜諸軍，錡軍獨不與。又數日，諸軍復廬州，班師，忽濠州王進告急，俊以諸軍往解圍，至黄連阜，距州十里，頓兵不進，濠州失守〔三三〕。錡謂俊曰：「我軍乏食，不如退軍就糧。」俊不從，意虜兵且退，欲以收復濠州爲功。錡曰：「賊得一州而遽退，必有謀也，宜嚴備之。」俊又不從，俾沂中將神勇步騎六萬人直趨濠州，遇伏而敗。時大雨，水潦，錡軍至藕塘，則沂中軍已入滁州，俊軍已趨宣化。錡軍方食，俊遽至曰：「虜有兵來，奈何？」錡語俊：「無恐，錡自以步人禦敵，願宣撫觀之。」遂設三覆以待之。俄而，俊至，曰：「探者之妄也。」乃俊所遣戚方殿後之軍爾。錡與俊益不相下。一夕，俊軍士縱火劫錡軍，擒得十六人，梟首槊上，餘皆逸。錡往見俊，俊怒曰：「俊爲宣撫，爾爲判官，何得斬俊軍人？」錡曰：「不知宣撫軍人，但斬劫寨賊耳。」俊曰：「有卒歸來，言未嘗劫寨。」呼二人出對〔三四〕。錡正色曰：「錡爲國家將帥，有罪，宣撫當言于朝，豈得與卒伍對事？」長揖上馬去。及班師之日，俊、沂中皆先渡江，錡駐和州，不渡，以聞而聽命焉。得詔許，乃渡。俊、沂中益憾之。是役也，三軍進退皆主於俊，而沂中，俊之腹心也。軍旅之事，二人謀之，錡不與聞。俊、沂中既還朝，言淮西事，時秦檜爲相，主其說，罷錡宣撫判官。

夏四月，復免行錢。 自宣和間，始復熙寧舊法，罷行户而令輸錢。至靖康初，又罷。紹興初，雖令見任官市買方物，悉如民間之價，而污吏猶虧其直。議者以爲不便。會軍興用乏，遂復令收免行錢，仍詔公私和買物色，並依市直，違者以自盜論。

以韓世忠、張俊爲樞密使，岳飛副使。 並宣押赴本院治事。先是，張浚在相位，以諸將久握重兵，欲漸取其兵屬督府，而以儒臣將之。會淮西軍叛，浚坐謫去。趙鼎繼相，王庶在樞府，復議用偏裨以分其勢。張俊覺之，然亦終不能得其柄。給事中范同獻計於秦檜，請皆除樞府，而罷其兵〔三五〕。乃密奏于上，以柘皋之捷，召三人並赴行在，論功行賞，而有是除。

罷三宣撫司，以其兵隸密院。 張俊奏：「臣已到院治事，見管軍馬，乞撥屬御前。」時俊與秦檜意合，故力贊議和。且覺朝廷欲罷兵權，即首納所統兵。且詔三宣撫司並罷，遇出師，臨時取旨。逐司統制官，各以「統制御前軍馬」入銜，其兵皆隸樞密院。統制官以次輪入見。

五月，以胡昉等三人爲總領〔三六〕。昉，淮東，兼司農少卿，置司楚州。吴彦章〔三七〕，淮西江東〔三八〕，兼太府少卿，置司建康。曾慥，湖北〔三九〕，兼太府卿，置司鄂州。各專一報發御前軍馬文字，諸軍並聽節制〔四〇〕。蓋使之與聞軍事，不獨職饋餉云。

命張俊、岳飛如楚州閲軍。撫定韓世忠之軍也。時秦檜將議和，故遣俊、飛帶本職往楚州，按閲御前軍馬，措置邊防，總淮東一全軍，還駐鎮江府，以樞密行府爲名。

六月，以秦檜爲左僕射。

造尅敵弓。韓世忠所獻也。上謂宰執曰：「世忠在淮東，與虜戰，常以此弓取勝。朕取觀之，誠工巧，然猶未盡善。朕籌思累日，乃少更之。遂增二石之力，而減數斤之重〔四一〕。今方盡善，後雖有作者，無以加矣〔四二〕。」

秋七月，以劉錡知荆南府。充湖北路安撫使，罷其兵。張俊深忌錡與岳飛，每言飛赴援遲，而錡戰不力也。飛請留錡掌兵，不許。

錡在荆南凡三任。

旱。先是，臨安境大旱，上自是月初，不御葷，遣有司歷走群望。決滯獄，出繫囚。詔令之下相踵，凡二十有四日，乃大雨，自午未達旦，遠邇沾足。宰執稱賀。上曰：「朕日來卧不安席，懼德不類，或政有闕失，每事循省，恐必有致之之由。若乃祈禱之禮，但既其文耳〔四三〕。」

八月，上謂宰執曰：「水旱有數，雖堯、湯不能免。祖宗置義倉，以待水旱，最爲良法。而州縣奉行不虔，妄有支用，寖失本意。或遇水旱，何以賑之？可令監司視其實數，或有侵失，嚴責補還。義倉充實，則雖遇水旱，民無飢病矣。」

八月，岳飛罷。先是，飛數言和議非計，秦檜大惡之。虜之入寇也，上命飛以兵援淮西，飛力疾，即日就道，上賜詔嘉奬之。張俊貽飛書，以前途乏糧爲言，飛不爲止。時賜札有曰：「卿聞命，即往廬州，糧餉之艱，卿不復顧。」俊疑飛漏其言。歸朝，乃倡言：「飛逗留不進，以糧乏爲辭。」及同行楚州城，俊欲修城爲守備。飛曰：「當戮力以圖恢復，豈可爲退保計。」俊歸，復反其言謂：「飛欲棄山陽。」與檜謀，令諫議大夫万俟卨彈劾飛對將佐謂山陽不可守，沮喪士氣。始有殺飛意矣。至是，中丞何鑄、殿中侍御史羅汝檝復交章論之。大略謂：「飛被旨起兵，則暫至龍舒而不進。銜命出使，則欲棄山陽而不守。」卨章四上，又録其副示之。飛乃丐免。

九月，劉光遠使虜軍。初，莫將使虜，爲所留。至是，不因聘諭。兀朮欲議和，故縱之歸，以兀朮書來。於是，遣使持書報之。

吴璘復秦、隴諸州，詔班師。虜二酋合五萬人軍劉家圈〔四四〕。據險自固，前臨峻坂，後據臈家城。璘以計破之，虜獲甚衆，戮女真四百五十人于嘉陵江上。斂其屍爲京觀，餘涅其面放還，虜氣大沮。會有詔班師。

時胡世將命楊政出和尚原、郭浩出商州，以爲聲援。於是，璘復秦州，捷剡家灣。政下隴州，破岐下諸屯。浩取華、虢二州，入陜府，有破竹之勢。世將亦遣要約陜西、河東忠義首領數十，愿爲内應。而虜約和於朝廷，秦、晉之人殊惜之。

冬十月，置玉牒所。宗正丞邵大受言〔四五〕：「宗正舊有四書，曰玉牒、曰仙源積慶圖、曰宗藩慶系録、曰宗枝屬籍。建炎南渡，寺官失職，舉四書而逸於江滸。陛下比命重修仙源慶系屬籍總要，乃合圖、録、屬籍三者而一之，固已無愧於昔。獨玉牒一書，未經修繕。仰惟玉牒之書，與時政記、起居注相爲表裏，事大體重，宜非可後者。況進呈有限，漏泄有禁，具載令甲，章章可攷。望詔有司討論舊制，自陛下踐祚，修崇玉牒，以正九族，以壯本支，備中興之盛典。」從之。始建玉牒所，以秦檜提舉。其修玉牒官，則侍從兼焉。

先是，五年夏，從宗正少卿范沖之請〔四六〕，編類修纂太祖、太宗、秦王下仙源慶系屬籍總要。

八年，又詔接續修纂。

二十七年，玉牒所進仙源類譜。

魏良臣使虜。充軍前通問使。先是，兀朮遣劉光遠還報，大略言：「當遣尊官右職、名望夙著，持節而來。」蓋虜欲亟和故也。

韓世忠罷。加三鎮節度，奉朝請。以解元代領其衆，駐劄鎮江。初，世忠不主和議。至是，又切諫，以爲：「中原士民，迫不得已，淪於腥羶，其間豪傑，莫不延頸以俟弔民伐罪。若自此與和，日月侵尋，人情銷弱，國勢委靡，誰復振之？」再上章，力陳秦檜誤國，辭意剴切。檜由是深怨世忠。言者因奏世忠罪，上留章不出。世忠乃力丐閑，自是，杜門謝客。尋進封咸安郡王〔四七〕，後謚曰忠武，追封蘄王。世忠年十八，始隸軍籍，挽彊馳射，勇冠軍中。其制兵器，凡今跳澗以習騎，洞貫以習射；狻猊之鍪，連鎖之甲；斧之有掠陣，弓之有剋敵，皆世忠遺法。嘗中毒矢洞骨，則以强弩拔之。十指僅全，四不能動，身被金瘡如刻畫〔四八〕。晚以公王奉朝請，絶口不言功名。自罷政，居都城，高卧十年，若未嘗有權位者。而偏裨、部曲往往致身通顯，節鉞相望，歲時造門，類皆謝遣。于時，舉朝憚秦檜權力，皆附離爲自全計。世忠於班列一揖之外，不復與親。

十一月，參知政事范同罷。同或自奏事，不禀秦檜，而衆方以建和議及罷諸帥皆同之謀，檜與同共政纔四月。至是，疑而忌之。故言者論同，以同爲提舉嵩山崇福宮。既而再論，遂降分司。

魏良臣偕虜使來議和。蕭毅、邢具瞻二人來。兀朮遣良臣等還。許以淮水爲界，歲幣、銀帛各二十五萬匹兩。又欲割唐、鄧二州。故遣二人來，審定可否。詔良臣就充接伴使，毅等過江，揭旗於舟，大書「江南撫諭」。知鎮江府劉子羽見之，怒，夜以它旗易之。良臣懼，力索之，且以語脇子羽。子羽曰：「吾爲守臣，朝論無所預。然欲揭此於吾之境，則吾有死而已。」請不已，出境乃還之。

竄李光。言者論：「近日二使之還，光鼓倡萬端，蓋幸有警，以覬復用。」責授散官，安置藤州。

何鑄使虜。充報謝使，曹勛副之。時朝廷許割唐、鄧二州，餘以淮水中流爲界。鑄入辭，上諭鑄委曲致詞，事有必濟。又召勛至内殿，諭之曰：「朕北望庭闈，踰十五年，幾欲無淚可揮，無腸可斷。所以頻遣使指，又屈己奉幣者，皆以此也。竊計上天亦默相之。」言已淚下，左右皆掩涕。

洪皓在燕山，是冬密奏：「虜已厭兵，勢不能久。異時以婦隨軍，今不敢攜矣〔四九〕。朝廷不知虛實，卑詞厚幣，未有成約，不若乘勝進擊，再造猶反掌耳。所取投附人，只欲守江南〔五〇〕，歸之可也。獨不監侯景之禍乎？若欲復故疆，報世讎，則不宜與。胡銓封事，此或有之。彼知中國有人，益生懼心。張浚名動殊方，可惜置之散地。」並問李綱、趙鼎安否。

十二月，秦檜奏誅岳飛及張憲、岳雲。初，飛於諸將中最年少，事張俊甚謹。與俊同討李成，俊賴飛成功，亦服其忠智，薦於上前。飛後累平劇盜，復襄、漢六郡，功名出諸將右。初相趙鼎之歲，虜寇淮西，俊地分也。俊不肯行，鼎以書強其行師，卒無功。飛以師解廬州圍，授兩鎮節鉞，俊慚之。及飛位二府，官爵與己埒，俊益懷忿疾。秦檜主和，而飛以恢復自詭，檜亦深惡之。自兀朮復取河南，飛深入不已。兀朮以書抵檜曰：「爾朝夕以和請，而岳飛方爲河北圖，必殺飛，而後可和〔五一〕。」於是，檜與俊謀，置飛於死地矣。先以淮西、山陽之事罷之。張憲、王貴、王俊皆飛故部曲也。俊知貴與王俊於飛、憲有間，遂訹王俊告憲謀還飛兵柄於王貴，執憲歸于張俊行府。院吏以爲密院無訊囚法，俊不從，自鞫之，使憲誣服，以爲得雲手書，命己謀之。獄成，俊以告檜，械送行在，下之棘寺。逮繫飛父子，初命何鑄治其獄，鑄明其無辜。改命万俟卨，遂誣飛父子致書于憲、貴，令虚申警報，以動朝廷。及令憲措置，使飛還軍。且謂其書皆已焚矣，無可證者。或教卨以臺評所指淮西事爲言，遂以逗留詰飛，而所賜飛之御札與往來道途日月皆可攷，乃命評事元龜年雜定之，以傅會其獄。而收其御札送官，以滅迹。飛困於攷掠，亦無服辭。檜一日手書小紙付獄，即報飛死矣。竟以衆證蔽罪。飛賜死，憲、雲戮于市，藉没貲産，徙家嶺南。官屬坐罪者六人〔五二〕。初，寺丞李若樸、何彥猷皆以飛爲無罪，大理卿薛仁輔亦言其冤，卨俱劾罷之。知宗正寺士㒟請以百口保飛，卨劾之，竄死于建州。布衣劉允升上書訟飛冤〔五三〕，下棘寺以死。洪皓在虜中，蠟書馳奏，以爲虜所大畏服，不敢以名稱者，惟飛，至以父呼之。諸酋聞其死，至酌酒相慶。飛忠孝出於天性，初從駕渡河，留妻養母。河北陷没，飛遣人求訪，凡十八往返，乃獲迎歸。母痼疾，藥餌必親嘗；遇出師，必戒家人謹侍養。母喪既葬，廬於墓側。御札數四，强之而後起。自有狄難，飛立志慷慨，以必取中原，滅讎虜爲念。臨危誓衆，或至流涕，將士莫不感奮。聞車駕所在，未嘗背之而坐。自奉甚薄。少飲酒，能至數斗，上嘗戒之曰：「卿異時到河朔，乃可飲酒。」遂絶口不飲。吴玠嘗盛飾名姝以遺之〔五四〕，却而不受。上欲爲營居第於行都，飛辭謝曰：「金虜未滅，臣何以家爲？」故起復制詞有「厲票姚辭第之志」之語。每與士卒最下者絶甘分少。其御軍，以重蒐選、謹訓練、公賞罰、明號令、嚴紀律、同甘苦爲要。張俊嘗問用兵之術，曰：「仁、信、智、勇、嚴，五者不可缺一。」問嚴曰：「有功者重賞，無功者重罰。」止兵休舍，輒課士卒藝程，注坡、跳濠，皆被重鎧習之。子雲嘗習注坡而馬躓，怒欲斬之，諸將力祈乃免，猶鞭之數百。約束必明簡，而使人易從。行師秋毫不犯，有取民一縷以束芻者，立命斬之。尤善以寡勝衆，其從杜充也，以八百人破群盜王善等五十萬衆於南熏門外。其破曹成也，以八千人破其十萬之衆於桂嶺。其戰兀术也，於潁昌則以背嵬八百，於朱仙鎮之對壘，則以背嵬五百，皆破其衆十餘萬。背嵬之名，起於西蕃。飛善用之，皆以一當百。郾城之役，兀术合諸酋之兵以進，飛命雲領背嵬、遊奕馬軍直貫其陣。初，兀术有勁軍鐵浮屠、拐子馬者，所至莫能當。是役，以萬五千騎來。飛命步人以大刀入其陣，勿仰視，第斫馬足。一馬躓，則餘皆相躓籍而斃〔五五〕，官軍奮擊之，僵死如山。兀术大慟曰：「自初起兵，皆以此勝，今已矣。」拐子馬由是遂廢。其出奇制勝多類此。自結髮從戎，十餘年間，大小百餘戰，未嘗敗北。其伐叛也，常以廣上德意爲先，而釋其餘。好禮下士，恂恂如諸生，未嘗言功伐。襄、漢之役，詔劉光世以五千人爲牽制之師。六郡既復，光世師始至。飛奏乞先賞光世諸將。或有功多而賞薄者，必爲之開陳。不當得，則一級不妄予。子雲屢立奇功〔五六〕，匿不以聞。或自朝廷舉行，猶辭不已。初以上書失官，從張所補官，所以謗讟，行至長沙，盜劉忠欲劫以叛，所不從，遇害。飛訪求其子，鞠之，奏補以官，且爲所申雪死難之由，人皆義之。

飛初見上於元帥府，以招諭群盜，補右職。上即位，獻書數千言，請車駕還京，乘二聖蒙塵未久，虜穴未固，親帥六軍，迤邐北渡，則王威所臨，將帥一心，賈勇而前，則中原指期可復矣。大忤用事者意，奪官歸田里。張所招撫河北，一見飛，與語大悅，待以國士，補官，俾將中軍。因問時事，飛曰：「本朝都汴，惟倚河北以爲固，苟深溝高壘，峙列重鎮〔五七〕，敵入吾境，一城之後，復困一城。一城受圍，諸城或撓或救，則虜不敢犯，而京師根本之地固矣。河南之有河北，猶燕雲之有金坡諸關。河北不歸，則河南未可守，諸關不獲，則燕雲未可有。童貫得燕雲，而不知争諸關，是以虛名受實禍。今爲招撫計，惟有盡取河北地，以爲京師援耳。」所言皆切中事機。飛謂出軍，每以乏糧爲患。京西、湖北平，即募民營田。給以牛、種，假之口食。分任官吏，責其成效。又爲屯田之法，使戍伍兵戰之暇，盡力南畝。行之二三年，省漕運之半。上嘗書曹操、諸葛亮、羊祜三事賜之。獄之成也，韓世忠不能平，以問秦檜，檜曰：「飛子雲與張憲書雖不明，其事體莫須有？」世忠怫然曰：「相公莫須有三字，何以服天下乎？」飛知書而待士，且濟人之貧，用兵秋毫無犯，民皆安堵，不知有軍，號爲賢將。孝宗即位，首復其官，後謚武穆。

壬戌紹興十二年（一一四二）春正月，張俊入見。督府結局，自鎮江還朝也。時俊所部在建康，俊薦王德領之，又薦田師中掌故岳飛之兵於鄂州。

割唐、鄧等州入於虜。畫淮中流爲界，遣莫將、周聿往京西充割地，以何鑄等歸，虜許和也。

二月，封建國公瑗爲普安郡王。時年十六。王天性忠孝，自幼育宮闈，起居飲食未嘗離膝下，上尤所鍾愛。至是，將出閤，故進封。

初，建國公之入宫也，潘貴妃與張氏、吴氏環坐，欲觀其子之所向。貴妃以喪失己生之皇子，情思黯然。吴氏未及招引，張氏以手招之，遂向張氏。上就賜張氏爲子。既而吴氏亦欲得一子自育之，上諭宰相，而趙鼎力持不可。秦檜乃逢上意，擇宗室子彦之子入宫中，賜名璩。吴氏遂以子育，而深德檜。吴氏時爲淑媛，即吴后也。

九年春，加璩節度，封崇國公。

十五年，璩封恩平郡王。未幾，又命璩赴資善堂聽讀，禄賜如建國公例。

夏四月，親試舉人。賜陳誠之以下二百五十餘人及第、出身有差。初，秦熺第一，熺有官，檜之子也，遂降第二。

博學宏辭科洪遵、沈介、洪适。遵、适，皓子也。皓奉使，久在虜中。至是，和議定，皓報太后歸程。上曰：「皓身陷虜區，乃心王室，誠可嘉也。二子並中詞科，亦其忠義之報。」遂以遵爲秘書省正字。自中興設詞科以來，中選即入館，自遵始。次舉洪邁亦中詞科。

獎獻助。江東轉運王�等獻本司錢十萬緡、銀五萬兩，以助奉迎兩宫之費。自是，四方率皆獻助矣。上曰：「諸州以太后之來，各有獻助。可令户部别樁迎奉之用〔五八〕，有餘則留以備他日緩急。蓋朕念斯民，常以横斂爲戒也。」

時四方以奉迎東朝之故，有所獻，並賜詔書獎諭。

尚書省言：「池州最小郡，而陳桷能體國。」命遷其秩。

潼川路轉運楊椿獨無所獻。常曰：「近瘡痍未瘳，愧不能裕民力，其肯掊克以資進身耶？」故一路無橫斂之擾。

皇后邢氏凶問至。尋謚懿節。

五月，置榷場。置於盱眙軍。其後又置於光州、棗陽、安豐軍、花黶鎮。而金人亦於蔡、泗、唐、鄧、秦、鞏、洮州、鳳翔府置場。

停給僧牒。雖特旨，亦令執奏。先是，臨安府乞度牒修觀音殿。上不與，特給錢五千緡。上曰：「朕觀人主欲消除釋、老二教，或毀其像〔五九〕，皆不適中，往往而熾。今不放度牒，可以漸清，而吾道勝矣。」

復教官科。是歲，因李長民之請〔六〇〕，州守倅、縣令、佐並帶兼主管學事。至淳熙中，以武臣通差守令，乃不帶。

吴璘入見。召之也。上問璘前此所以勝敵之方。璘曰：「先令弱者出戰，强者繼之。」他日，上以語輔臣，且曰：「璘善用兵，此正孫臏三駟之説。一敗而二勝者也。」尋以璘爲階成和鳳經略使。

竄王庶。秦檜怒庶異己，不附和議。諷言者論其在江州强奪民田。責授節副，道州安置。

是秋，卒于貶所。其子之荀、之奇撫棺而哭曰：「秦檜、秦檜，此讐必報！」親舊皆掩其口曰：「禍未已也。」

秋七月，再竄胡銓。除名，編置新州。銓時爲福州判官，諫議羅汝楫論其文過飾非，用惑群聽故也。尋又言：「初定和議，譏謗紛然，往往出於愚而無知，不足深責。惟趙鼎、王庶、曾開、李彌遜四人者，用心戮力，鼓率黨與，必欲沮害此事。鼎、庶見在謫籍，乞勿量移。開與彌遜尚以美職食祠禄。乞賜退黜。」詔開、彌遜並落職。

銓之鄉人王庭珪者，棄官養志幾二十年。至是，以詩送銓。有云：「癡兒不了官中事，男子要爲天下奇。」又云：「百辟動容觀奏牘，幾人回首媿朝班。」邑大夫歐陽識使人訐之，除名，編隸辰州。

八月，沅州傜人犯邊。

皇太后至臨安。金人遣使扈送及通問。上至臨平奉迎。上初見后，喜極而泣，軍衛懽呼，聲震天地。后自北方聞韓世忠名，特召至簾子前，曰：「此爲韓相公耶？」慰問良久。

迎入居慈寧宫。

奉安徽宗及顯肅皇后鄭氏、懿節皇后邢氏梓宫。

是月，割商、秦州、和尚、方山原入于虜。割商、秦之半，存上津、豐陽、天水三邑及隴西成紀餘地。棄和尚、方山原，以大散關爲界。内得興趙原，爲控扼之所。初議分畫，胡世將具奏曰：「臣竊觀和尚原及商、秦州險地之要，並係川蜀緊要門户。撒離曷曾犯和尚原，折合孛堇曾侵犯商州，又欲復秦州，皆以本司遣兵捍禦而退。以此見和尚原、秦、商州三處，金人屢欲窺伺，終不得志，正繫控扼川口必守之地。而和尚原所繫利害尤重，兀朮屢移書，必欲得之。」世將尋卒，遂詔鄭剛中，聽其分畫。

初，邵隆在商州終始幾十年，披荆榛瓦礫以爲治，招徠離散。自金人敗盟之後，屢與金人戰，雖嘗暫棄其城，俄即收復，終不肯離商而去。至是，割付金人。隆嘗怏怏，徙知金州，常以兵出虜境。秦檜恨之，徙知叙州，因酒暴卒，檜陰使人酖之也。叙人皆悲哭，爲之罷市。

九月，以孟忠厚爲樞密使。時秦檜當爲山陵使，而不欲行，故用忠厚。尋爲攢宫總護使。山陵非宰相護送，自檜始。

大赦。制詞曰：「上穹悔禍，副生靈願治之心；大國行仁，遂子道事親之孝。可謂非常之盛事，敢忘莫報之深恩。」給事中、直學士院程克俊所草也。

先是，虜索鄭億年及張中孚、中彦與杜充、宇文虛中、張孝純、王進家屬，且送孟庾、李正文等還行在。正文即正民也，避金主旻諱改焉〔六二〕。正民前知陳州，王進前知濠州，朝廷許以陝西、河南人次第遣還。惟億年得留。孟庾、李正民至，詔放罪。

尋又來索在南將士，白常亦在遣中。同行者悉爲虜效力。常獨不肯仕，曰：「丈夫死而死耳，不能爲反覆士。」每自書頭銜曰「前熙河經略使白常」。

秦檜加太師。程克俊草其制有曰：「廟筭無遺，固衆人之所不識；征車遠狩，惟君子以爲必歸。」檜大喜之，尋遷克俊簽樞密院事。

虜使來。

通使于虜。沈昭遠賀生辰，楊愿賀正旦。虜主以七夕日生，賀禮金茶器千兩，銀酒器萬兩，錦綺千匹。賀正旦禮物如之。金人循契丹舊例，不欲兩接使人。因就以正月受禮爲例，後不盡録。

皇太后歲遺金主之后禮物，亦以鉅萬計。

先是，兩遣報謝使，不書。

冬十月，殯徽宗及顯肅皇后於會稽永裕陵。初名永固，尋易永裕。

祔懿節皇后。祔于昭慈聖獻陵西北。懿節後改謚憲節。

徙川陝宣撫司於利州。舊置司綿、閬之間。及胡世將代吳玠，就居河池，每以饋餉不繼爲病。至是罷兵，副使鄭剛中乃還居益昌以省費。剛中節制諸將，極其尊嚴。三都統每入謁，必先庭揖，然後就坐。及吳璘陞檢校少師，來謝，語主閽吏，乞講鈞敵之禮。剛中曰：「少師雖尊，猶都統制耳。倘變常禮，是廢軍容。」璘皇恐聽命。十四年，改岷州爲西和州。與階、成、鳳州皆隸利路。改剛中爲四川宣撫副使，去「陝」字。

置車輅院。

十一月，張俊罷。加三鎮節度，奉朝請，進封清河郡王。初，秦檜與俊同主和議，約盡罷諸將，獨以兵權歸俊，俊力助其謀。及諸將已罷，俊居位歲餘，無求去之意。檜乃令臺臣江邈論之，上未許。至是，邈又言俊之過，俊乃求去。

行經界法。李椿年爲左司郎，奏經界不正十害。且言：「平江歲入昔七十萬斛有奇，今按其籍，雖有三十九萬斛，然實入才二十萬耳。實皆欺隱也。」乃詔專委椿年措置。椿年請：「先往平江諸縣，俟其就緒，即往諸州。務在均平，爲民除害，更不增税額。」從之。椿年至平江，守臣周葵問曰：「今欲均税耶，或遂增賦也？」椿年曰：「何敢增賦？」曰：「若不增賦，胡爲言本州七十萬斛？」椿年曰：「然當用圖經三十萬數爲準。」

尋以户部侍郎王鈇代之。鈇請與本部郎中李朝正共事。十六年，鈇引疾，移知湖州，遂遷朝正户部侍郎，俾卒其事。十七年，椿年免喪，復户部侍郎，領其職。

二十年，户部言：「本部侍郎李椿年已罷，措置經界所日有所申文字，取旨揮。」詔令本部措置結絶。未經界去處，限一季〔六二〕，委轉運並守臣依倣平江府已行事理施行。又詔海外四州免經界。又泉、漳、汀三州，候盜賊寧息日，取旨揮施行。

楊存中加少保。録復土之勞也。存中即沂中也，上賜今名。國朝故事，未有以保、傅爲管軍者，論者惜之。

作崇政、垂拱二殿。崇政以故射殿爲之。朔望則權置帳門，以爲文德、紫宸殿。按射則以爲選德，策士則以爲集英。

十二月，以高閌爲國子司業。始除學官也。上覽除目，曰：「朕一無所好，惟閲書作字，自然無倦，尚書、史記、孟子俱寫畢，尚書寫兩過，左傳亦節一本。」

是月，劉光世薨，臨其喪。光世蚤貴，其爲大將，御軍姑息，無克復志，論者以此咎之。後謚武僖。

陝西大旱。初，陝西連歲不雨。至是，涇、渭、灞、滻皆竭，五穀焦槁。秦民無以食，争西入蜀。鄭剛中以晢書所禁，不敢納，皆散去餓死。其壯者，北人多買爲奴婢，郡邑蕩然矣。

校勘記

〔一〕使稍得歲年之須　「須」原作「頊」，據葉適集卷二六李丞相綱謚忠定議及宋會要輯稿禮五八之一〇二改。

〔二〕即王彦所刺八字軍也　「王彦」原作「王定彦」，據續宋中興編年資治通鑑卷五改。

〔三〕守臣李師雄李正民並降　「李師雄」原作「李師雍」，據繫年要録卷一三五、三朝北盟會編卷二〇〇及宋史全文卷二〇下改。

〔四〕褒以數千騎至宋玉臺　「宋玉臺」，繫年要録卷一三五及皇宋中興兩朝聖政卷二六作「宋王臺」。下同。

〔五〕留守李利用遁　「李利用」原作「李吏用」，據繫年要録卷一三五、宋史卷二九高宗紀六及三朝北盟會編卷二〇〇改。

〔六〕多是吴璘所部　「吴璘」原作「吴玠」，據下文及皇朝中興紀事本末卷五二改。

〔七〕會僞將又引虜人取間道　「間」原作「門」，據繫年要録卷一三六改。

〔八〕世將乃離河池　「池」原作「地」，據繫年要録卷一三六及皇宋中興兩朝聖政卷二六改。

〔九〕次强弩　「弩」原作「弓」，據宋史卷三六六吴璘傳改。

〔一〇〕房琯知車戰之利可用於平原廣野之間　「利」原作「和」，據道光抄本、繫年要録卷一四一及宋名臣言行録別集上卷九改。

〔一一〕帥本路者凡八年　「帥」原作「師」，據道光抄本及繫年要録卷一六三改。

〔一二〕韓將軍在白龍渦下寨　「白龍渦」，繫年要録卷一三五、皇宋中興兩朝聖政卷四八及中興戰功録卷一同，宋名臣言行録別集下卷一〇、宋史卷三六六劉錡傳作「白沙渦」，皇朝中興紀事本末卷五二作「白州龍渦」。

〔一三〕賊已遣銀牌使馳詣東京　「使」，原作一字空格，據繫年要録卷一三五及皇宋中興兩朝聖政卷二六補。

〔一四〕錡遣驍將閻充　「閻」原作「問」，據繫年要録卷一三六及皇朝中興紀事本末卷五二改。

〔一五〕以激其衆　「激」原作「傲」，據繫年要録卷一三六及皇朝中興紀事本末卷五二改。

〔一六〕與俱墜于濠者　「濠」原作「儫」，據繫年要録卷一三六及皇朝中興紀事本末卷五二改。

〔一七〕王勝成閔捷於淮陽　「淮陽」原作「淮揚」，據繫年要録卷一三六及皇宋中興兩朝聖政卷二六改。

〔一八〕張俊遣張憲傳選復宿州　案據繫年要録卷一三六及皇宋中興兩朝聖政卷二六，復宿州的是王德，張俊所遣是趙密。

〔一九〕郭浩亦遣將復醴州　「醴州」原作「澧州」，據繫年要録卷一三六及宋史卷二九高宗紀六改。

〔二〇〕猶殺數十人而還　「數十」，繫年要録卷一三七及皇宋中興兩朝聖政卷二六作「數百」。

〔二一〕沂中竟以身免　「竟」似當作「僅」。

〔二二〕辛亥大享明堂　「辛亥」，繫年要録卷一三七及宋史卷二九高宗紀六繫於「庚戌」。

〔二三〕淮寧　原作「懷寧」，據繫年要録卷一三七及皇宋中興兩朝聖政卷二六改。

〔二四〕冬十月臨安府火　「十月」，繫年要録卷一三七及宋史卷二九高宗紀六繫於九月辛酉。

〔二五〕春秋量給衣焉　「焉」，繫年要録卷一三八及三朝北盟會編卷二四四作「馬」。

〔二六〕改皇統元年　「年」原脱，據三朝北盟會編卷二〇八補。

〔二七〕留屯宋亳　「宋亳」原作「京亳」，據皇朝中興紀事本末卷五五及繫年要録卷一三九改。

〔二八〕遂與關師古趨東關　「關師古」原作「聞師古」，據皇宋中興兩朝聖政卷二七及宋史全文卷二一上改。

〔二九〕鈐轄邵青叛降之　「鈐」原作「鈴」，據繫年要録卷一三九及宋史卷二九高宗紀六改。「叛降之」，繫年要録卷一三九、皇宋中興兩朝聖政卷二七及宋史卷二九高宗紀六作「死之」。

〔三〇〕隆尋復陝州虢州　「復」原脱，據繫年要録卷一四一、卷一四二補。

〔三一〕劉光世亦遣崔皋敗虜於舒城縣　「舒城」原作「鐘城」，據繫年要録卷一三九、三朝北盟會編卷二一一二及宋史卷二九高宗紀六改。

〔三二〕與錡有隙　「與」原作「吴」，據宋名臣言行録别集上卷一〇改。

〔三三〕濠州失守　「濠州」原作「儫州」，據上文及宋名臣言行録别集上卷一〇改。

〔三四〕呼二人出對　「二」，宋史卷三六六劉錡傳作「一」。

〔三五〕而罷其兵　「兵」下，繫年要録卷一四〇有「檜納之」。

〔三六〕以胡昉等三人爲總領　「總」原作「統」，據繫年要録卷一四〇及宋史卷二九高宗紀六改。

〔三七〕吴彦章　繫年要録卷一四〇及皇宋中興兩朝聖政卷二七作「吴彦璋」。

〔三八〕淮西江東　「江東」原脱，據繫年要録卷一四〇及皇宋中興兩朝聖政卷二七補。

〔三九〕湖北　繫年要録卷一四〇作「總領湖廣江西財賦，京湖軍民錢糧」。

〔四〇〕諸軍並聽節制　「並」原作「不」，據繫年要録卷一四〇及宋會要輯稿職官四一之四六改。

〔四一〕而減數斤之重　「減」原作「咸」，據道光抄本、繫年要録卷一四〇及皇宋中興兩朝聖政卷二七改。

〔四二〕無以加矣　「矣」下原衍「加」，據繫年要録卷一四〇及皇宋中興兩朝聖政卷二七刪。

〔四三〕但既其文耳　「既」，繫年要録卷一四一作「循」。

〔四四〕虜二酋合五萬人軍劉家圈　「劉家圈」原作「劉家圍」，據繫年要録卷一四一及宋史卷三六六吴璘傳改。

〔四五〕宗正丞邵大受言　「邵大受」原作「邵太受」，據繫年要録卷一四二、皇宋中興兩朝聖政卷二七及宋史卷一六四職官志四改。

〔四六〕從宗正少卿范沖之請　「范沖」原作「范仲」，據繫年要録卷八六改。

〔四七〕尋進封咸安郡王　「咸安」原作「咸寧」，據三朝北盟會編卷二一八、繫年要録卷一四八及宋史卷三六四韓世忠傳改。

〔四八〕身被金瘡如刻畫　「畫」原作「盡」，據繫年要録卷一六二及宋史全文卷二二上改。

〔四九〕今不敢攜矣　「攜」原作「攘」，據繫年要録卷一四三及皇宋中興兩朝聖政卷二七改。

〔五〇〕只欲守江南　「江」原作「汪」，據繫年要録卷一四三及皇宋中興兩朝聖政卷二七改。

〔五一〕而後可和　「後」原作「復」，據宋名臣言行録別集上卷八改。

〔五二〕官屬坐罪者六人　「六」原作「大」，據續宋中興編年資治通鑑卷五及宋名臣言行録別集下卷八改。

〔五三〕布衣劉元升上書訟飛冤　「劉元升」，續宋中興編年資治通鑑卷五及宋史卷三六五岳飛傳作「劉允升」。

〔五四〕吴玠嘗盛飾名姝以遺之　「遺」原作「遣」，據續宋中興編年資治通鑑卷五及宋名臣言行録別集上卷八改。

〔五五〕則餘皆相躓籍而斃　「躓」原作「蹦」，據宋名臣言行録別集上卷八改。

〔五六〕子雲屢立奇功　「屢」原作「婁」，據道光抄本、宋名臣言行録別集上卷八改。

〔五七〕峙列重鎮　「峙」原作「時」，據宋名臣言行録別集上卷八及宋史卷三六五岳飛傳改。

〔五八〕可令户部别椿迎奉之用　「椿」原作「椿」，據繫年要録卷一四五改。

〔五九〕或毁其像　「像」原作「徒」，據繫年要録卷一四五及皇朝中興紀事本末卷五九改。

〔六〇〕因李長民之請　「李長民」原作「李正民」，據繫年要録卷一五〇及宋會要輯稿職官四七之二八改。

〔六一〕避金主旻諱改焉　「主」原作「王」，據繫年要録卷一四五改。

〔六二〕限一季　「季」，宋會要輯稿食貨六之五〇作「月」。

中興兩朝編年綱目卷第十

高宗皇帝　起癸亥紹興十三年，止戊辰紹興十八年。

癸亥紹興十三年（一一四三）春正月，建國子監、太學。以岳飛宅爲之。是年秋，補試，取三百人，後又增二百人。國子監八十人。仍依嘉祐、治平故事，補中監學生，命詞給綾紙。

明年，置宗子學大、小學。以百人爲額。

十五年，增監學生員，以七百人爲額。上舍三十人，内舍百人，尋又增二百人。

十六年，定三歲一補試法，仍增生員爲一千人。

更科舉法。以經義爲第一場，詩賦爲第二場，策、論各一爲第三場。從國子司業高閌請也。

十五年，科舉分經義、詩賦取士。

初御前殿〔一〕。引四參官起居。自建炎以來，始有此禮。

詔殿幄毋用文繡。詔：「祖宗朝殿幄悉用純綵，後來寖多文繡。今當屏去，止用緋、黄二色。」秦檜曰：「此陛下盛德事，真所謂示純樸，爲天下先者也。」

上徽宗尊謚。

親享太廟。加上徽宗尊謚曰體神合道駿烈遜功聖文仁德憲慈顯孝皇帝。先是，陰雲欲雪。己亥，上親享太廟，日霽霧澄，皆誠孝所格。禮部侍郎王賞請宣付史館。從之。

二月，戒獻圖讖。上曰：「近代獻書者，時有怪誕祥瑞之説，此興訛之漸，不可長也。前代往往喜聞圖讖，朕所不取。」

命宰執措畫弭盗。宰執奏福建安撫使葉夢得措畫弭盗之事。上曰：「盗之竊發，多緣守令非人，掊克所致。宜令帥司條具，凡有害於民者除之。」自此，夢得或招、或捕、或誘之相戕，三策並用。

三月，建太社、太稷。

築圜丘。

夏四月，班鄉飲酒儀。十七年，令於貢士歲行之，每歲舉行者聽。

二十三年春〔二〕，言者謂：「近歲因臣僚之言，士人應舉，並須先赴鄉飲酒，注籍給憑，方許赴試。適爲胥吏邀求沮抑之地，請自今科舉，並依舊法。其鄉飲酒禮，願行於里社者聽。官司仍不得干預。」

擢用循吏。上諭宰執曰：「郡政以循良稱者，更與擢用，庶爲諸郡守之勸。今兵事少息，當以民事爲先，卿等且博詢之。」

閏月，立貴妃吴氏爲皇后。

五月，御射殿閲馬。先是，上謂大臣曰：「人言南地不宜牧馬。昨朕自創行，雖所養不多，方二三年，已得駒數百，此後不患不蕃。與自川、廣市來，病不堪乘，而沿路所費不少，計之一疋，自省數百千。」

秦檜嘗奏牧馬事。上曰：「此事在乎得人，朕初令楊忠憫管馬五十疋。忠憫不理會，得牧養一年之間，死損俱盡。後得張建壽付之，更無死損，以此知全在得人。不惟養馬，凡事皆如此，得人則事無不濟矣。」乃加建壽官。

竄張九成。九成既免喪，秦檜取旨。上曰：「可與宫觀，此人最是交結趙鼎之深者。自古朋黨，惟畏人主知之，此人獨無所畏。」既而，右司諫詹大方言：「頃者鼓唱浮言，九成實爲之首。徑山僧宗杲從而和之。今宗杲已遠竄，爲之首者豈可置而不問？望罷九成宫觀，投之遠方，以爲傾邪者之戒。」落職，編置南安軍。

十九年，前步軍帥解潛謫居南安軍〔三〕。病劇，九成往省之，謂曰：「太尉平日所懷，亦有不足者否？」潛泣曰：「一生惟仗忠義，誓與虜死，以雪國耻，而不肯議和。遂爲秦公所斥，此心惟天知之。」九成曰：「無愧此心足矣，何必令人知？」潛曰：「聞此言，心中豁然矣。」即逝。九成壯之。

天申節，百官上壽。錫宴皆如承平時。

十六年，宮觀張浚因天申節，繳奏無逸篇，疏略曰：「臣嘗潛心聖人之經，有可以取必於天，膺大福、獲大壽，必然無疑者，輒輸丹誠，爲陛下獻。臣伏考周公無逸篇。商王中宗、高宗、周文王三君者，非徒自享安榮，而有國長久，後世莫加焉。自祖甲之後立王，生則逸，是以罔或克壽。天道昭昭，其應如響。仰惟聖德日新，大孝之誠，昭格天地，壽福無疆，宜過商宗周王遠甚。臣不勝臣子祝頌之情。願陛下兢兢業業，勉之又勉，永堅此心，以奉天道。天之所以報吾君者，宜如何哉？」

六月，嚴監司失按罰。江陰判官蔡湬勒停，臺臣論其不法也。上曰：「不按發，監司須當行遣。天下事必待臺諫論列，臺諫豈能盡知之？監司乃朝廷耳目，豈可坐視不舉？」於是，提轉王鈇、李椿年、張叔獻皆坐降官。

先是，臺臣論知閩縣李汝明贓污。上曰：「縣令最衆，安得人人而知之？若一一待臺諫論列，何用監司？今後贓污人，爲臺諫所論，而監司失按發者，量與降官，庶知所懲。行之數年，贓吏自然少矣。」時本路監司雖已罷去，俱坐貶秩。

胡舜陟瘐死。初，舜陟帥廣西，與轉運呂源有隙，奏舜陟贓污、僭擬。又以書抵秦檜，言舜陟非笑朝政。檜素惡舜陟，入其說。遂奏遣大理寺丞袁柟、燕仰之往推劾之。居兩旬，辭不服而死。舜陟再守靜江，有惠愛。邦人聞其死，皆爲之哭，丐者亦斂數十錢致祭。既而，其家訢冤，再遣官究實，言：「舜陟受金事涉曖昧，其得人心，雖古循吏無以過此。」於是，柟等皆送吏部。

秋七月，初謁景靈宫。内有三殿，聖祖居前，宣祖至徽宗居中，昭憲而下二十一后居後。以新宫成，上親行禮。時神御猶在温州，乃設幄行事。

冬十月，遣官自温州奉迎至，上乃詣天章閣西殿，告遷徽宗及顯恭、顯肅二后神御，並奉安焉。

國朝宗廟之制，太廟以奉神主，一歲五享，朔祭而月薦新。五享以宗室諸王，朔祭以太常卿行事景靈宫，以奉塑像。歲四孟享，上親行之。帝后大忌，則宰相率百官行香，僧、道士作法事，而后妃六宫亦皆繼往天章閣，以奉畫像。時節朔望，帝后生辰日，皆徧薦之，内臣行事。欽先孝思殿亦奉神御，上日焚香。而諸陵之上宫，亦有御容，時節酌獻，如天章閣。每歲寒食及十月朔，宗室、内人各往朝拜。春秋二仲，太常行園陵。季秋，監察御史按視。太廟之祭以俎豆，景靈宫用牙盤，而天章閣等以常饌，用家人之禮云。

淳熙九年春，詔今後四孟朝獻景靈宫，依在京例，分作三日。

八月，洪皓來歸。先是，虜主以生子，大赦，始許皓等南歸。中興奉使幾三十人，生還者惟皓及張邵、朱弁三人而已。

皓既入對，上諭皓曰：「卿志不忘君，雖蘇武不能過。」賜賚甚厚。皓退，見秦檜曰：「張和公虜所憚，乃不得用。錢塘暫居，而景靈宫、太廟皆極土木之華，豈非示無中原意？」檜不悦。

時金人來取趙彬輩三十人家屬，詔歸之。皓曰：「虜既限淮，官屬皆吴人，留不遣，蓋慮知其虛實也。彼方困于蒙兀，故示强以嘗中國。宜謂之曰：俟淵聖皇帝及皇族歸，乃遣。」檜大怒。皓又言：「王倫輩以身徇國，棄之不取，緩急何以使人？」初，檜在撻辣軍中，達辣圍楚州，久不下，使檜草檄諭降。有室撚者，在軍知狀。皓與檜語及虜事，因曰：「憶室撚否？别時託寄聲。」檜色變而罷。翊日，侍御史李文會即奏：「皓頃事朱勔之壻，寅緣改官，以該討論，乃求奉使。比其歸也，未能自脱，特以和議既定，例得放歸，而貪戀顯列，不求省母。」乃出皓知饒州。

邵入見，言：「靖康以來，迄于建炎，使於金人而不返者，若陳過庭、若聶昌、若司馬朴、若滕茂實、若崔縱、若魏行可，皆執節於北荒，殁于王事。而司馬朴之節尤爲可觀，劉豫既廢，金人取河南地〔四〕。撻懶使朴爲尚書右丞〔五〕，欲以收南人之心。朴辭以疾，堅卧不起，撻懶不能奪，其後以病死。聶昌割河東，絳州人殺之。滕茂實將死，自爲祭文，人憐其忠。」又言：「陳過庭、聶昌出疆，其官屬人從，凡數百人。過庭等已蒙追贈。如待制張宇發〔六〕、光禄卿陳適、朝議大夫林沖之者甚衆，亦宜褒贈。參議官王履乞换居士，見居東京，宗正丞鮑邦孚除官不赴，見居真定，乞訪其子孫而旌賞之。」沖之初從過庭留虜，宇文虚中既受虜官，欲並汙以官，沖之拒不受。及過庭卒，虜又欲令仕僞齊，拒之如初。卒不屈而死。

弁奏朱昭〔七〕、史抗、張忠輔、高景平、孫益、孫谷、傅偉文、朱勣、李舟、僧寶真、婦人丁氏、晏氏、卒閻進節義于朝。寶真者，五臺山僧。靖康中，嘗召對，俾聚兵討賊，金人生執，欲降之，不屈而死。丁氏者，度五世孫。嘗適人，後爲虜所掠，欲妻之，丁氏罵虜不從，絶於梃下。餘皆死節顯著者，弁哀其事上之。又云：「金人之立劉豫也，遣虚中奉册以往，虚中不從，金人重之〔八〕，尊爲國師。」

又有言：「縱之副郭元明，行可之副郭元邁，邵之副楊憲及官屬崔淵等，並不肯髡髮換官。」

金人每欲南寇，虚中以費財勞人，遠征江南荒僻之地，得之不足富國，力止之。每密令人懷蠟奏言虜虚實，願早爲北伐之計。於是，詔福州存恤其家。知東北之士，憤爲左衽，密以信義感發之，從者如響。乃與其翰林學士高士譚等同謀〔九〕，欲因亶郊天，就劫殺之。先期以蠟書來告于朝，秦檜拒不納。會事亦覺，虚中與其子師瑗皆坐誅，時紹興十五年也。和議既定，金人來取虚中家屬，秦檜盡遣，虜並戮焉。

淳熙中，孝宗憫其忠死，贈開府儀同三司，謚肅愍，且爲置後，賜廟名仁勇。

明年，金人欲以倫爲河間、平、灤三路都轉運使。倫曰：「倫奉使而來，非降也。」不從。遣使來趣，倫又不受，虜人杖其使，俾縊殺之，倫厚賂使人，冠帶南向，再拜，慟哭，乃就死。

十九年，邵上書言：「秦檜在虜中，曾爲徽宗撰長書，抵虜酋粘罕，引大義以譬曉譙責之，粘罕有慙色。聞曹勛家有録本，乞宣付史館。」檜因奏：「書中開陳，與今日事無一不合，因知講和本出徽宗聖意。」上曰：「自頃用兵，朕知其必至於講和而後止。在元帥府時，朕不知有身，但知有民，每惟和好是念。」檜曰：「此所以誕受天命。」邵自北方還，既被逐，閑居凡七年，至是，乃上此奏，加敷文閣待制。

九月，魏良臣罷。良臣與秦檜有舊，一日言於檜：「昨日偶思，非晚郊祀，遷客之久在遐方者，可因赦内徙〔一〇〕，以召和氣。檜曰：「足下今爲何官？」良臣曰：「備員吏部侍郎。」檜曰：「且管銓曹職事。」乃出良臣知池州。

冬十月，續國朝會要。

重創渾儀。秘書丞嚴抑言：「國朝會要，仁宗時自建隆修至慶曆。神宗時自慶曆修至熙寧。而後來尚未編集，事無所考。望命儒臣續而爲書。」抑又言：「渾儀之制，祖宗所留意。渡江以來，缺然無有，乞下太史局重創。」皆從之。

十一月庚申，郊。故事，合祭天地于南郊，謂之郊祀大禮。元豐分南、北郊，改曰冬祀。建炎初郊，不改。至是，始復郊禮，設大神、大示及太祖、太宗配位。自天地至從祀諸神，凡七百七十有一。蓋元祐禮云。

刊御書石經。刊于國子監，從秦檜之請也。時上所寫六經、論語、孟子之書皆畢，檜因請刊石。仍班墨本，賜諸州學。

先是，以御書真草孝經賜秦檜，檜請刊石。從之。

明年，詔諸州刊御書孝經。

禁私鑄錢〔一一〕。皆銷錢而私自鑄者，當嚴禁止。

十二月癸未朔，日有食之。詔避殿減膳。是日，陰雲不見，秦檜率百官稱賀。

庚寅，雪。秦檜以瑞雪應時，率百官拜表稱賀。自是爲故事。尋賜喜雪宴于尚書省，初復故事也。

建秘書省。

求遺書。

虜使來。賀正旦，貢金酒器六事。色綾羅紗穀三百段，馬六疋。自是使命往復，貢物亦率如此例。

復置三館〔三〕。上謂宰執曰：「學校者，人才自出。人才須素養。太宗置三館，養天下之士，至仁廟，人才輩出爲用。今日若不興學校，將來安得人才可用耶？」

申嚴銅錢出界禁。時閩、廣諸郡多不舉行。于是，泉州商人夜以小舟載銅錢十餘萬緡入洋，舟重風急，遂沉于海，官司知而不敢問。

旌孝行。是歲，國學進士莆陽郭義重奉母柩，葬于壺山之陽。手蒔松竹，追慕哀切。天降甘露，烏鵲馴集，本郡以聞。詔旌表其門閭。

是時，前後所旌不一，如廣德軍左迪功郎李彭年、鄜延同統制程俊、潮州保義郎林昌朝、全州進士蔣舉、成州同谷縣民趙靖臣、王澤明、明州楊慶行、信州王小升〔一三〕、湖州華小九，並以孝義，旌表其門閭。

甲子紹興十四年（一一四四）春正月，復教坊。樂工凡四百十有六人。

減四川雜徵。從鄭剛中之請也。上曰：「朕見剛中奏減民間科須，數目不少，朕聞之，頗喜。自是，四川之民當少蘇矣。」

明年，剛中又請：「減對糴三分之一，宣撫司激賞錢二十萬緡。」時剛中於階、成二州營田，抵秦州界凡三千餘頃，歲收十八萬斛，而激賞錢已減爲一百八十萬緡〔一四〕。至是，復有此請。上謂秦檜曰：「累年民力少寬，此休兵之效也。其從之。」又奏：「以本司錢四萬緡〔一五〕，代撥贍軍。乞弛夔路酒稅。」夔路本無酒禁，建炎末，增置甚多，民不以爲便。

十六年，又奏減兩川米腳錢三十二萬緡。激賞絹二萬匹，免創增酒錢二萬四千緡〔一六〕。

二十五年秋，減四川絹估等錢，合一百六十餘萬緡。先是，已詔置總領司，許那撥茶馬司寬剩錢，以寬民力矣。蓋自熙寧七年，榷法初行，官買民茶，增價發賣，其初，歲收息不過五十萬緡。至元豐六年，增額一倍，猶不過百萬。建炎以來，榷法弊壞，提舉官趙開遂體倣京師鈔法，創行茶引，令園户客人就場交易，而官止收引息市利錢，以當時茶額計之，歲收亦不過爲錢引一百五萬九千餘緡，比熙寧所立之額未甚遠。紹興初，宣撫司取撥茶馬司餘剩贍軍〔一七〕，亦不過歲及四十萬而止。其後，物價騰踴，茶商取息頗厚，累任提舉官於是增長引息等錢〔一八〕。至紹興十四年，每茶一引倍收引錢十二道三百文，比趙開初立法時，增及一倍。茶既貴售，諸場大段溢額，而買馬之數復不加多。當此時，茶司之富甲天下，率以歲剩上供，一歲多者至二三百萬。及是，詔捐以予民。蜀人稍蘇。又自講和後，歲減四川錢四百六十二萬緡有奇。朝廷猶以爲重於江、淮。去秋，命户部郎鍾世明使四川，同制置、總領司措置裕民事。及是，從中減之。

二十七年，蠲三川對糴米十六萬餘石〔一九〕，兩川絹估錢二十八萬緡。又減韓球所增茶額四百六十餘萬斤。罷榷渠、合、廣安軍茶，減成都府路茶引錢歲額九十萬餘緡〔二〇〕。先是，上以蜀民久困供億，乃詔：「制置及總領、茶馬、轉運諸司同措置，務令實惠及民。」至是，奏上。上謂宰執曰：「前日下有司詳其事，正欲知向後兵食無闕，使民被實惠。想四川之民，日望蠲免，今此足以慰其心矣。」遂可其奏。

三月，減坑冶虚額。上曰：「寧於國計有損，不可有害於民。」先是，贛、饒二監歲鑄錢四十萬緡，提點坑冶趙伯瑜以爲所得不償所費，遂罷鑄錢歲額，銅、鐵積而不用，盡取木炭、銅、鉛本錢，及官吏闕額、衣糧、水脚之屬，湊爲年計。及韓球爲提點，必欲盡鑄新錢，調民興復廢坑，至於發墳墓、壞廬舍，而終無所得。郡邑或毀錢爲銅以應其命，民大以爲擾。其後，歲收銅二十萬斤，鐵二十八萬斤，鉛十九萬斤，錫二萬斤，皆不登祖額。去歲，球乃請籍坑冶户，賣納銅數。至是，復有是命。

幸太學。命司業高閌講易泰卦，遂幸養正、持志二齋。上親製文宣王贊及七十二子贊，刻石，置于太學。

閌尋遷禮部侍郎。五峰胡宏聞之，移書責閌曰：「太學者，明人倫之所在也。閣下召自閑廢，有成均之命，竊自計曰：『今天下方無三綱，斯人之所以來乎？』及見請幸太學之表，宏心惕然，不意閣下有斯請，而有斯言也。昔秦、楚敵國，懷王不還，楚人憐之，如悲親戚，蓋忿秦之以彊力奸詐加於其君，使不得其死，其憯勝於加之刃也。太上皇帝，我中原受命之主，劫制夷狄，生往死歸。此臣子痛心切骨，坐薪嘗膽，宜思所以必報者也。而柄臣者，乃敢欺天罔人，以大讎爲大恩乎！昔宋公爲楚所執，楚子釋之。孔子筆削春秋，乃曰：『諸侯盟于薄，釋宋公。』不許夷狄之人得制中國之命也。太母，天下之母。其縱釋乃在夷狄之君，此中華大辱，臣子所不忍言者也。而柄臣者，乃敢欺天罔人，以大辱爲大恩乎！大宋基業封疆，皆太祖、太宗收用英俊，勤恤民隱，躬擐甲胄，與天下士夫勞苦以得之。又累聖嚴恭寅畏，不敢荒寧而守之者也。今關、河重地，悉爲虜封；園陵暴露，不得瞻守；宗族拘隔，不得相見。土地分裂，人民困苦，不得鳩集；冤恨之氣，外薄四海，不得伸雪。而柄臣者，方且施施然厚誣天下，自以爲有大功乎！閣下受其知遇，何不勤勤懇懇而爲之言乎？言而或聽，天下國家實幸也。晉朝廢太后，董養游太學。升堂嘆曰：『天人之理既滅，大亂將作矣！』則遠引而去。今閣下目睹忘讎逆理，北面夷狄，以苟晏安之事，猶偃然爲天下師儒之首。既不能建大論，明天人之理，以正君心，則阿諛柄臣，希合風旨，求舉太平文具之典。又爲之詞曰云云。欺天罔人，孰甚焉！是黨其惡也。人皆謂閣下平生志業，掃地去矣！數十年積之，而一朝毁之乎！春秋之義，誅國賊者必先誅其黨。歷觀往古人君，以無道行者猶不能終，況人臣而敢肆然以無道行之乎？一旦明天子監亂亡之禍，赫然震怒，以咎任事者，嗚呼危哉！豈不與董養異哉？閣下不及今翻然改圖，則必與之俱矣。」

初，宏於紹興五年，上書論時政，略曰：「臣聞治天下有本，何謂本？仁也。何謂仁？心也。良心充于一身，通于天地，宰制萬事，統攝億兆之本也。故孔子作春秋，必書元立本，以致大用。孟子告諸侯，必本仁術，以行王政。元，即仁也。仁，人心也。心，一也。而有欲心焉，有道心焉。不察乎道而習乎欲，則情放而不制，背理傷義而仁政亡矣。是故，察天理莫如屏欲，存良心莫如立志。陛下試思，方今之世，當陛下之身，事孰爲大乎？孰爲急乎？必有歉然而餒，惻然而痛，坐起彷徨，不能自安者。則良心可察，而後臣言可信矣。出大庭而朝群臣〔二一〕，退便殿而幸便嬖，入燕寢而御妃嬪，皆守是心，而推之于事。凡無益于良心者，勿爲可也。念兹在兹，持之以久，則邪説横議將絶于耳〔二二〕，正言篤論將當于心。智慮日益高明，功行日益光大，夷狄之暴庶幾可禁，叛逆之臣庶幾可滅。苟不察心之病而大變焉，則身不能自信，何足以孚民心、動天意哉？恭惟太上道君皇帝、淵聖孝慈皇帝劫於夷狄，遠適窮荒，衣裘失司服之制，飲食失膳夫之味，居失宫殿之安、妃嬪之好。動無威嚴，辛苦墊隘。其願陛下加兵夷狄，猶饑渴之於飲食，庶幾夷狄知懼，一得生還，父子兄弟相持以泣，歡若平生。引領東望，九年於此矣。而在廷之臣，不能充陛下仁孝之志，乃以天子之尊〔二三〕，北面讎虜。群臣智謀淺短，自度不足以任大事，故欲偷安江左，貪固寵榮，皆爲身謀爾。陛下乃信之，以爲必持是，可以進撫中原，展省陵寢〔二四〕，來歸兩宫，亦何誤耶！夫夷狄狼虎，其好殺喜搏之心，烏有限制？食其肉，寢處其皮，而後可得安枕而卧也。苟順其欲，而不吝名號、土地、人民、貨財以委之，是以肉投虎狼，肉不盡其搏噬不已。臣不知陛下何負於群臣，而群臣誤陛下，乃至於此！陛下不早自爲計，廣攬英雄以自輔翼，力行不倦以感動天下，臣恐四方豪傑有以窺朝廷淺深，無肯爲國家盡力者也。今東夷小醜，深入諸華，劫遷天子，震驚陵廟，汙辱皇家，害虐烝民，此萬世不磨之辱，臣子必報之讎，子孫之所以寢苦枕戈〔二五〕，弗與共天下者也。而陛下顧慮畏懼，忘之而不敢以爲讎。臣下僭逆，有明目張膽，顯爲負叛者；有協贊亂賊，爲之羽翰者；有依隨兩端，欲以中立自免者。夫既爲人臣，而敢持二心，干紀逆節，反易天常。而陛下顧慮畏懼，寬之而不敢以爲討。守此不改，是祖宗之陵終天暴露，無與覆存也。父兄之身終天困辱，而來歸之望絶也。中原之民没身塗炭，無所赴愬也。陛下念亦及此乎？和戰利害，是非甚明。然不求于本，故議論紛紛，至今未定。臣願陛下察天理，存良心，以身先群下，深憂如大舜，自任如周武。不牽于姑息之仁，不懾于强暴之威。立復讎之志，行討亂之政，神而化之，與民更始，實宗社無疆之休也。」又曰：「臣聞三綱，人之本性；神化，天之良能。堯、舜、禹、湯、文、武恭己盡性，德合于天。一言一行，當物情之精，中民心之會。利用出入，民所共由。故精神感通，折衝萬里，天下心服，莫測其用。若夫德不能盡倫，而三綱廢缺，昧于神化，而政不盡制，乃以智術利勢相傾者，則夷狄而已矣。夫天下萬事，各以類應，居中國而夷狄行者，必有夷狄之禍。周自平王東遷，王者迹熄，四夷交侵，五霸猶能明大義，攘而斥之。然中國之道，自此日敝，夷狄之風，自此寖興。是以，秦得逞其智力，滅六國，君天下。原其父子、君臣之際，莫有當於禮義者，雖曰中國，實夷狄爾。立甫十三年，天下共起而亡之。漢鑒其弊，法古先之餘烈，崇尚經術，留意三綱，政治淳簡，用智術而不專，行利勢而不縱。王道雖微缺，而正論未衰也。是以，於漢之世〔二六〕，無夷狄之禍。自此以降，如曹魏、晉、宋、齊、梁、陳、隋得尊位者，皆本於篡弑，以三綱爲虚假，以神化爲茫昧，以智術爲紀綱，以利勢爲權柄，前後相因，莫之能革。故五胡雲擾，神州陸沉，蹙居江表，終不能討夷狄，踰河而北定中原也。唐太宗因隋失道，起義兵，平暴亂，雖有英雄之略，身致太平，然三綱不立，家法内亂，近於夷狄。繼世因仍，又有甚焉。故禄山、思明豕突上京，窺竊神器。吐蕃、回紇連年侵暴，賴忠良之力，僅克興復。雖夷狄少衰，而藩鎮跋扈。陵夷至于五代，夷狄制中國之命矣。迹其行事，實以類應〔二七〕，非偶然也。本朝太祖皇帝受命，市不改肆，得之以大功，受之以天命，綱本既正，神化斯孚，削平僭僞，如指諸掌。西北二邊，雖有動摇，終焉稽首。及王安石輕用己私，紛更法令，不能興教化、弭奸邪，以來遠人。乃行青苗、建市易、置保甲、治將兵，始有富國彊兵、窺伺夷狄之計。棄誠而懷詐，興利而忘義，尚功而背道。人皆知安石廢祖宗法令，而不知并與祖宗之道廢之也。邪説既行，正論屏棄，故姦諛敢挾紹述之議以逞其私，下誣君父，上欺祖宗，誣謗宣仁，廢遷隆祐。使我國家父子、君臣、夫婦之間，頓生疵癘。三綱廢壞，神化泯然，夷狄外横，盜賊内訌，王師傷敗，中原陷没，二聖遠棲于沙漠，皇輿僻寄于東吴，囂囂萬姓，未知攸底，禍至酷也。臣願陛下深念三綱，潛心神化，修明政事，大革風俗，使卓然與夷狄叛逆相反，則中國之道立，而夷狄叛逆可平也。」又曰：「陛下自登大位，命相多矣，然皆用之驟，退之速。豈其失於易，有未謹而然乎？豈其以己私好惡，不以天下之公而然乎？豈其悦人之佞，惡人逆己而然乎？昔湯之于伊尹，高宗之于傳説，皆一舉而終其身，既得，久于其位，故政令紀綱有常而不紊，可久而不變。此其所以能創業中興也。今陛下曷不改更心慮，感通英賢，進而任之。使久於其位，責以功實，無爲坐費歲月，棄機會，縱讎逆，而不治也。夫欲成王業者，必用王佐之才。所謂王佐之才者，以其有王者事業，素定于胸中也。故一旦得君，舉而措之，先後有序，綱紀施布，望道期功，如臂運指，莫不從心也。夫輔相者，百官之精選，人材之所自進，政事之所由定。陛下輕以授人，使以類進，則執政、侍從之臣可知矣！外臺耳目之寄可知矣！郡縣民之師帥可知矣！所以寄閫外，却敵折衝者可知矣！自古天下未有無臣之世，患在人君好臣其所教，而不好臣其所受教，則盛德之士不可得而官矣。好柔佞而惡剛直，則守正之士不可得而用矣。安齪齪而忌英果，則高才之士不可得而使矣。陛下必欲致士，能絶是三者，勿萌于心，與天下之士相期於道義，則真儒命世之才將爲陛下出焉。否則，讒諂面諛之士乘間競進，權在輔相，則黨於輔相；權在閹官，則黨於閹宦；權在將帥，則黨于將帥。不論人之賢否，不顧國之安危，苟可以傾人而便己者，無不爲矣。」又曰：「古者聖王制爵位，所以明等級也；制寵禄，所以奉名器也。以此防民，猶有尸位素餐、惟利之從者〔二八〕。況人君自以爵禄爲己私乎？君以富貴蓄其臣，臣以富貴懷其君，而百官皆不知其職矣。在官者，大抵轉相承奉，務以榮進相先。欲綱紀文章之不墜，禍亂釁蘖之不滋，其可得乎？夫官人之義，以其賢也，以其才也。

用其賢才，蓋爲民也。古者莫不爲事設官，爲官擇人，君無姑息之命，臣無希冒之心。上法一而百度張，下心清而萬事理。今則爲人設官，爲官造事，冗濫交錯，仰食縣官，侵漁百姓，壞風俗，亂政事。天下無事，食君之禄；天下有變，拱手圜視而不能救；則又有乘時儌倖，冒功射利，爲國結怨於民，而增益禍亂者。陛下操予奪之柄，握刑賞之威，胡不自爲深計，黜闒茸之官，奪冒濫之職，以待英賢高士也。大計若干職，定置若干員，於今在官者，按實功罪，誅賞以行。任官稱職者，使久于其位；過惡已彰者，編之於民，終身不齒。志氣不立，事業不修者，皆賜罷。其有學行未成者，歸之于學。庶幾官約事省，爲政有經，民聽不惑，而危亡可救矣。或者以爲行此，必大煩擾而失人心。不思國之所恃，而上之所保者，億兆之心也。若士大夫乘君子之器，而爲小人之行者，乃生民之蠹，國之賊爾。汰而黜之，則得民心。所去者寡，而所安者衆；所去者姦惡，而所安者善良。計道義，權輕重，則所謂失人心者，乃在彼而不在此矣。」論安民有曰：「本朝宗祖厚養天下，當時父老蒙恩被澤。自王安石爲政，崇尚掊克，與民争利，獄訟繁滋，民不得安息。加以庸邪繼軌，閹宦握兵，求便其私，不爲國計，内修宫室、治苑囿，外拓邊疆、築城栅。常賦不充，移易經費；經費不充，始有横斂；横斂不充，公私俱匱。天下力竭財盡，雖有感恩戴德之思，迫于威虐，如火銷膏，祖宗之澤，日益斬矣。故金戎未動，而方賊已稱兵于江表，群盗已充斥于太行。及其内侮，民無殺敵保家之志，望風奔潰，乘時爲盜，發其亂心，僥倖富貴以偷安，須臾遠近繼起，連年未定。然則民心果有常，而祖宗之澤果可恃乎？陛下體元之初，聖心未加焉〔二九〕。是以聽善不明，擇善不審，執善不固，官人失賢，行政失望〔三〇〕。雖有愛民之心，屢下寬恤之詔，而有司不能承流宣化，實惠不施於民，發求無度，科斂無已，脇之以勢，劫之以威。官得其一，吏隱其九，慘酷切於肌膚，凍餒迫於心慮〔三一〕。雖然，軍旅日興，糧餉器甲資於民，金帛舟車資於民，不發求科斂，則軍旅坐困，無以禦敵。發求科斂，則民益困，邦本先蹷，於軍旅何有哉！然則奈何？亦選剛正沉毅之士，擢置中臺，任以爲朝廷天子耳目，勿使爲輔相、權勢鷹犬，信而聽之，聽而行之，以靖朝廷。然後選清白公正精彊之士，出使郡縣，察舉可任，功實可責，可以平政理訟，使民有所赴愬。雖有不得已而調斂，均平無頗，盡入于公，用於有益，民孰不願輸也哉！雖然，此直可以救目前之急爾，必欲足食足兵，爲久遠可行之政，則莫若治其本矣。」次論養兵之蠹，有曰：「財者，天地所生，四民致力者也。古者，溥天之下，四民而已，民無不食其力者。自漢、唐以來，游手滋衆，兵不本于於農，人不食其力，爲之者寡，而用之者衆。臣請舉其大者，夫興師十萬，日費千金，靡然騷動者七十萬家。歷代興廢，制雖不同，及李唐中季，漸壞舊章，兵農始分，全家坐食。是日毒天下無時而已也。況今國用空竭，民力彫敝，而被甲者無慮數十萬家，家以五口爲率，乃有數百萬，端坐待哺于農民者矣。夫民猶腹心也，兵猶手足也。是故，欲富國者，務闢其地；欲强兵者，務富其民。國無治亂，時無豐凶，政無經權，莫不以闢土地、養人民爲本。今乃行誅剥之政，縱吏侵民，以奉冗卒，使田萊多荒，萬民離散，此臣之所未解者一也。」次論釋、老之蠹。有曰：「度牒之得幾何，而農、工、商、賈之子孫既爲其徒，則不耕而食，不織而衣，高堂大厦，雕鏤文飾，以自居處，役徒衆，致滋味，以自奉養。其費豈特十倍度牒哉？夫爲政以均平天下，而縱胡服欺誕之姦〔三三〕，化誘善良，失國家丁壯，絶滅天倫，壞亂人紀，百萬群居，蠹生民之衣食，此臣之所未解者二也。」次論官吏之冗、祠禄之費。有曰：「古者官不踰事，禄不踰數，故民不疾上，而下無怨勞。漢世而下，官名滋衆，無其職而置空名，無所事而尸厚禄。公卿大夫既多，而府史胥徒之屬，亦不下數十百萬人矣。依勢侵民，食其膏脂，蠹耗邦本。既不能立正大之心，施剛果之力〔三三〕，沙汰罷黜，省費寬民。今復無故廣增祠職，俸禄優厚，財用窘急，日益重斂，求千萬人之譽，而失億兆之心，此臣之所未解者三也〔三四〕。願陛下申明軍法，大加選練，高立標格，寧使入選者寡而厚其資給，以精則足用，以寡則易使。斥去罷羸，散歸南畝，大興屯田。罷度天下僧尼，收其産業〔三五〕。其存者，令歲納復身錢一萬，其願歸民聘娶者，隨口給以公田，使各食其力。罷廢冗濫之官，自西北而東南，飢寒無以自存者，亦隨口給以公田，使各食其力。不出三年，財用必充。唐劉晏曰：『理財當以養民爲先，户口衆多，賦税自廣。』又宜重郡縣之官，擇其人，使久居其位，期以成功。申戒督視之官，廉問糾劾一路之廣，贓吏而監司發者，罪守貳；守貳發者，黜監司。自中臺發者，監司、郡守俱賜罷。立是法而必行，庶幾陛下之仁，得加于百姓矣。」又曰：「聖王明于天險，尊卑之分，貴賤之等，定天下之制，而奸邪莫能越。明于地險，山川丘陵以爲阻，城郭溝池以爲固，而暴客莫能干。太原，天下要害之地，始欲棄而不守，終欲救而不力，遂致崩陷。賊乃乘勝，席捲而南，若蹈無人之境。」又曰：「淮南之壽春、盱眙，所宜命將堅守，以遏敵人進取之道，而使下流有屏蔽也。今乃棄廢不省，失經畫之遠圖。此臣所懼者一也。安陸、武昌，上流脇腋，亦宜經理。今乃漫不以爲意，此臣所懼者二也。襄陽，上流門户。欲退守江左，則襄陽不如建鄴；欲進圖中原，則建鄴不如襄陽；欲禦强寇，則建鄴、襄陽乃左右臂也。今乃委置襄陽，戍以輕兵，不修攻戰之備，不興屯田以充軍實，千里蕭條，人無固志，此臣所甚懼者三也。楊么爲寇，起于重斂，吏侵民急耳。其情不與他寇同，宜選寬厚有謀之臣，爲江湖閒守，頗給以兵，大施恩信，招撫流散，務農重穀，化導善良，誅鋤奸宄，號令清明。然後因其鄉導，選精鋭禽之。不然，大軍久聚，所費不貲，戎馬秋高復至，外敵内寇，相因而起，此臣所甚懼者四也。」又曰：「昔顔回問爲邦，孔子不告以威福之柄、制御之方，乃曰：『放鄭聲，遠佞人。』彼姦邪機巧才佞之士，錯亂名實，顛倒是非，盜竊威權，其身榮而天子危矣。忠正之人〔三六〕，不阿意，不詭隨，據道而言〔三七〕，證經而論，方其犯顏敢諫，有如不恭；面折廷爭，有如沽激。夫以螻蟻之命，犯雷霆之威，自非誠心愛君，豈能如是？君天下者，何憚不棄彼而取此耶！陛下即位以來，中正邪佞，更進更退，無堅定不易之誠。陳東以直諫死于前，馬伸以正論死于後，而未聞誅一奸邪，黜一諛佞，何摧中正之易〔三八〕，而去奸邪之難也？」又曰：「陛下幸聽臣言，反求諸心，神而明之，施於有政。滅讎虜，誅叛逆，恢復中原，仁覆天下，乃其功矣。惟陛下加聖心焉，勿使臣徒爲此空言而已，實宗社幸甚。」

飭奉行寬恤詔。上曰：「方今兵革既息，惟寬恤民力，欽恤庶獄，是爲急務。可令有司申嚴立法行下。」

夏四月，禁私史。從秦檜之請也。上曰：「朕向嘗諭范沖修徽宗實録〔三九〕，惟當政事之大可爲法者〔四〇〕，其細事自不必書。大抵史官須有經學，乃爲可用也。」

五月，以李文會簽書樞密院兼參知政事。先是，上在經筵，嘗問高閌曰：「向來張九成嘗問朕：『左氏傳載一事或千餘言，春秋只一句書之，此何也？』朕答之云：『聖言有造化，所以寓無窮之意。』」閌曰：「説春秋者雖多，終不能發明，正如窺造化也。」上曰：「九成所問極是。」閌曰：「陛下所答亦極是。」上因問九成安否？翌日，謂秦檜曰：「張九成今在何處？」檜曰：「九成頃以唱異惑衆，爲臺臣所論，既與郡，乃乞祠，觀其意，終不爲陛下用。」上曰：「九成清貧，不可無禄。」檜疑閎薦之，呼給事中兼侍講楊愿詢其事，文會即劾閎。文會既論簽書樓炤，罷之次日，復劾罷閎〔四一〕，遂有是除。自是執政免，即以言官代之。是冬，爲言官論罷，安置筠州。

虜使來。賀天中節。禮物，珠一囊，金帶一條，衣七對，綾羅紗五百段，馬十疋。自是，歲如之。後不書。

六月，以錢時敏爲右司郎。上覽除目曰〔四二〕：「神宗聖訓云：『左右司是使學爲宰相，豈可不謹擇。』」

江、浙、福建水。命振之。

秋七月，幸秘書省。詔略曰：「仰惟祖宗，肇開策府，累朝名世之士，由是而興；一代致治之原，自此而出。朕一新史觀，新御榜題，肆從望幸之誠，以示右文之意。」於是本省及實録院官各進一秩。

九月，利州路分東、西。從鄭剛中之請也。時川口屯兵十萬，分隸三大將。吴璘屯興州，楊政屯興元府，郭浩屯金州，皆建帥府。而統制官知成階等州，亦領沿邊安撫。剛中請：「以興元府、利、閬、洋、巴、劍、大安軍七郡爲東路，治興元；以興、階、成、西和、文、龍、鳳七州爲西路，治興州，即命政、璘爲安撫使。浩爲金、房、開、達州安撫使。諸裨將領安撫使名者，皆罷。」從之。時和議方堅，而璘獨嚴備，日爲敵至之虞。故西路兵爲天下最。

一云：「自休兵後，川陝宣撫司及右護軍興州吴璘所部僅五萬人，興元楊政所部僅二萬人，金州郭浩所部僅萬人，分屯三邊，與沿流十七郡。馬之籍萬三千人。」

政知興元府凡十八年，府舊有六堰，溉民田數千頃。兵興以來，歲久不治。政率衆修復，其後堰成。歲省漕運二十餘萬碩。

再竄趙鼎。中丞詹大方論鼎與其黨邪謀密計，轉相扇惑。遂自潮州移吉陽。

張闡罷。時爲秘書郎。秦檜用事久，每除臺諫，必以其耳目。知闡久次，喜論事，一日，微諷闡，謂當入臺。闡曰：「丞相苟見知，老死秘書足矣。」檜默然。先是，闡嘗爲席益辟客，檜初罷相，益蓋有力，故深憾之。臺臣汪勃遂劾罷闡。

冬十月，除永、道等州身丁賦。自馬氏據湖南，四州始增丁賦(四三)。上謂大臣曰：「天德好生，今民爲身丁錢，至生子不舉，誠可閔也。若更循馬氏舊法，非所以上當天意。」於是，郴州、桂陽監、茶陵縣並除之。

十一月，閱殿前馬步軍。將士藝精者賜賚有差。自是，歲以冬月行之，號曰内教。

再竄李光。先是，知滕州周某者，誘光倡和。其間言及秦檜和議，有諷刺者，積得數篇，密獻于檜。檜怒，令言者論之。遂自藤州移瓊州安置。

二十年春，移昌化軍。

申嚴遏糴禁。詔如有遏糴州縣，可許鄰郡越訴，仍責監司按劾。

十二月戊子，雪。

惠貧民。百官入賀。上諭宰執曰：「天下窮民，宜加養濟，孟子所謂：『文王發政施仁，先此四者。』」於是，詔諸路常平官，以時散米，務令實惠及之。

乙丑紹興十五年（一一四五）春正月朔，行大朝會禮。行于大慶殿，用黄麾仗三千三百五十人，視東都舊儀損三之一。

命王鈇申行經界法。初，上論經界之法，細民多以爲便。秦檜曰：「若非經界，則賦役不均。」遂命户部侍郎王鈇先於兩浙行之。至是，鈇言：「今當革詭名挾户，侵耕冒佃，使産有常籍，田有定税。則差役無争訴之煩，催科免代納之弊。然須不擾而速辦，則實利及民。」

試博學宏詞科。湯思退、王曮、洪邁並賜進士出身。

三月，親試舉人。賜劉章等三百人及第、出身有差。

夏四月朔，彗出東方，大赦。先是，上曰：「且降詔，以四事爲主，避殿、減膳、寬民力、出滯獄。」於是，手詔監司、郡守條具便民事，命憲臣巡行，親決獄事。至是肆赦。右迪功郎康與之上書，言彗不足畏。特命改京秩。

五月。

置六部架閣官。大理寺丞周彬請置六部架閣官〔四四〕。是日，詔從之。

陳康伯罷。時爲吏部侍郎，接伴虜使。上以端午，遣中使賜扇帕於洪澤。虜使言：「上國是日例賀，當北面再拜。」且欲接伴使、副同之，乃敢受。康伯以舊制却之。或謂康伯：「此細故，朝廷必不惜。」康伯曰：「今曲從之，後爲例，不復可改。且辱命自我始，況所求或無厭，寧能盡從之乎？」虜使卒受賜，因自辨數曰：「接伴慢我。」朝廷聞之，懼生事，遂出之知泉州。

六月乙亥朔，日有食之。

幸秦檜第。上所賜第新成也。後八日，降制：「檜妻、熺妻並加封，孫塤、堪、坦並直秘閣，賜三品服。」時塤年九歲。

尋書「一德格天之閣」六字，賜之。後又賜檜畫像贊，曰：「維師益公，識量淵沖。盡闢異議，決策和戎。長樂温清，寰宇阜豐。其永相予，凌煙元功。」

令監司察汰縣令〔四五〕。老病不識者與祠禄。上曰：「朕嘗謂縣令最爲親民，又非郡守之比。贓吏固不可容，而庸繆之人，尤害百姓。蓋因其庸繆，則吏計得行。若十吏用事，是有十縣令矣〔四六〕」。

秋七月，復利州鐵錢監。從鄭剛中之請也。剛中言：「祖宗之法，約四川所有見錢，對數印造錢引，使輕重相權。昨因軍興，印造滋多。又闕鼓鑄本錢，遂廢罷錢監。乞興復鼓鑄。」山林多，鐵炭易集。乃命本路疏奏，不待報，遂行。剛中以利州十萬緡，後增鑄十五萬緡，率轉運董其事。置紹興監，歲鑄錢。三年以九萬緡爲額，視舊額費錢二千而得千錢云。

二十三年，減五分之二，仍並鑄折二錢。

寬廬、光州上供。展一年。上曰：「人皆知取之爲取，而不知予之爲取。若稍與展免，俟其家給人足，税斂自然易辦。」

淮南承平時，一路上供内藏紬絹九十萬匹有奇。至紹興末年，纔八千匹爾。

蠲民租。時金國境内大旱，飛蝗蔽日。是月，詔蠲民租。

八月，命提舉茶監官兼領常平。惟四川、廣西以憲臣，淮西、京西以漕臣兼領。尋詔復爲監司，許歲舉屬吏。

冬十月，置四川總領。鄭剛中御諸將嚴。會剛中以事忤秦檜，諸將因言其跋扈狀。檜不欲剛中併掌利權，故言者以爲請，遂除太府少卿趙不棄，以總領四川宣撫司錢糧爲名。

閏十一月〔四七〕，**訪遺書**。秘書省請下諸路，訪遺書及先賢墨跡。

十二月，討平虔梅群盜。時虔梅及福建有號管天下、五黑龍〔四八〕、滿山紅之屬，攻劫縣鎮。帥臣薛弼辟贛上土豪周虎臣、陳敏爲將，二人各有家丁數百，皆能戰。弼請於朝，選千人爲奇兵以擊之，寇遂平。

丙寅紹興十六年（一一四六）春正月，親耕籍田。九推乃止〔四九〕。命宰執以次行五推、九推之禮。庶人終千畝焉。仍詔守令自今每歲之春，出郊勸農。

毁淫祠〔五〇〕。

二月，罷明法科〔五一〕。初，建炎間，復置新科明法。自紹興十一年，禮部始定本科中選人，將來廷試賜第。次年，遂得黄子諄一人〔五二〕。至是，禮部復言：「崇寧初，此科已併進士額，今有官人自許試法。」乃詔罷之。

三月，建武學。以百人爲額，置博士員。

賜秦檜家廟祭器。初，詔檜立家廟，至是成。依政和六年賜臣僚祭器已行舊制。其後韋淵、吴益、楊存中皆有是賜，蓋自檜始。

張澄加節度〔五三〕。澄以端明殿學士、知臨安。是時，展皇城及創修外闕，澄與漕臣分總。及親耕籍田，所設靈壇、御耦、幄殿次舍、倉廩什器，澄皆告具。除慶遠節度使。從官得旄鉞，本朝絶少，中外榮之。

夏四月，作祚德廟。加封程嬰、杵臼、韓厥。

五月，詔擇監司。上曰：「監司，朝廷耳目之官。今天下無事，恤民爲先，得人，一路安；不得人，一路擾。豈可不擇之也。」

作景鐘。鐘高九尺，天子親祠上帝則用之〔五四〕。命秦檜撰銘曰：「中興天子以好生大德，既定寰宇，乃作樂暢天地之化，以和神人。」

秋七月，竄張浚。落節鉞、職名。依舊特進、奉祠，連州居住。先是，浚因星變，欲力論時事，以悟上意。以其母太夫人許氏年高，言之必被禍，恐不能堪。許氏見其形瘠，浚具言所以，許氏誦其父咸紹聖初舉制科策曰：「臣寧言而死於斧鉞，不忍不言而負陛下。」浚意遂決。即上疏言：「當今事勢，如養大疽於頭目心腹之間，不決不止。決遲，則禍大而難測；決疾，則禍輕而易治。惟陛下謀之於心，斷之以獨，謹察情僞，豫備倉卒，庶幾社稷有安全之理。不然，日復一日，後將噬臍。異時以國與敵者，反歸罪正議，此臣所以食不下咽，而一夕不能安也。」於是，秦檜以謂時已太平，日興彌文，諱言兵事，見之大怒。中丞何若即奏：「浚建造大第，彊占民田，殊失大臣省愆念咎之體。居常怨恨，以和議非便，惟欲四方多事，僥倖再進。包藏禍心，爲害實大。望賜降黜，以爲臣子喜亂徇私之戒。」故有是命。

八月，求蜀遺書。

冬十月，閲新禮器。閲于射殿，撞景鐘，奏新樂，用皇祐故事也。於是，直秘閣秦塤以下皆遷官。

十一月癸酉〔五五〕，郊。是歲，備祭器，設八寶，如政和之儀。

復居養院等制。詔復先朝居養院、安濟坊、漏澤園等制。

置御書院。依祖宗法，隸翰林院。

十二月，彗出西南。詔避殿減膳。

丁卯紹興十七年（一一四七）春正月，禁獻羨餘。

除力勝錢税。詔：「近免税米，而所過尚收力勝錢，其除之。其餘税則並與裁減〔五六〕。」上因言：「薪麪亦宜免税，商旅既通，更平物價，則小民不致失所。」

遣官覆實經界。户部李椿年言〔五七〕：「兩浙經界已畢者，慮形勢之家，尚有欺隱。差官覆實。若先了而民無争訟，則申朝廷推賞；如守令慢而不職，奏劾取旨。」

二月，祠高禖。親祠青帝于東郊，以伏羲、高辛配。又祀簡狄、姜嫄于壇下。以秦檜爲親祠使。

三月，秦檜改封益國公。自魏國公徙封。自是，建旄封國在北者，皆改命。

夏四月，以右正言巫伋兼崇政殿説書。自秦熺兼侍讀，每除言路，必與經筵，朝廷動息，臺諫常與之相表裏焉。

五月，詔舉制科。

大雨雹。

六月，詔盜賊毋招安。上曰：「弭盜自爲遠慮，若但招安，恐此輩以嘯聚爲得計。」乃詔諸路，今後不許招安。

秋八月，趙鼎卒。鼎在吉陽三年，故吏、門人皆不敢通問〔五八〕。廣西帥張宗元時遣使渡海，以醪米遺之。秦檜令本軍月具鼎存亡申尚書省〔五九〕。鼎知之，遣人呼其子汾，謂之曰：「檜必欲殺我，我死，汝曹無患。不爾，誅及一家矣。」乃不食而卒。四方之人聞之，有泣下者。

後謚忠簡。

初，鼎既謫居，嘗謂其客删定官方疇曰：「自鼎再相，除政府外，所引從官，如常同、胡寅、張致遠、張九成、潘良貴、吕本中、魏矼皆有士望〔六〇〕，異日決可保其無他。」疇曰：「願公徐觀之。」其後，諸人流落之久，雖死不變，疇乃信服。二十年夏，許鼎歸葬常山縣。衢州守臣章傑與鼎有宿憾，知中外士大夫，平時多與鼎簡牘往來。及時又多攜酒會葬，意可爲奇貨。乃遣兵官同邑尉翁蒙之以搜私釀爲名，馳往掩取。復疑蒙之漏言，潛戒左右伺察之。蒙之書片紙，走僕自後垣出，密以告鼎之子汾，趣令盡焚篋中書，及弓刀之屬。比官兵至，一無所得。傑怒，方深治蒙之，而追汾與故侍讀范沖之子仲彪，拘於兵官之所。蒙之母訴於朝，秦檜咎傑已甚，詔移蒙之蘭溪尉，下其事于浙東帥司，事遂息。傑客魏掞之慨然以書譙傑，長揖而歸，傑亦不能害。掞之，建陽人，少有大志，師事籍溪胡憲。

詔以寬剩錢充月樁。不係月樁路分，依此通融科撥。秦檜奏曰：「近不許獻羨餘，今聞反資妄用。陛下志欲減免田租，今請自月樁錢始。」先是，上謂檜曰：「卿未還朝時，朱勝非創起月樁，朕每以爲非，屢與宰執言，終未能大有所蠲減〔六一〕，卿可從長措置，庶寬民力。」故檜有是請。

九月，竄呂摭。梧州安置。摭時以朝散郎、直秘閣。秦檜追恨頤浩不已，使台州守臣曾享〔六二〕，求其家陰事。會摭嫂姜氏告摭蒸其庶弟之母，送獄窮治。摭懼罪陽瘖，乃以衆證定罪，於是一家破矣。

減江浙折帛錢。詔江浙見輸折帛錢太高，慮民難出。令紬帛各減價，每匹江南六千，兩浙七千；和買六千五百。綿每兩江南三百，兩浙四百。自明年始。先是，上謂秦檜曰：「祖宗時，每縑價直八百，官司乃以一千和買，民間既免舉債出息，及絲蠶收成之後，並皆樂輸。趙鼎、張浚爲相時，乃創折帛之請，令人户折納見錢，殊爲非理〔六三〕。」

冬十月辛卯朔〔六四〕，日有食之。陰雲不見。

建太一宮。

禁前期催科。

班常平免役法〔六五〕。四百九十九卷。

是歲，虜及蒙人平。初，韃辣既誅，其子勝花都郎君者，率其父故部曲以叛。與蒙國通，蒙益强。兀术之未死也，自將中原所教神臂弓弩手八萬人討之，連年不能克。去年八月，復遣蕭保壽奴與之議和，割西平河以北二十七團寨與之。歲遺牛羊米豆，且册其酋敖羅孛極烈爲蒙輔國王。蒙人不受，自號大蒙國。至是，始和，歲遺甚厚。於是蒙酋自稱祖元皇帝，改元天興。金人用兵連年，卒不能討，但遣精兵分據要害而還。兀术且死，語其徒曰：「南朝軍勢彊甚，宜益加和好。俟十數年後，南軍衰老，然後圖之。」

戊辰紹興十八年（一一四八）春三月，賜内門名。南曰麗正，北曰和寧。

以秦熺知樞密院。一日，秦檜問敕令所删定官胡寧曰：「兒子近除，外議如何？」寧曰：「外議以爲公相必不襲蔡京之迹。」檜怒。寧，安國子，寅弟也。

夏四月戊子朔，日有食之。陰雲不見。

親試舉人。賜王佐以下三百三十人及第、出身有差。先奏董德元第一。及唱第，以佐爲舉首，陳孺次之，德元又次之，用故事遞降也。

自行在吴中，蜀士不就庭試，榜首率依第三人推恩。講和後，稍稍來奉大對。是舉，類試策問古今蜀人材盛衰之故，而德陽何耕對策，極論蜀士徇道守節，無心於世，引楚相子文三仕三已之説爲證。又言：「李固無大雅之明哲，卒陷於跋扈將軍之手，議者固已少之。若相如作封禪書，蓋孟子所謂『逢君之惡』。楊子雲作美新以媚賊，又蜀人所羞道。」有司定爲榜首。秦檜見其州里，大惡之，曰：「是敢與張德遠爲地耶？」會耕以後至，乞推恩，檜批送禮部措置。侍郎沈該諭其意，即言：「今舉有試中高等之人，爲見先有已降等第推恩名色，及慮御試却中低甲，往往在路遷延日月，才候試畢，便自陳爲病趁赴不及。」於是，不赴殿試人第一等，並賜進士出身，餘人同出身。

秦熺罷。以熺引嫌辭避也。罷爲觀文殿學士、在京宫觀兼侍讀、提舉秘書省。班右僕射之次，恩數視見任宰臣。

五月，圖景靈宫配饗功臣像。趙普、曹彬、薛居正、石熙載、潘美、李沆、王旦、李繼隆、王曾、吕夷簡、曹瑋、韓琦、曾公亮、富弼、司馬光、韓忠彦，凡十有六人。

竄李顯忠。降官奉祠，台州居住。先是，虜使嘗言顯忠私遣人過界，詔令分析。會顯忠上恢復之策於朝。秦檜怒，乃奏顯忠不遵稟聞奏，止用申狀。故有是命。

罷四川宣撫司。以知成都李璆爲四川安撫制置使。

秋，閏八月，增殿前司軍。初，福建路自創奇兵，而虔、梅草寇不敢復入境。至是，悉平。詔以巡檢陳敏所部奇兵四百，及汀、漳戍兵[六六]，並爲殿前司左翼軍，即以敏爲統制官，留戍其地。神武中軍舊止三部，自楊存中職殿嚴，始增爲五軍。又置護聖、踏白，選鋒、策選鋒、游奕、神勇、馬、步，凡十二軍。時江海之間，盜賊間作，乃分置諸軍，以控制之。如泉之左翼、贛之右翼、循之摧鋒、明之水軍，皆隸本司，總七萬餘人。由是，殿前司兵籍爲天下冠。存中又製諸軍戎仗，以尅敵弩雖勁，而士病蹶張之難，乃增損舊制，造馬黃弩，制度精密，彼一矢未竟，而此三發矣。

定歲糴額。詔於臨安、平江兩處置倉，各糴二十萬石。又行在省倉三界亦立定歲額：上界六萬石，中界五萬石，下界二十五萬石。三總領所各糴十五萬石，淮西加一萬五千石。

冬十一月，再竄胡銓。徙吉陽軍[六七]。先是，秦檜嘗於一德格天閣下，書趙鼎、李光、胡銓三人姓名。時銓猶在新州，廣帥王鈇問知新州張棣曰：「胡銓何故未過海？」銓嘗賦詞云：「欲駕巾車歸去，有豺狼當轍。」棣即奏：「銓不自省循，語言不遜，公然怨望朝廷。」

於是，送海南編管。命下，棣選使臣游崇部送，封小項筒過海。銓徒步赴貶，人皆憐之。至雷州，守臣王趯廉得崇以私茗自隨，械送獄〔六八〕，且厚餉銓。是時，諸道望風捃摭流人，以爲奇貨，惟趯能與流人調護。海上無薪粲百物，趯輒津置之。其後，卒以此得罪。

尋以棣提舉湖北常平。至官一日，卒。時洪皓在英州，閩人倪譬爲守，譬老矣，内無奥主，聞棣以巧中遷客，取使節，欲效之。即使兵馬都監伺其隙，捕皓家奴寘獄中，釀成其罪。未及發而譬死，事乃解。

十二月，振饑民。

濬浙河。上曰：「可使漕臣募夫濬治，因以接濟飢民，則公私兩利。」

校勘記

〔一〕初御前殿　案此條記事，繫年要録卷一四八及宋史卷三〇高宗紀七均繫於本年二月。

〔二〕二十三年春　宋會要輯稿禮四六之四繫於二十六年四月。

〔三〕前步軍帥解潛謫居南安軍　「解」原作「斛」，據繫年要録卷一六〇及皇朝中興紀事本末卷七四改。

〔四〕金人取河南地　「地」原作「北」，據繫年要録卷一四九及三朝北盟會編卷二二二改。

〔五〕撻攋使朴爲尚書右丞　「右丞」，繫年要録卷一四九及三朝北盟會編卷二二三作「左丞」。

〔六〕如待制張宇發　「張宇發」原作「張守發」，據繫年要録卷一八九及宋史卷三二高宗紀九改。

〔七〕弁奏朱昭　「朱昭」，繫年要録卷一四九作「朱邵」。

〔八〕金人重之　「重」原作「童」，據道光抄本改。

〔九〕乃與其翰林學士高士譚等同謀　前一「士」原作「上」，據道光抄本、繫年要録卷一五四及宋史全文卷二一中改。

〔一〇〕可因赦内徙　「徙」原作「徒」，據道光抄本、繫年要録卷一五〇及宋史全文卷二一中改。

〔一一〕禁私鑄錢　案此條記事，皇朝中興紀事本末卷六二繫於本年十二月。

〔一二〕復置三館　案此條記事，據繫年要録卷一五〇及皇朝中興紀事本末卷六二，是興學之事，並不是復置三館。似誤。

〔一三〕成州同谷縣民趙靖臣王澤明明州楊慶行信州王小升　「趙靖臣」，繫年要録卷一三一作「趙清臣」。「楊慶行」，繫年要録卷一四七及宋史卷四五六楊慶傳作「楊慶」。「王小升」，繫年要録卷一四八作「王小十」。

〔一四〕而激賞錢已減爲一百八十萬緡　「一百八十」，皇朝中興紀事本末卷六五與此同，繫年要録卷一五三及宋史全文卷二一中作「一百」。

〔一五〕以本司錢四萬緡　「四萬」，繫年要録卷一五四及宋史全文卷二一中作「四萬餘」。

〔一六〕免創增酒錢二萬四千緡　「二」，繫年要録卷一五五及宋史卷一七四食貨志上二作「三」。

〔一七〕宣撫司取撥茶馬司餘剩贍軍 「贍」原作「瞻」，據繫年要録卷一六七改。

〔一八〕累任提舉官於是增長引息等錢 「任」原作「政」，據繫年要録卷一六七改。

〔一九〕蠲三川對糴米十六萬餘石 「十六萬」，繫年要録卷一七六及宋史全文卷二二下作「十六萬九千」。

〔二〇〕減成都府路茶引錢歲額九十萬餘緡 「九十萬」，繫年要録卷一七六及宋史全文卷二二下作「九十五萬」。

〔二一〕出大庭而朝群臣 「出」，五峰集卷二上光堯皇帝書作「坐」。

〔二二〕則邪説横議將絶于耳 「絶」，五峰集卷二上光堯皇帝書作「逆」。

〔二三〕乃以天子之尊 「乃」，五峰集卷二上光堯皇帝書作「反」。

〔二四〕展省陵寢 「寢」，五峰集卷二上光堯皇帝書作「廟」。

〔二五〕子孫之所以寢苫枕戈 「苫」原作「苦」，據五峰集卷二上光堯皇帝書改。

〔二六〕於漢之世 「於」，五峰集卷二上光堯皇帝書作「終」。

〔二七〕實以類應 「實」，五峰集卷二上光堯皇帝書作「皆」。

〔二八〕惟利之從者 「從」，五峰集卷二上光堯皇帝書作「徒」。

〔二九〕陛下體元之初聖心未加焉 五峰集卷二上光堯皇帝書作「陛下體元之功未加焉」。

〔三〇〕行政失望 「望」，五峰集卷二上光堯皇帝書作「理」。

〔三一〕凍餒迫於心慮 「心」，五峰集卷二上光堯皇帝書作「憂」。

〔三二〕而縱胡服欺誕之姦　「縱」，五峰集卷二上光堯皇帝書作「坐縱」。

〔三三〕施剛果之力　「力」，五峰集卷二上光堯皇帝書作「用」。

〔三四〕此臣之所未解者三也　「此」原脱，據五峰集卷二上光堯皇帝書補。

〔三五〕罷度天下僧尼收其産業　「僧尼」下，五峰集卷二上光堯皇帝書有「道士」。

〔三六〕忠正之人　「忠正」，五峰集卷二上光堯皇帝書作「中正」。

〔三七〕據道而言　「據」原作「撫」，據五峰集卷二上光堯皇帝書改。

〔三八〕何擢中正之易　「易」原作「力」，據道光抄本及五峰集卷二上光堯皇帝書改。

〔三九〕朕向嘗諭范沖修徽宗實録　「范沖」原作「范仲」，據皇朝中興紀事本末卷六三改。

〔四〇〕惟當政事之大可爲法者　「惟」原作「推」，據皇朝中興紀事本末卷六三改。

〔四一〕復劾罷閎　「閎」原作「閲」，據繫年要録卷一五一及宋史全文卷二一中改。

〔四二〕上覽除目曰　「上」原作「士」，據繫年要録卷一五一改。

〔四三〕四州始增丁賦　「丁」原作「下」，據繫年要録卷一五二及宋史全文卷二一中改。

〔四四〕大理寺丞周彬請置六部架閣官　「周彬」，皇朝中興紀事本末卷六五同，繫年要録卷一五三作「周懋」。

〔四五〕令監司察汰縣令　宋史卷三〇高宗紀七繫此事於七月。

〔四六〕是有十縣令矣　「有」原作「則」，據繫年要録卷一五三及宋史全文卷二一中改。

〔四七〕閏十一月　「十一」原脱，據繫年要録卷一五四補。

〔四八〕五黑龍　「五」，繫年要録卷一五三作「伍」。

〔四九〕九推乃止　「九」原作「三」，據繫年要録卷一五五、宋史全文卷二一下及宋史卷三〇高宗紀七改。

〔五〇〕毁淫祠　案此條記事，繫年要録卷一五五及宋史卷三〇高宗紀七均繫於本年二月。

〔五一〕二月罷明法科　案繫年要録卷一五四及宋史卷三〇高宗紀七繫此事於十五年閏十一月己卯。

〔五二〕遂得黄子諄一人　「黄子諄」，繫年要録卷一四五及皇朝中興紀事本末卷六七作「黄子淳」。

〔五三〕張澄加節度　案此條記事，繫年要録卷一五五繫於本年正月。

〔五四〕天子親祠上帝則用之　「親」原作「視」，據道光抄本及繫年要録卷一五五改。

〔五五〕十一月癸酉　「癸酉」，繫年要録卷一五五、宋史全文卷二一下及宋史卷三〇高宗紀七記於丙子。

〔五六〕其餘税則並與裁減　「裁」原作「栽」，據繫年要録卷一五六改。

〔五七〕户部李椿年言　「李椿年」原作「孛椿年」，據繫年要録卷一五六改。

〔五八〕故吏門人皆不敢通問　「問」原作「間」，據繫年要録卷一五六及宋史卷三六〇趙鼎傳改。

〔五九〕秦檜令本軍月具鼎存亡申尚書省　「亡」原作「云」，據繫年要録卷一五六及宋史卷三六〇趙鼎傳改。

〔六〇〕魏矼皆有士望　「魏矼」原作「魏虹」，據中興小紀卷三五、繫年要録卷一六二及宋史全文卷二二上改。

〔六一〕終未能大有所蠲減　「未」原作「木」，據道光抄本、繫年要録卷一五六及宋會要輯稿食貨六四之八一改。

〔六二〕使台州守臣曾亨　「曾亨」，繫年要録卷一五六作「曾惇」，是。此處蓋避宋光宗之諱改。

〔六三〕殊爲非理　「理」原作「禮」，據繫年要録卷一五六改。

〔六四〕冬十月辛卯朔　「十月」原作「十一月」，據繫年要録卷一五六及宋史卷三〇高宗紀七改。

〔六五〕班常平免役法　案此條記事，繫年要録卷一五六及宋史卷三〇高宗紀七均繫於本年十一月。

〔六六〕及汀漳戍兵　「漳」，皇朝中興紀事本末卷七二及繫年要録一五八作「潭」。

〔六七〕徙吉陽軍　「徙」原作「徒」，據道光抄本改。

〔六八〕械送獄　「獄」原作「嶽」，據道光抄本及繫年要録卷一五八改。

中興兩朝編年綱目卷第十一

高宗皇帝　起己巳紹興十九年，止丙子紹興二十六年。

己巳紹興十九年（一一四九）春正月朔，上皇太后壽。皇太后年登七十，上行慶壽禮于宫中。

二月，定歲賜諸軍馬額。是歲，詔發川馬二百匹進御，而以四千匹付江上諸軍。鎮江、建康、荆、鄂軍各七百五十，江、池軍各五百。又以秦馬三千五百付三衙，殿前司千五百，馬、步司各千。又七百付宣撫司，總計八千四百疋。遂爲定例。

四川茶馬司設買馬兩務，一在成都府，市於文、敘、黎、珍等州，號川馬；一在興元府，市於西和之宕昌寨〔一〕，階之峰貼峽，號秦馬。共買四千二百匹有奇，凡馬五十疋爲一綱。然涉數千里之遠，多斃於道。

廣西則即横山寨市馬於羅殿、自杞、大理諸蠻。歲捐金一百兩，銀五萬兩，錦二百匹，絁四千匹。及於廉州石康倉撥鹽二十萬斤〔二〕，充博馬之直。歲額市一千五百匹。五尺爲最高價，銀一百兩；下者四尺三寸，三十兩；四尺二寸，二十六兩，以是爲最差。良馬三十匹爲一綱，常馬五十匹爲一綱。良者部送行在，其他則付建康、鎮江、池、鄂、太平州諸軍〔三〕。

先是，紹興六年秋，翰林學士朱震言：「按大理國者，唐南詔也。本哀牢夷後，烏蠻之別種。夷語謂王爲詔，其地東距爨〔四〕，東南屬交趾，西接摩伽佗，西北與吐蕃接。至唐懿宗時，遂僭號建元，自號大理國。始，韋皋鑿青溪道以和群蠻，使通蜀入貢。擇子弟學於成都，習知山川要害。文宗元和三年，兵入成都，掠子女工技數萬引而南，自越巂以北八百里，民畜爲空，遂斥地至大渡河。宣宗咸通以後，再入安南、邕管，一破黔州，四盜西川，圍盧耽，召兵東方，天下騷動。至于僖宗，巨盜乘之，兵連不解，唐遂以亡。昔我藝祖鑒唐之禍，基于南詔。乃棄越巂諸郡，以大渡河爲界。其去不爲之勞師，其來不爲之釋備，欲爲寇則不能，欲爲臣則不得，最御戎之上策。皇祐中，儂智高敗走大理，其國捕之以聞，本朝亦不聞有遣使通好之命。今國家南市戰馬，通達道路，其主和譽遣清平官入獻方物，陛下詔還其直，却馴象，賜敕書，即桂林遺之，是亦藝祖之意也。然臣有私憂，不可不先事而防之，願密諭帥臣，凡是買馬去處，選擇謹愨可信之士，勿用輕儇生事之人，務使羈縻勿絕，邊疆安靖而已。」

三月癸未朔，日有食之。陰雲不見。

四川行經界法。時命鄭克爲四川措置經界官，頗峻責州縣，其所謂省莊田者，雖蔬菓、桑柘，莫不有徵。而邛、蜀間民田有什稅五者，由是，迄今多逃田。

時通判漢嘉楊承曰〔五〕：「仁政而虐行之，非法意也。上不違令，下不擾民，則仁政得矣。」乃隨事區處，召諸縣令曰：「平易近民，美成在久，吾儕其謹行之。」皆曰：「如奉使之檄何？」承曰：「忽上令而畏使檄，此非諸君之罪，風俗之罪也，但行其無愧於心者，雖罪，何畏焉？」迄成，惟漢嘉爲列郡最。

召隱士劉勉之。布衣劉勉之者，建陽人。少得易象之學于涪陵譙定。又嘗游南京，故諫議大夫劉安世一見器重，悉告以平日所得之要，及出處大致，遂歸故山。先是，吕本中爲中書舍人，率從臣張致遠等五人合薦之，召赴行在。既至，而本中等已去，有旨令於後省試策，勉之乃引疾而歸。勉之通經術，識治體，非拘儒曲士，素隱流也。

夏五月，定借儀。

六月，下寬恤詔。略曰：「朕累下詔，寬恤勞徠安集之政，不聞於郡縣，是吏奉吾詔不虔也。」比又詔：「監司守臣奏對，非民事勿陳，使主德宣而罔不獲，則予汝嘉；其或誕謾不恭，亦不汝赦。」

秋七月，詔諸路提刑詣所部決獄。時當大暑，令詣所部決獄。

冬十月，竄辛永宗。時永宗爲湖南副總管，居邵州。永宗以嘗立軍功，給真俸。守臣呂稽中知永宗爲秦檜所惡，劾其冒請全俸，當計以贓，乞下守臣閱實。稽中先以計取永宗所受御札送檜矣，永宗由是不能自明。詔侵支過請給，令稽中依條追理。稽中選郡僚之苛刻者，籍其家以償欠，一簪不得留。既而稽中語其僚曰：「前赴其家燕集，以某器酌壽，今乃不見，其隱之邪？」其殘刻如此！

十一月壬辰〔六〕，郊。

以巫伋兼權直學士院〔七〕。伋時爲諫議大夫。以諫臣攝詞臣，非故事也。

十二月，申禁私史。著作左郎林機言：「訪聞有意之人〔八〕，匿迹近地，窺伺朝廷，作爲私史，以售其邪說，請禁絶之。」於是李光之獄遂起。

胡寧、劉章罷。寧時爲祠部郎，章爲著作佐郎。章有士望，秦檜疑其不附己。寧本因其父安國、兄寅與檜厚，故召用之。至是，寅往建州省其生母〔九〕，復還湖南。檜以白金遺寅，寅報書曰：「願公修政任賢，勿替初志；尊主攘狄，以圖後功。」檜以爲譏己，始怒之。寅嘗游嶽麓寺，大書壁間云：「是何南海之鰐魚，來作長沙之鵩鳥」。於是，帥臣劉旦方欲捃摭張浚諸人之罪，而旦，潮陽人也，亦大怒，復訟寅于檜。於是，御史曹筠奏二人交通趙鼎，每懷異意。故罷。

是月，虜弒其主亶〔一〇〕，從弟亮立。亶平日嗜殺，晚年性尤暴。宗族大臣皆懼不免，相與結約，以伺其間。至是夜，入其寢所，先收其兵械，然後數其罪，弒之。詰旦，未知其所立，宗族大臣惟尚書左丞相岐王亮粗知書，遂共立之。亮，宗幹之子，而阿骨打之孫也。頗矯飾盜名，密有包藏窺伺之意。先是，以胙王元者，亦阿骨打之孫，以次當立，因河南叛兵有妄稱皇弟者，亮誣以語相符合，實與結連，遂譖殺之。亮既立，追廢亶爲東昏侯，以謂刑餘之人，故不得入廟。追尊父宗幹爲德宗，改元天德。

庚午紹興二十年（一一五〇）春正月，禁科罰。禁科罰罪人緡錢。

有刺相臣秦檜者，不中，捕磔之。檜趨朝，有挾刃于道，遮檜肩輿，刺之不中。捕獲送棘寺驗治，則殿前司後軍使臣施全也。自罷兵後，武臣陳乞差除恩賞，檜皆格之，積百千員無得者，客行朝飢且死者，歲不下數十。至是，全以所給微而累衆，怨忿而作難。或云全不憤檜議和，故刺之。檜引全問之曰：「汝還是心風否？」曰：「我非心風，舉天下皆欲殺虜人，汝獨不肯，故我要殺汝。」詔磔全于市。前説捽全之忠，傅會非是。

三月，秦熺特進，加大學士。故事，前宰相官至使相已上，始降麻。至是，以熺視見任宰相，特令鎖院。

尋進少傅，封嘉國公。

論著私史罪，竄責李孟堅等有差。昌化軍安置人李光永不檢舉。初，光到貶所，嘗作私史，孟堅間爲所親陸升之言之，升之訐其事。遂命曹泳究實，泳言孟堅省記父光所作小史，語涉譏謗，送大理寺。上曰：「光初進用時，以和議爲是，朕意其氣直，甚喜之。及得執政，遂以和議爲非，朕面質其反覆，固知光傾險小人，平生蹤跡，於此掃地矣！」獄成，光坐妄著私史，譏謗朝廷。孟堅亦爲父兄被罪責降怨望，竄峽州。於是，前從官及朝士連坐者八人，胡寅、程瑀、潘良貴、宗潁、張燾、許忻、賀允中、吴元美〔一〕，皆坐與光交通謗訕，降責有差。

未幾，福建路安撫司機宜吴元美坐嘗作夏二子傳，其略云：「天以商代夏，是以伊尹相湯伐桀，而聲其割剥之罪。當是時，清商飈起，義氣播揚，勁風四掃，宇宙清廓。夏告終于鳴條。二子之族，無小大少長，皆望風隕滅，殆無遺類。天下之民，始得安食酣寢，而鼓舞於清世矣！」夏二子謂蠅、蚊也。其鄉人進士鄭煒得之，持以告本路提刑、權福州孫汝翼，汝翼惡之，抵煒罪。煒怒，走行在，訴元美譏毀大臣。秦檜從尚書省下其章。元美家有潛光亭、商隱堂，煒上檜啓有「有心黨李，無意事秦」之語。檜進呈，上曰：「元美撰造謗訕，悖逆不道甚矣！可令有司究實取旨。」至是，法寺言：「元美因與李光交結〔一二〕，言事補外〔一三〕，心懷怨望，遂造二子傳，指斥國家，譏毀大臣，以快私忿，法當死。」上特宥之。除名，容州編管，竟卒于貶所。

知台州蕭振坐譏訕，落職，池州居住。黃巖令楊煒萬安軍編管。李光永不檢舉。初，光參大政，煒以朝廷和議爲非，作書欲獻光。時振任侍御史，先託振言其意。振答云：「公書甚好。」光覽書，不及答，而遣人謝之。及振知台州，煒爲黃巖令，政頗有聲，振遂薦煒改秩。煒在官，鉏治凶惡無所貸。俄縣吏得煒書，有詆檜語，浙東提刑秦昌時聞于朝〔一四〕。詔送棘寺，仍下所司，發卒大索煒家，得所草萬言書，語益切，煒具引伏。刑寺奏煒當死，上特宥之。其兄炬亦連坐除名。

太府寺丞汪彥輝坐嘗作夏日久陰詩云：「何當日月明，痛洗蒼生病。」臺臣魏師遜言其謗訕，法寺鞫實，竄荆門軍。

沈長卿、芮燁並除名，化州、武岡軍編管。長卿坐上李光詩啓，有嘲訕語，燁坐任仁和縣尉，僥望朝廷除授清職，心懷怨望，故作詩與長卿，有此等語。

光卒於紹興末。孝宗登極，盡復光官。光，政和間知平江常熟縣。時朱勔勢燄熏灼，光絕其請託，械治其使臣之爲姦利者。欽宗即位，擢爲右司諫，言者推隆王氏之學，朝廷爲降敕榜，光不書押。奏言：「祖宗創業守成，規摹宏遠，安石欲盡廢法度，則爲説曰：『陛下當制法，而不當制於法。』欲盡逐元老。則爲説曰：『陛下當化俗，而不當化於俗。』蔡京兄弟祖述其説，五十年間，流毒海内。今復創爲熙豐之説，欲崇奬安石，以鼓惑民聽，豈朝廷之福哉？」又言：「明節皇后不當立忌，請依温成故事。」彗出東北，導諛者争言夷狄滅亡之證。光言：「春秋書災異，以戒人君，不聞歸之夷狄。萬一惑於邪説，凡天地變動，各以分野言之，則陛下之失，自今以往，誰復敢言。」疏奏，謫監汀州酒税。

竄胡寅。 新州居住。二十五年，復官，致仕。寅卒於次年之冬。寅既退，居衡州，乃著讀史管見三十卷，論周、秦至五代得失，其論甚正，蓋於蔡京、秦檜之事數寄意焉。其書今行于世。

夏四月，置力田科。 新知廬州吴逵請：「置力田之科，募民就耕淮南，賞以官資。四千石補進武校尉，二千石補進義副尉，下至七百石，亦補副尉，作力田出身，在武舉之上，得應轉運司舉。」從之。

五月，詔舉制科。

奉安中興聖統〔一五〕。初，玉牒所檢討官王曮等紀上中興之績以進，號中興聖統。至是奉安於景靈宫天興殿之西，以玉牒殿未成故也。禮畢，秦檜率百官拜表稱賀。自檜再相，每進書，必下左藏庫及榷貨務取金繒以進，謂之禮物。曮時權直學士院，草檜加恩制曰：「大風動地，不移存趙之心；白刃在前，獨奮安劉之略。」檜大喜。

六月，何大圭上聖德頌。加大圭直秘閣。初，大圭之削籍也，張浚爲之保敘。至是，以短卷譖浚于秦檜，士論薄之。

八月，再竄張浚。浚自去國，至是幾二十年矣〔一六〕。退然若無能爲者，而四方之士，莫不傾心。健將悍卒見之者，必咨嗟太息。下至兒童，亦知有張都督。每使者至虜，必問浚今安在。至是，自連徙永。

置建州社倉〔一七〕。自建炎初，劇盜范汝爲竊發于建之甌寧縣，朝廷命大軍討平之。然其民悍而習爲暴，小遇歲饑，群起剽掠。帥府仍歲調兵擊之。布衣魏掞之謂民之易動，蓋因艱食。及秋，乃請于本路提舉常平袁復一，得米千六百斛以貸民。至冬而取，遂置倉于長灘鋪。自是歲，斂散如常，民賴以濟，草寇遂息。議者謂掞之所請，乃古社倉遺意，使諸鄉各有之，則緩急可以無憂，而民之從亂者鮮矣。

冬十二月，以王會權兵部侍郎〔一八〕。會，秦檜妻之弟也。檜執國柄，厚其宗族與妻黨，然未嘗自進擬除命，惟時時陞遷王繼先父子及吴益、吴蓋。自是，繼先嘗延譽諸王，而中宫亦時時爲之陳請，故王氏入宫，中宫問會除侍從未？王氏曰：「秦檜以親戚之故，不敢進擬。」中宫默然，退白於上，故有是除。

是冬，虜城燕京。 金主亮稍習經史，慕中國朝著之尊，密有遷都意。是歲，因下詔求直言，而上書者多謂上京僻在一隅，官艱于轉漕，民難于赴愬，不若徙燕以應天地之中。與亮意合。乃遣左右丞相張浩、張通古，左丞蔡松年調諸路夫匠，築燕京宫室。皇城周九里三十步，其東爲太廟，西爲尚書省。宫之正中曰皇帝正位，後曰皇后正位，位之東曰内省，西曰十六位〔一九〕，妃嬪居之。又西曰同樂園，瑶池、蓬瀛、柳莊、杏村皆在焉。其制度一以汴京爲準〔二〇〕，凡三年乃成。

二十三年春，亮徙居之，改元貞元，改燕京析津府爲大興府，號中都，爲中京〔二一〕；會寧府爲北京，汴京開封府爲南京，而舊遼陽府爲東京，大同府爲西京如故。分蕃、漢地爲十四路，置總管府。舊取士無殿試，亮始行之。凡鄉試三人而取一，府試四人而取一。府試分六路，通以五百人爲合格，殿試又黜之，榜首即授奉直大夫、翰林應奉文字。後又罷經義、神童、筭科，惟以詞賦、法律而已。虜之用刑，舊有沙袋。亶立，始去之。亮立，又去脊杖。凡徒刑，止以荆決臀，爲其近人心故也。

初，亶之被弑也，亮身預其謀。及是事定，當時同謀者，亮皆以弑逆之罪加之。自阿骨打初起兵，即以黏罕、兀室、婁宿、撻懶、撒離曷之徒，繼爲將帥，惟婁宿在兵間以病死。其後，黏罕首罷兵柄，憤恚而亡。撻懶、兀室、撒離曷之徒繼坐誅夷，而阿骨打之子孫剿戮幾盡矣。

辛未紹興二十一年(一一五一)春二月，苗米禁折估。

置諸州惠民局。是夏，初給療囚藥錢，自大理寺及三衙、州縣獄，歲支各有差。

禁額外吏。

二十六年秋，令諸路省吏額。

冬，省百司吏員。

三月，巫伋使虜。充祈請使。伋至虜，虜主問：「祈請者何事？」伋言：「乞修奉陵寢。」虜主令譯者傳言：「自有看墳人。」伋又言：「乞迎請靖康帝歸國。」答云：「不知歸後甚頓放？」伋又言：「本朝稱皇帝二字。」答云：「此是乃本國中事，可自處之。」伋唯唯而退。

夏閏四月，選諸州卒補三衙。

親試舉人。賜趙逵等四百人及第、出身有差〔三〕。逵對策略曰：「君臣父子之間，天下真情之所在。陛下以神器之大方，與元老大臣叶謀比德，以緝熙中興之功。而百執事之人，因循舊習，不與聖人同憂。蓋自藝祖即位，尊禮趙普，以爲社稷臣，重其權、信其人，雖一時舉職，如雷德驤不能間也，顯然示天下以好惡之所在。磨以歲月，而天下之士，洗濯自新，風俗一變。承平日久，士爲曲學阿私之計，而風俗壞。尚賴祖宗之澤未遠，廊廟大臣有質正不撓者，出身捍難，作多士之氣，以摧折倉卒之變，維持至今，此道不墜。今陛下已尊任其人矣，是宜明諭天下以好惡所在，又有以振厲之。」詳定官擬逵第五。上覽策，謂有古文氣，乃擢爲第一。先是，潼川府路提刑楊椿被檄考四川類省試，策問方今君臣同德之懿，因論漢文帝不任賈誼爲公卿等事。舉人張震答策言：「文帝屈己和親，而誼欲以表餌擊單于，此不適時之論。」又言：「主上淵嘿思治，上天眷佑，爲生賢佐。一德之誠，克享天心。」椿定爲榜首，檜大善之。及唱名，震居第四。

時以御書大學篇賜新第進士。

五月，散利路義士。其法，於保丁内選充，令土豪領之。言者謂：「今邊燧不驚，宜放歸田畝。」從之。

秋七月，除柴米稅。二十九年，又詔：「米穀悉同，若無他貨，並即時放。如有違慢，許民户越訴。委轉運司檢點，月具申省。」

九月，以絶産院田贍學。大理寺簿丁仲京面對，論贍學公田，多爲形勢之家侵占請佃，望詔提舉官覺察。上謂大臣曰：「緣不度僧，常住多有絶産，其令户部併撥以贍學。」既而，本部乞[二三]：「令提舉司置籍拘管，其無敕額菴院，亦依此施行。」從之。

定處州丁鹽額。汪待舉知本州還，論：「本州蠶鹽、丁鹽之賦，輕重不同。蠶鹽以田畝計，自以舊額均税之後，厥賦爲輕。丁鹽以民身計[二四]，自以舊額折絹之後，厥賦爲重。」詔自今添丁，止令均見認之數，不得溢額。

冬十月，幸張俊第。尋加俊太師。

十二月，雷。

壬申紹興二十二年(一一五二)春三月。竄王之奇、之荀。梅州、容州編管[二五]。皆王庶之子，坐以父責降身死，造語以謗朝廷也。上因言：「庶爲人凶悖，深沮休兵之議，幾誤國事。」

竄葉三省。直龍圖閣葉三省坐詆休兵爲非，爲人所告，命大理寺鞫之。獄具，責居筠州。

遣官措置福建寬剩錢及鹽法。時住鬻度僧牒已久，其徒寖少，而福建官自運鹽〔二六〕，其直頗貴，於是民多私販。議者以爲客販可行，遂命司農寺丞鍾世明往本路措置，凡僧道之見存者，計口給食，餘則爲寬剩之數，籍歸于官。其後世明言：「自租賦常住歲用外，歲得羨錢二十四萬緡〔二七〕。」詔輸左藏庫。

乾道元年，罷寬剩錢。令寺觀依舊管業。

夏四月，端明殿學士、簽書樞密院巫伋罷。中丞章复論伋執政無補〔二八〕，而林大鼐亦論伋黷貨營私。詔伋以本職奉外祠，以章复代之。

五月，襄陽大水。平地五尺〔二九〕，漢水冒城而入〔三〇〕。

六月，賑水災。淮東被水，民多轉徙淮西。詔令漕司賑濟。

秋七月，虔州軍亂。初，江西多盜，而虔州尤甚，故命殿司統制吳進以所部戍之。虔之禁卒嘗捕寇有勞，安撫司統領馬晟將之，與進軍素不相下。會步司遣將揀州之禁軍，而衆不欲行。有齊述者，以賂結所司，選其徒之强壯，以捕盜爲名，分往諸縣。夜，兩軍交鬭，州兵因攻城作亂，殺進、晟，遂焚居民，逐官吏。守臣余應求之父安行，年八十餘矣，避亂墜塹死，應求遂以丁憂爲辭而去。於是叛軍據城自守。安行少篤學，年二十餘，舉進士甲科，遂掛冠去，學者號爲石月先生。

是冬，以團練使李耕知虔州，率兵至城下招降，不聽。率諸軍登城，收叛卒，盡誅之。尋改爲贛州。

賊之始作也，其徒侵軼旁郡。張九成時謫居南安，或勸九成徙避之。九成曰：「吾謫此邦，死分也，何避爲？」守貳拒賊未得計，請於九成曰：「此爲廣南要衝，失守則郡以南皆賊區，策將安出？」九成曰：「僻小寡弱，難與争鋒。今聞賊寨水南，夜募善泅者火攻之，俾其衆驚擾，則宵遁必矣！」用其策，賊果散走。

八月〔三二〕，章复罷。諫議林大鼐同論复背公營私，附下罔上。詔以舊職奉祠，再論，落職。

冬十一月戊申，郊。

以徐宗説爲户部侍郎。宗説頗有心計，吏不能欺。然附秦檜，以至從官，常爲檜營田産，時人目之爲莊客。

癸酉紹興二十三年（一一五三）春正月。

夏五月，詔舉制科。

六月，以王之道通判安豐。之道以上疏言兵故，坐黜者十四年。

振水災。上謂大臣曰：「近日霖雨，軍營多壞，已賜錢七萬緡，令整葺。聞所在民田有被水患者，可下州縣，遣官檢放苗税。」

潼川大水。水四面壞城，平地丈五尺，死者甚衆。

秋九月，以王之望爲湖南提舉。之望自荆門代歸，獻啓于秦檜，歷敘勞績，每句疏解其下，凡數千言。又上秦熺書，頌其德，合於坤之六二。熺喜，遂有是命。

冬十月，以鄭仲熊爲右正言。仲熊爲監察御史，面對，請定國是，久任用，與推誠於有功之宿將。時秦檜秉政久，而張俊、楊存中爲檜所厚，仲熊言多附會，遂有是除。時論鄙之。

十一月，楊迥、胡襄罷。迥時爲工部郎，襄監察御史。右正言鄭仲熊論其心向胡寅之門，而附會趙鼎也。

燕經筵官。燕于秘書省，以講尚書徹章也。自是以爲例。

頒宗正司法。時編類宗正司法初成，上閲之，以諭宰執曰：「所修甚有條理，可即頒之。」

閏十二月朔，雪。乙酉朔，臘雪應候，宰執稱賀。上曰：「適當臘中，來歲農事可喜也」。

甲戌紹興二十四年（一一五四）春正月，地震。

榷夔路茶。三十年罷之。

二月，試博學宏詞科。考到莫濟、王端朝，並與堂除。

三月，親試舉人。賜張孝祥等三百三十餘人及第、出身有差〔三二〕。

初，知舉、中丞魏師遜等定議，以秦塤爲榜首。至是，策問諸生，以師友之淵源，志念所欣慕，行何修而無僞，心何治而克誠？塤對策曰：「自三代而下，俗儒皆以人爲勝天理，而專門爲甚。言正心而心未嘗正，言誠意而意未嘗誠，言治國平天下而於天下國家曾不經意。頑鈍亡節，實繁有徒。措心積慮，莫不懷諼〔三三〕，而嗜利自營者，此而不黜，顧欲士行之無僞，譬猶立曲木而求直影也。」舉人張孝祥策曰：「往者數厄陽九，國步艱棘。陛下宵衣旰食，思欲底定。上天祐之，畀以一德元老，志同氣合，不動聲色，致茲昇平。四方叶和，百度具舉，雖堯、舜、三代無以過之矣！」又曰：「今朝廷之上，蓋有『大風動地，不移存趙之心』；白刃在前，獨奮安劉之略』。忠義凜凜，易危爲安者，固已論道經邦，燮和天下矣！臣輩委質事君，願視此爲標準，志念所欣慕者此也。」曹冠策曰：「自伊川唱爲專門之學，蔽於一曲，不該不徧，述正道而稍邪哆〔三四〕，好誇大而無實用。蓋其初有得於釋氏，潛竊其說，入室操戈而伐之。習其學者，猶爲迂誕〔三五〕。爲師者不傳旨要，而使之默會；爲友者不務責善，而更相比周，適足以殘賊善端而已。故凡爲伊川之學者，皆德之賊也。」又曰：「自西學盛行，士多浮僞。陛下排斥異端，道術亦有所統一矣！至此而或有不悛〔三六〕，則嵬瑣之徒，堯、舜所不能化者也，豈容逭於兩觀之誅乎！臣願陛下至誠樂與，勿貳勿疑，惟和惟一，時則勿有間之，則於萬斯年受天之祐，異端何自而牙孽哉？」於是，師遜等復充詳定等官，定塤爲首，孝祥次之，冠又次之。上讀塤策，覺其所用皆檜、熺語，遂進孝祥爲第一，而塤爲第三。時檜之親黨周夤唱名第四，仲熊兄子時中第五，秦棣子焞、楊存中子倓，並在甲乙科，而仲熊之兄孫縝、趙密之子癰、秦梓之子焴、德元之子克正、曹泳之兄子緯、檜之姻黨沈興傑皆中第，天下爲之切齒。孝祥，祁子；冠，東陽人，檜館客也。正月，始定諸州解試，並以中秋日。

武岡猺賊平。楊再興既還所侵省地，迨今八年，猶抄掠不已。至是，討平之，再興父子皆伏誅。

五月癸丑朔，日有食之。

秋七月，竄程敦厚。責居靖州。敦厚時直徽猷閣，落職，依舊奉祠。先是，敦厚既斥歸，久不用，乃上疏曰：「臣切惟陛下當搶攘蹙迫之中〔三七〕，爰立同德，付以魁柄，任天下所不敢任之責，而成天下所不成之功，其爲力甚難。今國是大定，鄰好胥穆，猶泰山而四維之，尚何憂何慮？而臣竊有不能自已者，蓋昔之怙亂害成之流，鼠伏狙伺，何所不至，尤爲可畏。願陛下力遏朋邪之萌，以幸海内！」然秦檜薄其爲人，卒謫之。

竄蕭振。責居池州。振時知成都府。鄭仲熊言振：「曩緣趙鼎用事，倡爲專門之説，振阿附之，自謂其曲學出於程頤。殊不知頤在先朝，固嘗見詆於識者，如蘇軾尤嫉其奸。振亦何知，乃藉爲仕進之梯？」而有是命。

是月，張俊薨，臨其喪。上謂秦檜曰：「張俊遽亡，曩日張通古來，俊極宣力，與韓世忠等不同，恩數宜從優厚。」遂賜貂冠、朝服以斂，命内侍張去爲護葬事。俊晚年主和議，與秦檜意合，上厚眷之。其麾下將佐，若楊存中、田師中、王德〔三八〕、趙密、劉寶皆建節鉞，或至公師，幕府諸僚爲侍從、帥守者甚衆。上曰：「俊在明受間，有兵八千屯吴江，朱勝非降指揮與秦州差遣，俊不受，進兵破賊，實爲有功，可與贈小國一字王。」於是特封循王。國朝淳化以後，異姓不封真王，其追封蓋自俊始。後謚忠烈。

八月，申嚴輪對法。時輪對者多謁告規免。上曰：「百官輪對，正欲聞所未聞，可令檢舉已降旨揮，約束施行。」

罷温柑、荔枝貢。 明年冬，以張晟爲司勳員外郎，上覽其除目，曰：「晟，會稽人〔三九〕。」上封者論官市擾民，詔禁止，福建荔枝亦令毋進。

越人前日論本府科買箭筍擾民〔四〇〕，想皆曹泳、趙士彩所爲〔四一〕。」魏良臣曰：「不獨越之箭筍，如平江之洞庭柑，每對直二千，宣之蜂兒，每斤三四十千，多是科買，民極苦之，皆郡守無狀，以此取悦權倖。」上乃詔悉罷之。因曰：「朕平時未嘗毫末有取於民，如日用紙，亦不委臨安府，只令人買於市肆，更得佳者。」

明年，罷安豐軍鹹鮓淮白貢〔四二〕。上曰：「此祖宗歲貢之物，恐勞百姓。」並罷之。

冬十一月，作龍圖等六閣。 權奉安徽宗御集於天章閣。

鄭仲熊爲簽書樞密院事。 自秦檜專國，士大夫之有名望者，悉屏之遠方。凡齷齪委靡不振之徒，一言契合，率由庶寮一二年即登政府。仍止除一廳，謂之伴拜。稍出一語，斥而去之，不異奴隸。皆褫其職名，閣其恩數，猶庶官云。故自万俟卨罷，至此十年，參預政事之人，才四人而已。

以施鉅參知政事。

十二月，竄洪興祖。 龍圖閣直學士程瑀嘗注論語，知饒州洪興祖爲之序，乃取瑀發明聖人忠厚之言，所謂不使大臣怨乎不以者，表而稱之。興祖嘗忤秦檜，故疑興祖託經以議己，遂加誣譖，言者因以爲言。詔安置昭州。明年，卒于貶所。

是歲，莫公晟以南丹州内附。 廣西經略呂愿中言：公晟願以二十七州一百三十五縣爲本路羈縻，畫圖進呈。上曰：「且喜一方寧静。」秦檜曰：「陛下兼懷南北，定計休兵，小寇豈敢不服？」上曰：「若非休兵，安能致此？」於是鑄羈縻州縣印一百六十一給之(四三)。

乙亥紹興二十五年(一一五五)春二月，申嚴監司巡歷法。 俾偏巡所部。

夏四月，參知政事施鉅罷。 侍御史董德元、右正言王珉論：「參知政事施鉅傾邪詭秘，嘗與李光交，又爲何鑄所引用。」罷爲資政殿學士，提舉太平興國宫。

五月丁未朔，日有食之。 陰雲不見。

芝生太廟。 仁宗、英宗室，秦檜率百官賀。上曰：「每以歲豐爲上瑞，靈芝、朱草固未嘗以爲意，至於宗廟産芝，則非它比。」右迪功郎沈中立爲頌以獻(四四)，特循一資。既而，左朝奉郎勾龍廉獻太廟殿室聖孝金芝頌(四五)，亦詔進秩一等。

罷免行錢〔四六〕。諸路一歲計一百八萬餘緡，仍令官司不得下行買物〔四七〕。

六月，改岳州爲純州。岳陽軍爲華容軍〔四八〕。左朝散郎姚岳獻言：「湖、湘、漢、沔，皆岳飛生時提封之内，而巴陵郡猶爲岳州。以叛臣故地，又與其姓同，乞改之。」岳嘗爲飛幕屬，至是，自謂非飛之客，且乞改州名，士論鄙之〔四九〕。岳州人謂飛駐軍乃鄂州，於我何與而改之耶？

以湯思退爲簽書樞密院事。

秋七月，召呂愿中。先是〔五〇〕，静江有驛名秦城，愿中約賓寮共賦秦城王氣詩，以侈其事。其不賦者，惟嶽祠劉芮、提幹李燮、支使羅博文三人而已。秦檜喜，乃奏愿中招降南丹有勞，進其職，召赴行在。未至，爲言者所劾。上曰：「聞諸蠻之事，盡令於帥司歃血，此乃亂世諸侯事，其妄作如此。」命奉祠，漳州居住。

加封李天祚。南平王天祚，一作延祚，加賜衣一襲六事，御仙花金帶，銀匣塗金銀器二百兩，衣著二百匹〔五一〕，鞍轡一副，馬二匹。天祚遣使入貢，故有是命。

八月，以董德元參知政事。德元登第七年而執政，自呂蒙正以後所未有。

出内帑絹，代輸户丁。二十四萬疋。

令四川鑄當二大鐵錢。蜀自漢以來用銅錢，至公孫據蜀，始更造鐵錢，歷代仍用銅錢。孟氏廣政初，復鑄鐵錢，與銅錢並用。國朝平蜀後，呂餘慶鎮蜀日，首與沈義倫奏乞捒出銅錢，計綱發充上供，其川界止行用鐵錢。後以爲非便，淳化間，仍令兩川銅、鐵錢兼用。先是，益、邛、嘉、眉等皆鑄鐵錢，每歲五十餘萬緡。後因李順之亂，罷鑄久之，民間闕錢，始用私行交子，因而弊端百出。景德三年，張詠上言，受詔與轉運使黄觀同裁度嘉、邛二州所鑄錢，每銅錢一、小鐵錢十，相兼行用。自後，人多盜鑄。大中祥符七年，凌策又請鑄大錢，以一當十，嘉州錢監名豐遠，邛州錢監名惠民，止於兩州置爐鼓鑄。嘉祐四年，趙抃爲轉運使，奏以蜀中鐵錢甚多，乞罷鑄十年，以寬民力。熙寧間，轉運司復言：「罷鑄累年，民間見錢闕少，乞減半鑄錢，與交子相權。」詔從之。後廢嘉州豐遠監。至建炎二年，邛州復罷鑄。紹興十五年，鄭剛中爲宣撫，始復利州紹興監，鑄大小錢，歲各五萬。施州廣積監者，起於紹聖三年，歲額萬緡，南平軍廣惠監歲五千緡[五二]，皆供本州省計而已。

張宗元罷。時知洪州。臺臣徐嘉論其與張浚交通也。時秦檜忌浚尤甚，每臺諫官劾疏，必使及之。江西轉運張常亦箋注宗元與浚壽詩，機宜徐樗亦疏宗元之短。遂罷。

九月，置茶場。言者請於産茶地分，差官置場收買，庶免私販之患。上問宰執曰：「今天下一歲茶利所入幾何？」秦檜曰：「都茶場三處，共得二百七十餘萬貫。」上曰：「比承平時少陝西諸路，故其數止如此。」

冬十月，製靈芝等旗。衢州通判周麟之言：「近者太廟生靈芝，九莖連葉，瑞應之大者。宜特製華旗，繪靈芝之形于其上。」詔令所屬製造。於是禮部侍郎王珉、秦塤，員外郎趙逵等乞：「以諸處申到瑞木、嘉禾、瑞瓜、雙蓮等物，並繪爲旗。」從之。

視秦檜疾。檜朝服拖紳，無一語，惟流涕淋浪。上亦爲之揮涕，就解紅帕賜檜拭淚。熺奏請代居宰相者爲誰？上曰：「此事卿不當問。」是夕，封檜建康郡王，熺少師，並致仕。夜，熺遣其子禮部侍郎塤與其黨右司員外郎林一飛、宗正丞鄭柟等見殿中侍御史徐嘉、右正言張扶，謀奏請除熺爲宰相。

檜秉政十八年，富貴且極，老病日侵，將除異己者。故使徐嘉、張扶論趙汾、張祁交結事。先捕汾下大理寺，拷掠無全膚，令汾自誣與張浚、李光、胡寅謀大逆，凡一時賢士五十三人，檜所惡者皆與。獄上，而檜已病不能書矣。

以簽書湯思退兼參知政事。初，檜病篤，招參知政事董德元、簽書湯思退至卧内，以後事囑之，且贈黄金各千兩。德元以爲若不受，則他時病愈，疑我二心矣，乃受之。思退以爲檜多疑心，他時病愈，必曰：「我以金試之，便待我以必死邪？」乃不敢受。上聞之，以思退爲非檜之黨，遂用之。

秦檜薨。後贈申王，謚忠獻。遺表略曰：「願陛下益固鄰國之懽盟，深思宗社之大計，謹國是之搖動，杜邪黨之窺覦。」初，靖康末，檜在中司，以抗議請存趙氏，爲虜所執而去，天下高之。及歸，驟用爲相，檜力引一時仁賢，如胡安國、程瑀、張燾之徒，布在臺省，士大夫亟稱之。未幾，爲呂頤浩、朱勝非所排，遂不復用。會張浚與趙鼎有隙，因薦爲樞密使。浚罷，鼎復相，諸執政盡逐，而檜獨留。既而與鼎並居宰相，卒傾鼎去之。金人渝盟，軍民皆歸咎于檜，傲然不肯退，又使王次翁奏留之。韓世忠、張俊、岳飛方擅兵，檜與俊密約議和，而以岳權歸俊〔五三〕。飛既誅，世忠亦罷，俊居位不去，檜乃使江邈論罷之，由是，中外大權盡歸於檜。非檜親黨及昏庸諛佞者，則不得仕宦，忠正之士，多避山林間。紹興十二年科舉，諭考試官以其子熺爲狀元；二十四年科舉，又令考試官以其孫塤爲狀元。上覺。彗星見，檜不乞退，頻使臣僚及州縣奏祥瑞，以爲檜秉政所致。上見江左小安，以爲檜力，任之不疑。檜陰結內侍及醫師王繼先，闞微旨〔五四〕，動靜必具知之。日進珍寶珠玉、書畫、奇玩、羨餘。上寵眷無比，賜珍玩酒食無虛日。兩居相位，凡十九年，薦執政必選世無名譽、柔佞易制者，不使預事，備員書姓名而已。百官不敢謁政府，州郡亦不敢通書問，若孫近、韓肖胄、樓炤、王次翁、范同、万俟卨、程克俊、李文會、楊愿〔五五〕、李若谷、何若、段拂、汪勃、詹大方、余堯弼、巫伋、章复〔五六〕、宋樸、史才、魏師遜、施鉅、鄭仲熊等，皆不一年或半年，誣以罪罷之。尚疑復用，多使居千里外州軍，且使人伺察之。是時，得兩府者不以爲榮。其任將帥，必選奴才。初，見財用不足，密諭江、浙監司，暗增民税七八，故民力重困，餓死者衆。又命察事卒數百游市間，聞言其姦者，即捕送大理寺獄殺之。上書言朝政者，例貶萬里外。日使士人歌誦太平中興盛治之美，故言路絶矣。士人稍有政聲名譽者，必斥逐之。固寵市權，諫官匪人，略無言其非者。自劉光世没，其家建康園第，併以賜檜。及張俊没，其房地宅緡日二百千，其家獻於國〔五七〕，檜盡得之。性陰險，如崖穽深阻，世不可測。喜贓吏，惡廉士，略不用祖宗法。每入省，巳漏即出，文案壅滯，皆不省。貪墨無厭，監司、帥守到闕，例要珍寶，必數萬貫，乃得差遣。及其贓污不法，爲民所訟，檜復力保之，故贓吏恣横，百姓愈困。臘月生日，州縣獻香送物爲壽，歲數十萬。鄭藹、苻行中在蜀，雖歲時寒暄之問，亦必用金獅子一枚伴書焉〔五八〕。士大夫投書啓者，皋、夔、稷、契爲不足比擬，必曰元聖，或曰聖相，至有請加檜九錫，及置益國官屬者。然自渡江後，諸大將皆握重兵難制，張浚、趙鼎爲相，屢欲有所更張，而終不得其柄。檜用范同策，悉留之樞府，而收其部曲，以爲御前諸軍。息兵以來，諸郡守臣，有至十年不易者。又以僧道太冗，乃不鬻度牒，暗消其弊，使民知務本，由是中外少安。至於忘讎逆理，陷害忠良，陰沮國本之議，又其罪之大者。上久知檜跋扈，秘之未發。至是，首勒熺致仕，餘黨以次竄逐，天下咸仰聖斷焉。

檜所薦引，率多群小，如張柄、吕愿中之徒者，群小中尤桀黠者也。張柄乞檜秉副車，愿中獻秦城王氣詩，而檜領略不辭，其包藏已深矣！所幸天未厭宋，而檜自斃。不然，宗社之安危未可知也。初，紹興戊午歲，吕本中爲中書舍人，張九成爲禮部侍郎，同見檜，檜曰：「大抵立朝，須優游委曲，乃能有濟。」九成答曰：「未有枉己而能正人者也。」檜爲之變色。及趙鼎罷相，居會稽，門人方疇爲言檜語，因曰：「秦相亦今之賢者，安得有此怪論？」鼎曰：「此南方之所謂賢者，北方之賢者必不爾也。」疇曰：「公既知之，安得薦之于上乎？」鼎曰：「張德遠罷相之後，鼎再相，上曰：『卿還朝，見在政府去留，惟卿意。』鼎曰：『秦檜不可令去一日。』，檜留身下殿，有喜色，謂鼎曰：『檜適求去，上云公自知檜，令檜與公商量。』鼎握檜手曰：『吾輩當以國事爲心也。』檜由是安迹。蓋行止非人所能爲也。」至是，疇默數檜再專國政十有八年，士大夫死於其手者甚多。則鼎言非人所能爲，信哉！

以張扶爲國子祭酒。扶時爲右正言。上既親政，首易言事官。前一日批出，除扶太常卿，執政言自來太常不除卿，遂改宗正，復言之，乃有是命。

十一月癸亥，郊。是歲，郊祀增鹵簿爲萬五千二百二十有二人，建靈芝、瑞木等爲旗，侈盛德故事也〔五九〕。

臨秦檜喪。

封嗣濮王及安定郡王。士俴嗣濮王，令詪安定郡王。自秦檜當國，二王不襲封夫十有餘年〔六〇〕，至是，始命之。

以趙逵兼普安、恩平王府教授。逵時爲禮部侍郎。及引對，上曰：「卿乃朕自擢。秦檜日薦士，曾無一言及卿，以此知卿不附權貴，真天子門生也。」又曰：「兩王方學詩，冀有以切磋之。」逵因奏：「言路久壅，願陛下廣覽兼聽〔六一〕，勿以賤微爲間，庶養成敢言之氣。」上嘉納之。

十二月，嚴告訐罰。宰執言張常先、汪召錫〔六二〕、莫汲、范洵、陸升之、王洧、王肇、雍端行、鄭煒等，並以告訐，濫叨官爵。上曰：「此等須痛與懲艾。近日如此行遣，想見人情歡悦，感召和氣。」於是，並除名勒停，送遠郡編管。范彦暉、李孟堅、王之奇、陳祖安等，並放令逐便。

竄鄭億年，罷鄭仲熊。言者論資政殿大學士鄭億年不能捐軀報國，乃甘事逆臣劉豫。既還朝，大臣力爲之地，高爵重禄，坐享累年。又端明殿學士鄭仲熊緣大臣姻婭，致身右府。詔並落職，億年送南安軍，仲熊依舊提舉江州太平興國宫〔六三〕。

以沈該參知政事。上復親庶政，躬攬權綱，首詔該及万俟卨還朝。已而二人共政，無所建明，益不厭天下望云。秦檜薨後，又詔魏良臣參知政事，明年春，罷。

嚴失舉罰。時行在百司闕官甚多，詔令侍從官共舉三十人〔六四〕，務要真材實能，不得輒有私意，儻不如所舉，必罰無赦。

明年二月，以監司多闕，詔令侍從、臺諫，各舉曾任知通、治迹顯著者二人，仍保任終身，犯贓及不職者，與同罪。

董德元罷。侍御史湯鵬舉論參知政事董德元附會權臣。罷爲資政殿學士，提舉太平興國宫。鵬舉再論，遂落職。

汴京火。金主亮陰有南侵之意，乃謀遷居南京。是歲，遣馮長寧爲留守，經畫修内。未幾，大火，宫室悉爲所焚，亮大怒，降長寧爲庶人，尋杖之死。於是，遷都之計稍緩。

丙子紹興二十六年（一一五六）春正月，以張九成知温州。九成謫居十四年，談經自樂，學者尊之。上覽除目曰：「九成昨在經筵講書，及西漢災異事，秦檜不樂，以此逐去。」温民久困重斂，九成斗尺皆立定例，民大悦。

嚴監司、郎官、侍從選。不歷知縣人，不除監司、郎官；不經外任人，不除侍從。紹興元年聖旨也。因湯鵬舉之請而申嚴之。上諭魏良臣等曰：「士大夫往往輕外重内。親民之任，莫如縣令。若取其有治狀者陞擢之，則人皆盡心。」良臣等曰：「祖宗故事，不曾歷三路轉運，不得除三司，正欲其練歷。」上曰：「如從官，須是曾歷外任，宰執皆自此選，若練達政事，通曉民情，則事事便可裁決。」

增置言事官。上監秦檜擅權之弊，遂增置言事官。時何溥、王珪、沈大廉與馮舜韶並爲察官，而湯鵬舉、周方崇、凌哲爲臺諫，察官具員，近世所未有。

三十年夏，詔刊神宗手詔，戒臺諫舉忠純體國之人，共成篤厚之政。

三月，宰臣免兼樞密。

禁妄議和好。自秦檜死〔六五〕，金國頗疑前盟不堅。會荆、鄂間有妄傳召張浚，虜情益疑，於是沈該請於上，而下是詔。

令稱提四川交子〔六六〕。上曰：「四川交子亦有弊，如沈該稱提之説，但官中常有百萬緡，遇交子減價，自買之，即無弊矣。」

三佛齊國入貢〔六七〕。

詔修神宗、哲宗兩朝寶訓。

夏四月，詔舉制科。

五月，以沈該、万俟卨爲左、右僕射。

吴秉信、王綸爲中書舍人。自王滋後〔六八〕，中書不除舍人者近十年。

嚴奏讞法。時諸州大辟，雖情法相當，類以奏裁獲貸。言者謂如此，則殺人者幸免矣！乃請非實有疑慮及無可憫者，不得具奏。上又恐諸路滅裂，有實當奏讞者，一例不奏。令刑部坐條及前後指揮行下。上於用刑，欽恤如此，故是歲諸路斷大辟三十人。

沈該上中興聖語。先是，秦檜以監修兼提舉，及該、卨並相，乃分領，該監修國史，卨提舉實録院。該謂檜專政以來，所書聖語，有非玉音者，乃取上即位至今凡三十年，纂爲中興聖語六十卷，上之。

六月，有星晝隕。

置豐儲倉。以上供户部請米所餘之數，歲樁一百萬石，别廩貯之，以備水旱，助軍糧及減價糶之，號豐儲倉。詔從之。

秋七月，彗出井，詔求言。避殿減膳，詔求言。

禮兵部架閣杜莘老上書論：「彗蠢氣所生，歷考史牒，多爲兵兆，國家意在息民，而將驕兵愷，軍政不肅。今宜因天戒以修人事，思患豫防，莫大於此。」因陳時弊十事。

吏部尚書張綱言：「求言不可不廣，聽言亦不可不詳〔六九〕。舉而行之，尤不可不審。蓋恐疏遠之人鋭於納忠，有强出新意而致衝改祖宗舊法者；有取便一時〔七〇〕，而行之既久不能無害者；有貪蠲復之名而不顧於用度數乏〔七一〕，致州縣不免暗取於民。」上曰：「數日來，朝臣獻言，唯卿所陳獨合朕意。大臣用心，正當如此。」除參知政事。

雨水銀。

八月，加封李天祚。加檢校太師，嘉其來貢也。

詔常平官定吏額。中丞湯鵬舉言：「欲寬民力，在於省吏。今州縣胥徒最冗，爲民之害。望詔逐路常平官立吏定額。」十二月，浙東提舉官趙公偁奏：「准詔定吏額，今據本路人吏四千六百二十〔七二〕，今減二千一百九十。」上謂宰執曰：「若諸路依此，不惟省事，民亦受無窮之賜也。」

交趾國來貢。

九月，戒飭監司。詔略曰：「監司之職，臨按一路，寄耳目之任，專刺舉之權。命令之下，是宜悉心布宣。乃或奉行不虔，徒爲文具。至如官吏廢弛，不聞有所繩治。乃或上下相蒙，習爲偷惰。繼自今，其究心率乃職，以祇承朕命，其或不恪，委臺諫按劾以聞，當寘重憲。」

嚴贓吏法。班天聖、紹興真決贓吏旨揮，刑部鏤板行下。自今有犯，斷在必行。時知處州鄒栩以贓敗。栩，浩子也。上曰：「浩，元祐間有聲稱，其子乃爾。」遽蹙額久之，曰：「既犯贓，法不當赦，可特免真決，仍永不收叙。」上又曰：「朕觀祖宗時，贓吏多真決。邇來殊不知畏。卿等可令有司檢坐祖宗朝行遣贓吏條法，下諸路先行戒諭，使之曉然，皆知祖宗立法之嚴。自後有犯，當依此施行，必無少貸。」

明年春，黄敏行以守江陰、常、和三郡，盜庫金入己，法當死。特貸命，決配嶺南。

二十八年冬，詔監司、郡守不按發贓吏者，量輕重行罰。

復命樞密院録聖語。同時政記上進。知院湯思退言：「祖宗舊制，樞密院有聖語，則副使録之。比歲不舉行，乞如舊制。」從之。

冬十月，竄張浚。責居永州。初，檜忌浚甚，令臺臣王珉、徐嘉每彈事，必及浚，至目爲國賊，必欲殺之。又令張柄知潭州，汪召錫爲湖南提舉〔七三〕，以圖浚。又令張常先爲江西轉運判官，治張宗元獄，株連及浚。又捕趙鼎子汾下大理獄，令自誣與浚等謀大逆。會檜死，上始親庶政，復官判洪州。浚時喪母，將歸葬。浚念天下事二十年爲和議所移，邊備蕩弛，且聞元顔亮篡立〔七四〕，勢已驕悍，自以大臣義同休戚，不敢以居喪爲嫌，乃於去年遂具奏論之。繼被命，以喪歸蜀，行至江陵，會以星變，詔求直言，浚慮虜數年間，勢決求釁用兵，而吾方溺於宴安，謂虜可信，蕩然莫爲之備。沈該、万俟卨居相位，尤不厭天下望，朝廷益輕。雖在苦塊，不得不爲上終言之。乃復奏曰：「臣聞天地之大德曰生，而天地生物之功，本於秋冬。蓋非嚴凝之於秋冬，則無以敷榮之於春夏。然則，秋冬之嚴凝，生物之基也。若夫一時之和，亦聖賢生利天下之權爾。商湯事葛矣，而終滅葛。周太王避狄矣，而未幾謀以却狄。文王事昆夷矣，而卒伐之。勾踐事吴矣，坐薪嘗膽，竟以破吴。漢高祖與項羽和，羽歸太公、吕后，割鴻溝以西爲漢，東爲楚。良、平以楚兵罷食盡，釋而弗擊，是養虎而自遺患。漢王從之，卒成大業。唐太宗初定天下，有渭上之盟，未幾，李靖之徒深入沙漠之地，犁其庭，繫其酋，海内始安。兹非以和爲權而得之哉？若夫石晉則不然，桑維翰始終主和，其言曰：『願訓農習戰，養兵息民，俟國無内憂，民有餘力，觀釁而動，動無不成。』若有深謀者。考其君臣所爲，名實不孚，專務姑息，賞罰失章，施設謬戾，權移於下，政私於上，無名之獻，莫之紀極。維翰所陳，殆爲空言。姑欲信其當時必和之説，以偷安竊位而已。契丹窺見其心，謂晉無人，頻來凌侮，日甚一日。後嗣不勝其忿，始用景延廣之議，僥倖以戰。不知其荒淫怠傲，失德非一日，天下之心已離，勢已去，財已匱。延廣不學，不知行聖賢之權，亟思所以復其心、立其勢、彊其國，急於兵戰之爭，事窮勢極，數萬之師，無一夫之發矢北向者，至今天下嗤笑。嚮者講和之事，陛下以太母爲重爾，幸而徽宗梓宫亟還，此和之權也。不幸用事之臣，肆意利欲，乃欲翦除忠良，以聽命於虜，而陰蓄其邪心。故身死之日，天下相慶，蓋惡之如此！方姦庸之人，豢於富貴，分列黨與〔七五〕，布在要郡，聚斂珍貨，獨厚私室，皆爲身謀，而不爲陛下謀也。坐失事機二十餘年，有識痛心！夫賢才不用，政事不修，形勢不立，而專欲受命於虜，適足啓輕侮之心，而正墮其計中也。臣願陛下鑒石晉之敗，而法商湯、周太王、文王之心，用越勾踐之謀，考漢、唐四君之事，以圖保社稷，深思大計，復人心、張國勢、立政事，以觀機會。未絶其和，而遣一介之使，與之分別曲直逆順之理，事必有成。」万俟卨、湯思退見之大怒，以爲虜未有釁，而浚所奏，乃若禍在年歲間者，或笑以爲狂。於是中丞湯鵬舉、侍御史周方崇、右正言凌哲交章論：「浚身在草土，名繫罪籍，唱爲異議，以動搖國是，乞行竄黜。」故有是命。

刑部郎復分左、右〔七六〕。右司郎中汪應辰言：「國家謹重用刑，是以參酌古誼，並建官師。在京之獄曰開封府、曰御史臺，又置糾察司，以譏其失〔七七〕。斷其刑者曰大理、曰刑部，又置審刑院以決其平。鞫之與讞，各司其局，初不相關，是非可否，有以相濟。及赦令之行，其有罪者許之叙復，無辜者爲之湔洗。內則命侍從、館閣之臣，置司詳定，而昔之鞫與讞者，皆無預焉。外之川、峽〔七八〕，去朝廷遠，則委之轉運、鈐轄司，而提點刑獄之官，亦無預焉。及元豐更定官制，始以大理兼獄事，而刑部如故。然而大理少卿二人，一以治獄，一以斷刑；刑部郎中四人，分爲左右廳，或以詳覆，或以敘雪，同寮而異事，猶不失祖宗分職之意。本朝比之前世，刑獄號爲平者，蓋其並建官師，所以防閑考覆，有此具也。中興以來，務從簡省，大理少卿止於一員，而刑部郎中初無分異，則獄之不得其情，法之不當於理者，又將使誰平反而追改之乎？今雖未能盡復祖宗之舊，亦當遵用元豐舊制，庶幾官各有守，人各有見，反覆詳盡，以稱欽恤之意。」故有是旨。

十一月，議節浮費。禮部侍郎辛次膺言：「竊考邦國之大計，今諸路歲入行朝之數，加以茶鹽所入，數目實多，使有以理財，而其入無欠，有以節財而其出有節，則豈特財用充足，蓋將儲蓄沛然有餘矣！乞詔左右司同户部，更加裁酌，立爲定數。」上曰：「此誠今日急務，然止有三説：生財、理財、節財是也。比年生財之道，講求略盡，唯理財多因官司失職，致有拖欠。使州縣得人，必不至此。若節財，則用莫大於給軍，既有定額，無從裁省。今但當撙節，不可妄費。」遂命吏部侍郎陳康伯、户部侍郎王俁、大理少卿陳章同措置。

十二月戊戌，臘饗太廟。是日也，罷朔祭，以禮官援淳化故事有請也。

明年，定冬饗祭功臣，臘饗祭七祀，祫饗兼之。

定貢舉敕令格式。初，詔户部侍郎王葆詳定重修貢舉敕令格式。至是，書成。右僕射万俟卨主之。

罷提點鑄錢司〔七九〕。自韓球籍定歲買銅數，然所鑄錢纔十萬緡。尚書省言：「本司歲額全闕，而一司官吏所費不貲。」故有是命，遂以其事付轉運司。

明年，户部侍郎林覺言：「國朝慶曆以來，歲鑄錢一百八十餘萬緡，其後亦不下百萬，如前年猶得十四萬緡，去年猶得二十二萬緡。而提點司官吏，徒糜禄廪，朝廷罷之，殊快人意。但付之漕司日久，亦未有涯。議者以爲諸路物料有無不等，運司不相統轄，無以通融鼓鑄，欲出户部錢八萬緡，爲饒、贛、韶三州鑄本，委各州通判主管，漕臣往來措置。今歲權以二十三萬緡爲額，即不得復以舊錢代發。」從之。

於是，殿中侍御史王珪再上疏論鑄錢司不可廢。因陳六事，大略以爲：「提點司本錢見存者，歲爲三十餘萬緡，何必給户部錢爲本？韶州錢監又廢〔八〇〕，興復甚難，兼物料不足。又漕司每歲上供錢物，尚不能如期，今以鼓鑄委之，力必不給。議者以爲鑄錢司費多得寡，每用十七錢而得一錢，殊不知夫王制無用之貨〔八一〕，以通有用之財，乃國家利權所在，豈可計其費而不爲？」上令與三省同議。沈該等令户部兼領之。遂命户部侍郎榮薿提領。

金國主亮復修汴京。

校勘記

〔一〕市於西和之宕昌寨　「宕昌寨」原作「岩昌寨」，據建炎以來朝野雜記甲集卷一八川秦買馬及宋史卷一九八兵志一二改。

〔二〕及於廉州石康倉撥鹽二十萬斤　「二十萬」，中興小紀卷三四及繫年要録卷一六二作「二百萬」。

〔三〕其他則付建康鎮江池鄂太平州諸軍　「江」原脱，「鄂」後原衍一「鄂」，據建炎以來朝野雜記甲集卷一八廣中鹽易馬、宋會要輯稿兵二二五之一二及文獻通考卷一六〇兵考一二補、删。

〔四〕其地東距夔　「夔」原作「焚」，據文獻通考卷三二九四裔考六改。

〔五〕時通判漢嘉楊承曰　「漢嘉」，皇朝中興紀事本末卷七三同，宋史卷一七三食貨志上一作「嘉州」。

〔六〕十一月壬辰　「十一」原作「十二」，據繫年要録卷一六〇及宋史卷三〇高宗紀七改。

〔七〕以巫伋兼權直學士院　「權」原脱，據繫年要録卷一六〇補。

〔八〕訪聞有意之人　「意」，繫年要録卷一六〇及宋史全文卷二一下作「異意」。

〔九〕寅往建州省其生母　「寅」原作「寧」，據下文、繫年要録卷一六〇及皇朝中興紀事本末卷七四改。

〔一〇〕虜弑其主亶　「亶」原作「旦」，據繫年要録卷一六〇及皇朝中興紀事本末卷七四改。

〔一一〕吴元美　原作「吴元許」，據繫年要録卷一六一及皇朝中興紀事本末卷七五改。

〔一二〕元美因與李光交結　「與」原脱，據繫年要録卷一六一補。

〔一三〕言事補外　「事」原作「章」，據繫年要録卷一六一改。

〔一四〕浙東提刑秦昌時間于朝　「間」，繫年要録卷一六三及宋史全文卷二二上作「聞」。

〔一五〕奉安中興聖統　「奉安」原互倒，據繫年要録卷一六一乙正。下同。

〔一六〕至是幾二十年矣　案張浚因紹興七年的淮西之變而被貶，至紹興二十年，才十三年。繫年要録卷一六一作「十五年」，近是。

〔一七〕置建州社倉　案此條記事，繫年要録卷一六一及皇朝中興紀事本末卷七六均繫於本年九月。此處繫於八月，似誤。

〔一八〕冬十二月以王會權兵部侍郎　案此條記事，繫年要録卷一六〇繫於紹興十九年十二月壬子。

〔一九〕西曰十六位　「十」原作「卜」，據繫年要録卷一六一改。

〔二〇〕其制度一以汴京爲準　「以」原脱，據繫年要録卷一六一補。

〔二一〕爲中京　「爲」原作「以」，據繫年要録卷一六四改。

〔二二〕賜趙逵等四百人及第出身有差　「四百」，繫年要録卷一六二、宋史卷三〇高宗紀七及宋會要輯稿選舉八之七作「四百四」。

〔二三〕本部乞　「本」原作「木」，據繫年要録卷一六二及宋史全文卷二二上改。

〔二四〕丁鹽以民身計　「身計」原互倒，據繫年要録卷一六二乙正。

〔二五〕梅州容州編管　「容州」原作「融州」，據繫年要録卷一六三、宋史卷三〇高宗紀七及宋史全文卷二二上改。

〔二六〕而福建官自運鹽　「而」原作「亓」，據繫年要録卷一六三改。

〔二七〕歲得羨錢二十四萬緡　「二十四萬緡」，繫年要録卷一六三同，建炎以來朝野雜記甲集卷一六僧寺常住田及宋史卷三〇高宗紀七作「三十四萬緡」。

〔二八〕中丞章复論伋執政無補　「章复」，宋史卷三〇高宗紀七同，繫年要録卷一六三及宋史全文卷二二上作「章廈」。

〔二九〕平地五尺　「五尺」，繫年要録卷一六三作「丈五尺」。

〔三〇〕漢水冒城而入　「漢」原作「僕」，據繫年要録卷一六三改。

〔三一〕八月　宋史卷三〇高宗紀七繫於九月。

〔三二〕賜張孝祥等三百三十餘人及第出身有差　「三百三十餘」，宋史卷三一高宗紀八、宋會要輯稿選舉八之八及繫年要録卷一六六作「三百五十六」。

〔三三〕措心積慮莫不懷諼　繫年要録卷一六六作「慮亡不懷諂」，宋史全文卷二二上作「慮亡不懷諼」。

〔三四〕述正道而稍邪哆　「稍邪哆」，宋史全文卷二二上同，繫年要録卷一六六作「稱邪侈」。

〔三五〕猶爲迂誕　「猶」，繫年要録卷一六六及宋史全文卷二二上作「尤」。

〔三六〕至此而或有不悛　「悛」原作「俊」，據繫年要録卷一六六及宋史全文卷二二上改。

〔三七〕臣切惟陛下當搶攘蹙迫之中　「切」，繫年要録卷一六七作「竊」。

〔三八〕王德　原作「王寶」，據繫年要録卷一六七及三朝北盟會編卷二一九改。

〔三九〕明年冬以張晟爲司勳員外郎上覽其除目曰晟會稽人　案此二十二字，繫年要録卷一七〇置於「福建荔枝亦令毋進」後。

〔四〇〕越人前日論本府科買箭笴擾民　「越人」，繫年要録卷一七〇無。

〔四一〕想皆曹泳趙士彩所爲　「趙士彩」，繫年要録卷一七〇作「趙士綵」。

〔四二〕罷安豐軍鹹鮓淮白貢　「鮓」原作「酢」，據繫年要録卷一七〇改。

〔四三〕於是鑄羈縻州縣印一百六十一給之　「一百六十一」，繫年要録卷一六七作「一百六十二」。

〔四四〕右迪功郎沈中立爲頌以獻　「右」，繫年要録卷一六八及宋史全文卷二二上作「左」。

〔四五〕左朝奉郎勾龍廉獻太廟殿室聖孝金芝頌　「勾」原作「句」，據繫年要録卷一六八及宋史全文卷二二上改。

〔四六〕罷免行錢　「行」原作「役」，據繫年要録卷一六八、宋會要輯稿食貨六四之六八至六九及宋史卷三一高宗紀八改。

〔四七〕仍令官司不得下行買物　「下」原作「再」，據繫年要録卷一六八、宋會要輯稿食貨六四之六九及宋史卷一八六食貨志下八改。

〔四八〕岳陽軍爲華容軍　「華容軍」原作「華陽軍」，據繫年要録卷一六八、宋史全文卷二二上及宋史卷三一高宗紀八改。

〔四九〕士論鄙之　「士」原作「七」，據繫年要録卷一六八及宋史全文卷二二上改。

〔五〇〕先是「先」原作「元」，據繫年要録卷一六八及宋史全文卷二二上改。

〔五一〕衣著二百匹「二百」，宋會要輯稿蕃夷四之四四同，繫年要録卷一六九作「三百」。

〔五二〕南平軍廣惠監歲五千緡「歲」，繫年要録卷一六九作「萬」。

〔五三〕而以岳權歸俊「岳」，繫年要録卷一六九及宋史全文卷二二上作「兵」。

〔五四〕闖微旨「闖」，宋史全文卷二二上同，三朝北盟會編卷二二〇作「窺」，繫年要録卷一六九作「伺」。

〔五五〕楊愿　原作「湯愿」，據三朝北盟會編卷二二〇改。

〔五六〕章复　原作「章夏」，據前紹興二十二年八月文及道光抄本改。

〔五七〕其家獻於國「其」原脱，據繫年要録卷一六九補。

〔五八〕亦必用金獅子二枚伴書焉「伴」原作「坐」，據繫年要録卷一六七改。

〔五九〕侈盛德故事也「侈盛德」，繫年要録卷一七〇作「用乾德」。

〔六〇〕二王不襲封夫十有餘年「夫」，繫年要録卷一七〇作「者」。

〔六一〕願陛下廣覽兼聽「兼」原脱，據繫年要録卷一七〇及宋史全文卷二二上補。

〔六二〕汪召錫　原作「汪君錫」，據繫年要録卷一七〇及宋史卷三一高宗紀八改。

〔六三〕億年送南安軍仲熊依舊提舉江州太平興國宫「南安軍」原作「萬安軍」，據繫年要録卷一七〇及宋史卷三一高宗紀八改。「仲熊依舊提舉江州太平興國宫」原脱，據繫年要録卷一七〇補。

〔六四〕詔令侍從官共舉三十人「詔」前原衍「六月」，據繫年要録卷一七〇及宋會要輯稿選舉三〇之三删。「三十」，繫年要録卷一七〇及宋會要輯稿選舉三〇之三作「一二十」。
〔六五〕自秦檜死　「秦檜」原作「秦檜」，據繫年要録卷一七二改。
〔六六〕令稱提四川交子　案本條記事，繫年要録卷一七一及宋史全文卷二二上繫於本年二月。
〔六七〕三佛齊國入貢　案本條記事，繫年要録卷一七一及宋史卷三一高宗紀八繫於本年二月。
〔六八〕自王滋後　「王滋」，繫年要録卷一七二作「王鎡」。
〔六九〕聽言亦不可不詳　「詳」，華陽集卷四〇張公行狀作「察」。
〔七〇〕有取便一時　「便」原作「使」，據華陽集卷四〇張公行狀、繫年要録卷一七三及宋會要輯稿儀制七之二九改。
〔七一〕有貪黷復之名而不顧於用度數乏　「不顧於用度數乏」，華陽集卷四〇張公行狀、繫年要録卷一七三及宋會要輯稿儀制七之二九作「不以用度較之」。
〔七二〕今據本路人吏四千六百二十　「四千六百二十」，中興小紀卷三七作「四千二百六十」，繫年要録卷一七四及宋會要輯稿職官四八之一〇二作「四千二百六十一」。
〔七三〕汪召錫爲湖南提舉　「汪召錫」原作「汪君錫」，據宋史全文卷二一上及宋史卷三六一張浚傳改。
〔七四〕且聞元顔亮篡立　「元顔」一作「完顔」，蓋譯音不同。
〔七五〕分列黨與　「分」原作「外」，據晦庵先生朱文公文集卷九五下張公（浚）行狀下及繫年要録卷一七五改。

〔七六〕刑部郎復分左右　案此條記事，繫年要録卷一七五及宋會要輯稿職官一五之二〇均繫於本年閏十月。

〔七七〕以譏其失　「譏」原作「幾」，據繫年要録卷一七五改。

〔七八〕外之川峽　「川峽」，繫年要録卷一七五、文獻通考卷一六七刑考六作「川陜」；歷代名臣奏議卷二一七及宋會要輯稿職官一五之四一作「益梓夔利」。

〔七九〕罷提點鑄錢司　「鑄錢」原作「錢錢」，據繫年要録卷一七五及宋史卷三一高宗紀八改。

〔八〇〕韶州錢監又廢　「又」，繫年要録卷一七七作「久」。

〔八一〕殊不知夫王制無用之貨　「知夫」，繫年要録卷一七七作「思先」。

中興兩朝編年綱目卷第十二

高宗皇帝　起丁丑紹興二十七年，止庚辰紹興三十年。

丁丑紹興二十七年（一一五七）春正月，詔侍從薦宗室，與召對。上嘗諭宰執曰：「宗室中有才學者，進三兩人。」於是，詔侍從各薦宗室文臣京官以上，材識治行者兩人，特與召對。

二月，更科舉法。兼行經義、詩賦。第一場大、小經各一道。上以經學寖微，故有是旨。三十年，復分經義、詩賦取士。

以辛次膺爲給事中。自巫伋後，給事中不除者七年。時，淮南運使蔣粲除户部侍郎，次膺繳駁之，以其交結内侍王晉錫，得其薦引之力。上命以次官書行，而趙逵復繳還，遂寢其命。

芝生太廟。仁宗、英宗室柱。

命孟忠厚提舉秘書省。詔忠厚過局，如宰執例。忠厚尋卒。詔以提舉秘書省印納禮部。自是不復除。

減福建鹽錢。初，詔本路提刑吴逵覈實鹽事，逵請宜約州縣歲費總數，除二税所入外，有闕，即分鹽綱補之。凡上四郡及屬縣，歲般千有六百萬斤，視舊直十損其三，毋得敷於民户。舊漕司取於州縣，號增鹽錢，及提舉司取吏禄錢，皆損三分之一。又帥、漕二司毋得鬻鹽以侵州縣。自是閩之上四郡民力雖稍寬矣。然郡邑無以供百費，且尤非轉運司之便，故衆論摇之。逵尋移鼎州，憤而死。於是，殿中侍御史王珪乃請令諸司相度更定。十一月，諸司請運鹽如逵數，而增其直。上命輔臣計之。會提舉常平鹽事張汝楫别奏乞行鈔法。上以問陳誠之。誠之曰：「閩中山溪之嶮，細民冒法私販，雖官賣鹽，猶不能絶，若百姓賣鹽，豈無私販之弊？第恐不盡請鈔，則有虧額。」上曰：「中間福建曾用鈔法，未幾復罷。若可行，祖宗已行之，不待今日。正如萬户酒，前日欲榷者甚多，然竟不可行。大抵法貴從俗，不然，不可經久。」時，福建歲認鈔錢三十萬緡，乃詔減八萬。自此，漕司及州縣稍舒，不抑售於民矣。

試博學宏詞科。貢院考到博學宏詞合格選人周必大。詔與堂除。

三月，立改官人注縣法。從侍御史周方崇之請也。上謂宰執曰：「徽宗嘗言，仁宗朝每除執政大臣，必先問曾歷親民否？蓋親民則能通世務，置之廊廟，天下利病知過半矣。此朕昔年恭侍，親聞玉音，誠可爲萬世法也。」遂可其奏。

親試舉人。賜王十朋等四百餘人及第、出身有差。先是，御筆宣示考試官曰：「對策中有鯁亮切直者，並置上列，以稱朕取士之意。」時十朋首以法天攬權爲對，且曰：「臣勸陛下攬權者，非欲陛下衡石量書如秦皇帝，而謂之攬權也；又非欲陛下傳飧聽政如隋文帝，而謂之攬權也；又非欲其以强明自任、親治細事、不任宰相如唐德宗，而謂之攬權也；又非欲其精於吏事，以察爲明，無復仁恩如唐宣宗，而謂之攬權也。蓋欲陛下懲其所既往，戒其所未然，操持把握，使威福之柄，一出於上，不至於下移而已。」又曰：「朝廷往嘗屢有禁鋪翠之令矣，而婦人以翠羽爲首飾者，今猶自若也。是豈法令之不可禁乎？豈宮中服澣濯之化，衣不曳地之風，未刑於外乎？夫法之至公者，莫如選士；名器之至重者，莫如科第。往歲權臣子孫、門客省闈、殿試，類皆竊巍科。而有司以國家名器，爲媚權臣之具，而欲得人，可乎？」又曰：「臣願陛下以正身爲攬權之本，而又任賢以爲攬權之助，廣收兼聽，以盡攬權之美。權在陛下之手，則所求無不得，所欲皆如意。雖社稷之大計，天下之大事，皆可以不動聲色而爲之矣。」閤安中策言：「太子，天下本。自昔人君嗣政之後，必建立元子，授之匕鬯，所以繫隆社稷，基固邦本，示奕世無窮之休。臣觀漢、唐史，東海王彊之於顯宗，宋王憲之於明皇帝，既皆爲太子矣。暨天命定於後，莫不優加職秩，大封殊禮，退就宫邸。當時無間言，後世無異議。孝成帝即位二十五年，立弟之子定陶王爲子。今陛下之心，祖宗之心也。聖慮經遠，神幾先物，嘗修祖宗故事，累年于兹矣。日就月將，緝熙光明之學，其歷試周知，不爲不久矣。而儲位未正，嫡長未辨。臣愚，深恐左右近習之臣，寖生窺伺，漸起黨與。間隙一開，有誤宗社大計，此進退安危之機也。臣願陛下斷自宸衷，蚤正儲位，以繫中外之望。」上謂大臣曰：「昨覽進士試卷，其問極有切直者，如論理財，則欲省修造。朕雖無崇臺榭之事，然喜其言直。至論銷金鋪翠，朕累年禁止，尚未盡革，自此當立法必禁之。去年，交趾獻翠毛五百尾，朕未嘗用，當焚於通衢。」時上臨御久，主器未定。大臣無敢啓其端者。安中對策，獨以儲貳爲請。上感其言，擢安中第二。始，蜀人未集，上數有展日之命。沈該奏：「天時向暄，恐陛下臨軒不無少勞。」上不許。及唱名，安中及第三人梁介皆蜀人。上甚喜。

武舉趙應熊等十五人。應熊武藝絶倫，且試南省爲第一人。上謂大臣曰：「徽宗時，如馬廣、馬識遠俱以武舉擢用〔二〕，或銜命出疆。今次魁選，文武皆得人。應熊弓馬甚精，文字亦可采〔三〕，朕樂於得士。雖終日臨軒，不覺倦也。」

万俟卨薨。謚忠靖。

夏四月，嚴失舉罰。 先是，刑部郎張杓奉詔薦主管官告院鮑罌〔三〕，召對，而人才凡下。上諭大臣曰：「朕不能盡識天下多士，故令侍從、臺諫各舉所知，若不精審，非朕求才之意。」乃罷之。於是臺臣以爲言，詔降一官。

六月，以湯思退爲右僕射。

趙逵、周麟之爲中書舍人。 逵入謝，上諭曰：「朕所以用卿，卿既知之。朝有闕政，無鉅細，宜助朕也。」謂近臣曰：「趙逵純正可用。」逵登第踰六年而典外制，自中興後所未有。

秋七月，詔監司、郡守察舉縣令。

戒飭贓吏。

以陳俊卿爲著作佐郎。 俊卿時爲校書郎，上疏言：「人之才性，各有所長，稷、契、皋陶、垂、益、伯夷在唐、虞之際，各守一官，至終身不易。此數君子者，苟使之更來迭去，易地而居，未必能盡善，況其餘乎？今也，監司、帥臣鮮有終其任者。遠者一年，近者數月，輒已遷徙。州縣百姓，送往迎來之不暇，其爲勞費，不可殫舉。以至内而朝廷百職事之官，亦無肯安其職業，爲三數年計者，往往數日待遷，視所居之官，有如傳舍。雖有勤恪之人，宣力公家，於人情稍通，綱條稍舉，已捨而他去。後來者或未能盡識吏人之面，知職業之所主，則又遷矣。因循歲月，積弊既久，是以胥吏得以囊槖爲姦，賄賂公行，而莫之誰何。如此，而望立業之舉，難矣哉！嘗讀國史，見太祖朝任魏丕掌作坊十年，劉温叟爲臺丞十有二年〔四〕。太宗朝劉蒙正掌内藏二十餘年，陳恕在三司亦十餘年，此祖宗用人之法也。望與執政大臣參酌，立爲定論。其監司、帥守有政術優異者，或增秩賜金，必待終秩而後遷擢。至於朝廷百執事之官，亦當少須歲月，俾久於其職，然後察其勤惰，而升黜之。庶幾人安其分，盡瘁於國，無有過望而萬事舉矣。」詔三省行下，而遷俊卿爲著作佐郎。

俊卿時兼普安王邸教授，每當講，必傳經啓沃，多所裨益，王深器之。一日，王習毬鞠，俊卿微誦韓愈諫張建封書以諷，王即誦全文，不遺一字。俊卿退而喜曰：「王聰明而樂從諫，社稷之福也。」

復命令經兩省制。中書舍人周麟之言：「國朝以東西二省爲維持政本之地，政令之罷行失當，人才之進退非宜，在中書，則舍人得以封繳；在門下，則給事中得以論駁，皆於命令未行之前而救正之。爰自近歲，事與舊違，當軍興時，則以事干機速，不可少緩。及休兵之後，用事者又任私意，廢棄成法。故有所謂中入報者，有所謂尚先行者，有所謂入已者，皆成定例。詔旨一頒，敕劄隨降，所謂給、舍，但書押已行之事而已，甚非祖宗分省設官之意。望申明舊制，凡命令之出，並經兩省，或無封繳，即皆晝時行下，以復祖宗之成憲。」從之。

八月，收諸路給餘僧牒。用三省請也。上曰：「昨權禮部侍郎賀允中上殿，朕問即今僧道之數。允中言有僧二十萬，道士纔萬人。朕見士大夫奉佛，其間議論多有及度牒者。朕謂目今田業多荒，不耕而食者猶有二十萬人。若更給度牒，是驅農爲僧。且一夫受田百畝，一夫爲僧，即百畝之田不耕矣。佛法自東漢明帝時流入中國，終不可廢〔五〕，朕亦非有意絶之，正恐僧徒多，則不耕者衆矣。」

九月，申嚴常平賑濟法。

冬十月，以曾幾爲秘書少監。幾入對，言：「士氣久不振，陛下欲起之於一朝，矯枉者必過直，雖有折檻斷鞅〔六〕，牽裾還笏，若賣直沽名者，宜皆優容獎激之。」上大悦，遂有是命。幾承平時已爲館職，去三十八年而再用，鬢髯皓白，衣冠甚偉，每與同舍會，多言前輩言行、臺閣典故，薦紳皆推重焉。

進讀三朝寶訓終篇。

進讀漢書。侍讀王師心奏曰：「祖宗創業垂統，所以長慮却顧，爲子孫萬世之計甚備。熙寧大臣私意改作，流毒至今，不可不監。」又言〔七〕：「帝王之於史，其要在於觀得失、究治亂。今進讀漢書，願摘切於治體者讀之。」詔可。

戊寅紹興二十八年（一一五八）春正月，復給、舍分書制敕法。並令依自來條制。

考察監司、守令。上曰：「守令舉職，已許監司列薦，而監司賢否、勤墮，將使誰察之？宜依守令別爲考察之法。」

二月，陳誠之陞爲知院事。

授鄭樵官。先是，王綸在經筵，與講讀官同薦興化軍布衣鄭樵學行。上召對，授右迪功郎。其所著通志，令有司給札繕寫投進。

三月辛酉朔，日有食之。陰雲不見。宰臣欲率百僚稱賀。詔止之。

神宗寶訓成。曾幾上之，凡一百卷。

立内外官更迭久任法。詔略曰：「今後侍從有闕，通選帥臣及第二任提刑資序〔八〕，曾任郎官以上者；卿監、郎官闕，選監司、郡守之有政績者，並須治狀昭著，及有譽望之人。卿監、郎官未歷監司、郡守者，令更迭補外。在内官，除詞臣、臺諫係朕親擢，餘並須在職二年，方許遷除。庶内外適均，無輕重之偏，職業修舉，有久任之效，以副朕重民事之意，三省同共遵守。」

夏五月，命修邇英記注。起居舍人洪遵請：「以經筵官除罷及封章進對，燕會錫予、講讀問答等事，悉行編録，以邇英記注爲名。」從之。自是年秋講始。

六月，嚴内侍罰。蔣堯輔爲永祐陵都監，以不法屬吏，當死。特命貸死，配新州。上因謂輔臣曰：「朕待内侍加嚴，故比前犯法者少，以此知人主之於臣下，以嚴御之者，乃所以愛而全之也。」

有星晝隕。

嘉陵江溢。興州、利州、大安軍皆被水。

秋七月，嚴銅器禁。出御府銅器千五百事送鑄錢司。遂大斂民間銅器，凡得二百萬斤。

以賀允中爲吏部尚書。允中先在黄門，多所駁正。時三衙刺兵，改易軍分，及牧馬營地，占奪民田，大將有回授其子而轉閤職，及中貴人遷秩不應法，或免試補官特差之類，允中繳論不一。嘗因對，論君子小人之異，允中言：「君子志在尊君，則不能無忤；小人志在悦君，故第爲詭隨，此不可不辨也。」上稱美久之。

先是，張俊之子子顔、子正〔九〕、孫宗元，因内侍張去爲進金數千兩，乞除待制。命下，允中駁之。上再令楊椿書行，椿復繳之。

修三朝正史〔一〇〕。**徽宗實録成。**詔修神宗、哲宗、徽宗三朝正史。及徽宗實録成，不許稱賀。

定兩浙、江、湖漕米數〔一一〕。户部言：「兩浙、江、湖歲認米以石計者，兩浙一百五十萬，除三十五萬，折錢一百一十萬緡，今發八十五萬；江東九十三萬，今發八十五萬；江西一百二十六萬，今發九十七萬；湖南六十五萬，今發五十五萬；湖北三十五萬，今發一十萬。欲且依舊減數以憑科降。」詔依數發足。

八月，地震。

九月，以王剛中爲四川安撫制置使。先是，權禮部侍郎孫道夫言：「中外籍籍，皆謂金人有窺江、淮意，不知達聖聽否？」上曰：「朕待之甚厚，彼以何名爲兵端？」道夫曰：「夷狄，禽獸也。彼身殺其兄而奪其位，興兵豈問有名？願陛下預爲之圖。」又言：「成都帥，陛下不可不擇，宜求才可以制置四川者二三人，常置之聖度。」上曰：「當儲人以待緩急之用。」剛中言：「禦戎最今日先務之急。夷狄之情，强則犯邊，弱則請盟。今勿計夷狄之强弱，盍先自擇將帥，蒐士卒，實邊儲，備軍械，加我數年，國勢富彊，彼請盟則爲漢文帝，犯邊則爲唐太宗。」上壯其言。會西蜀謀帥。宰執謂：「宜得文武威風識大體者。」上曰：「無逾王剛中矣。」遂有是命。又令道夫以蜀中利害語之。

時太常博士杜莘老因轉對亦論虜將敗盟，宜飭邊備。且曰：「勿恃其不來，恃吾有以待之。」上稱善再三。

詔戒侈靡〔一二〕。初，上作損齋，屏去玩好，置經史古書其中，以爲燕坐之所，且爲之記，賀允中請以賜群臣。上謂宰執曰：「允中嘗於經筵問朕好道之意。朕謂之曰：『朕之所好，非世俗之所謂道也〔一三〕。若果能飛昇，則秦皇、漢武當得之；若果能長生，則二君至今不死。朕惟治道貴清静，故恬淡寡慾，清心省事。所謂爲道日損，期與一世之民，同躋仁壽，如斯而已。』當降出碑本，以賜卿等。朕又惟比年侈靡成風，如婚祭之類，至有用金玉器者，此亦不可不戒。」於是，降詔諭中外如上旨。

冬十月，鬻没官户絶田。諸路尋得緡錢五百萬，令户部樁管。

十一月，平江、常、湖州水。出内藏緡錢代輸民租，凡三萬九千餘緡，付户部代之。

己卯，郊。上親製祀天地、宗廟樂章十二章。先是，詔大禮金銀錢物並減半供進。沈該言：「恐賜賚之際，或不足用。」上曰：「大禮支費〔一四〕，朕半年前已預立定格，無分毫濫用，比之前郊，才及十之五。」該曰：「陛下恭儉，出於天性，豈前代帝王所可跂及！」

是歲，復興元等州義士。自議和後，議者乃奏罷利路諸州義士。至是，知興元府姚仲言，聞虜有意敗盟，乃奏復之。議者亦謂：「興、洋舊有義士萬餘，皆驍勇可用，秖是免身丁、差役之類，不費有司錢糧。乞依舊收充，以時教閱。」奏可。

時又有請，中嚴廣西土丁之法。云：「自嘉祐間，憲臣李師中、帥臣余靖奏團結訓練土丁以備邊。其後，熙寧、紹聖、大觀以來，修爲成法，每歲農隙，分之州縣，更番教閱，一月而罷。百餘年間，壓盜鎮蠻，既無戍役之勞，又省供匱之費。比年以來，良法幾廢，望申儆之。」

去夏，新知福州沈調言：「福建諸縣，舊有忠義社〔一五〕，各隨鄉村多寡團結〔一六〕，推擇豪右衆所畏服者，以爲長副。量置槍杖器甲之屬，以故盜賊屏息，民以爲便。今爲官司科率搔擾，甚失本意。乞令守臣覺察，帥、憲司舉按。」從之。

己卯紹興廿九年（一一五九）春正月朔，行皇太后慶壽禮。以皇太后年登八十，詣慈寧宫行慶壽禮。依建隆故事，許百僚稱賀。應有官及舉人父母，年八十以上者，推恩有差。

詔修吏部七司條法。詳定一司敕令黄祖舜奏：「欲將舊來條法與今事體不同者〔一七〕，立爲參附，參照施行。」上謂宰臣曰：「祖宗成憲不可廢也，存之以備照用，甚當。但令所修法，須與祖宗法意不相違背，仍諭與詳定官。」

二月，**罷榷場**。詔：「沿邊榷場數多，致夾帶禁物，及私相往來，惟存泗州、盱眙軍兩處，餘悉罷之。」以本軍繳到北界泗州備坐虜人所降旨揮移牒，遂有是詔。

詔舉將帥。先是，禮部侍郎孫道夫奉使北境回，言：「金國主亮詰以關、陝買馬非約，恐將求釁于我。」士之有識者，未敢顯言爲備。校書郎汪澈因對，言：「立國惟文武二道，而人才尤不可偏，要當求於無事之時。陛下親政以來，除召四出，滯者奮，屈者伸。然武臣中未聞有薦者。望詔帥臣、監司，於本路大小使臣，舉智謀可充將帥、勇鷙可率士卒者，其侍從、臺諫官，如有所知，亦許論薦。」詔從之。擢澈爲監察御史。

吏部侍郎葉義問言：「有備無患，陛下當密行之，請防海道，守淮甸，遣戍卒，嚴斥候，揀軍，牧馬，此六者，今日急務。卒行則不及，預備則有餘矣。」尋以義問兼權尚書。

大雪，雨雹。

三月，**詔舉制科**。

蠲積逋。二十七年以前積欠官錢，及四等以下户官欠，皆除之。上語宰執曰：「輕徭薄賦，所以息盜。歲之水旱，所不能免，儻不寬恤，而惟務催科，有司又從而加以刑罰，豈使民不爲盜之意？故治天下當以愛民爲本。」

夏四月，鎮江火。命振之。

以黄中爲秘書少監。時，沈介以秘書少監爲賀正使，中以國子司業爲賀生辰使，相先後還。中言：「彼國治汴京，役夫萬計，此必欲徙居以見迫，不可不早自爲計。」時約和久，中外解弛，無戰守備。上矍然曰：「但恐爲離宫也。」中曰：「臣見其所營悉備，此不止爲離宫，若南徙居汴，則壯士健馬，不數日可至淮上，惟陛下深圖之。」左右相聞之，皆不悦，詰中曰：「沈監之歸，屬耳不聞此言，公安得爲此也？」居數日〔一八〕，復往白，請以妄言即罪。思退怒，至以語侵中。舊例，使北還者，率得從官。遂遷介吏部侍郎，而以中補其處。

先是，武成王廟生芝草，武學博士朱熙載密爲圖以獻。宰相召長貳赴都堂，責之曰：「治世之瑞，抑而不奏，何邪？」祭酒周綰未及言，中指其圖，謂曰：「治世何用此爲〔一九〕？」綰退而嘆曰：「惜不使通老爲諫諍官！」通老，中字也。

五月，出内帑緡錢賜户部。上謂宰執曰：「比緣河流淺澀，綱運稽緩，已支内帑錢伍百萬緡以佐調度。朕自息兵講好，二十年所積，豈以自奉？蓋欲備不時之須，免臨時科取，重擾民耳。可令户部計每歲經常之費，量入爲出，而善藏其餘。自非饑饉師旅，勿得妄動。」

以公據、關子給總司。此楮幣張本也。户部言：「諸路屯駐大軍，例當貼降錢應副。

欲下榷貨務場印給公據、關子，赴三路總領所，招誘客人筭請。淮西、湖廣各關子八十萬緡，淮東公據四十萬緡，皆自十千至百千，凡五等。内關子作三年行使，公據作二年，許錢銀中半入納，依自來優潤分數。」從之。

明年六月，知臨安府錢端禮請：「復令榷貨務給降諸軍見錢、公據、關子三百萬緡。淮東總領所四十萬緡，淮西、湖廣總領所各百一十萬緡〔二〇〕，平江府、宣州各十萬緡，聽商人以錢銀中半請買。」

頒監司、守臣舉薦、按察八條。守臣言：「近旨令監司、守臣按察所部官屬，其治蹟顯著者，保舉陞擢。乞倣元祐間司馬光陳請舉按官吏八條，重行修立。」於是，立舉薦四條曰：仁惠、公直、明敏、廉謹。按察四條曰：苛酷、狡佞、昏懦、貪縱。凡八條。

六月，王綸使虜。以同知充稱謝使。時士大夫數言虜情難信，請飭邊備。沈該等不以爲然。奏遣大臣往探虜意，且尋盟焉。綸還入見，言：「鄰國恭順，和好無他。」湯思退等皆拜賀。上曰：「前此中外紛紜之論，皆欲沿邊屯戍軍馬，移易將帥，及儲積軍糧之類，便爲進取之計。萬一遂成輕舉，則兵拏禍結〔二一〕，何時而已？今而後，宜安邊息民，以圖久長。」思退曰：「遣使尋盟，和好益堅，皆陛下威德所致。」然金主亮已定寇江之計，綸所見蓋妄也。

孫道夫罷。知綿州。道夫時爲禮部侍郎，數言武事。沈該慮其引用張浚，故出之。

先是，道夫嘗知蜀州，在郡九年，遇事明瞭，州人目爲「水晶燈籠」。

詔戒驕惰，禁賂遺。宰執尋請：「以二詔立石於尚書省，以墨本頒于中外。」從之。

遣官覈實常平義倉。從浙西提舉吕廣問之請也。於是，遣司農寺丞韓元龍往浙西，平江通判任盡言往江東，餘路委漕臣覈實，仍將侵支、借兑、失陷數目，報提舉常平官措置。

沈該罷。臺諫交章論之也。與職奉祠。再論，落職。

閏月，省淮西冗官。凡百六十員，以事簡民稀〔二二〕，州郡無以供給故也。

秋七月，李燾上續皇朝百官表。燾時知雙流縣。翰林學士周麟之言：「燾嘗續皇朝公卿百官表九十卷。」詔給筆札，録付史館。燾博學剛正，張浚、張燾咸器重之。秦檜盛時，嘗遣人諭意，欲得燾一通問，即召用之。燾惡其誤國擅權，迄不與交通，坐此偃蹇州縣垂二十年。王剛中帥蜀，聞其名，辟爲幕屬。初，燾以司馬光百官表未有繼者，乃徧求正史、實録〔二三〕，旁採家集、野史，增廣門類〔二四〕，起建隆，迄靖康，合新舊官制，踵而成書。其後，續資治通鑑長編，盍始于此。

復提點鑄錢官〔二五〕。以李稙爲之〔二六〕，罷提領官。

明年，稙以巡歷過行在，言：「歲額錢内藏庫二十三萬緡，左藏庫七十餘萬緡，皆是至道之後額數。自紹興以來，歲收銅止及二十四萬斤，鉛二十萬斤，錫五萬斤，此最多之數。紐計鑄錢一十萬緡，外有拘到諸路銅器二百萬斤，搭以鉛、錫，可鑄六十萬緡。乃時暫所拘，乞據逐年所産，權立爲額。」事下工部。至是，本部言：「若依所乞，委是數少，且以酌中之數五十萬緡爲額。」從之。

又明年，纔鑄及十萬緡。

八月，減進奉銀。有司以皇后生日進銀。詔：「今後除皇太后生辰，内教犒賞將士外〔二七〕，朕生日、皇后生日、冬年寒食節並減半，餘悉免。」宰執奏：「仰見陛下約己便民，躬儉之德〔二八〕，度越前代遠甚。」

召朱熹，不至。熹，松子也。少孤，從延平李侗學。弱冠，中進士第。調泉州同安簿，當路尊敬，不敢以屬吏相待。同安之民不忍其去，歷四考，罷歸。於是，請奉祠録，以奉親、講學爲急。築室武夷山中，四方遊學之士〔二九〕，從之者如市。上聞其賢，故召之。熹卒不至。

九月，以湯思退、陳康伯爲左、右僕射。上謂康伯曰：「卿静重明敏，一語不妄發，真宰相也。今與思退共政，如有可否，不憚商量。」康伯曰：「大臣論國事，進退人材，自當盡心，若媕阿取容，植黨以自固，臣不敢也。」故事，宰臣初除，例賜銀絹。思退等辭。上曰：「此舊格，何足辭？」思退等言：「今國用匱乏，自人主及百司〔三〇〕，皆當節省，庶幾有濟，臣等若盡受，何以風百寮？力請減半。」上從之。

赦。以皇太后不豫也。

皇太后韋氏崩。國朝典故，自南渡後，多出於有司省記，至恤章，又諱不録。至是，一時斟酌，皆出於太常少卿宋棐，而博士杜莘老又以古誼裁定。百官入臨，皆吉服，吏部郎虞允文獨易服，有非之者，允文不改。俄詔百官易服。

宰相召莘老赴堂曰：「有旨，問含玉之制。」莘老曰：「禮院故事所不載，以周禮典瑞鄭元所注製之其可〔三一〕。」因立具奏。上覽之，曰：「是真禮官也！」

甲辰，有司以辰日罷朝夕哭。起居郎、權中書舍人黄中爭之曰：「此非經，且唐太宗猶以是日哭其臣，況臣子於君母乎？」

皇太后殿殯，有司以權制已迄，請百官以吉服行事。黄中復曰：「唐制啓殯，雖在易月之外，猶曰各服其初服。今以易月，故而遂吉服以殯，非禮也。」朝廷用之。於是，百官常服黑帶入朝〔三二〕，衰服行事。

冬十一月，賀允中使虜。奉皇太后留遺物使虜。至汴京，就館宴，且用常例賜花〔三三〕。虜已有背盟意，用吾叛將孔彦舟押宴。允中辭曰：「使人之來，致太母遺物，國有大喪，樂何忍聞，況戴花乎？」其使人怒，謂將殺之。允中曰：「主人無暴，事固有體，吾年餘七十矣，當守節而死。」彥舟解曰：「兩國通好久，參政勿動心也。」揖允中坐，命左右捧花侍側而已。使還，言虜必敗盟，宜爲備。

祔攢顯仁皇后。 攢于永祐陵西。

十二月，以張燾爲吏部尚書。 初，上知普安郡王之賢，欲建爲嗣，而恐顯仁皇后意所未欲，遲回久之。顯仁崩，上問燾以方今大計所在。燾曰：「儲貳者，國之本也。天下大計，無踰於此。今兩邸名分宜早定。」上喜曰：「朕懷此久矣，卿言適契朕心，開春當議典禮。」燾頓首謝。時風俗侈靡，財用匱乏，燾勸上：「止北貨之貿易，省非時之賜予，罷土木，減冗吏，躬行節儉，民自富足。」上嘉奬再三。

減西和鹽價。 先是，州之監官井産鹽〔三四〕，盡鬻於西和、成、鳳州，歲得錢七萬緡，爲利州鑄錢之本。鹽多地狹，每斤爲直四百，民甚苦之。上聞，命減其半。

虜使來。 正使施宜生，副使耶律翼。宜生坐范汝爲事遠竄，遂奔僞齊，齊廢，復爲虜用。至是，以翰林侍讀充賀正使張燾奉詔館客，宜生素聞其名，畏慕之。一見，顧翼曰：「是使南朝不拜詔者也。」宜生，閩人。燾以「首丘桑梓」語之，宜生敬燾，頗漏虜情。燾密奏之。且言宜早爲之備。上深然其說。亮又隱畫工於中節，使密寫臨安之湖山、城郭以歸，既則繪爲屏〔三五〕，而圖己之像，策馬於吳山絶頂，後題以詩，有「立馬吳山第一峰」之句，聞者痛憤之。

是春，虜集諸路夫匠，大興宮室，極其侈靡，將徙居焉。時虜正隆四年也。

明年春，翰林副使祁宣上封事〔三六〕，略曰：「民爲邦本，本固邦寧。今北有造軍器之煩勞，南有修大内之重役。百姓久苦轉戍，不勝疲弊。願陛下權罷其一，俟一成而再計之。兼來歲害氣在進，不利行師，望陛下以天下爲念，社稷爲心，曲從臣請。」亮怒，令執而戮之。宣神色自如，曰：「臣年七十，死固足矣，但恐陛下將來不及臣耳。」語未竟，左右以刃刺其額〔三七〕，遂誅之。

户數。兩浙等十六路，主客户共一千八萬〔三八〕。

庚辰紹興三十年（一一六〇）春正月，寬商徵。詔革場務横徵。

省御書院及軍容班、甲庫局。先是，御前置甲庫，凡乘輿所須，圖畫什物，有司不能供者，悉取於甲庫。故百工技藝之精巧者，皆聚於其間，日費亡慮數百千。禁中既有内酒庫，而甲庫所釀尤勝，以其餘酤賣，頗侵户部贍軍諸庫課額，以此軍儲常不足。前一日，吏部尚書張燾因對，論：「甲庫萃工巧以蕩上心，酤良醖以奪官課。教坊樂工，員數日增〔三九〕，俸給賜賚，耗費不貲，皆可罷。」上曰：「卿可謂責難於君。」明日，罷甲庫諸局，以酒庫歸有司，減樂工數百人。壽之從容補益，皆此類也。

軍容班本殿前司樂工。九年，以二百人爲額。至是，罷之。

二月，賜普安郡王瑗名瑋，立爲皇子。加寧國軍節度，進封建王。後賜字元瓌〔四〇〕。先是，上謂輔臣曰：「朕有一事，所當施行，似不可緩，普安郡王甚賢，欲與差別，朕久有此意，第恐顯仁皇后意所未欲，故遲之至今。」上又曰：「朕嘗覽唐宣宗事，臣下有議及儲嗣者，輒怒斥去，可謂不達理矣。」及進呈，上曰：「可封真王。」湯思退等曰：「臣等按典禮，非至親，不封真王。今者進封，則當冠以屬籍，如皇姪之類，未知聖意如何？」上曰：「可便以爲皇子，此事朕志素定，已九年矣，顧外庭不知耳。」思退等又言：「立皇子當降詔，及遣官告郊廟。」上可之。遂召翰林學士周麟之諭旨，草詔進入。制出，朝士動色相慶，中外大悅。王自育宮中，至是已三十年。而王天資英明，豁達大度，左右未嘗見喜愠之色。趨朝就列，進止皆有常度，騎乘未嘗妄視，平居服御儉約，每以經史自適。嘗語府僚曰：「聲色之事，未嘗略以經意，至于珠寶瑰異之物，心所不好，亦未嘗蓄之。」騎射、翰墨皆絕人。

尋置直講、贊讀各一員，以郎官兼。小學教授一員，以館職兼。於是以史浩兼直講〔四一〕，魏志兼贊讀。浩講周禮，至酒正，因言：「膳夫掌膳羞之事，歲終則會，惟王及后、世子之膳羞不會。至酒正所掌飲酒之事，歲終則會，惟王及后之飲酒不會，而世子不與焉。以是知世子之膳羞，可以不會，而世子之飲酒，不可以無節也。」王作而謝曰：「敢不佩服斯訓！」校書郎王十朋兼小學教授。先是，教授入講堂，則與皇孫敘賓主〔四二〕，而教授居賓位，十朋不可，王特爲之加禮，而位教授於中。

三月，以皇姪璩判大宗正寺〔四三〕。置司紹興府。恩平王於是始稱皇姪。

親試舉人。賜梁克家等四百餘人及第、出身有差。初，以有官人許克昌爲首，用故事，降爲第二。

增印四川錢引。一百七十萬緡，從總領所之請也。通前後兩界，爲四千萬緡，視天聖所書數，凡三十倍。

夏五月，置荆南府、江州都統制。先是，楊存中建言：「諸重地如四川、鄂渚、池陽、建康、京口，皆已宿兵嚴守。獨荆南歷代用武之地，今爲重鎮，而九江上流要害之地，緩急不相應援。請各置都統制，以廣屯備。」朝廷從之。荆南以劉錡兼領。仍分撥三衙軍及新招兵共萬人屯江州，命戚方領之。

詔寬租賦〔四四〕。上謂宰執曰：「歲方六月，禾稼未登，聞已催民間積欠，可令諸路轉運司徧行州縣〔四五〕，候秋成催理，庶幾民不告乏。」

秋七月丁丑朔，日有食之。

八月丙午朔，日有食之。

虜簽蕃、漢軍。初，金主亮將謀入寇，命計女真、契丹、奚家三部之衆，不限丁數，悉簽起之，凡二十有四萬。以其半壯者爲正軍，弱者爲阿里喜，一正軍以一阿里喜副之。又簽中原漢兒、渤海十七路，除中都路造軍器、南都路修汴京免簽外，每路各萬人。合蕃、漢兵，通二十七萬，倣唐制分爲二十七軍。簽數已定，遂以百户爲謀克，千户爲猛安，萬户爲統軍。其統軍則有正、副。諸軍悉以蕃、漢相兼，無獨用一色人者。至是，諜報亮已至汴京，重兵皆屯宿、泗，亦有至清河口者。

先是，兵部尚書兼權翰林學士楊椿言於陳康伯曰：「逆虜敗盟，其兆已見。今不先事爲備，悔將何及？」因與康伯策所以防虜之術。其一，兩淮諸將各畫界分，使自爲守。其二，措置民社，密爲寓兵之計。其三，淮東劉寶將驕卒少，不可專用。其四，沿江州郡，增壁積糧，以爲歸宿之地。康伯見上，言：「虜謂我和好滋久，而兵備弛，其南牧無疑。」因條上兩淮守禦之計，上嘉納之。

殿中侍御史汪澈亦條陳利害曰：「慮之有素，則事至而安静；慮之無素，則事至而倉卒。靖康之變，可爲龜鑑。今舊將自和好以來，各擁重兵，高爵厚録，坐享寵榮，養成驕恣，朝廷宜有以懾其心，作其氣。戰士以伎藝回易，專於雜役，而又有老弱疾病之不汰，逃亡之不補，宜有以蒐閱之，使有鬭心而樂爲用。文武官平居常患其冗，臨事則無人可用，當務選實才，不泥資格，以備緩急之用云。」

黄中送伴金國賀生辰使回，亦言：「虜日繕兵不已，且其重兵皆已南下，宜有以待之。」

九月，校書郎王十朋上疏言：「臣聞道路洶洶，咸謂虜情叵測，有巢穴汴都，窺伺江、淮意〔四六〕，廟堂之上，帷幄之臣，必有料敵制勝之策〔四七〕。然議者謂邊奏有警，則群臣失色相顧；傳聞稍息，則恬然便以爲安。且謂敵有内難，勢必不來。夫不恃我之有備，而幸敵之有難，謀國之術，亦踈且殆矣。自建炎至今，虜未嘗不内相殘賊，一酋斃，一酋出，曷嘗爲中國利？要在所以自備者如何。今日禦戎之策，莫急於用人，用人之要，莫先乎人望。今内外士夫、軍民，口無異詞，咸謂有天資忠義、材兼文武、可爲將相者，有長於用兵、士卒樂爲之用者，今反投閑置散，無地自效，或老於爲郡，以泯没其身。内爲讒邪之所媢疾，外爲蠻夷之所竊笑，天下輿情憤悶抑鬱。臣願陛下斷然爲社稷計，起而用之，以從人望，可以作士氣，可以慰人心，可以寢敵人之謀，可以圖恢復之計。陛下縱未大用之，亦宜付以江淮重任，自當一面，爲國長城，亦可以無西顧憂矣。」又言：「『惟辟作福，惟辟作威』，此人主攬權之術，得之於此，失之於彼，又人主攬權之弊。陛下比懲大臣之盜權，收還威福之柄，朝廷清明。邇者衆口籍籍，謂權雖歸於陛下〔四八〕，政復出於多門，是一秦檜死，百秦檜生也。其間最重者，如三衙管軍輩，與北司深交固結，盜陛下之大權，養成跋扈之勢。昔漢之禍，起於恭、顯、王氏之相爲終始；唐之禍，起於北軍、藩鎮之相爲表裏。今禍胎於內，亂形於外，臣切憂之。夫權之大者，莫如名器與財與兵，今以管軍而位居三公，是盜名器之極，古之時無有也，祖宗之時無有也。天下之利源財路，皆入其門，國用日蹙，私室愈富。三家弱魯，田氏盜齊，殆不過此。夫樞密號本兵之地，號令節制天下之諸將。今殿庭立班，管軍傲然居前，樞密甘心其後，倒置如此，不奉行其意旨者幾希，其能節制號令之耶？其子弟親戚，咸居清要，臺諫論列，朝廷必委曲覆護，俾其言卒不行。夫臺諫言及侍從大臣，隨即罷斥，而風憲獨不行於管軍之門，其何以爲國耶？至若諸軍承受，不減唐之監軍；皇城邏卒，甚於周之監謗。內外將帥，剥下賂上，結怨於三軍；道路之間，捕人爲卒，結怨於百姓，皆非治世事。」

馮方疏言〔四九〕：「臣聞道路之言，以爲虜人將有叛盟之意。臣謂議論定，然後可以言措置；措置定，然後可以言成敗。今欲和者在我，制和者在彼。若曰添歲幣，則自罷榷場以來，彼之互市之所入，歲以鉅萬計，略不顧惜。議者謂添歲幣，可以使之弭服，亦已踈矣。若曰遣泛使，則吾國勢未振，將命往來，不過謹守常議，雖百輩何益？若曰吾奉事之惟謹，彼將有所不忍，史册所載，小國之事强國，其謹亦多矣，豈以謹故不加兵哉？臣愚以爲虜人之必來，如盛夏之必熱。願與心腹大臣，日夜講求所以立國之道，和則彼此安静，來則有以待之。勿以今日之報急而焦勞，明日之報緩而閒暇。所謂措置，臣不知兩淮已有備否？議者皆曰結民社矣。夫民社者，保聚可也，應援可也，輜重可也，獨不可迎敵耳。責之迎敵，必如陝西弓箭手而後可行。欲乞以見耕之田，蠲其賦役，率爲畝二百而出一兵，不可則三百，又不可則四百，足以招之，而止未耕之田，又加優焉。大抵使爲兵者常逸，爲民者常勞，磨以歲月，可使有勇。州縣所蠲一錢，朝廷與之一錢，不過損十萬，可得萬兵。縣官養萬兵，歲不下百萬也。雖然，官軍不振，則民兵不能自立，不知兩淮已有兵否？朝廷又以武臣典郡，然所遣皆無兵馬，雖韓、彭何益？臣愚乞以營田爲名，擇見管軍統制官之循良者，全軍出守，因令耕作，而入其租，增置通判，以莅民事，然後命宿將中爲軍民屬望、可以附衆、可以威敵者，使領兩淮營田。如此，則形勢强，藩籬固。欲守則守，欲戰則戰，敗則可以削，走則可以誅矣〔五〇〕。」

自秦檜扼塞言路，士風寖衰。及上總攬萬機，激厲忠讜，而餘習猶未殄，朝士多務緘默。至是，校書郎王十朋、馮方，正字胡憲、查籥，太常簿李浩，始因轉對，相繼有所開陳，聞者興起，太學之士爲五賢詩以述其事焉。

明年，胡憲以請老求去。詔改京秩。三館之士分韻作詩，以餞其行。

上吏部敕令。初，詔修吏部敕令格式，及刑名疑難斷例，至是，書成。右僕射陳康伯上之。既而，上謂宰執曰：「頃未立法，加以續降太繁，吏部無所遵承，今既有成法，若更精擇長貳，銓曹其清矣。」湯思退曰：「頃未立法，吏緣爲姦。」上曰：「今既有成法，不可更令引例也。」

右諫議大夫何溥言：「比年，朝廷作假多於百司三分之一，又有前後相因爲例，不入省者。責成政地，獨有略乎？望詔三省稍加裁損，仍令吏、户部兩曹後他司出局〔五二〕，庶幾事無壅積。」從之。

九月，罷内侍省。以其事歸入内内侍省。内侍省、入内内侍省，舊號前、後省。至是，以前省無職事，遂廢之。

復召試館職法。周必大、程大昌以學士院召試合格，並除正字，館職復故事召試，始此。上覽必大策，大善之，諭輔臣：「它日當令掌制。」

冬十月，定合班儀。詔：「文武官合班。如遇親王、使相立西班，即令樞密院官權綴東班，惟親王、使相請假，則立西班。」

先是，殿帥楊存中以少師、步帥趙密以使相，並班立樞密上，校書郎王十朋轉對，論其不可。因及諸軍承受威福自恣等事。起居舍人兼中舍虞允文亦論此曹交通賄賂，且浸如石顯之比。於是，樞臣葉義問言：「三衙本隸密院，祖宗舊制，不許接坐，所以正名分、示等級，豈當以官高卑，而不以職之上下？冠履倒置，非朝廷福。乞各爲班著。」故有是命。

罷諸軍内侍承受。自後文字並於通奏司投進。内三衙管軍，仍許上殿。上曰：「今之承受，即祖宗朝走馬承受，專令掌邊將奏報。前此亦嘗降詔戒約，意謂空言，不若以實事示之。故前此屢却諸將貢獻，此事朕無固必。」遂批旨行下。

以劉珙爲吏部員外郎。自監察御史遷。珙在銓曹時，苦吏爲姦，思有以制之。一日，命張幕設案於庭，置令、式其中，使選集者得出入繙閲，與吏辨，吏無得藏其巧，人甚便之。

壬戌〔五二〕，日中無雲而雷。

十一月，停羨餘賞。詔不得以羨餘推賞。

職田米禁折估。殿中侍御史陳俊卿言〔五三〕：「江西、湖、廣米斗方數十錢，而職田米乃令折價至三四千。按令，職田折價而增直者計贓，請禁止之。」故有是旨。

十二月，湯思退罷。臺諫交章論之也。陳俊卿疏略曰：「臣伏見十月癸亥，日方過中，天無雲而有雷聲，人情駭異。臣竊謂變不虚生，當有任其咎者。及觀本朝慶曆八年，京師一日無雲而震，仁宗皇帝謂張方平曰：『夏竦姦邪，天變如此。』亟命草詔罷之〔五四〕。今日之應，天變昭然，與慶曆之事若合符契。」又曰：「湯思退挾巧詐之心，濟傾邪之念，本由章句，薦歷要塗，專於徇私，素無人望。觀其所爲，多效秦檜。蓋思退之致身，皆檜父子恩也。始以掌文衡，曲意取其子孫，緣此汲引，以致政府。檜死熺逐，值更化之初，四方賢才，號召未至，陛下姑且留之。不旋踵而湯鵬舉爲御史，二人素通譜系，鵬舉首鼠顧忌，網漏吞舟。而思退且結約貴近，詭秘其迹，自是，安若泰山，寖登輔相，而敢肆意矣。」又曰：「自張孝祥、王晞亮、邵大受、方師尹、祝公達、沈介之去，自知寡助，每憤惋不平。伏望陛下赫然震怒，寘之典憲，上以合仁宗皇帝之威斷，下以快天下之公言。」思退遂罷。以觀文殿大學士奉祠。侍御史汪澈、正言王淮、諫議何溥，復疏其罪。遂詔落職。

初，澈等欲論思退，方捃摭其過，俊卿曰：「爲相無物望，而天災亟至，此固當罷，何以它爲？」及再論，欲鐫其職也。俊卿曰：「思退未有大罪，雖非相才，然比之沈該則有間。今該猶以大學士典州，而思退顧不得，則執法之地，所以議賞罰者偏矣[五五]。」不從。

初造會子。令臨安府印造，許於城内外與銅錢並行。權户部侍郎兼知府事錢端禮，乞令左藏庫應支見錢，並以會子分數品搭應副。從之。

明年，置行在會子務。後隸都茶場，悉視川錢引法，行之東南諸路。凡上供、軍需，並同見錢，仍分一千、二千、三千，凡三等。仍賜左帑錢十萬緡爲本。初，命徽州造會子紙，其後造於成都府。

安南獻馴象。上謂大臣曰：「朕不欲以異獸勞遠人。可令帥臣詳諭，今後不必以此人獻。」

以王之望總領四川財賦。時，總領所帑庾見在之數，爲錢物計一千四百四十四萬引，糧三百三十萬石，皆有畸。而糧之樁積於沿邊者，爲九十四萬。此其大略也。後户部侍郎吴芾面對，上因論財賦在得人，遂言：「川、陝用兵，朕全得王之望之力，大軍十餘萬衆，數月與虜角敵，而蜀人不知。之望在蜀，幾如蕭何之在關中。」

增荆南戍兵。時，知府續觱始至，首遺宰相陳康伯書，言：「荆南，吴、蜀之中，於今最爲重地。今兵備單寡，形勢削弱，曷若分鄂渚戍兵之半，爲荆南久駐之基，以伐虜謀。昔藝祖創業夷門，其征伐開拓，必先取荆南，次取巴蜀，而後始及江左。孰謂今日荆南實翬王室，而可易爲哉？今分兵於荆南，吴、蜀萬里，首尾俱應，國勢自振矣。」康伯以奏，上納其言。時劉錡已徙鎮江，以李道代其任，乃調循、贛州摧鋒右翼軍[五六]，合萬人隸之。

是冬，淵聖皇帝崩。年六十一。

校勘記

〔一〕如馬廣馬識遠俱以武舉擢用　「馬廣」，繫年要録卷一七六作「馬擴」，是。此蓋避宋寧宗之諱改。

〔二〕文字亦可采　「字」原作「武」，據繫年要録卷一七六及宋史全文卷二二下改。

〔三〕刑部郎張杓奉詔薦主管官告院鮑罃　「鮑罃」，中興小紀卷三七及繫年要録卷一七六作「鮑賛」。

〔四〕劉温叟爲臺丞十有二年　「劉温叟」原作「則温叟」，據繫年要録卷一七七改。

〔五〕終不可廢　「終」原作「無」，據清影宋抄本、道光抄本、繫年要録卷一七七及宋史全文卷二二下改。

〔六〕雖有折檻斷鞅　「鞅」，繫年要録卷一七八作「鞍」。

〔七〕又言　「又」原作「人」，據繫年要録卷一七八改。

〔八〕通選帥臣及第二任提刑資序　「帥」原作「師」，據宋會要輯稿職官六〇之三三、繫年要録卷一七九及宋史卷三一高宗紀八改。

〔九〕張俊之子子顔子正　「張俊」原作「張浚」，據宋史卷三六九張俊傳改。

〔一〇〕修三朝正史　「修」原脱，據中興小紀卷三八、繫年要録卷一八〇及宋史卷三一高宗紀八補。

〔一一〕定兩浙江湖漕米數　案此條記事，中興小紀卷三八繫於本年九月壬申；繫年要録卷一八三繫於紹興二十九年八月甲戌。

〔一二〕詔戒侈靡　案此條記事，繫年要録卷一八〇繫於本年十月庚寅。

〔一三〕非世俗之所謂道也　「非」原作「亦」，據中興小紀卷三八及繫年要録卷一八〇改。

〔一四〕大禮支費　「費」原作「貫」，據宋史全文卷二二下及宋會要輯稿禮二五之二三改。

〔一五〕舊有忠義社　「社」原作「祉」，據繫年要録卷一七七改。

〔一六〕各隨鄉村多寡團結　「村」原作「材」，據道光抄本及繫年要録卷一七七改。

〔一七〕欲將舊來條法與今事體不同者　「者」原脱，據繫年要録卷一八一補。

〔一八〕居數日　宋史卷三八二黄中傳同，晦庵先生朱文公文集卷九一黄公(中)墓誌銘作「逾月」。

〔一九〕治世何用此爲　「用」原作「人」，據清影宋抄本、道光抄本、繫年要録卷一八一及宋史全文卷二二下改。

〔二〇〕淮西湖廣總領所各百一十萬緡　「各」原作「冬」，據清影宋抄本、道光抄本及繫年要録卷一八五改。「百一十萬緡」，繫年要録卷一八五作「百二十萬緡」。

〔二一〕則兵拏禍結　「拏」，宋史全文卷二二下同，繫年要録卷一八三作「連」。

〔二二〕以事簡民稀　「稀」原作「魏」，據清影宋抄本及繫年要録卷一八二改。

〔二三〕乃徧求正史實録　「徧」原作「偏」，據繫年要録卷一八三及宋史全文卷二二下改。

〔二四〕增廣門類　「類」原作「顕」，據清影宋抄本、道光抄本、繫年要録卷一八三及宋史全文卷二二下改。

〔二五〕復提點鑄錢官　宋史卷三一高宗紀八繫此事於閏六月。

〔二六〕以李稙爲之　「李稙」，繫年要録卷一八三作「李禎」，宋史卷一八〇食貨志下二及繫年要録卷一八五作「李植」。

〔二七〕内教犒賞將士外　「賞」原作「養」，據繫年要録卷一八三改。

〔二八〕躬儉之德　「躬」，繫年要録卷一八三及宋史全文卷二二下作「恭」。

〔二九〕四方遊學之士　「士」原作「十」，據清影宋抄本、道光抄本及繫年要録卷一八三改。

〔三〇〕自人主及百司　「主」原作「王」，據清影宋抄本、道光抄本及繫年要録卷一八三改。

〔三一〕以周禮典瑞鄭元所注製之其可　「元」當作「玄」，蓋避趙玄朗諱而改。

〔三二〕百官常服黑帶入朝　「百」原作「自」，據道光抄本及繫年要録卷一八三改。

〔三三〕且用常例賜花　「且」原作「日」，據南澗甲乙稿卷二〇賀公（允中）墓誌銘及繫年要録卷一八三改。

〔三四〕州之監官井產鹽　「監官井」，繫年要録卷一八三作「鹽官井」。

〔三五〕既則繪爲屏　「繪」原作「終」，據清影宋抄本、道光抄本、繫年要録卷一八三及宋史全文卷二二下改。

〔三六〕翰林副使祁宣上封事　「祁宣」原作「祈宣」，據繫年要録卷一八四改。

〔三七〕左右以刃刺其額　「額」，繫年要録卷一八四及三朝北盟會編卷二四二作「頰」。

〔三八〕主客户共一千八萬　「一千八萬」，繫年要録卷一八三作「一千一百九萬一千八百八十五」。

〔三九〕員數日增　「日」原作「百」，據繫年要録卷一八四及宋史全文卷二三上改。

〔四〇〕後賜字元瓌　「元瓌」原作「元璘」，據建炎以來朝野雜記甲集卷一孝宗誕聖及宋史卷三三孝宗紀一改。

〔四一〕於是以史浩兼直講　「講」原作「諫」，據上文、繫年要録卷一八五及宋史全文卷二三上改。

〔四二〕則與皇孫敘賓主　「敘」原作「叔」，據繫年要録卷一八五及宋史全文卷二三上改。

〔四三〕以皇姪璩判大宗正寺　「姪」原脱，據續宋中興編年資治通鑑卷六補。「大」原作「太」，據繫年要録卷一八四及宋史全文卷二三上改。

〔四四〕詔寬租賦　案此條記事，繫年要録卷一八五及宋史全文卷二三上繫於本年六月。此繫於五月，誤。

〔四五〕可令諸路轉運司徧行州縣　「行」，繫年要録卷一八五及宋史全文卷二三上作「下」。

〔四六〕窺伺江淮意　「意」原作「恐」，據清影宋抄本、道光抄本、梅溪集奏議卷二輪對劄子三首、繫年要録卷一八六及宋史全文卷二三上改。

〔四七〕必有料敵制勝之策　「有」原作「無」，據清影宋抄本、道光抄本、梅溪集奏議卷二輪對劄子三首、繫年要録卷一八六及宋史全文卷二三上改。

〔四八〕謂權雖歸於陛下　「權」原作「檜」，據梅溪集奏議卷二輪對劄子三首、繫年要録卷一八六及宋史全文卷二三上改。

〔四九〕馮方疏言　「疏」原作「點」，據清影宋抄本及道光抄本改。

〔五〇〕走則可以誅矣　「走」原作「定」，據繫年要録卷一八六及三朝北盟會編卷二二五改。

〔五一〕仍令吏户部兩曹後他司出局　「户」原脱，據繫年要録卷一八六補。

〔五二〕壬戌　案繫年要録卷一八六及宋史卷三一高宗紀八繫於「癸亥」。

〔五三〕殿中侍御史陳俊卿言　「史」原作「吏」，據道光抄本及繫年要録卷一八七改。
〔五四〕亟命草詔罷之　「草」原作「章」，據繫年要録卷一八七改。
〔五五〕所以議賞罰者偏矣　「偏」原作「徧」，據繫年要録卷一八七改。
〔五六〕以李道代其任乃調循贛州摧鋒右翼軍　「循贛州」原置於「李道」前，文意不通，據繫年要録卷一八七乙正。

中興兩朝編年綱目卷第十三

高宗皇帝　起辛巳紹興三十一年，止壬午紹興三十二年。

辛巳紹興三十一年（一一六一）春正月甲戌，日有食之，用牲於社。太史奏當交不虧。詔勿賀。

丁丑，雷。

癸未夜，風雷雨雪。侍御史汪澈言：「春秋魯隱公時，大雨雷電，繼以雨雪，孔子以八日之間，再有大變，謹而書之。今一夕之間，二異交至，陰盛也。今臣下無姦萌，戚屬無乖剌，而又無女謁之私，意者殆爲夷狄乎？願陛下飭大臣，常謹於備邊也。」殿中侍御史陳俊卿言：「周之三月，今正月也。魯隱公八日之間，再有大異。今一日而兩異見，比春秋抑有甚焉。震雷，陽也；雨雪，陰也。意者陽不能制陰，故陰出而爲害。以類推之，是夷狄包藏窺伺中國，臣下驕恣，翫習威權之象也。可不懼乎？今邊防之策，聖謨深遠，講之熟矣。然而將未得人，兵未核實，器械未精，儲蓄未備。臣願陛下與二三大臣，因災而懼，謹其藩籬，常若寇至，不可一日而弛也。至於臣下，則有官居保、傅，手握兵符，而廣殖貨財，專事交結，奪民利，壞軍政，人不敢言，道途側目，養之不已，其患將有不可勝言也！」

澈尋言，近有旨，政事並用祖宗舊制。澈因言遷授恩數六事：「以謂六等檢校官，舊制也。今自節度徑除太尉，歷開府以至少保矣。節度以移鎮爲恩寵，舊制也。今一定而不易矣。承宣分大、中、小鎮，觀察分小、大州，舊制也。今徑作一官矣。横行自右武大夫，以非有功不帶遥郡，舊制也。今自右武大夫當遷官者，率於遥郡改轉，纔五遷即至遥郡承宣使，一落階官，遂爲正任承宣使矣。武功大夫實歷七年，用七舉主，始轉横行，舊制也。今或自小使臣爲閤門宣贊舍人，一遷徑至右武郎矣。任兵官總管、鈐轄、都監分六等，非正任觀察使及管軍，不以爲總管，舊制也。今降此而得之者有矣。倖門一開，人趨捷徑，遂輕爵賞。若此之類，其事甚衆。乞令有司條具，比類施行。」詔中書門下後省看詳，申尚書省。

丙申，大雨雪。詔：「出内府緡錢，賜衛士及予貧民。輔郡命常平官振給，諸路委監司決獄。」

著作佐郎王十朋遺陳康伯書曰：「乃者大雨雪而雷聲繼作，識者憂之，是陽不勝陰之明驗也。主上仰畏天變，俯恤民隱，放房錢以寬細民，遣郎官以決滯獄，固宜德之動天，不俟終日。然而積雪不消，止而復作，今且十日矣。豈應天當以實，而小惠不足以弭災耶？夫陰爲夷狄，爲小人，爲宦官、女子，爲群邪壅蔽，上塞下聾之患。天心仁愛吾君，出災異以警戒之。相公居燮調之任，當任賢退不肖之責。願以春秋災異之說，爲上力言之。進君子，退小人；內修闕政，外備强虜；開闢言路，以通下情；閉陰縱陽，以禦天變〔一〕。勿以天道爲遠，聖人之言爲悠悠，而不之畏也。比因輪對狂妄，日虞罪戾，固宜鉗口結舌，不言時事。而猶敢及此者，區區憂國之心，不能自已，以無路而告吾君，不可以不告吾相。由此獲罪，固所不辭。」

解楊存中兵權〔二〕。進太傅、同安郡王，奉祠。存中領殿巖幾三十年。至是，王十朋、陳俊卿、李浩相繼誦言存中之過，存中亦累章丐免，乃以趙密代之。前一日，上召學士楊椿草制，且諭大臣曰：「可令密於未宣麻以前，便交職事。昔唐神策軍使王駕鶴久典衛兵，權震中外，議欲易之。崔祐甫召駕鶴語移時，而代者已入軍中矣。朕讀唐史，深嘉祐甫善處事，可以爲法。」

俊卿復論：「鎮江都統制劉寶軍律不嚴，裒刻過度。比者，朝命分卒戍黄魚垛，而寶違詔不遣。」乃責寶散官安置。朝論快之。

復給僧牒。每料降二千道，每道價錢五百千，綾紙錢十千。

二月，少師、觀文殿學士秦熺卒。詔贈熺太傅。給事中黄祖舜言：「三公非有大功德，不以輕受。陛下保全秦檜家，俾熺休致而歸，不加以罪，恩亦至矣。今乃贈以帝傅之秩，殊駭物聽。」遂寢其命。

三月，以何溥爲翰林學士兼吏部尚書。先是，溥言君子小人和同比周之弊。有曰：「同近於和，而和實非同，比近於周，而周終不比。世人之假同以爲和，託比以爲周。求濟其小己之私，而卒貽天下之患。臣願辨之於其早，制之於其微，使同與比之迹不形，而和與周之實常著。則朝廷正，而百官正矣。」

又言軍政之弊曰：「爲將帥者，不治兵而治財，刻剥之政行，而拊摩之恩絶，市井之習成，而訓練之法壞。二十年間，被堅執鋭之士，化爲行商坐賈者，不知其幾。甚者死亡不補，虚數日增，沿流尋源，所宜痛革。」又言：「爲備於無事之時，擇才於自代之舉。置總帥以護諸將，則勢同臂指。募民兵以捍兩淮，則可固藩籬，皆當今急務。」上察其忠，而有是除。

以陳康伯、朱倬爲左、右僕射。

夏四月，以吴拱知襄陽府。拱時爲利州西路都統制。詔拱以西兵三千戍襄陽。朝廷聞金人決欲敗盟，乃令兩淮諸將各畫界分，使自爲措置，置民社，增壁積糧。是時，吴璘戍武興，姚仲戍興元，王彦戍漢陰，李道戍荆南，田師中戍鄂渚，戚方戍九江，李顯忠戍池陽，王權戍建康，劉錡戍鎮江，壁壘相望，而襄陽獨未有備。故命拱以所部戍之。

拱尋被朝命，襄陽或有變，不能自保，則令退守荆渚。拱以書遺大臣言：「荆南爲吴、蜀之門户，襄陽爲荆州之籓籬，屏翰上流，號爲重地。若棄之不守，是自撤其籓籬也。況襄陽依山阻江，沃壤千里，設若侵犯，據山以爲巢穴，如人扼其咽喉，守其門户，則荆州果得高枕而眠乎？若欲保守荆州，自合將襄陽爲扞守之計。當得軍馬一萬，使拱可得措置，則修置山寨，保護禦敵，營闢屯田，密行間探。」既而，拱至襄陽，置萬山寨，寨無水無薪，師徒勞役，時人不以爲便。

詔求言。時久雨。陳俊卿上疏請之。上謂宰執曰：「應天以實不以文，可令侍從、臺諫各具時政之闕，有不便者，即與改正。」宰臣陳康伯、朱倬皆待罪，上曰：「罪在朕躬，豈可移過大臣。」

翰林學士兼吏部尚書何溥言：「夷狄爲中國之陰，天意若曰夷狄將有不測之變，故垂災異，以警戒之。臣謂安邊之圖，雖在擇將帥，而立國之本，要在得人心。推原天人相與之際，莫如自治之急。」

俊卿又言：「詔下之日，陰雲開霽，至誠感天，應如影響。然當主憂之時，敢不畢其愚慮？今虜居汴京，已逼吾境，而武昌、襄陽、荆南各相去數百里，宜擇威望重臣，以兼制之，使首尾相應。又宜密遣人，假以它職，往來軍中，以問諸將。或令逐軍各使腹心將官赴朝廷，令大臣與知兵者講説地形，及先後緩急之宜。又鄉兵亦宜給以衣糧、器甲，俾之樂從。雖朝廷方守和議，淮上未可屯兵，而歷陽、儀真、維揚城壁稍堅，當陰爲之備。他日諸軍可以投足。昔唐憲宗中興，裴度曰：『此豈朝廷之力可制其命，特處置得宜，能服其心。』今日苟處置得宜，彼知我有人焉，或可以寢其謀矣。」

五月，詔議監司失按罰。用陳俊卿請也。一歲失按屬吏及四人以上者，令御史臺申朝廷議罰。

虜使來。金主亮恃其强暴，欲渝盟犯塞久矣。至是，遣其臣高景山、王全來賀天申節。見于紫宸殿。全因導亮意，求淮、漢之地，及指取將相近臣議事，並報淵聖皇帝訃音。且言亮以九月北巡，今所指近臣，當於八月至其國，大率皆慢辭也。

時朝論洶洶，内侍張去爲陰沮用兵之議，且陳退避之策。或因妄傳有幸閩、蜀之計，人情皇惑。上意雅欲視師。陳康伯奏曰：「敵國敗盟，天人共憤，今日之事，有進無退。若聖意堅決，則將士之氣自倍。願分三衙禁旅，助襄、漢兵力，待其先發，然後應之。」

工部侍郎黄中自使還，每進見，未嘗不以邊事爲言。至是又率同列請對，論決策用兵，莫有同者，中乃獨奏曰：「朝廷與仇虜通好二十餘年，我未嘗一日言戰，彼未嘗一日忘戰。取我歲幣，啗彼士卒。我日益削，彼日益强。今幸天褫其魄，使先墜言，以警陛下，惟亟留聖心焉。」

侍御史汪澈言：「天下之勢，强弱無定形，在吾所以用之。陛下屈己和戎，厚遺金繒，而彼輒出惡言，以撼吾國。若將唾掌而取，三尺之童，無不痛憤。願陛下赫然睿斷，置帥江上，而專付閫外之任；益兵上流，而增重荆襄之勢；渡師淮甸，以守其要害；嚴備海道，以遏其牽制。然後以不戴天之讎，在原之戚，下詔以告中外。將見上下一心，其氣百倍，幾會之來，間不容髮，在陛下斷之而已。」

淵聖皇帝凶問至。上率群臣發哀成服，廟號欽宗，陵曰獻陵。

初，宰執聚堂議舉哀典故，時有謂：「上不可以凶服見使者，欲俟其去，乃發哀。」黄中聞之，亟奏曰：「大事一失禮，謂天下後世何？且使人或問故，將何以對？」於是，始議行禮。

六月，以陳俊卿爲兵部侍郎。俊卿屢薦張浚可用。又言：「張去爲竊威權，撓成算，乞斬之，以作士氣。」上曰：「卿可謂仁者之勇。」至是，宰執奏事，上曰：「陳俊卿敢言，朕將賞之。」陳康伯言：「俊卿在臺振職。」乃有是命。

詔議節用。中丞汪澈言：「講和之久，將帥養驕，軍政隳弊，軍士之廩給薄者，幾無以自活。宜優恤之，以養其力。」又言：「淮南山水寨，舊來鄉豪自相結集，當隨宜存恤，使自爲守，無令監司、州縣擾之，庶收其用。」又言：「軍旅將起，費用方繁，宜條其不急，大加節約，以徇今日之務。」從之。

以汪澈爲湖北京西宣諭使。置司鄂州。

杜莘老殿中侍御史。莘老入見，上曰：「知卿不畏强禦，故有此授。自是用卿矣。」陳俊卿既出臺，求去甚急，莘老因奏事，從容曰：「人材實難，況多事之際，令俊卿輩在論思之地，必有補益。」上以爲然。後俊卿乃復留。未幾，莘老又言：「善御天下者，無事則深憂，有事則不懼。無事深憂，所以預備；有事不懼，所以濟功。今虜欺天背盟，政陛下待以不懼之時。願繼自今，益以剛大爲心，勿以小利鈍爲異議所摇，諛言所惰，則人心有所恃，而士氣振矣。」因上四事：「一、用建炎詔書，不限早暮，延見大臣及侍從，謀議國事。二、申敕侍從、臺諫、監司、守臣，速舉可用之才。三、虜情雖叵測，然趣我使期，宜以時遣，使曲在彼。四、車駕既謀順動〔三〕，則留鑰所付，宜擇重臣。」又言：「藝祖簡諸道兵補禁衛，訓練精整，故方鎮讋服，莫敢有異心。今親征有期，而熊虎兩司班直親兵，纔五千餘人，羸老居半，至有不能介冑者，乞亟留聖意〔四〕。」皆從之。尋遷太常少卿。是冬，出知遂寧府。莘老爲御史，極言無隱，取衆素所指目如王繼先、張去爲輩，悉擊去之。及罷去，朝士祖道都門，以詩文稱述者百餘人。都人至今以爲美談。雖宿衛武夫、府寺賤隸，誦説前朝骨鯁敢言之臣，必曰杜殿院云。

莘老嘗爲太常博士兼籍田司，籍田千畝，以上腴而歲取甚薄，耕者行賕以争射〔五〕，吏每於歲首步頃畝，視賕之薄厚爲予奪，疆畝所接皆苦之〔六〕。至是，舉故事，請度田。莘老曰：「是無盈縮，安用度？」乃立表大書於四境。且籍耕者，賦耕田有定數，吏縮手不得肆。旁近民感悦，至今賴之。

罷教坊。

以劉錡爲江淮浙西制置使。節制逐路軍馬。錡自順昌之勝，金人畏之，下令有敢言其姓名者，罪不赦。上亦知其能，故有是命。

命李寶以舟師屯江陰。防海道也。

彗出角。

徐嘉使虜。充起居稱賀使，賀金主遷都也。先是，同知周麟之請行，既而中悔，力辭。上大怒，乃改命嘉。嘉未至盱眙，金人遣韓汝嘉先在泗州，遂相見于淮岸口，汝嘉傳亮語，謂：「卿等雖來，即非所召，可回。令元指定一二近上人來，須九月初定到。」汝嘉自盱眙歸，諫亮寢兵議和，亮曰：「汝與南宋爲遊説也耶！」遂賜死。

秋七月，虜主亮徙汴。亮行至南薰門，而雨暴至。至承天門，迅雷、大風作。亮一日坐正隆殿曰：「許多宰執，敢有能爲統軍者〔七〕？」右丞劉萼〔八〕曰：「請爲之。」亮喜，即拜萼爲漢南道行營統軍，將二萬衆。歷唐、鄧以瞰荆、襄。又以張中彦爲西蜀道統軍，王彦章副之，將五萬衆，據秦、鳳以窺巴蜀〔九〕。蘇保衡統水軍，完顏鄭家奴副之，由海道將趨二浙。餘兵亮自將焉。

八月，竄王繼先。繼先以醫術進身，時以承宣使致仕。怙寵干法〔一〇〕，富埒公室。子弟直延閣、通朝籍，姻戚黨友，莫非貴游。撤民屋以廣第舍，別業外帑，殆遍畿甸。數十年間，未有敢摇之者。自聞邊警，日輦重寶歸吴興，爲避賊計。於是，殿中御史杜莘老上疏，數其十罪。詔竄福州，子孫並停官，都城第宅籍没，强買奴婢悉縱之。

虜主亮弑其母。

初，其母病，亮往視之，問以所苦。母曰：「吾無它疾，以皇帝用兵不止，遠征江南，是吾病也。」亮大怒曰：「非朕母，乃粱宋國王之小妻也！」遂命赤盞彦忠弑之，以威言者。於是，左右縮頸，國人以目。其后徒單氏與太子光瑛復諫，亮亦欲誅之。母子俱避去，三日而後出。

命劉錡進屯揚州。命其將王剛以五千人屯寶應。

尋詔錡及王權、李顯忠、戚方，各隨地分，措置沿淮三處河口，嚴爲隄備。時權在建康，顯忠在池州，方在江州〔一一〕。

九月辛未，大饗明堂，罷合祭，奉徽宗配。仍祀五天帝、五人帝于堂上，五官神于東廂。罷從祀諸神位，用熙寧禮也〔一二〕。

時以欽宗之喪，禮部侍郎金安節言：「宮廟皆當以大臣攝事。」不從〔一三〕。

虜犯鳳州，李彦堅擊敗之。虜將合喜將五千餘騎，自鳳翔大散關入州界三十里〔一四〕，攻黄牛堡。守將李彦堅告急於吴璘，璘馳至殺金平，遣將援之，彦堅督官軍用神臂弓射卻虜。吴璘又遣別將至寶雞渭河，夜劫橋頭大寨，破之。

犯光化軍〔一五〕，張超敗之。超權軍事，甫及郡，虜騎數百忽突入城，超閉譙門，令從者率郡人巷戰，虜死者數十人，乃引去。

犯信陽軍。先是，成閔遣趙撙屯德安府，撙至之五日，信陽告急，撙曰：「信陽，德安之表裏，不可失。」即引兵赴之，虜騎引去。

虜主亮入寇。是月，亮以其臣右丞李通爲大都督，粘安阿述虎副之，令先造浮梁於淮水之上。亮遂自將入寇。時亮衣橘紅袍，所乘馬金甲，自宋州門出，其后徒單氏與太子光瑛俱送行。亮亦掩泣，徐曰：「天實使之，不自由也。」亮兵號百萬，氈帳相望，鉦鼓之聲不絕，遠近大震。

冬十月朔，詔親征。詔曰：「朕履運中微，遭家多難。八陵廢祀，可勝抔土之悲〔一六〕！二帝蒙塵，莫贖終天之痛！皇族尚淪於沙漠，神京猶汚於腥羶。銜恨何窮？待時而動。未免屈身而事小，庶期通好以弭兵；屬戎虜之無厭，曾信盟之弗顧。怙其篡奪之惡，濟以貪殘之凶，流毒徧於華夷，視民幾於草芥。赤地千里，謂暴虐爲無傷；蒼天九重，以高明爲可侮。輒因賀使，公肆嫚言，指求將相之臣，坐索漢、淮之壤。吠堯之犬，謂秦無人。朕姑務於含容，彼尚飾其姦詐。嘯厥醜類，驅吾善良。妖氛寖結於中原，烽火遂交於近甸〔一七〕。皆朕威不足以震疊，德不足以綏懷，負爾萬邦，于今三紀，撫心自悼，流涕無從。方將躬縞素以啓行，率貔貅而薄伐，取細柳勞軍之制，考澶淵卻狄之規。詔旨未頒，歡聲四起。歲星臨於吳分，冀成淝水之勳；鬬士倍於晉師，當決韓原之勝。尚賴股肱爪牙之士，文武小大之臣，戮力一心，捐軀報國，共雪侵陵之恥，各肩恢復之圖。播告邇遐，明知朕意。」

少保、奉國軍節度使、四川宣撫使吳璘檄告契丹、西夏、高麗、渤海、達靼諸國，及我河北、河東、陝西、京東、河南等路官吏軍民等曰：「蓋聞惟天無親，作不善者，神弗赦。得道多助，仗大義者衆必歸。敢攄一切之誠，用諭萬方之聽。我國家功高上古，澤潤中區。列聖重光，方啓中興之運；斯民不幸，適丁板蕩之災。蠢兹女真之微，首覆契丹之祀。怙其新造，間我不虞。妖氛既陷於神都，虐焰殆彌於宇縣。兩宮北狩，訖罹胡地之煙塵；大駕南巡，未正漢京之日月。凡居率土，誼不戴天！主上紹開中興，宏濟大業，望山河而隕涕，瞻陵廟以傷心。蓋臥薪嘗膽之是圖，寧拯溺救焚之敢緩？然人命至重，佳兵不祥，靡辭屈己以事讎，姑欲安民而和衆。豈謂冥頑之虜，狃於簒逆之資，以至不仁，行大無道，敺我中原之老稚，翦爲異類之囚俘。乃輕棄於穴巢，輒坐張於畿甸。自謂富强之莫敵，公然反覆以見欺。指揮而取將相之臣，談笑以求淮、漢之地。九州四海，聞之怒髮以衝冠；百將三軍，誰不搴旗而抵掌！幕府濫膺齋鉞，盡護戎旃，冀憑宗社之威靈，一洗穹廬之穢孽。待時而動，歷歲于兹。天亡此胡，使委身而送死；人自爲戰，不與賊以俱生。帝尊一臨，士氣百倍。劉制置悉南徐之甲，成馬軍興侍衛之師；李四廂虎視于青、徐，王太尉鷹揚于潁、壽。鄂帥擣崤函之險，步軍衝伊洛之郊。前無堅鋒，勇有餘憤。以此制敵，何敵不摧？以此攻城，何城不克？惟彼諸蕃之大國，久爲鉅宋之歡鄰。玉帛交馳，尚憶百年之信誓；封疆迴隔，頓疏兩地之音郵。顧敦繼好之規，共作侮亡之舉。至於晉、秦奇士，齊、趙雋材，獻節義之良謨〔一八〕，志功名之嘉會。爲劉氏左袒，飽聞思漢之忠；傒湯后東征，必慰戴商之望。抗旌雲合，投袂風從。或據郡以迎降，或聚徒而特起。乘吾破竹之勢，立爾前茅之勳。侯王寧有種乎？人皆可致富貴；是所欲也，時不再來。更期父老之誨言，深念祖宗之德化。勿忘舊主〔一九〕，重建丕基。檄到如章，書不盡意。」檄，樞密院所降本也。

劉錡進屯盱眙軍。錡在揚州病，上遣中使視錡，錡曰：「錡本無疾，但邊事如此，至今猶未決用兵，俟敵人侵犯，然後使錡當之，既失制敵之機，何以善後？此錡所以病也。」中使以奏，錡遂行。日發一軍，時錡已病不能食，但啜粥而已。

錡尋自盱眙軍引兵次淮陰縣，留劉汜、員琦守盱眙。時，金人將自清河口放船入淮，錡列諸軍于運河岸以扼之。

給諸路僧牒、告身市軍儲。登仕郎八千貫，僧牒減爲三百貫。

又從臺臣杜莘老之請，以四川見管常平義倉米六十二萬石，依兩淮、湖、廣已得之旨，以備軍食。

又從户部侍郎劉岑之請，借江、浙等路浄利錢備賞軍，一界計錢三百八十萬緡，限半月足。國朝混一之初，天下歲入緡錢千六百餘萬，太宗以爲極盛，兩倍於唐室矣。天禧之末，取入增至二千六百五十餘萬緡〔二〇〕。嘉祐間，又增至三千六百八十餘萬緡。其後，月增歲廣，至熙、豐間，合苗、役、市易等錢所入，乃至五千餘萬。渡江之初，東南歲入猶不滿千萬，上供纔二百萬緡，此祖宗正賦也。吕頤浩在户部，始創經制錢六百六十餘萬緡。孟庾爲執政，又增總制錢七百八十餘萬。朱勝非當國，又增月椿錢四百餘萬緡。紹興末年，合茶鹽酒等〔三二〕、坑冶、榷貨、糴本、和買之入，凡六千餘萬緡，而半歸内藏。昔時中都吏禄、兵廩之費，全歲不過百五十萬緡。元豐間，月支三十六萬，宣和崇侈無度，然後月支百二十萬〔三三〕。渡江之初，連年用兵，月支猶不過八十萬。其後休兵寖久，用度滋益多，户部常患無餘。及軍興，遂有此請。

虜陷安豐軍、蔣、和等州。先是，李顯忠提兵在壽春、安豐之間，欲回軍廬州，徐觀其變。至謝步，聞虜已渡淮。自峽山路渡大江以歸。虜遂陷安豐及蔣州。蔣即光也。初避虜諱改焉。

戚方自淮西引兵南渡。

初，劉錡遣王權將兵迎敵，逗留不進。再檄權往壽春，權不得已，僅發軍至廬州戍守，故虜得渡橋以濟。權棄廬州而遁。虜兵至尉子橋，姚興以一軍三千人力戰。權置酒仙宗山上，擁兵自衛不前，興殺虜數百，以無援而没。知廬州龔濤遁，權退保和州。尋又棄和州，先奔采石。

陷無爲軍，守臣韓髦遁。

亮既渡淮，令萬户蕭琦以十萬騎自花靨鎮，由定遠縣取滁陽路至揚州，琦至藕塘，駐軍數日，先以百餘騎犯清流關，官軍無與敵者。遂長驅入關，直抵滁州，守臣陸廉棄城去。蕭琦自滁州引兵至瓦梁，扼滁河不得渡，執鄉民歐大者問之〔二三〕。大因記紹興十一年韓世忠以數百騎往定遠縣，駭敵而回，至瓦梁，盡毀民居，以爲浮橋，恐虜人效之，乃答以有路，自竹崗鎮可徑至六合縣。琦從之，俾爲鄉導，遂迂路半日。故六合居民皆得逃去。虜得城不入，徑自山路趨揚州，攻陷之。知通州崔邦弼聞揚州破〔二四〕，即棄城遁，虜退，復還。

犯樊城。自講和後，樊城不修築，翟貴、王進以兵二百戍焉〔二五〕。時吴拱在襄陽，虜騎三千忽至，欲奪浮橋，徑至城下。張訓通以百騎巡綽與虜遇〔二六〕，擊之。會繫橋未成，虜不得濟。二將引兵出戰，俱死焉。士卒半掩入江中。至晚虜退。是役也，以大捷聞，未嘗出戰者亦或以奇功遷，軍中謂之「樊城功賞」。

命葉義問視師江、淮。王權之敗報至，中外大震。上召楊存中同宰執對于内殿。上諭以欲散百官，浮海避狄。陳康伯曰：「不可。」存中亦請率先將士，北首死敵。上喜，遂定親征之議。時有欲遣使詣虜以緩師者，敷文閣待制曾幾聞之，上疏曰：「遣使請和，增幣獻城，終無小益，而有大害。爲朝廷計，自嘗膽枕戈，專務節儉，整軍經武之外，一切置之。如是，雖北取中原可也。且前陛下降詔，諸帥傳檄，數金人君臣如罵奴爾。何辭復與和耶？」乃命義問視師，以中書舍人兼權直虞允文參謀軍事，檢詳洪邁、校書馮方並參議軍事。義問至鎮江，權立行府。

以楊存中爲御營宿衛使。

詔賞犒諸將。左僕射陳康伯奏：「時當雨雪，戰守諸軍暴露，乞加優恤。」上乃詔總領所，人各支絹一匹，家屬在營者給以薪炭之直。康伯等曰：「此誠受陛下挾纊之賜也。」

吴挺、向起敗虜於德順軍。吴璘所遣也。王師抵城下，有秦世輔者，與其父出降，虜執其母妻招之，世輔欲還，其母云：「還亦死，不還亦死，等耳，不若善事趙天子。」虜盡殺其母妻。

是役也，統制官朱勇被執，不屈遇害。高師中力戰死之。璘尋又遣王中正敗虜于治平寨，又敗之于照城坡。

劉錡敗虜于皂角林。初，金人既得揚州，即遣兵逐劉錡，來争瓜洲渡〔二七〕，錡命部將賈和仲、吴超等拒之于皂角林。員琦陷重圍，下馬死戰數合〔二八〕，部將王佐以步卒百有四人，往林中設伏，虜既入，張弩俄發。虜以運河岸狹，非騎兵之利，稍稍引去，遂大敗之，斬統軍高景山，俘數百人。錡在瓜洲四日，無日不戰。錡恐人心不固，乃遣人自鎮江取妻子以安人心。至是，有詔令錡專防江上，會錡病已劇，遂肩輿渡江。留劉汜以千五百人塞瓜洲渡。方亮之南也，枚數本朝諸將，問其下孰敢當之者，皆隨姓名而答如響。至錡，則莫有應者，乃曰：「朕自當之。」順昌之役，亮時年十八，以萬户從軍。錡之勝，兀术之敗，亮所親見也，故其出師也，欲自當錡而卒不果。

紹興乙亥，虜使館都亭驛，與其副飲酒，其副不肯飲，訶之曰：「酒中安得有劉四廂，何不飲？」有使虜者，見其厩卒怒詈馬之不食草者，亦云。蓋其威名素著於南北云。

李寶敗虜于膠西。先是，寶舟師至東海縣，時虜兵已圍海州。寶麾兵登岸，虜驚出意外，亟引去。於是，魏勝出城迎寶。寶遣辯士四人招納降附。時山東豪傑王世修輩〔二九〕，皆各以義旗聚衆，争應爲援。寶與子公佐引舟師至密之膠西石臼島〔三〇〕，而虜舟已出海口，泊唐島〔三一〕，相距止一山，候風即南，不知王師之猝至也。寶伺虜未覺，遣其將曹洋、黄端禱于石臼神〔三二〕，祈風助順。忽風自南來，衆喜，争奮引帆握刃，俄頃，過山薄虜，鼓聲震蕩，虜驚失措。虜帆皆以錦纈爲之，彌亘數里，忽爲波濤捲聚一隅，窘促摇兀，無復行次。寶命以火箭射之。煙焰隨發，延燒數百。火不及者，猶欲前拒。寶命健士躍登其舟，以短兵擊刺，殪之舟中。其餘簽軍，皆中原舊民，脱甲而降者三千餘人。獲酋首元顔鄭家奴等六人〔三三〕，斬之。惟統軍蘇保衡未發舟〔三四〕，不可獲，旋聞自經死。得獻議造舟人倪詢等，皆淮、浙姦民，且爲虜鄉導者，又獲其統軍印與僞詔、文書、器甲、糧斛以萬計。寶欲乘勝以進，而聞逆亮已濟淮，遂旋師駐東海，視緩急爲援。遣小舟奏捷。既至，上命降詔奬之，除寶靖海節度、沿海制置使。

兵部侍郎陳俊卿言：「虜擾淮甸幾兩月矣，前日，瓜洲雖失利，不旋踵而有捷音，既而李寶舟師又大捷。此天祐聖德，虜宜滅也。但荆襄爲吴蜀之咽喉，虜自春以來，積糧草於唐、鄧，修營寨於西京，蓋欲窺伺。屬吾有備，遂改圖兩淮。而其糧草爲王師所焚，今胡騎盡過淮東，恐其知成閔之師順流東下，必留二三萬騎往來兩淮，而出吾不意，復窺荆襄。願詔大臣與上流諸將，謀所以守之。又王師分戍長江、巨海，備衆而隙多。今惟患兵少，宜於閩、廣厚賞以募舟師，此皆不可緩也。」於是，上乃命寶措置舟師。

十一月，以吴芾爲殿中侍御史。先是，芾建言：「陛下當修德以服虜人。虜以其力，我以其德，雖强弱之勢不侔，而勝負之形已見」。又言：「陛下勿以敵之進退爲憂愉，勿以事之緩急爲作輟。凡下詔必務責己，引對必令盡言。使隱之於心，有合於天地。發之於政，無愧於祖宗。」上韙其言。故有是命。芾又言：「今日之事，有進無退。若爲蓄縮之計，則大事去矣！」

張浚判建康府。時浚責居永州。陳俊卿間爲上言：「浚忠義且兼資文武，可付以閫外。臣素不識浚，雖聞其嘗失陝服，散淮師，而許國之心，白首不渝。今杜門念咎，老而練事，非前日浚也。願陛下勿惑讒謗，雖未付以大柄，且與一近郡，以係人心，庶緩急可以相及。」上納其言。是春，許浚自便。俊卿又屢言浚可用。上曰：「卿欲用浚爲何官？」俊卿曰：「此在陛下。」上曰：「浚才疏，使之帥一路，或有可觀。若再督諸軍，必敗事。」俊卿曰：「人皆以浚爲可用，陛下何惜不一試之？」上首肯之，尋有是命。

李横、劉汜及虜戰于瓜洲鎮。先是，劉錡病篤，葉義問以横代之。趣令過江。時虜以重兵直擣瓜洲，横引諸軍迎戰。汜提本部兵先走。横以孤軍不可當，亦遁，並其都統制印失。虜鐵騎掩至江上。魏俊、王方戰死柳林中，皆金瘡被體。汜性驕傲，不習軍事，至是卒敗。

初，義問至鎮江，聞瓜洲官軍與金人相持，已遑遽失措。時江水低淺，沙洲皆露，義問役民夫掘沙爲溝，可深尺許，沿溝栽木枝爲鹿角數重以禦敵。鄉人執役且笑曰：「一夜潮生，沙溝悉平，木枝皆流去矣。」會建康告急，義問乃遵陸而進。

虞允文敗虜于西采石楊林渡〔三五〕。逆亮爲内變所撓，於是，親統細軍駐和州之雞籠山，臨江築壇，刑馬祭天，必欲由采石而渡。朝廷詔王權詣行在，以李顯忠代之。命虞允文趣顯忠交權兵。時顯忠未至，王權所留水軍車船咸在，而諸將未有統屬。允文自建康來，因使人督之。虜舟漸近，我軍用海鰍船迎擊，士皆死鬭，虜舟多沉溺，遂不能濟。虜縱火自焚其舟，走瓜洲。

邵宏淵先亦敗虜於真州之胥浦橋。

時王宣又遣汲靖敗虜於蔡州之確山。

虜犯陝州，任天錫敗之。

以成閔等爲淮東等路制置使兼招討使。成閔，淮東路制置兼京西河東淮北四路招討使。吴拱，湖北京西路制置兼京西北路招討使。李顯忠，淮西路制置兼京畿河北西路淮北路招討使〔三六〕。

虜軍弑其主亮于揚州。逆亮已聞李寶由海道入膠西，焚其戰艦。而荆鄂成閔諸軍方順流而下。亮愈忿，乃回揚州，召諸酋，約三日畢濟，過期盡殺之。初，亮肆虐既久，宗族大臣悉被誅，而舊臣如張通古、孔彦舟輩亦皆坐死，國人莫有固志。及將用兵，又借民間税錢五年，民益怨憤。於是，中原豪傑並起。大名王友直、濟南耿京、太行陳俊倡集義衆，而契丹之後耶律窩斡亦興於沙漠〔三七〕。諸軍已有殺亮之謀矣。及葛王褎立〔三八〕，有傳赦文至軍中者，人心益摇。於是，諸酋遂相與定謀，弑亮而歸褎。然所謂紫茸細軍者衛之甚嚴密，衆因謂細軍曰：「淮東子女金帛皆逃在泰州，我輩急渡江，汝輩何不白郎主往取之？」細軍欣然共請，亮從之。於是細軍去者過半。乙未，諸酋集兵萬餘人，控弦直入亮寢帳，左右親兵散走。諸酋射帳中，矢下如雨，亮即死，並殺其妃侍與謀事者十餘人。

紫茸軍陷泰州，統制王剛遁。

十二月，虜來議和。 金人移牒云：「正隆失德，無名興師。兩國生靈，枉被塗炭。已從廢殞，見議班師。各務戢兵，以圖舊好。」上曰：「大酋既已誅夷，餘皆南北之民，驅迫而來，彼復何罪？令即日襲逐，可使隻輪不返。然多殺何爲？但檄諸將，迤邐進師，會京畿，收復故疆，撫定吾人足矣。」陳康伯請率百僚稱賀。上曰：「未須爾，候到汴京，與群臣共慶。」

虜犯茨湖，守將敗之。 茨湖在漢江之南，與光化軍相對。至是，金人以舟渡，欲攻襄陽，會風勢不利，不得著岸。兵校史俊麾旗登舟，擊却之。

李顯忠敗虜於全椒。 楊欽尋敗之於洪澤鎮〔三九〕。吴超敗之於淮陰縣。顯中又敗之於楊林渡，翌日，虜乃退。

戊申，上親征。 湯思退爲行宫留守。先是，上曰：「此行中宫及内人不往，止與建王行，欲令徧識諸將耳。」

赦新復州軍。 上曰：「向已下哀痛之詔，今日恩宥，不必更揚元顔亮過惡〔四〇〕，但專罪己而已。」起居舍人、權直學士院劉珙草制，略曰：「兹逆虜之干誅，幸上天之悔禍，爰整濯征之旅，坐揚耆定之功。元惡就屠，餘黨悉潰。重念中原之衆，久淪左衽之風。頭顱難保於淫刑，閭里悉空於重斂。宜推在宥，咸與惟新。」自江上用兵，珙獨在禁林，一時詔檄，多出其手，詞氣激烈，讀者感厲。

招納降附。上至無錫縣。宰執奏：「淮東虜人已遁去，淮西尚餘三萬衆據和州。」陳康伯等依旨撰到招安旗牓，不惟諸國之人，雖女真亦一概與補官。」上曰：「彼雖夷狄，亦人也。比引見所招捉到金人，朕亦悉貸死。蓋首惡止元顏亮一人耳，若概殺之，朕不忍爲也。」

是歲，籍鄉兵。於是知荆南府續觱請復義勇民兵。其法：取於主户之雙丁，每十户爲甲，五甲爲團。甲、團皆有長，又擇邑之豪爲總首。歲於農隙教以武事，而官給其糧。其後，隸於籍者至七八千人。又武昌令薛季宣亦求得故陝西、河北弓箭手，保甲舊法，五家爲保，二保爲甲〔四一〕，六甲爲隊，隨地形便利則合爲總，不以鄉爲限，總首、副總首領焉。官族、士族、富族皆附保，蠲其身，俾輸財供總之小用。諸總必有射圃，民暇則集，無蚤暮之節，盡禁蒲博，獨許以擊刺角勝。五日更至縣廷，閱其尤者，勞賞之。旗識總別爲色，諸鄉皆置樓。盜發，伐鼓舉烽，以相號召，瞬息遍百里。

虜立元顏褎于遼陽。褎時爲東京留守〔四二〕。亮之南侵也，渤海一軍萬人叛亮，歸會寧府，立褎爲帝。褎，故晉王宗輔之子，晟之孫也。即位，改元大定，大赦。逆亮即被弑，子光瑛留汴京，亦爲其衆所殺。褒知亮已死，乃與其子允升、允迪，擁甲騎一萬趨燕京。明年春，入居之，且告其祖廟。以父故名宗輔，非帝王所稱，改曰宗堯，追號懿宗。故主亶號閔宗。以亮爲海陵王，謚曰煬。遣使來告登位。時耶律窩斡有衆數萬，漸逼居庸關。褒大懼，命紇石烈志寧統軍以討之，褒與其下謀，以謂：「窩斡兵勢如此，若南宋乘虛襲我，國其危哉！設有所求，當割河南與之。」既而，窩斡之衆内叛。金人得窩斡戮之，裂其體于燕京、汴京及長安三處。契丹之患既息，其割地歸本朝之意亦寢矣。

亶尋改謚熙宗〔四三〕。

壬午紹興三十二年（一一六二）春正月戊辰朔，日有食之。

上至建康。張浚迎謁道左，衛士見浚復用，至以手加額。浚見上，首言：「國猶身也，元氣充則外邪遠。朝廷，元氣也。用人才、修政事、治甲兵、惜財用，皆壯元氣之道。」上嘉納之。

復陞江陰縣爲軍。

祧翼祖。先是，禮部侍郎黄中請曰：「本朝效唐之制，創爲九廟。今日宗廟，自僖、宣二祖以及祖宗〔四四〕，凡九世，而十一室。望遵已行典故，遷翼祖神御，而祔欽宗。」詔恭依。

二月，以虞允文爲川陝宣諭使。置司興州。先是，上欲付張浚以江、淮之事，已而中止。乃命楊存中爲江淮等路宣撫使，允文副之。中書舍人劉珙不書録黄，且論其不可。珙，子羽子也。上謂宰相曰：「劉珙之父爲張浚所知，此奏專爲浚地耳。」然存中宣撫之命已寢〔四五〕，但令措置兩淮，而允文亦改命焉。

六月，允文奏云：「今防秋在近，而官軍分戍。捨德順一帶，地廣兵稀。入寇之路不一，如官軍在德順守七盤榷山之險，而秦、隴一帶，路通仙人原者不一，見今仙人原全無官軍守關。又如官軍在鳳州守散關、和尚原之險，而南山子午谷一帶，路通洋州者不一，見今南山亦無官軍守關。見與吴璘商量措置。」

上還臨安。先是，御史吴芾言：「大駕宜留建康府，以繫中原之望。」有陳駐蹕利害，詔侍從、臺諫同議。芾謂：「建康可以控帶襄、漢，經理淮甸。若還臨安，則西北之勢不能相接。」時以欽宗祔廟暫還。芾又言：「聞虜使將至，彼蓋欲窺吾進退，視吾虚實。不如受禮建康，俟其出境，然後還，亦未晚也。」不報。

王彦敗虜于虢州東。

虜犯汝州，吴拱遣將擊走之。

詔措置四大鎮。言者謂：「今日料理江、淮之術，盍創四大鎮，如維揚、合肥、蘄陽、襄陽各爲家計。增城浚隍，以立守備，農戰交修，以待天時。每鎮以在江北者爲屬城，各招弓箭手二萬人，人授良田百畝，給與牛種。雖無租賦，實免供饋，悉尊陝西沿邊故事行之。又京口、建康、九江、江夏、公安建爲五帥，各屯二萬人，列置烽燧，益增樓船，輔以天險之阻，此皆久長之計。」詔益就措置。

閏月，吴璘復大散關。先是，虜既失秦、河等州，乃堅守大散關，以扼王師。璘遣楊從儀等攻下之，遂分兵據和尚原，虜退守寶雞縣。璘尋又遣姚仲攻德順軍，未下。璘恐士有墮心，即自秦馳赴，率數十騎繞城傳呼。城中之人欲識璘面，不發一矢，虜氣自索。既戰，又爲我軍所敗，遂遁去。璘入城，父老擁拜馬首，幾不可行。

三大將之出也，興州路得秦、隴、環、原、熙、河、蘭、會、洮州、積石、鎮戎、德順軍凡十二郡，金州路得商、虢、陜、華州凡四郡，獨虜以重兵扼鳳翔，故大散關之兵未得進。

明年五月，四川制置沈介奏：「日者，德順班師，有統制朱勇，力戰潰圍，幾免矣。而以持軍素嚴，其御執以降虜。虜合喜者，握手上堂，立誅執勇者，感以恩意，誘以富貴，勇不爲屈。留之三月，巧説百端，而卒以誅死。忠義之節，古烈士不能過，望加贈卹之典。」詔贈勇承宣使。

虜陷河州。驅老弱數萬屠之，選強壯數千充軍，焚蕩其城而去。

祔欽宗。祔于太廟第十一室。

劉錡卒。

三月，遣使措置兩淮堡寨、屯田。兵部侍郎陳俊卿使淮東，工部侍郎許尹使淮西。初，命楊存中與兩路制置、帥、漕司同措置，而久未就緒，故復遣近臣。上因興宰執論淮上屯田事。上曰："士大夫言此者甚多，然須先有定論，用諸軍乎？用諸民乎？若論既定，當先爲治城壘、廬舍，使老少有所歸，蓄積有所藏，然後可爲。"陳康伯曰："今淮西歸正人，願就耕者甚衆，已降牛、種、本錢，趙子潚所納抽解木植，亦分送兩淮治屯田人廬舍矣。"上曰："甚善。"上又曰："卿等用人，當取慤實爲上。若好名沽激，如畫餅，然終不可食，徒敗人事耳。"已而，俊卿自淮東還，乞："募民耕荒田，蠲其徭役及七年租稅。"從之。

虜使來。使高忠建來告嗣位。始，忠建責臣禮及新復州郡，接伴洪邁以聞，且曰："土疆實利，不可與；禮際虛名，不足惜也。"禮部侍郎黃中聞之，亟奏曰："名定實隨，百世不易，不可謂虛。土疆得失，一彼一此〔四六〕，不可謂實。"議者或又言："土地，實也；君臣，名也。趣今之宜，當先實而後名，乃我之利。」兵部侍郎陳俊卿曰：「今力未可守，雖得河南，亦不免爲虚名。臣謂不若先正名分，名分正，則國威張，而歲弊亦可損矣。」至是，入見，猶欲用舊禮授國書，陳康伯以義折之。乃請宰相受書，康伯又持不可。廷臣相顧愕眙，康伯呼館伴徐嘉至榻前，責以議不素定。嘉徑前取書進呈，虜沮甚。上嘉嘆之。

嘉上更改近例凡十四事，其大略則更定朝謁與進書、授書儀範，及伴使與北使抗禮而已。於是，略如京都故事。

洪邁報使。以中書舍人假翰林學士充賀登位使。亮之立也，秦檜白遣柄臣往賀。至是，復用舊禮。國書曰：「審膺駿命，光宅丕圖。德合天人，慶均遐邇。比因還使，常露悃悰。粤從海上之盟，獲講隣封之信。中更多故，煩紊始圖〔四七〕。事有權宜，始爲父兄而貶損〔四八〕，釁無端隙，靡逃天地之鑑臨。」又曰：「願畫舊疆，寵還敝國，結兄弟無窮之好。垂子孫可久之謀。庶令南北之民，永息干戈之苦。」邁至虜，虜人鎖之館中，抑令於表中改換「陪臣」二字。報書有曰：「名分既一言而定，貢輸亦兩紀於兹」。又曰：「蔑夫致慶之詞〔四九〕，要以難行之事，實違天鑒，再作禍端。」

虜陷懷寧府。守臣陳亨祖登城督戰，中流矢死。其母及家五十餘人皆死之。是時，京東義士耿京亦率衆據東平府，遣掌書記辛棄疾赴行在。授京天平節度，節制京東、河北忠義軍馬。既而，虜使來，朝廷遂不復通，京遂爲虜所殺。

虜之叛盟也，淮、襄諸軍復得海、泗、唐、鄧、陳、蔡、許、汝、嵩〔五〇〕、壽等十州，自是，但餘四州而已。

是春，淮水溢，中有赤氣如凝血。四月，又溢數百里，漂溺廬舍，人畜死者甚衆。

夏四月，詔近臣陳防秋事宜。户部侍郎吴芾言：「大農之財，一歲所入，幾五千萬，而内藏、激賞不與焉。會其多寡，比景德全盛時，十增其四。地不足而賦加多，則取於民者已盡，不可以復求矣。惟當痛節冗費。蓋今天下之兵，内外何翅三十萬？太祖、太宗削平諸國，盡取其數，亦不過此。況大農每歲養兵之費，幾十之九，若更加募，何以贍之？今欲兵之足，莫如核實，不得令虚張人數。揀其驍鋭，汰其疲弱，使人皆可用，則官無費財，是一舉而兩得之也。」時將士陣亡者衆，軍多虚籍，故芾言及之。

禮部侍郎黄中言：「足食之計，在於量入爲出。今天下財賦，半入内帑，有司莫能計其虚盈。請悉以歸左藏。」且引唐楊炎告德宗語曰：「陛下仁聖，豈不能如德宗之爲也？」上善之。

命張浚兼措置兩淮。初，上既定議東還，而軍務未有所付。浚時爲建康府留守，衆望屬之。詔以楊存中爲宣撫使，中外大失望。以劉珙不書録黄，卒罷宣撫，俾奪措置而已。

至是，召存中還，而以命浚。初，上既還臨安，有勸浚求去者，浚念舊臣無它在者，人心尤以己之去就爲安危，乃不敢言去。日治府事，細大必親焉。浚出入將相三十年，素爲士卒所畏愛。至是，復總軍政，皆樂爲用。

浚奏言：「兩淮之人素稱彊力，而淮北義兵，尤爲忠勁自强。虜恣爲殘虐，皇皇無歸。臣欲置御前萬弩營，募民强壯堪充弩手之人，不刺臂面，以御前效用爲名。令結爲甲、隊，遞相保委，有功同賞，有罪同罰，於建康置營寨安泊。」詔從其請。於是兩淮之人欣然願就，率皆强勇可用，浚親訓撫之。又奏差陳敏爲統制。敏起微賤，聲迹未振，浚擢於困廢中，敏感激，盡力圖報。未幾成軍。方召募之初，浮言鼓動，欲敗成績。數月間，來應者不絕，衆論始定。浚謂：「虜長於騎，我長於步。制騎莫如弩，衛弩莫如車。」乃令專制弩治車。又謂：「三國以後，自北窺南〔五二〕，未有不由清河、渦口兩道，以舟運糧。蓋淮北廣衍，糧舟不出於淮，則懼清野無所得，有坐困之勢。於是，東屯盱眙、楚、泗，以扼渦、潁。大兵進臨，聲勢連接，人心畢歸，精兵可集。」即奏言之。又乞多募福建海船，由海窺東萊〔五二〕，由清、泗窺淮陽〔五三〕。有旨下福建選募。

後敏嘗爲孝宗言：「虜軍每欲出清河，必分遣人馬，先自上流潛渡淮河，由萬家湖出衡陽浦，以撓我軍後，士卒懼腹背受敵，戰心不固。宜先修築楚州城池，以固人心。楚州爲南北襟喉，彼此必争之地。蓋長淮二千餘里，河道通乎北方者五：清〔五四〕、汴、渦、潁、蔡是也。其通南方以入江者，惟楚州運河一處而已。北人舟艦自五河而下〔五五〕，將謀渡江，非得楚州運河，奚自達？昔周世宗自楚州北神堰鑿老鸛河，通戰艦以入大江，而唐遂失兩淮之地。由此觀之，楚州實南朝司命。」

以汪澈參知政事。澈宣諭荆襄還，入見，遂有是命。

張震爲殿中侍御史。未幾，震入對，言：「古之觀天下者，不觀其勢，而觀其人之志。志强矣，天下之勢雖弱必强。況今東傳海，西抵秦，北踰淮，南極閩、廣，脇荆、襄，跨江、漢，而負全蜀，不可謂弱，特在乎所以用之者如何耳。願陛下體乾之健，自强不息，講外治之策，急内修之政，振威權、整法度、拔英俊、獎忠直、退姦佞、擇將帥、核軍實、充國計、謹名器、信號令、治戰守，日夜摩厲，以充其志。持之以決，而後舉天下，惟所欲爲，無不可者。惟陛下留神省察。」

吕廣問禮部侍郎。上謂大臣曰：「廣問老成不沾激。往時薦之者多。」因曰：「朕有一人材簿，每臨朝，臣下有薦揚人材者，退則記姓名于簿。遇有選用，披而尋之，無不適當。」陳康伯等又論備邊當擇良將。上曰：「偏裨中有驍勇者，卿等可以所聞見，隨其高下，具名以聞。俟於諸軍徐去怯懦，次第代之。」

五月，張子蓋大敗虜于石湫堰。子蓋時爲鎮江都統。金人圍海州，詔子蓋率兵往援，仍聽張浚節制。浚爲書抵子蓋，勉以功名。子蓋即馳赴之，遇敵于石湫堰。子蓋率精鋭先入，諸將皆進。王友直以所部力戰，張玘死之〔五六〕。虜遂大敗，引去。及奏功，張浚以去歲淮上功賞之濫，乃命統制官下至旗頭、押隊，公共保明，期以三日，有冒濫者，重罪之。於是友直以功遷觀察使，玘贈官立廟。

申嚴出軍逃叛法。兵部侍郎陳俊卿使淮東還。至是，入見，言：「軍事尚嚴，故軍人逃叛，在法當誅。今乃一切寛縱，不加窮治，轉相招納。使人人臨敵逗撓不進。又遁逃而無罪，其誰肯爲國家出戰者？願戒飭諸將，毋得互相招納，以隳軍政而長亂階。其有保姦納亡，重置之罪。然後，申嚴出軍逃叛之法〔五七〕，斷在必行，庶幾此風稍革。」從之。

命成閔等領三衙。閔主管殿前司，李顯忠馬軍司，吴拱步兵軍司。時復議和，故三招討並除管軍而結局。

復熙州。

六月〔五八〕，賜皇子瑋名昚，立爲皇太子。賜字元永。

追封皇兄子偁秀王。詔故宗室秘閣修撰子偁可追封秀王，謚安僖。妻宜人張氏可封王夫人。

王薨於紹興十四年之春，皇太子時爲普安郡王，請持服。詔從之。至是，將内禪，故先加恩。

朱倬罷。 臺諫論其罪，倬亦丐去，乃罷爲觀文殿學士，奉祠。制曰：「君子邦家之基，曾未聞於成效；元良天下之本，乃欲覬於疇庸。」翰林學士洪邁之詞也。倬尋落職。

丙子，上内禪，皇太子即皇帝位。太上皇帝居德壽宫。 前一日，上降御札：「皇太子可即皇帝位，朕稱太上皇帝，皇后稱太上皇后。應軍國事，並聽嗣君處分。」丙子，上行内禪之禮，有司設仗紫宸殿下，百僚起居畢。宰臣陳康伯、知院葉義問、參政汪澈、同知黄祖舜拜辭，相與泣下，幾至號慟。上亦爲之揮涕，曰：「朕在位三十六年，今老且病，久欲閑退。此事斷自朕意，非由臣下開陳。」上即還内。群臣移班殿門外，聽宣詔書。少頃，皇太子服袍履，内侍扶掖至御榻前，側立不坐。百官拜舞山呼，起居畢。康伯等升殿奏：「願陛下即御座，以正南面，仰副太上皇傳授之意。」天顔愀然曰：「君父之命，出於獨斷，此大位，懼不敢當，尚容辭避。」賀畢，駕即還内。百官赴祥曦殿，候太上皇登輦，扈從至德壽宫而退。

大赦。

以龍大淵爲樞密副都承旨。 曾覿爲帶御器械兼幹辦皇城司。大淵時爲左武大夫，覿武翼郎，二人皆上潛邸舊人也。

求直言。 監南嶽廟朱熹封事，略言：「聖躬雖未有過失，而帝王之學，不可以不熟講。朝政雖未有闕遺，而修攘之計，不可以不早定。利害休戚，雖不可徧以疏舉，然本原之地，不可以不加意。陛下毓德之初，親御簡策，不過諷誦文詞，吟詠情性。比年以來，欲求大道之要，又頗留意於老子、釋氏之書，記誦詞藻，非所以探淵源而出治道；虛無寂滅，非所以貫本末而立大中。帝王之學，必先格物致知，以極夫事物之變，使義理所存，纖悉畢照，則自然意誠心正，而可以應天下之務。」

次言：「今日之計，不過修政事，攘夷狄。然計不時定者，講和之説疑之也。金虜於我有不共戴天之讎，則不可和也，義理明矣。義理之不可爲，而猶爲之，謂有利而無害也。以臣策之，所謂和者，有百害而無一利，何苦而必爲之？願疇咨大臣，總攬群策，鑒失之之由，求應之之術，斷以義理之公，參以利害之實，閉關絶約，任賢使能，立紀綱，厲風俗。使吾修政、攘夷之外，了然無一毫可恃爲遷延中己之資，而不敢懷頃刻自安之意，更相激厲，以圖事功。數年之外，志定氣飽，國富兵强，視吾力之彊弱，觀彼釁之淺深，徐起而圖之，中原故地不爲吾有，而將焉往？」

次言：「四海利病，係斯民之休戚；斯民之休戚，係守令之賢否。監司者，守令之綱；朝廷者，監司之本。欲斯民之得所，本原之地亦在朝廷而已。」

明年，熹入對，三奏。其一言：「大學之道，在乎格物以致其知。蓋有是物必有是理，然理無形而難知，物有迹而易覩，故因是物以求之，使是理了然於心目之間，而無毫髮之差，則應乎事者，自無毫髮之謬。陛下雖有生知之性、高世之行，而未嘗隨事以觀理，故天下之理多所未察。未嘗即理以應事，故天下之事多所未明。是以舉措之間，動涉疑貳；聽納之際，未免蔽欺。平治之效，所以未著，由不講乎大學之道，而溺心於淺近虛無之過。」其二言：「君父之讎，不與共戴天。乃天之所覆，地之所載，凡有君臣父子之性者，發於至痛，不能自已之同情，而非專出於一己之私。然則，今日之所當爲者，非戰無以復讎，非守無以制勝，是皆天理之同然，非人欲之私忿也。」末言：「古先聖王制御夷狄之道，其本不在乎威强，而在乎德業；其任不在乎邊境，而在乎朝廷；其具不在乎兵食，而在乎紀綱。今日諫諍之塗方壅，佞幸之勢方張；爵賞易致，而威罰不行；民力已殫，而國用未節。則德業未可謂修，朝廷未可謂正，綱紀未可謂立。凡古先聖王所以强本折衝、威制夷狄之道，皆未可謂備。」

明年四月，吏部尚書淩景夏等奏：「看詳到百官應詔可行事件，内四事：一言考課，所以辨别能否也。唐、虞三考黜陟，以任職歲久，能否盡見。因以黜陟，則才類分别。祖宗鑒年限敘遷之弊，非有勞者未嘗進秩。乾德四年，又詔侍御史、郎中、少卿以下，莅事滿三年，遷其秩。御史中丞、尚書侍郎即別議優寵。故當時任作坊使有十餘年者〔五九〕，任右補闕有十六年者，御史中丞有十二年者。今檢會紹興二十八年三月手詔，除兩省、臺諫以上親擢外，餘並須久任，方許遷除。」又言：「名器，帝王厲世摩鈍之術也。太祖皇帝不以伶官處士人之列。太宗以錢昱貴家子，不宜任丞郎。真宗因薛映援張詠例，兼近職，令立定員，以免倖覬。近年以來，非泛恩數，或私近倖，或寵貴戚，或予將帥，援例求之，即以予之。知其非是，則又曰餘人不得援例。至於六部之所勘當，則取決於三省群胥。大理寺之所斷決，則稟聽於朝廷風旨。願嚴爲之禁，使官得以勝吏，則人得以守法。人得以守法，則法得以勝例。一切惟法之從，而不惟例之聽，則事簡而易行。」又言：「朝廷有約束事件，官吏匿之，民有不得見者。間有徒掛牆壁，而未嘗施行，謂之應破旨揮而已，且曰：『朝廷不久當自變更。』此號令不孚之弊也。今欲革之，則凡一號令之出，期於必行，無得徒事虛文。如有奉行不虔，必置于罰。」又言：「守令之職，尤親於民。是以，古者刺史入爲三公，郎官出宰百里。祖宗之法，尤重其選。今則不然，輕外而重內。內之官非以疾，非以故，則不秉郡符。無疾故而補外者，謂之左遷。至於縣令，凡選人之改秩者，不問其材之長短，與夫能否，必使任之。太上皇帝嘗令侍從、卿監各舉所知，以備選用，其法可謂盡善。奈何所舉不公，贓污、暴戾、庸懦、昏耄者，亦與其舉？方且恃其所舉，又自謂朝廷選擇而使之〔六〇〕，遂有縱情肆欲，靡所不爲者。欲望委監司、郡守，歲考縣令之課以上之。考不以實者，令御史臺糾劾以罪之。其縣令之有治績者，寵之以賞，不特賞其人也，並與其所舉者而賞之。有不任職者，加之以罰，不特罰其人也，並與其所舉者罰之。如是，則舉者不敢徇私，而被舉者無不竭力。州縣之民庶得被其實惠矣。」從之。

詔百官日輪對。 俟既周，依舊五日一次輪對。

張浚入對，除江淮宣撫使。 時上手書召浚，既至，上改容曰：「久聞公名，今朝廷所恃惟公。」賜坐。降問再三。浚言：「人主以務學爲先。人主之學，以一心爲本，一心合天，何事不濟？所謂天者，天下之公理而已，必兢業自持，使清明在躬，則賞罰舉措，無一不當，人心自歸，醜虜自服。」上竦然曰：「當不忘公言。」又言：「今日當以藝祖爲法，自一身一家始，以率天下。」浚見上天錫英武，力陳和議之非。勸上堅意以圖事功。於是，加浚少傅，進封魏國公，除江淮宣撫，節制屯駐軍焉。浚薦陳俊卿爲判官，復往江上。

翰林學士史浩議欲城瓜洲、采石。下浚議，浚謂不守兩淮，而守江干，是示虜以削弱之形，怠軍民戰守之氣。不若先城泗州。浩既爲參知政事，浚所規畫，浩必阻撓，如不賞海州之功，沮死驍將張子蓋，散遣東海舟師，皆浩之爲也。

蝗。侍御史張震言：「近日有飛蝗自江東來，入湖州界，所至如風雨。乞行下本路監司、守令，詢究其實。檢照前後條令，疾速施行，庶幾救患於未然。」

右正言袁孚言：「乃者六月中旬〔六一〕，霖雨累日，浙西州郡以山水發洪，壞廬屋、舟楫，而大被其害〔六二〕。近又聞江、浙之間，飛蝗爲害，民甚苦之。此二者同出於一月之內，天其或者仁愛陛下之深，警戒陛下之切，欲陛下修德以應之乎？」

秋七月，詔議應敵定論。先是，虜遣僕散忠義及紇石烈志寧經略四州地，爲我師所敗。於是以檄至盱眙軍，云：「既有通和之意，自宜各守元立封疆。」邊臣以聞。殿中侍御史張震率同列論：「虜人必將盡索故疆，使我失諸將之心；盡取舊人，使我失中原之望；盡如故禮，使我沮義士之氣；盡罷兵屯，使我壞邊防之策。」上乃下詔，略曰：「敵人來索故禮，從之則不忍屈辱，不從則邊患未已。中原歸正人源源不絕，納之則東南力不能給，否則絕向化之心。宰執、侍從、臺諫各宜指陳定論以聞。」於是翰林學士洪遵、給事中金安節、中書舍人唐文若、起居郎兼中書舍人周必大共議，大略謂：「不宜直情徑行，亦未可遽爲之屈。謂宜歲遺金繒如前日之數，或許稍歸侵地如海、泗之類，則彼亦可藉口而來議矣。」殿中侍御史張震以爲：「海州控拒海道，陝西地多險要，皆不可棄。至於受册禮、絕歸附之類，其不可有十。」權工部侍郎張闡以爲：「選將練兵，名分可正。江、淮授田，遺民可招。」監察御史陳良翰以爲：「不用舊禮，然後和議可成。」其餘亦繼有論列，而宰執獨無奏章。上以問參知政事史浩，浩奏略云：「先爲備守，是謂良規，若夫議戰與議和，則亦在彼，不在此。彼戰則戰，彼和則和。和不忘戰，姑爲雪耻之後圖；戰不忘和，乃欲緩師而自治。此度今年之事力，故立一時之權宜。」又曰：「第當堅壁，力禦攻衝，謹俟乘機，以圖恢復。儻聽淺謀之士，時興不教之師，寇去則論賞以邀功，寇至則斂兵而遁跡，使彼無辜之赤子，皆爲横死之遊魂。取快一朝，含怨萬世，謂之恢復，豈不痛傷？」

浩尋復上招納三弊：一謂棄實而務名；二謂舍近而謀遠；三謂見利而忘害。又請辭兼密院之職。許之。

命汪澈視師湖北、京西。以參政行府爲名。明年六月，結局。澈奉祠。

劉珙使虜，不至而復。先是，洪邁、張掄使虜回，見張浚具言：「虜不禮我使狀，且令稱陪臣。」浚謂不當復遣使。而史浩議遣使報虜以登寶位，浚請毋庸遣。竟遣珙行，至境，虜責舊禮，不納而還。

戊申，地震，大風拔木。

八月，加上太上帝、后尊號。太上皇帝爲光堯壽聖皇帝，皇后爲壽聖太上皇后。時議已定，而給事中金安節等以爲：「光堯近乎神堯，壽聖乃英宗誕節，嘗以名寺，不可用。」

既而，有欲俟欽宗服除，奉上寶册者。太常博士林栗建議：「唐憲宗上順宗册亦在德宗服中，謂行禮無害，第備樂而不作可也。」禮部郎劉儀鳳獨上議曰：「謹按上尊號策寶典故，御正殿用樂，事屬嘉禮，累朝必俟郊祀慶成，然後舉行。治平以來，上太皇太后、皇太后尊號亦用此禮，降詔於即位之初，檢舉於公除之後，時雖不同，事則無異。太上皇帝爲社稷大計，以天下畀付聖子，魏之明元、獻文，唐之一祖三宗，皆不足道。是以，堯、舜而下，初無專門典故可以稽考。及授受之際，遇餘服制〔六三〕，亦無舉行尊號可否之文。然而，治平以來，記録甚詳。情文兩盡，今日依倣斟酌，實合禮經。如或畏嫌疑，失援據，於三綱五常之道有所牴牾，不獨有司失職，爲議者所非，亦祖宗家法所不許也。太上皇帝爲欽宗備禮終制，見於詔書，外則用漢、魏權時之文，内則行祖宗遂服之禮。燕享不舉樂，策試不御殿，皆其事也，何獨於尊號册寶而疑之？議者曰：『永正禪位於元和，憲宗故事可以引用。』考之新舊唐史、會要，自武德以來，皆用易月之制，既葬之後，謂之無服。群臣所上尊號，亦多在即位之年，與本朝事體大相遠也。就使可據，則即位而未改元，觀俳優於丹鳳門，觀競渡於魚藻宫，擊鞠於神策軍，觀樂於麟德殿之類，前代亦有引用者乎？議者又曰：『喪三年不祭，唯祭天地、社稷，爲越紼而行事。』祖宗雖用唐、虞、三代之制，而升祔之後，祠事畢行，不止天地、社稷而已。尊號之禮，何獨有嫌？備樂而不作可也。』是又不然。祭祀之典，難於久曠，漢、魏以來，行之於易月之外，葬而祔廟，雖用樂可也。本朝通用古禮，謂之喪事〔六四〕，未終制而上徽號，祖宗以爲難行。使其設而不作，在禮無害。則治平之後，上太皇太后、皇太后尊號，何爲不於即位降詔之初，遽上册寶，而必待三年之後乎？慈聖光獻之於治平，宣仁聖烈之於熙豐，母也。當熙豐、元祐之初〔六五〕，猶以所尊爲之厭降。主上以鴻名徽號，盛禮備樂，極人子報稱之心〔六六〕，不容少有闕文，以貽它日之悔也。竊詳六月詔書，已依祖宗故事，所有條具典禮，乞候將來欽宗終制，檢舉以行。則國家盛德美事，超冠前古，而主上事親之禮，與情實相稱矣。」議者雖是其言，然謂事親當權宜而致厚，故不復改。

追册皇后郭氏。郭氏歸上于潛邸，封咸寧郡夫人。愉、愷、惇皆其所生〔六七〕。初謚恭懷，尋改謚安穆。

九月，封皇子愭等三人爲王。愭鄧王，愷慶王，惇恭王。

初御講筵。講尚書、周禮，進讀三朝寶訓，仍詔輔臣與觀。

記注許帶修。起居郎周必大言：「望與檢照紹興十年十一月起居郎李易申請，斷自今年六月以前〔六八〕，先次修纂，每月投進。未補者，帶修〔六九〕。」從之。

詔舉監司、郡守〔七〇〕。令侍從、兩省、臺諫、卿監各舉可任監司、郡守之人，分二等，一見今可任，一將來可任。見任監司、郡守才與不才者，亦令限一月内，具姓名臧否來上。

冬十月，纂録勳臣名次。吏部侍郎凌景夏言：「側聞仁宗慶曆三年命王洙、歐陽脩，編定勳臣名次，得二百四家，子孫固嘗録用矣。徽宗建中靖國元年，再編曾任中書、樞密院、節度使及其餘勳臣一百一十六家，例得陳乞恩澤。臣願明詔有司，精加討論慶曆、建中靖國所載，或有未盡，悉令添入。元祐、靖康、建炎以來有合籍記者，編纂成書，子孫咸有甄録。」詔委編修聖政所接續編纂。

以王之望爲川陝宣諭使。時虜將合喜方與吴璘争德順軍。或上棄三路之議。宣諭使虞允文力請勿棄，章十餘上，允文罷知夔州。詔璘審度事勢，從長措置，務要保護川蜀。蓋示以棄地之意也。仍命之望爲宣諭使。尋復命允文往璘軍前計事畢，赴行在。來年三月，之望奏：「吴璘已回興州，宣諭一司别無職事。」詔限五日結局。

詔館職、學官毋限員。詔：「館職學官，祖宗設此儲養人才。朕亦欲待方來之秀，不可定員。」明年秋，詔秘書省，除少監、秘丞外，以七人爲員。

賜陸游、尹穡出身。時並爲樞密院編修官。以權知院史浩、同知黄祖舜薦〔七二〕，召對稱旨，並賜進士出身。

十一月，限内侍員。以二百人爲額。

乾道七年，增二十員。

淳熙八年，詔於額外增置祗候班一十員，專處責降過犯人。

十二月，令諸路臧否守臣。令帥臣、監司限兩月，悉具部内知州治行臧否，連銜同奏。

復命宰臣兼樞密。先是，史浩論樞密院合令宰臣兼使事，因引富弼對仁宗故事。上從之，命陳康伯兼樞密使。

命近臣條陳時務。詔侍從、臺諫集都堂，條具當今時務。

詔吴璘班師。去秋，虜將合喜寇鳳州之黄牛堡。璘擊却之。遂乘勝取秦州。即拜璘爲陝西河東招討〔七二〕。復尋使商、陝、原、環等十七郡〔七三〕，時新附之衆十餘萬，皆仰三路糧食，不取給於蜀中。虜人以璘之精兵皆在德順，遂力攻之。會張浚再起，宣撫江淮，將命諸將出掎角之師，且遣舟師自海道擣山東，以分其勢，而秉政者不然之。至是，乃勸上以手札命璘罷德順軍屯戍，並令於秦州以裹安泊。

詔下，寮屬交諫曰：「將在軍，君命有所不受。此舉所係甚重，奈何退師？」璘知朝論主和，乃曰：「璘豈不知此，顧主上初政，璘握重兵在遠，有詔，璘何敢有違？」時王之望爲宣撫使，亦力贊之旋軍，璘於是棄德順，倉卒引退。虜乘其後，正兵三萬，得還者僅七千人，偏裨將佐所存無幾。上尋悔之。明年正月，詔璘可進可退，當從便宜而已，不及。上頗悔之。其夏，復詔璘出師，而朝論二三，無復再舉之期矣。

校勘記

〔一〕以禦天變 「禦」，梅溪集後集卷二五與宰相論災異及繫年要録卷一八八作「弭」。

〔二〕解楊存中兵權 案此條與下文「復給僧牒」兩條記事，繫年要録卷一八八、宋史卷三二高宗紀九及宋史全文卷二三上均繫於本年二月。繫於正月，誤。

〔三〕車駕既謀順動 「謀」原作「訟」，據清影宋抄本、道光抄本、繫年要録卷一九〇及宋史全文卷二三上改。

〔四〕乞亟留聖意 「意」，繫年要録卷一九〇及宋史卷三八七杜莘老傳作「慮」。

〔五〕耕者行賕以争射 「賕」原作「脉」，據繫年要録卷一八〇改。

〔六〕疆畝所接皆苦之 「接」原作「節」，據繫年要録卷一八〇改。

〔七〕敢有能爲統軍者 「敢」，清影宋抄本、道光抄本、繫年要録卷一九一及宋史全文卷二三上作「孰」。

〔八〕右丞劉蕚 「劉蕚」原作「劉諤」，據繫年要録卷一九一、宋史卷三二高宗紀九及宋史全文卷二三上改。下同。

〔九〕據秦鳳以窺巴蜀 「巴」原作「巳」，據清影宋抄本、道光抄本、繫年要録卷一九一及宋史全文卷二三上改。

〔一〇〕怙寵干法 「干」原作「于」，據繫年要録卷一九二、宋史卷三八七杜莘老傳及宋史全文卷二三上改。

〔一一〕方在江州 「州」原脱，據續宋中興編年資治通鑑卷七宋高宗七補。

〔一二〕用熙寧禮也 「熙寧」，繫年要録卷一九二作「元豐」。

〔一三〕不從 繫年要録卷一九二及宋史卷三八六金安節傳作「從之」。

〔一四〕自鳳翔大散關入州界三十里 「州」，繫年要録卷一九二及宋史全文卷二三上作「川」。

〔一五〕犯光化軍 「光化軍」，繫年要録卷一九二及宋史卷三二高宗紀九作「通化軍」。

〔一六〕可勝抔土之悲 「抔」原作「坏」，據繫年要録卷一九三及三朝北盟會編卷二三二改。

〔一七〕烽火遂交於近甸 「近甸」，三朝北盟會編卷二三二同，宋會要輯稿兵之一七至一八作「蜀道」。

〔一八〕獻節義之良謨 「獻」，繫年要録卷一九三及三朝北盟會編卷二三二作「抱」。

〔一九〕勿忘舊主 「主」，三朝北盟會編卷二三二同，繫年要録卷一九三作「土」。

〔二〇〕取入增至二千六百五十餘萬緡 「取」，建炎以來朝野雜記甲集卷一七國初至紹熙中都吏禄兵廩作「所」。

〔二一〕合茶鹽酒等　「等」，繫年要録卷一九三及宋史全文卷二三上作「算」。

〔二二〕然後月支百二十萬　「月」原脱，據建炎以來朝野雜記甲集卷一七國初至紹熙中都吏禄兵廩補。

〔二三〕執鄉民歐大者問之　「歐大」原作「毆大」，據繫年要録卷一九三及續宋中興編年資治通鑑卷七改。

〔二四〕知通州崔邦弼聞揚州破　「崔邦弼」原作「程邦弼」，據三朝北盟會編卷二三六、繫年要録卷一九四及宋史卷三二高宗紀九改。

〔二五〕翟貴王進以兵二百戍焉　「王進」原作「工進」，據繫年要録卷一九三及宋史全文卷二三上改。

〔二六〕張訓通以百騎巡綽與虜遇　「張訓通」，繫年要録卷一九三作「張順通」。

〔二七〕來争瓜洲渡　「洲」原作「州」，據續宋中興編年資治通鑑卷七改。下同。

〔二八〕下馬死戰數合　「數合」，繫年要録卷一九三作「數十合」，三朝北盟會編卷二三六作「二十餘陣」。

〔二九〕時山東豪傑王世修輩　「王世修」，中興小紀卷四〇、三朝北盟會編卷二三七及繫年要録卷一九三作「王世隆」。

〔三〇〕寶與子公佐引舟師至密之膠西石臼島　「石臼」原作「石白」，據文獻通考卷一五八兵考一〇及續宋中興編年資治通鑑卷七改。

〔三一〕泊唐島　「島」原作「岳」，據文獻通考卷一五八兵考一〇及續宋中興編年資治通鑑卷七改。

〔三二〕遣其將曹洋黄端禱于石臼神　「石臼」原作「后臼」，據文獻通考卷一五八兵考一〇及續宋中興編年資治通鑑卷七改。

〔三三〕獲酋首元顔鄭家奴等六人　「六人」，中興小紀卷四〇同，繫年要録卷一九三及宋史卷三二高宗紀九作「五人」。

〔三四〕惟統軍蘇保衡未發舟　「蘇保衡」原作「韓保衡」，據中興小紀卷四〇及繫年要録卷一九三改。

〔三五〕虞允文敗虜于西采石楊林渡　「西采石」，三朝北盟會編卷二四三、繫年要録卷一九四及宋史卷三二高宗紀九作「東采石」。

〔三六〕淮西路制置兼京畿河北西路淮北路招討使　「河北」原脱，據宋史卷三二高宗紀九及宋會要輯稿兵七之一八補。

〔三七〕而契丹之後耶律窩斡亦興於沙漠　「耶律窩斡」原作「耶律窩幹」，據下文及繫年要録卷一九二改。

〔三八〕及葛王裒立　「裒」原作「褎」，據上文及繫年要録卷一九四改。下同。

〔三九〕楊欽尋敗之於洪澤鎮　「鎮」原作「鑕」，據清影宋抄本、道光抄本及續宋中興編年資治通鑑卷七改。

〔四〇〕不必更揚元顔亮過惡　「不」原作「下」，據清影宋抄本、道光抄本及繫年要録卷一九五改。

〔四一〕二保爲甲　「二」原作「五」，據東萊吕太史文集卷一〇薛常州墓誌銘、建炎以來朝野雜記甲集卷一八荆鄂義勇民兵改。

〔四二〕裒時爲東京留守　「裒」原作「褎」，據上文改。下同。

〔四三〕亶尋改謚熙宗　「亶」原作「旦」，據三朝北盟會編卷二三三改。

〔四四〕自僖宣二祖以及祖宗　「僖」原作「禧」，據繫年要録卷一九四及宋史全文卷二三上改。

〔四五〕然存中宣撫之命已寢　「存中」原作「有中」，據清影宋抄本、晦庵先生朱文公文集卷九七劉公（珙）行狀及中興小紀卷四〇改。

〔四六〕一彼一此　「彼」下原脱「一」，據清影宋抄本、繫年要録卷一九八及宋史卷三七三洪邁傳補。

〔四七〕煩紊始圖　「煩」，繫年要録卷一九九及大金國志卷一六紀年作「頗」。

〔四八〕始爲父兄而貶損　「始」，大金國志卷一六紀年同，繫年要録卷一九九作「姑」。

〔四九〕蔑夫致慶之詞　「詞」原作「祠」，據大金國志卷一六紀年改。

〔五〇〕嵩　宋史全文卷二三下同，繫年要録卷一九八作「亳」。

〔五一〕自北窺南　「窺」原作「歸」，據晦庵先生朱文公文集卷九五下張公（浚）行狀下改。

〔五二〕由海窺東萊　「東萊」，晦庵先生朱文公文集卷九五下張公（浚）行狀下作「登萊」。

〔五三〕由清泗窺淮陽　「清泗」，晦庵先生朱文公文集卷九五下張公（浚）行狀下作「清河」。

〔五四〕清　原作「淮」，據歷代名臣奏議卷九六及宋史卷四〇二陳敏傳改。

〔五五〕北人舟艦自五河而下　「河」原作「湖」，據歷代名臣奏議卷九六及宋史卷四〇二陳敏傳改。

〔五六〕張玘死之　「張玘」原作「張汜」，據繫年要録卷一九九及宋史卷四五三張玘傳改。下同。

〔五七〕申嚴出軍逃叛之法　「叛」原作「弩」，據繫年要録卷一九九改。

〔五八〕六月　案此條記事，繫年要録卷一九九、宋史全文卷二三下及宋史卷三二高宗紀九均繫於五月甲子。此處作六月，誤。

〔五九〕故當時任作坊使有十餘年者　「作坊使」，宋會要輯稿職官六〇之三二至三三及宋史全文卷二一四上作「作坊副使」。

〔六〇〕又自謂朝廷選擇而使之　「又」原作「人」，據清影宋抄本及道光抄本改。

〔六一〕乃者六月中旬　「者」原脱，據繫年要録卷二〇〇補。

〔六二〕而大被其害　「大」，清影宋抄本、道光抄本及繫年要録卷二〇〇作「人」。

〔六三〕遇餘服制　「遇」，文忠集卷一五三承明集一起居注稿作「偶」。

〔六四〕謂之喪事　「喪」，文忠集卷一五三承明集一起居注稿作「美」。

〔六五〕當熙豐元祐之初　「熙豐」，文忠集卷一五三承明集一起居注稿作「熙寧」。

〔六六〕極人子報稱之心　「心」，文忠集卷一五三承明集一起居注稿作「初心」。

〔六七〕愉愷惇皆其所生　「愉」，繫年要録卷二〇〇及宋史全文卷二三下作「愭」。

〔六八〕斷自今年六月以前　「前」，文忠集卷一五三承明集一乞修今上起居注劄子作「後」。

〔六九〕帶修　「修」下原衍二「修」，據文忠集卷一五三承明集一乞修今上起居注劄子删。

〔七〇〕詔舉監司郡守　案此條記事，宋史卷三一高宗紀九及宋會要輯稿選舉三〇之一七均繫於本年十月三日。

〔七一〕以權知院史浩同知黄祖舜薦　「黄祖舜」原作「王祖舜」，據繫年要録卷二〇〇及宋史卷三九五陸游傳改。

〔七二〕即拜璘爲陝西河東招討　「河東」原作「河束」，據繫年要録卷一九三及宋史卷三六六吴璘傳改。

〔七三〕復尋使商陝原環等十七郡　「復尋使」，文意不通。宋史卷三七二王之望傳載：「敵帥合喜寇鳳州之黄牛堡，吴璘擊走之，遂取秦州，連復商、陝、原、環等十七郡。」則似當作「尋使復」。

中興兩朝編年綱目卷第十四

孝宗皇帝　起癸未隆興元年，止乙酉乾道元年。

癸未隆興元年（一一六三）春正月壬辰朔〔一〕，改元。

立薦舉武臣格。詔：「觀察使以上各舉三人，令三省、樞密院詳立格式。謀略沈雄，可任大計；寬猛適宜，可使御衆；臨陣驍勇，可鼓士氣；威信有聞，可守邊郡；思智精巧，可治器械。已上五等，令曾立軍功觀察使以上，不以在任、閒居，並隨類指陳實跡薦舉。通習典章，可掌朝儀；練達民事，可任郡寄；諳曉財計，可裕民力；持身廉潔，可律貪鄙；詞辯不屈，可備奉使。已上五等，令非軍功觀察使以上薦舉。」

以史浩爲右僕射。同平章事兼樞密使。

張浚樞密使，仍督師江淮。都督江淮軍馬。陳俊卿改都督府參贊軍事，仍知建康府。俊卿力辭府事，尋除禮部侍郎，參贊如故。

去冬，上召俊卿及浚子栻赴行在所。浚請：「臨幸建康，以動中原之心，用師淮堧，進舟山東，以遥爲吴璘之援。」上見俊卿等，問浚動静飲食顔貌，曰：「朕倚魏公如長城，不容浮言摇奪。」契丹酋長窩斡起兵攻虜，爲虜所滅。其驍將蕭鷓巴、耶律適哩自海道來降，浚請厚撫之。虜以十萬衆屯河南，聲言窺兩淮。浚以大兵屯盱眙、泗、濠、廬，虜不敢動，第移文索海、泗、唐、鄧、商州及歲幣。浚言：「虜詐，不當爲動。」卒以無事。至是，制除樞密使，開都督府。時虜將萬户蒲察徒穆及僞知泗州大周仁屯虹縣，都統蕭琦屯靈壁。浚謂：「至秋，必爲邊患，當及時埽蕩。」三月，召浚赴行在。浚中道上疏謂：「廟勝之道，在人君正身以正朝廷，正朝廷以正百官，正百官以正萬民。今德政未洽，宿弊未革，願發乾剛，奮獨斷，盡循太祖、太宗之法。」上詔浚當先圖兩城，邊患既紓，弊以次革。浚尋乞降一年歲幣〔二〕，應副使用。詔先發見樁管歲幣銀二十五萬兩赴督府，絹續次支降。

栻之見上也，即進言曰：「陛下上念宗社之讎恥，下閔中原之塗炭，惕然於中，而思有以振之。臣謂此心之發，即天理也。願益加省察，而稽古親賢以自輔，毋使其少息，則今日之功，可以立成。」上大異之。

嚴贓吏法。新知永州陸廉特貸命，不刺面，配韶州，仍籍没家財。以前知滁州，在任贓污不法也。

三月，雨雹。

議節浮費。置局於户部，復令諫議大夫王大寶等同議。於是，省官吏員，減貴戚俸。祖宗時，中都吏禄兵廩之費，全歲不過百五十萬緡。元豐間，月支三十六萬〔三〕。宣和崇侈無度，然後月支一百二十萬。渡江之後，連年用兵，然猶月支不過八十萬。至淳熙末，朝廷無事，乃月支百二十萬，而非泛所支金銀綿絹不與焉。以孝宗恭儉撙節，而支費擬於宣和。蓋以紹興休兵以後，百司宫禁，循習承平舊典〔四〕，日益月增，而未能裁削故也。

夏四月〔五〕，**詔舉遺逸。**先是，臣僚輪對，奏：「國家設科取士，猶慮其有未盡，又於隱逸必欲羅而致之。真宗起种放於華山，哲宗起程頤於伊洛，光堯起尹焞於川蜀，欲望盛時博訪遺逸。」從之。

詔略曰：「朕嗣位之初，駬召旁午，凡縉紳之老、儒林之秀，莫不揚明顯擢，在列於外〔六〕，尚念山林之際，漁釣之間，豈無荷蓧濯纓之倫，飯牛版築之士？或自晦於卜祝，或沉痼於煙霞。部刺史二千石，爲朕搜羅。其有懷瑾握瑜、埋光鏟采，迹其行實，咸以名聞。朕將厚禮特招，虚懷延納。」尋福建諸司薦興化軍仙遊林彖行義，召不至。乾道四年，福建諸司又薦彖行義，授迪功郎，添差本軍教授。

是歲，知荆南府張孝祥薦峽州布衣郭雍行義。召不至，賜號沖晦處士。淳熙間，再封頤正先生。淳熙四年，知遂寧府杜莘老舉布衣雍山行義。召不至，賜出身，添差本府教授。尋乞致仕。

六年，潼川府路言馬備行義文學。召不至，賜出身，補本府教授。

詔行寬恤。言者謂：「登寶位赦文及續降寬恤十八事，並係恤民，州縣未聞施行。蓋由姦贓之吏尚多，監司不行彈劾。」於是，降詔申儆之。略曰：「自初踐位，首行曠澤，續降寬恤十八事，尚慮州縣未能布宣，使民重困，朕丁寧告戒，而吏莫之省。今若狃舊習，必罰無赦。」

限改官員。選人改官，每歲八十員，尋又增二十員。乾道三年，定改官以一百人，盜賞以三人〔七〕，四川換給改官以二十人爲額。淳熙七年，又詔通以八十人爲額。

賜進士及第。賜木待問以下五百餘人及第、出身有差。

五月，嚴交遺禁。

申禁銷金鋪翠。及祠神僭擬、踰制等事。

八月，禁士庶服飾侈異，及歸正人胡服。

以王十朋爲侍御史。十朋奏疏略曰：「聖人之德，無以加孝。而天子之孝，莫大乎光祖宗而安社稷。因前王盈成之業而守之者，孝也，周之成、康，漢之文、景是也。承前世衰亂之序而興之者〔八〕，孝也，商之高宗，周之宣王是也。國有恥而雪之，孝也，漢宣帝臣單于以雪高祖平城之恥，唐太宗俘頡利以雪高祖稱臣之恥是也。先君有讎而復之，孝也，夏少康滅澆以復后相之讎，漢光武誅王莽以復劉氏中絶之讎是也。歷代帝王守成、中興、雪恥、復讎之跡不同，其功光祖宗，孝安社稷，則一而已。靖康之禍，臣子有不忍言者。恭惟陛下天資英武，慨然以興復爲念。竊聞每對群臣論天下事，則曰『當如創業時』，又曰『當以馬上治之』，又曰『其事當俟恢復後爲之』。臣比因宣召，語及祖宗陵寢，聖容慘然曰：『四十年矣！』臣仰知陛下之心，真夏少康、商高宗、周宣王、漢光武之心也。奈何在位之臣，不知忠孝大節，不能仰副聖心之萬一。復欲蹈昔日姦臣之覆轍，屈己以和仇讎之犬羊。指祖宗中原之境土，爲虜人之土，謂不當取；指祖宗中原之人民，爲虜人之民，謂不當納。又取秦、隴已復之地，無故而棄之，以資寇讎，以絶生靈歸附之望。間有説進取者，則群嘲而聚笑之〔九〕，大臣唱之於上，小臣和之於下，並爲一談，牢不可破。臣願陛下推誠盡孝，終始如一，言動之間，不忘社稷；食息之頃，必念祖宗。側身修行，上以承天意；興衰撥亂，下以慰人心。任賢勿貳，去邪勿疑，以革前日圖任之失。有善必賞，有惡必罰，以振今日紀綱之弊。仍下詔音，戒敕有位，無小無大，咸懷忠良。去和附之私心，贊國家之大計。陛下既率之以孝，群臣咸應之以忠。如是，則可以動天地，可以通神明，可以慰祖宗在天之靈，可以無負太上皇帝付託之意矣！中原何患乎不復？中興何待乎以日月冀耶！」

胡銓入對。時爲起居郎。上曰：「近日除臺官，外議如何？」銓曰：「外人鼓舞，謂陛下得人。」上曰：「卿與十朋者，朕親擢也。」銓奏：「臣等誤蒙親擢，承乏左右史。竊見今之史職廢壞者非一，其尤甚有四焉：一曰進史不當；二曰立非其地；三曰前殿不立；四曰奏不直前。何謂進史不當？臣聞唐褚遂良知起居注，太宗問：『人君得觀之否？』對曰：『史記善惡以爲戒，庶幾人主不爲非法，不聞帝王躬自觀史也。』魏謩爲起居舍人，文宗遣中使取記注，欲觀之。謩謂：『史官書事，以存鑒戒。陛下所爲善，無畏不書；不善，天下人亦有以記之。』帝乃止。遂良與謩可謂能守官矣。至國朝，梁周翰、李宗諤爲左、右史，乃建言，每月起居注，願先奏御，後付史館。國史書之曰：『進起居注，自梁周翰等始。』豈不媿唐二子哉！慶曆中，歐陽脩爲起居注，首論其失，云：『自古人君不自閱史，今撰述既成，必録本進呈，則事有諱避，史官雖欲書，而不敢也。乞自今起居注更不進本。』仁宗從之。厥後，佞臣執筆，乃復進史，沿習不革，遂至於今。望猶遵仁宗之訓，革周翰之失，自今記注不必進呈，庶使人主不觀史之美，不專於唐二君也。何謂立非其地？按唐制，每皇帝御殿，則左、右史夾香案而立，善惡必書。許敬宗、李義府用事，動則懷姦，懼爲史官所記，遂廢左、右侍立之職，凡謀議皆不與聞。文宗復正觀故事〔一〇〕，每入閤，命左、右史執筆，立於螭頭之下。由是，宰相奏事，得以備録。故開成之政，悉詳於史。國朝故事，天子坐朝，則記注官立於御坐之後。歐陽脩以謂：『起居者當視人君言色、舉動而書，若立於後，則無以盡見。』乃徙立於御坐之前。至脩罷職，修注者乃復立於後。今乃立於殿之東南隅，言動未嘗或聞，可謂立非其地，其媿於脩多矣。又聞元豐三年，修起居注王存奏：『欲追正觀故事，使左、右史得盡聞天子德音。倘以二府自有時政記，即乞自餘臣僚登對，許記注侍立。』神宗曰：『人君與臣下言，必關政理，所言公，公言之，自非軍機，何必秘密！蓋人臣奏對，或有頗僻，或肆讒慝，若史官書之，則無所肆其姦矣。』大哉王言！然未及施行也，至今議者惜之。今史徒有左、右之名，不知天子言動之實，群臣奏對，無所得聖語關報，職記注者，但不過録諸司供報公文而已。何名曰史耶？乞陛下復歐陽脩侍立故事，庶幾言色舉動，皆得以書。如宰執造膝之言，自有時政記，亦乞如王存所請，凡餘臣奏對，許令侍立，亦足以伸神宗之志也。何謂前殿不立？歷觀自古左、右史，未嘗不侍於天子之側，亦未嘗有前後殿之分。唐制但云：『左、右史分立於殿下螭頭之側，和墨濡翰，皆就螭之坳處，有命則臨陛俯聽，對而書之。』不聞後殿立螭，而前殿不立也。又聞歐陽脩奏：『請自今前後殿上殿臣僚退，令少留殿門，俟修注出，面録聖語。』以此知國朝舊制，前後殿皆侍立矣。夫人主之言，不獨後殿有之，而前殿無也。宰執奏事，百官進對之言，不獨後殿有之，而前殿無也。今獨後殿侍立，而前殿不與，義果安在？夫後殿侍立，雖立非其地，然猶立焉，亦愛禮存羊之意。前殿不立，是餼羊亦去，禮意俱亡矣！今左、右史分日而立，無言動之異。欲乞於前後殿皆分日侍立，庶幾一言一動皆得以書，以備一朝之典謨，光千載之史册。非細事也。何謂奏不直前？臣聞唐文宗謂魏謩曰：『事有不當，毋嫌論奏。』謩對曰：『臣頃爲諫官，故得有所陳，今則記言動，不敢侵官。』帝曰：『兩省屬皆可議朝廷事，而毋辭也。』故國朝左、右史，皆許直前奏事。雖以奏事爲名，而朝廷事亦可議焉。蓋文宗命魏謩之意也。熙寧中，修起居注張琥奏曰：『近日緣例，須牒閤門，然後上殿。竊見樞密承旨，每於侍立處尚得奏事，起居注既得侍立，或有敷奏，乞便面陳。』詔從之。自領職之後，初欲直前奏事，閤門以不預牒，却之。又嘗預牒之矣，又謂今日無班次。每見閤門奏事，未嘗以班次爲拘。左、右史職言動，當日有敷奏，乃必欲預牒閤門，又必欲有班次〔二〕，則事有當奏而不得奏，其爲失職多矣。又聞皇祐中，御史唐介論宰相文彦博，仁宗怒之。時蔡襄爲起居注，直前論捄，事出一時，又曷嘗預牒閤門，與必俟班次耶？況今來後殿奏對，未嘗無兩班。如是，則記注之臣，雖有直前之名，而無可奏之時矣。欲自今左、右史奏事，當令直前，不必預牒閤門，及以有無班次爲拘也。」有旨：「前殿依後殿輪左、右史侍立，餘並依舊制。」

史浩罷。出知紹興府，尋奉祠。浩以不與出師之議，力丐免，御史王十朋亦有言也。

詣德壽宮上壽。辛亥，天申節，率群臣詣宮上壽。自是，歲如之。議者以欽宗服除，當舉樂。禮部侍郎黄中曰：「臣事君，猶子事父，禮：親喪未葬，不除服。春秋：君弑，賊不討，則雖葬不書，以明臣子之罪。况今欽宗實未葬也，而可遽作樂乎？」既奏言之。又白宰相曰：「太上皇帝於欽宗親弟昆，且嘗北面事之，有君臣之義，尤恐非所安也。」事遂寢。

詔親征。可令有司排辦，候秋凉，擇日進發。時未知符離之潰也。

命張浚兼都督荆襄。汪澈召赴行在。

史正志罷。王十朋論：「正志操心傾險，賦性姦邪，善觀時以求進。聞樞密葉義問欲議進取，竊吴若江淮表裏論而增損之，自號恢復要覽，以投義問，遂由筦庫而得編修。及史浩爲執政，欲主和議，正志復變前説，以投浩。浩喜其同己，遣之建康，以爲説客，欲以口舌沮進取大計。嘗談兵於張浚之前，爲浚所不禮，正志乃妄撰語録，設爲己與浚答問辨難之語，歸以佞浩。浩大喜之，除爲户部郎中。正志既不見禮於浚，遂極口詆之。嘗應詔上書，比浚爲許靖、房琯，謂其以虚名誤事。聞陛下召浚，懼其不利於浩，唱爲浮議，以沮其來。今陛下知浩之姦，斷然罷之；知浚之忠，破群議而任之。正志自知朋比譏慝，得罪於清議，遂力求去，朝廷乃以江西運判處之。欲乞特發睿斷，明其罪以正典刑。」詔罷。

時張浚欲命李顯忠、邵宏淵引兵進取，而史浩數從中止之。因城瓜洲，白遣正志以太府丞視之，正志合兩淮帥守、監司，備諭以廟堂指意〔一二〕。正志有口辨，既見浚，亦云云。而浚之意不回。浩亦數因書爲言，兵少而不精，二將未可恃。浚不聽。時上意方鄉浚，故浩拜右僕射，而浚亦有樞使、都督之除。會二將之進取，命從中出，三省、樞院不預，浩遂丐去，而正志亦罷斥云。

是月，復靈璧、虹縣及宿州。時張浚命李顯忠出濠州，以趨靈璧。邵宏淵出泗州，趨虹縣。浚自往臨之。以軍事利鈍難必，乞上以諸葛亮建興六年所上奏，置之坐右。顯忠至靈璧，敗其都統蕭琦。宏淵圍虹縣，降其統軍蒲察徒穆及同知大周仁，乘勝進克宿州。浚恐盛夏人疲，急召顯忠等還師。而上亦戒諸將以持重，皆未達。僞副元帥紇石烈志寧率兵至，顯忠與戰，連日未決。諜報虜大興河南之兵，將至，會宏淵與顯忠不相能，而顯忠又私其金帛，不以犒士，士憤怨，漸潰，遂引而歸，虜亦解去。浚時在盱眙，去宿州不四百里，傳云虜且至，浚亟北渡淮〔一三〕，入泗州，撫將士已，乃還維揚，上疏待罪。

是役也，王珙、朱贇死之。並詔加贈，珙賜廟名忠節。

六月庚申朔，日有食之。

以王十朋爲吏部侍郎。先是，十朋言：「臣天資愚戇，不達時宜，獨抱孤忠，每懷憂憤。自從總角，身在草茅，聞醜虜亂華，中原陷没，未嘗不痛心疾首，與虜有不共戴天之讎。及聞秦檜用事，辱國議和，嘗思食其肉，以快天地神人之憤。臣素不識張浚，聞浚天資忠義，誓不與賊俱生。天下聞浚之名，必以手加額。蓋忠義者，人心所同也。臣實敬之慕之。前年備員館職，嘗因輪對，首言虜必敗盟，乞用浚等，太上皇不以爲罪。臣既去國，虜果南牧。太上皇親征，起浚知建康府。陛下嗣位，以江淮都督之任委之，天下皆以爲當，惟史浩之徒不悦。臣去年十一月，被召至闕〔一四〕，首以恢復大計仰贊聖斷。又乞陛下不惑群議，委浚以圖成功〔一五〕。陛下不以臣言爲非，每蒙聽納。浚前日入覲，議進取之計，雖非臣所與聞。至於勸陛下破群議而用浚，臣不爲無力。浚遣二將取靈璧、虹縣及取宿州，降三大將，一月三捷，議者皆服陛下英斷，任浚爲難。及聞王師不利而還，幸災樂禍者，横議蠭起。臣與二三諫臣嘗奏：『一勝一負，兵家常勢之説，勸陛下以剛大爲心，毋以驚憂自沮。』臣又言：『陛下用兵，爲祖宗陵寢暴露而舉，爲徽宗、欽宗復讎而舉，爲二百年境土而舉，爲中原弔民伐罪而舉。與古帝王好大喜功、開邊生事者不同。投機而進，知難而退，益當内修，俟時而動，陛下剛明果斷，規摹素定，固不以一蚓，爲群議所摇。』然異論紛紛，不肯置浚。臣謂宜從浚之請，薄示懲戒，使浚亦得以號令將士，以爲後圖。臣不合妄贊恢復，又不合乞委任張浚。乞正臣妄言之罪，罷御史職事，仍賜竄殛，以塞群議。」又言：「聞近日陛下欲遣龍大淵撫諭淮南，信否？」上曰：「無之。」十朋奏：「唐以中官監軍，卒爲亂階。陛下若欲撫諭諸軍，當於郎曹選人爲之。」上曰：「未嘗有此」。十朋又奏：「近又聞欲以楊存中充御營使。」上默然，遂有是除。尋出知饒州。

未幾，右諫議大夫王大寶以論湯思退不行，乞罷。上欲留之經筵，大寶力辭，乃與祠。他日，胡銓因直前奏事，奏云：「側聞道路之言，近日臺諫論事，陛下謂爲賣直。」上曰：「此語非也。朕謂臺諫論事，要當辨曲直。故近日與張闡説此語，非賣直也。」又曰：「王十朋性急，便要去；王大寶，朕留之經筵，思退固乞去，勢不兩立。」銓奏：「自古臺諫論宰相多矣，若謂勢不兩立，則論宰相者皆當去。」

下罪己詔。張浚貶秩，改宣撫使。以宿州之師失利也。浚降特進，參贊陳俊卿、唐文若以下各降兩官，邵宏淵、李顯忠以下降罰有差。

浚留維揚，大飭兩淮守備。上復命栻奏事，浚因乞骸骨。上見奏，謂栻曰：「雖乞去之章日上，朕決不許。朕待魏公有加，不爲浮議所惑。」上對近臣，未嘗名浚，獨曰魏公。

秋七月，以虞允文爲湖北京西制置使。初除宣諭，尋改制置。

允文尋上疏言：「臣竊惟藝祖皇帝創業之初，削平諸國，首會襄陽之兵以取荆南，蓋天下勝勢所在。先得之，則雄視吴、蜀。一統之祚，實始於此。自古以來，蜀以重山爲險，吴以長江爲險，而荆襄之地，平原廣袤，無山水之限隔，故三國之後，以至南北之分，皆以兵爲險。道路錯出，不以數計，而其大者有六：自陜、虢出盧氏，可以直抵歸州；自光化出茨湖，可以直抵夷陵；自汝州出新野，可以直抵襄陽；自唐州出棗陽，可以直抵郢州；自蔡州出信陽之三關，可以直抵德安府；自陳州出宛丘、新息，可以直抵光、黄。彌亘數千里，實爲坦途，皆當以兵爲險之地也。兵厚則險固，理之自然。而今之備兵，反薄於守吴、守蜀之數，一失枝梧，虜勢横潰，吴、蜀之形，釐而爲二，屯兵雖多，首尾莫應，甚可慮也。伏願陛下曲軫淵衷，下臣之章於腹心大臣，議所以益兵之策，庶幾不失藝祖所以先重荆襄之意，爲陛下恢復之基，天下幸甚。」

湯思退爲右僕射。同平章事兼樞密使。

以旱蝗、星變，詔近臣條上闕政。起居郎胡銓請勿徼福佛、老，躬行周宣政事，罰監司、守令之貪殘者。因論納諫，曰：「今廷臣以箝默爲賢，容悦爲忠。道途相傳，近日臺諫論事，朝廷謂爲賣直，此德宗猜忌姜公輔之語。此言一出，忠臣結舌，馴致興元之變。所謂一言喪邦者。願陛下以德宗爲戒。」

　中書舍人、直學士院劉珙疏言：「太白，兵象也；旱蝗，盭氣也。今仇虜窺覦，哆然未厭。而國家因仍縱弛，有賞無罰，諸將專事刻剥，以媚權倖取官爵，士卒怨之，有甚於仇敵者。且輿土未復，地狹民貧，而費用日滋，徵求日廣。爲監司者不恤郡，爲郡者不恤縣，爲縣者不恤民，至或重貪虐以肆其心，則百姓之苦於官吏，亦不異於士卒之仇將帥也。然則，天人相與之際，夫豈偶然而已哉〔一六〕？欲救其失，惟當信賞必罰，以肅將帥之心；痛懲刻剥，以固士卒之志；節浮冗、練軍實，精擇郡守，誅鋤贓吏，以厚吾民之生。而是數者之得失，則又係人主之心誠與不誠耳。陛下誠能廣恭儉日新之德〔一七〕，屏馳騁無異之戲，登崇俊良，斥遠邪佞，使日用之間，有以養吾之誠，而無害焉。則夫數者固將有所依而立，而災異之變，庶乎其可銷矣！」珙又間爲上言：「應敵無一定之謀，而强國有不易之策。曰和、曰戰、曰守者，皆應敵之計，因事制宜，不可膠於一說者也。若夫不易之策，則必講明自治之術，博詢救弊之原。無事虛文，而責實效，使政事修舉，國勢日强，然後三者之權在我，惟所用之，無不如志。今議者紛紛於末流，而於其本有未言者，臣竊爲陛下憂之。」上皆納焉。

八月，張浚復都督。　初，浚以符離之役，詔改都督爲宣撫。至是，參贊軍事陳俊卿奏：「降官示罰，古法也，亦其自請。改都督府爲宣撫司，恐使人情觀望，號令不行。」殿中侍御史周操亦以爲請，遂有是詔。參贊軍事唐文若知鼎州，以户部侍郎王之望代之。

行郡守久任法。詔：「自今郡守，須及二年，方許移易。」

以災傷避殿、減膳，降詔。詔略云：「比日飛蝗益多，又聞諸路州縣風水爲災。朕避正殿，減常膳。二三大臣，其盡忠省過，監司、郡守，各務身率，戢姦禁暴，平冤察獄。所在災傷，依條振恤、檢放。如有隱匿，不以聞者，重寘典憲。師徒未息，科調繁興，江、淮、襄、蜀，尤極勞擾，疆埸之吏[一八]，宜加安輯，蠲其苛斂，以稱德意。」

劉汶罷。言者論：「監惠民局劉汶，近因太白晝見，陛下恐懼修省，方詔侍從以下條對得失。汶乃公肆誕言，偏投臺諫，謂：『太白出在日月之南，所主者中國利，夷狄衰。』又引唐史事不相因者，妄爲參驗。至言：『開元中，太白晝見，則王師敗吐蕃于清海[一九]。元和中，太白晝見，則連年用師，卒誅元濟。』長阿導諛。乞行遠竄。」故有是命。

以龍大淵、曾覿知閤門事。二人皆上潛邸舊人。上之初即位也，以大淵爲樞密副都承旨，覿帶御器械。去冬，劉度除右諫議大夫，首論待小人不可無節，潛邸舊僚宣召當有時，蓋指二人也。三月，度復上疏，劾大淵輕儇浮淺，憑恃恩寵，入則侍帷幄之謀，出則陪廟堂之論，摇唇鼓舌，更變是非。至引北人孫昭出入清禁，爲擊毬、胡舞之戲，上累聖德。又因進故事，論京房指謂石顯，元帝亦自知之而不能用[二〇]，蓋不能以公義勝私欲耳。反復數百言，尤爲切至。乃詔大淵除知閤門事，覿權知閤門事。蓋以度劄中言毋使褻御，干預樞筦。故解大淵樞屬也。度復奏云：「臣欲抑之而陛下揚之，臣欲退之而陛下進之，臣欲使之畏戢而陛下示之以無所忌憚。是臣所言，皆爲欺罔。」因求貶黜。疏入，不報。而中書舍人張震亦繳其命，至再除，震次對。出知紹興府，震力辭，不許。殿中侍御史胡沂亦論二人市權。奏入，不報。給、舍金安節、周必大亦再封還録黄。有旨：「龍大淵見在假，候假滿日，別與差遣。曾覿依舊帶御器械。」度尋改權工部侍郎，以所言過實也。震力辭職名，遂與外祠。度辭新命，改知建寧府。詔大淵、覿依舊知閤門事。必大又格除命不下，必大尋奉祠，而二人之命亦寢。未幾，沂亦奉祠，安節除兵部侍郎。至是，復申前命，書行者，中書舍人錢周材，給事中、工部侍郎陳之淵也。

明年三月，内批：「劉度罷建寧府。」給、舍黄中、馬騏言：「度與郡且一歲矣，今被旨放罷，人莫知其故。」上批：「劉度黨附，敢爲欺罔，尚除大藩，可依已降放罷旨揮。」未幾，中及騏亦以言去。蓋大淵等初用事時，諸賢攻之甚力，故上意有朋黨之疑也。

九月，盧仲賢使虜軍。先是，虜酋移書云：「故疆、歲幣如舊約，即止兵。」上付督府，答書略謂：「海、泗、唐、鄧等州，乃正隆渝盟之後，本朝未遣使之前得之。至於歲幣，固非所校，第以兩淮凋殘之後，恐未能充其數。」命仲賢携往。仲賢辭行，上戒勿許四郡，而執政命許之無傷。仲賢至宿州，虜酋懼之以威，乃言：「歸當稟命許四郡。」遂以虜酋遺三省、樞密院書來〔二〕，凡畫定四事：一、叔姪通書之式；二、唐、鄧、海、泗之地；三、歲幣銀絹之數；四、叛亡俘虜之人。

冬十月，地震。

十一月，復學士院宿直之制。令學士院及經筵官日輪一員，宿直於本院。

詔議講和。宰臣陳康伯等言：「八月中，金國副元帥紇石烈志寧以第三書來，欲通和好。朝廷遣盧仲賢持書報之。其所論最大者三事。我所欲者，削去舊禮，彼已肯從；彼所欲者，歲幣如數，我不深較。其未決者，彼欲得唐、鄧、海、泗州，而我以祖宗陵寢、欽宗梓宮爲言，未之與也。恭奉聖訓，遣王之望、龍大淵爲通問使、副。命下之日，議論洶涌。乞詔張浚歸國，特垂諮訪。仍命侍從、臺諫集議。」於是，吏部尚書凌景夏、户部尚書韓仲通、權吏部侍郎余時言、刑部侍郎路彬同議，以爲：「名分既正，則當講和，當遣使，當與歲幣。而四州疆土，當與祖宗陵寢及欽宗梓宮兩易之。」禮部侍郎黄中、兵部侍郎金安節同議〔三〕，以爲：「如世稱姪，國號不加『大』字，及用『再拜』二字，未得允當。四州爲淮、襄屏蔽，不可與。寧少增歲幣。欽宗梓宮亦當迎奉。陵寢地，彼必不肯歸我。宜因每遣使入國，恭謁陵寢一次。」侍御史周操、左正言陳良翰同議，以爲：「名分既正，則叔姪之類不須深校。惟土疆不可與，歸正人不可遣，邊備不可撤。及每歲展敬陵寢，皆須預約。」又乞令張浚條具。給事中錢周材、起居舍人馬騏同議，以爲：「我當稱『大宋謹白』，如與大遼之禮。歲幣已有定議。四州決不可割。」又乞令張浚參決。工部尚書張闡以爲：「和不可不議，使不可不遣，歲幣不必校，四州不必割。今不如擊之，既勝，而後與和，則恩威兼著。」監察御史尹穡以爲：「國家事有未治，當與虜和，惟增加歲幣，勿棄四州，勿請陵寢，則和議可集。」監察御史閻安中之議，略曰：「虜人姦謀詭計，以和而陷我於機穽者屢矣！靖康之變，其痛不可勝言也。自翠華南渡以來，絶江航海以掩我不備者，不遺餘力矣。其心豈欲與我和哉？彼見吾吴、岳、張、韓之軍士氣少舒，兵威稍振，川陝屢勝，順昌大捷，國勢駸駸乎强矣！彼其時亦有蒙國之難焉，恐吾積怨發憤，而遂夾攻之也。比我師有靈壁之捷，有虹縣之捷，有符離之捷，虜人死亡者過半。雖我之主帥失於綏御〔二三〕，衆散而歸，不能以一鏃一騎尾襲吾後。臣知其無能爲矣。彼見吾用孟明氏，恐其濟河焚舟，復有後日之舉也。於是虚聲恐喝，又以和議而疑我焉。一則以威彼背叛之國，安反側之心；二則以沮我壯士之氣，緩攻取之計；三則以疑我歸正蕭琦等輩；四則以摇撼我唐、鄧、海、泗等州；五則以杜絶我謳吟思歸之人，使不得以乘釁而生變也。四州之地，決不可棄，當以和好爲權宜，用兵爲實致。」起居郎胡銓議曰：「臣竊惟國家自紹興初，與金虜講和，竭民膏血而不恤，忘國大讎而不報。上下偷生，苟安歲月，以爲盟好可恃，蕩然決去藩維之守。一旦元顏亮變生肘腋，宗廟社稷幾不血食，天下寒心。陛下即位以來，乾剛獨斷，奮然圖任二三大臣，力謀恢復。符離之師，兵不血刃而故疆復得〔二四〕。使李顯忠盡忠於國，不貪小利，以成大舉之功，則中原響應，勢若破竹，興復之期，可指日以俟矣！雖然，功雖不成，自京都播遷之後，垂四十年，未有如符離之舉也。虜人緣此震慴，知陛下有大有爲之志，知廟謀有出其不意之奇，知邊鄙有折衝敵愾之將，知臺諫有明目張膽之人，知朝廷有面折廷諍之士，以爲中國有人，遂有乞和之意。兵法曰：『無故而求和者，謀也。』昨來京都失守，本於大臣耿南仲主和；二聖刼遷，本於宰相何㮚主和；維揚失守，本於宰相汪伯彥、黃潛善主和；元顏亮之變，本於秦檜主和。自汴京板蕩以來四十年間，醜虜爲封豕長蛇，薦食上國，何嘗不以和哉？暴蔑我二聖，汙踐我兩宮，殘毀我宗廟，陵夷我社稷，發掘我陵寢。今欲與不戴天之讎講信修睦，三綱五常，掃地盡矣！就令和好可成，犬羊可信，決不叛盟，孝子順孫，寧忍爲之？況萬萬無可信之理虖！前車覆，後車戒，陛下若不深思遠慮，力修政事，力敕守備，力任將相，力圖恢復，而苟目前之安，臣恐後車又將覆也。議者乃曰：『姑與之和，而陰爲之備，外雖和而內不忘戰。』此向來權臣誤國之言，陛下聞之熟矣。嗚呼！燕安鴆毒，不可懷也。一溺於和，則上下偷安，將士解體，終身不能自振，尚又安能戰乎？其爲鴆毒，可勝寒心！」

張浚累疏爭之，至曰：「自昔議和之臣，始以怯懦誤國，全身保家，其終必至於降。蓋有草降表以待用，而陰圖其富貴者矣！不可不察。」

辛臣陳康伯、湯思退、參政周葵、同知洪遵等疏，略曰：「竊見符離之師，將士失律，渡江以來，所造器甲，委棄殆盡，戰馬十喪七八，士卒死亡莫知其數。而諸路州縣招軍買馬，打造器甲，收買軍需，轉賣官告、度牒，科歛騷然，兵疲民困。而又自去年以來，急風暴雨，發作無時，飛蝗蟲螟，傷害禾稼，星文相犯，天地震動，災變如此，正休兵息民，以答天戒之時也。臣等非不知國讎未復，義不戴天，而虜爲夷狄，猶曰厭兵假使，非其本心，以是紿民，民必德之。我不量力而與之戰，未論勝負，先失民心矣。民心所在，即天意也。事不可忽。及於後殿進呈虜書，陛下欣然謂：『虜有善意，不可不答。』臣等私竊妄議，陛下天資英武，痛祖宗未雪之讎，力圖恢復，而一聞虜言，喜見顏色，真聰明睿知，而不殺者也。虜意欲和，天將以是贊我，使軍民少就休息。因得爲自治之計，以待中原之變而圖之，是萬全之計也。使虜勢誠弱，我勢漸强，何求不得？而臺諫官議論紛然，力詆臣等，以謂專欲求和，以苟目前之安。於是侍從之間，以至百執事之臣，交章來上，謂今日之事，只當用兵，不當言和。是皆不量事力，争欲交兵。政以利害不切於己，敢爲大言。逮其誤國，則將去之南山之南、北山之北。惟幸和議或變，乃皆軒然而來，争言我曾論此，以邀高爵美名。曾不思社稷之重，豈同戲劇？而生民肝腦塗地，誰與任其責哉？陛下今日議和，豈遽忘國讎之未復哉？政欲使軍民各就休息，一旦中原有變，起而乘之，雖復舊疆、雪大恥，何有不可？然後知今日之和，乃所以爲他日之恢復也。」

上諭大臣曰：「虜能以太上爲兄，朕所喜者。」康伯奏：「靖康以來，手足顛倒之勢，垂四十年。一旦肯爲敵國，皆聖德所致。」

召張浚。初，浚累疏言：「虜强則來，弱則止，不在和與不和。」執政急於求和，遂遣盧仲賢持書報虜。浚復言：「仲賢小人多妄，不可委信。」已而，仲賢果以許四州辱命。朝廷乃遣王之望、龍大淵爲通問使、副〔二五〕，而召浚赴行在。浚沿途復上疏争之，且曰：「虜兵屯河南者號十七萬。今歲意欲迫我以和，復調十萬之師，盡臨邊境，未論人糧，且以馬草料論之，馬騾驢馱自當以十萬計，月用草二百一十萬束，料二十一□萬斛。今茲大雪，轉輸益艱。稍遲至春，虜之潰遁，有可必者。臣所以累具奏陳，未須遣使，正欲坐視其變。使命一下，則必增醜虜之氣，墮士卒之心，失中原之望，攜契丹之衆，利害至重，而朝廷易爲之。」又曰：「自秦檜主和，陰懷他志，卒成逆亮之禍。檜之大罪未正於朝，致使其黨復出爲惡。臣聞立大事者，以人心爲本，今内外之議未決，而遣使之詔已下，失中原之心，失將士之心，失四海傾慕陛下之心，他日誰爲陛下出力用命哉？人心既失，如水之覆，難以復收，而況於天則不順，於義則未安。臣竊爲陛下憂之。」又曰：「遣使之議，臣身在外，初不預聞。臣竊惟徽宗、欽宗不幸不返，此亘古非常之巨變。凡在臣庶，不如無生。且八陵久隔，赤子塗炭，國家於虜，大義若何？況夫逆亮憑陵，移書侮慢，邀求大臣，坐索壤地。其事近在前歲，今議者不務力爲自强之計，因虜帥一移書，遂遣朝士犇走麾下。再貽書，則又欲遣侍從近臣，趨風聽命。復將裒吾民之膏血，以奉讎人。欺陛下以欵之之名，而共爲和之之實。其説固曰：『吾將欵之，而後修吾兵政。』不知使命一遣，歲幣一出，國書一正，將士褫氣，忠義解體，人心憤怨，何兵政之可修？又不過曰：『吾將欵之，而理吾財用。』不知今雖遣使，而兵不可省，備不可徹，重之以歲幣之費，虜使之來，復有他須，何財用之可理？此可見其欺陛下以欵之之名，而實欲行其宿志。彼方惟黨與之是立，惟富貴之是貪，豈復以國事爲心哉？」又言：「臣見王之望、龍大淵，之望甚言守備不至。臣竊以爲，虜以大兵臨我，自秋及春，凡半年餘，見我無備，胡不直入？徒以虚聲迫脅中外。往者固不須論，今歲邊防更密，坐待其來，破之必矣。」及入見，又力陳和議之失。上爲止誓書，留使人，而令通書官胡昉先往，諭虜以四州不可割之意。於是之望、大淵待命境上。

時廷臣多言可以與之議和，而四州之地不可輕棄。而湖北京西制置使虞允文力陳不可與和，四州之地與和尚原、商於一帶之險，不可以輕棄。累疏争之。

十二月，陳康伯罷。出知信州，尋奉祠，從所請也。

以湯思退、張浚爲左、右僕射，浚仍都督。上書聖主得賢臣頌以賜之。

虜械胡昉等，上聞之，諭浚曰：「和議之不成，天也。自此事歸一也。」

禁獻羨餘。有旨：「諸路州軍上供錢例有逋欠，而監司、郡守反以羨餘進獻僥賞。可行下户部，自今上供起發未足，輒行率斂進獻，本部按劾以聞。」

是歲，廣東提刑司獻緡錢十五萬。有旨：「令就便撥賜廣西漕司，充本路州軍今年合起上供錢。」

乾道三年秋，又申禁之。

九年，廣南提舉廖顒獻支不盡鹽本錢一十一萬貫有奇，及常平寬剩錢五萬貫，納侍御史兼侍講蘇嶠之言，却之。

淳熙二年，提點坑冶王揖奏獻寬剩錢十萬貫〔二六〕。詔令樁管，置造軍器。

五年，知紹興府張津獻錢四十萬貫。詔令本府將所獻錢，爲人户代納今年和買身丁之半。

十一年，知鎮江府耿秉奏：「三縣歲額畸零錢八千餘貫，今以公庫所節浮費代充解發，若非得旨，則恐後人斂之於民。」上曰：「以寬剩之錢，爲民代納，固善。後人若無餘，則必别作名色科配。此事州郡自行則可，朝廷難爲施行。」

户數。 一千一百七十萬有奇。

甲申隆興二年（一一六四）春正月，給僧牒，充會子本錢。 都督府言：「會子流傳行使，已是通快。若廣行椿垛本錢，即日支遣，則客旅不至沮滯。欲乞令禮部降空名度牒一萬道，付都督府，分下諸路，措置出賣，别項椿管。於建康府差官置務，拘收椿垛見錢，專充應副支給會子本錢。」從之。

立賢妃夏氏爲皇后。

詔條上優恤事宜。 詔諸路監司、帥守及統兵官，條上優恤軍民事宜。

二月，詔戒將帥。 毋得刻剥士卒，以充賂遺。

雨雹。

三月，張浚復如淮視師。 始議以四月進幸建康，浚又言：「當詔之望等還。」上從之。幸建康之議，思退初不與聞，乃與其黨密謀爲陷浚計。俄詔浚行視江淮，自浚受任督府，且將三年，講論軍務，不遑寢食。所招來山東、淮北忠義之士，以實建康、鎮江兩軍，凡萬二千餘人。萬弩營所招淮南壯士及江西群盜，又萬餘人。要害之地，城壁皆築，其可因水爲險者，皆積水爲堰。置江淮戰艦，諸軍弓矢器械悉備兩年。冬，虜屯重兵十萬于河南，爲虛聲脅和，有刻日決戰之語，將士望虜至，成大功，而虜亦知吾有備，卒不敢動。至是，浚又以宰相來撫諸軍，將士踴躍思奮，虜聞浚來，亦檄宿州之兵歸南京，沿邊清野以俟。淮北來歸者日不絶，山東豪傑悉領受節度。浚又以蕭琦契丹望族，沈勇有謀，欲令琦盡統契丹降衆，且以檄諭契丹，虜益懼。

時吏部郎龔茂良面對，言：「臣嘗妄議本朝禦戎得失之原，景德之勝本於能斷，而靖康之禍由夫致疑。寇準之欲戰，而陳堯叟、王欽若之欲避，惟真宗皇帝斷然決策，不惑於同異，所以成功，若是其烈也。至於靖康則不然，規撫屢變而無素定之謀，議論徒多而無可行之實。吴敏、李綱、耿南仲與夫李棁、鄭望之之流，議論冰炭，迭爲勝負。欲和者類無遠慮，甘於受欺；欲戰者大率寡謀，動則敗事。以至今日遣將追襲虜騎，明日趣令班師，已而復遣，無益也。今日召兵入衛，明日遽止其行。比及再召，緩不及事矣！甚者，如棄三鎮、割兩河〔二七〕，發言盈庭，互相詆訾。自元年三月虜人退師，至十一月再犯京闕，紛紛之議，猶未決也。願陛下深思熟慮，早定大計，毋摇於浮議，毋狃於暫寧，深防未然，常若弗及，仰法景德之斷，而勿爲靖康之疑，則宗社幸甚。」

鬻僧牒。初給二萬道付諸路出鬻，每道收錢三百貫。侍御史周操言：「今來正是起催折帛夏税之時，若添此一項，愈見窘急。每道乞量減五十千。」續有旨，先次給降一萬道，俟均賣盡絶日，別取指揮。

後上謂輔臣曰：「聞臨安所科已自紛擾，民力不易，不如且已之」。

十二月，撥户部鬻僧牒緡錢三百萬，充會子本錢。

淳熙七年，廣西帥奏：「乞降度牒，充回易本錢。」上曰：「度牒不可賣。」令漕司撥錢一萬付之。

廣西妖賊平。曲赦容、雷、高、藤四州。

夏四月，命錢端禮、王之望宣諭兩淮。召張浚，罷都督府。右正言尹穡論浚跋扈，乃議罷督府，而以户部侍郎錢端禮、吏部侍郎王之望爲淮東西宣諭使，以代之。之望未行，又拜左諫議大夫。蓋欲使議論歸一也。至是，詔罷督府，應干錢物，委端禮、之望及淮東總領拘收。

張浚罷。湯思退令王之望盛毁守備，以爲不可恃。又令尹穡論罷督府官屬馮方。又論浚費國用不貲〔二八〕，又論乞罷浚都督。浚亦請解督府。詔如其請。言者詆浚愈力，浚留平江，上章乞致仕者八，上許之。直學士院洪适當制，有「棘門如兒戲耳」之句，蓋适自淮東總領召歸，附思退意，言浚邊備如兒戲，故又形之制詞也。上察浚之忠，欲全其去，制除少師、判福州。

陳俊卿知泉州，尋奉祠。

五月，復環衛官。 詔曰：「朕仰惟祖宗選用將帥，以崇武節，外建方鎮，内列環尹，品式備具。近來環尹，久不除授，非所以儲材而均任也。可依舊制，應以材略聞、堪任將帥，及久勤軍事、暫歸休逸之人，並爲環衛官。更不换授，只令兼領。如節度使即領金吾衛上將軍，承宣使即領左右衛上將軍之類。依正官班次，共以十員爲額。朝參侍殿，並依御帶體例，宗室不在此制。仍不差戚里，及非戰功人。除改差主兵官，合不領環衛，如行在差兼職事，如幹辦皇城司、帶御器械之類〔二九〕，仍許兼領。」

乾道初，又定節度使至正任刺史，除上將軍；横行遥郡，除大將軍；正使，除將軍；副使，除中郎將；使臣以下，除左右郎將。正任，謂承宣使至刺史也。遥郡，謂以階官領刺史至承宣使也。正使，謂武翼大夫以上也。副使，謂武翼郎以上也。使臣以下，謂訓武郎以下也。

淳熙四年，詔：「今後環衛官，節度使除左右金吾衛上將軍、左右衛上將軍；承宣使、觀察使爲諸衛上將軍；防禦使至刺史、通侍大夫至右武大夫，爲諸衛大將軍；武功大夫至武翼大夫，爲諸衛將軍；正侍郎至右武郎、武功郎至武翼郎，爲中郎將；宣贊舍人、敦武郎以下，爲左右郎將。」按元豐初，節度、觀察使纔八員，防禦、團練使、刺史共二十員，而宗室不與焉。乾道初，節度、觀察使至四十員，防禦使至遥郡僅二百員，權尚右郎官趙彦端嘗請約定其數，後不行。時元年八月也。

幸大教場。犒賞戍還諸軍。

六月甲寅朔，日有食之。

秋七月，江東、浙西水。命振之。

雨雹。

以災異水潦，詔朝臣陳闕失。詔：「災異數見，江、淮水潦，避殿、減膳。令侍從、臺諫、卿監、郎官、館職疏陳闕失及當今急務，毋有所隱。」

兵部侍郎胡銓言：「當今急務，莫大於備邊。今與虜和議，有可痛哭者十：今日之患，兵費太廣，養兵之外，又增歲幣，民力益困，一也。唐、鄧、海、泗之人，不下數十百萬，一旦與之，是置之死地，二也。海、泗，今日之藩籬咽喉也，失則兩淮不可保，大江不可守，而江、浙不安，三也。絶中原之望，四也。自秦檜竭民膏血以奉虜，民愁盜起，齊述一變，殺數萬人。郡國二十四，同時大水。今和議雖未必成，皆曰又將竭吾膏血以潤虜人。今兩淮之人嗷嗷然，皆曰又將如前日疲於虜使之往來，而犇命之不暇，五也。秦檜力排不附和議之士九十餘人，賢士大夫，國之元老，相踵引去。檜末年，遣張常先、汪召錫綱羅張浚、胡寅等三十七人〔三〇〕，欲竄海島。賴上天悔禍，檜即殞命，而三十七人幸脱虎口。然趙鼎、王庶、李光、鄭剛中、曾開、李彌遜、魏矼、高登、吴元美、楊輝、吴師古等，或死嶺海，或死罪籍，怨憤之氣徹天。今日和議或成，則不附時議之士，或陷前日之禍必矣，六也。紹興戊午，和議既成，檜建議遣路允迪等二三大臣，往南京等州，交割歸地。虜一旦叛盟，劫執允迪等。遂下親征之詔，虜復請和，其反復如此。檜不悟，卒有逆亮之變。覆轍不遠，七也。頃者，虜人遺書，盡取歸正人，檜一切還之，如江南程師回、趙良嗣等，聚族數百人，幾謀變。今虜必復如前日，盡索歸正之人，與之必反側生變，不與則虜絶不肯但已，八也。自秦檜當國二十年，空竭國力，海内乾耗，迄今府庫無旬月之儲，自此復和，蠹國害民，殆有甚焉，九也。真宗朝，宰相李文靖公沆，賢相也，嘗謂王旦云：『我死，公必相，切勿與虜講和。吾聞出則無敵國外患，如是者國常亡。若與虜講和，自此必多事矣。』旦殊不以爲然，既而遂和，十餘年間，祥瑞、天書、土木之役不息，東封西祀，饑饉薦臻。旦始悔不用李文靖之言。夫祖宗盛時，尚以和議爲不可，況今國勢萎靡如此，而復唱和議，使上下解體，士氣惰怯，溺於晏安之鴆毒。國之元老如張浚、王大寶、王十朋、金安節、黄中、陳良翰相繼黜逐。詩云：『雖無老成人，尚有典刑。』韓愈云：『言老成重於典刑也。』是何可輕哉？十也。願陛下堅守和不可成之論，力行其志，自强不息，則醜虜何足患哉？天變水災亦當銷縮，不勞聖慮而滅矣。」

監察御史龔茂良疏略曰：「康衡言〔三二〕：『天人之際，精祲有以相盪，善惡有以相推，事作于下者，象動于上，水旱之災，隨類而至，不可誣也。』夫水，至陰也。其占爲女寵，爲嬖倖，爲小人專制，爲夷狄亂華。而其間因權倖以致者，蓋十七八焉。崇、觀、政和之間，小人道長，内則憸腐，竊弄威柄；外則姦回，充斥朝廷。至其末年，濁亂極矣。於是，有京城大水之異，惟其恬不知變，馴至夷狄亂華，海内横潰，可不念哉？可不畏哉？今左右近習，不過數人，衆所指目，形于謡誦。以陛下英明果斷，固不至容其爲惛爲怓。第一二年來，進退一人材，施行一政事，命由中出，人言譁然，指爲此輩。甚者親狎之語，流聞中外；賡酬之作，傳播邇遐。陛下深居九重，何由知此？昔元帝信任恭、顯，漢業始衰。京房固嘗燕見開陳，謂災異之致，皆由於此。元帝不能用，而京房由是以死。臣每讀其書，而深悲之。涌水之變，由顯而致，房卒當之，可哀也已。彼優柔不斷之君，溺於所愛，不能自克，誠不足怪。若剛健有爲之主，但患不聞爾，未有聞而不去者也。腹心之疾既去，然後政事闕失〔三二〕，可以次第言矣。」時内侍押班梁珂及龍大淵、曾覿皆用事。茂良疏蓋指此也。會言者論珂罪，詔與外任宫觀。

茂良尋遷右正言，入對。首論：「積陰弗解，淫雨益甚，熒惑入斗，正當吴分，天意若有所愠怒而未釋者。二人害政，甚珂百倍。陛下罷行一政事，進退一人才，必掠美自歸，謂爲己力。或時有小過，昌言于外，謂嘗争之，而不見聽。群臣章疏留中未出，間或闚見，出以語人。有司條陳利害，至預遣腹心之人，示以副封，公然可否之。若夫交通貨賂，干求差遣，大臣畏忌，依阿聽從，此又其小小者。」上諭以：「二人皆宫邸舊僚，非他近習比，且俱有文學，敢諫争，未嘗預外事。」茂良再上疏言：「德宗謂李泌：『人言盧杞姦邪，朕獨不知。』此其所以爲姦邪也。今大淵、覿所爲，行道之人類能言之，而陛下尚未之覺，更頌其賢，此臣所以深憂屢嘆，百倍於未言之前也。」疏入，不報。即家居待罪。及王之望參政，茂良以其嘗薦己，乞回避。詔除太常少卿，茂良力求出，乃命知建寧府。

八月，魏杞使虜。先是，上命湯思退作書與虜，約許割四郡，且求減歲幣之半。尋又命杞以宗正少卿充通問使。杞及疆，虜以書不如式，不受。又求割商、秦地及歸正人，且求歲幣二十萬。杞以聞。上命盡依初式，再易書，歲幣亦如其數。

張浚薨。浚行次餘干，以家事付兩子栻、杓曰〔三三〕：「吾嘗相國，不能恢復中原，盡雪祖宗之恥。即死，不當葬我先人墓左，葬我衡山足矣。」疾革，呼栻等于前，問：「國家得無棄四郡乎？」且命作奏，乞致仕而薨。

後五年，上追思浚忠烈，加贈太師，賜謚忠獻。浚自幼即有濟時志，在京城中，親見二帝北狩，皇族係虜，生民塗炭，誓不與賊俱存，故終身不主和戎之議。功雖不就，人稱其忠。論事上前，必以人君當正心務學、修德畏天、至誠無倦爲先。又以儲副爲天下本，自在川陝，即上疏乞選養宗室之賢。及爲相，復陳宗廟大計。資善堂建，皇子出就傅，又薦朱震、范沖充訓導之選。每以東南形勢，莫重建康，人主居之，北望中原，常懷憤惕。若居錢塘，易以安肆，難以號召中原。故自紹興至隆興，屢以還幸爲言。稟性至公，嘗劾李綱以私意殺從臣宋齊愈，罷其政。大赦，綱貶海外，獨不原。浚爲請，得內徙。韓世忠軍士剽掠，浚嘗奏奪其觀察使。及視師淮上，獨稱世忠忠勇，可倚以大事。兄滉以才學爲高宗所知〔三四〕，賜進士第，後省繳駁，浚言不可以臣故違公議。其輔政，以人才爲急，與趙鼎當國，多所引擢，從臣朝列，皆一時之望，人號爲「小元祐」。至隆興初，首薦論事切直、折挫不撓者數十人。及再相，又薦虞允文、汪應辰、王十朋、劉珙等，皆一時名士。其後多至執政侍從。尤善於撫御將帥，而知其才。始在關陜，吴玠、吴璘由行間識擢，卒有大功於蜀。劉錡晚出，浚一見奇之，即付以事任，歸薦於朝，卒成順昌之奇功。高宗歎息，謂浚知人。其他若楊政、田晟、王宗尹、王彥，後皆爲名將。事母至孝。彗星之見，浚將論時事，恐爲母憂，其母見浚瘠，問故，具以告，母誦其父對策之語曰：「臣寧言而死于斧鉞，不忍不言以負陛下。」浚意乃決。母喪，浚踰六十，哀毁不自勝。事兄滉，友弟尤至，教養其子如己子，置義莊以贍宗族。

栻甫畢襄事，即草土拜疏，言：「吾與虜乃不共戴天之讎，異時朝廷雖興縞素之師，然旋遣玉帛之使。是以和戰之念，雜於胸中；而講和之念，未忘於胸中〔三五〕。故至誠惻怛之心，無以交格乎天人之際，此所以事屢敗而功不成也。今日雖重爲群邪所誤，以至于此。然能以是爲監而深察之，使吾胸中了然無纖芥之惑，然後明詔中外，公行賞罰，以快軍民之憤，則人心悦、士氣充，而虜不難却矣。益堅此志，誓不言和，專務自强，雖折不撓，使此心純一，貫徹上下，則遲以歲月，亦何功之不成哉！」

九月，以王之望參知政事。 之望陳和戰三策〔三六〕。又言：「今日無横身任事之臣。」上大喜，即軍中拜之。

虜入寇。 虜人以未如所欲爲辭，遂分兵入寇。

交阯來貢。

戒敕贓吏。 詔：「今後命官犯自盗枉法贓罪抵死，除籍没家財外，取旨遵依祖宗舊制決配。仍檢坐天聖故事，令學士院降詔。」

出内帑金，和糴賑濟。白金四十萬兩。

尋詔發江西義倉米二十萬石賑濟。

命湯思退督師江淮，辭不行。楊存中同都督，錢端禮、吴芾並爲參贊軍事。初，兵部侍郎胡銓因轉對，爲上言：「與虜和，可弔者十，臣恐再拜不已，必至稱臣；稱臣不已，必至請降；請降不已，必至納土；納土不已，必至輿櫬；輿櫬不已，必至如晉帝青衣行酒而後快。倘乾綱獨斷，追回使者，絶請和之議，以鼓戰士，下哀痛之詔，以收民心，天下庶乎其可爲矣。如此，則省數千億之歲幣，專意武備，足兵足食，無書名之恥，無去大之辱，無再拜之屈。去十弔而就十賀，利害較然矣。詩云：『毋用婦人之言。』今日舉朝之士，皆婦人也。」虜既得四郡，專事殺戮。上意中悔。思退懼，密諭虜以重兵脇和。上聞有虜師，乃命建康都督王彦屯昭關，而三衙、江、池諸軍相繼皆出。又命思退督師，思退辭不行。

思退與王之望堅主和議，罷張浚兵柄。銓争之力，於是，大臣皆不悦，遂命銓以本職措置浙西、淮東海道。命下即趣行。時金寇深入，號八十萬，淮東郡邑皆望風退避，高郵守陳敏拒之射陽湖〔三七〕，而大將李寶駐師江陰，不肯援敏。銓檄寶出師。寶先取密詔，爲自安計。銓劾奏曰：「臣受詔令范榮備淮，李寶備江。今寶逗留，視敏弗救，若射陽失守，大勢去矣！」寶懼，與敏掎角退虜兵。時大雪，河凍，銓親持鐵錐斫冰，士皆奮。初，銓與尹穡同出使，穡使浙東，置家於安〔三八〕。銓使江、淮，蓋受敵之地，携孥北行。言者並指爲罪，與穡俱罷。

冬十月，詔輔臣夕對。詔：「朕每聽朝議政，頃刻之際，意有未盡。自今執政大臣或有奏陳，宜於申未間入對便殿，庶可坐論，得盡所聞，期躋于治。」

尋又詔：「多事之時，侍從、兩省官日一至都堂，其合關臺諫者，並令會議。」

越明年夏，上諭錢端禮等曰：「早朝與卿等每不從容，今後晚間稍暇時，當召卿等款曲論治道。」端禮等既退，又遣中使傳旨，每遇晚召，令於東華門入，詣選德殿奏事。

後洪适等因晚對，見御坐後有金漆大屏風，分畫諸道，各列監司、郡守爲兩行，以黄籤摽職位、姓名，上指示适等曰：「朕新作此屏，其背是華夷圖，其便觀覽，卿等於都堂亦可依此。」适奏曰：「唐太宗嘗列守令姓名于屏風，今日之舉，遠過前代。」

十一月，詔諭沿邊將士。詔略曰：「朕祇奉慈訓，嗣有基業。永念祖宗陵寢，朝獻路絶，黎元塗炭，屯戍未休。朕爲人之後，而不能報上世之憤；爲人之君，而不能拯斯民之厄。故食不知味，寢不安枕，未嘗以尊位爲樂也。特以戰争之役，肝腦塗地，不忍南北之人，枉罹非命。朕自即位以來，兩發聘使，冀尋舊盟。而鄰帥主兵，及境弗納。逮行人再往，始則立式要求，繼則迫脇囚辱。朕以兵隙難開，隱忍自屈，仍遣魏杞銜命復行，不校禮文，書辭屢易，不愛四郡，割以與之。乃渝元約，又求商州，且索臨陣俘虜之人，變詐無厭，必欲尋釁，初無休兵結驩之意。今使命逗留，議論不決，積粟出船，包藏罔測。朕以太上聖意，不敢重違，而宰輔群臣前後屢請，已盡依初式，再易國書，歲幣成數，亦如其議，在我可從，無一顧惜，若彼堅欲商、秦之地，俘降之人，則朕有以國斃，不能從也。」時虜將僕散忠義自清河口渡淮，守將魏勝戰死。劉寶自楚州、王彦自昭關南遁，上猶未之知也。而降是詔矣。

楊存中陞都督。思退既不行，乃命存中同都督軍馬。及事急，復以王之望爲督視。之望力辭，乃升存中爲都督。

存中薨於明年，追封和王，謚武恭。其祖宗閔爲永興軍路總管，戰殁。父震知麟州建寧寨，亦死於虜難。存中天資忠孝，慷慨有大節。從戎河朔，高宗一見，遂授以心膂之寄。前後轉鬭大小二百餘戰，金創被體，終始宿衛四十餘年。上以舊臣，尤禮異之，呼郡王而不名。存中父、祖相繼死難，母張氏見震不屈，亦引脰而死。存中既顯，請于朝，賜宗閔謚曰忠介，震曰忠毅，廟曰顯忠、報忠。復乞立家廟，賜祭器。高宗曰：「卿兩世死節，尤宜褒祀。」遂許祭五世。宗閔遇害，祖母劉氏流落隴蜀，存中日夜禱祠訪問，間關數千里，卒迎以歸。李顯忠以罪斥，存中保任之，卒爲名將。御軍寬而有紀律，所用將士，不私部曲之舊。輕財重義，施不少吝。所居建閣以藏御書，上爲題曰「風雲慶會之閣」。子偰，以存中故，爲工部侍郎；倓，亦仕至僉書樞密院事。

詔諭歸正官民。詔云：「朕遣使約和，首尾三載。北帥好戰，要執不回。自盧仲賢初議，則有畫定四事：叔姪通書之式，唐、鄧、海、泗之地，歲幣銀絹之數，及元是歸附之人。朕志在好生，寧甘屈己，書幣土地，一一曲從。唯念名將貴臣，皆北方之豪傑〔三九〕，慕中國之仁義，削去左衽，投戈來歸，與夫軍士人民，厭厥腥羶，喜我樂土。朕知其設意，欲得甘心，斷之於中，決不復遣。前後書辭，再三峻拒。故彼逞忿無厭，入我邊竟。若朕利於和好之速成，不顧招懷之大信，曲從所欲，驅迫北歸，則與淮北之民同爲魚肉矣！爾等當思交兵釁隙，職此之由，視之如讎，共圖掃蕩。高官厚賜，自有明科，傳之子孫，永保寧泰。天地鑒照，朕不食言。」

竄湯思退。除職奉祠。言者論其急於和好之成，自壞邊備，罷築壽春城，散萬弩營兵，輟修海船，毁折水櫃〔四〇〕，不推軍功賞典，及徹海、泗、唐、鄧之戍。詔責居永州，行至信州，慢悸而死。

禁太學生伏闕。時參知政事周葵實行相事，聞諸生有欲相率伏闕者，奏以黄榜禁之。略云：「靖康軍興，有不逞之徒，鼓唱諸生伏闕上書，幾至生變。若蹈前轍，爲首者重寘典憲，餘人編配。」黄榜出，物論譁然。於是太學生張觀、宋鼎、葛用中等七十餘人上書言，湯思退、王之望、尹穡鉤致虜人，宜斬之以謝天下。書略曰：「逆亮授首之後，朝廷擢用張浚都督江淮，虜人不敢犯塞，蓋由張浚備禦有方，是以寢敵人之謀，故陛下無北顧之憂矣。自湯思退首倡和議，之望、尹穡附之，極力擠排，遂致張浚罷去，邊備廢弛，墮虜人計中，天下爲之寒心，而思退輩方以爲得計。今虜人長驅，直致淮甸，皆思退等三人懷姦誤國〔四一〕，豈可置之不問哉？臣請言其罪之大者，思退身居首相，不爲國謀，和議未定，遽令歸戍。繼以唐、鄧、海、泗與之。及陛下命思退督護諸將，而思退初以母老爲辭，繼雖請行，實則欺罔，遷延歲月，拒命不從。且之望謀附思退，欲以和議爲功。銜命出疆，虜人弗納。既而還朝，妄譖張浚措置乖繆。浚既罷去，之望得爲宣諭，忠勇如邵宏淵者，文致其罪，卒擯去之，使將校離心。即朝廷一旦緩急，無可賴者。之望既到淮上，略無措置，且將張浚守禦之備，妄意更毀，自以措置有方爲言，乃以參政召還。而思退規避督視，欲以之望代己。之望至，與思退交罵朝堂，繼以泣涕。使之望爲宣諭日，果能措置有備，自當奮然請行，何至如此，爲天下笑！則前日肆爲欺罔之言可知〔四二〕。又穡專附大臣，爲之鷹犬。如張浚之忠誠爲國，天下所知，穡獨不顧公議，妄肆擠排，使怨恨而死，忠臣義士爲之扼腕。凡大臣之所不悦者，皆逐之。相爲表裏，以遂姦謀。此三人之罪，皆可斬也。思退誤國至此，偃然求去，欲身處至安。今又加以秘殿之隆名、真祠之厚禄，則典刑不明，賞罰不當。臣願陛下先正三賊之罪，以明示天下，仍竄其黨洪适、晁公武。而用陳康伯、胡銓爲腹心，召金安節、虞允文、王大寶、陳俊卿、王十朋、陳良翰、黄中、龔茂良、劉夙、張栻、查籥，協謀同心，以濟大計。」上怒，欲加重辟。晁公武及右正言龔茂良同入對，上怒稍霽。之望亦爲之救解，乃止。

先是，侍御史尹穡乞置獄，取不肯撤備及棄地者，劾其罪，庶和議決成，所指凡二十餘人。由是，擢穡爲左諫議大夫，而公武亦自殿中侍御史遷侍御史。洪适時以中書舍人兼直學士院。

王抃使虜軍。並割商、秦地，許歸被俘人，惟叛亡者不與；餘誓目略同紹興，世爲叔姪之國，減銀絹五萬；易歲貢爲歲幣而已。虜皆聽許。

詔擇日親征。

以陳康伯爲左僕射。時奉祠寄知信州。閏月，入對。

錢端禮賜出身，僉書樞密院事。尋兼權參知政事。

閏月，詔館職毋限員。詔：「館閣儲才之地，依祖宗舊法，更不立額。」

崔皋敗虜于六合。

十二月，赦沿邊諸州。詔略曰：「正皇帝之稱，爲叔姪之國，歲幣減十萬之數，地界如紹興之時。憐彼此之無辜，約叛亡之不遣，可使歸正之士，咸起寧居之心。」洪适所草也。論者謂：「前日之所貶損，四方蓋未聞知，今著之赦文，失國體矣！」

洪适使虜。魏杞至汴京，二酋先遣王抃歸，而令杞往燕山，遂以适爲賀生辰使，龍大淵副之。

雨雹。

乙酉乾道元年（一一六五）春正月辛亥朔，郊。去歲，有司請：「國朝郊祀，多用冬至。乾德元年，藝祖初郊，是年冬至適近晦日，遂改用十六日甲子。至道元年，李繼遷叛，遂改用次年正月。所有今年十一月二十九日冬至郊祀，可遵藝祖近晦之議、太宗改卜之典〔四三〕。」詔以來年正陽之月雩祀之辰。尋又遵至道典故，用獻歲上辛。

罷陝西轉運。仍舊將階、成、西和、鳳州隸利州西路。

二月，振兩浙饑〔四四〕。出内庫銀絹，代輸身丁。尋賜僧牒，振興化軍饑。

雨水。詔避殿減膳，遣使察獄。

陳康伯薨。康伯之初相也，上皇宣諭曰：「自卿除授，中外翕然，無有異論。卿静重明敏，一語不妄發，真宰相也。」逆亮之入寇也，康伯奏曰：「聞有勸陛下幸越及閩者，誠用其言，大事去矣。」一日，中使持御批來，甚遽，康伯讀之。乃有旨：「如更一日，虜騎未退，且令放散百官。」康伯取焚之。入奏曰：「審如聖訓，百官既散，主勢孤矣！」上問：「焚之何也？」康伯曰：「既不可付外施行，又不可輒留私家，故焚之。」上深以爲然。高宗倦勤，有與子之意，康伯密贊大議。及行内禪禮，以康伯奉册。上即位，禮遇優渥，但呼丞相而不名。

御書「旌忠顯德」之碑，表其墓。慶元初，配享孝宗廟廷。先謚文恭，其孫將作監景參援文彦博例，請改謚。詔改謚文正。

上謂輔臣曰：「陳康伯有器量，朕扈從太上在金陵，其從容不迫，可比晉謝安。」臨終奏事，無一語差繆。出至殿廬而疾作，輿至第，薨。

三月，令沿邊措置屯田。尋命鎮江、建康、鄂州、荆南都統並兼提舉措置屯田，兩淮、湖廣總領，淮南、湖北、京西帥漕兼提舉措置屯田，守臣兼管内屯田事。

詔舉制科。

詔定國是。刑部侍郎王茀進故事：「昔楚莊王問孫叔敖曰：『寡人未得所以爲國是也?』叔敖曰:『國之有是,衆所惡也,恐王不能定也。』王曰:『不定獨在君,亦在臣乎?』對曰:『君驕士,曰非我無從富貴;士驕君,曰君非士無從安存。人君或至失國而不悟,士或至饑寒而不進。君臣不合,則國是無從定矣!』莊王曰:『善!願相國與諸大夫共定國是也。』臣聞國之有是,至當歸一。異論不得而摇之,則庶政惟和,天下無事。國無定是,人懷異論,不顧國家之安危,不恤生民之利害,惟求己勝,以媒進取,馴致危亡者多矣!楚莊王、孫叔敖,小國之君臣,其所論乃爾,可以爲萬世之法。」詔:「王蕣進議,誠有國之大戒,今日之先務。朕當與執政大臣、凡百官僚思其未至〔四五〕,以歸于是,期共守之。」時錢端禮起戚里,爲首參,窺相位甚急,館閣之士相與上疏斥之,皆爲端禮所逐。蕣陰附端禮,建爲國是之説,以助其勢。

吏部侍郎陳俊卿抗疏,力詆其非,且爲上言:「本朝無以戚屬爲相,此懼不可爲子孫法。」及進讀寶訓適及外戚,因言:「本朝家法,外戚不與政,最爲深意,陛下所宜守。」上納其言。端禮憾之,諷使求去。是秋,出俊卿知建寧府,而端禮亦卒不相。

夏四月,虜使來。報問使。國書始謂上爲宋皇帝云。

吴璘來朝。尋進對新安郡王,判興元府。

明年,改判興州。

五月，蠲減征斂。減四川虛額錢。

四年，蠲福建鹽錢，廣德軍月樁錢。

七年，蠲淮、浙丁錢、鹽絹。

九年，減紹興府、嚴、處州丁絹額。

淳熙三年，減四川虛額錢、徽州稅絹額。

六年，免夔路科買金銀。

七年，振旱災，降會子代納月樁錢。

八年，減房錢。

十六年，蠲紹興府合買絹四萬匹之半。

李若川使虜。賀上尊號使。

六月，降姚岳官。岳爲淮西提刑〔四六〕，奏本路蝗蟲皆抱草木而死。上曰：「岳敢以爲嘉祥，更欲宣付使館。可降一官。」

秋七月，詔諸路體量守宰。詔：「諸路監司、帥臣，將見任老疾守臣，限一月公共銓量聞奏。知縣委守臣體訪，申取朝廷指揮。如監司、守臣互爲容隱，御史臺覺察以聞。」

明年六月，廣西提刑張維奏曰：「昔漢宣帝嘗曰：『庶民各安於田里，而亡嘆息、愁恨之聲者，政平訟理也。』臣今考察守令，以政平訟理爲臧，以政不平、訟不理爲否，而臧否之中，復有優劣。凡臧之品有三，否之品有二。」詔諸路監司、帥臣依張維所奏，察本路守令，限兩月各具臧否以聞，不得連銜。

五年秋，令監司、帥臣臧否守令。

鑄當二錢。以工部言：「小平錢工料，委與當二錢一體。」遂詔從之。

未幾，從户部之請，給會二千萬，仍將川蜀昨來發到鐵錢十五萬貫，與會子品搭錢銀及公據，於兩淮州軍換易，其銅錢仰赴所在官司交納，每七百文償以會子一貫。尋以難行而止。

八月，立皇長子愭爲皇太子，大赦。

立外官辭見法。文武守臣辭見，並令上殿。諸路釐務總管、副總管、鈐轄、都監並同。是冬，又令監司、郡守闕到并奏事訖之任，如本貫川、廣，見任在本鄉居住之人，即仰知、通結罪保明取旨。

郴盜李金平。金聚衆攻擾廣東、西諸州，至是，伏誅。

九月，立太子妃錢氏。

冬十月，方滋使虜。賀正旦使。

虜使來。賀會慶節，尋又遣使來賀正旦。自後不書。

嚴苞苴禁。上曰：「廣州張師顔任一道之寄，却公以魚蝛來此作苞苴，可特降一官。」

十二月，以洪适爲僕射。兼樞密使。知院汪澈除樞密使〔四七〕。

校勘記

〔一〕春正月壬辰朔　「壬辰」原作「壬申」，據宋史全文卷二四上及宋史卷三三孝宗紀一改。

〔二〕浚尋乞降一年歲幣　「幣」原作「弊」，據道光抄本及續宋中興編年資治通鑑卷八改。下同。

〔三〕月支三十六萬　「支」原作「至」，據宋史全文卷二三上及建炎以來朝野雜記甲集卷一七國初至紹熙中都吏禄兵廩改。

〔四〕循習承平舊典　「典」，建炎以來朝野雜記甲集卷一七國初至紹熙吏禄兵廩作「弊」。

〔五〕夏四月　案宋史全文卷二四上及宋史卷三三孝宗紀一繫此事於三月。

〔六〕在列於外　宋會要輯稿選舉三四之四五及宋史全文卷二四上作「布列中外」。

〔七〕盜賞以三人　「盜」，皇宋中興兩朝聖政卷四六同，宋會要輯稿選舉二四之二三作「鹽」。

〔八〕承前世衰亂之序而興之者　「序」，梅溪集奏議卷二除侍御史上殿劄子作「緒」。

〔九〕則群嘲而聚笑之　「嘲」原作「朝」，據清影宋抄本、道光抄本及梅溪集奏議卷二除侍御史上殿劄子改。

〔一〇〕文宗復正觀故事　「正」當作「貞」，蓋避仁宗嫌名之諱而改。下同。

〔一一〕又必欲有班次　「必欲」互倒，據梅溪集奏議卷一論左右史四事與起居郎胡銓同上乙正。

〔一二〕備諭以廟堂指意　「備」，建炎以來朝野雜記甲集卷五隆興和戰作「俾」。

〔一三〕浚亟北渡淮　「北渡」原作「此浚」，據道光抄本及宋史全文卷二四上改。

〔一四〕被召至闕　「被」原作「彼」，據梅溪集奏議卷三自劾劄子及宋史全文卷二四上改。

〔一五〕委浚以圖成功　「圖」原作「國」，據清影宋抄本、道光抄本、梅溪集奏議卷三自劾劄子及宋史全文卷二四上改。

〔一六〕夫豈偶然而已哉　「偶」原作「僞」，據晦庵先生朱文公文集卷九七劉公（珙）行狀改。

〔一七〕陛下誠能廣恭儉日新之德　「廣」，晦庵先生朱文公文集卷九七劉公（珙）行狀作「擴」，蓋避宋寧宗之諱改。

〔一八〕疆埸之吏　「埸」原作「場」，據清影宋抄本、宋會要輯稿食貨六八之一二五及宋史全文卷二四上改。

〔一九〕則王師敗吐蕃于清海　「清海」，資治通鑑卷二一三作「青海」，當是。

〔二〇〕元帝亦自知之而不能用　「不能」原脱，據建炎以來朝野雜記乙集卷六臺諫給舍論龍曾事始末補。

〔二一〕遂以虜酋遺三省樞密院書來　「遺」原作「遣」，據建炎以來朝野雜記甲集卷二〇癸未甲申和戰本末及宋史全文卷二四上改。

〔二二〕兵部侍郎金安節同議　「侍」原作「詩」，據清影宋抄本、道光抄本及建炎以來朝野雜記甲集卷二〇癸未甲申和戰本末改。

〔二三〕雖我之主帥失於綏御　「綏」原作「經」，據宋史全文卷二四上改。

〔二四〕兵不血刃而故疆復得　「刃」原作「刀」，據清影宋抄本、道光抄本及宋史全文卷二四上改。

〔二五〕朝廷乃遣王之望龍大淵爲通問使副　「問」原作「命」，據誠齋集卷一一五張魏公傳及宋史卷三六一張浚傳改。

〔二六〕提點坑冶王揖奏獻寬剩錢十萬貫　「王揖」，宋史卷三四孝宗紀二同，皇宋中興兩朝聖政卷五四及宋史全文卷二六上作「王楫」。

〔二七〕如棄三鎮割兩河　「三」原作「二」，據清影宋抄本及道光抄本改。

〔二八〕又論浚費國用不貲　「貲」原作「賈」，據清影宋抄本、道光抄本、宋名臣言行録別集上卷三及宋史全文卷二四上改。

〔二九〕如幹辦皇城司帶御器械之類　「辦」原作「辨」，據宋會要輯稿職官三三之一改。

〔三〇〕遣張常先汪召錫網羅張浚胡寅等三十七人　「汪召錫」原作「汪君錫」，據上文、繫年要録卷一七〇及宋史卷三六一張浚傳改。

〔三一〕康衡言　「康衡」，漢書卷八一有匡衡本傳，資治通鑑卷二八亦作「匡衡」。此蓋避太祖諱改。

〔三二〕然後政事闕失　「失」原作「夫」，據宋史卷三八五龔茂良傳改。

〔三三〕以家事付兩子栻杓曰　「杓」原作「抅」，據宋名臣言行録別集上卷三及宋史全文卷二四上改。

〔三四〕兄滉以才學爲高宗所知　「兄」原作「況」，據誠齋集卷一一五張魏公傳改。

〔三五〕是以和戰之念雜於胸中　誠齋集卷一一五張左司傳、晦庵先生朱文公文集卷八九張公(栻)神道碑及宋史卷四二九張栻傳無。

〔三六〕之望陳和戰三策　「三」，宋史卷三七二王之望傳作「二」。

〔三七〕高郵守陳敏拒之射陽湖　「射」原作「謝」，據宋史卷三七四胡銓傳及宋史卷四〇二陳敏傳改。下同。

〔三八〕置家於安　「於安」，宋史全文卷二四上同，宋名臣言行録别集上卷一三作「臨安」。

〔三九〕皆北方之豪傑　「北」原作「比」，據清影宋抄本、道光抄本及續宋中興編年資治通鑑卷八和宋史全文卷二四上改。

〔四〇〕毁折水櫃　「毁折」，清影宋抄本、道光抄本及宋史全文卷二四上作「毁拆」。

〔四一〕皆思退等三人懷姦誤國　「等」原作「築」，據清影宋抄本、道光抄本及宋史全文卷二四上改。

〔四二〕則前日肆爲欺罔之言可知　「日」原作「目」，據道光抄本改。

〔四三〕太宗改卜之典　「典」原脱，據宋史全文卷二四下補。

〔四四〕振兩浙饑　「兩」原作「西」，據宋史全文卷二四下及宋史卷三三孝宗紀一改。

〔四五〕朕當與執政大臣凡百官僚思其未至　「至」，鶴林集卷一五孝宗施行王弗等所進故事作「是」。

〔四六〕岳爲淮西提刑　「淮西提刑」，宋史卷三三孝宗紀一及宋史全文卷二四下作「淮南運判」。

〔四七〕知院汪澈除樞密使　「汪澈」原作「汪徹」，據宋史全文卷二四下及宋史卷三三孝宗紀一改。

中興兩朝編年綱目卷第十五

孝宗皇帝　起丙戌乾道二年，止己丑乾道五年。

丙戌乾道二年(一一六六)春正月，雷。

限軍額。乾道間，三衙、江上、四川大軍，新額總四十一萬八千人。殿前司七萬三千人，馬司三萬，步司二萬一千。建康五萬，池州一萬二千，鎮江四萬七千，江州一萬，楚州武鋒一萬一千，平江府許浦水軍七千，鄂州四萬九千，荆南二萬。興州六萬，興元一萬七千，金州一萬一千。其後，諸軍增損雖不常，然大都通不減四十餘萬。合錢糧衣賜約二百緡可養一兵，是歲，費錢已八千萬緡。

七年，虞允文爲相，移馬司屯于建康。尋定殿前水軍三千、左翼四千、摧鋒二千。

二月，振兩浙、江東饑。九月，温州水災，遣使振之。

三月，親試舉人。賜蕭國梁以下及第、出身有差。

榜首本趙汝愚，以故事降居第二。

洪适罷。奉祠，以臣僚交章論之也。

夏四月，雨水。令侍從、臺諫講所宜以聞。委官察獄，避殿減膳。

五月，詔江南、浙西霖潦已傷蠶麥，令監司、守臣講救荒預備之策。

除浙西圍田。以其壅水害民田故也。

葉顒罷。時爲參知政事兼知院，以臣僚論列。仍將納賂求差遣人林慰能、周良臣〔一〕，送大理寺。

六月，罷兩浙市舶司。言者論兩路市舶所得不過一萬三千餘貫，而一司官吏請給，乃過於所收故也。

乾道新書成。

詔舉制科。許侍從薦舉，或監司、守臣解送，及權罷註疏出題。

秋八月，竄林安宅。罷同知，筠州居住。王伯庠罷侍御史，以論葉顒章疏内指言顒姪元璘受周良臣請求贓事，獄成，訊驗無迹，事干大臣，風聞失實故也〔二〕。

九月，地震。

嚴贓吏法。知上元縣李允升坐贓，貸死，決配。建康帥守王佐坐容縱允升尋醫離任，追兩官，勒停，建昌軍居住。提刑袁孚以失按，降一官。知鄂州汪澈自劾曾舉允升，詔降兩官。

明年，石敦義坐任廣東茶鹽，盜鹽脚錢入己，貸死，刺配柳州。

六年，前知潮州曾造以贓敗，除勒，編竄南雄州，仍籍没家財。前知横州皇甫謹以侵盜官物入己，特貸命，刺配梧州〔三〕。

淳熙五年，知盧州舒城縣佘永錫坐贓，特貸命，編管封州，仍籍没家財。

六年，茹驤免真決，台州編管，籍没家財。坐知湖州長興縣侵盜官錢入己也。

以莫濟爲司農少卿。自禮部外郎除。魏杞奏曰：「濟嘗中詞科，且掌南宮牋奏，但恐議者以爲蹊徑，未是。」上曰：「中都官初不分清濁，如司農責任亦甚重，以士人除授，亦無害也。」

濟尋奏言：「爲治在於任人，任人在於責實。任人而不能久，則賢而能者無以見其長，惡而不肖者得以逃其罪。雖有責實之政，將安所施？唐、虞以三載考績，三考黜陟幽明。成周以三歲大計群吏之治，而誅賞之，皆久任而後責實也。兩漢之君，惟宣帝爲責實。臣以史考之，魏相爲丞相者九年，丙吉爲丞相者五年，其任三公如此其久也。杜延年爲太僕者十五年，于定國爲廷尉者十七年，其任九卿如此其久也。張敞尹京兆者八年，黄霸守潁川者亦八年，其任京尹、郡守如此其久也。今輔相大臣或數月而已罷，寺監丞簿、郎曹、卿監不踰歲而輒遷，恐進退人才，似乎稍驟也。」詔：「所論甚當，凡百執事，各勤乃職，期底于治。」

置章奏簿。秘書少監汪大猷言：「竊惟陛下勤於聽覽，樂聞忠言，内之臺諫〔四〕，外之監司、郡守，又有朝臣之轉對，公車之召見。隆寬廣問，殆無虚日。其間，仰契聖意者，固已不崇朝而施行之。然有事合討論，迹涉迂緩，下之有司，未蒙施行，往往不復再經天覽。況監司、太守所論民事，大率可喜。到官之後，所行未必如所言，朝廷無由察其果從違也。其興利除害之事，既已施行，有司或謹於始，而怠於終，朝廷亦未嘗課其果行否也。伏聞真宗時，嘗詔中書置籍，記諫官、御史之言事行與不行，歲終具奏。又范鎮在仁宗時，嘗乞禁中及中書、樞密院各置簿，上諫官、御史所奏，上以備觀覽之遺忘，下以責大大臣之銷注。欲望舉行，凡臺諫、侍從舉奏〔五〕，各置一簿，隨所上録之。一以留禁中，時備觀覽，或有可採，即付外施行；一以授大臣，使之詳閱，有事已行而輒廢，或行而於法有礙，於民未便，及監司、郡守言與事違者，各以時糾，庶幾上下無壅，言皆底績。」詔從之。

詔舉將帥。汪大猷又奏：「乞令諸帥不拘部曲，各精擇三兩人，必實言其或智或勇，或知其有某材可用，或舉其任某事可取，悉以名聞，繼加號召。然後分命文武禁近之臣，許其暇日，更迭接見，與之談論兵家之務，使之極言無隱，而徐察其所長，度其有可用之才，不限員數，皆復于上。然後，賜對便殿，略其言語儀矩之失，取其材力謀略，審其可用，試之以事，不以小廉曲謹責之，使得以自見於時。立功則舉者同賞，敗事則罰亦如之。」詔從之。

冬十月，減饒州歲貢金額。一千兩，減十分之七〔六〕。

四年，有以四明銀礦獻者。上命守臣詢究，且將召冶工即禁中鍛之。參知政事陳俊卿奏曰：「陛下留神庶務，克勤小物，至於如此，天下幸甚。然不務帝王之大，而屑屑乎有司之細，臣恐有識之士，有以窺陛下也。況彼懼其言之不副，則其鑿山愈深，役民愈衆，而百姓將有受其害者，又可以不慮乎？夫天地之産，其出無窮，若愛惜撙節，常如今日，則數年之後，自當沛然。但願民安歲稔，國家所少者，豈財之謂哉？請直以其事付之明州，使收其贏餘，以佐國用，則亦不至於甚擾民矣。」

命講讀官進言。講罷，賜茶畢，上謂侍讀官周執羔等曰：「朕雖無大過，豈無小失。卿等不聞有所規諫，恐思慮有所未至，賴卿等裨益。」執羔等奏：「陛下聖明，事無過舉。」上曰：「卿等若只備位，非所望於卿等。」梁克家奏：「容臣等退思。苟有闕失，不敢不盡言。」

是早，新除吏部尚書陳俊卿入對，奏言：「銓綜事有成法，臣固當謹守。第愚淺之見，或有不及，望陛下時警敕之。」蓋君臣之分雖嚴，而上下之情，不可不通。」上曰：「卿言是也。

朕或有過，卿亦宜盡言。」俊卿奏：「自古惟唐太宗能導人使諫，所以致正觀之治〔七〕，今陛下導臣使諫，臣敢不奉召。」上曰：「朕每讀太宗事，未嘗不慕之。若德宗之忌克，不樂受言，亦未嘗不鄙之也。」俊卿又奏：「聖言及此，天下幸甚。」

禮部尚書周執羔嘗進對，上曰：「卿有所言，朕未嘗不行。朕有過失，卿當直言。有司之過失，亦當言之。」

去歲，起居郎、權中書舍人蔣芾直奏云：「竊惟中書，政本之地。舍人之職，不特掌行詞命而已，故事，亦許繳駁。臣雖時暫兼攝，亦不敢以承乏而怠於職事。儻政令之有過舉，除授之有失當，不免時犯天聽，尚賴陛下容納。」上曰：「正欲卿如此，不特政事與除授之間，雖人主有過失，亦可論奏。」

雨雹。

十一月，修祥曦殿記注。起居舍人洪邁直前奏：「臣幸得以文字薄技，待罪屬車間，每侍清閑之燕〔八〕，獲聞玉音，凡所擿諭，莫非中的，徽言善道，可爲世法。退而執筆，欲行編次。而攷諸起居注，皆據諸處關報，始加修纂，雖有日曆、時政記，亦莫得書，故使洋洋聖謨，無所傳信。竊見景祐以來故事，有邇英延義二閣記注，凡經筵侍臣出處、封章、進對、燕會、賜予，皆用存記。十年間稍廢不續。臣伏覩今月五日，給事中王曮進講春秋莒人伐杞，言：『周室中微，諸侯以强凌弱，擅相攻討，殊失先王征伐之意。』上曰：『春秋無義戰。』周執羔進讀三朝寶訓，論文章之弊。上又曰：『文章以理爲主。』陳岩叟等奏刑部事。上曰：『寬則容姦，急則人無所措手足。』此數端，皆承學之臣，日夜探討，累數百語，所不能盡，而陛下蔽以一言，至明至當。然記言動之臣，弗能宣究，恐非所以命侍立本意。欲望聖慈，令講讀官自今各以日得聖語，關送修注官，其他合書事迹，悉如故事。委主管講筵所牒報，使謹書之。仍願倣前例，乞因今所御殿名曰祥曦記注。庶幾百世之下，咸仰聖學，以迹聰明文思之懿。」從之。

淳熙間，上嘗謂宰臣趙雄等曰：「朕觀唐書，每見文宗仁弱，爲之歎息，復以自省，朕或亦有類此乎？」又曰：「朕不獨有歎於文宗，蓋嘗以漢元、靈自警。」又嘗因進讀陸贄奏議，謂講讀官蕭燧等曰：「每見贄論事，未嘗不寒心，恐未免有德宗之失，卿等可條具得失來上。」燧等又奏：「雙日特御邇英，故事所未有。乞宣付史館。」

大閱于白石。

汰冗兵。步帥陳敏言：「本司所管官兵二萬餘人，今汰去老弱二千餘人，以所請錢米衣絹多寡品搭論之，大率一名每月約費二十貫，一年費二百四十貫，以二千人計之，歲費四十八萬貫。自臣一司所揀人數推究，諸處共約有三十萬餘人，以十分爲率，揀汰一分老弱，計三萬人，每歲可省七百二十萬貫。如此，則費用省，而國自富，老弱去，而兵自强矣。乞詔施行。」從之。

十二月，以葉顒、魏杞爲左右僕射。簽書蔣芾兼參知政事，陳俊卿同知兼權參政。先是，上猶未能屏鞠戲，又將游獵白石。俊卿時爲吏書，上疏力諫，至引漢威、靈〔九〕，唐敬、穆及司馬相如之言以爲戒。後數日，入對。上迎謂曰：「前日之奏，備見忠讜，朕決意用卿矣。」俊卿再拜謝。上曰：「朕在藩邸，已知卿爲忠臣矣。」遂有是命。兵侍陳巖肖因對奏：「近覩宣麻，並拜左、右二相，同日除參、樞二執政，中外相慶，以爲得人。然臣以爲大臣當稍付之以權，使之任天下之責。」上深嘉納。

曾覿、龍大淵以舊恩竊寵，士大夫頗出其門，言事者語或及之，往往獲罪。時俊卿受詔館北使，大淵爲副，公見外，未嘗與交一言。大淵造門納謁，亦謝不見。一日，中書舍人洪邁見俊卿，曰：「人言鄭聞當除右史，某當除某官，信乎？」俊卿曰：「不知也。」詰語所從，邁以大淵對。俊卿他日入對畢，具以邁語質於上前，曰：「臣不知此等除目，兩人實與聞乎？抑其密伺而播之於外，以竊弄陛下之威權也。」上曰：「朕何嘗謀及此輩，必竊聽而得之，卿言甚忠，當爲卿逐之。」俊卿再拜謝，退，未及門，已有旨，出二人於外矣。中外快之。

虜使來庭，俊卿以故事押宴，使者致私覿，其狀花書而不名，俊卿却之。掌儀懼，白俊卿，恐生事。俊卿使語之曰：「今日豈當用辛巳前故事耶？」使者詞屈，乃問俊卿爵里甚悉，而易狀書名以遣，曰：「特爲陳公屈耳。」自是遂爲例。

詔宰相兼制國用使。參知同知國用事。

先是，左司諫陳良祐奏言：「御筆欲令宰相帶總制國用使，恐稱呼不便。乞參用司馬光之言，置總計使，以宰相兼領，因論財計。」上曰：「朕常有志於免和買及折帛等錢，以寬民力，但如今未暇〔一〇〕。」良祐奏：「陛下言及此，生靈之幸。」未幾，遂有此命。

明年二月，上謂輔臣曰：「蔣參政理會財用，已尋見根源〔一一〕。」初，芾因謝新除，留身奏云：「方今費財最甚者，無如養兵。近見陳敏揀汰二千人，戚方揀汰四千人，大約一人每月滅二十貫。汰兵固良法，然今日之兵，多是有官人，與之外任，依舊請券錢，又添供給。嘗取見臨安府，只揀汰使臣一項，大抵每員多是請券錢三十六貫，供給五貫，凡八十員，每歲已費二萬六千貫，以此推之，諸州可知。雖減之於內，添之於外，亦未見其益。既減六千人，必又招六千人填額，則是添六千人耗蠹財用矣。契勘在内諸軍，每月逃亡事故，常不下四百人。若權住招一年半，內可省三百八十萬貫，又於元數全不虧少。俟財用稍足，可逐旋招收强壯，訓練而用之，不惟省費，又可兵精。」因奏紹興以來，初分五軍，并內外諸軍分合添減之數。上以爲然，故有此宣諭。是日，又出御筆云：「自今後宮禁内人，并百官、三司將校、軍兵、諸司人，每月初五日，國用房開具前月支過已上五項請給數目〔一二〕，並非泛支用，造册進呈。便從此月爲始。外路軍馬〔一三〕，可降樣式，付諸路總領，逐月開具。」自此遂爲定式。

令密院文書關中書門下。洪邁言：「今三省所行，事無巨細，必先經中書畫黃，宰執書押，既圓，當制舍人書行。然後過門下，而給事中書讀。如給、舍有所建明，則封黃具奏，以聽上旨。惟樞密院既得旨，即畫黃過門下，而中書不預。則對駁之職，微有所偏。況今日宰相、樞臣兩下兼領，因而釐正，不爲有嫌。望詔樞密院，凡已被旨文書，並關中書、門下，依三省畫黃、書讀，以示欽重出命之意。」從之。然樞院機速事，則不由中書〔一四〕，直關門下省，謂之密白。

慶元三年，樞密院以密白遷補潛邸醫官二人〔一五〕。給事中許及之以非舊典，爭之，遂寢。

丁亥乾道三年（一一六七）春正月，詔戒理官謹獄。毋以獄情白于執政，探取意旨，以爲輕重。

給僧牒、告身收會子。度支郎唐瑑言：「自紹興三十一年，即造會子，至乾道二年七月，共印造二千八百餘萬道。止乾道二年十一月十四日以前〔一六〕，共支取過一千五百六十餘萬道。除在官司樁管循環外，有九百八十餘萬道在民間未取。自十一月十四日以後，依詔措置收換。截止乾道三年正月六日，共繳進過一百一十八萬九千餘貫，尚有八百餘萬貫在民間未取。今來諸路綱運，依近降旨揮，並要十分現錢，故州縣不許民户輸納會子，致流轉不行。商賈低價收買，輻湊行在，所以六務支取，擁併喧鬧。今欲給降度牒，及諸州助教帖各五千道，付榷貨務，召人依見立價例，全以會子進納，庶幾少息擁併之弊。而會子在民間，亦不過數月，便可收盡。兼於財計，別無虧損。」詔：「先次給降度牒并助教帖，各五百道，候出賣將盡，取旨接續給降。」

九月，陳良翰言：「昨者住賣度牒二十餘年〔一七〕，人民生聚，不爲無益。辛巳春，邊事既作，用度寖廣，乃始放行。令下之初，往往争買，其價則五百千，其限則三箇月，其數不過萬道，未足以病民。今則減價作三百千，展限已三十餘次，總數計十萬三千餘道，民甚病之。何者？朝廷降下諸路，諸路分之諸州，州科諸縣，縣取諸民，非其所願欲也。始則抑配富室，既而，科下寺觀，後又敷及中下户，如此一周矣。而降者未已，則又從而遍及矣。且唐人有言：『十户不能養一僧。』今放行者，已十餘萬，與舊所度者，無慮三四十萬，是三四百萬户不得休息也。不知國之所利者能幾何，而令三四百萬户不得息肩？且又暗損户口，侵擾齊民，奚止千萬，此其爲害豈淺淺哉！」

令兩淮通行銅錢、會子。中書門下省言：「昨來支降交子，付兩淮行使，緣所降數目過多，及銅錢并會子不許過江，是致民旅未便。今措置令銅錢、會子依舊任便行使，應官司見在未支交子，令差人管押，赴左藏庫交納。」

去夏，初令户部印給三百萬緡，謂之交子，行於兩淮，不得過江南。去歲八月，降會子、交子各二千萬，均撥於鎮江、建康兩榷貨務。如兩淮人過江南，許將交子於務場換易會子；江南人過兩淮，亦聽用見錢或會子，就務場對换交子行使。

又有湖北會子者，隆興初，總司始創造，謂之「直便會子」，凡七百萬。

二月，賜諸將兵書。武經龜鑑及孫子。

夏四月，利州東西併一路，以吴璘爲安撫兼四川宣撫。兼知興元府。尋薨。璘病，呼幕客草遺表，命直書其事，曰：「願陛下無棄四川，無輕出兵。」不及家事，人稱其忠。璘爲人剛毅靖深，喜大節，略苛細。讀史傳，曉大義。其御軍，恩威兼濟，士卒樂爲之用。每出師，指麾諸將，風采凜然，無敢犯令者，故所向多捷。玠死，璘爲大將，守蜀捍虜餘二十年，隱然爲方面之重。其威名亞於玠，其選諸將多以功，有告以薦材者〔一八〕，璘曰：「兵官非嘗試，難知其才。今以小善進之，則僥倖者獲志，而邊人宿將之心怠矣。」故所用，後多知名。嘗著兵法二篇。追封信王，謚武順。

秀王夫人張氏薨。有司討論秀王稱「皇伯」，今秀王夫人宜稱「皇伯母」，擇日成服，群臣奉慰。

五月，振泉州水災。

安奉太宗真宗玉牒。及三祖下僊源積慶圖、哲宗寶訓。元年五月，宗正丞林邵言：「祖宗玉牒，昨緣南渡，散失不存。前後修纂，惟太祖一朝事迹，已經安奉。太宗玉牒雖已成書，尚未進入。太上、今上玉牒，目今見修。自真宗至欽宗凡七世，並未下筆。緣舊來體例，每修一朝玉牒，必取旨開局，方始修纂，十年方許一進。則是列聖之書，雖百年而未備。臣今自修真宗玉牒，十年計四十卷，望令本所日下繕寫，同僊源積慶圖進呈，降下玉牒殿安奉。」從之。

淳熙四年二月〔一九〕，進呈仁宗玉牒、徽宗實録、今上玉牒。

六月，命知院虞允文宣撫四川。時吴璘已卒，命代之。允文尋言：「房州義士、金州保勝軍見管七千餘人，皆建炎、紹興之初自相結集，固守鄉閭，最爲忠義。而州縣全不加卹，分占白直，應副往來，又有都統司差役科擾。欲乞差皇甫倜爲利州東路總管、金州駐劄，令專一主管，於農務隙時，往來教閲，或緩急有警，可責令分守諸關。」從之。

明年，允文又奏：「興、洋之間，紹興初義士係籍者以七萬計。今所籍興元、洋州、大安軍共二萬三千人有奇，其金、房等州，雖未申到，約亦可得三萬人，則西師之勢壯矣。歲可免六七百萬之費，而獲四五萬人之用，其爲利便甚明。」

又言：「川、陝用兵，惟韓宗岳、朱勇死敵〔二〇〕，忠節最爲顯著，乞於吳玠廟繪像，以爲忠勇之勸。」尋賜號忠勇、忠節。

五年，就陞樞密使。

皇后夏氏崩。謚安恭。

秋七月，大赦。以皇太子屬疾也。

皇太子愭薨。謚莊文。

閏月，殯安恭皇后于赤山。

以劉珙爲翰林學士。珙自湖南召還。初入見，首論：「獨斷雖英主之能事，然必合衆智而質之以至公，然後有以合乎天理人心之正，而事無不成。若棄僉謀，徇私見，而有獨御區宇之心焉，則適所以蔽其四達之明。而左右私昵之臣，將有乘之以干天下之公議者矣。」又論羨餘、和糴之弊曰：「州縣賦入有常，添差員數日廣，大郡僅足支遣，小郡往往匱乏。而近者四方尚有以贏餘獻者，不取於民，將安從出？嘗採之輿論，不過重折苗米，或倍稅商人，至有取新賦以積餘錢，指積逋以與州郡。州郡無以自給，不過重取於民，此民之所未便一也。和糴之弊，湖南、江西爲尤甚。朝廷知其害，故常下蠲免之令，版曹大書文榜，頒降諸郡，遠方之民舉手相賀。曾未數月，又復分拋。州縣既乏緡錢，將何置場收糴？民間關引無用，則與白著一同。每歲諸路綱運，欠折至多，取之於此，損之於彼。儻有以革綱運之弊，自可減和糴之數，此民之所以未便二也。望詔止之。」上嘉納，尋有是除。

珙嘗從容言於上曰：「世儒多病漢高帝不悅學、輕儒生，臣竊以爲高帝之聰明英偉，其所不悅，特腐儒之俗學耳。誠使當世之士，有以聖王之學告之，臣知其必將竦然敬信，而其功烈之所就，不止於是而已矣。蓋天下之事無窮，而應事之綱在我。惟其移於耳目〔二〕，動於意氣，而私欲萌焉，則其剛必弛，而無以應夫事物之變。是以，古之聖王無不學，而其學也，必求多聞，必師古訓，蓋將以明理正心，而立萬事之綱也。此綱既立，則雖事物之來，千變萬化，而在我常整整而不紊矣。惜乎！當是之時，學絕道喪，未有以是告高帝者。」上亟稱善。

八月，禁兵官交結内侍。鎮江軍帥戚方刻剥役使，軍士嗟怨，言者及之。陳俊卿奏：「外議内臣中有主方者。」上曰：「朕亦聞之。方罪固不可貸，亦當並治左右素主方者，以警其餘。」即詔罷方，而以内侍陳瑶、李宗回付大理，究其賄狀。獄成，陳瑶決配循州，李宗回等降罰有差。於是，詔：「戒兵將官交結内侍，公行苞苴，自今有違戾，必罰無赦。」

上又諭輔臣：「以建康劉源亦嘗有賂於近習，方思有以易之。今欲且遣王抃至彼，檢察姦弊，留數月而後歸，庶新帥之來，不至循習。」俊卿又奏曰：「今但遴選主將，則宿弊當自革矣。」上曰：「政患未得其人耳。」俊卿曰：「苟未得人，更宜精擇。既已委之，則當信任。今未得其人，已先疑之，似非朝廷所以待將帥之體。況軍中積弊，不在乎他，特患交結之風未革，所以有裒刻自營之事。今陛下既赫然罪其尤者，而又並及譽阿之人，中外之情，莫不震慴，何事於此，而後可以除宿弊乎？且軍中財賦，所以激勸將士，但主帥不以自私，則其他當一聽之。今檢柅苛細，動有拘礙，則誰復敢出意繩墨之外，爲國家立大事乎？況朝廷所以待將帥者如此，使有氣節者爲之，心必不服，其勢必將復得姦猾之徒，則其巧思百出，弊隨日滋，又安得而盡革耶？今不慮此，而欲獨任一介單車之使以察之，政使得人，猶失任而無益，況不得人，則其弊又將不在將帥，而在此人矣！」上納其言，罷抃不遣。

大霖雨。 宰執求罷〔二〕，不允。詔内外察獄，令太官早晚並進素膳。戊午，慮囚。

冬十月，成都路旱。 降僧牒四百道充糴本，措置振濟。

十一月丙寅，郊。 以雨，望祭于齋宮。

雷。 時虜使來賀會慶節〔三〕，上壽在郊禮散齋之内，不當用樂。陳俊卿請令館伴以禮諭之，而議者慮其生事，多請權用樂者。俊卿又奏：「請必不得已，則上壽之日設樂，而宣旨罷之。及宴使客，然後復用，庶幾事天之誠，得以自盡。而所以禮使人者，亦不爲薄，彼自當悦服矣。」上可其奏，且曰：「宴殿雖進御酒，亦毋用樂。惟於使人，乃用之耳。」議者顧以爲紫宸上壽，乃使客之禮，固執前議。俊卿又不可，獨奏言：「適奉詔旨，有以見聖學高明，過古帝王遠甚，臣敢不奉詔？然猶竊謂更當先令館伴以初議喻使人，再三不從，乃用今詔，則於禮爲盡，而彼亦無詞。不可遽鄙夷之，而遂自爲失禮以徇之也。」蔣芾猶守前説。俊卿退，復爲奏曰：「彼初未嘗必欲用樂，我乃望風希意而自欲用之，彼必笑我以敵國之臣，而虧事天之禮，他時輕侮，何所不至？此尤不可不留聖慮。」上嘉納焉。

下戒勵詔。詔戒因循苟且、誕謾奔競之弊。

葉顒、魏杞罷。以郊祀雷變罷，奉祠。

以陳俊卿參知政事，劉珙同知樞密院。俊卿言於上曰：「執政之臣，惟當爲陛下進賢退不肖，使百官各任其職。至於細務，宜歸有司者，自此當日有以省之。庶幾中書之務稍清，而臣等得以悉力於其當務之急。」上甚然之〔二四〕。一日，審察吏部所注知縣，有老不任事者，俊卿判令吏部改注，吏白例當奏知。俊卿曰：「豈足以勞聖聽？明日取旨，自今此等請勿以聞。」

一日，上顧輔臣圖議恢復，珙奏曰：「復讎雪耻，誠今日之先務。然非内修政事，有十年之功，臣恐未可輕動也。」同列有進而言者曰：「機會之來，間不容髮，奈何持此曠日彌久之計？且漢之高、光，皆起匹夫，不數年而取天下，又安得所謂十年修政之功哉？」珙曰：「高、光惟起匹夫也，故以其自蹈不測之危，而無所顧。陛下躬受太上皇、祖宗二百年宗社之寄，其輕重之勢，豈兩君比哉？臣竊以爲自古中興之君，陛下所當法者，惟周宣王而已。宣王之事，見於詩者，始則側身修行，以格天心，中則任賢使能，以修政事而已。其終至於外攘夷狄〔三五〕，以復文、武之境。則其積累之功至此，自有不能已者，非一旦卒然僥倖之所爲也。」上深然之。

命近臣指陳闕失。臺諫、侍從、兩省官。

戊子乾道四年（一一六八）春正月，籍荆南義勇民兵。前知荆南府王炎奏：「荆南七縣，主、客、佃户共四萬有奇，丁口一十餘萬。臣依舊籍，雙丁一下及除官户并當差户人外，浄得八千四百有奇。每歲於農隙，只教閱一月。若比以贍養官軍八千四百人，只以軍兵請給計之，歲當錢四十萬貫、米一十一萬石、紬絹布四萬餘疋，今纔歲費一萬四千石、錢二萬緡，獲此一軍之助，利害豈不較然易見？」

二月，蠲福建鹽錢。詔：「福建路建、劍、汀、邵武四州軍，科賣官鹽，搔擾民户，至於無本起綱，白行敷斂，重困民力。可將本路鈔鹽一項，盡行住罷。轉運司每歲合拘發鈔鹽錢二十二萬貫，並與蠲免。却令本司於八州軍增鹽錢，并將樁留五分鹽本錢，拘認七萬貫，充上供起發。今後州縣不得更以賣鈔鹽爲名，依前科敷搔擾。」

初，臣僚極言其弊，詔蠲隆興二年以前所欠，仍以漕臣任文薦條具到鹽法五弊，令前漕臣，見在朝之人沈度、陳彌作看詳來上，遂有是命。未幾，沈度奏事。上曰：「前日觀卿所奏鹽事，已盡蠲十五萬緡，以寬民力。」且曰：「朕意欲使天下盡蠲無名之賦，悉還祖宗之舊，以養兵之費，未能如朕志。」

又言：「四州有鈔鹽綱，有歲計鹽綱。鈔鹽綱者，爲拘納鈔鹽錢窠名。歲計鹽綱者，每斤除分隸增鹽錢、鹽本等錢外，其餘係州縣所得市利錢，即以充納上供銀錢等用。今鈔鹽窠名已盡行除放，州縣只是搬賣一色歲計綱，須令置場出賣，不得科抑於民。」

給僧牒，助四川總司。一千道。紫衣師號五百道。

七年，總所奏：「昨緣本路措置備邊樁積，遂申朝廷，乞降空名度牒，仍拘收四川事故僧道度牒繳納。自乾道四年以後，四次蒙降到四千五百道，已據人户請買盡絶，撥赴宣撫司寄樁，準備緩急支用。亦已將事故度牒四千五百道繳納訖，欲乞將已賣過四千五百道作第一料〔二六〕，所有去年十二月内已降二千道，今更乞貼降二千五百道，湊作第二料，下本所出賣，拘收價錢，搬赴宣撫司，專充備邊樁積，非遇緩急，分文不敢支用。」從之。

淳熙四年二月，四川總領所乞降度牒二千五百道，措置備邊。龔茂良奏：「四川逐料降換亡僧度牒，自乾道四年至淳熙元年，降過一萬一千道，不惟走失丁口，爲異時患。官賣不行，必至抑配，與折估之害名異實同。四川歲發湖廣總領所綱運錢一百六十六萬緡。先指揮截留六十萬緡，内以四十七萬緡充折估虚額，餘一十三萬緡見樁留外。一百六萬緡仍發綱運，物價折閲中半。若盡留備邊，别以五十三萬緡，充湖廣歲計，與折閲相當。並先樁留一十三萬緡，與宣撫司酒場歲額二十三萬緡，通一歲爲緡錢一百五十萬。以五年計之，爲緡錢七百萬，不須更降度牒，重失丁口。」

八月，又給二千道。

時多以度牒賜諸總所，貼助經費，後不盡録。

以蔣芾爲右僕射。王炎賜出身，簽書樞密院事。

雨雹，大雪。

三月，詔舉制科。

夏四月，振綿、漢等州饑。尋以饒、信及建寧府等州饑，遣司農寺丞馬希言同提舉常平官振濟，降僧牒一百道付建寧府。

户部降米五千石振衢州饑。荆南府僧牒二百道，衢州一百道，饒、信米各三萬石。雷州水，賜十道。

尋又詔諸路監司，委請清强官，遍詣有災傷地頭，盡實檢覈〔二七〕。

進呈欽宗實録并帝紀。禮部員外郎李燾奏：「修史先進呈帝紀，自淳化始。凡所以先進呈者，群臣筆削，或有失當，因取決於聖裁。故號爲進呈紀草，其推恩必待志、傳俱成。謹按太祖、太宗、真宗三朝史，天聖五年修，至八年成，凡歷四年。仁宗、英宗兩朝史，熙寧十年修，元豐四年成，凡歷五年。今修神宗、哲宗、徽宗及欽宗四朝史，已踰十年，則其書自當趣成。」

明年冬，燾又言：「臣竊見太平興國三年，初修太祖實録，命李昉等同修〔二八〕，而沈倫監修〔二九〕，五年成書。及咸平元年，真宗謂倫所修，事多漏略，乃詔錢若水等重加刊修，吕端及李沆監修〔三〇〕，二年書成。視前録爲稍詳，而真宗猶謂未備。大中祥符九年，復詔趙安仁等同修，王旦監修，明年書成。太宗實録初修於至道，再修於大中祥符九年。神宗實録三次重修。哲宗實録亦兩次重修。神宗、哲宗兩朝所以屢修，則與太祖、太宗異，蓋不獨於事實有所漏略而已，又輒以私意變亂是非，紹興初，不得不爲辨白也。誣謗雖則辨白，而漏略固在，然猶愈乎近所修徽宗實録，蓋徽宗實録踈舛特甚。史院已得旨修四朝正史。竊緣修正史當據實録，實録儻差誤不可據〔三一〕，則史官無以準憑下筆。乞用太祖、太宗故事，將徽宗實録重加刊修，更不別置司局，只委史院官取前所修實録，子細看詳，是則存之，非則去之，闕則補之，誤則改之。實録先具，正史便當趣成。」又言：「臣近進續資治通鑑長編，自建隆迄治平，自合依詔旨接續修進。乞許臣專意討論徽宗一朝事迹，纂述長編既具，即可助成正史。」

李燾上續資治通鑑長編。五朝事迹，自建隆元年至治平四年閏三月。淳熙二年，燾爲江西運副，面對，上其書，自治平四年三月至元符三年正月。淳熙十年，燾知遂寧府，復上續至靖康，全書共九百八十卷，舉要六十八卷。十一年，知台州熊克上九朝通略。十二年，知龍州王稱上東都事略〔三二〕。

五月，令常平官歲按倉儲。淳熙二年秋，詔諸路常平司，每歲秋成，視所部凶歉去處，如合賑濟，即約所用及見管米斛，多方措置，於九月初預期條奏。

六月，置度支都籍。度支郎趙不敵言：「方今一歲内外支用之數，大概五千五百萬緡有奇。又以一歲所入計之，若使諸路供億以時，別無蠲減拖欠，場務入納無虧，則足以支一歲之用不闕。賦入之窠名猥多，而分隸於户部之五司，如僧道、免丁、常平、免役、坊場、酒課之類，則左右曹掌之。如上供、折帛、經總、無額、茶鹽、香礬之類，則金部掌之。度支則督月樁，倉部則專糴本。催理雖散於五司，支用悉經於度支。臣今置爲都籍，會計窠名，總爲揭貼。事雖方行，簿書草具，而條目詳備，固已粲然可考。欲乞下臣此章，付之本曹，自玆爲始，仍俾歲一易之。不惟財賦易以稽考，抑使胥吏無所容其姦。」從之。

淳熙六年五月，臣僚言：「諸路州郡截用上供錢物，初令度支點對驅磨，既而復令關帳司驅磨。然而關防滲漏之弊，終不能革者，緣其間窠目不一〔三三〕，失於參照，或至滲漏。如上供折帛錢隸金部錢帛案，經總制無額錢隸金部經總案，月樁、寬剩、折帛錢隸度支發運案，其餘窠名，五司悉有所催之數，不可概舉。且有以某事許截經總制折帛錢，又有不以有無拘礙，盡許拘截者。緣所截窠名不一，州郡得以容姦，重疊申部。而逐部只是照應大案合催名色，徑行銷豁，而不知其他窠名，或至有重疊。各部、各案，既不關會，何以稽考？今欲令度支每歲專置截使簿一面，如遇承降指揮截使名色錢物之數，即時抄其所隸部分，候諸州申到帳狀，即關會度支照應，候得度支回報，方許關帳司驅磨銷豁。」從之。

七年冬，户部郎趙師羼言：「紹興以來，賦入綱目寖多，中間雖將頭子等窠名五十二項，并入經總制起發，造帳供申。其後，復添坊場寬剩、增添浄利等窠名錢一十三項，又皆隨事分隸户部五司。如僧道免丁錢，則因身丁而隸左曹，官户役錢則因役事而隸右曹之類。其爲財賦則一，而所隸者五，莫相參照。乞於本部置總計司，以五司所隸錢物，併歸一處，諸色窠名盡撮其數，立爲版籍，檢舉驅磨。」趙雄等尋奏：「户部見有催轄司。」上曰：「五司分治而長貳總之〔三四〕，既有催轄司，若更立總計之名，徒重復無益也。」

是歲，湖廣總司申：「江、鄂、荆襄三處軍馬，歲約用九百八萬四千餘貫。」

秋七月，録繫囚。親詔：「以疎決並爲文具，令有司具祖宗典故，不拘暑月，朕當親閱。可釋者釋之，庶不爲虚文。」至是，後殿臨軒決遣罪人。

十二年正月，上諭輔臣：「諸路獄案多稽滯，其間久不決者，各取一二件將上，仍命罰之。」

蔣芾罷。以母喪去位。於是，陳俊卿獨當政柄，尋兼知樞密院事。言於上曰：「臣自叨執政之列，每見三省、密院被内降旨揮，苟有愚見，必皆密奏，多蒙開納，爲之中止。然比及如此，已爲後時。今以參預首員，奉行政令，欲乞自今内降恩澤，有未允公議者，容臣卷藏，不示同列，即時繳奏，或次日面納。」上曰：「卿能如是，朕復何憂？」

俊卿每勸上親忠直，納諫争，抑僥倖，肅紀綱，講明軍政，寬卹民力。異時統兵官不見執政，俊卿曰：「召三五人，從容與語，察其材智所堪而密記之，以備選用。」於是，上於俊卿之言，多所聽從，大抵政事復歸中書矣。

龍大淵既死，上憐曾覿，欲召之。後卿曰：「自陛下出此兩人，中外無不稱誦聖德。今若復召，必大失天下望，臣願先罷去。」上感其言，遂止不召。

贈王悦官。悦知衢州，死之日，百姓巷哭，即爲立祠於徐偃王廟。其喪出城，百姓號慟，聲振原野。悦愷悌慈祥，視民如子。是春，乏食，悦發廩勸分，使百姓不至失所。自中夏闕雨，悦竭誠祈禱，絶不茹葷，早晚一粥，凡月餘。日題之壁間，有「乞爲三日之霖，願減十年之壽」之語，竟以是卒。詔贈直龍圖閣，仍宣付史館。

八月，行乾道曆。初，將統元、紀元曆與劉孝榮所獻新曆，委官測驗，互有疎密，遂令太史局參照新舊行用。尋禮部侍郎程大昌言：「新舊曆官互有異同，難以參照，而新曆比舊曆則爲稍密。」遂詔令太史局施用新曆，以乾道曆爲名。未幾，禮部郎李燾言：「曆久必差，自當改法。恭惟列聖臨御，未有不更曆者，獨靖康偶不及此。今統元曆行之既久，其與天文不合，固宜。况曆家皆以爲雖名統元，其實紀元。若紀元又多歷年所矣。曆術精微，莫如大衍，大衍用世亦不過三十四年。後學膚淺，其能行遠乎？隨時改曆，此道誠不可廢。抑嘗聞曆不差不改，不驗不用，未差無以知其失，未驗無以知其是。失然後改之，是然後用之，此劉洪要言，至論也。舊曆差失甚多，不容不改〔三五〕，而新曆亦未有明效大驗〔三六〕，但比舊曆稍密爾。厥初最密，後猶漸差。初已小差，後將若何？故改曆不可不重也。謹按：仁宗用崇天曆，自天聖至皇祐，其四年十一月，月食，曆家言曆不效，詔以唐八曆及本朝四曆參定。曆家皆以景福爲密，遂欲改曆。而劉義叟獨謂：『崇天曆頒行逾三十年，方將施之無窮，兼所差無幾，不可偶緣天變，輕議改移。』又謂：『古聖人曆象之意〔三七〕，止於敬授人時，雖則預考交會，不必脗合辰刻，辰刻或有遲速，未必獨是曆差。』仁宗從義叟言，詔復用崇天曆。義叟曆學爲本朝第一，歐陽脩、司馬光輩皆遵承之。崇天曆既復用，又十三年，至治平二年，始改用明天曆，曆官周琮等皆遷官。後三年，明天曆課熙寧三年七月月食又不效，乃詔復用崇天曆，琮等皆奪所遷官。崇天曆復用至熙寧八年，始更用奉元曆，奉元曆議，沈括實主之。明年正月，月食，奉元曆遽不效，詔問修曆推恩人姓名，括具奏辨，故曆得不廢。先儒蓋謂括强解，不深許其知曆也。然後知義叟所稱『止於敬授人時，不必輕議改移』者，不亦至言要論乎？欲乞朝廷察二劉所陳及崇天、明天之興廢，申飭曆官，加意精思，勿執今是，益募能者，熟復討論，更造密度，使與天合，庶幾善後之策也。」詔送太史局，仍令諸路求訪精通曆書之人。

冬十月，蔣芾起復左僕射，陳俊卿右僕射。芾辭。芾乞終喪，詔從之。先是，殿前指揮使王琪被旨按視兩淮城壁，還，薦和州教授某人，上命召之。俊卿與同列請其所自，上曰：「王琪稱其有才。」俊卿曰：「琪薦兵將官乃其職，教官有才，何預琪事？」上曰：「卿等可召問之。」俊卿召琪責之，琪皇恐不知所對，會揚州奏昨琪傳旨增築州城，今已訖事。俊卿請於上，則初未嘗有是命也。俊卿曰：「若爾，即琪爲詐傳聖旨，此非小利害也。容臣等熟議以聞。」退至殿廬，遣吏召琪詰之，琪叩頭汗下。俊卿亟草奏，言曰：「王琪妄傳聖訓，移檄邊臣，增修城壁，此事係國家大利害，朝廷大紀綱，而陛下之大號令也。人主機務至繁，天下情僞百出，豈智力所能一一防閑。所恃者，紀綱、號令、賞罰耳。今琪所犯如此，考其案牘及所置對，前後牴牾，姦僞明白，此而不誅，則亦何所不爲也哉？臣等不勝大懼，謹按律文：『詐爲制書者，絞。』惟陛下奮發英斷，早賜處分。」於是，有旨削琪官而罷之。先是，禁中密旨直下諸軍者，朝廷多不與聞。有某官張方者，以某事發覺，俊卿方與同列奏請：「自今百司承受御筆處分事宜，並須申朝廷奏審，方得施行。」未報。至是，因琪事復以爲言，上乃悦而從之。事下兩日，則又有旨收還前命。俊卿語同列曰：「反汗如此，必關牒至内諸司，有不樂者相與爲之耳。」即具奏曰：「三省、密院，所以行陛下詔命也。百司庶府，所以行朝廷號令也。詔命必出於陛下，號令必由於朝廷，所以謹出納而杜姦欺也。祖宗成憲，著在令甲，比年以來，漸至隳紊。臣等昨以張方之事，輒有奏陳，及此踰月，又因王琪姦妄之故，陛下赫然震怒，然後降出，聖慮亦已審矣，聖斷亦已明矣。中外傳聞，莫不歎服。而昨日陛下諭臣等曰：『禁中欲取一飲一食，必待申審，豈不留滯？』而今又有此指揮。夫臣等所慮者，命令之大，如令三衙發兵，則密院不可不知；令户部取財，則三省不可不知耳，豈爲此宮禁細微之事哉？況朝廷乃陛下之朝廷，臣等偶得備數其間，出内陛下之命令耳。凡事奏審，乃欲取決於陛下，臣等非敢欲專之也。況此特申嚴舊制，亦非創立新條。而已行復收，中外惶惑，且將因循觀望，并舊法而廢之，爲後日無窮之害，則臣等之罪大矣。或恐小人因此疑似，陰以微言上激雷霆之怒。更望聖明深賜體察。」翌日，面奏，上色甚温，顧謂俊卿曰：「朕豈以小人之言，而疑卿等耶？」

先是，劉珙進對語切，遂忤上意。既退，御筆除珙端明學士、在外宫觀。俊卿即藏去，密具奏言：「前日奏劄，臣實草定。珙與王炎略更一兩字，即以投進。以爲有罪，則臣當先罷。若幸寬之，則珙之除命，臣未敢奉詔也。」明日，復前申請，且曰：「陛下即位以來，容納諫諍，體貌大臣，皆盛德事。今珙乃以小事忤旨，而獲罪如此，臣恐自此大臣皆以阿諛順指爲持禄固位之計，非國之福也。」上色悔久之。又奏言：「珙正直有才略，肯任怨，臣所不及，願且留之。」上曰：「業已行之，不欲改也。」俊卿曰：「珙無罪而去〔三八〕，當與大藩，以全進退之禮。」上然之，乃以珙爲江西帥。俊卿退〔三九〕，又自劾草奏抵突、被命稽留之罪，上手扎留之。俊卿請益堅〔四〇〕，上不許，且曰：「卿雖百請，朕必不從。」上於是有意相俊卿矣。不數日，而有是命。

大閱于茅灘。上親御甲胄，指授方略，命三司合教，爲三陣。戈甲耀日，旌旗蔽天，六師歡呼，犒賚有加焉。

十二月，召魏掞之。掞之，建寧府人也。以諸司薦其行高識遠，學術該通〔四一〕，孝於親，友於弟，召赴行在。至是入對，上曰：「治道以何者爲要？」掞之奏：「治道以分臣下邪正爲要。」詔掞之議論可采〔四二〕，賜同進士出身，除太學録。

將釋奠孔子祠，職當分獻先賢之從祀者〔四三〕。先事白宰相〔四四〕：「王安石父子以邪説惑主聽，溺人心，馴致禍亂，不應祀典。而河南程氏兄弟唱明絶學，以幸來今，其功爲大。請言於上，廢安石父子，勿祀，而追爵程氏兄弟，使從食。」不聽。又言：「太學之教，宜以德行爲先。其次尤當使之通習世務，以備官使。今壹以空言浮説取人，非是。」其他政事，有係安危治亂之機者，亦無不抗疏盡言，以諫至三四上，皆不見省。則移書杜門，以書質責宰相，語尤切。掞之前已數數求去，遂以迎親予告歸。行數日，罷爲台州州學教授。掞之自少有志於當世，晚而遇主，謂可以行其學，然其仕不能半歲，而不合以歸。尋以病卒，聞者惜之。

己丑乾道五年（一一六九）春正月，措置兩淮屯田。徐子實新知無爲軍〔四五〕，陳獻屯田利害。上以其可采，遂除大理正，充措置兩淮屯田官。

是冬，子實言：「準旨揮復置萬弩營，今乞以神勁軍爲名。合行事件，乞並隸屬官田所。兼乞下淮東漕司，就真州計置營寨。及遇招到萬弩手，以本軍忠勇使效爲名，支給例物，并免户下科敷、差役及三百畝税賦。」並從之。

明年夏，令淮東萬弩手，候秋成日，依淮西路一體教閱施行。

時陳俊卿爲相，以兩淮備禦未設，民無固志，萬一寇至，倉卒渡兵，恐不及事。奏：「於揚州、和州各屯三萬人，預爲家計。仍籍民家，三丁者取其一，以爲義兵，授之弓弩，教以戰陣。農隙之日〔四六〕，給以兩月之食，聚而教之。沿江諸郡亦用其法。諸將渡江〔四七〕，則使之城守，以備緩急。且以陰制州兵頡頏之患，其兩淮諸郡守臣〔四八〕，但當擇才，不當復論文武、計資歷；指以財賦〔四九〕，許辟官吏〔五〇〕，略其小過，責其成功。要使大兵屯要害必爭之地，待敵至而決戰，使民兵各守其城，相爲掎角，以壯聲勢。」而又言於上曰：「國家養兵甚費，募兵甚難，惟有此策〔五一〕，可守邊面，可壯軍勢。而樂因循、憚改作之人，皆以擾民爲詞。天下之事，欲成其大，安能無小擾？但守臣得人，公心體國，不憚勞苦，善加拊循，則教閱有方，自不至大擾矣。」上意亦以爲然，詔即行之。然竟爲衆論所持〔五二〕，俊卿尋亦去位，不能及其成也。

二月，雨雹。

罷制國用司。以其事併歸三省户房。

復兩省書讀制。中書舍人汪涓言：「按中書舍人於制敕有誤，許其論奏。而給事中又所以駁正中書違失，各盡所見，同歸於是。近年以來，間有駁正，或中書舍人、給事中列銜同奏，則是中書、門下混而爲一，非神宗官制所以明職分、正紀綱、防闕失之意。」又言：「詔令之出，始於中書，又經門下審覆，然後付外，謂之成命。近年以來，往往書讀未定，即已行下所屬，或傳報於外。」詔制敕未經兩省書讀，勿行。

三月，親試舉人。賜鄭僑以下及第、出身有差。

命參政王炎宣撫四川。仍舊參知政事。

七年秋，升樞密使，宣撫如故。

夏四月，詔恤流移。詔去歲災傷州郡流移人，令常平司所在收恤賑給。

五月，置言事籍。令後省看詳其可行者條上。

謹奏讞法。詔有司議獄以法，不得作情重奏裁。

六月戊戌，上御便殿。初，上御弧矢，有弦激之虞，以致目眚。至是，康復。

陳俊卿密疏曰：「陛下經月不御外朝，口語籍籍。由臣輔相無狀，不能先事開陳，以致驚動聖躬，虧損盛德，非細事也。臣聞自昔人主處富貴崇高之極，志得意滿，道不足以制欲，則游畋、聲色、車服、宮室不能無所偏溺，而不得爲全德之君。陛下憂勤恭儉，清浄寡欲，凡前世英主所不能免者，一切屏絶。顧於騎射之末，猶有未能忘者。臣知陛下非有所樂乎此，蓋神武之略，志圖恢復，故俯而從事於此，以閱武備，激士氣耳。陛下誠能任智謀之士以爲腹心，仗武猛之材以爲爪牙，明賞罰以鼓士卒，恢信義以懷歸附，則英聲義烈，不出樽俎之間，而敵人固已逡巡震疊於千萬里之遠，尚何待區區馳射於百步之間哉？太祖皇帝深却手撾之獻，蓋有見於此。況陛下承祖宗積累之休，膺太上付託之重，一身之動靜，宗社生靈之休戚繫焉。今者尚賴天地祖宗密垂覆佑，即獲痊愈。使其萬一有甚於此，則貽太上之憂念，駭四方之觀聽。雖誅左右執射之人，亦何益乎？故臣願陛下常以今日之事，永爲後來之戒。」又曰：「古之命大臣，使之朝夕納誨以輔德，繩愆糾繆以格非，欲其有以正君之過於未形。唐太宗臂鷹將獵，見魏證而遽止[五三]，憲宗蓬萊之遊，憚李絳而不行。臣人微望輕，無二子骨鯁强諫之節，致陛下過舉，彰聞於外。今誅將及身，而後乃言，亦何補於既往之咎哉？」又曰：「弓矢之技，人所常習而易精，然猶不免今日之患。況毬鞠之戲，本無益於用武，而激射之虞、銜蹷之變，又有甚於弓矢者。間者，陛下頗亦好之，臣屢獻言，未蒙省録。今兹之失，蓋天之仁愛陛下，示以警懼，使因其小而戒其大也。陛下試以弦斷之變思之，則向之盛氣，馳騁於奔踶擊逐之間，無所蹉跌，蓋亦幸矣。豈不爲之寒心哉？太祖皇帝嘗以墜馬之故而罷獵，又以乘醉之誤而戒飲。遷善改過，不俟旋踵。此子孫帝王萬世之大訓也。臣願陛下克己厲行，一以太祖爲法，罷毬鞠之會，屏騎射之習，謹威儀之節，玩經典之訓。則盛德光輝，將日新於天下，而前日之過，何傷日月之明哉？」

右諫議大夫單時亦上疏諫，上面諭曰：「卿言可謂愛朕。」前此，時爲侍御史，嘗上封事，言飲酒、擊毬二事，上大喜之。詔輔臣曰：「擊毬朕放下多時，飲酒朕自當戒。」

録孔氏後。 賜孔璪官，宣聖四十九世孫也。

秋八月甲申朔，日有食之。

以陳俊卿、虞允文爲左、右僕射。

九月，復監司避本貫法。 明年八月〔五四〕，詔勿避。

淳熙四年六月，詔復避。

申嚴監司巡按法。 依條分上下半年巡按所部。

淳熙三年，禁監司交遺，及因行部輒受諸郡折送，計所受，悉以贓論。

冬十月，振温、台水災。 守臣不以聞，各降官、落職、放罷，監司各降一官。

先是，四年夏，詔諸路漕臣以水旱之實聞。州縣隱蔽者，並置于法。

十一月，令守臣毋得薦舉通判。有履行著聞、職事修舉者，許監司列銜保奏。

嚴監司、郡守選。令侍從、臺諫、兩省官各舉京朝官以上三人，保任終身，限五日聞奏。見任郎官不在薦舉之數。

十二月，張栻入對〔五五〕。新除嚴州，入見。時宰相虞允文以恢復自任〔五六〕，且謂栻素論當與己合，數遣人致意，栻不答〔五七〕。見上，首言曰：「先王所以建功立事、無不知志者，以其胸中之誠，足以感格天人之心也。今規畫雖勞而事功不立，陛下試深察之，日用之間、念慮云爲之際，亦有私意之發，以害吾胸中之誠者乎？有則克而去之，使吾中扃洞然，無所間雜，則見理必精，守義必固，天人之應，將不待求而得矣。且欲復中原之土，必先收中原百姓之心；欲得中原百姓之心，當先有以得吾境内百姓之心。求所以得吾境内百姓之心者，無他，不盡其力，不傷其財而已。若中原之内，聞吾君愛惜百姓如此，又聞百姓安樂如此，則其歸孰禦？」上曰：「誠當如此，況中原之人，本吾赤子，必襁負其子而至矣。」栻又奏：「今日誕謾之風不可長。至如邊事，須委忠實不欺之臣，不然，或有誕謾，豈不誤陛下倚任？」上曰：「若誕謾，必至誤國事。」栻又奏：「先聽其言，却考其實，此所謂『敷奏以言，明庶以功』。」栻至郡，問民疾苦，首以丁鹽絹錢太重爲請。詔蠲其半。

降會子，收兩淮銅錢。降會子二十萬貫，付兩淮漕司，收换銅錢。兩淮州郡並以鐵錢及會子行使。

校勘記

〔一〕仍將納賂求差遣人林慰能周良臣　「林慰能」，皇宋中興兩朝聖政卷二九及宋史全文卷二四下作「林懋能」。

〔二〕風聞失實故也　「聞」原作「間」，據皇宋中興兩朝聖政卷二九及宋宰輔編年録卷一七改。

〔三〕刺配梧州　「梧州」，宋史全文卷二五上同，宋會要輯稿刑法六之三七作「梅州」。

〔四〕内之臺諫　宋會要輯稿儀制六之二六於「臺諫」下有「侍從」。

〔五〕凡臺諫侍從舉奏　「奏」，宋會要輯稿儀制六之二六作「章」。

〔六〕減十分之七　「減」原脱，「十」原作「卜」，據皇宋中興兩朝聖政卷二九及宋史全文卷二四下補、改。

〔七〕所以致正觀之治　「正」當作「貞」，蓋避仁宗嫌名之諱而改。

〔八〕每侍清閑之燕　「閑」原作「間」，據皇宋中興兩朝聖政卷二九及宋史全文卷二四下改。

〔九〕至引漢威靈　「威」，宋史卷三八三陳俊卿傳作「桓」，是。此蓋避宋欽宗之諱而改。

〔一〇〕但如今未暇　「未」原作「朱」，據皇宋中興兩朝聖政卷二九及宋會要輯稿食貨六三之二六改。

〔一一〕已尋見根源　「根」原作「根」，據皇宋中興兩朝聖政卷四六及宋史全文卷二四下改。

〔一二〕國用房開具前月支過已上五項請給數目　「上」原作「一」，據皇宋中興兩朝聖政卷四六及宋史全文卷二四下改。

〔一三〕外路軍馬　「外」原作「分」，據皇宋中興兩朝聖政卷四六及宋史全文卷二四下改。

〔一四〕則不由中書　「書」原作「畫」，據道光抄本、續宋中興編年資治通鑑卷八及宋史全文卷二四下改。

〔一五〕樞密院以密白遷補潛邸醫官二人　「以密」原脱，據建炎以來朝野雜記甲集卷九密白補。

〔一六〕止乾道二年十一月十四日以前　「二年」原作「三年」，據上下文意及文獻通考卷九錢幣考二改。

〔一七〕昨者住賣度牒二十餘年　「者」，皇宋中興兩朝聖政卷四六及宋史全文卷二四下作「立」。

〔一八〕有告以薦材者　「材」原作「林」，據皇宋中興兩朝聖政卷四六及宋史全文卷二四下改。

〔一九〕淳熙四年二月　「二月」，宋史全文卷二六下同，宋史卷三四孝宗紀二繫於三月。

〔二〇〕惟韓宗岳朱勇死敵　「韓宗岳」，宋史卷三四孝宗紀作「韓崇岳」。

〔二一〕惟其移於耳目　「目」原作「日」，據晦庵先生朱文公文集卷九七劉公（珙）行狀及宋史全文卷二四下改。

〔二二〕宰執求罪　「罪」，皇宋中興兩朝聖政卷四六及宋史全文卷二四下作「罷」。

〔二三〕時虜使來賀會慶節　「會」原作「饑」，據皇宋中興兩朝聖政卷四六及宋史全文卷二四下改。

〔二四〕上甚然之　「之」，原作一字空格，據皇宋中興兩朝聖政卷四六及宋史全文卷二四下補。

〔二五〕其終至於外攘夷狄　「於」，原作一字空格，據皇宋中興兩朝聖政卷四六及名臣碑傳琬琰集下卷二二劉公（珙）行狀補。

〔二六〕欲乞將已賣過四千五百道作第一料　「料」原作「科」，據下文、皇宋中興兩朝聖政卷五〇、宋史全文卷二五下改。

〔二七〕盡實檢覈　「檢覈」，宋會要輯稿食貨一之一二作「檢放」。

〔二八〕命李昉等同修　「李昉」原作「李昈」，據皇宋中興兩朝聖政卷四七及宋史全文卷二五上改。

〔二九〕而沈倫監修　「沈倫」原作「洗倫」，據皇宋中興兩朝聖政卷四七及宋史全文卷二五上改。

〔三〇〕吕端及李沆監修　「吕端」原作「占端」，據皇宋中興兩朝聖政卷四七及宋史全文卷二五上改。

〔三一〕實録儻差誤不可據　「儻」原作「儻」，據皇宋中興兩朝聖政卷四七及宋史全文卷二五上改。

〔三二〕知龍州王稱上東都事略　「稱」原作「偁」，據皇宋中興兩朝聖政卷六二、玉海卷四六淳熙東都事略及宋史全文卷二七下改。

〔三三〕緣其間窠目不一　「目」原作「日」，據皇宋中興兩朝聖政卷五七及宋史全文卷二六下改。

〔三四〕五司分治而長貳總之　「治」原作「始」，據皇宋中興兩朝聖政卷五八及宋史全文卷二六下改。

〔三五〕不容不改　「改」原作「攷」，據皇宋中興兩朝聖政卷四七及宋史全文卷二五上改。

〔三六〕而新曆亦未有明效大驗　「而」原作「面」，據道光抄本、皇宋中興兩朝聖政卷四七及宋史全文卷二五上改。

〔三七〕古聖人曆象之意 「象」原作「家」，據皇宋中興兩朝聖政卷四七及宋史全文卷二一五上改。

〔三八〕珙無罪而去 「而」，原作一字空格，據皇宋中興兩朝聖政卷四七及宋史全文卷二一五上補。

〔三九〕俊卿退 「卿」，原作一字空格，據上下文、皇宋中興兩朝聖政卷四七及宋史全文卷二一五上補。

〔四〇〕俊卿請益堅 「益」，原作一字空格，據皇宋中興兩朝聖政卷四七及宋史全文卷二一五上補。

〔四一〕學術該通 「通」，原作一字空格，據皇宋中興兩朝聖政卷四七及宋史全文卷二一五上補。

〔四二〕詔掞之議論可采 「采」，原作一字空格，據皇宋中興兩朝聖政卷四七及宋史全文卷二一五上補。

〔四三〕職當分獻先賢之從祀者 「賢」，原作一字空格，據皇宋中興兩朝聖政卷四七及宋史全文卷二一五上補。

〔四四〕先事白宰相 「白」原作「曰」，據皇宋中興兩朝聖政卷四七及宋史全文卷二一五上改。

〔四五〕徐子實新知無爲軍 「徐子實」，皇宋中興兩朝聖政卷四七及宋史全文卷二一五上同，宋會要輯稿兵一五之一九、宋史卷三四孝宗紀二作「徐子寅」。

〔四六〕農隙之日 「隙」，原作一字空格，據晦庵先生朱文公文集卷九六陳公行狀、皇宋中興兩朝聖政卷四八及宋史全文卷二一五上補。

〔四七〕諸將渡江 「渡」，原作一字空格，據晦庵先生朱文公文集卷九六陳公（俊卿）行狀補。

〔四八〕其兩淮諸郡守臣 「淮」，原作一字空格，據晦庵先生朱文公文集卷九六陳公（俊卿）行狀補。

〔四九〕指以財賦 「指」，晦庵先生朱文公文集卷九六陳公（俊卿）行狀作「捐」。

〔五〇〕許辟官吏　「辟」，原作一字空格，據晦庵先生朱文公文集卷九六陳公（俊卿）行狀補。

〔五一〕惟有此策　「惟」原作「推」，據晦庵先生朱文公文集卷九六陳公（俊卿）行狀、皇宋中興兩朝聖政卷四八及宋史全文卷二五上改。

〔五二〕然竟爲衆論所持　「竟」原作「竞」，據晦庵先生朱文公文集卷九六陳公（俊卿）行狀及宋史全文卷二五上改。

〔五三〕見魏證而遽止　「魏證」當作「魏徵」，蓋避宋仁宗嫌名之諱改。

〔五四〕明年八月　「八」，原作一字空格，據宋會要輯稿職官四五之二八補。

〔五五〕張栻入對　「張栻」原作「張拭」，據宋史全文卷二五上改。下同。

〔五六〕時宰相虞允文以恢復自任　「虞允文」原作「慮允文」，據宋史卷四二九張栻傳及宋史全文卷二五上改。

〔五七〕栻不答　「答」原作「荅」，據宋史卷四二九張栻傳及宋史全文卷二五上改。

中興兩朝編年綱目卷第十六

孝宗皇帝　起庚寅乾道六年，止乙未淳熙二年。

庚寅乾道六年（一一七〇）春正月，黃中入對。初，中兼給事中，内侍遷官不應法，諫官劉度坐論近習龍大淵忤旨補郡，已復罷之，中皆不書讀。安穆皇后家當賜田，而奪殿前軍所買田以自入，軍士以爲言。事下户部，尚書韓仲通不可，而侍郎錢端禮奏予之〔一〕。中復封上。群小因是媒孽，中遂罷去。諫官尹穡詆中爲張浚黨〔二〕，乾道改元，中年適七十，即告老。至是，上思中老儒〔三〕，召赴闕，引對，中因復以前奏正心誠意、致知格物者，爲上精言之〔四〕。又言：「比年以來，言和者忘不共戴天之讎，固非久安之計〔五〕；言戰者復爲無顧忌大言，又無必勝之策。必也暫與之和而亟爲之備，内修政理而外觀時變，則庶乎其可。」上皆聽納，除兵部尚書兼侍讀。

中知無不言，其大者則迎請欽廟梓宮、罷天申錫宴也。中前在禮部，論止作樂事，中去踰年，卒用之。是年，又將錫宴，中奏申前説，且曰：「三綱五常，聖人所以維持天下之要道，不可一日無。欽宗梓宫遠在沙漠，臣子未嘗一言及之，獨不錫宴一事僅存，如魯告朔之餼羊爾。今又廢之〔六〕，則三綱五常掃地而盡，陛下將何以責天下臣子之不盡忠孝於君親哉〔七〕？」

中未滿歲，即乞告老，且陳十要道之説以獻，且曰：「用人而不自用者，治天下之要道也。以公義進退人才者，用人之要道也。察其正直納忠、阿諛順旨者，辨君子、小人之要道也。廣開言路者，防壅蔽之要道也。考核事實者，聽言之要道也。量入爲出者，理財之要道也。精選監司者，理郡邑之要道也。痛懲贓吏者，恤民之要道也。求文武之臣面陳方略者，選將帥之要道也。稽考兵籍者，省財之要道也。」

括免丁錢。户部言：「自放行度牒，已賣一十二萬餘道。今考遞年所納免丁錢，止增三五萬貫，顯是州縣侵隱。望行下諸路提刑司，檢察括責，盡數入經總制帳，每季起發。」從之。

二月，詔均役、限田。

詔勉大臣毋負委托。詔曰：「朕深惟治不加進，夙夜興懷，思有以正其本者。今欲均役法，嚴限田，抑游手，務農桑。凡是數者，卿等二三大臣深思熟計，爲朕任此而力行之。其交修一心，毋輕懷去留，以負委托，此朕所望也。」

三月，省諸司吏員。

罷淮東總領所。併歸淮西，仍以總領兩淮浙西江東財賦軍馬錢糧所爲名。

復都大發運使。以史正志爲户部侍郎、江浙京湖淮廣福建等路都大發運使，江州置司。

尋降緡錢三百萬充糴本〔八〕，户部一百四十萬，左藏南庫一百六十萬〔九〕。

尋命總領並兼發運使。

罷鑄錢司。以其事歸轉運司〔一〇〕。

罷四川安撫制置司。併歸宣撫司。

夏五月，進呈四朝會要、上皇玉牒。

陳俊卿罷。虞允文之始相也，建議遣使金虜，以陵寢爲請。俊卿面陳，以爲未可。復手疏曰：「陵寢幽隔，誠臣子之痛憤。然在今日，彼方以本朝意在用兵，多方爲備，若更爲此以速之，彼或先動，則吾之事力未辦，不知何以待之？況使者既行，中外疑惑，果得所請，猶爲有名。苟或未從，殊失國體。」上感其言，事得少緩。允文至是復申前議。一日，上以手扎諭俊卿曰：「朕痛念祖宗陵寢，淪於腥羶者四十餘年，今欲遣使往請，卿意以爲如何？」俊卿奏曰：「陛下焦勞萬機，日不暇給，痛念陵寢，思復故疆，臣雖疲駑〔二〕，豈不知激昂憤切？仰贊聖謨，庶雪國恥。然性質頑滯，於國家大事，每欲計其萬全，不敢輕爲嘗試之舉。是以前日留班面奏，欲俟一二年間，彼之疑心稍息，吾之事力稍充，乃可遣使。往返之間，又一二年，彼必怒而以兵臨我，然後徐起而應之，以逸待勞，此古人所謂應兵，其勝十可六七。茲又仰承聖問，臣之所見不過如此，不敢改詞以迎合意指，不敢依違以規免罪戾，不敢僥倖以上誤國事，惟陛下察之。」繼即杜門上疏，以必去爲請，三上乃許，出知福州。陛辭，猶勸上遠佞親賢，修政事，以攘夷狄，泛使未可輕遣。允文遂遣使，竟不獲其要領。

初，吏部尚書汪應辰舉李垕應制科，旨召試。權中書舍人林機言：「垕詞業未經後省平奏，且獨試非故事。」俊卿奏：「元祐中，謝悰亦獨試。機蓋爲人所使耳。」上詔俊卿詰之，乃機與諫官施元之密謀，以是沮應辰，而對上又不以實，二人因此遂罷。應辰竟以與右相論事不合，求去。俊卿奏應辰剛毅正直，乞留之，因數薦應辰可爲執政。上初然之，而後竟出應辰守平江。自是，上意益向允文，而俊卿亦數求去矣。

俊卿在相位，曾覿官滿當代，度其必將復入，預請以浙東總管處之。上曰：「覿意似不欲爲此官。」俊卿曰：「前此陛下出覿及大淵，中外無不歎仰盛德。今外間竊議，以謂覿必復來。願陛下捐私恩，以伸公議。」上稱善久之。俊卿既去，覿亦召還，遂建節旄，歷使相，以躋保傅，而士大夫莫有敢言者矣。

詔革苟且誕謾等習。詔略曰：「苟且之俗猶在，誕謾之習尚滋。便文自營以爲智，模稜不決以爲能。以拱默爲忠純，以繆悠爲寬厚，隆虚文以相尚〔一二〕，務空談以相高。見趨事赴功之人，則舞筆奮辭以沮之；遇矯情沽譽之士，則合從締交以附之。甚者責之事則身偷，激之言則氣索。曾微特立獨行之操，安得伏節死義之風？」

詔給舍、臺諫言事。凡封駁章疏之外，雖事至微，亦毋致忽，少有未當，可更隨時詳具奏聞。

閏月，行錢會中半法。諸州入納、發解並用錢會中半。淳熙十三年七月，令諸路州縣，並以見錢、會子中半交收。上因言：「聞此間軍民不要見錢，却要會子。朕聞之甚喜，但會子不可更增見在之數。」

范成大使虜。祈請使，爲陵寢、受書二事也。虜復書略云：「和約再成，界山河而如舊；緘音遽至〔一三〕，指鞏、雒以爲言。援曩時無用之文，瀆今日既盟之好。既云廢祀，欲伸追遠之懷；止可奉遷，即俟刻期之報〔一四〕。至若未歸於旅櫬，亦當並發於行塗。抑聞附請之詞，欲變受書之禮。出於率易，要以必從。於尊卑之分何如？顧信誓之誠安在？事當審處，邦可孚休！」

自紹興和戎後，所定受書之禮，虜使捧書陞殿，北面立榻前跪進。上降榻受書，以授内侍。元顔裦初立，遣其使來報登位，宰臣陳康伯與争，遂令伴使取書以進。及乾道再和，循舊例，降榻受書畢，復御座。上以失定受書之禮，意頗悔之。先年因其報問使還，及其年遣李若川賀虜尊號，悉命口陳，祈削此禮。不報。

虞允文既議遣使，上問：「誰可使者？」允文薦李燾及成大。退以語燾，燾曰：「丞相殺燾耶？」允文愕然，燾曰：「今往，虜必不從。不從，必以死争之，是丞相殺燾也。」更召成大告之，成大即承命。

兵部尚書黄中嘗從容奏曰：「陛下聖孝及此，天下幸甚。然今欽廟梓宫未返，朝廷置而不問，則有所未盡於人心。且雖夷狄之無君，或以是而窺我矣。」上異其言。比成大致書，虜果以爲詞云。

明年，遣趙雄賀虜主生辰，復附國書曰：「比致祈懇，旋勤誨緘，欲重遣於軺車，恐復煩於館舍。惟列聖久安之陵寢，既難一旦而驟遷。則靖康未返之衣冠，豈敢先期而獨請！載披諄諭之旨，詳及受書之儀。蓋今叔姪之情親，與昔尊卑之體異。敢因慶禮，薦布忱誠〔一五〕，尚冀允從，式符企望。」及雄入辭，虜使其臣宣諭云：「跪聽旨，歸日傳語宋皇帝，向來初講和日，宋朝來祈請徽宗皇帝靈柩，已送還了。今再講和，宋國自當來祈請欽宗靈柩，父子同葬，以時奉祀。去年使來，却妄請鞏、雒山陵，上國止許奉遷，并許一就發還欽宗皇帝靈柩。上國已令搬取在此，俟來報聞。今因聘使來，輒附書稱：『久安陵寢，難以輒遷，及靖康靈柩，亦難獨請。』向來已許遷送，今返辭以爲難，於義安在？朕念欽宗皇帝嘗在宋國作帝，尚爾權葬，深可矜憫。今宋國既不欲請，上國却當就鞏、雒山陵附葬。」無一語及受書事。雄歸奏：「虜酋庸人耳，於陛下無能爲役。中原遺黎，日望王師，必有簞食之迎、倒戈之舉。」上甚悦。

明年冬，莫濛充賀正使。正月三日，虜廷錫宴，前後循例無違者，濛獨毅然以本朝國忌，不敢簪花、聽樂爲辭，争辨久之。伴使爲見濛堅執不回，遂爲白虜主。午後，始從其請，就館賜食。

浙西、江東水。命振之。

竄陳良祐。詔：「遣使本爲祈請祖宗陵寢，而臣下妄興異論，可見不忠不孝。吏部尚書陳良祐可放罷，送筠州居住。」時議遣泛使往請陵寢，良祐上疏争之故也。

置舒州鐵錢監。從發運使史正志之請也。每歲以五十萬貫爲額。

九年六月，置蘄州蘄春鐵錢監，歲以十萬貫爲額。仍減舒州同安監歲額一十萬貫。

淳熙二年，並罷。

五年，復之。

六年，詔舒州以三十萬貫，蘄州以十五萬貫爲額。

八年，定二州鼓鑄並以十五萬貫爲額。

淳熙十二年，詔二州並以二十萬貫爲額。

六月，張栻入對〔一六〕。吏部郎兼權起居郎。時宰臣謂虜衰可圖，建遣泛使往請陵寢，士大夫有指其非是者，輒斥去之。栻奏疏曰：「臣竊謂陵寢隔絶，言之至痛。然今未能奉辭以討之，又不能正名以絶之。乃欲卑詞厚禮以求於彼，則於大義爲已乖。而度之事勢，我亦未有必勝之形。夫必勝之形，當在於蚤正素定之時，而不在於兩陣決戰之日。今日但當下哀痛之詔，明復讎之義，修德立政，用賢養民，選將帥，練甲兵，以内修外攘、進戰退守之事，通而爲一。且必治其實而不爲虚文，則必勝之形隱然可見矣。」上爲改容歎息。栻又曰：「謀國當立一定之規，按而行之，若農服田力穡，以底于成。」上爲改容歎息，以爲前未始聞此也。於是栻見上，上曰：「卿知虜中事乎？」對曰：「不知也。」上曰：「虜中饑饉連年，盜賊日起。」栻曰：「虜中之事，臣雖不知，然境内之事，則知之詳矣。」上曰：「何事？」栻曰：「比年諸道歲饑民貧，而國家兵弱財匱，小大之臣又皆誕謾，不足倚仗。正使彼實可圖，臣懼我之未足以圖彼也。」上爲之默然久之。栻因出所奏疏。

秋八月，復敕令所。

九月，更役法。詔役法爲下三等户之害，並以官民户通差。

冬十月，旌忠義。興元府奏歸正官劉湛、劉師顔父子，與其親黨幾五十人，保護陵寢忠義之事。詔劉湛、劉師顔、秦世輔並加遷擢。仍宣付史館。

明年冬，賜李顯忠父永奇謚曰忠壯。

八年，賜傅察謚曰忠肅。

賜永奇廟名曰閔義。

復武提刑。先是，陳俊卿在相位日，御札依祖宗舊制，復置武臣提刑。俊卿言：「此職自景德以來，置復不常。今用文臣一員，亦無闕事，員外增置，徒爲煩擾。」乃止。至是，卒置之。

造會計録。從都大發運使史正志之請也。乃户部皇祐、元祐、紹興作會計録。

先是，秋七月，户部侍郎王佐言：「本部財賦出入之數，必詢諸吏輩，然後能知，往往異同，終莫得其實。豈有爲版曹，而不能按籍以知盈虛？所以造成簿籍者，正欲使朝廷通知財賦虛實出入之數，且以革去吏姦。」詔專委王佐，限一月攢造簿籍，仍令陸之望同共措置。

淳熙六年十二月，臣寮請會計財用之數爲會計録。上曰：「向者欲爲此録，緣户部取於州縣爲經常之用者〔一七〕，色目太多，取民太重。若遽蠲則妨經費，須他日恢復之後，使民間只輸二税，其餘名色，乃可盡除之。」

十一月壬午，郊。去秋，太常少卿林栗等言：「竊惟祀帝于郊，在國之南，就陽位也。國家舉行典禮，歲中祀上帝者四：春祈、夏雩、秋享、冬報。其二在南郊圓壇，其二在城西惠照院望祭齋宫。蓋緣在京日，孟夏大雩，别建雩壇於郊丘之左；季秋大享，有司攝事，就南郊齋宫端誠殿。今城西望祭齋宫，於就陽之義，無所依據。欲望詳酌，除三歲親祠，自有典故外，其有司攝事，歲中四祭，並即圓壇，以遵舊制。」從之。續禮部侍郎鄭聞等言：「國初沿襲唐制，一歲四祭昊天上帝於郊丘，謂祈穀、大雩、享明堂、祀圓丘也。唯是明堂當從屋祭，因循未正。至元祐六年，從太常博士趙叡之請，有司攝事，乃就齋宫行禮。至元符元年，又寓於齋宫端誠殿。以此參之，蓋既曰明堂，當從屋祭故也。竊見今郊丘之隅有淨明寺，欲乞遇明堂親饗，則遵依高宗皇帝紹興三十一年已行典禮，如常歲有司攝事，則當依元祐臣僚所陳，權寓淨明寺行禮，庶合明堂之義。」從之。

十二月，大閲于白石。

罷發運司。

復淮東總領所。史正志爲發運，名爲均輸，實奪州縣財賦，遠近騷然。張栻爲上言之，且曰：「今日州縣財賦，大抵無餘。取之不已，而經用有闕，不過巧爲之名，以取之於民。」上悟，即詔罷之。

辛卯乾道七年（一一七一）春正月朔，加上太上帝、后尊號。

加上光堯壽聖太上皇帝尊號曰光堯壽聖憲天體道太上皇帝，太上皇后尊號曰壽聖明慈太上皇后。

上尋論輔臣曰：「前日奉上册寳，太上聖意甚悦。翌日，過宫侍宴，邦家非常之慶，漢、唐所無也。」又曰：「本朝家法，遠過漢、唐，惟用兵一事未及。朕以虜讎未復，日不皇暇。如宫中臺殿，皆太上時爲之，朕未嘗敢增益。太上到宫徘徊周覽，爲之興歎，頗訝其不飾也。」上又指殿東樓曰：「去此無數步，遇花時亦不曾往，或令人拗數枝來觀耳。」輔臣奏：「陛下不以萬乘爲樂，而以中原爲憂，早朝宴罷，焦勞如此，誠古帝王所不及。」

寫敬天圖。

上謂輔臣曰：「無逸一篇，享國久長，皆本於龠畏。朕近日取尚書中所載敬天事，編爲兩圖，朝夕觀覽，以自警省，名之曰敬天圖。」虞允文奏云：「古人作無逸圖，猶誇大其事。陛下盡圖書中所載敬天事，又遠過之。惟聖人盡躬行之實，敬畏不已，必有明效大驗。」上曰：「卿言誠然。」

復鑄錢司。九年春，以王楫、李大正並爲提點坑冶鑄錢，於饒、贛州置司。江東、淮南、兩浙、潼川、利州路分隸饒州司。江西、湖、廣、福建分隸贛州司。除潼川府、利路坑冶銅寶，係逐路轉運司拘催發納鑄錢司外，依舊以江淮荆浙福建廣南路提點坑冶鑄錢司爲名。兩司行移連銜按察。

淳熙二年，以王楫爲都大提點。李大正所辟官屬並隨司罷。合差官令楫別辟〔一八〕。尋移司饒州，歲鑄以十五萬貫爲額。

二月，立皇子恭王惇爲皇太子，大赦。皇第三子也。

尋以王十朋、陳良翰爲太子詹事〔一九〕，劉焞國子司業兼太子侍讀。先是〔二〇〕，上謂輔臣曰：「古人以教子爲重，其事備見於文王世子，須當多置僚屬〔二一〕，博選忠良，使左右前後，罔匪正人。不然，一薛居州，亦無益也。」又曰：「舊來官屬幾人？」虞允文等奏：「詹事二人，庶子、諭德兼講讀者二人。」上曰：「宜增置二員。誰可當此選者？」允文等奏：「恭邸講讀官有李彥穎、劉焞二人。」上曰：「焞有學問，彥穎有操履，兩人皆好。卿等更選取數人。」及進呈，上覽之曰：「王十朋、陳良翰此二人皆好。十朋舊爲小學教授，性極踈快，但臨事堅執耳。」允文奏：「賓僚無他事，惟以文學議論爲職，不嫌於堅執也。」上曰：「十朋、良翰誠是忠蹇，可並除詹事。」上又曰：「劉焞兼侍讀，李彥穎却兼侍講，何也？」允文等奏：「李彥穎既兼左諭德，以侍講無人，並令兼之。」上曰：「侍講可別選人。」乃命焞爲司業兼侍讀。

工部侍郎胡銓亦請飭太子賓僚，朝夕勸講。上曰：「三代長且久者，由輔導太子得人所致。末世國祚不永，皆由輔導不得其人。」銓自五年冬，因除知泉州，趣令入對，遂留侍經筵，尋有是除。或忌銓敢言，指細故，雜他朝士並言之，冀不得獨留。銓以年逾七十，力求致仕，除待制，與外祠。未數日，復留侍講筵。未幾，以舉官失當，貶秩二等。銓力求去，除直學士，奉祠。淳熙六年致仕，明年卒。

淳熙三年，以袁樞所編通鑑紀事賜東宮，令與陸贄奏議熟讀，曰：「治道盡於此矣。」四年夏，東宮官請：「皇太子近因讀范祖禹唐鑑，見其學問醇正〔二二〕，議論精確。欲遇講日，添讀此書。」從之。

以皇子愷判寧國府，進封魏王。淳熙元年，徙判明州，薨於七年春。治二郡，咸有惠愛，謚惠憲。

張栻入對。時爲左司兼侍講。講詩葛覃，進説曰：「治生於敬畏，亂起於驕淫，使爲國者，每念稼穡之勞，而其后妃不忘織紝之事，則心之不存者寡矣。周之先后勤儉如此，而其後世猶有休蠶織而爲厲階者。興亡之效〔二三〕，於此可見。」因推廣其事，上陳祖宗自家形國之懿，下斥今日興利擾民之害〔二四〕。上歎曰：「此王安石所謂『人言不足恤』者，所以誤國〔二五〕。」

時知閤門事張説除簽書樞密院事。栻夜草手疏〔二六〕，極言其不可。且詣宰相質責之，語甚切。宰相慚憤不堪〔二七〕，而上獨不以爲忤〔二八〕，親札疏尾付宰相，使諭旨。栻復奏曰：「文武誠不可偏，然今欲右武，以均二柄，而所用乃得如此之人，非惟不足以服文吏之心，正恐反激武臣之怒。」上感悟，命得中寢，然宰相實陰主説。明年，乃出栻知袁州，而申説前命，説後竟謫死云。

三月，皇太子納妃李氏。

復將作監。

申嚴閉糴禁。

夏四月，詔舉制科。今歲科場，其令尚書侍郎、兩省諫議大夫以上，御史中丞、學士、待制，各舉賢良方正能直言極諫一人，守臣、監司亦許解送，仍具詞業，繳進以聞。

振楚州饑。賜米五千石。

劉珙起復同知樞密院，宣撫荆襄，辭之。珙凡六疏辭之，引經據禮，詞甚切至，最後言曰：「三年通喪，先王因人情而節文之。三代以來，未之有改。至於漢儒，乃有金革無避之説。此固已爲先王之罪人矣。然尚有可諉者，則曰：『魯公伯禽有爲爲之也。』今以陛下威靈，邊陲幸無犬吠之警，臣乃欲冒金革之名，以私利禄之實，不亦又爲漢儒之罪人乎？抑陛下之詔臣，則有曰：『義當體國者矣。』其敢噤無一言，以塞明詔哉？」乃手疏別奏，略曰：「天下之事，有其實而不露其形者，無所爲而不成；無其實而先示其形者，無所爲而不敗。今德未加修，賢不得用，賦斂日重，民不聊生，將帥方割士卒以事苞苴，士卒方飢寒窮苦而生怨謗，凡吾所以自治而爲恢復之實者，大抵闊略如此。而乃外招歸正之人，内移禁衛之卒，規筭未立，手足先露，其勢適足以速禍而致寇。臣不知其爲此議者，將何以待之也？且荊襄，四支也；朝廷，腹心元氣也。誠使朝廷施設得宜，元氣充實，則犁庭掃穴，在反掌間耳，何荊襄之足慮？如其不然，則荊襄雖得臣輩百人，悉心經理，顧亦何足恃哉？以今而慮，臣恐恢復之功，未易可圖，而意外立至之憂，將有不可勝言者，惟陛下圖之。」上納其言，爲寢前詔。

八年，免喪，復除湖南，過闕見上，言曰：「人君能得天下之心，然後可以立天下之事。能循天下之理，然後可以得天下之心。然非至誠虚己，兼聽並觀，在我者空洞清明，而無一毫物欲之蔽，亦未有能循天下之理者也。」因引其意以傅時事〔二九〕，言甚切至。上加勞再三。

以皇太子尹臨安府。尋以晁公武爲少尹，李彦穎、劉焞兼判官，陸之望、馬希言爲推官。

秋七月，振湖南、江西饑。中書舍人范成大言：「夫賑濟、賑糶，其要不過兩言，莫不便於聚人，莫良便於散給。所謂聚人者，不過於城邑要鬧去處，置場結甲，日以斗升，俵付游手末作及争先有力之家。至於鄉村歉食、鰥寡孤獨疾病而無告者，或在深山窮谷，不能朝期夕會，雖扶持一來，而久已飢損，類皆僵仆道塗，蓋聚人之害如此。莫若差官吏輦運支散於四遠鄉村窮乏之家，仍不得拘令，就安下處支請。其路遠及無官吏可差，則添選本處寄居士大夫，及土豪上户，領米就支。官吏稍勞，而民霑實惠，所給雖微，而受者均一，賑飢之政，莫便於此。仍須覺察支移妄用之弊，或有違戾，監司、守令皆置于罰。」從之。

冬十月，賑饒州饑。上因覽知州王秬賑濟畫一，曰：「饑歲民多遺棄小兒，已付諸路收養。如錢物不足，可具奏來，於内藏支降。」

蠲淮、浙丁錢、鹽絹。詔免兩淮民户丁錢，兩浙丁鹽絹。上諭輔臣曰：「范成大言：『處州丁錢太重，遂有不舉子之風。』有一家數丁者，當重與減免，卿等更詳議來。」

淳熙三年冬，減徽州税絹額。

尋又蠲旱傷路流移户税。

冬十月，罷紹興府宗正行司。以其事歸大宗正司。本朝宗室皆聚於京師，熙、豐間，始許居于外。崇寧間，始即河南、應天置西、南二敦宗院。靖康之禍，在京宗室無得免者，而睢、雒二都得全。建炎初，將南幸，於是大宗正司移江寧，而西、南外初寓於揚州及鎮江，卒又移於泉、福二州。而居會稽者，乃紹興初以行在未有居第，權分宗室居之。及恩平郡王璩出居會稽，遂以爲判大宗正司〔三〇〕。至是，省之。

十一月〔三一〕，策制科。眉山布衣李垕入第四等〔三二〕，賜制科出身。

十二月，立閤門官輪對法〔三三〕。依文臣館職輪對。

壬辰乾道八年（一一七二）春二月，改僕射官名爲左、右丞相，以虞允文、梁克家爲之。曾懷參知政事，張說、王之奇並簽書樞密院事。懷、之奇仍賜出身。

詔改尚書左右僕射、同中書門下平章事官名。尋詔已正丞相之名，其侍中、中書令、尚書令，尚存虛名，雜壓可删去，以左、右丞相充其位。

張說者，父故省吏也。說以父任爲右職，妻憲聖皇后女弟，由是累遷知閤門事。隆興初，兼樞密副都承旨。乾道初，落副字。七年春，除簽書。左司員外郎張栻侍講席，因諫止之，遂以觀察使陞節度，奉祠。至是，乃復申前命。起居郎莫濟不書録黃，直學士院周必大不草説答詔。於是二人皆與外祠，乃令姚憲權給事中，書讀行下。

趙汝愚時爲著作佐郎，不往見説，率同列並請祠，不報。會其祖母卒，不俟報，即日歸省父，因自劾。上不加罪，就除知信州。

三月，親試舉人。賜黄定以下及第、出身有差，仍賜御書益稷篇。

武舉正奏、絶倫特奏，並依文舉例，唱名日給黄牒，賜及第、出身有差。

夏五月，福建鹽行鈔法。從轉運陳峴之請也。仍支借一十萬貫作本。陳俊卿時帥閩，移書宰執曰：「福建鹽法與淮、浙不同，蓋浙、淮之鹽行八九路、八十餘州，地廣數千里，食之者衆，販之者多〔三四〕，百貨可通，故其利甚博。福建八州，下四州瀕海，已爲出鹽之鄉，惟汀、邵、劍、建四州可售，而地狹人貧，土無重貨，非可以他路比也〔三五〕。且四州每歲舊額，當運鹽千三百萬斤，而實運僅及九百餘萬〔三六〕。蓋食鹽之民有限，其勢不可以復增也。然漕司以此歲得三十餘萬緡〔三七〕，而四州二十餘縣，供給上下百費，皆取於此〔三八〕。二三十年以來，州縣稍無科擾〔三九〕，百姓亦各安便，此則官自鬻鹽〔四〇〕，亦不爲不利矣。今欲改行鈔法，比於他路，且於額外〔四一〕，更責以增鬻取贏，而又陰奪州縣歲計，以充其數，此不可之大者也。或謂官鹽不行，由私販之不禁，今若稍嚴，必倍其利。此知其一，而不知其二者也。福建民貧，上四州尤甚，性復强悍，輕生喜亂，農業之外，多私利販，百十爲群，操持兵仗，官不能禁。託名魚鱐，量收税錢而已。貧民既有此路可以自給，則不至輕於爲非，官司又得此錢〔四二〕，亦足少助經費。今欲改行鈔法，已奪州縣歲計，又欲嚴禁私販，必虧稅務常額。而貧民無業，又將起而爲盜。夫州縣闕用，則必橫斂農民，稅務既虧常額，則必重徵商旅。盜賊既起，則未知所增三十萬緡之入，其足以償調兵之費否也？將來官鈔或滯不行，則必科下州縣，州縣無策，必至抑配民户。本以利民，而反擾之，此恐皆非變法之本意也。欲望朝廷更下有司熟議，或令建議之人一以身任其責，必有以見其決然可行者，然後行之，則庶乎其不誤也。」當時諸公不能用，然鈔法果不行。

立宗室銓試法。

六月，江西水。命振之。

秋七月，罷廬州屯田兵。知廬州趙善俊言：「朝廷頃者修復舊制，分兵屯田，誠爲至計。然屯駐諸軍願耕者不得遣，所遣者不願耕，當遣者僥倖苟免，得遣者驕惰不率，此不可一也。且以廬州合肥一縣言之，五軍七莊共一千五百餘人，正軍歲支錢一十四萬五千四百餘貫（四三），米一萬三千九百餘石，歲下稻麥種僅千石，所收才得五千石之數。共計其所取，第可充兩月請給之費（四四）。一歲計之，尚有十月請給，未免取辦縣官，此不可二也（四五）。朝廷以諸軍兵數不足，多給例物，於所在州軍召募新兵（四六），今於屯田去處，蓄三二千習熟之兵，惰于田野之間，緩急將安用之？此不可三也。臣謂罷屯田則有三利：習熟戰陣之兵（四七），得歸行伍，日從事于教閱，一利也；無張官置吏，坐以縻稍〔四八〕，無買牛散種，以費官物，二利也；屯田之田，悉皆膏腴，牛具屋廬無一不具〔四九〕，以資歸正人，使之安居，三利也。」詔廬州見屯田官兵〔五〇〕，並行廢罷，其田畝、牛具等，令趙善俊盡數拘收，給付歸正人請佃〔五一〕，及募人租種。

降滕瑞官。瑞先知光州，奏云：「恭遇天申聖節〔五二〕，臣自書『聖壽萬歲』四字，約二丈餘，兼造山棚高三丈餘，凡用絹五十疋，褾背投進〔五三〕。」上謂輔臣曰：「滕瑞不修郡政，以此獻諛，候服闋日，特降一官。」

八月，四川水。命振之。

九月，定江西四監鐵錢額。每歲四監共鑄三十萬貫，江州廣寧監、興國軍富民監各一十萬貫，臨江軍豐餘監、撫州裕國監各五萬貫。

命虞允文宣撫四川。授少保、武安軍節度使。仍降度牒三千道及銀、會中半一百萬貫付本司。上用李綱故事，御正衙，親酌巵酒賜之。俾即殿門乘馬，持節而出，都人以爲榮。始期以某日會于河南，既而上密詔師期。允文奏軍須未備，上寖不樂。明年，上遣二介持御札賜之，戒以面付。介至，而允文薨數日矣。其子不敢啓，不知何所言也。

冬十一月，詔鬻官田。除兩淮、京西路不行出賣，應諸路没官田産、屋宇并營田，並措置出賣。以户部左曹郎官主之，諸路委常平司。其錢赴左藏南庫，令置庫眼樁管。

淳熙三年，罷鬻。

申嚴定謚、賜謚法。臣僚言：「在法，光禄大夫、節度使已上，即合定謚，議於太常，覆於考功。苟其人行應謚法，而下無異詞，則以上於朝廷而行焉。紹興間，以守臣捍禦，臨難不屈，死節昭著，而其官品或未該定謚，於是，有特許賜謚旨揮。故以定謚者給敕，而以賜謚者給告。竊推法意〔五四〕，蓋以定謚者，惟其官品之應得，故必太常議之，考功覆之。或過其實，則許駁正，必協於衆論，然後降敕。既不專於褒美，宜無事於書贊也，其公且嚴如是。乃若官品雖未應得謚，而節義在所旌表，既出君上之特恩，斯有綸言之加寵。是定謚、賜謚，給敕、給告，各有攸當，不得以相亂。近來請謚之家，却有官品合該定謚，並緣紹興旨揮，輒經朝廷陳乞賜謚，不議於太常，不覆於考功，獨舍人命詞行下。是太常、考功二職俱廢，而美謚乃可以幸得也。此則法令之相戾者也。大凡命詞給告，皆三省官奉制宣行，列名於其後。今特恩賜謚，禮命優重，冠王言於其首，而宰相、參政、給舍並不入銜，獨吏部長貳、考功郎官於後押字，殊不類告體，甚非所以尊王命、嚴國家也〔五五〕。況舍人掌詞命之官，猶不入銜，而賜謚初不議於考功，乃亦押字，理有未安，此則制度之可疑者也。夫謚者，示國家勸沮之公，繫人臣榮辱之大者。望今後定謚、賜謚，一遵舊典。至於告命之制，亦乞令禮官、詞臣考尋舊章詳議。」續中書後省、禮部、太常寺議上：「今後若有官品合該定謚，即仰其家經朝廷陳乞，下有司遵依定謚條法議謚，給敕施行。如係守臣守禦，臨難不屈，死節昭著，并應得藴德丘園，聲聞顯著，條法指揮陳乞賜謚之人，或奉特旨賜謚者，即依紹興三年指揮，命詞給告施行。」從之。

淳熙三年，詔：「今後法應得謚及特命謚者，並先經有司議定，申中書、門下省，具奏取旨，依舊制更不命詞，止備坐所議給敕，吏部牒本家照會。」

癸巳乾道九年（一一七三）春正月，以王之奇知揚州、淮南安撫使。明年春，言者論：「其好爲大言，備位無補，欲爲脱身之計，遂請分閫之行。淮上荒殘之餘，首建招誘耕鑿荒田，多請錢物、空名綾紙而去。所招之人，間以安包已墾熟田，計爲頃畝以補官者，要功生事，擾動兩淮。」罷之。

之奇罷去，淮南復分爲東、西路。

詔戒監司、守臣。革朋比苟且之弊。

福建鹽復官賣法。中書、門下省言：「福建鹽貨，自來止是州軍分立綱數，自行般運出賣，以辦歲計。近改爲鈔法，聽從客販。訪聞州郡緣住般賣，却致支用不足。竊慮敷擾，以爲民害。」詔：「罷鈔法。諸州軍綱鹽，並依舊分撥官般官賣，所有本司元借本錢一十萬貫，并已賣到鈔面錢一十九萬貫，并續賣鈔面錢，並拘收，赴左藏庫交納。」

淳熙十三年，臣寮言汀州科鹽之害。詔漕臣趙彦操、王師愈同提舉應孟明措置聞奏。彦操等尋奏：「汀州六邑，長汀、清流、寧化則食福鹽，上杭、蓮城、武平則食漳鹽，亦各從其俗耳。夫食鹽者既異，則鈔法難於通行，亦明矣。今欲將舊欠鹽錢，盡與蠲放，及減鹽價。其所蠲舊欠與所減鹽價，本司却多方措置那兑，應補其數。如此，則州縣之力即日可紓，立價即平，買鹽者衆，私販遂息，官賣益行，價雖裁減，用無所虧。是汀州與六邑歲減於民者三萬九千緡有奇，減於官者一萬緡有奇，所補州用，與所放舊欠，又在此外。加以利源不壅，財力自豐，救弊之本，無以尚此。」並從之。

記注許帶修。起居舍人留正言：「所修記注，自紹興十五年以後至目即〔五六〕，多有未修月分，蓋緣史官間有闕員，因循積壓。後來者急於收拾舊事以成書，而當年之史，力未暇及，久之，文字散失，所得踈略，愈見難以修纂。乞令二史將即日承受諸處關牒施行政事，并臣下所得聖語，隨月編纂。仍將紹興十五年以後未修月分，併修一月，並於次月上旬，送付史官〔五七〕，隨具已修月分奏聞。庶幾近事舉無所遺，而舊史得以成書。」從之。

二月，命監司條不便民事〔五八〕。令諸路監司各限十日，條具不便於民事件以聞。所有奏到文狀，詔令左右司看詳。

夏五月壬辰朔，日有食之。

皇太子免尹臨安。

江東西水。洪、吉、饒、信等五郡水災，命振之。

朱熹特改京秩。熹辭免召命，乞奉祠禄。詔：「朱熹安貧樂道，廉退可嘉。可特與改合入官，主管台州崇道觀。」

秋八月，詔興水利。

八年冬，淮東提舉趙伯昌奏：「通、泰、楚州沿海去處，舊有捍海堰一道，東距大海，北接鹽城，計二萬五千六百餘丈，一百四十二里。始自唐黜陟使李承實所建，遮護民田，屏蔽鹽竈，歷時既久，頹圮不存。至本朝天聖改元，范仲淹爲泰州西溪鹽官，方有請於朝，凡調夫四萬八千，用糧三萬六千有畸，而錢不與焉。一月而畢，規模宏遠，高出前古，遂使海潮沮洳舄鹵之地，化爲良田。民得奠居，至今賴之。自後寖失修治，風怒潮盛之時，即有衝決之患。自宣和、紹興以來，屢被其患，每一修築，必至申明朝廷，大興功役，然後可辦〔五九〕。且以小者言之，淳熙元年六月，爲風潮所損者才六千餘丈，而用錢四萬五千餘緡，米六千餘斛。自漕司、鹽司及泰州分認其費，申奏取旨，然後僅能修築。望專委淮東鹽司，今後捍海如遇坍損去處，不以功役大小，則便委官相視計料，隨壞隨葺，勿令寖淫〔六〇〕，以至大有衝決，務要堅固，可以永久。」從之。

十一年夏，知婺州洪邁奏：「本州負郭金華縣，田土多沙，勢不受水，五日不雨，則旱及之，故境内陂湖最當繕治。而本縣丞江士龍，獨能以身任責，深入阡陌，諭使修築。令耕者出力，而田主出穀以食之。凡爲官私塘堰及湖，總之爲八百三十七所，以畝計者，合萬有九千。用民之力二萬七千有奇，田之被澤者二千餘頃。皆因其故跡，葺而深之。於官無所費，於民不告勞。三二十年之中，度亦未至隳廢。使食君之禄者，皆能如是，豈不大有補於王政？而士龍者，上不因官司之督責，下不因邑民之訴請，自以職所當爲，勇於立事，用意如此，誠爲可嘉。乞加奬激，以爲州縣小吏赴功趨事之勸。」從之。

九月，進呈會要、玉牒。中興會要、太上、今上玉牒。

淳熙五年秋，進呈三祖下第六世仙源類譜、仁宗皇帝玉牒。

七年二月，又進仁宗玉牒，慶曆三年至皇祐三年，凡十年。及哲宗玉牒。

振台州饑。

冬十月，梁克家罷。出知建寧府，從所請也。

以曾懷爲右丞相。張説知院，鄭聞參政，沈夏同知〔六一〕，尋復以姚憲爲簽書。

十一月朔，日有食之。

陳升卿賜出身，除監察御史。

戊戌，郊。詔改明年元。初詔改元純熙。尋以取法淳化、雍熙爲義，改元淳熙。

旌節行。漢州什邡縣楊村進士陳敏政家〔六二〕，特賜旌表門閭。自敏政高祖母王氏遺訓，至今五世同居，並以孝友信義著聞。本州以其事來上，故有是命。王氏年十八歸於陳，歲餘夫卒，守志不嫁，在家事舅姑盡孝，教子及孫，皆篤學有聞。節操行義，著於宗族鄉閭，鄉人不敢以其氏呼之，皆呼之曰「堂前」，猶私家呼其母。張商英爲之傳云。

淳熙三年冬，賜蘄州黃梅縣方甫旌表門閭。以三世同居，孝行顯著，本路漕臣以其事來上也。

淳熙六年，旌表潼川府中江縣孝廉里進士楊榆家門閭〔六三〕，以本府上其嫡母賈氏，夫死不嫁，事舅姑以孝聞。舅姑皆年九十餘，無疾而終。賈氏追悼喪葬盡禮，至有芝草生於墓側。楊榆事其母〔六四〕，復能盡孝道。時賈氏年八十四，而康健不衰，皆由楊榆孝感所致也。

十二月，廣西鹽復官賣法。從帥臣范成大之請也。二廣鹽法，自靖康間行官搬官賣法。至紹興八年後，因臣寮言其爲利甚博，遂改行鈔法，節次更廢不一。至乾道六年，逐司互有申陳，遂自八年，詔令兩路通販官鈔九十萬貫，同認歲額。然實於西路歲計不便，遂詔廣西鹽住行鈔法，撥還運司，均與諸州官搬官賣，以充歲計。

淳熙五年，前知雷州李茆奏：「廣西鹽法，見於已行者，曰鈔商興販也，曰官自搬賣也。然二者利害不可不究。且官自搬賣，舊係本路轉運司主其事〔六五〕，行之既便，歲課自充，諸州亦無闕乏之患。爰自紹興八年改行鈔法，轉運司所得僅二分，不能給諸州歲計，至於高折秋苗，民被其害。逐年賣鈔，每料係四十萬貫。自紹興三十一年至乾道三年終，賣鈔所虧之數甚多。陛下灼見其弊，仍舊撥還轉運司，均與諸州官搬官賣，盡罷折米招糴之爲民害者〔六六〕，止令轉運司歲認息錢二十一萬貫。其爲計甚善，要當確守此法，必爲永久之利。若夫鈔法，則臣以爲行之廣西，甚非所宜。廣西鈔商絕少，往往皆在靜江府居，號爲多財者僅十數家。曩時入納，不過此輩，稀疏零落，無怪乎賣鈔之不及額也。如官搬官賣，則諸州利其得三分之息，以裨歲計，其誰不黽勉盡力以辦其事？又且嚴行巡捕，私販無得入境，何患乎發泄不行？如此則鹽課自足，漕計不乏。朝廷有所指準，而遠方州軍亦蒙其利，此最爲法之良者，不可易也。臣又聞漕司十萬倉，常運官十五員，一歲運鹽六千五百籮，十五員總計運鹽九萬七千五百籮，赴十萬倉交納應副。諸州搬賣，除諸州所得三分息錢，約二十四萬五千餘貫外，漕司收七分息錢，約五十七萬二千餘貫，而海外州軍又不在此限，則知漕計固自沛然有餘。但願朝廷戒敕漕臣，執此之法，堅若金石，則其利無窮矣。臣恭聞光堯太上皇帝在御之日，嘗詔諸路提舉鹽事司，不得妄有申請〔六七〕，變更鹽法。乞申嚴行下，勿使朝廷良法爲妄議者紛更，實一路幸甚。」詔令户部將廣西官搬官賣鹽法，申嚴行下，常切遵守。

是歲，黎州蠻犯邊。

甲午淳熙元年（一一七四）春二月，賜安南國名，加封李天祚。交趾來貢，詔賜國名安南，加封南平國王。

三月，省文階左右字。初，祖宗因唐舊，分别流品甚詳，不相混淆，故有出身、無出身、及進士上三名、賢良方正、曾任館閣、省府之類，遷轉皆不同〔六八〕。犯贓及流外納粟，尤不使污士流，蓋不待分左右也。元豐官制行，始一之，然猶有一官而分左右者，徒以少優進士出身而已。至元祐中，遂自金紫光禄大夫至承務郎，皆以有出身、無出身分左右，則稍復祖宗之舊，而不能盡也。至犯贓，則並去左右字，論者尤以爲當。紹聖以後，以其出於元祐，故復去之。紹興初，方務行元祐故事，故左右之制亦復行。至是，有趙善俊者，建言以爲本范純仁偏蔽之論，請復省去。從之。

出爵募民振濟。

夏四月，訓宗室名。宗正寺請翼祖下「廣」字子連「繼」字，太祖下「與」字子連「孟」字，太宗下「必」字子連「良」字，親賢宅「多」字子連「自」字，棣華宅「茂」字子連「中」字，魏王下「時」字子連「若」字。

詔舉制科。詔略曰：「昔我仁祖臨御，親選天下十有五人，崇論宏議，載在方册。慶曆、嘉祐之治，上參唐、虞，下軼商、周，何其盛哉！」

六月，詔議祫饗東嚮之位。吏部侍郎趙粹中言：「謹考前代七廟異宮祫饗〔六九〕，則太祖東嚮，始得一正太祖之尊。儻祫饗又不得東嚮，則開基之祖無時而尊矣。乃者，紹興五年，董弅建議，乞正藝祖東嚮之尊。謂太廟世數已備，而藝祖猶居第四室，乞遵典禮，正廟制，遇祫饗則東嚮。得旨下侍從、臺諫集議。既而王普復有請。當時集議，如孫近、李光、折彦質、劉大中、廖剛、晏敦復、王俣、劉寧止、胡交修、梁汝嘉、張致遠、朱震、任申先、何慤、楊晨、莊必强、李弼直，皆以其議悉合於禮，藝祖東嚮無疑，乞行釐正。時臣叔父涣任將作監丞，因陛對，奏陳甚力，據引詩、禮正文，乞酌漢太公立廟萬年、南頓君立廟章陵故事，别建一廟，安奉僖、順、翼、宣四祖，禘祫烝嘗，並行特祀。而太祖皇帝神主自宜正位東嚮，則受命之主，不屈其尊，遠祖神靈，永有常奉。光堯皇帝深以爲然，即擢董弅爲侍從，叔父涣爲御史。是時，趙霈爲諫議大夫，以議不已出，倡邪説以害正論，然不敢以太祖東嚮爲非，不過謂徽宗在遠，宗廟之事未當專議，以此宣言，脅制議者，而欲祫饗虚東嚮。今若稽之六經典禮、三代之制度，定藝祖爲受命之祖，則三年一祫，當奉藝祖東嚮，始尊開基創業之祖。其太廟常饗，則奉藝祖居第一室，永爲不祧之祖，若漢之高祖。其次奉太宗居第二室，永爲不祧之宗，若周之武王。若僖、順、翼、宣，追崇之祖，一稽典禮，親盡而祧，四祖神主，別議遷祔之所。則臣亦嘗考之，祔於德明興聖之廟，唐制也；立太公、南頓君別廟，漢制也。前日王普既用德明興聖之説，而欲祔於景靈宫天興殿，朱震亦乞藏於夾室。今若酌三代、兩漢別廟之制，取唐陳京之説，或別建一廟，爲四祖之廟，若欲事省而禮簡，或祔天興殿，或秖藏太廟西夾室，每遇祫饗，則四祖就夾室之前，別設一幄，而太祖東嚮，皆不相妨，庶得聖朝廟制盡合典禮。」詔禮部、太常寺討論。

曾懷罷。秋七月，復相。先是，臺臣詹亢宗、李棠論李杓、王宗已〔七〇〕，因中懷，懷遂求退，且乞辨明誣謗。續棘寺根究無實，乃貶責亢宗及棠。而復相懷。續言者又論參政姚憲與亢宗等通謀陷懷，以求傾奪其相位。乃罷憲，尋責南康軍居住。

九月，曾覿開府儀同三司。

幸玉津園宴射。

冬十一月甲申，日有食之。

以龔茂良參知政事。因奏事畢，賜坐。上顧葉衡及茂良曰：「兩參政皆公議所與。」衡等起謝。上從容曰：「自今諸事不可徇私，若鄉曲親戚，且未須援引。朕每存公道，設有未是處，卿等宜力争，君臣之間，不可事形迹。房、杜傳無可書之事，蓋輔贊彌縫，不見于外，所以能然。」衡曰：「臯、夔、稷、契在唐、虞之朝，其見於後世者，都、俞、吁、咈，數語而已。」茂良曰：「大臣以道事君，遇有不可，自當啓沃，豈容使迹見于外？」

曾懷罷。除職奉祠。懷以疾自請也。

以葉衡爲右丞相。

十二月，修吏部七司法。龔茂良言：「官人之道，在朝廷，則當量人才以擢用；在銓部，則宜守成法以差注。蓋法者，一定不易，如規矩權衡，不可私以方圓輕重也。夫法本無弊，而例實敗之。法者，公天下而爲之者也；例則因人而立，以壞天下之公者也。昔者之患，在於用例破法；而比者之患，在於因例立法。今吏部七司法者，自晏敦復裁定，雖其間不無疎略，然已十得八九，有司守之以從事，可以無弊。緣臣僚申明衝改，前後不一，率多出私意，狥人情。在法所不可，則曲爲之説以通之，不問法之當否，惟論例之有無。向者陛下深知其弊，嘗加戒敕，毋得用例破條。然有司巧於傅會，多作條目，於是率修立成法矣。臣謂用例破法者其害淺，因例立法者其害大。蓋法常靳，例常寬，今銓曹所以至於法令繁多，官曹冗濫，舞文四出，可以僥倖者，其弊皆由此也。切謂宜詔有司，講求本末，將新舊法相與參考，舊法非大有所抵捂者，弗可輕去。新立條制，凡涉寬縱〔七一〕，於舊法有違者，一切刊正。庶幾國家成法，簡易明白，可以遵守。賕請之姦絶，冒濫之門塞矣。」從之。

是歲，淮南復分爲東、西路。

乙未淳熙二年（一一七五）春三月，親試舉人。賜詹騤以下及第、出身有差。

尋特御射殿，引正奏、特奏名按射，推賞有差。後遂爲例。

蜀人楊甲對策言：「恢復之志不堅者二事：其一謂，嬪妃滿前，聖意幾於惑溺。其一謂，策士之始，其及兵者不過一言而已，是以談兵革爲諱，論兵革爲迂也。」上覽對不悦，寘之第五。九年春，召對。尋除太學録。復獻書萬言，語益切，大略謂：「人主之職，不過聽言、用人，分别邪正。而近歲以來，權倖用事，其門如市，内批一出，疑謗紛然，謂陛下以左右近習爲腹心，而不專任大臣。以巡邏伺察爲耳目〔七二〕，而不明用臺諫。今中外文武，半爲權門私人，親交死黨，分布要近，良臣吞聲，義士喪氣。願陛下哀之、救之。至於民兵之害，兩淮百姓，如被兵火；舒、蘄鼓鑄，民不堪命。西南諸夷乘間出没，而馬政日急，高直厚幣以驕戎心。臣恐陛下今日所少者，非特馬而已。又有司理財，一切用衰陋褊隘之策，至於賣樓店，括學田，鬻官地，而所在争獻羡餘，此風日熾，恐陛下赤子無寧歲矣。」其末言：「今日之事，欲正其本，則在陛下講學。」

夏四月，降會子，付兩淮總司。 淮東、西兩總領，各乞以金銀換兑會子支遣。上曰：「綱運既以會子中半入納，何故乃爾闕少？」執政奏：「緣朝廷以金銀換收會子〔七三〕，椿管不用，而金銀價直低平。軍人支請折閲，所以思用會子。」上曰：「何幸得會子重，但更思所以闕用之因。」葉衡奏：「户部歲入一千二百萬，其半爲會子，而南庫以金銀換收者四百餘萬，流行於外者纔二百萬，安得不少？」上曰：「此特户部之數，不知兩總領所入納如何？且各以二十萬與之兑換金銀〔七四〕。」及錢良臣申到民間入納闕少會子，并兩淮支换銅錢，已支絶會子，乞再給降。上曰：「會子直如此少？」龔茂良奏：「聞得商旅往來貿易，競用會子，一爲免商税，二爲省脚乘〔七五〕，三爲不復折閲。以此言之，會子可謂通流。」上令從所請。因宣諭曰：「卿等可講究本末，思所以爲善後之計。」

是春，降會子五十萬貫，付兩淮收换銅錢。

五年春，詔以一千萬緡爲一界。尋又詔如川錢引例，兩界相沓行。

五月，燕輔臣。于玉津園之澄碧。上因語及：「自三代而下至于漢、唐〔七六〕，治日常少，亂日常多，何故？」葉衡奏：「正謂聖君不常有，如周八百年，所稱極治者，成、康之世而已，他可知也。」上曰：「朕嘗觀無逸篇，見周公爲成王歷數商、周之君，享國久遠〔七七〕，真後世龜鑑。未嘗不以此爲戒。」衡等同奏：「陛下能以無逸爲龜鑑，真社稷宗廟無窮之福也。」上又論及君臣相遇之難，曰：「如陸贄之於唐德宗，可謂不遇〔七八〕。朕嘗覽其奏議，喜其忠直，次第見於施行。」龔茂良奏：「陸贄不遇德宗，今陛下深喜其書，欲推行之，是亦遇也。」上又汎論用人不可分別黨與，須當盡公。又言：「朝廷之所用，止論其人賢否如何，不可有黨。如唐之牛、李，其黨相攻四十年不解，皆緣主聽不明，所以至此。文宗乃言：『去河北賊易，去朝中朋黨難！』朕常笑之。爲人主者，但公是公非，何緣有黨？」上又曰：「朝廷所行事，或是或非，自有公議。近來士大夫又好唱爲清議之説，此語一出，切恐相師成風，便以趨事赴功者爲猥俗，以矯激沽譽者爲清高，駸駸不已，如東漢激成黨錮之風，殆皆由此，深害治體，豈可不痛爲之戒？卿等可書諸紳。」茂良奏曰：「唐末白馬之禍，害及縉紳，至有清流、濁流之説。然惟大中至正之道，可以常行。」上曰：「朕常日所行，乃執其兩端，用其中於民。」衡等同奏：「舜之所以治天下者，其要在此。」

六月，定補外帶職格。從左司諫湯邦彥之請也。邦彥言：「陛下憂勤萬務，規恢事功。然而國勢未强〔七九〕，兵威未振，民力未裕，財用未豐，其故何耶？由群臣不力故也。望自今而後，中外士夫無功不賞，而以侍從恩數待有功之侍從，以宰執恩數待有功之宰執。任侍從、宰執無功而退者，並以舊官歸班。惟能强國、治兵、裕民、豐財者，則賞隨之，而又視其輕重而爲差等。任侍從而功大，與之宰執恩數可也。任宰執而功小，與之侍從恩數可也。其在外者，雖不曾任侍從、宰執，而其所立之功，可以得侍從或宰相恩數者，亦視其功而與之。則天下之士變求進之心，爲立事之心，而陛下之志遂矣。」帝深然之，遂詔：「自今宰執、侍從除外任者，非有功績，並不除職。在朝久者，特與轉官。其外任人，非有勞效，亦不除授。」於是，曾逮以權工侍出知秀州，不帶職，用新制也。

罷四川宣撫，復制置使。邦彥又論：「四蜀復置宣撫，而以應干舊屬塲務悉還軍中。又除統制司赴宣司審察外，其餘皆俾都統自差，是與其名而奪其實。與其名則前日體貌如故，奪其實則前日事勢不存。以不存之事勢，爲如故之體貌，是必上下交惡，軍帥不睦，不惟無益，而又害之矣。」上亦納其言。於是，召沈夏還朝，而宣撫司遂罷矣。

竄蔣芾、王炎、張説。芾、炎落職，説降觀察使，建昌、袁、撫州居住。以言者論三臣，其始皆言誓死效力，以報君父。及得權位，懷奸失職，深負使令也。

秋七月，彗出西方。

八月，湯邦彦使虜。充申議使，請河南陵寢之地也。

九月，葉衡罷。諫官湯邦彦論：「其奮身寒微，致位通顯，未聞少有裨益，惟務險愎，以爲身謀也。」初，命知建寧府，言者不已，遂罷之。

閏月，振兩淮饑。

嚴因任法。上輸輔臣〔八〇〕，以小臣因任事，曰：「祖宗成法，惟監司及沿邊守臣方許因任〔八一〕。朕不欲以小臣壞祖宗法。國家承平二百餘年，法令明備，講若畫一。儻能守之，自足爲治。蓋天下本無事，庸人擾之爾。」

詔常平司每歲奏所部兇歉。詔：「諸路常平司，每歲秋成，視所部兇歉去處，合賑濟，即約所用及見管米斛，多方措置，於九月初預期條奏。」

冬十一月戊申朔，日南至。加上太上帝、后尊號。光堯壽聖憲天體道性仁誠德經武緯文太上皇帝，壽聖齊明廣慈太上皇后。

申嚴保伍法。知静江府張栻奏：「保伍之設，誠戢盜之良法。國家令甲雖明，而州縣視爲文具，忽不加意。臣以爲鄉落之間，或有盜賊，比至巡尉知而逐捕，則人已受害，盜已遠遁。使保伍之法嚴，則連接上下，無非捕盜之人。盜發即擒，不至聚集滋長。兼配隸逃逸之徒，將無以容迹。然行之貴順民情，孰不欲保其室家，安其生理，要使詳諭此意，相率而爲之，毋得容吏胥並緣爲擾於其間，乃可以濟。」上命申嚴行下。

栻尋又奏：「本路備邊之郡九，而邕管爲最重。邕之所管，輻員數千里，而左、右兩江爲最重。自邕之西北，有牂牁、大理、羅甸、自杞；而西南有白衣、九道、安南諸國，皆其所當備者。然邕之戍兵不滿千人，所恃以爲籬落者，惟左、右兩江溪洞共八十餘處，民兵不下十萬，首領世襲，人自爲戰，如古諸侯民兵之制。其去邕管，近者餘三百里，遠者近千里，所恃以維持撫馭之者，惟提舉盜賊、都巡檢使四人，各以戍兵百餘，爲溪洞綱領，其職任可謂不輕矣。祖宗規畫建置，蓋嘗深入思慮，故能以養兵數百，而獲十萬民兵之用。則此四人者，可不遴選其人，謹護其土，以爲南方久遠之蔽。乞依大觀指揮，許本司奏辟。」從之。

十二月甲午，行上皇慶壽禮。以太上皇帝來年聖壽七十，預於立春日，詣德壽宮行慶壽禮。

大赦。

更定强盜贓法。詔比舊法增一倍定罪。

併左藏南庫、封樁庫。太常少卿兼提領左藏封樁庫顏度言：「今相度欲將南上、下庫及封樁上、下四庫併爲一庫，以左藏南庫、左藏封樁庫爲名，將兩處錢物，乞從朝廷各行就便對兑，並不用上下二字，不須添置官吏，就用各庫官吏合干人等。」從之。遂以左藏南上庫充左藏封樁庫對兑。

時内旨取撥南庫緡錢，色目寖廣。茂良奏：「朝廷所急者財用，數十年來，講究措置，靡有遺餘，而有司乃以窘匱不給爲言。臣所未諭，因取其籍，披尋本末源流，具見積年出入之概。大抵支費日廣，所入不足以當所出之數。紹興十三年，月用不過一百三十萬緡，今乃一百八十八萬緡。至十七年，所積盡絶，每歲告闕不過二百萬緡。至二十四年以後，闕至三百萬緡。而乾道元年、二年，闕六百餘萬緡。爾後，却有增收䅺錢色目，粗可支梧。有司失職，無以爲計，專指南庫兑貸給遣。臣復講求南庫起置之因，其間經常賦入，蓋亦無幾，而屬者支費浩瀚〔八二〕，約計僅可備二三年之用。若繼自今撙節調度，可無倉卒不給之患。」因條具以聞。上感悟。

校勘記

〔一〕而侍郎錢端禮奏予之　「端」，原作一字空格，據皇宋中興兩朝聖政卷四八及宋史全文卷二五上補。

〔二〕諫官尹穡詆中爲張浚黨　「詆」，原作一字空格，據皇宋中興兩朝聖政卷四八及宋史全文卷二五上補。

〔三〕上思中老儒　「老」，原作一字空格，據皇宋中興兩朝聖政卷四八及宋史全文卷二五上補。
〔四〕爲上精言之　「上」，原作一字空格，據皇宋中興兩朝聖政卷四八及宋史全文卷二五上補。
〔五〕固非久安之計　「安」，原作一字空格，據皇宋中興兩朝聖政卷四八及宋史全文卷二五上補。
〔六〕今又廢之　「又」，原作一字空格，據皇宋中興兩朝聖政卷四八及宋史全文卷二五上補。
〔七〕陛下將何以責天下臣子之不盡忠孝於君親哉　「不」，原作一字空格，據晦庵先生朱文公文集卷九一黄公（中）墓誌銘、皇宋中興兩朝聖政卷四八及宋史全文卷二五上補。
〔八〕尋降緡錢三百萬充糴本　「本」原作「木」，據道光抄本、皇宋中興兩朝聖政卷四八及宋史全文卷二五上改。
〔九〕左藏南庫一百六十萬　「庫」原作「莊」，據皇宋中興兩朝聖政卷四八及宋史全文卷二五上改。
〔一〇〕以其事歸轉運司　「轉運司」，皇宋中興兩朝聖政卷四八同，宋會要輯稿職官四一之五六及宋史卷三四孝宗紀二作「發運司」。
〔一一〕臣雖疲駑　「臣」，原作一字空格，據晦庵先生朱文公文集卷九六陳公（俊卿）行狀、皇宋中興兩朝聖政卷四八及宋史全文卷二五上補。
〔一二〕隆虛文以相尚　「文」，皇宋中興兩朝聖政卷四八及宋史全文卷二五上作「名」。
〔一三〕緘音遽至　「緘」原作「緫」，據皇宋中興兩朝聖政卷四八及宋史全文卷二五上改。
〔一四〕即俟刻期之報　「俟」原作「俊」，據皇宋中興兩朝聖政卷四八及宋史全文卷二五上改。

〔一五〕薦布忱誠　「誠」，文忠集卷一四孝宗皇帝撰國書御筆跋作「詞」。

〔一六〕張栻入對　「張栻」原作「張拭」，據續宋中興編年資治通鑑卷九改。下文多處作「張拭」者，不一一出校。

〔一七〕緣户部取於州縣爲經常之用者　「經常之用」，皇宋中興兩朝聖政卷五七及宋史全文卷二六下作「經總制錢」。

〔一八〕合差官令椑别辟　「官」，原作一字空格，據皇宋中興兩朝聖政卷五四補。

〔一九〕尋以王十朋陳良翰爲太子詹事　「太」，原作一字空格，據皇宋中興兩朝聖政卷五〇及宋史全文卷二五下補。

〔二〇〕先是　「是」，原作一字空格，據皇宋中興兩朝聖政卷五〇及宋史全文卷二五下補。

〔二一〕須當多置僚屬　「當」，原作一字空格，據皇宋中興兩朝聖政卷五〇及宋史全文卷二五下補。

〔二二〕見其學問醇正　「正」，原作一字空格，據皇宋中興兩朝聖政卷五五及宋史全文卷二六上補。

〔二三〕興亡之效　「之」，原作一字空格，據皇宋中興兩朝聖政卷五〇及宋史全文卷二五下補。

〔二四〕下斥今日興利擾民之害　「今」，原作一字空格，據皇宋中興兩朝聖政卷五〇及宋史全文卷二五下補。

〔二五〕所以誤國　「所」，原作一字空格，據皇宋中興兩朝聖政卷五〇及宋史全文卷二五下補。

〔二六〕栻夜草手疏　「疏」，原作一字空格，據皇宋中興兩朝聖政卷五〇及宋史全文卷二五下補。

〔二七〕宰相慚憤不堪　「憤」原作「憒」，據皇宋中興兩朝聖政卷五〇及宋史全文卷二五下改。

〔二八〕而上獨不以爲忤　「上」，原作一字空格，據皇宋中興兩朝聖政卷五〇及宋史全文卷二五下補。

〔二九〕因引其意以傳時事　「傳」原作「傳」，據皇宋中興兩朝聖政卷五一、名臣碑傳琬琰集下卷二二及宋史全文卷二五下改。

〔三〇〕遂以爲判大宗正司　「司」原作「寺」，據皇宋中興兩朝聖政卷五〇及宋史全文卷二五下改。

〔三一〕十一月　「一」，原作一字空格，據皇宋中興兩朝聖政卷五〇及宋史全文卷二五下補。

〔三二〕眉山布衣李垕入第四等　「垕」，原作一字空格，據皇宋中興兩朝聖政卷五〇及宋史全文卷二五下補。

〔三三〕立閤門官輪對法　「官」原作「宫」，據皇宋中興兩朝聖政卷五〇及宋史全文卷二五下改。

〔三四〕販之者多　「多」原作「名」，據晦庵先生朱文公文集卷九六陳公（俊卿）行狀改。

〔三五〕非可以他路比也　「他」原作「也」，據道光抄本、皇宋中興兩朝聖政卷五一及宋史全文卷二五下改。

〔三六〕而實運僅及九百餘萬　「及」，原作一字空格，據晦庵先生朱文公文集卷九六陳公（俊卿）行狀補。

〔三七〕然漕司以此歲得三十餘萬緡　「以」，原作一字空格，據晦庵先生朱文公文集卷九六陳公（俊卿）行狀補。

〔三八〕皆取於此　「取」，原作一字空格，據晦庵先生朱文公文集卷九六陳公（俊卿）行狀補。

〔三九〕州縣稍無科擾　「無」原作「有」，據晦庵先生朱文公文集卷九六陳公（俊卿）行狀改。

〔四〇〕此則官自鬻鹽　「官」，原作一字空格，據晦庵先生朱文公文集卷九六陳公（俊卿）行狀補。

〔四一〕且於額外　「外」，原作一字空格，據晦庵先生朱文公文集卷九六陳公（俊卿）行狀補。

〔四二〕官司又得此錢　「官」原作「宮」，據晦庵先生朱文公文集卷九六陳公（俊卿）行狀改。

〔四三〕正軍歲支錢一十四萬五千四百餘貫　「支」，原作一字空格，據宋會要輯稿食貨六三之一五一補。

〔四四〕第可充兩月請給之費　「兩」，原作一字空格，據宋會要輯稿食貨六三之一五一補。

〔四五〕此不可二也　「不」，原作一字空格，據宋會要輯稿食貨六三之一五一補。

〔四六〕於所在州軍召募新兵　「募」，原作一字空格，據宋會要輯稿食貨六三之一五一補。

〔四七〕習熟戰陣之兵　「之」，原作一字空格，據宋會要輯稿食貨六三之一五一補。

〔四八〕坐以縻稍　「稍」，原作一字空格，據宋會要輯稿食貨六三之一五一補。

〔四九〕牛具屋廬無一不具　「屋」，原作一字空格，據宋會要輯稿食貨六三之一五一補。

〔五〇〕詔廬州見屯田官兵　「田」，原作一字空格，據宋會要輯稿食貨六三之一五一補。

〔五一〕給付歸正人請佃　「歸」，原作一字空格，據宋會要輯稿食貨六三之一五一補。

〔五二〕恭遇天申聖節　「聖」，原作一字空格，據皇宋中興兩朝聖政卷五一及宋史全文卷二五下補。

〔五三〕禀背投進　「禀」原作「標」，據皇宋中興兩朝聖政卷五一及宋史全文卷二五下改。

〔五四〕竊推法意　「推」，宋會要輯稿禮五八之九作「惟」。

〔五五〕甚非所以尊王命嚴國家也　「家」，宋會要輯稿禮五八之九至一〇作「制」。

〔五六〕自紹興十五年以後至目即　「目即」，皇宋中興兩朝聖政卷五一同，宋會要輯稿職官二之二一至二二作「即日」。

〔五七〕送付史官　「官」，皇宋中興兩朝聖政卷五二同，宋會要輯稿職官二之二三作「館」。

〔五八〕命監司條不便民事　「不」原脱，據下文、皇宋中興兩朝聖政卷五二及宋史全文卷二五下補。

〔五九〕然後可辨　「辨」原作「辦」，據皇宋中興兩朝聖政卷五九及宋史全文卷二七上改。

〔六〇〕勿令寖淫　「淫」原作「傜」，據皇宋中興兩朝聖政卷五九及宋史全文卷二七上改。

〔六一〕沈夏同知　「沈夏」，南宋館閣録卷八、宋宰輔編年録卷一七及一八同，宋史卷二一三宰輔表四作「沈复」，皇宋中興兩朝聖政卷五二及宋史全文卷二五下作「沈夏卿」。

〔六二〕漢州什邡縣楊村進士陳敏政家　「楊村」原作「揚材」，據皇宋中興兩朝聖政卷五二及宋史全文卷二五下改。

〔六三〕旌表潼川府中江縣孝廉里進士楊榆家門閭　「楊榆」原作「楊揄」，據皇宋中興兩朝聖政卷五七及宋史全文卷二六下改。下同。

〔六四〕楊榆事其母　「楊榆」原作「楊偷」，據道光抄本、皇宋中興兩朝聖政卷五七及宋史全文卷二六下改。

〔六五〕舊係本路轉運司主其事　「主」原作「王」，據皇宋中興兩朝聖政卷五六及宋史全文卷二六下改。

〔六六〕盡罷折米招糴之爲民害者　「米」原作「采」，據皇宋中興兩朝聖政卷五六及宋史全文卷二六下改。

〔六七〕不得妄有申請　「有」原作「存」，據皇宋中興兩朝聖政卷五六及宋史全文卷二六下改。

〔六八〕遷轉皆不同　「同」原作「伺」，據皇宋中興兩朝聖政卷五三及宋史全文卷二六上改。

〔六九〕謹考前代七廟異宫祫饗　「代」原作「伏」，據皇宋中興兩朝聖政卷五三及宋史全文卷二六上改。

〔七〇〕臺臣詹亢宗李棠論李杓王宗已　「詹亢」原作「詹元」，「李杓」原作「季扚」，據皇宋中興兩朝聖政卷五三及宋史全文卷二六上改。

〔七一〕凡涉寬縱　「凡」原作「几」，據皇宋中興兩朝聖政卷五三及歷代名臣奏議卷一四四改。

〔七二〕以巡邏伺察爲耳目　「目」原作「日」，據皇宋中興兩朝聖政卷五九及宋史全文卷二七上改。

〔七三〕緣朝廷以金銀換收會子　「換」原作「摸」，據皇宋中興兩朝聖政卷五四及宋史全文卷二六上改。

〔七四〕且各以二十萬與之兑換金銀　「二十萬」，皇宋中興兩朝聖政卷五四及宋史全文卷二六上作「三十萬」。

〔七五〕二爲省脚乘　「乘」原脱，據皇宋中興兩朝聖政卷五四及宋史全文卷二六上補。

〔七六〕自三代而下至於漢唐　「三」原作「二」，據皇宋中興兩朝聖政卷五四及宋史全文卷二六上改。

〔七七〕享國久遠　「遠」原作「近」，據皇宋中興兩朝聖政卷五四及宋史全文卷二六上改。

〔七八〕可謂不遇　「可謂」，皇宋中興兩朝聖政卷五四作「不謂」，宋史全文卷二六上作「不爲」。

〔七九〕然而國勢未强　「勢」原作「静」，據皇宋中興兩朝聖政卷五四及宋史全文卷二六上改。

〔八〇〕上輪輔臣　「輪」，據上下文意當作「論」。

〔八一〕惟監司及沿邊守臣方許因任　「因」，宋會要輯稿帝系一一之九、皇宋中興兩朝聖政卷五四及宋史全文卷二六上作「再」。

〔八二〕而屬者支費浩瀚　「瀚」原作「澣」，據皇宋中興兩朝聖政卷五四及宋史全文卷二六上改。

中興兩朝編年綱目卷第十七

孝宗皇帝 起丙申淳熙三年，止辛丑淳熙八年。

丙申淳熙三年（一一七六）春三月丙午朔，日有食之。陰雲不見。

進呈上皇日曆。

六年七月，進呈今上會要一百五十卷。

七年冬，進呈四朝國史志。

夏四月，詔舉監司、郡守。令侍從、臺諫、兩省官參照資格，不以内外，雜舉監司、郡守歲各五人。中書省置籍，三省更加考察取旨。

雨雹。

竄葉衡。責居郴州。以其昨任宰輔，不能正身竭誠，日惟沈湎於酒，徇私背公也。

竄湯邦彦。邦彦敢爲大言，虞允文深器之。允文出爲四川宣撫也，辟邦彦以行。允文没〔一〕，邦彦還朝爲右司諫。奉詔充申議使，使虜求陵寢地。上初亦倚之。邦彦至燕，虜人拒不納。既旬餘，乃命引見，夾道皆控弦露刃之士，邦彦大怖，不能措一詞而出。上大怒，詔流新州。上諭輔臣：「虜既不受本朝禮物，邦彦乃受虜中所賜，辭受之際，理亦易曉。乃不顧名節，辱命如此。」邦彦既一斥不復，自是河南之議始息，不復遣泛使矣。

五月，以柴瑾爲殿中侍御史。 瑾入對。上曰：「惟卿不求進，所以有此除。」

六月，減四川虛額錢。 四川制置范成大奏：「四川酒課折估虛額錢四十七萬餘緡，乞自淳熙三年爲始減放。」詔以湖廣總領所上供錢内撥還。

是秋，彭州奏：「奉詔撥上供錢，對減本州三縣酒課額。民間作佛老會以報上恩，乞以功德疏隨會慶節表疏同進。」上弗許。令守臣諭以國家裕民之意，並諭執政曰：「前日蠲減蜀中折估錢，人情懽感已如此。若異時兵革偃息，數十年來額外横賦，盡蠲除之，民間喜可知也。」龔茂良奏：「陛下躬行節儉，視民如傷，所不獲已者，養兵之費，勢未能去爾。」上曰：「自渡江後，所增税賦，比舊如何？」茂良奏：「如茶、鹽、榷酤，皆數倍元額，其最可念者，折帛、月樁等錢，爲江、浙數路之害，陛下念念不忘。若一旦恢復舊疆，則輕徭薄賦，且有日矣。」上曰：「然。」

四年，四川制置使胡元質奏云：「爲蜀民之病者，惟茶、鹽、酒三事爲最。酒課之弊，近已損減。蜀茶祖宗時并許通商。熙寧以後，始從官榷，當時課息，歲不過四十萬。建炎軍興，改法賣引，一歲所收幾二百餘萬〔二〕，比之熙寧已增五倍。紹興十七年，主管茶事官進獻羨餘，增立重額，民益受弊。逮至二十五年，臺諫論列，始蒙蠲減。當時，鄭靄爲都大提舉，奉行不虔，略減都額，而實不與民間盡蠲前官所增逐户納數。又越二十餘年，其間有産去額存者，有實無茶園，止因賣零茶，官司抑令承額而不得脱者。似此之類不一。榷茶成法，雖許推排，盛衰增減，緣立額太重，積年既久，盛少衰多，榷茶司從來施行推排之法，大率不敢重虧元額。逐歲多是預俵茶引於合同官場，逐月督取。張松爲都大提舉日，又計興、洋諸場一歲茶額，直將茶引俵與園户，不問茶園盛衰，不計茶貨有無，止計所俵引數，按月追取息錢。以致茶園百姓愈更窮困。欲行下茶馬司，將無茶之家，並行倚閣。茶少額多之家，即與減額。」得旨，令元質與茶馬司及總領司措置。元質尋與李蘩、吴總共奏，減虚額茶錢，及拘到額外引息錢，與減省馬價虚額對補。且奏云：「其所對補緡錢，上不損國家經常之用，下不妨每歲茶司賣馬之費，使十萬户窮困之民霑被汪藏之澤。」從之。時五年也。

元質又云：「鹽之爲害，尤甚於酒。竊嘗究觀四方産鹽之地，物力不同。東南煮海，人力所及，無非成鹽。若陝西解池，則又不須煎煮，止於池傍，各分畦壠〔三〕，導水入畦，一夕得風，並皆凝結。鹹水在海與在池，既無限量，又省工役，所以其鹽沛然，有利無害。惟蜀之鹽則取之於井，山谷之民，相地鑿井，深至六七十丈，幸而果得鹹泉，然後募工，以石甃砌，大者方五六尺，以牛革爲囊，數十人牽大繩以汲取之。自子至午，則泉脉漸竭，乃縋人於繩。令至六七十丈以下，以手汲取，投之於囊。然後引繩而上。此數十人者，晝夜號呼，推車挽繩，不得停息，然後得水入竈，以柴茅煎煮，乃成鹽。比海及池，工力百倍。又有小井，謂之卓筒，大不過數寸，深亦數十丈。以竹筒設機抽泉，盡日之力，所得無幾。又有鑿地不得鹹泉，或得泉而水味淡薄。煎數斛之水不能得斤兩之鹽。其間或有開鑿既久，井老泉枯，舊額猶在，無由蠲減。或有大井損壞，無力修葺，數十年間，空抱重課。或井筒剥落，土石堙塞，彌旬累月，計不得取。或夏冬漲潦，淡水入井，不可燒煎。或貧乏無力，柴茅不繼，虚失泉利。或假貸資財以爲鹽本，費多利少，官課未償，私債已重。如此之類，不可勝計。以此見鹽之爲害，實甚於酒。逐州體訪利害，固各不同。内簡州一郡，最爲鹽課浩大。臣嘗考其源流本末，則自元豐四年始，納課利爲錢，若絹若銀，以見今時價準之，所納不過一萬二千餘貫。至紹興三年，軍興之後，每歲所納，以見今時價準之，蓋八萬三千餘貫。比之元豐，已增七倍。其後廢罷課利銀絹，改行引法，出貼納土産錢。至紹興五年，共理官錢四十八萬一千餘貫。至紹興十九年，更增引若干錢，共以五十九萬五千餘貫爲額。若以元豐四年祖額較之，計增五十八倍。於是，鹽户不捨晝夜，盡力汲煮，以至井水耗竭，鹽數日減。二十年間，日益虧負。其餘州郡鹽户，窮困可以概見。然而其間所産額重，而上井得以獲息者，亦不可謂無鹽課。在法，三年一次推排，往往州縣不曾奉行。設有奉行去處，往往升降類多不得其實。臣欲擇能吏前往逐州，考覈鹽井的實盈虧之數，先與推排等第，隨其盈虧多寡而增損之。必使上不至於重虧國計，下實可以少紓民力，方可施行。臣竊以蜀去朝廷萬里，險雖天設，以民爲本，以兵爲衛。民資兵以安，兵仰民以給。而民力之困有如是事，若日復一日，坐視其困，而不爲之所，非唯民不能自養，實非所以爲養兵計也。」詔令胡元質與李蘩同共相度措置〔四〕，條具聞奏。元質與制置程价同奏〔五〕：「以諸州所增鹽額補所減之數外，尚餘對減未盡錢引，每年計二十七萬二千五百餘道。總領所措置圓融，抱認錢引十七萬有奇。其餘錢引一十萬道，乞於總領所見今每年椿管、對減酒課用不盡錢内取撥。」得旨令總所契勘，抱認錢於何窠名内取撥？於經常歲計支遣有無妨闕？續申：「上件抱認錢，見今多方措置，撙節浮費，通融應辦，於經常不致妨闕。」詔從其請。仍給黄榜曉諭井户。胡元質續奏：「鹽井重額沉痼百姓垂五六十年矣。號呼籲天，而天不聞。陛下亟出所儲，略無愛嗇，俾不踰時，出窮民於水火之中，誠若有所不及。臣親聞歌頌之聲，目覩和平之象，實千載希闊難逢之嘉會。乞宣付史館。」從之。

元質又奏：「川蜀産茶，自熙寧以後，罷通商之令，從官榷之。所取課息，歲不過四十萬。迨自軍興以來，改法賣引，繼之聚斂之臣，增立重額，産日益去，額日益增，民日益困。係每被旨與茶馬司置局，委官推核增虧之數，計減引息及土産税錢，共十五萬二千有奇貫。係每歲合減之數，奉旨蠲放。遠民交慶，欲乞宣付史館。」從之。

尋又言：「四川産鹽地分，除大寧監依山崖間，鹹泉流出，若小溪澗，稍易分給燒煎外，其他州縣，皆係鹽井，汲取鹹泉煎煮，大段費力。簡州最爲鹽額重大，近蒙蠲減折估錢五萬四千餘緡。但官司一時逐井除減，使實惠未及下户。富厚之家動煎數十井，有每歲減七千緡者。下等之家不過一二十井，貨則無人承當，額徒虚欠，官司督責，不免又於上户假貸，爲燒煎之費，逮至鹽出，復爲上户重息紐折，雖納官，亦無幾，況復可資以贍家乎？望委制置司，再將向來已減之數，重行均減。其上户至多者，每歲不得減過二千貫，其餘類推，均及下户。」

又有言：「祖宗時，四川鹽、酒不過爲錢一百餘萬緡。及軍興，加賦已增至一千一百五十餘萬，其數已十倍於承平時。緣以一方之力，養十萬之兵。蜀地狹隘，田賦至少，所以贍軍，半仰鹽酒課之折估，苟鹽、酒之利不登，則諸軍遂無以爲養。近聞沿邊之人，多自虜境盜販解鹽，私入川界，侵射鹽利。乞禁止之。」

十年，減簡州、渠州、廣安軍酒額錢引二萬二千有奇。

十一年，從制置留正之請，自十二年爲頭，歲減四川酒課凡三十八萬緡，以椿積、度牒，兩色各半，通融支降應副。每年降度牒一百九十道，每道依例一千貫文出賣。

十六年，又對減四川鹽酒額。

以朱熹爲秘書郎，辭不至。初，龔茂良言：「近奉聖旨，欲獎用廉退之士。有朱熹者，操行耿介，屢召不起，宜蒙録用。」上問：「曾爲何官？」李彦穎奏：「聞曾歷州縣官一任，後以密院編修、武學博士召，皆不起。近歲，陛下特與改官，見任宫觀。」上曰：「記得其人屢辭官，此亦人所共知。今可與除一官。」故有是命。熹以改官之命，正以嘉其廉退，顧乃冒進擢之寵，是左右望而罔市利，乃力辭。會有言虚名之士不可用者，以故再辭，即命主管沖祐觀。

贈魏掞之官。上謂執政曰：「有魏掞之，今安在？」龔茂良等奏：「已物故。」上曰：「其人直諫，方欲稍加擢用，不謂已死。朝廷不可無直諒之士，近有鄭鑑，議論亦甚切直，觀其所言，似出於肝膽，非矯僞爲之者。因看鄭鑑劄子，頗思魏掞之。」鑑時爲太學正，遂命召試館職。又曰：「掞之雖死，欲少加旌別，可贈宣教郎、直秘閣。」

秋七月，以鄭鑑爲校書郎。上語執政曰：「鄭鑑所試館職策，議論切直，甚可取。」因問：「今合除何官？」龔茂良等對曰：「前此學官召試，往往止除正字。」上曰：「可除校書郎，賞其盡言。」因曰：「策中所言，或是或非，大率剴切不易。」

詔獎劉珙。 時知建康府。以江東荒歉，珙賑濟有方也。

五年，以屬疾，請奉祠，未報，請致仕。上以珙病，亟遣中使挾侍醫以來，珙知疾不可爲，亟上遺表，首引恭、顯、伾、文，以爲近習用事之戒。且言：「今以腹心耳目寄此曹，故士夫倚之以媒其身，將帥倚之以饑其軍，牧守倚之以賊其民，朝綱以紊，士氣以索，民心以離，咎皆在是。願亟加擯退，以幸天下。」後謚忠肅。珙，韐之孫，子羽之子也。

八月，旌臺臣。 乾道八年春，詔御史臺覺察彈劾事件，既分隸六察，許隨事彈奏。至是，詔：「御史六察，近日糾察，各揚乃職，臺綱益振，可各特遷兩官。」

四年春，閤門舍人應材言〔六〕：「臺諫之官，在於言天下之大利害，不在於捃摭細故，區區止於言人之短長也。大姦大惡，固不可不爲天下國家誅鋤之。若夫有用之才，豈可以細故而輕壞之？苟一陷譏議，遂爲廢人。急緩之際，欲人爲用，無復有矣。非無也，坐言者之累，不能成就之也。程顥爲御史，神宗詔對，問所以爲御史。曰：『使臣拾遺補闕，裨贊朝廷則可。使臣掇臣下短長，以沽直名則不能。』神宗歎賞，以爲得御史體。劉安世作臺諫官，嘗言：『祖宗之時，於人才長養成就之甚勤也。所謂長養成就之者，非如今日學校之類，謂愛惜而保全之耳。』故其在臺諫，未嘗以細故而輕壞人材也。乞降睿旨，刻之御史臺、諫院，永爲臺諫官之戒，則忠厚之俗成，而人材將有不可勝用者矣。」上深然之。

九月，遣官點磨三總所財計。錢良臣以太府少卿爲淮東總領，龔茂良秉政，聞户部歲撥淮東錢六百九十萬緡，而本所歲用六百十五萬緡而已。因奏遣户部員外郎馬大同、著作佐郎何萬、軍器少監耿延年，分往昇、潤、鄂三總司，點磨錢物。會良臣以歲用不足請于朝，茂良奏令所委官一就驅磨，而近習恐賕賂事覺，極力救之，茂良不顧。十二月，萬奏總所侵盜大軍錢糧累數十萬。茂良奏下其事於有司。次日，御批令具析，既又改爲契勘。俄中旨召良臣赴闕，駸駸柄用。其後茂良之貶，良臣與有力焉。延年亦言：「湖廣總所有別庫、別曆，所收已行改正。」故二人並遷官，卒坐茂良黨罷去。大同獨無所舉覺，翺翔朝路累年，然後補外。蓋三總司苞苴賄賂，根株盤結，其來已久，非但一日也〔七〕。

四年，差度支郎周嗣武點磨四川總所。嗣武尋奏：「蜀爲今日根本之地，自屯兵蜀口，五十年間，竭全蜀之力，僅足以供給軍費。目今曆尾，雖管錢引八百萬道，乞存留在蜀，以備非常急闕之需。」從之。

是秋，台、婺等州水。

冬十月，録繫囚。詔久陰，決繫囚。上諭執政曰：「昨日方念此，欲下筆批出，頃刻風起云散，至晚已晴。一念之誠，隨即感格。」執政奏：「陛下每遇雨暘失中，焦勞惻怛，心與天通。宜報應之速如此。乞付史館。」上曰：「朕初不欲言，偶及此，非欲自矜。」詔不許。

立貴妃謝氏爲皇后。上謂執政曰：「后性恭儉，宮中合得恩數，並固辭之。平居常服澣濯之衣。」執政奏：「中宮天資恭儉，誠爲盛德，且有以見陛下齊家之效。」上曰：「家道如此，深以爲喜。」因言：「本朝文物家法遠過漢、唐，但用兵差爲不及。」龔茂良、李彦穎奏曰：「國家自藝祖開基，懲五代之亂，首以文德化天下，列聖相承，深仁厚澤，有以固天下之心。蓋治體似成周，雖若失之弱，然國祚綿遠，亦由於此。漢、唐之亂，或以母后專制，或以權臣擅命，或以諸侯强大、藩鎮跋扈，本朝皆無此等事。可見祖宗家法足以維持萬世。」上曰：「然。大抵治體則不可有所偏，正如四時，春生秋殺，乃可以成歲功。若一於肅殺，則物有受其害者。亦猶治天下者，文武並用，則爲長久之術。」

申嚴踰侈禁。上謂執政曰：「若要革弊，當從宮禁始。」龔茂良奏：「聞之故老言，仁宗嘗以南海没入番商大珠賜温成皇后。后時爲貴妃，以充首飾，戚里靡然效之，京城珠價至數十倍。仁宗聞其事，因禁中内宴，望見貴妃首飾，不復回顧，曰：『滿頭白紛紛，豈無忌諱？』貴妃皇恐易去之。仁宗大喜，命剪牡丹，遍賜妃嬪。不數日，聞京城珠價頓減。」上喜曰：「此事誠當始於宮禁。」

罷鬻官。御筆付三省：「鬻爵，非古制也。夫理財有道，撙節出入足矣。安用輕官爵以益貨財？朕甚不取。自今除歉歲，民願入粟賑飢，有裕於衆，聽取旨補官，其餘一切住罷。」

十一月癸丑，郊。

詔守臣文武通差。御筆詔三省、樞密院：「諸州軍守臣惟才是用，今後不拘遠近州軍，並聽於文武臣内選差。」

十二月，以通鑑紀事賜東宫。乃袁樞所編者。上以賜東宫，令與陸贄奏議熟讀，曰：「治道盡於此矣。」

明年夏，東宫官請：「皇太子近因讀范祖禹唐鑑，見其學問醇正，議論精確，欲遇講日，添讀此書。」從之。

禁監司交遺。因行部受諸郡折送，悉以贓論。

是歲，安南李天祚死。子龍翰嗣。

丁酉淳熙四年（一一七七）春正月，行淳熙曆。秘書省申：「昨爲紀元、統元、乾道三曆，交食不密。得旨，令太史局别造新曆，已行進呈。今來測驗，新曆稍密。」上曰：「自古以來，曆未有不差者。況近世此學不傳，士大夫無習之者，訪求草澤，又難得其人。新曆比舊，所謂彼善於此，不須别命名，只以淳熙爲名。」

明年，曆官推九月庚寅晦。既頒曆矣，而北使來賀生辰者，乃以爲己丑晦，蓋小盡也〔八〕。於是會慶節差一日。接伴檢詳丘崇調護久之，虜人乃肯用正節日上壽。蓋曆官荆大聲妄改甲午年十二月爲大盡，故後天一日也。

令諸州置財用都曆。户部侍郎韓彦古言：「恭覩郊祀赦書有曰：『事天敢以虚文，撫民在乎實惠。』臣謂事天之實，莫若恤民。恤民之實，莫若薄賦。今國家大政，如兩税之入，蓋成周什一之入。然歲月既久，有司取贏日甚，斯民益以無聊。民間合輸一石，不止兩石，納一疋，不止兩疋。今兩税立額，秋苗自正數之外，巧立名色，大率增倍，然則，是欺而取之也。謂宜取州縣大都所入，稍倣唐制，分爲三等，視其用度多寡而爲之制。自上供爲始，上供所餘，則均之留州，留州所餘，則均之送使，送使所餘，則派分遞減，悉蠲於民，朝廷不利其贏焉。然則，自朝廷至於郡縣，取於民者，皆有成數，不可得而容私於其間。然後整齊天下之帳目，外而責在轉運使，内而責在户部，量入以爲出，歲考能否而爲之殿最。州縣不得多取於民，朝廷亦不多取於州縣。上下相恤，有無相通，無廢事，無傷財，貢籍之成，太平之基立矣。」奉御筆：「韓彥古所陳，周知民隱。可擇一才力通敏者，先次施行一郡，俟已就緒，當頒降諸路，倣而行之。」尋詔令吏部郎官薛元鼎前去秀州，依此將錢絹、米斛等數具帳聞奏。其後，元鼎奏：「驅磨本州財賦，惟憑赤曆，而赤曆窠名雜然不一，難以稽考，望委戶部行下本州，將州縣應干倉庫場務，每處止置都曆一道，應有收到錢物，並條具上供，州用實數，各立項目抄轉。仍從戶部每歲委轉運司差官，遇半年一次，索曆檢照，如有虛支妄用，許本司按劾取旨。其它州郡，亦乞依此施行。」從之。

雨雹。

二月幸太學。釋菜于先聖，命國子祭酒林光朝講中庸「爲天下國家有九經」章，賜光朝三品服。

乃命修兩學，仍於西北隅建閣一所，安奉太上皇帝御書石經。以「光堯御書石經之閣」爲名。上親書扁題。

幸武學。著作郎傅伯壽尋上言：「竊見春、秋二學釋奠之際，從祀於文宣王者，皆當時門弟子，或歷代之名儒，固無可議。武成之廟所從祀者，出於唐開元間一時詮次，失於太雜。太祖皇帝嘗見白起之像，惡其詐殺已降，以杖畫而去之。神武不殺之仁，垂訓深矣。太上紹興間，亦以議者之請，黜韓信而陞趙充國，黜李勣而陞李晟。去取之間，皆所以示臣子之大節也。然王翦佐秦騁狙詐之兵〔九〕，蓋無異白起。而彭越之臣節不終，亦同韓信。至於王僧辨，雖能平侯景，然反連和于齊。吴明徹雖能因北齊之亂以取淮南，然敗於吕梁，爲周所俘，不能死節。韋孝寬拒尉遲之義兵，楊素開隋室之禍敗，慕容恪、長孫嵩、慕容紹宗、宇文憲、王猛、斛律光、于謹，或本生夷狄之裔，或屈節僭僞之邦，縱其有功，豈足多録？若夫尹吉甫之伐玁狁，召虎之平淮夷，皆爲有周中興之名將。陳湯之斬單于，傅介子之刺樓蘭，馮奉世之平莎車，班超之定西域，皆爲有漢之雋功。在晉則謝安宴衎以靖胡寇，祖逖擊楫以誓清中原；在唐則王忠嗣之撫衆守邊，張巡之百戰死敵，忠義謀略，卓然冠於一時，而垂於後代，闕而不録，似有所遺。臣竊謂宜並詔有司，討論歷代諸將，爲之去取。然後與本朝名將繪於殿廡，使天下士皆曉然知朝廷激義勇而尚忠烈，雖歷代之遠，猶不忘。且知夫貶夷狄之類者，所以尊中國；黜不終之節者，所以正君臣；去嗜殺之暴者，所以尚仁義。其爲勸沮者大矣！」起居郎錢良臣亦請取建隆、建炎以來功烈顯著者，參陪廟祀。尋召文宣王從祀，罷王雱。武成王廟升李晟於堂上，降李勣於李晟之次，仍以曹彬從祀。

先是，乾道六年，從太學正薛元鼎之請，以南仲配食武成王。

幸秘書省。賜省官燕，上賦七言律詩，坐者皆屬和。

給僧牒，助四川總司。二千道。時多以僧牒賜諸總所，貼助經費，後不盡録。

先是，二月，四川總領所乞降度牒一千五百道，措置備邊。龔茂良奏：「四川逐料降換亡僧度牒。自乾道四年至淳熙元年，降過一萬一千道，不惟走失丁口，爲異時患，官賣不行，必至抑配，與折估之害名異實同。四川歲發湖廣總領所綱運錢一百六十六萬緡，先指揮截留六十萬緡，內以四十七萬緡充折估虛額，餘一十三萬緡見樁留外，一百六萬緡仍發綱運，物價折閲中半。若盡留備邊，別以五十三萬緡充湖廣歲計，與折閲相當，并先樁留一十三萬緡，與宣撫司酒場歲額二十三萬緡，通一歲爲緡錢一百五十萬。以五年計之，爲緡錢七百萬，不須更降度牒，重失丁口。」

先是，內旨取撥南庫緡錢色目寖廣。茂良奏：「朝廷所急者財用。數十年來，講究措置，靡有遺餘。而有司乃以窘匱不給爲言，臣所未喻。因取其籍，披尋本末源流。具見積年出入之概〔一〇〕。大抵支費日廣，所入不足以當所出之數。紹興十三年，月用不過一百三十萬緡，今乃一百八十八萬緡。至十七年，所積盡絶，每歲告闕不過二百萬緡。至二十四年以後，闕至三百萬緡。而乾道元年、二年闕六百餘萬緡。爾後，却有增收䤨錢色目，粗可支吾。有司失職，無以爲計，專指南庫兑貸給遣。臣復講求南庫處置之因，其間經常賦入，蓋亦無幾。而屬者支費浩瀚，約計僅可備二三年之用。若繼自今樽節調度，可無倉卒不給之患。」因條具以聞。

三月，以史浩爲醴泉觀使兼侍讀。

幸玉津園宴射。

夏五月，福州、建、劒水。命振之。

謝廓然賜出身，除殿中侍御史。廓然之命自中出，中書舍人林光朝不肯書黄。光朝尋改權工部侍郎，力求去，除知婺州。

龔茂良罷。出知建康府。以謝廓然論列，而茂良亦自引疾乞罷故也。

立三省、密院奏審法。詔：「自今三省、樞密院進呈文字所得之旨，朝退即具奏審，再承畫降，方可施行。」自是，每奏目，復用黄紙貼云「得旨」云云〔二〕。朝退封入，或有改易，遂爲故事。時言者指龔茂良矯傳敕旨，斷遣曾覿之直省官故也。

是夏，皇太子讀唐鑑。東宫官請：「皇太子近因讀范祖禹唐鑑，見其學問醇正，議論精確，欲遇講日，添讀此書。」從之。

秋七月，嚴蜀茶禁。吏部郎閻蒼舒言：「馬政之弊，不可悉數。今欲大去其弊，獨有貴茶。蓋夷人不可一日無茶以生。祖宗時，一駄茶易一上駟，陝西諸州歲市馬二萬疋，故於名山歲運二萬駄茶。今陝西未歸版圖，西和一郡歲市馬三千疋爾，而併用陝西諸郡二萬駄之茶，其價已十倍。又不足，而以銀、絹、紬及紙幣附益之。其茶既多，則夷人遂賤茶而貴銀、絹、紬，而茶司之權遂行於他司。今宕昌四尺四寸下駟一疋，其價率用十馱茶。若其上駟，則非銀、絹不可得。祖宗時，禁邊地賣茶極嚴，各有立定斤額，今大觀茶法可見。自張松大弛永康茶之禁，歲增至五十萬斤。而邊民並緣私販，不下數百萬。威、茂與洮、疊極近，因此，諸蕃盡食永康細茶，而宕昌之茶賤如泥土〔二〕。且茶愈賤則得馬愈少，猶未足道，而因此利源遂令洮、岷、疊、宕之土蕃，深至吾腹心內郡。永康去成都不百里〔三〕，此路一開，其憂無窮。今後欲必支精好茶，而漸損其數，又嚴入蕃茶之禁。則馬政漸舉，而邊境亦漸安矣。」詔令朱佺嚴行禁止。

立待補太學試法。每正解一名，取待補五名。

竄龔茂良。先是，茂良退朝，開府曾覿當道不避。茂良奏白上前曰：「臣固不足道，所惜者朝廷大體。」上遣中使諭覿詣政府謝，茂良取其直省官撻之。御筆宣問，施行太遽。會柴瑾論奏不行，得旨補外。或指瑾爲茂良同年。未幾，謝廓然除殿中侍御史，中書舍人林光朝繳還詞頭，忤上旨，改除工部侍郎。光朝乃茂良同里，茂良求去益力。六月，內批，除職與郡。令內殿奏事。手疏六事，論恢復之具：曰天意，曰人事，曰財賦，曰將帥，而所以用之者，曰謀，曰時。既退，臣僚論茂良擅權植黨。上親灑宸翰，諭以體貌大臣之意。章再上，落職罷。臣僚復論茂良四罪，言：「茂良行丞相事，首尾三年，臣僚奏對有及邊備利害，必遭譏罵。陛辭之日，方有所論，凡數百言，此可誅一也；陛下孝誠篤至，率群臣同上萬年之觴，與册正中宫，駕幸二學，亦皆斷自聖心，舉行巨典。茂良乃自謂皆出其建明，誕慢如此，可誅二也；以己所言，駕爲天語，以陛下聖訓，掠爲己恩，其可誅三也；具薦察官〔一四〕，則私以妻黨林霆爲首〔一五〕，擬除後省，則特以鄉人林光朝爲言〔一六〕，其可誅四也。」尋責寧遠節副，英州安置。明年，卒于貶所。

九月丁酉朔，日有食之。

閱蹴毬于選德殿。

紹興水。

冬十二月，大閱于茅灘。

戊戌淳熙五年（一一七八）春二月，雨土。

三月，以史浩爲右丞相。

親視舉人。賜姚頴以下及第、出身有差。

先是，侍御史謝廓然言：「近來掌文衡者，主王氏之説，則專尚穿鑿；主程氏之説，則務爲虚誕。夫虚誕之説行，則日入於險怪；穿鑿之説興，則日趨於破碎。今省闈引試，乞詔有司，公心考校，毋得徇私，專尚程、王之末習。」從之。

夏四月，雨土。

置看詳司。詔：「今後差給事中一員立一司，專一看詳天下言利病奏狀，及經朝廷陳乞敷奏者，如有利國便民〔一七〕，雖其言可採，並先參訂祖宗法，委無違戾，方許上籍。一供省覽，一留三省，以備舉行。如涉兵機，即關密院。」

五月，罷創立場務。諸路州縣創立者並罷之。

六月，詔舉御史。詔：「令翰林學士、諫議大夫、給事中、中書舍人各舉堪任監察御史二人，以備擢用。遵用祖宗故事施行。」

閏月，旌死節。强霓、强震並贈觀察使，仍於西和州立廟，賜額旌忠。以知興州吴挺言：「霓守環州，震爲兵官，並死節，不屈於虜也。」

限四川總司錢銀會子額。從總領周嗣武之請也。嗣武因奏言：「蜀中錢引，自天聖間創始，每界初只一百二十五萬餘道。至建炎間，依元符之數，添印至三百七十餘萬道，尚未爲多。目今見行兩界，共四千五百餘萬道，較之天聖之初，何止數十倍？今四川總領所又有別造錢銀會子，接濟民間貿易，比折成貫錢引，自是六十三萬道。若自後不復增添，猶未爲患。儻歲歲添印，一旦價例減落，則於四川錢引所係非輕。乞於今見行數目立爲定額，毋得增添，庶幾流通，不至泛濫。」從之。

錢引每三年爲一界，後每一界至四千六百餘萬。

利州路復分東、西。以吴挺帥西路兼知興州。知興元府程价充東路安撫。

秋八月，嚴折估禁。詔：「應民間兩税，除折帛、折變，自有常制外，當輸本色者，毋以重價强之折錢。有違者，按劾以聞。重寘于法。可令臨安府刻石，徧賜諸路監司、帥臣、郡守。」

九月，幸秘書省。御製詩一首，賜宰臣史浩以下。賜秘書監陳騤、少監鄭丙紫章服。

陳俊卿入對。時曾覿以使相領京祠，王抃知閤門事、樞密都承旨，甘昪爲入内押班，三人相與盤結，士大夫無恥者爭附之。於是，鄭鑑爲館職，袁樞爲宗正簿，因轉對，數爲上言之。明年，陳俊卿判建康，因過闕入對，宣出賜茶，論覿、抃招權納賂，薦進人材，而皆以中批行之，此非宗社之福。且曰：「陛下信任此曹，壞朝廷之紀綱，廢有司之法令，敗天下之風俗，累陛下之聖德。」上感其言，因是稍疏覿。於是覿亦覺爲上所疏，七年〔一八〕，疽發背死。八年，趙汝愚爲吏部侍郎，上章力抵王抃之罪。會抃擅許北使，以起立問起居，上悔悟。汝愚因請對論抃，逐之。抃去，獨有昪在。朱熹嘗因過闕奏事，力爲上言之。上曰：「昪乃德壽所薦，謂有材行。」熹曰：「姦人若無材，何以動人主？」其後上察其姦，竟抵昪罪。

俊卿之在建康也，是時御前多行白劄子，率用左右私人賫送。俊卿因上奏曰：「號令出於人主，行於朝廷，布於中外，古今之所同也。間有軍國幾密文字〔一九〕，或御前批降，則用寶行下，此所以示信防僞也。今乃直以白劄傳旨，處分事宜於數百里之外，則臣不知其可矣。其間亦有初非甚密之事，自可付之省部。今用白劄，雖無甚害，然白劄既信於天下，則他時緩急，或有支降錢物、調發軍馬、處置邊防，干國家大利害事，其間豈能保其無僞？若嚴重知體之人，必須奏審，則往來之間，或失事機。若庸懦無識之人，即便施行，則真僞不分，豈不誤事？況祇稟文字，只付差來人，或令回申元承受處，到之與否，不可得知，此於事體，尤爲非便。」上降手札獎諭，愧謝之言〔二〇〕。

冬十一月，史浩罷。授少傅、保寧節度、醴泉觀使兼侍讀。

錢良臣參知政事〔二一〕。

以趙雄爲右丞相，王淮爲樞密使。

編光堯慈訓。日曆所請書太上皇帝聖訓。皇帝問對玉音，詔以光堯慈訓爲名。

十二月，弛沿江漁禁。知秀州趙彥逾奏：「乞將南康軍諸處漁池爲放生池，不許租與民户。」上曰：「聞沿江之民以漁爲生，今而禁之，恐妨細民。」

己亥淳熙六年（一一七九）春正月，復合同憑由司。太社令葉大廉乞：「詔内侍省，遇有宣索，依舊法給合同憑由二本，一本付傳宣使臣，一本令本省晝時實封〔三〕。差人置曆，付所取庫務官勘驗支供。仍將合同繳奏，降下户部除破。如南庫、封樁庫，各下提領所，其他倉庫，理合一同，所貴杜絶姦弊。」門下後省看詳司言：「欲依所陳，自合遵依祖宗舊制。應在内官司，遇有宣索之物，並先次經由合同憑由司。」上曰：「此良法也，可依。」

免夔路科買金銀。四川制置胡元質、夔路運判韓㬇奏：「夔路之民爲最窮，而諸州科買上供金、銀、絹三色，雖有些小鹽本，數既不敷，州縣實不曾支，民力重困。所有大寧監鹽課委有增羨，臣今與總領所及本路轉運司公共措置，已將鹽課趲剩之錢，買金、銀二色，發納總領所及茶馬司，盡蠲免九州民間歲買金、銀二色之重弊。外有餘剩錢若干，可以盡免今年夔路諸州一年合科民間買絹之數，餘錢又可與民間每歲貼助其費，民力可以少蘇。」上曰：「監司、郡守興利除害，實惠及民，要當如此。」並從之。趙雄奏：「夔路之民最貧。韓㬇爲漕臣，措置此錢，以免科擾，宣力甚多。」上曰：「不可不旌賞。」尋加㬇直秘閣。

雨雹。

二月，嚴失舉罰〔二三〕。參知政事錢良臣奏：「臣昨任淮東總領日，失舉茹驤改官。今以贓敗，法當同坐。」詔：「覽良臣所奏，乃欲以身行法。國有常憲，朕不敢私，勉從所請，可鐫三官。」

幸佑聖觀。皇太子從。召少傅、侍讀史浩，少保曾覿入侍。佑神觀，即上儲宫也。置酒從容。上曰：「元良侍側，保傅從游。太子謙恭仁孝，二臣老成忠賢，朕心甚樂。」顧謂皇太子曰：「近日資治通鑑已熟，别讀何書？」對曰：「經史並讀。」上曰：「先以經爲主，史亦不可廢。」

上又嘗語輔臣曰〔二四〕：「朕於機務之暇，惟好讀書。觀前古之興衰，考當時之得失，善者從之，不善者以爲戒。每見叔世之君，所爲不善，使人汗下，幾代其羞。且如唐季諸君，以破朋黨、去宦官爲難。以朕思之，殊不難也。凡事只舉偏補弊，防微杜漸，銷患於冥冥。若必待顯著，而後治之，則費力矣。」

詔求言。詔：「前宰執及侍從守郡奉祠，悉以己見利便，非時聞達。」又令監司、郡守條上民間利病。

知南康軍朱熹上疏言〔二五〕：「天下之大務，莫大於恤民。恤民之本，又在人君正心術以立紀綱。今日民間特以稅重爲苦，正緣二稅之入，朝廷盡以供軍，而州縣無復贏餘，則不免於二稅之外，別作名色，巧取於民。今民貧賦重，若不討理軍實〔二六〕，去其浮冗，則民力決不可寬。惟有選將吏、覈兵籍，可以節軍費；開廣屯田，可以實軍儲；練習民兵，可以益邊備。今日將率之選，率皆膏粱子弟、厮役凡流，所得差遣，爲費已是不貲。到軍之日，惟望裒斂刻剝，以償債負。總饋餉之任者，亦皆倚負幽陰，交通貨賂。其所驅催，東南數十州之脂膏骨髓，名爲供軍，而輦載以輸權倖之門者，不可以數計。然則欲討軍實，以紓民力，必盡反前之所爲，然後乃可革也〔二七〕。授將印，委利權，一出於朝廷之公議，則可以絶苞苴請託之私，則刻剝之風可革〔二八〕。務求忠勇沉毅、實經行陣之人，則可以革輕授非才之弊。而軍士畏愛，蒐閱以時，竄名冗食者，不得容於其間。又擇老成忠實、通曉兵農之務者，使領屯田之事，付以重權，責其久任，則可以漸省列屯坐食之兵，稍省州郡供軍之數。軍籍既覈，屯田既成，民兵既練，州縣事力既紓，然後可以禁其苛斂，責其寬恤。庶幾窮困之民，得保生業，無復流移漂蕩之患矣〔二九〕。所謂其本在於正心術，以立紀綱者，蓋天下之紀綱不能以自立，必人主之心術公平正大，無偏黨反側之私，然後紀綱有所係而立。君心不能以自正，必親賢臣，遠小人，講明義理之歸，閉塞私邪之路，然後乃可得而正。今宰相、臺省、師傅、賓友、諫諍之臣，皆失其職，而陛下所與親密謀議者，不過一二近習之臣。此一二小臣者，上則蠱惑陛下之心志，使陛下不信先王之大道，而説於功利之卑説；不樂莊士之讜言，而安於私褻之鄙態。下則招集天下士大夫之嗜利無恥者，文武彙分，各入其門，所喜則陰爲引援，擢寘清顯；所惡則密行訾毁，公肆擠排。交通貨賂，則所盜者皆陛下之財；命卿置將，則所竊者皆陛下之柄。陛下所謂宰相、師傅、賓友〔三〇〕、諫諍之臣，或反出入其門墻，承望其風旨；其幸能自立者，亦不過齪齪自守，而未嘗敢一言以斥之；其甚畏公議者，乃略能驚逐其徒黨之一二，既不能深有所傷，而終亦不敢明言，以擣其囊橐窟穴之所在。勢成威立，中外靡然向之，使陛下之號令黜陟，不復出於朝廷，而出於此一二人之門。名爲陛下之獨斷，而實此一二人者陰執其柄。蓋其所壞，非獨壞陛下之紀綱，乃並與陛下所以立紀綱者而壞之，則民又安可得而恤？財又安可得而理？軍政何自而脩？土宇何自而復？宗廟之讎又何時而可雪邪？」

尋除浙西提舉，入對，奏言：「陛下臨御二十年間，水旱盜賊，略無寧歲。意者德之崇未至於天與？業之廣未及於地與？政之大者有未舉，而小者無所繫歟？刑之遠者或不當，而近者或幸免與？君子有未用，而小人有未去與？大臣失其職，而賤者竊其柄與？直諒之言罕聞，而諂諛者衆與？德義之風未著，而贓汙者騁與？貨賂或上流，而恩澤不下究與〔三一〕？責人或已詳，而反躬有未至與？夫必有是數者，然後有以召災而致異〔三二〕。」又言：「陛下即政之初，蓋嘗選建英豪，任以政事。不幸其間不能盡得其人。是以不復廣求賢哲，而姑取軟熟易制之人，以充其位。於是，左右私褻使令之賤，始得以奉燕閑，備驅使，而宰相之權日輕。又慮其勢有所偏□而因以壅己也。則或聽外廷之論，將以陰察此輩之負犯而操切之。陛下既未能循天理、公聖心，以正朝廷之大體，則固已失其本矣。而又欲兼聽士大夫之公言，以爲駕馭之術，則士大夫之進見有時，而近習之從容無間。士大夫之禮貌既莊而難親，其議論又苦而難入；近習便嬖側媚之態，既足以蠱心志，其胥史狡獪之術〔三〕，又足以眩聰明。此其生熟甘苦既有所分，恐陛下未及施其駕馭之術，而先墮其數中矣。是以雖欲微抑此輩，而此輩之勢日重；雖欲兼採公論，而士夫之勢日輕。重者既挾其重，以竊陛下之權，輕者又借力於所重，以爲竊位固寵之計，中外相應，更濟其私。日往月來，浸淫耗蝕，使陛下之德業日隳，紀綱日壞，邪佞充塞，貨賂公行，兵愁民怨，盜賊間作，災異數見，饑饉荐臻。群小相挺，人人皆得滿其所欲，惟有陛下了無所得，而國家顧乃獨受其弊。」

復上宰相書云：「朝廷愛民之心，不如惜費之甚，是以不肯爲極力救民之事。明公愛國之念，不如愛身之切，是以但務爲阿諛順旨之計。然民之與財，孰輕孰重？身之與國，孰大孰小？財散猶可復聚，民心一失，則不可復收；身危猶可復安，國勢一傾，則不可復振。至於民散國危，而措身無所，則其所聚有不爲大盜積者耶？」

三月，振淮東災。高郵軍、通、泰等州，去年以田鼠爲災，田穀絶收，命振之。

雨雹。

詔漕臣舉職。詔略曰：「分道置臺，寄耳目于爾漕臣。職在計度，欲其計一道盈虛，而經度之也。職在按察，欲其釐正素治，毋使至于病民。厥或異此，朕何賴焉？汝等得不視所部爲一家，周知其經費而通融其有無，廉察其能否而裁抑其耗蠹？」令兩浙轉運司刻石，徧賜諸路。

夏五月，郴寇平。上曰：「王佐以帥臣親入賊峒，禽捕誅剿，與向來捕賊不同，書生亦不易得。」趙雄等奏：「陛下必欲旌賞之，宜俟王佐保明立功之人來，先自下推賞，然後及王佐也。」

六月，求四川遺書。以其不經兵火，所藏官書最多也。

七月，沿海制置司參議官王日休進九丘總要三百四十卷。送秘書省看詳，言：「其間郡邑之廢置、地理之遠近、人物所聚、古迹所在、物産所宜，莫不該載詳備，委有可采。」詔特遷一官。

秋九月辛未，大饗明堂，復合祭，奉太祖、太宗配。自乾道以後，議者以德壽宫爲嫌，止行郊禮。至是，用李燾等議，復行明堂之祭，遂合祭，並侑焉。從祀百神，並依南郊禮例。

先是，禮部奏：「前禮部侍郎李燾奏，乞行明堂，並録連典故：一、神宗聖語：熙寧五年，神宗問王安石曰：『宗祀明堂如何？』安石曰：『以古言之，太宗當宗祀，今太祖、太宗共一世，若迭配明堂，亦於事體爲當。』神宗曰：『今明堂乃配英宗如何？』安石曰：『此乃誤引嚴父之道故也。若言宗祀，則自前代已有此禮。』神宗曰：『周公宗祀，乃在成王之世。成王以文王爲祖，則明堂非以考配，明矣。』一、在治平元年，則有知制誥錢公輔及知諫院司馬光、吕誨之議，其議有曰：『先儒謂禘、郊、祖宗，皆祭以配食也。禘，謂祭昊天於圜丘也。祭上帝於南郊，曰郊。祭五帝、五神於明堂，曰祖宗。故詩曰：思文后稷，克配彼天。又我將：祀文王於明堂。此其證也。孝經曰：『嚴父莫大於配天，則周公其人也。』孔子以周公有聖人之德，成太平之業，制禮作樂，而文王適其父也，故引以證聖人之德，莫大於孝。答曾子之問而已，非謂夫凡爲天子，皆當以其父配天，然後爲孝也。近世祀明堂者，皆以其父配五帝，此乃誤認孝經之意，而違先王之禮，不可爲法也。』一、天章閣待制兼侍讀李受、天章閣侍講傅卞言：『臣等竊以爲，嚴父者，非專謂考也。故孝經曰：嚴父莫大於配天，則周公其人也。下乃曰：郊祀后稷，以配天，宗祀文王於明堂，以配上帝。夫所謂天者，謂郊祀配天也。夫所謂帝者，謂五帝之神也。故上云嚴父配天，下乃云郊祀后稷以配天，則父者專謂后稷也。且先儒謂祖爲王父，則知父者，不專謂乎考也。』一、乾道六年，李燾爲秘書少監兼權侍立官〔三四〕，奏：『昊天四祭，在春曰祈穀，在夏曰大雩，在秋曰明堂，在冬曰圜丘〔三五〕。名雖不同，其實一也。太祖嘗行大雩之禮於開寶，太宗再行祈穀之禮於淳化、至道，其禮並如圜丘。獨明堂之禮，皇祐二年，仁宗始創行之，嘉祐、熙寧、元豐、元祐、紹聖、大觀、政和又繼行之。大抵與圜丘皆爲三歲親祠。大禮間舉迭用，維其時物也。太上皇帝建炎二年既祀圜丘，紹興元年即祀明堂，以太祖、太宗並配，天地神祇饗答，福祚綿永。陛下臨御之三年，既親祈穀。七年，又祀圜丘。竊謂明堂之禮，合宜復行，不但可省去南郊繁文浮費，專意事天，而遠稽祖宗故事，近遵太上皇帝慈訓，實爲當務之急。』淳熙三年三月，燾因轉封，又申前請。」是歲，遂詔令禮官、太常寺詳議而舉行之。

輔臣進呈明堂大禮畢，合差奏祥瑞官一員。上曰：「朕以豐年爲上瑞，不必差官奏祥瑞也。」

冬十月，加封李龍翰。加食邑功臣號。

初封制詞，實録不載。

十一月，雨土。

户數。一千二百七萬有奇。

庚子淳熙七年(一一八〇)春二月,頒釋奠儀。

張栻卒。初,栻在朝未期歲〔三六〕,而召對六七。栻所言,大抵皆修身、務學、畏天、恤民、抑僥倖、屏讒諛,故不悦者衆,坐是而出。居三年,上復念栻,除知静江府,增秩再任,凡五年。廣西土曠民貧,常賦不支。曩時,諸州以漕司錢運監鬻之,而以其息什四爲州用,故州粗給而民無加賦。其後,漕司又取其半,州既不能盡運,而漕司又以其歲之常責其虚息,於是官高其估,抑賣於民,而公私兩病矣。栻奏以鹽息什三予諸郡。又因兼攝漕事,出其所積緡錢四十萬而中分之,一爲諸倉煮鹽之本,一爲諸州運鹽之費。所統州二十有五,荒殘多盜。栻乃簡閲州兵,汰冗補闕,籍諸州黥卒伉健者爲效用。悉禁它役,斥漕司鹽本羨錢,以佐諸州兵食之不足者。申嚴保伍之令,而信其賞罰。知流人沙世堅才勇,喻以討賊自效,所捕斬前後以十百數。又奏乞選邕州提舉巡檢官,以撫洞丁。傳令溪洞酋豪,喻以弭怨睦鄰,毋相殺掠,示之恩信,謹其禁防。由是内寧外服,幕府無南鄉之慮。革横山買馬之宿弊,諸蠻感悦,争以其善馬至。改知江陵府,湖北尤多盜,栻入境,首劾罷大吏之縱賊者,捕斬姦民之舍賊者,群盜遁去。又益爲教條,喻其黨與,得相捕告以除罪。郡瀕邊,屯軍主將每與帥守不相下。栻既以禮遇諸將,得其懽心,又加恤士伍,每按親兵,必使與大軍雜試,均犒以相激厲。修義勇法,使從縣道階級。農隙肄武〔三七〕,大閲於府。有言於朝,請盡籍客户爲義勇者。栻慮其擾，亟閱民籍，家三人者，乃籍其一爲義勇副軍，別置總首，人給一弩，俾家習之，三歲一遣官就按，他悉無有所與。辰、沅諸州自政和間，奪民田以募游惰，號萬弩手，栻爲奏去其病民罔上者數條。並淮姦民出塞爲盜，法皆抵死。異時置而弗治，至是，捕到數人，仍有胡奴在黨中。栻曰：「朝廷未能正名討賊，疆埸之事〔三八〕，毋曲在我。」命斬之以徇於境，而縛其亡奴歸之。北人歎其理直，且曰：「南朝有人！」信陽守劉大辨怙勢希賞〔三九〕，廣招流民，而奪見户熟田以與之。請於朝，以熟爲荒，乞授流民。事下本道，施行如章。栻劾大辯詐諼兇虐，所招不滿百數，而虛奏十倍。請論其罪。不報。章累上，大辯易他郡，蓋宰相忌栻者沮之云。栻自以不得其職，數求去。尋以病請祠。病且死，自作遺表來上，略曰：「再世蒙恩，一心報國。大命至此，厥路無由。猶有微誠，不能自已。伏願陛下親君子，遠小人。信任防一己之偏，好惡公天下之理，永清四海，克鞏丕圖。」邸吏以庶僚不得上遺表，却之。上迄不見也。四方賢士大夫往往出涕，而江陵、静江之民皆哭之哀。栻初以父任右承奉郎，平生未嘗乞磨勘。上知之，其在静江，特進二秩爲承事郎。故職雖高，終不得任子云。栻之言曰：「學莫先於義利之辨。義者，本心之所當爲，非有爲而爲也。有爲而爲，則皆人欲，非天理。」此栻講學所得之要也。栻嘗從胡宏講學，宏告以孔門論仁之旨，栻默然若有得者。宏稱之曰：「聖門有人矣！」云云。

三月，詔舉制科。

迎太上帝、后宴大内。上捧觴勸太上，次勸壽聖，皆釂飲。上亦滿引，更相勸酬者再三。上奏太上曰：「苑囿池沼，久已成趣，皆太上皇帝積累之勤。臣蒙成坐享，何德以堪之？」太上曰：「吾兒聖孝〔四〇〕，感通神明，海内無事，垂二十年，安得爲無功？」曾覿□〔四一〕：「父慈子孝，家給人足，可謂太平之盛。」於是覿退而紀實以進，詔宣付史館。

夏五月，頒淳熙新書。先是，進呈敕令所重修淳熙法，御筆圈去户令内收騾、馬、舟舡契書税〔四二〕。上曰：「凡此並令删去。恐後世有筭及舟車之譏。」户令内，户絶之家，許給其家三千貫，如及二萬貫，取旨。上曰：「國家取於民有制，況其家不幸而絶，若立法及二萬貫，則取之。是有心利其財也。」又捕亡令：諸捕盜公人不獲盜，應決而罰金。上曰：「公人捕盜不獲，罰金而不加罪，是使之縱盜與受財矣。」監司、知州無額上供賞〔四三〕。上曰：「祖宗時，取民止於二税而已。今和買、經總及無額上供〔四四〕，既無名額，則是白取之民。且立賞誘之，是使之多取，朕誠不忍。」並令删去。上又曰：「朕不忘恢復者，正欲混一，效唐太宗爲府兵之制。國用既省，則科敷亦悉蠲免，止收兩税，以寬民力爾。」

六月，令試刑法科兼經義。今後試刑法官，第一、第二、第三場試斷案，每場各三道，第四場試經義，大經義一道，小經義二道，第五場試刑統律義五道。

趙彦中請禁洛學。秘書郎趙彦中疏略云：「士風之盛衰，風俗之樞機繫焉。且以科舉之文言之，儒宗文師，成式具在。今乃祖性理之說，以浮言游詞相高。士之信道自守，以六經聖賢爲師可矣。今乃別爲洛學，飾怪驚愚，外假誠敬之名，内濟虚僞之實。士風日弊，人材日偷。望詔執事，使明知聖朝好惡所在，以變士風。」從之。

秋八月，置湖南飛虎軍。帥臣辛棄疾所創也。詔撥隸步軍司，以一千五百人爲額。

旱。

九月，詔常朝宰臣免宣名。上曰：「每日常朝可同後殿之儀，不必稱丞相名。」趙雄辭避。上曰：「記得蘇洵亦常論此，謂名呼而進之〔四五〕，非體貌大臣。丞相不須多辭。」乃詔：「今後垂拱殿日參，宰臣特免宣名。」續又詔：「除朝賀六參並人使在庭依儀〔四六〕，其餘並免宣名。内樞密使日參，如遇押班，亦免宣名。」

振旱災，降會子代納月椿錢。詔印會子百萬緡，均給江、浙，代納旱傷州縣月椿錢〔四七〕。

先是，上諭宰執曰：「近來會子與見錢等。」趙雄等奏：「曩時，會子輕矣。聖慮深遠，不復增印，民間艱得之，自然貴重。又緣金銀有稅，錢費擔擎。民間尤以會子爲便，却重於見錢也。」上曰：「朕若不愛惜會子，散出過多，豈能如今日之重耶？」上嘗問：「月椿起何時？」趙雄等奏：「止緣渡江有此名色。每歲兩浙、江東西、湖南五路共發月椿大軍錢四百四十餘萬貫。紹興九年，朝廷以漕司均拋，輕重不等，遂令逐路以州縣大小、所入財賦多寡，重別均定。仍據各收窠名，先收月椿錢足，方許應副其他窠名支使。」

是歲，二浙、江東西〔四八〕、湖北、淮西傷旱，檢放并賑濟，計之合二百萬緡斛。

冬十二月，黎州五部蠻犯邊。

辛丑淳熙八年（一一八一）春正月，令內侍不得兼兵職。上諭宰執曰：「德壽宮提舉陳源帶浙西副總官，趙汝愚論駁，謂內侍不當干軍政〔四九〕。其言有理，且不沽激，又可防微杜漸。進呈太上，亦以爲然。今後似此差遣，並改內祠。」遂詔：「自今內侍不得兼兵職，樞密院遵守，永爲定製。」汝愚時爲給事中。

張說在西府，託言邊機軍政不宜泄於外，由是，密院事關送銀臺司者百無一二。汝愚上疏論：「東、西二府，皆朝廷治亂所關，今中書庶務，無一事不過東省，何獨密院不然？」凡四上疏論之。尋遷吏部侍郎，猶面陳之不已。上感悟，遂如舊。

三月，親試舉人。賜黃由等及第、出身有差。

減房僦。應臨安府及諸路官私房僦不限貫百〔五〇〕，十分減三。

閏月，立臧否郡守法。令諸路監司、帥臣，每歲終，分所部郡守爲三等：治效顯著爲臧，貪利庸繆爲否〔五一〕，無功無過者爲平。考察來上。仍著事實，如不公，御史臺彈劾。

十二年六月，輔臣進呈：「諸路帥臣、監司每遇歲終，各以所部郡守考察臧否來上。浙東最近，去年分至今尚未奏。」上曰：「近來廢弛事多〔五二〕，須當懲戒。」於是，降帥臣鄭丙、提舉勾昌泰官。

夏五月，燕講筵官。以讀真宗正說終篇〔五三〕，賜宰執、侍讀、侍講、說書、修注官，宴于秘書省。

侍讀史浩言：「七年夏五月，經筵進讀三朝寶訓徽章，有旨讀真宗正說，以九月講至今年四月終篇。自昔人主臨御日久，非内惑聲色，則外事遊畋，其蔽則至於溺浮屠、求神仙。今陛下爰自即位，迨今二十年。方且孳孳典訓，愈久愈厲。歲時甫浹，篇帙再周，誠經席之所未見也。乞宣付史館。」從之。

前月，詔講筵記注官侍立，並以所聞，退書其實。

六月，紹興府、徽、嚴州水。命振之。

嚴納租增羨罰。知處州李士龍納租多取加耗，詔降一官。元數止一萬四千有奇，斛面出剩二萬三千餘，罰受納官趙汝楫，追兩官，勒停。

秋七月，定上雨水限。諸縣五日一申州，州十日一申帥臣、監司，類聚，候有旨揮，即便聞奏。

録范質後。

呂祖謙卒。祖謙五年冬自著作郎兼權禮部郎官，以疾奉祠。至是，終于家。嘉定八年，婺州守臣請于朝曰：「伏見故朝請郎、直秘閣呂祖謙稟資特異，聞道甚早。其學本於累世家庭之所傳，博諸四方師友之所講，參貫融液，無所偏滯。本朝儒學，伊、洛爲盛，實繼孔、孟不傳之緒。南渡以後，儒先彫落。至乾道、淳熙間，祖謙與張栻、朱熹更唱迭和，其道復大彰明，天下之士翕然歸之。祖謙六世祖夷簡、五世祖公著，皆以勳德著聞。四世祖希哲，首從程頤游，復以儒學名世，淵源所漸，尤爲深遠。自張栻、朱熹在時，及一時名臣，皆見推重。孝宗皇帝嘗令編次文鑑一書，稱其用意有補治道，浸嚮於用。不幸屬疾，以至淪没。其任重道遠之意，不過私淑其徒。開物成務之學，僅能達之於家。故有識之士，咸歎恨之。然至今學者，知鄉正學而尊前輩，則其訓迪之餘功、薰染之遺澤也。平生著書至多，皆以繼絶表微，扶正息邪。晚年所輯大事記，雖未及就，其經世之意，亦可概見。其他所著經説，海内往往家傳人誦，與伊、洛之書並行。況朱熹、張栻既皆有錫謚之命。乞下太常錫之嘉名，于以起人心，維持風俗。」奉旨特與賜謚，太常定謚曰成。

八月，趙雄罷。出知瀘州。時有言雄多私里黨者〔五四〕，於是命大臣進擬，皆於姓名下注本貫封入，遂爲故事。

以王淮爲右丞相。

九月，江、浙、湖北旱，出爵募民振濟。

冬十月，謹出命經三省法。虜使入，至赤岸，兵官王康成行馬不下。王佐奏。上諭執政曰：「朕不欲徑批出，今付出，康成可罷。蓋出命，須經三省，方合事體。記得向來周必大曾有此請，遇事每不忘。」

頒忠義傳。國子監簿喻良能所進也。起於戰國王蠋，終於五代孫晟。上下一千一百年，所取者一百九十人，凡二十卷。乞頒之武學，授之將帥。上曰：「忠臣義士不顧一身，誠可以表勵風俗。」

罷雪宴。年例賀雪即賜宴，以連歲荒歉艱食，詔權罷。

十一月，詔諸路振饑。

朱熹入對。新除浙東提舉，奏論浙東救荒事。上曰：「連年饑歉，朕甚以爲憂。」上又曰：「州縣檢放，多是不實。」時熹乞勸諭推賞。上曰：「至此却愛惜名器不得。」又乞撥賜米斛。上曰：「朕於此並無所惜。」又乞預放來年身丁錢。上曰：「朕方欲如此措置，寬恤數事。」熹又奏星變事。上曰：「朕恐懼，未嘗一日忘。」上又曰：「朕未嘗一日不三省吾身。」熹續又奏：「自今水旱，約及三分已上，即乞並第四等户〔五五〕，依此施行。」又奏：「乞推行建寧府崇安縣社倉法於諸路州軍。」

復白鹿書院。從知南康軍朱熹之奏也。

洞本唐朝李賓客渤舊居，有臺榭，環以流水，雜植花木，爲一時之勝。南唐昇元中，因建學館，買田以給諸生，學者大集。乃以國子監九經李善道爲洞主，掌其教授。本朝太平興國二年，賜以印本九經。七年〔五六〕，又官其洞主明起。是年，始置南康軍。遂屬郡境。至祥符初，直史館孫冕請以爲歸老之地。及卒，葬焉。其子比部郎中環復置學館十間〔五七〕。牓曰「白鹿洞之書堂」，以教子弟。四方之士願就學者，亦給其食。當塗郭祥正實爲之記。後經兵亂，屋宇不存，至是復之〔五八〕。

十一月，雨雹。

校勘記

〔一〕允文没　「没」原作「役」，據皇宋中興兩朝聖政卷五四及宋史全文卷二六上改。

〔二〕一歲所收幾二百餘萬　「所」原作「拆」，據宋會要輯稿食貨三一之二五改。

〔三〕各分畦壠　「壠」原作「㔔」，據道光抄本改。

〔四〕詔令胡元質與李蘩同共相度措置　「李蘩」原作「孛蘩」，據上文及宋史全文卷二六上改。

〔五〕元質與制置程价同奏　「程价」原作「吴玠」，據宋史卷一八三食貨志下五及宋會要輯稿食貨二八之八至九改。

〔六〕閤門舍人應材言　「應材」原作「應林」，據皇宋中興兩朝聖政卷五五及宋史全文卷二六上改。

〔七〕非但一日也　「非」原作「罪」，據建炎以來朝野雜記乙集卷一六龔實之點磨三總所錢物、皇宋中興兩朝聖政卷五四及宋史全文卷二六上改。

〔八〕蓋小盡也　「蓋」，宋史全文卷二六下同，建炎以來朝野雜記乙集卷五總論應天至統天十四曆作「實」。

〔九〕然王蒻佐秦駔狙詐之兵　「王蒻」原作「王剪」，據皇宋中興兩朝聖政卷五五及宋史全文卷二六上改。

〔一〇〕具見積年出入之概　「具」原作「其」，據皇宋中興兩朝聖政卷五四及宋史全文卷二六上改。

〔一一〕復用黄紙貼云得旨云云　「復」，文忠集卷一八一三省密院覆奏朝殿所得旨作「後」。

〔一二〕而宕昌之茶賤如泥土　「宕昌」原作「岩昌」，據上下文改。

〔一三〕永康去成都不百里　「永康」原作「求康」，據上文及道光抄本改。

〔一四〕具薦察官　「具」，皇宋中興兩朝聖政卷五五同，宋史全文卷二六上作「其」。

〔一五〕則私以妻黨林霆爲首　「林霆」，皇宋中興兩朝聖政卷五五及宋史全文卷二六上作「林慮」。

〔一六〕則特以鄉人林光朝爲言　「言」，皇宋中興兩朝聖政卷五五同，宋史全文卷二六上作「首」。

〔一七〕如有利國便民　「便民」下，皇宋中興兩朝聖政卷五六及宋史全文卷二六下有「事」字。

〔一八〕七年　「七」原作「十」，據皇宋中興兩朝聖政卷五六、宋史全文卷二六下及宋史卷四七〇曾覿傳改。

〔一九〕間有軍國幾密文字　「間」原作「門」，據晦庵先生朱文公文集卷九六陳公（俊卿）行狀、皇宋中興兩朝聖政卷五六及宋史全文卷二六下改。

〔二〇〕愧謝之言　「言」，皇宋中興兩朝聖政卷五六及宋史全文卷二六下同，晦庵先生朱文公文集卷九六陳公（俊卿）行狀作「意」。

〔二一〕錢良臣參知政事　案此條記事，皇宋中興兩朝聖政卷五六及宋史全文卷二六下置於「以趙雄爲右丞相」後，當是。

〔二二〕一本令本省畫時實封　「畫」原作「晝」，據宋會要輯稿職官三六之三一、皇宋中興兩朝聖政卷五七及宋史全文卷二六下改。

〔二三〕二月嚴失舉罰　「二月」原脱，據皇宋中興兩朝聖政卷五七及宋史全文卷二六下補。

〔二四〕上又嘗語輔臣曰　案此段話，皇宋中興兩朝聖政卷五七及宋史全文卷二六下均繫於本年十二月。

〔二五〕知南康軍朱熹上疏言　案此段上疏，皇宋中興兩朝聖政卷五八及宋史全文卷二六下均繫於淳熙七年四月。

〔二六〕若不討理軍實　「討」，晦庵先生朱文公文集卷一一庚子應詔封事作「計」。下同。

〔二七〕然後乃可革也　「革」，晦庵先生朱文公文集卷一一庚子應詔封事作「冀」。

〔二八〕則刻剥之風可革　「則」原作「不」，據晦庵先生朱文公文集卷一一庚子應詔封事改。

〔二九〕無復流移漂蕩之患矣　「患」，皇宋中興兩朝聖政卷五八及宋史全文卷二六下同，晦庵先生朱文公文集卷一一庚子應詔封事作「意」。

〔三〇〕賓友　「友」原作「支」，據晦庵先生朱文公文集卷一一庚子應詔封事、皇宋中興兩朝聖政卷五八及宋史全文卷二六下改。

〔三一〕而恩澤不下究與　「恩」原作「因」，據晦庵先生朱文公文集卷一三辛丑延和奏劄一、皇宋中興兩朝聖政卷五九及宋史全文卷二七上改。

〔三二〕然後有以召災而致異　「有」，晦庵先生朱文公文集卷一三辛丑延和奏劄一、勉齋集卷三四朱先生行狀及歷代名臣奏議卷三〇七作「足」。

〔三三〕其胥史狡獪之術　「史」，勉齋集卷三四朱先生（熹）行狀及宋史全文卷二七上作「吏」。

〔三四〕李燾爲秘書少監兼權侍立官「官」，原作一字空格，據皇宋中興兩朝聖政卷五七及宋史全文卷二六下補。

〔三五〕在冬曰圜丘「曰」，原作一字空格，據皇宋中興兩朝聖政卷五七及宋史全文卷二六下補。

〔三六〕栻在朝未期歲「栻」原作「拭」，據皇宋中興兩朝聖政卷五八及宋史全文卷二六下改。下同。

〔三七〕農隙隸武「隸」，皇宋中興兩朝聖政卷五八及宋史全文卷二六下作「講」。

〔三八〕疆埸之事「疆埸」原作「疆場」，據皇宋中興兩朝聖政卷五八及宋史全文卷二六下改。

〔三九〕信陽守劉大辨怙勢希賞「劉大辨」，皇宋中興兩朝聖政卷五八及宋史全文卷二六下同，晦庵先生朱文公文集卷八九張公（栻）神道碑及宋史卷四二九張栻傳作「劉大辯」。

〔四〇〕吾兒聖孝「吾」，原作一字空格，據文忠集卷一八一記恭請聖語、皇宋中興兩朝聖政卷五八及宋史全文卷二六下補。

〔四一〕曾覿□文忠集卷一八一記恭請聖語缺字作「奏云」。

〔四二〕御筆圈去户令内收騾馬舟舡契書税「去」，宋會要輯稿帝系一一之一三及宋史全文卷二六下作「記」。「騾馬」，宋史卷二〇〇刑法志二同，宋會要輯稿帝系一一之一三及宋史全文卷二六下作「驢馳馬」。

〔四三〕監司知州無額上供賞「州」，皇宋中興兩朝聖政卷五七及宋史全文卷二六下作「通」。

〔四四〕今和買經總及無額上供「上供」，皇宋中興兩朝聖政卷五七及宋史全文卷二六下作「上供錢」。

〔四五〕謂名呼而進之 「進之」，宋會要輯稿禮三五九之九、皇宋中興兩朝聖政卷五八及宋史全文卷二一六下作「進退之」。

〔四六〕除朝賀六參並人使在庭依儀 「人」原作「令」，據道光抄本、宋會要輯稿禮五九之九及皇宋中興兩朝聖政卷五八改。

〔四七〕代納旱傷州縣月椿錢 「旱」，原作一字空格，據皇宋中興兩朝聖政卷五八及宋史全文卷二一六下補。

〔四八〕二浙江東西 「東」原作「東」，據道光抄本、皇宋中興兩朝聖政卷五八及宋史全文卷二一六下改。

〔四九〕謂内侍不當干軍政 「干」原作「于」，據宋史卷四六九陳源傳、皇宋中興兩朝聖政卷五九及宋史全文卷二二七上改。

〔五〇〕應臨安府及諸路官私房僦不限貫百 「官」原作「宫」，據皇宋中興兩朝聖政卷五九及宋史全文卷二二七上改。

〔五一〕貪利庸繆爲否 「貪利」，文獻通考卷三九選舉考一二、皇宋中興兩朝聖政卷五九及宋史全文卷二二七上作「貪刻」。

〔五二〕近來廢弛事多 「事」，原作一字空格，據皇宋中興兩朝聖政卷六二及宋史全文卷二二七下補。

〔五三〕以讀真宗正説終篇 「宗」，原作一字空格，據皇宋中興兩朝聖政卷五九及宋史全文卷二二七上補。

〔五四〕時有言雄多私里黨者 「有」，原作一字空格，據皇宋中興兩朝聖政卷五九及宋史全文卷二二七上補。

〔五五〕即乞並第四等户 「户」原作「尸」，據皇宋中興兩朝聖政卷五九及宋史全文卷二二七上改。

〔五六〕七年　續資治通鑑長編卷二一一作「五年」。

〔五七〕其子比部郎中環復置學館十間　「環」，晦庵先生朱文公文集卷九九白鹿洞牒作「琛」。

〔五八〕至是復之　「復」，原作一字空格，據皇宋中興兩朝聖政卷五九及宋史全文卷二七上補。

中興兩朝編年綱目卷第十八

孝宗皇帝　起壬寅淳熙九年，止己酉淳熙十六年。

壬寅淳熙九年（一一八二）**春正月，振兩浙饑。**是夏，振饒州饑。

嚴失入法。初，池州汪青坐盜發遞角誅。後他卒事覺，知非青罪。詔失入官吏趙粹中落職〔一〕，餘責罰有差。青家支給五年〔二〕。王淮奏：「陛下念一夫之冤，存恤其家，恩及幽明矣。」

詔勸民種春麥。内出正月所種春麥，並秀實堅好，與八九月所種無異。詔降付兩浙、淮南、江東西漕臣，勸民布種。

夏六月，詔舉監司。詔侍從、臺諫舉官堪充監司者各一二名。

秋八月，限蔭補額。詔：「任子以品秩之崇庳，立爲定數。宰相十人，開府以上同；執政八人，太尉同；侍從六人，觀察使至節度、侍御史同；中散大夫至中大夫四人，右武大夫至通侍大夫同〔三〕；帶職朝奉郎至朝議大夫三人，職事官寺長貳〔四〕、監長至左右司諫、開封少尹釐務及一年〔五〕，須官至朝奉郎，并朝奉郎元帶職人，因除在京職事官而寄職者同，武翼大夫至武功大夫同。非侍從官無遺表外，見行條格致仕、遺表，通減三分之一，餘分不減。」紹興初，中書舍人趙思誠上任子限員之議。詔從官討論。至是，始用廷臣集議行之。

慶元格：「使相以上十人，執政官、太尉八人，文臣太中大夫以上及侍御史，武臣節度、承宣、觀察使六人，文臣中散大夫以上、武臣防、團、刺史及橫行四人，文臣帶職朝郎以上、武臣正使三人。致仕遺表，前宰相、見任三少、使相八人，曾任三少、使相七人，曾任執政官六人，太中大夫以上二人；武臣使相以上八人，節度六人，承宣五人，觀察四人。文臣中大夫、武臣防禦使以下，並不得推遺表恩。」

開禧末，詔致仕遺表恩，在限員之外。若非泛恩澤，則不許云〔六〕。

淮東蝗。

九月，以王淮、梁克家爲左、右丞相。

辛巳，大饗明堂。先是，詔少師史浩、少保陳俊卿赴闕陪祠，並辭不至。

冬十一月，夔州路饑。

癸卯淳熙十年（一一八三）春正月，詔權住招軍。上曰：「養兵費財，國用十分，幾八分養兵。」周必大奏：「尚不止八分。」上曰：「今民間未裕，江東、浙西路州軍寄招鎮江諸軍及武鋒軍歲額人數，可權免三年。所有諸州未足之數，特與蠲免。」

以黄洽爲御史中丞。自乾道五年之後，不除中執法者十四年。

洽嘗奏云：「因言固可以知人，輕聽亦至於失人。是故聽言不厭其廣，廣則庶幾其無壅；擇言不厭其審，審則庶幾其無誤。」上深然之。

三月，詔舉制科。

夏六月，兩浙水。命振之。

陳賈請禁僞學。監察御史陳賈奏，略曰：「臣竊謂天下之士〔七〕，所學於聖人之道者，未始不同。既同矣，而謂己之學獨異於人〔八〕，是必假其名以濟其僞者也。邪正之辯，誠與僞而已。表裏相副，是之謂誠；言行相違，是之謂僞。臣伏見近世士夫有所謂道學者，其說以謹獨爲能，以踐履爲高，以正心誠意、克己復禮爲事，若此之類，皆學者所共學也，而其徒乃謂己獨能之。夷攷其所爲，則又大不然，不幾於假其名以濟其僞者耶。臣願陛下明詔中外，痛革此習，每於聽納除授之間，考察其人，擯棄勿用，以示好惡之所在。庶幾多士靡然向風，言行表裏，一出於正，無或肆爲詭異，以干治體，實宗社無疆之福。」從之。

廢昭州金坑。廣西運司申：「昭州金坑五處，遞年所入不多。若行廢罷，以裕民間，甚便。本部欲行契勘。」上曰：「不必契勘，便行廢罷。」

詔舉廉吏。詔：「監司、帥臣每歲於部内舉廉吏一二人，具實迹來上，中書籍記，以備選擇，如無聽闕。」

詔經理屯田。建康府御前諸軍都統制司奏：「近準御筆措置屯田，契勘淮西荒閑田土，如昨來和州興置屯田五百餘所〔九〕，廬州管下亦有三十六圍，皆瀕江臨湖，號稱沃壤。自後廢罷，撥還逐州，召人請佃，尋許承買，今多爲良田。自餘荒地，亦有豪强之户冒耕包占。」詔令淮西帥、漕司，同共取見係官田畝實數聞奏。都統郭剛尋奏：「相視得和州歷陽縣荒圩五百餘頃，可以開耕，每田一頃，三人分耕，合用官兵一千五百人。」建康留守錢良臣亦奏：「上元縣荒圩并寨地五百餘頃〔一〇〕，不礙民間泄水，可以修築開耕。」江鄂都統郭杲亦奏〔一一〕：「襄陽宜城縣見有荒、熟田七百五十頃。乞降錢三萬貫，收買耕牛、農具之屬。」

詔戒贓吏。自今後命官犯自盗枉法贓，罪抵死者，籍没家財，取旨決配。並依隆興二年九月已降詔書施行，必無容貸。

十三年冬，仁和知縣陳德明坐贓汙不法，免真決，刺面，配信州。其元舉主葉翥、齊慶胄、郭椿各降三官云〔一二〕。

秋七月，廣西鹽復鈔法。先是，詔自七月一日爲始，罷官般官賣，依舊通行客鈔。是春，下詔戒監司、守令，勿以浮言撓壞鈔法。詔略曰：「鹽者，民資以食。向也，官利其贏而自鬻，久爲□□〔一三〕。朕既遣使詢之，得其利害以歸，復謀諸在廷，僉言惟允，始爲之更令〔一四〕，許通商販，而杜官鬻，民固以爲利矣。然利於民者，官不便焉，何者？鹽之息厚，凡官與吏之所爲妄費，以濟其私者，異時一出於此，一旦絶之，無所牟取，必胥動以浮言，將毀我裕民之政。且朕知恤民而已，浮言奚恤？矧置監司、守令，皆以爲民。朕有美意，弗推而廣之，顧撓而壞之，可乎？七月一日爲始，罷官般官賣，通行客鈔法。」

廣西運判王正已奏云：「陛下加惠遠方，恐官賣科擾，民無所告，復行客鈔，以救其弊，德至渥也。陛下本以寬裕遠民，而今來兩路通行，却成發泄東鈔。借使兩路分畫界分，西路漕計不虧，諸郡可以支梧，亭户不致貧乏，豈非陛下之本意？顧開闕乏之端〔一五〕，有如二十餘州，上下煎熬，儻有申請，朝廷豈能坐視？必須應副，則東路雖有贏餘，亦是朝三暮四，恐徒紛擾。」又云：「頃年，章潭爲廣東提舉鹽事，力主兩路通行之議。及就移西路運判，客鈔不敷，漕計大窘，寢食幾廢。及得東路二十八萬緡，遂以少寬。即同帥臣范成大乞行官賣，此則易地而不可行者。歲月未久，可以覆按。」又云：「紹興間，通行客鈔能三十餘年者，以西路有折科招糴之類。後既住罷，漕計遂窘，因有官賣之法。其後更易不定，大概以東鈔通行，西鈔不登爲患。萬一必須通行，則西路漕計或闕，亦須預作指畫，不可臨期闕誤，然不若分路爲允。」此奏，是年四月也。續廣東提舉常平茶鹽韓璧奏，略云：「臣叨恩備數東路提鹽同措置西路鹽事，所以東路事體尚須到官，悉心推究。至如西路，臣三任九年之間，粗知其略。廣西民力至貧，歲入至薄，官兵備邊之費，盡取辦於般賣，猶懼弗給。今一旦住賣，東手無策，全仰給於漕司。往年改行鈔法時，自有漕司應副，逐州取撥窠名數目，可舉而行。臣今畫一于後：一、静江府所撥摧鋒軍、效用、雄邊三軍及將兵共以數千計，除摧鋒一軍元係本路漕司應副外，自餘諸軍歲支衣糧，委是浩瀚。范成大任内行鈔法時，借兑過漕司錢十有九萬。洎改行官般後，張栻繼之，凡事節用，剩錢六萬緡，補還前欠。今不知用度如何，但聞經李接之後，供億酬賞，帑藏爲一空。一、廣西路惟邕、宜、欽、融四州係是極邊，皆與外夷接境。自祖宗以來〔一六〕，立法屯養將兵以鎮壓之，所支衣糧，視他郡不止數倍。□□宜州言之，兩將及土軍千有餘人，衣糧之費，本州夏、秋二税甫及三分之一〔一七〕。方行客鈔時，餘悉從漕司應副。自改官般官賣，一切取辦於鹽。今復住罷，則上件供億之費，漕司又當任其責，舉此則邕、融、欽三州亦可以類推矣。一、瓊、高、雷、化皆係瀕海産鹽地分，鹽價每斤不過三十，客旅平時之所不至。自大觀以來，並係官般官賣，著在令甲。今改行客販，客人請買鈔本及縻費，每斤約用一百文，所謂買貴賣賤，其誰肯來？訪問亭户，悉已封竈失業，民間乏食，往往自取海水煎煮私鹽，若官司督責，必嘯聚作過。乞令四州依大觀成法施行。一、覩朝廷頒降祠部及會子錢計四十萬，下西路漕司通融，爲十年支遣。又諸州各有漕司寄樁錢，以此隨其多寡，應副諸州闕乏之數，使足以供公上，贍官吏，養兵備邊，則可以堅客鈔之行，上副陛下改法裕民之意。」此奏，是年十月也。時庭直已遷兩路轉運判官兼提舉鹽事同措置東路鹽事。

尋詔於支降四十萬數内，權支二萬貫付静江府，五萬貫分給諸州軍，充淳熙十一年歲計支遣一次。

續又從諸司申請，撥廣東增賣鹽鈔剩錢五萬貫。及今封樁庫支會五萬貫，充廣西十二年分歲計。

尋廣西帥詹儀之、漕胡庭直奏云：「爲臣寮奏鹽事利害，令臣等詳議。今詳議静江府等一十六州官賣鹽，以救一十六州之害。住罷高、化等五州敷賣二分食鹽。令轉運司置鋪出賣，從便請買，以爲五州之利。所有五州歲計，令轉運司計度抱認應副。如是，則一路二十五州，無不均被聖澤。折苗、科敷之弊，可以永革，而民力裕。」又言：「照得朝廷改行客鈔，係因廣州士人張南英投進封事。臣等看詳，詢訪官賣科抑增價之害，皆臣等所親見。今議者欲復官賣，則與臣等所見不同，臣等不敢復爲之說。所有議者欲革雷、廉等五州二分食鹽之弊，臣庭直向來條奏鹽事，内一項乞將高、化、雷、廉、欽州産鹽地分，令轉運司差官於逐州置場零賣，應副民食，更不立額，與今來所議者所見頗同。」未准行下。

尋又奏：「欽州白皮鹽場，事體與雷、廉、高、化一同，乞依舊興復，以備本司取撥，作鈔鹽支付客旅搬請。」

旱，詔求言。詔侍從至館職官，言朝政闕失。

宰相王淮、梁克家，知院周必大〔一八〕、僉書兼權參政施師點，以旱乞避位，詔不允。上諭輔臣曰〔一九〕：「朕心未嘗放下，一日之間，天下定行一兩遭。」又曰：「數日群臣應詔言事，並無及朕過失，多言刑獄事，刑獄自有成法。」王淮對曰：「陛下憂勤如此，更有何過失可指。」

九月，以左藏南庫隸户部。左藏南庫者，本御前樁管激賞庫也。休兵後，秦檜取户部窠名之可必者〔二〇〕，盡入此庫，户部闕乏則予之。檜將死〔二一〕，屬之御前〔二二〕，由是，金帛山積。上即位之始年，納右正言袁孚之請，遂改爲左藏南庫，專一樁管應副軍期。然南庫移用，皆自朝廷，非若左帑直隸於版曹，而爲經費也。至是，始併歸户部。且諭大臣曰：「此庫併歸版曹，朕亦省事。」既而，都省令户部管認南庫錢二百九萬餘緡。尚書王佐奏：「此皆奉親及内教所須，不可欠闕，計歲終應支九十五萬，而見在只三十五萬，其應入者三十九萬有奇。既闕二十一萬緡，而南庫例還户部沙田錢二十三萬緡，又在其外，合之爲欠四十四萬緡。是南庫歸版曹，無益而有損也。乞就撥歸封樁庫。其朝廷年例合還户部錢，却於封樁庫支。」不從。

十二年夏，臣僚言：「南庫撥付户部，于今二年，而南庫之名尚存，官吏如故。乞令户部將南庫廢併，其官吏並從省罷。」又稱：「臣照對太祖置封樁庫，圖取契丹；太宗分左藏北庫爲内藏庫，並以講武殿後封樁庫屬焉。又改封樁庫爲景福内庫。近年，南庫分爲上下，尋併上庫入封樁庫。今所存南庫，係前時下庫。」上曰：「若盡廢庫眼，收支必至殺亂，可存留庫眼，以左藏西上庫爲名。」於是諸路歲發南庫窠名錢一百九十八萬餘緡，改隸本庫。後又改稱封樁下庫，仍隸户部焉。

又有左藏封樁庫者，亦上所創也。其法非奉親，非軍需不支。先是，六年夏四月，提領本庫言：「共管見錢五百三十萬貫。」其後，往往以犒軍或造軍器爲名，撥入内庫，或睿思殿，或御前庫，或修内司。有司不敢執。

十年八月，宰執奏：「封樁庫見管錢物，已及三千萬餘緡。」上曰：「朕創此庫，以備緩急之用，未嘗敢私也。」

尋又奏：「内外樁積緡錢四千七百餘萬。」上曰：「何以聚人曰財。周以冢宰制國用，周禮一書，理財居其半。後世儒者尚清談，以理財爲俗務〔二三〕，可謂不知本矣。祖宗勤儉，方全盛時，財賦亦自不足〔二四〕，至變更鹽法，侵及富商。朕二稅之外，未嘗一毫妄取，亦無一毫妄費〔二五〕，所以帑藏不至空虚，緩急不取之民，非小補也。」

十三年，敕令所删定官鄭湜因轉對，爲上言：「時庫中所儲，金至八十萬兩，銀一百八十六萬餘兩，又有糴米錢、度牒錢，而下庫復儲見緡常五六百萬。」上之初年，命計户部出入之數，每歲但闕三百萬緡，時會子初行，遂令增印二百萬緡。又出左藏南庫百萬助之。自是，版曹歲借南庫百餘萬緡，因以爲例。淳熙中，韓彦古爲尚書，始免例借。

先是，上以諸路財賦浩繁，令兩侍郎分路管認。是年，王佐爲尚書，又請於次年四月，將諸路監司、守倅所起上供錢比較〔二六〕，以定賞罰。自是，罕有逋欠。

冬十月，詔助役聽從民便。右正言蔣繼周言：「國家役法，自祖宗以來，名公鉅儒，前後講論詳矣。行之其或不能無弊者，非法弊也，人弊之爾。苟得一賢令尹，則人樂爲之爭先，是知其弊誠在人而不在法。自范成大唱爲義役之説，在人耳目，而處州六邑之民，擾擾于兹義役者，十有六年于此矣。夫狹鄉民貧，私相借助，以供公上之役，是特鄉里常情爾。

成大張大其事〔二七〕，標以義名，且欲改賜縣名，行之諸路。朝廷固已察其情狀，不可其請矣。成大不已，再有所陳，囑其代者使遂其說。樓璩、胡沂皆知其不可行，不肯爲之附會，然亦不欲明言其非。至陳孺知處州，親受其弊，任滿奏事，乃始備言其實。孺以貧富不常，只據舊次差役〔二八〕，從此争訟紛然，更覺煩擾。陛下聖明，一聞孺言，即可其奏，於是處州之民始獲息肩。於義役之罷，三兩年來，舊説復作，一布衣之上書，未必公言，朝廷令守臣季翔看詳〔二九〕，蓋欲其詳酌可否。曾不能參照案牘，博詢民言，辨范成大、陳孺所奏虚實，有請于朝而罷之。乃從而附會其説，斷以己見，官、民、僧、道出田一等，他日貧富置之不問，人以爲重擾，條畫利害，訟于烏臺。爲季翔者，盍亦平其心而察之，一士人以爲可行而亟行，五士人以爲不可行而亟罷，夫何不可。至於逐項辨説，輕言肆詈，此何爲者哉？其義役不可行，重擾事件□具士人經御史臺畫一陳訴，臣不復論，略言大端。臣嘗問鄉閭〔三〇〕：『出田助役，然則何用？』曰：『將以賄吏胥，有常數也。』吏胥之誅求於執役者〔三一〕，官立法以禁之，猶懼其不懲，使上之人通知之，其何以訓？夫立賞以誘之，而舉行者不加勸；立罰以威之，而沮敗者不加畏。給官田以助役，亦終於不可行，則出私田者，民情之不樂從可見矣。欲望特降睿旨，將處州及兩浙有見行助役去處，聽民從便，令官司不得干預。其間民自難久行，或不能息争訟，仰州縣遵依見行條法，照應物力資次，依公差募。仍乞將季翔罷黜，以謝處州、兩浙十五六年間義役之擾，以爲天下守臣擾民壞法者之戒。」從之。

明年春，監察御史謝諤言：「去年十月四日，臣僚言：因處州守臣不合將義役置册，假以藉手，干求差遣，力陳其弊。奉旨依奏。其所奏係是兩項，第一項云：『將處州及兩浙有見行助役去處，聽從民便，令官司即不得干預。』第二項云：『其民間自難久行，不能息争訟者，仰州縣遵依見行條法，照應物力資次，依公差募。』凡兩項事理不同，第一項是行義役，第二項是行差役也。蓋謂義役之行，自有民便，官司不應干預。言者之意，欲差役、義役二者並行，其言深爲允當，元不曾指名言盡罷義役，兼但言兩浙之弊，不曾言及别路也。近訪聞江東、西諸路，累年民間有遵奉朝廷旨揮，便於義役之處，官司乘此頗有摇動。蓋民間舊因差役，吏緣爲姦，當差之時，枚舉數名，廣行追擾，望其脱免，邀求貨賂，使之争訟，至有累月而不定者。所以吏人自爲諺曰：『衆人出錢，一户入役。』民户因此多有困竭。緣行義役，遂頗便之，願爲義役者不少。自此法之行，胥吏縮手無措，日夕伺隙，思敗其謀。近有饒州德興縣、吉州吉水人户，赴臺陳訴，其詞激切，端有可憫。乞下江東、西以及諸路監司、州縣，應有義役，當從民便外，其不願義役及自有争訟，乃行差役，兩項並合遵守，違者許提舉司按奏。其德興縣人户并賫出本縣舊刊義役石碑，可見經久之計，民情之所安，唯恐官司撓其成法。」上曰：「前日蔣繼周言處州守臣專行義役之弊，今諤欲義役、差役各從民便，法意補得始圜。」令照前降旨揮施行。

十一月壬戌朔，日有食之。

大閱于龍山。大犒兵師，爲錢三十六萬緡。

振京西饑。

降會子，收兩淮銅錢〔三二〕。言者謂：「自乾道五年，降會子付兩淮收换銅錢，又節次支舒、蘄鐵錢换易，凡十六次旨揮，至今十五年，私渡銅錢常自若也。乞多給會子，立限盡换。」詔兩淮各支降會子一十萬貫，限兩月收换。其换到銅錢，淮東赴鎮江，淮西赴建康送納椿管。

十二月丙子，行太上皇后慶壽禮。先是，詔以太上皇后新年七十，以立春日，行慶壽禮。至是，上詣德壽宫行禮。

赦。

李椿卒。時以敷文閣直學士致仕。椿嘗爲樞密院檢詳文字，時張説爲僉書，會小吏有持南丹州莫酋表來〔三三〕，求自宜州市馬者，因説以聞。椿白：「邕遠宜近，官非不知也，故迂之者，豈無意哉？莫氏方横，奈何導之以中國地里之近？請治小臣引至邊事之罪。」説又建議：「募民爲兵，以所募多寡立賞罰格，以勸沮州郡。」椿白說：「若此，則恐必有以捕爲募，而致驚擾者，願毋限額。」爲司農卿日，嘗言於制國用者，曰：「今倉庾所用，一月營一月之聚〔三四〕，帑藏所給，一旬貸一旬之錢。朝廷之與户部，遂分彼此，告借之與索償，有同市道，此陽城所以惡裴廷齡者，願革而正之。」權臨安府，故事，府有中人承受公事，守至必謁。椿弗謁，白廟堂，無所用承受。知婺州，有旨衢、婺市皮角若干，而筋五千斤。椿奏：「一牛之筋四兩，是屠二萬牛也。」上爲收前詔。爲吏部侍郎，上親慮囚，命椿與張掄敘囚徒，掄官承宣使，奏牘欲列名椿右，不可，白丞相。丞相令先掄。椿退，謂：「權要特恩不足怪，廟堂曲狥爲可畏。」草奏言：「臣固知承宣使序權侍郎之上，但使事以閤門副侍郎耳。所被旨，臣名實在上，不可不正。」章未達而事聞，掄亟罷。侍衛司兵因競而碎僧舍，新補軍頭乘忿而剽都市〔三五〕，朝廷不深治。椿舉張彝之事爲戒。言官彈劾不勝去職，所從風聞者黥隸〔三六〕。椿言：「非置臺諫爲耳目之本意。」軍中結邏者，以摇主將，擿摘騰播，椿請嚴階級之法。又極言閹寺之盛〔三七〕，曰：「自古宦官之盛衰，係有國之興亡。其盛也，始則人畏之，盛則人惡之，極則群起而攻之。漢、唐勿論，靖康、明受之禍未遠，今畏之矣〔三八〕，未甚惡也。有以裁制之，不使至極，則國家免於前日之患〔三九〕，宦官亦保其富貴〔四〇〕。願官置蠶室而限其數，復祖宗之制，官高者補外。又門禁宮戒之外，勿使預於人材政事。又嚴士大夫、兵將官與之交通之禁。」椿嘗論渡江以來茶法之弊，謂官執空券市之園户，州縣歲額配之於民，卒有賴文政之寇。初，廣西鹽法，官自鬻之。後改鈔法，漕計大窘。乃盡以一路田租之米二十二萬斛，令民户折而輸錢，至五倍其估，米既爲錢，二十餘州吏禄兵稍無以給，則又損其估以市於民，曰和糴，曰招糴，民愈病。久之，鈔弗售者三年，椿請改法從舊，除民折苗、和糴、招糴，官民俱便。

甲辰淳熙十一年（一一八四）**春正月辛卯，雨土。**

詔檢放災傷，免覈實。户部奏言：「去歲旱傷，計減放六十萬石。」上初欲下漕臣覈實，既而曰：「若爾，則來年州郡必懷疑不與檢放矣。」

甲寅，雨土。

二月，令邊郡閱萬弩手。樞密院奏：「兩淮、京西、湖北路民兵萬弩手，自淳熙七年後，不曾拘集教閱。乞令逐路安撫司，行下所部州軍，常令不妨本業，在家閱習。俟農隙，照年例拘集比試，其有事藝高强之人，每州許解發一二名，從帥司保明，津發赴樞密院，與依四川義士條例拍試補授〔四二〕，以示激勸。」

三月，親試舉人。賜衛涇以下及第、出身有差。

降趙傑之官。傑之知太湖縣，有言其不丁繼母憂者。上諭宰相王淮等曰：「士大夫一被此名，終身不可贖。行遣中稍爲宛轉，不須明言其罪。」遂降一官，放罷。聖度之忠厚如此。

夏五月，羅點請減配刑。校書郎羅點言：「比年以來，所在流配人甚衆。强盜之獄，每案必有逃卒，積此不已，爲害不細。臣嘗推原其端，蓋由配法太繁。本朝折杖之制，視前代用刑爲輕，而刺配之法，視前代用刑爲重。國初，敕令尚簡，入配者少。承平既久，防禁益密。在仁宗朝，張方平極陳其弊，建議減除。迨今百有餘年，有增無損。竊謂欲戢盜賊〔四二〕，不可不銷逃亡之卒；欲銷逃亡之卒，不可不減刺配之法〔四三〕。望詔有司，將見行刺配情輕者，從寬減降，别定居役，或編管之令。其應配者，檢會淳熙元年五月旨揮，擇其强壯，刺充屯駐大軍，庶幾州郡黥配之卒，自此漸少。」上曰：「近歲配隸稍多，久後當如何？」淮等奏：「如雜犯死罪，猶可從輕，至如劫盜，六項旨揮之行，爲盜者莫不曉得，將欲爲盜，必先虚立爲首之名，殺人姦濫之罪皆歸之。以故爲首者不獲，而犯者免死，盜何由懲？」上曰：「可令刑、寺集議奏聞。」既而刑部、大理寺奏言：「『象以典刑』，墨居其一。流放之法，用宥五刑。是墨刑不施，而後宥以流也。『鞭作官刑』，説者曰：『鞭以爲治官事之刑。』是流、墨刑不施，而後及於鞭也。蓋曰墨，曰流，曰鞭，三者俱爲九刑之一，自帝舜以迄三王，未聞有兼施並用者。漢文帝除肉刑，當黥者，髡鉗爲城旦舂。惟劓與刖方及於笞，則黥之與笞，時亦不兼用也。歷代遵尚，鞭笞度數，雖有不同，止用其一，無復他法。隋文始改百王之制而用其二〔四四〕，然亦不兼施，今簡册可考也。流刑徒之遠方，則在千里、千五百里、二千里之外，止於離其鄉井。徒刑役於當處，則有一年、一年半〔四五〕、二年、二年半、三年之限，止於役作其身。凡是二者，皆不笞決。惟杖刑，自六十至百，笞刑，自十至五十。是二者笞決其身，隨即縱遣。至唐高祖，加千里之流。太宗申加役之制，餘因隋舊而已。晉天福始創刺配，合用其二，仍役而不決。逮我藝祖，一洗五代之苛，猶以隋制爲重，於是悉易以決，爲流、徒、杖、笞之法，名存實改。自加役流，至流二千里，其刑四，並決脊杖，配役有差。所謂配役，非今之所謂配，古所謂徒役是也。自徒三年至徒一年，其刑有五，並決脊杖有差，而盡免其徒役之年。自杖一百至六十，自笞五十至十，其刑各五，悉易以臀杖而減其數，如杖一百，止決二十，減其八十之數是也。由杖九十以下至于笞十，悉從末減。於是帝舜三居之法，至此始不用，流罪得免遠徙，徒罪得免役年，笞杖得減決數，而省刑之意，遂冠百王。其後，坐死特貸者，方決杖、黥面、配遠州牢城。而舜之九刑，始併用其三，黥爲墨，配即流，杖迺鞭，三者始萃於一夫之身。蓋其制將以宥死罪，合三爲一，猶爲生刑，端未爲過。至太宗皇帝，始詔竊盜賊滿五貫者，決杖、黥面、配役，其意亦以宥死。蓋國初之制〔四六〕，竊盜三貫棄市故也。累聖相承，固未嘗有慘於用刑之意〔四七〕。而人情狃於見聞，法令易以滋彰。據張方平所奏，祥符、天聖、慶曆，其數至倍是也。今以刑書攷之，其麗於配者，幾五百條〔四八〕，每條之中間有數項，比之慶曆，又復數倍，積少成多，殆非一朝一夕之故。然回視藝祖創法之始，特以宥死者，固已遠矣。又有罪不至配，而用情重決配者；亦有泛言決配，而因以決配者。嘗推原其故，爰自建隆以及淳熙二百餘年之間，決配既多，視以爲常，不復知有前代之遺制，與夫祖宗之美意。臣寮奏請，動以決配爲言；有司建立，亦以決配爲可，而配法始滋矣。近者，李椿嘗建此議，陛下特詔近臣，各述所見，其間亦有爲陛下略言及此者，而講之不詳，亦卒以廢格，良可惜也。竊謂今罪之麗於大辟者，宥其一死，俯從決配，乃藝祖之遺制，因不容輕議。自餘流罪以下，情理重害，未可遽去者，且仍其舊。其次重者，當如方平之請，代以役年；其輕者並行刊削。如此，既不失藝祖創法之本意，亦稍復前代沿襲之舊章，非細故也。但方平之請，上具四等，而今世配法，乃至十四等。今欲推廣方平之意，永不放還者，役終身；海外者，役八年；遠惡廣南者，役七年；三千里、二千五百里者，並役六年；二千里、一千五百里者，並役五年；千里、五百里者，並役四年；特旨配鄰州者，役三年；本州、本城者，並役二年；不刺面者，役一年。免其文面，並役當處。雖累會恩，不許原免，則方平之意得矣。」

上尋謂輔臣曰：「朕思之，配法，雜犯死罪，只配本州牢城；犯私茶、鹽之類，不必遠配，只刺充本州廂軍，令著役〔四九〕。若是劫盜，已經三次，便可置之死。可諭刑寺，熟議奏來。」

十四年八月，臣寮言：「刺配之法，始於晉天福年間。國初，加杖，用貸死罪。其後，科禁寖密，刺配日增。考之祥符編敕，止四十六條，至于慶曆，已一百七十餘條。今淳熙配法，凡五百七十條。配法既多，犯者自衆〔五〇〕，黥隸之人，所至充斥。近臣僚建請，改定居役之法，已降指揮看詳，至今未有定論。蓋緣刺配，情理稍輕，既欲降居役，則編管乃爲從坐，不應却令徙鄉，輕重不倫，議乃中格。竊謂前後創立配條，不爲無説。若止令居役，不離鄉井，則幾於惠姦，不足以懲惡。若盡用配法，不恤黥刺，則面目一壞，誰復顧藉〔五一〕，强民適長威力，有過無由自新。檢照元豐刑部格，諸編配人〔五二〕，自有不移、不放及移放條限。政和編配格，又有情重、稍重、情輕、稍輕四等色目。莫若依倣舊格，稍加參訂，將犯配法人，如入情重，則依舊刺面，用不移不放之格。其次稍重，則止刺額角，用配及十年之格。其次稍輕，則與免黥刺，用不刺面、放還之格。其次最輕，則降爲居役，別立年限縱免之格。儻使居役本條，或有從坐編管，則置之本城，減其放限。如此，則於見行條法，並無抵牾，且使刺配之法，專處情犯兇蠹，而其他偶麗於罪，皆得全其面目，知所顧藉，可以自新。省黥徒，銷姦黨，誠天下之切務。惟陛下留神，速詔有司裁定施行。」

建康府、太平等州水。命振之。

六月，詔舉制科。不拘三歲之制，有合試人，舉官即以名聞。

明年春，詔制舉題免出注疏。

秋七月，振泉、福州、興化軍饑。諸州水，興元府旱，並振之。

冬十二月，熊克上九朝通略。時知台州，克嘗爲起居郎、直學士院。

明年，知龍州王稱上東都事略。

乙巳淳熙十二年（一一八五）春正月，嚴失察罰。知平江府常熟縣曾棨犯贓，置司所在監司傅倛、劉穎並降官〔三〕，嚴失察之罰也。

蓋經等亦坐繆舉棨，並降官。

嚴獄案稽滯罰。上諭輔臣：「諸路獄案多稽滯，其間久不決者，各取一二件將上，仍命罰之。」

二月，雨雹。

三月，申禁胡服、蕃樂。從右正言蔣繼周之請也。繼周請按紹興、乾道旨揮，申嚴約束。

夏五月，地震。

秋九月，湖州、台州水。

冬十月，詔戒將帥。御筆，賜建康府駐劄御前諸軍都統制閻仲：「朕惟將帥之弊，每在蔽功而忌能，專己而自用〔五四〕，故下有沉抑之歎，而上無勝筭之助。殊不知兼收衆善，不揜其勞，使智者獻其謀〔五五〕，勇者盡其力，迨夫成效，則皆主帥之功也。昔趙奢解閼與之圍〔五六〕，始令軍中有諫者死，及許歷進北山之策，而奢許諾，卒敗秦師〔五七〕。奢爲封君，與廉頗同位。果何害焉？卿當以奢爲法，毋蹈往弊。已嘗面諭此意，故兹親札，宜體至懷。」仍刊石給賜諸將。

十一月辛丑，郊。先是，詔史浩、陳俊卿陪祠，並辭之。

十二月庚戌朔，加太上帝、后尊號。太上皇尊號加「紹業興統明謨盛烈」八字，太上皇后加「備德」二字。

丙午淳熙十三年（一一八六）春正月庚辰朔，行上皇慶壽禮。以太上皇帝聖壽八十，上率群臣詣德壽宫行禮。

大赦。

夏四月，詔以没官田産入常平。詔：「没官田産合拘收租課入常平，違者科罪。」明年，詔：「諸路提舉，截自今後拘到田産〔五八〕，置籍估賣，其價錢拘收取旨。」

五月，宴經筵官。以進讀陸贄奏議終篇，賜侍讀蕭燧等御筵及金器鞍馬。上表稱謝，各進謝恩詩。

先是，燧及侍講官宇文价、葛邲、蔣繼周、洪邁、李巘、吴焕等奏〔五九〕：「昨經筵讀真宗皇帝正説終篇，詔進讀陸贄奏議。時侍講黄洽言：『德宗猜忌刻薄，唐書一贊盡之。』陛下謂：『德宗彊明，不肯推誠待下。雖更奉天離亂，終不悔悟。當艱難之時，所宜與贄朝夕論議，猶恐不濟。而每事但遣左右宣旨，罕嘗面諭，豈能深究利害？此所以知其不振也。』侍講崔敦詩言：『德宗於軍旅間，亦多是中人傳旨，實情安得上達？』陛下謂：『德宗欲以此濟其猜忌刻薄。』又讀贄論度支令折税市草事狀〔六〇〕，臣燧言：『自古聚斂之臣，務爲欺誕，以衒己能，未有不先紛更制度者。』陛下謂：『天下本無事，庸人擾之耳。』又讀贄所論裴延齡書畢，臣燧言：『君子未嘗不欲去小人，然常爲小人所勝。如蕭望之爲恭、顯所勝，張九齡爲李林甫所勝，裴度爲皇甫鎛所勝。』陛下謂：『鎛亦延齡之徒也。』乞宣付使館。」從之。

是春，嘗召宰執賜酒〔六一〕，從容詔曰：「自古人主讀書，少有知道，知之亦罕能行之〔六二〕，且如『與人不求備，檢身若不及』二句，人君豈不知？自是不能行。甚者但作歌詩，如隋、陳之君，竟亦何補？唐德宗豈不知書，然所行不至，陸贄論諫諄複不已者，正欲德宗知而行之。如魏證於太宗〔六三〕，則語言不甚諄複。且當德宗禍亂，果何等時？而與陸贄論事，皆使中人傳旨。且事有是非，當面反覆詰難，猶恐未盡，中人傳旨，又安能盡？投機之會，間不容髮，中人傳旨，誤事實多。朕每事以太宗爲法，以德宗爲戒。」

秋，閏七月，雨雹。

八月乙亥，日、月、五星聚軫。

九月，求遺書。

嚴折估禁。戶部言：「江西帥司乞以上供和糴米折價錢。」上曰：「食與貨自是不同。本是納米，今使納錢以病民，尤不可也。」

冬十一月，四朝國史成。至是進呈列傳及仁宗玉牒、三祖第六世下宗藩慶系録、今上會要。

梁克家罷。在京宮觀兼侍讀。

薨於明年夏，謚文靖。

十二月，利路饑。命振之。

丁未淳熙十四年（一一八七）春二月，以周必大爲右丞相。自樞密使除。

以參政施師點知樞密院事。

三月，封節婦墓。廖氏，進士歐陽希文之妻也。事舅姑以孝聞，寇起建昌，號「白氈笠」，剽掠入境。廖氏與夫共挾姑趨山，遇盜田中，廖目夫使負母走，盜飛矢射中之，皆死。欲執廖氏，廖氏正色厲聲駡賊而死。墓在新喻縣穀舍山。詔臨江軍量加封護。

親試舉人。賜王容以下及第、出身有差。

夏六月，詔求言〔六四〕。旱故也。令侍從、卿監各疏得失，毋有所隱。

修炎帝陵。陵在衡州茶陵縣，從衡州之請也。

秋七月，振台、處、紹興府等州旱災。

九月，令湖北、京西措置民兵。三丁取一，五丁取二，十丁取三。

冬十月，大赦。以太上皇帝違豫痊平也。

乙亥，太上皇帝崩。遺誥太上皇后宜改皇太后。尋上宮名曰慈福。

上尋諭王淮等：「欲不用易月之制，如晉孝武、魏孝文實行三年喪服，自不妨聽政。司馬光通鑑所載甚詳。」淮等奏：「通鑑載晉武雖有此意，然後來只是宮中深衣、練冠。」上曰：「當時群臣不能將順其美，光所以譏之，後來武帝竟欲行。」淮等奏：「記得亦不能行。」上曰：「自我作古，何害？」於是，禮官乞大祥禮畢〔六五〕，改服小祥之服〔六六〕，素紗軟脚折上巾、淡黃袍、黑銀帶。至祔廟畢，改服皂幞頭、淡黃袍、黑鞓帶。過宮則縗絰行禮，二十五日而除。上批：「淡黃袍改服白袍。」自是，每御延和殿，並服大祥之服，而不用皂幞頭，其折上巾、白袍並以布爲之。禁中則布巾、布衫，過宮則衰絰而杖。至逾月，群臣拜表，請御正殿。上批：「俟過祔廟，勉從所請。」

司農少卿邢璞爲告哀使〔六七〕。至汴京，虜人錫燕，欲用樂，璞持不可。自朝至于夜漏下三十刻，璞持議益堅，虜不能奪，竟徹樂。即坐，怱遽而罷。至燕京，其閤門又令南使服吉帶而見，璞又持不可。日將中，乃見。殿上皆淺黃帷幄，乃知虜主本無他，特群胡生事也。

十一月，詔皇太子參決庶務。以內東門司改充議事堂〔六八〕，皇太子隔日與宰執公裳繫鞋相見議事，如有差擢，在內館職，在外部刺史以上，乃以聞。明年又詔：「每過朝殿，令皇太子侍立。」於是太常少卿兼左論德尤袤獻言于太子，曰：「大權所在，天下之所爭趨，甚可懼也。願殿下事無大小，一取上旨而後行；情無厚薄，一付衆議而後定。」又曰：「利害之端，常伏於思慮之所不到；疑間之萌，常闕於隄防之所不及〔六九〕。儲副之位，止於侍膳問安，不交外事。撫軍監國，自漢至今，多出權宜。事權不一，動有觸礙。乞俟祔廟之後，便行懇辭，以彰殿下之令德。」

尋以胡晉臣兼論德，鄭僑兼侍讀，羅點兼侍講。

詔定曆差。先是，十二年九月〔七〇〕，成忠郎楊忠輔言：「南渡以來，嘗改造統元及乾道二曆〔七一〕，皆未三年，已不可用。目今見行淳熙曆〔七二〕，乃因陋就簡，苟且傅會而已。驗之天道，百無一合。淳熙曆朔差者，自戊戌以來，今八年矣。忠輔因讀易，粗得大衍之旨，創立日法，偶與天合，撰衍新曆已數年矣。凡日月交會，氣候啓閉，無不契驗。今乙巳歲九月望，交蝕在晝，而淳熙曆者，法嘗在夜。在晝者食晚而不見，在夜者蝕早而見，若以晝夜辨兩曆之是非，斷可決矣。」尋命官測驗，是夜陰雲不見。

六月，給事王信等言：「布衣皇甫繼明、太學生石萬指述見行淳熙丙午曆氣朔有差，乞更置局更曆。臣等看詳，繼明、劉孝榮等定去年八月十六夜太陰交蝕，命官測驗，三人所定，各有差失不同。乞令各造戊申歲淳熙曆一本，並各供乞以何占驗。候占驗訖，取其委無差忒者取旨。」至是，王淮等奏：「石萬等所造曆，與淳熙戊申曆差兩朔。又淳熙曆十一月下弦在二十四日，恐曆法有差。」上曰：「朔豈可差？朔差則所失多矣。可令禮部、太常寺、秘書省參定以聞。」

明年夏五月，禮部言：「國學進士石萬并楊忠輔指淳熙十五年太史局所造曆日差忒事，得旨令參定以聞。今據石萬等造成曆，與見行曆法不同。乞以其年六月二日、十月晦日，月不應見而見爲驗，及指陳淳熙曆下弦不合在十一月二十四日，及差五六月減日日辰。」詔尤袤、宋之瑞監視測驗。

戊申淳熙十五年（一一八八）春正月，置補闕、拾遺。以薛叔似爲左補闕，許及之爲右拾遺，因兵部侍郎林栗之請也。上曰：「朕樂聞闕失，若諫官專主規正人主，不事抨彈，雖增十員，亦可。」乃以二人爲之。

光宗初，遷二人爲將作、軍器監，併其官廢之。

却會慶節進奉。上語皇太子曰：「會慶節若受進奉，即有慶賀之嫌。朕欲與免二年，如何？」皇太子贊以免之爲善。王淮等奏：「其錢六十萬緡，係户部歲計。」上曰：「可降旨揮，特免二年，令封樁庫如數撥還。」

三月，葬高宗永思陵。

四川制置司奏：「陝西秦川百姓聞高宗之喪，皆戴白巾。」

夏四月，祔高宗。

祔憲節皇后(七三)。

詔曰：「朕昨降旨揮，欲衰絰三年。群臣屢請御殿易服，故以布素視事内殿(七四)。雖有俟過祔廟，勉從所請之詔。然稽諸禮典，心實未安，行之終制，乃爲近古。宜體至意，勿復有請。」於是，大臣乃不敢言。蓋三年之制，斷自上心，舉千載廢墜之典，不爲浮議所摇。廟號曰「孝」，不亦宜乎？是時，執政近臣皆主易月之議(七五)，諫官謝諤、禮官尤袤心知其非而不敢争。惟敕令所删定官沈清臣嘗上書贊上之決，且言：「將來祔廟畢日，乞預降御筆，截然示以終喪之志，杜絶朝臣方來之章，勿令再有奏請。力全聖孝，以示百官，以刑四海。」上頗納用。

以吕頤浩、趙鼎、韓世忠、張俊配饗廟庭。

五月，王淮罷。從所請也。判衢州，尋奉祠。

時敕令所删定官沈清臣因對，爲上言：「天下之大務有六，其一曰論相，必天下之真相。陛下臨御以來，非不論相也。始也取之故老重臣，既而取之潛藩舊傅，或取之詞臣翰墨，或取之時望名流，或取之刑法能吏，或取之刀筆計臣，或取之雅重詭異，或取之行實自將，或取之跅弛誕謾，或取之謹畏柔懦，或取之狡猾俗吏，或取之勾稽小才。始也，取之姦豪譎詐、桀然空鄙之夫；而卒也，任之委順柔懦、委靡無可立之志。既取之，又任之，又從而體貌之，未嘗不注意也。然皆非相也。間有度量沈静，而經畫甚淺，心存社稷，而材術似疎，表裏忠讜，而規制良狹。其它則以空踈敗，以鄙猥敗，以欺誕敗，以姦險敗，以浮誇敗，以貪墨敗，以詭詐敗，以委靡敗，若此者，豈所謂相哉？甚至於誤國，有大可罪者。海、泗，國家之故地也。私主和議，無故而棄之夷虜。騎兵，天子之宿衛也。不能進取，無故而移之金陵。汲引狂誕浮薄之流，以充塞正塗。擅開佞倖權嬖之門，以自固高位。而今也，循習前轍，浸成欺弊。國有變故，略無建明；事有緩急，曾不知任。然則，焉用彼相哉！是又皆瑣瑣不足算也。」

清臣是年秋遷國子監丞。

六月，雨雹。

朱熹入對。熹被召入奏，首言：「近年以來，刑獄不當，輕重失宜，甚至係於人倫風化之重者。有司議刑，亦從流宥之法，則天理民彝，幾何不至於泯滅？」又言：「提刑司管催經總制錢，起於宣和末年倉卒用兵，權宜措畫。其始亦但計其出入之實數〔七六〕，而隨以取之。及紹興經界，民間投印違限，契約所入，倍於常歲〔七七〕。自後，遂以是年爲額，而立爲比較之說。甚至災傷檢放，倚閣錢米，已無所入，而經總制錢獨不豁除。州縣之煎熬，何日而少紓？斯民之愁歎，何時而少息？」又言江西科罰之弊。末言：「陛下即位二十有七年，而因循荏苒，無尺寸之效可以仰酬聖志。嘗反覆而思之，無乃燕閒濩蠖之中，虛名應物之地，天理有未純，人欲有未盡歟？天理未純，是以爲善未能充其量；人欲未盡，是以除惡不能去其根。一念之頃，公私邪正，朋分角立，交戰於其中。故體貌大臣非不厚，而便嬖側媚，得以深被腹心之寄；寤寐英豪非不切，而柔邪庸繆，得以久竊廊廟之權。非不樂聞公議正論，而有時不容；非不欲聖讒說殄行，而未免誤聽；非不欲報復陵廟讎耻，而不免畏怯苟安；非不欲愛養生靈財力，而未免歎息愁怨。凡若此類，不一而足。願陛下自今以往，一念之頃，則必謹而察之，此爲天理耶？爲人欲耶？果天理也，敬以充之，而不使其少有壅遏；果人欲也，則敬以克之，而不使其少有凝滯。推而至於言語動作之間，用人處事之際，無不以是裁之，則聖心洞然，中外融澈，無一毫之私欲得以介乎其間，而天下之事，將惟陛下之所欲爲，無不如志矣。」翌日，除兵部郎官。熹方以足疾辭，未供職。本部侍郎林栗前數與熹論易、西銘不合，至是，遣部吏抱印，迫以供職。熹以疾作在告，遂疏熹欺慢，即有祠命。太常博士葉適上疏辨之，略曰：「考栗之辭，始末參驗，無一實者。至於其中『謂之道學』一語，則無實最甚。蓋自昔小人殘害良善，率有指名，或以爲好名，或以爲立異，或以爲植黨。又近創爲道學之目，鄭丙唱之，陳賈和之，居要路者密相付授，見士大夫有稍務潔修、粗能操守，輒以道學之名歸之，殆如喫菜事魔、景迹犯敗之類。往日王淮表裏臺諫，陰廢正人，蓋用此術。」或云適此疏不果上。於是胡晉臣劾栗，並罷之。

振臨安饑。

以京鏜爲工部侍郎。鏜時使虜充報謝使回。上宣諭輔臣曰：「鏜昨在京師，堅執不肯聽樂，住了十日。此一節可嘉。尋常人多説節義，須遇事方見。」於是，詔京鏜將命，執禮可嘉，而有是除。

秋七月，振諸州水災。

八月甲子朔〔七八〕，日有食之。

九月辛丑，大饗明堂。先是，輔臣進呈禮官申請明堂畫一，上曰：「配位如何？」周必大言：「禮官昨已申請，高宗几筵未除，用徽宗故事，未應配坐，且當以太祖、太宗並配。他日高宗几筵既除〔七九〕，自當別議。大抵前後儒者多因孝經嚴父之説〔八〇〕，便謂宗祀專以考配。殊不知周公雖攝政，而主祭則成王。自周公言之，故曰嚴父耳。晉紀瞻答秀才策曰〔八一〕：『周制，明堂宗其祖以配上帝。故漢武帝汶上明堂，捨文、景而遠取高祖爲配。』此其證也。」留正言：「『嚴父莫大於配天，則周公其人也。』是嚴父專指周公而言。若成王，則其祖也。」上曰：「有紹興間典故在，可以參照無疑。」

録中興節義後。用吏部尚書顏師魯等之言也。於是，引赦書放行中興初節義顯著之家合得恩數，令吏部開具奏聞。

冬十月，置煥章閣。藏高宗御集。

鄭僑使虜。以中書舍人充賀正旦使，閤門張時修副之。以歲暮抵燕。時虜主病已篤，傳旨使人，免朝見，令就東上閤門進書。僑與時修力争，以爲東上閤門者，乃臣寮進獻表章之地，本朝皇帝國書，豈當於此投進？往復争辯，至漏下十數刻，乃令且就館。相持至元日晚，忽傳其主之命：「以使人欲面進書，今已過期，可遣還。」明日，虜主告殂。使還，未至，光宗皇帝已受禪。僑遷給事中。見上，再三稱奬，以爲不辱君命。他日，侍從官見北宫，壽皇顧僑曰：「卿守節不屈，舉措得宜，朕甚嘉之。」

十二月，召朱熹。熹之奉祠去也，未踰月，再召，熹再辭。遂並具封事投匭以進，其略曰：「今天下大勢，如人有重病，内自心腹，外達四肢，無一毛一髮不受病者。臣不暇言，且以天下之大本，與今日之急務，爲陛下言之。蓋大本者，陛下之心。急務，則輔翼太子，選任大臣，振舉綱維，變化風俗，愛養民力，修明軍政，六者是也。古先聖王，兢兢業業，持守此心，雖在紛華波蕩之中，幽獨得肆之地，而所以精之、一之、克之、復之〔八二〕，如對神明，如臨淵谷，猶恐隱微之間，或有差失而不自知〔八三〕。是以建師、保之官，列諫諍之職。凡飲食、酒漿、衣服、次舍、器用〔八四〕、財賄，與夫宦官、宮妾之政〔八五〕，無一不領於冢宰，使其左右前後、一動一静，無不制以有司之法，而無纖芥之隙、瞬息之頃，得以隱其毫髮之私。陛下之所以精一克復，而持守其心，果有如此之功乎？所以修身齊家，而正其左右，果有如此之效乎？宮省事禁，臣固不得而知。爵賞之濫，貨賂之流，閭巷竊言，久已不勝其籍籍。則陛下所以修之家者，恐其未有以及古之聖王也。至於左右便嬖之私，恩遇過當。往者淵、覿、説、抃之流，勢焰薰灼，傾動一時，今已無可言矣。獨有前日臣所開陳者，雖蒙聖慈委曲開譬，然臣之愚，竊以爲此輩但當使之守門傳命，供埽除之役，不當假借崇長，使得逞邪媚，作淫巧於内，以蕩上心；立門庭，招權勢於外，以累聖政。臣竊聞之道路，自王抃既逐之後，諸將差除，多出此人之手。陛下竭生靈膏血以奉軍旅，而軍士顧乃未嘗得一温飽，是皆將帥巧爲名色，奪取衣糧，肆行貨賂於近習〔八六〕，以圖進用。出入禁闥腹心之臣、外交將帥，共爲欺蔽，以至於此。而陛下不悟，反寵暱之，以是爲我之私人，至使宰相不得議其制置之得失，給、諫不得論其除授之是非。則陛下之所以正其左右者，未能及古之聖王，又明矣。至於輔翼太子，則自王十朋、陳良翰之後，宮寮之選，號爲得人，而能稱其職者，蓋已鮮矣。而又時使邪佞儇薄、闒冗庸妄之輩，或得參錯於其間。所謂講讀，亦姑以應文備數，而未聞其有箴規之效〔八七〕。至於從容朝夕，陪侍遊燕者，又不過使臣、宦者數輩而已〔八八〕。唐之六典，東宫之官，師傅、賓客既職輔導，而詹事府、兩春坊實擬天子之三省，故以詹事、庶子領之。今則師傅、賓客既不復置，而詹事、庶子有名無實，其左右春坊，遂有以使臣掌之，何其輕且褻之甚邪？夫立太子而不置師傅、賓客，則無以發其隆師親友、遵德樂義之心。獨使春坊使臣得侍左右，則無以防其戲慢媟狎、奇衺雜進之害。宜討論前典，置師傅、賓客之官，去春坊使臣，而使詹事、庶子各復其職。至於選任大臣，則以陛下之聰明，豈不知天下之事，必得剛明公正之人，而後可任哉？其所以常不得如此之人，而反容鄙夫之竊位者，直以一念之間，未能撤其私邪之蔽〔八九〕，而燕私之好、便嬖之流，不能盡由於法度。若用剛明公正之人以爲輔相〔九〇〕，則恐其有以妨吾之事，害吾之人，而不得肆。是以，選掄之際，常先排擯此等，寘之度外，而後取凡疲懦軟熟、平日不敢直言正色之人而揣摩之，又於其中得其至庸極陋、決可保其不至於有所妨者，然後舉而加之於位。是以，除書未出，而物色先定，姓名未顯，而中外已逆知其決非天下之第一流矣。至於振肅紀綱、變化風俗，則今日宫省之間，禁密之地，而天下不公之道、不正之人，顧乃得以窟穴盤據於其間，而陛下目見耳聞，無非不公不正之事，則其所以薰蒸銷鑠，使陛下好善之心不著，疾惡之意不深，其害已有不可勝言者矣。及其作姦犯法，則陛下又不能深割私愛，而付諸外廷之議，論以有司之法，是以紀綱不能無所撓敗。紀綱不振於上，是以風俗頹弊於下，蓋其爲患之日久矣。而浙中爲尤甚。大率習爲軟美之態、依阿之言〔九一〕，以不分是非、不辨曲直爲得計。下之事上，固不敢少忤其意；上之御下，亦不敢稍拂其情。惟其私意之所在，則千塗萬轍，經營計較，必得而後已。甚者以珠玉爲脯醢，以契券爲詩文。宰相可啗則啗宰相，近習可通則通近習，惟得之求，無復廉恥。一有剛毅正直、守道循理之士出乎其間，則群讒衆排，指爲道學，而加以矯激之罪。十數年來，以此二字禁錮天下之賢人君子，復如崇、觀之間，所謂元祐學術者，排擯詆辱，必使無所容其身而後已。嗚呼！此豈治世之事，而尚復忍言之哉！至於愛養民力，修明軍政，則自虞允文之爲相也，盡取版曹歲入窠名之必可指擬者，號爲歲終羨餘之數，而輸之内帑；顧以其有名無實、積累掛欠、空載簿籍、不可催理者，撥還版曹。以爲内帑之積，將以備他日用兵進取不時之須。然自是以來，二十餘年，内帑歲入不知幾何，而認爲私貯，典以私人，宰相不得以式貢均節其出入，版曹不得以簿書勾考其存亡，其日銷月耗，以奉燕私之費者，蓋不知其幾何矣。而曷嘗聞其能用此錢以易胡人之首，如太祖皇帝之言哉？徒使版曹闕乏日甚，督趣日峻〔九二〕，以至廢去祖宗以來破分良法，而必以十分登足爲限。以爲未足，則又造爲比較監司、郡守殿最之法以誘脅之。於是〔九三〕，中外承風，競爲苛急，此民力之所以重困也。諸將之求進也〔九四〕，必先掊克士卒，以殖私財，然後以此自結於陛下之私人，而祈以姓名，達於陛下之貴將，貴將得其姓名，即以付之軍中，使自什伍以上，節次保明，稱其材武，堪任將帥，然後具奏爲牘而言之陛下之前〔九五〕，陛下但見其等級推先，案牘具備，則誠以爲公薦，而可以得人矣。而豈知其論價輸錢，已若晚唐之債帥哉！夫將者，三軍之司命。而其選置之方，乖剌如此，則彼智勇材略之人，孰肯抑心下首於宦官、宫妾之門？而陛下之所得以爲將帥者，皆庸夫走卒。而猶望其修明軍政，激勸士卒，以强國勢，豈不誤哉？凡此六事，皆不可緩，而本在於陛下之一心，一心正，則六事無不正。一有人心私欲以介乎其間，則雖欲憊精勞力，以求正夫六事者，亦將徒爲文具，而天下之事愈至於不可爲矣。」疏入，夜漏下七刻，上已就寢，亟起秉燭讀之。明日，除主管太乙宫兼崇政殿説書。時上已有倦勤之意，蓋將以爲燕翼之謀。熹嘗草奏疏言：「講學以正心，修身以齊家，遠便嬖以近忠直，抑私恩以抗公道，明義理以絶神姦，擇師傅以輔皇儲，精選任以明體統，振紀綱以厲風俗，節財用以固邦本，修政事以攘夷狄，凡十事，欲以爲新政之助。」會執政有指道學爲邪氣者，乃辭新命。除秘閣修撰，仍奉新祠。遂不果上。

户數。一千六十八萬有奇。

己酉淳熙十六年（一一八九）春正月，以周必大、留正爲左、右丞相。王藺參知政事，葛邲同知樞密院。參知政事蕭燧兼權知樞密院，未幾，奉祠。

廣西鹽復官賣法，竄詹儀之。去年八月，湖北運判孫紹遠朝辭，上曰：「祖宗時，廣西鹽如何？」對曰：「係官賣。」上曰：「若廣西客鈔可行，祖宗已行了。」紹遠又奏：「鈔法蠹國害民。」上曰：「所聞不一，因卿言而得其實〔九六〕。」十一月〔九七〕，廣西提刑趙伯逷奏本路鈔法五弊，且曰：「曩者建議之臣以官般官賣科敷百姓〔九八〕，害及一路。於是改行鈔法，上以足國〔九九〕，下以裕民，莫不以爲便。今六年矣，諸郡煎熬益甚，民旅困於科抑〔一〇〇〕。朝廷免起解錢歲一十三萬緡，又補助過□□歲計錢，前後數目浩瀚，而漕計愈困。名曰足國，實未嘗足〔一〇一〕；裕民〔一〇二〕，實未嘗裕。所最可慮者，緣邊及近裏州軍兵額耗減已極〔一〇三〕，更不招填，所在城壁頹圮，無力修築，卒有緩急，何所倚恃？□年李接作過，數月之間，用過錢幾三十萬緡，悉取給漕司□椿庫，大農不知民間無分文科斂，設當今日，何以處此？一□利害，不但鹽、漕兩司而已。臣嘗徧詢吏民，向者官般官賣之時，廣西諸郡誠有科敷百姓去處，然不過産鹽地分，所謂高、化、欽、廉、雷五州是也〔一〇四〕。海鄉鹽賤不肯買，故有科抑。如静江、鬱林、宜、融、柳、象、昭、賀、梧、藤、邕、容、横、貴、潯、賓近裏一十六州，去鹽場遠，若非官賣，無從得鹽。舊時逐州秖是置鋪出賣，民間食用，樂然就買，不待科抑。自改行鈔法以來，近裏一十六州徒損於官，無補於民，民食貴鹽，又遭科鹽鈔之苦。沿海五州雖名賣鈔，其舊賣二分食鹽，元不曾禁戢，計户計口，科擾如故。竊謂今日之法，正當講究沿海五州利病，杜絶科敷，不當變近裏一十六州官般官賣之法。」詔令應孟明、朱晞顔同林岊相度，條具聞奏。應孟明尋奏：「鹽鈔抑勒民户，流毒一方，欲得復舊，以解愁怨。」上曰：「初議行此事時，先差胡庭直去商量，非不詳密，往往只是符同詹儀之之説，今爲所誤。」於是臣寮論列，乞將儀之重賜竄責，速行下，俾聽從民便，並依舊法施行。勘會鹽法已別作施行。詔儀之落職，罷官，送袁州居住。

運判朱晞顔尋奏：「今廣西鹽名曰客鈔，元無客也。自乾道間變法，富商失業，無復客商矣。況静江官般之前，每斤百金。自變爲客鈔，每斤百三十，尚何裕民之有？今鈔以客爲名，乃强税户之家，使之承認，至於破家而止。」

尋又詔詹儀之之罔上害民，當行重罰，責授安遠軍節度行軍司馬、袁州安置。

二月辛酉朔，日有食之。

壬戌，上内禪，移居重華宫，皇太子即皇帝位。詔略曰：「爰自宅憂以來，勉親聽斷，不得日奉先帝之几筵〔一〇五〕，躬行聖母之定省。皇太子仁孝聰哲，久司匕鬯〔一〇六〕，軍國之務，歷試參決，宜付大寶，撫綏萬邦，俾予一人，獲遂事親之心〔一〇七〕，永膺天下之養。皇太子可即皇帝位，朕稱太上皇〔一〇八〕，移居重華宫〔一〇九〕。」

立妃李氏爲皇后。

上至尊壽成帝、后尊號〔一一〇〕。皇帝尊號曰至尊壽皇聖帝，皇后尊號曰壽成皇后。

大赦。

上壽聖皇太后號〔一一一〕。

詔求言。尋詔前宰執各言事。

八月〔一一二〕，又詔侍從各言時政得失。

下戒勵詔。

復輪對。詔職事官日論面對，用紹興二年、三十二年之制。

其後，秘書郎兼權吏部郎官鄭湜因轉對，首言：「三代以還，本朝家法最正，一曰事親，二曰齊家，三曰教子，此家法之大經也。自昔帝王雖有天下之富，而不以天下養其親，惟高宗享天下之養，壽皇躬天子之孝二十有七年，人無間言，此聖賢之所難也。陛下率而行之，當如壽皇，然後無愧也。本朝歷世以來，未嘗有不賢之后。蓋祖宗家法最嚴，子孫持守最謹也〔一一三〕。后家待遇有節，故無恩寵盈溢之過；妃嬪進御有序，故無忌嫉專恣之行；宮禁不與外事，故無斜封請謁之私。此三者，漢唐所不及也〔一一四〕。」

校勘記

〔一〕詔失入官吏趙粹中落職　「失」原作「夫」，據道光抄本、皇宋中興兩朝聖政卷五九及宋史全文卷二七上改。

〔二〕青家支給五年　「五年」，皇宋中興兩朝聖政卷五九及宋史全文卷二七上同，宋史卷三五孝宗紀三作「十五年」。

〔三〕右武大夫至通侍大夫同　「右」，原作一字空格，據皇宋中興兩朝聖政卷五九及宋史全文卷二七上補。

〔四〕職事官寺長貳　「事」，原作一字空格，據皇宋中興兩朝聖政卷五九及宋史全文卷二七上補。

〔五〕開封少尹釐務及一年　「釐」原作「廛」，據皇宋中興兩朝聖政卷五九及宋史全文卷二七上改。

〔六〕則不許云　「許」原作「計」，據建炎以來朝野雜記乙集卷一四慶元蔭補新格及文獻通考卷三四選舉考七改。

〔七〕臣竊謂天下之士　「士」，原作一字空格，據皇宋中興兩朝聖政卷六〇及宋史全文卷二七上補。

〔八〕而謂己之學獨異於人　「於」，原作一字空格，據皇宋中興兩朝聖政卷六〇及宋史全文卷二七上補。

〔九〕如昨來和州興置屯田五百餘所　「所」，宋會要輯稿食貨六三之五三作「頃」。

〔一〇〕上元縣荒圩并寨地五百餘頃　「并」原作「井」，據皇宋中興兩朝聖政卷六〇及宋史全文卷二七上改。

〔一一〕江鄂都統郭杲亦奏　「郭杲」原作「郭果」，據宋史卷一七六食貨志上四及宋會要輯稿食貨六三之五二改。

〔一二〕其元舉主葉翥齊慶胄郭椿各降三官云　「郭椿」，皇宋中興兩朝聖政卷六三作「郭棣」。

〔一三〕久爲□□　二字空格，皇宋中興兩朝聖政卷六〇及宋史全文卷二七上作「民病」，宋史卷一八三食貨志下五及宋會要輯稿食貨二八之一七作「民疾」。

〔一四〕始爲之更令　「始爲」，原作二字空格，據皇宋中興兩朝聖政卷六〇及宋史全文卷二七上補。

〔一五〕顧開闕乏之端　「開」，宋史全文卷二七上作「聞」。

〔一六〕自祖宗以來　「以來」，原作二字空格，據宋會要輯稿食貨二八之二一補。

〔一七〕本州夏秋二税甫及三分之一　「本」原作「木」，據道光抄本改。

〔一八〕知院周必大　「知院」，原作二字空格，據皇宋中興兩朝聖政卷六〇及宋史全文卷二七上補。

〔一九〕上諭輔臣曰　「上」，原作一字空格，據皇宋中興兩朝聖政卷六〇及宋史全文卷二七上補。

〔二〇〕秦檜取户部窠名之可必者　「名」原脱，據皇宋中興兩朝聖政卷六〇及宋史全文卷二七上補。

〔二一〕檜將死　皇宋中興兩朝聖政卷六〇及宋史全文卷二七上作「檜死」。

〔二二〕屬之御前　「御」原脱，據皇宋中興兩朝聖政卷六〇及宋史全文卷二七上補。

〔二三〕以理財爲俗務　「財」，原作一字空格，據皇宋中興兩朝聖政卷六〇及宋史全文卷二七上補。

〔二四〕財賦亦自不足　「不足」，原作二字空格，據皇宋中興兩朝聖政卷六〇及宋史全文卷二七上補。

〔二五〕亦無一毫妄費　「一」，原作一字空格，據皇宋中興兩朝聖政卷六〇及宋史全文卷二七上補。

〔二六〕將諸路監司守倅所起上供錢比較　「比」原作「此」，據皇宋中興兩朝聖政卷六〇及宋史全文卷二七上改。

〔二七〕成大張大其事　「成大」原作「成火」，據上文、道光抄本、皇宋中興兩朝聖政卷六〇及宋史全文卷二七上改。

〔二八〕只據舊次差役　「次」，建炎以來朝野雜記甲集卷七處州義役作「規」。

〔二九〕朝廷令守臣季翔看詳　「季翔」，宋會要輯稿食貨六六之二一同，皇宋中興兩朝聖政卷六〇作「李翔」，建炎以來朝野雜記甲集卷七及宋史全文卷二七上作「李翔」。

〔三〇〕臣嘗問鄉閭　「鄉」，原作一字空格，據皇宋中興兩朝聖政卷六〇及宋史全文卷二七上補。

〔三一〕吏胥之誅求於執役者　「誅」，原作一字空格，據皇宋中興兩朝聖政卷六〇及宋史全文卷二七上補。

〔三二〕收兩淮銅錢　「銅」，原作一字空格，據皇宋中興兩朝聖政卷六〇及宋史全文卷二七上補。

〔三三〕會小吏有持南丹州莫酋表來　「吏」原作「史」，據皇宋中興兩朝聖政卷六〇、宋史全文卷二七上及宋史卷三八九李椿傳改。

〔三四〕一月營一月之聚　「聚」，誠齋集卷一一六李侍郎傳作「粟」。

〔三五〕新補軍頭乘忿而剽都市　「頭」原作「願」，據誠齋集卷一一六李侍郎傳及皇宋中興兩朝聖政卷六〇改。

〔三六〕所從風聞者黥隸　「黥」原作「點」，據皇宋中興兩朝聖政卷六〇及宋史全文卷二七上改。

〔三七〕又極言閹寺之盛　「寺」原作「壽」，據道光抄本、皇宋中興兩朝聖政卷六〇及宋史全文卷二七上改。

〔三八〕今畏之矣　「畏」，原作一字空格，據皇宋中興兩朝聖政卷六〇及宋史全文卷二七上補。

〔三九〕則國家免於前日之患　「之」，原作一字空格，據皇宋中興兩朝聖政卷六〇及宋史全文卷二七上補。

〔四〇〕宦官亦保其富貴　「宦」原作「官」，據皇宋中興兩朝聖政卷六〇及宋史全文卷二七上改。

〔四一〕與依四川義士條例拍試補授　「士」原作「十」，據皇宋中興兩朝聖政卷六一及宋史全文卷二七上改。

〔四二〕竊謂欲戢盜賊　「盜」，原作一字空格，據文獻通考卷一六八刑考七、皇宋中興兩朝聖政卷六一及宋史全文卷二七上補。

〔四三〕不可不減刺配之法　「法」，原作一字空格，據文獻通考卷一六八刑考七、皇宋中興兩朝聖政卷六一及宋史全文卷二七上補。

〔四四〕隋文始改百王之制而用其二　「文」原作「交」，據文獻通考卷一六八刑考七改。

〔四五〕一年半　「一」原脱，據文獻通考卷一六八刑考七補。

〔四六〕蓋國初之制　「初」，原作一字空格，據文獻通考卷一六八刑考七補。

〔四七〕固未嘗有慘於用刑之意　「之」，原作一字空格，據文獻通考卷一六八刑考七補。

〔四八〕幾五百條　「五」原作「丑」，據文獻通考卷一六八刑考七改。

〔四九〕令著役「著」原作「着」，據文獻通考卷一六八刑考七、皇宋中興兩朝聖政卷六一及宋史全文卷二一七上改。

〔五〇〕犯者自衆「自」，皇宋中興兩朝聖政卷六三及文獻通考卷一六八刑考七同，宋史卷二〇一刑法志三作「日」。

〔五一〕誰復顧藉「顧」，原作一字空格，據文獻通考卷一六八刑考七及宋史卷二〇一刑法志三補。

〔五二〕諸編配人「配」，原作一字空格，據續宋中興編年資治通鑑卷一〇及宋史卷二〇一刑法志三補。

〔五三〕置司所在監司傅俱劉穎並降官「傅俱」，皇宋中興兩朝聖政卷六二及宋史全文卷二七下作「傅淇」，續宋中興編年資治通鑑卷一〇作「傅琪」。

〔五四〕專己而自用「專」，文忠集卷一四八付閣仲御劄、皇宋中興兩朝聖政卷六二及宋史全文卷二七下作「尊」。

〔五五〕使智者獻其謀「謀」，原作一字空格，據文忠集卷一四八付閣仲御劄、皇宋中興兩朝聖政卷六二及宋史全文卷二七下補。

〔五六〕昔趙奢解閼與之圍「與之」，原作二字空格，據文忠集卷一四八付閣仲御劄、皇宋中興兩朝聖政卷六二及宋史全文卷二七下補。

〔五七〕卒敗秦師「敗」，原作一字空格，據文忠集卷一四八付閣仲御劄、皇宋中興兩朝聖政卷六二及宋史全文卷二七下補。

〔五八〕截自今後拘到田產　「拘」原作「抅」，據皇宋中興兩朝聖政卷六三及宋史全文卷二七下改。

〔五九〕吴焕等奏　「吴焕」，宋會要輯稿崇儒七之一五作「吴煥」。

〔六〇〕又讀贊論度支令折税市草事狀　「折」原作「拆」，據宋會要輯稿崇儒七之一五、皇宋中興兩朝聖政卷六三及宋史全文卷二七下改。

〔六一〕嘗召宰執賜酒　「宰」，原作一字空格，據續宋中興編年資治通鑑卷一〇補。

〔六二〕知之亦罕能行之　「行」，原作一字空格，據皇宋中興兩朝聖政卷六三及宋史全文卷二七下補。

〔六三〕如魏證於太宗　「證」當作「徵」，蓋避仁宗嫌名之諱改。

〔六四〕夏六月詔求言　案宋會要輯稿儀制六之三〇及宋史卷三五孝宗紀三繫於秋七月。

〔六五〕禮官乞大祥禮畢　「禮畢」原脱，據建炎以來朝野雜記乙集卷三孝宗力行三年服、文獻通考卷一二二王禮考一七及宋史卷一二三禮志二五補。

〔六六〕改服小祥之服　「小」原作「大」，據建炎以來朝野雜記乙集卷三孝宗力行三年服、文獻通考卷一二二王禮考一七及宋史卷一二三禮志二五改。

〔六七〕司農少卿邢璞爲告哀使　「邢璞」，皇宋中興兩朝聖政卷六三同，宋史卷三五孝宗紀三作「韋璞」。

〔六八〕以内東門司改充議事堂　「議」，原作一字空格，據建炎以來朝野雜記乙集卷二己酉傳位録及宋史全文卷二七下補。

〔六九〕常闕於隄防之所不及　「闕」，皇宋中興兩朝聖政卷六四同，建炎以來朝野雜記乙集卷二己酉傳位録及宋史全文卷二七下作「開」。

〔七〇〕十二年九月 「九月」原作「八月」，據皇宋中興兩朝聖政卷六二、建炎以來朝野雜記乙集卷五總論應天至統天十四曆及宋史卷八二律曆志一五改。

〔七一〕嘗改造統元及乾道二曆 「改」，原作一字空格，據皇宋中興兩朝聖政卷六二及宋史全文卷二七下補。

〔七二〕目今見行淳熙曆 「曆」原脱，據皇宋中興兩朝聖政卷六二及宋史全文卷二七下補。

〔七三〕祔憲節皇后 「后」，原作一字空格，據宋會要輯稿禮一〇之一三補。

〔七四〕故以布素視事内殿 「以」，原作一字空格，據皇宋中興兩朝聖政卷六四及宋史全文卷二七下補。

〔七五〕執政近臣皆主易月之議 「主」原作「立」，據建炎以來朝野雜記乙集卷三孝宗力行三年服、皇宋中興兩朝聖政卷六四及宋史全文卷二七下改。

〔七六〕其始亦但計其出入之實數 「實」，原作一字空格，據晦庵先生朱文公文集卷一四延和奏劄三補。

〔七七〕倍於常歲 「於」，原作一字空格，據晦庵先生朱文公文集卷一四延和奏劄三補。

〔七八〕八月甲子朔 「甲子」原作「甲午」，據宋史全文卷二七下及宋史卷三五孝宗紀三改。

〔七九〕他日高宗几筵既除 「几」原作「凡」，據上文、皇宋中興兩朝聖政卷六四及宋史全文卷二七下改。

〔八〇〕大抵前後儒者多因孝經嚴父之説 「後」，皇宋中興兩朝聖政卷六四及宋史全文卷二七下同，文獻通考卷七五郊社考八作「代」。

〔八一〕晉紀瞻答秀才策曰　「紀瞻」原作「紀聸」，據皇宋中興兩朝聖政卷六四及宋史全文卷二七下改。

〔八二〕而所以精之一之克之復之　「克」原作「充」，據勉齋集卷三四朱先生(熹)行狀及宋史全文卷二七下改。

〔八三〕或有差失而不自知　「自」，原作一字空格，據勉齋集卷三四朱先生(熹)行狀及宋史全文卷二七下補。

〔八四〕器用　「器」，原作一字空格，據勉齋集卷三四朱先生(熹)行狀及宋史全文卷二七下補。

〔八五〕與夫宦官宮妾之政　「宦」原作「官」，據勉齋集卷三四朱先生(熹)行狀及宋史全文卷二七下改。

〔八六〕肆行貨賂於近習　「肆」原作「肆」，據晦庵先生朱文公文集卷一一戊申封事及宋名臣言行録外集卷一二改。

〔八七〕而未聞其有箴規之效　「聞」原作「間」，據晦庵先生朱文公文集卷一一戊申封事及宋名臣言行録外集卷一二改。

〔八八〕又不過使臣宦者數輩而已　「宦」原作「官」，據晦庵先生朱文公文集卷一一戊申封事及宋名臣言行録外集卷一二改。

〔八九〕未能撤其私邪之蔽　「之」，原作一字空格，據宋名臣言行録外集卷一二及宋史全文卷二七下補。

〔九〇〕若用剛明公正之人以爲輔相　「正」，原作一字空格，據宋名臣言行録外集卷一二及宋史全文卷二七下補。

〔九二〕大率習爲軟美之態依阿之言　「言」原作「下」，據宋名臣言行録外集卷一二及宋史全文卷二七下改。

〔九三〕督趣日峻　「日」，原作一字空格，據宋名臣言行録外集卷一二及宋史全文卷二七下補。

〔九三〕於是　「是」，原作一字空格，據宋名臣言行録外集卷一二及宋史全文卷二七下補。

〔九四〕諸將之求進也　「也」，原作一字空格，據宋名臣言行録外集卷一二及宋史全文卷二七下補。

〔九五〕然後具奏爲牘而言之陛下之前　「爲」，原作一字空格，據宋名臣言行録外集卷一二及宋史全文卷二七下補。

〔九六〕因卿言而得其實　「其」，原作一字空格，據皇宋中興兩朝聖政卷六四及宋史全文卷二七下補。

〔九七〕十一月　案皇宋中興兩朝聖政卷六四及宋史全文卷二七下記於十月。

〔九八〕曩者建議之臣以官般官賣科敷百姓　「建」，原作一字空格，據皇宋中興兩朝聖政卷六四及宋史全文卷二七下補。

〔九九〕上以足國　「上」，原作一字空格，據皇宋中興兩朝聖政卷六四及宋史全文卷二七下補。

〔一〇〇〕民旅困於科抑　「民」，原作一字空格，據皇宋中興兩朝聖政卷六四及宋史全文卷二七下補。

〔一〇一〕實未嘗足　「足」，原作一字空格，據皇宋中興兩朝聖政卷六四及宋史全文卷二七下補。

〔一〇二〕裕民　「裕」，原作一字空格，據皇宋中興兩朝聖政卷六四及宋史全文卷二七下補。

〔一〇三〕緣邊及近裹州軍兵額耗減已極　「極」，原作一字空格，據皇宋中興兩朝聖政卷六四及宋史全文卷二七下補。

〔一〇四〕所謂高化欽廉雷五州是也　「高」，原作一字空格，據皇宋中興兩朝聖政卷六四及宋史全文卷二七下補。

〔一〇五〕不得日奉先帝之几筵　「之」，原作一字空格，據宋會要輯稿禮四九之四四及宋史全文卷二七下補。

〔一〇六〕久司匕鬯　「匕鬯」，原作二字空格，據建炎以來朝野雜記乙集卷二己酉傳位録及宋史全文卷二七下補。

〔一〇七〕獲遂事親之心　「遂事」，原作二字空格，據建炎以來朝野雜記乙集卷二己酉傳位録及宋史全文卷二七下補。

〔一〇八〕朕稱太上皇　「皇」，原作一字空格，據宋史全文卷二七下補。

〔一〇九〕移居重華宫　「移」，原作一字空格，據建炎以來朝野雜記乙集卷二己酉傳位録及宋史全文卷二七下補。

〔一一〇〕上至尊壽成帝后尊號　「后」，原作一字空格，據下文及宋史全文卷二七下補。

〔一一一〕上壽聖皇太后號　「皇」，原作一字空格，據宋史全文卷二七下補。

〔一一二〕八月　「月」，原作一字空格，據宋史全文卷二七下補。

〔一一三〕子孫持守最謹也　「持」原作「待」，據續宋中興編年資治通鑑卷一〇及宋史全文卷二七下改。

〔一一四〕漢唐所不及也　「不及也」原闕，據宋史全文卷二七下補。案此下宋史全文卷二七下還有：「皇子岐嶷之性過人遠甚，然講讀之官進見有時，志意不通，休沐之日，或至多於講讀，曾不若左右前後之人與王親狎，朝夕無間。一日暴之，十日寒之，未有能生之物也。願陛下盡事親之道，以全帝王之大孝；嚴家法之義，以正内治之紀綱；明教子之方，以壽萬世之基本。」

附録一　陳平甫墓誌銘

予少從先君子太中宦游湖湘，時外大祖莆田陳丞相正獻公之從子審爲船場，嗜書博古，與衆落落。太中每指謂予曰：「此爾母之從伯父，才高志介而不偶於時。小子識之。」後十五年，予客行都，識船場之子平甫。又六年，與都講楊君復皆客予寓寺鍾山，相與爲忘年交。平甫，予再從舅，情好尤稔，每青燈相對，商國史至夜分。既而，予去爲金陵征吏，宦於朝，平甫老於閩，不出。其後予持憲節江左，時湯國正中、家著作郎擯、陳架閣高子、湯史校漢、饒都講魯，老成名俊皆在，或貽書，或命駕，談辨名理終日，甚思欲一屈吾平甫，不果。未幾，改守金華，忽平甫之子君選泣血走書，來請平甫誌銘。予始而愕，中而悲，末而悽惋，不得與平甫一盍簪也。又六年，歸里，君選偕弟璪凡三歲而三自莆陽至，請益力，遂爲之屬筆。

謹按，平甫字也，名均。贈太師、冀國公誂，其曾祖也；贈朝奉大夫正卿，其祖也。少力學，請鄉舉，益刻厲自奮，中年慕尚義理之學。蓋正獻公丞相長子參議實有東漢陳太丘之風，次子匠監守，次子承事定，皆從文公游，而承事尤力於學，早卒，其次子寺丞宓，師黃文肅公榦，尚友潘君柄，平甫濡染家世，見聞日久，又周旋寺丞之側，時時親炙潘君，故於義利理慾之際尤別白。寺丞在嘉定乙亥、丙子間，立朝有直聲，多平甫贊之，人謂平甫爲寺丞時田承君。方彌遠擅國，以爵禄柔天下士夫，能言者極少，寺丞持孤喙嬰群鋒。都曹胡榘、薛極輩力擠之，彌遠亦欲害之，賴寧皇容受不敢。寺丞戴寧皇如天之恩，甲申，聞遺詔，嗚咽流涕，不勝攀龍髯之痛，力祈謝事，不得請，改除廣東憲，不就。平甫與寺丞志好塤篪，當對大廷，亦辭太學，歸里。著皇朝舉要、備要二書，效朱文公通鑑綱目書法。端平初，鄭元樞性之爲之奏聞，有旨令送上官。郡將楊夢信至其家索之，平甫辭，强之。自携藁至郡，郡聞於連帥，録以進。既而旌以官，辭不受，只稱前太學生。人謂寺丞、平甫彷彿漢疏廣、受父子氣象。其後，郡將楊編修楝，下車首訪平甫，起以儀鄉泮。力辭不獲，深衣大帶，從楊編修一至。平甫周旋鄭元樞之門凡三十年，著書多資其力，成名亦階之，暮年勉爲一出。卒於三山，年七十一，待子至而殮六日，容色如生。元樞極力周其身後。平甫爲人淳篤清苦，聞義必爲，嗜學不倦，自號純齋。或謂寺丞以紈袴膏粱而植立易，平甫以韋布空乏而植立難，雖然，是以跡論二人，篤志於善則同也。配薛氏，先平甫殁，合葬於莆田縣山之原。男三人：長君選，國子進士；次璪，國子進士；次琬。女三人：長適留宲，次適鄭一龍，次適留榘。孫男三人，必學、必達、必强。予嘗狀寺丞之行矣，於平甫能無銘乎？銘曰：士而成名，豈必公卿。予謂平甫，可書汗青。銘之匪私，以勸義榮。有過其鄉，當式其塋。

（宋趙汝騰庸齋集卷六）

附録二　著録題跋

郡齋讀書志　讀書附志卷上

宋　晁公武、趙希弁

皇朝編年備要二十九卷

中興編年備要十卷

右壺山陳均所編也。其書用國史、實録等書爲編年體例，起于建隆，迄于淳熙。書法蓋微倣綱目之例而加斟酌焉。真德秀、鄭性之、林岊皆爲之序。

（宋晁公武、趙希弁撰，孫猛校證郡齋讀書志校證，上海古籍出版社一九九〇年版。）

直齋書録解題卷四

宋　陳振孫

皇朝編年舉要三十卷、備要二十卷案文獻通考，備要亦作三十卷。

中興編年舉要十四卷、備要十四卷

太學生莆田陳均平甫撰。均，丞相俊卿之從孫。端平初，有言於朝者，下福州取其書，由是得初品官。大抵依倣朱氏通鑑綱目。舉要者，綱也；備要者，目也。然去取無法，詳略失中，未爲善書。

（宋陳振孫直齋書録解題，上海古籍出版社一九八七年版。）

文獻通考卷一百九十三經籍考二十　元　馬端臨

皇朝編年舉要三十卷、備要三十卷

中興編年舉要十四卷、備要十四卷

陳氏曰：太學生莆田陳均平甫撰。均，丞相俊卿之從孫。端平初，有言於朝者，下福州取其書，由是得初品官。大抵依倣朱氏通鑑綱目。舉要者，綱也；備要者，目也。然去取無法，詳略失中，未爲善書。

（元馬端臨文獻通考，中華書局二〇一一年版。）

文淵閣書目卷二　明　楊士奇

宋中興編年備要一部十册

宋中興編年備要一部十四册

宋中興編年綱目一部六册

（明楊士奇文淵閣書目，國學基本叢書本。）

國史經籍志卷三史類　明　焦竑

皇朝編年舉要三十卷陳均

備要三十卷陳均

中興編年舉要十四卷陳均

備要十四卷陳均

（明焦竑國史經籍志，明徐象橒刻本。）

菉竹堂書目卷二　明　葉盛

宋中興編年綱目六册

宋中興編年備要十册

（明葉盛菉竹堂書目，叢書集成初編本。）

明書卷七十六志十七 清 傅維鱗

宋中興編年備要

（清傅維鱗明書，畿輔叢書本。）

愛日精廬藏書志卷九史部 清 張金吾

中興兩朝編年綱目十八卷 影寫宋刊本

不著撰人名氏 起於建炎之元年，訖於淳熙十七年。體例與皇朝編年備要同，蓋以續陳氏書也。南宋編年之書，高宗一朝有中興小紀、繫年要録、十朝綱要，年經月緯，紀載詳核。孝宗一朝，則自劉時舉續資治通鑑、宋史全文外，別無專書。是書紀高、孝兩朝之事，宏綱細目，視劉時舉所載加詳，宋史全文則即以是書爲藍本。考孝宗一朝之政治者，是書其較備歟。文淵閣書目著録。

（清張金吾愛日精廬藏書志，中華書局一九九〇年版。）

鐵琴銅劍樓藏書目録卷九史部二

清　瞿鏞

中興兩朝編年綱目十八卷　影鈔宋本

是書不著撰人名氏，亦無序跋。紀南宋高、孝兩朝事，始建炎元年，終淳熙十七年。大書分注，體例與陳平甫編年備要同。平甫又有中興編年舉要備要十四卷，或即其書，後人更其名耳。向來藏書家俱未著録，唯見文淵閣書目。

（清瞿鏞鐵琴銅劍樓藏書目録，上海古籍出版社二〇〇〇年版。）

皕宋樓藏書志卷二十一史部

清　陸心源

中興兩朝編年綱目十八卷　影寫宋刊本

不著撰人名氏。

張氏金吾藏書志曰：「起於建炎之元年，訖於淳熙十七年。體例與皇朝編年備要同，蓋以續陳氏書也。南宋編年之書，高宗一朝有中興小紀、繫年要録、十朝綱要，年經月緯，紀載詳核。孝宗一朝，則自劉時舉續資治通鑑、宋史全文外，別無專書。是書紀高、孝兩朝之事，宏綱細目，視劉時舉所載加詳。宋史全文則即以是書爲藍本。考孝宗一朝之政治者，是書其較備歟。文淵閣書目著録。」

（清陸心源皕宋樓藏書志，十萬卷樓藏本。）

儀顧堂題跋卷三

清　陸心源

中興兩朝編年綱目跋

中興兩朝編年綱目十八卷，不著撰人名氏。影寫宋刊本，每頁十六行，行十六字。小字雙行，每行二十二字。前無序，後無跋。其書記南宋高、孝兩朝事，始建炎元年，終淳熙十六年。大書分注，體例亦與陳均九朝編年同。四庫未收，阮文達亦未進呈，明文淵閣書目始見其名，張月霄藏書志著于録。案直齋書録解題載均所著書，又有中興編年舉要備要十四卷。真西山九朝編年序曰：「又將次及于中興之後。」吴禮部集有答陳衆仲問吹劍録云：「續宋編年於吴曦誅數月後，載李好義遇毒死。」又有題牟成父所作鄧平仲小傳及濟邸事略後：「吴曦之誅，實楊巨源結李好義之功，爲安丙輩媢忌掩没。」「近有續陳均宋編年者，頗載巨源事，雖能書安丙殺其參議官楊巨源而復以擅殺孫忠鋭之罪歸之。大抵當時歸功于丙，故其事不白」云云。核其所引，與今四庫所收記光、寧兩朝之綱目備要合。續編年者既起于光宗，均之編年自當迄于孝宗，則此書即直齋書録「舉要備要」之改名，爲平甫所撰無疑也。

九朝編年曾經奏進，無所忌諱，故署名。此書創自平甫，時代益近，恩怨益多，故不署名。曰舉要備要者，平甫之謙辭，曰綱目者，平甫之本意也。

（清陸心源撰，馮惠民整理儀顧堂書目題跋彙編，中華書局二〇〇九年版。）

道光抄本中興兩朝編年綱目書後跋

清　張蓉鏡

宋史編年九朝備要，偶見抄本，中興兩朝編年綱目，自來藏書家皆未著録。惟明代文淵閣書目載此書，邑中如錢、毛藏書家，皆未傳抄也。宋孝宗一朝，除續資治通鑑及宋史全文外，未見專書，若南宋鑑，曾見絳雲樓書目所載，覓之二十餘年未得。是册前二本尚是明人所抄，余得之邗上，欣喜過望，即假愛日精廬所藏影宋本補全校正。用染色紙者，蓋取其與舊鈔一色也。今愛日書已星散，展閱之，彌深感慨，更當珍重耳。道光丁酉仲秋，虞山張蓉鏡誌。

緣督廬日記抄卷一

清　葉昌熾

中興兩朝編年綱目十八卷

影鈔宋本

諸家未著録，唯見文淵閣書目。

（清葉昌熾緣督廬日記抄，民國上海蟫隱廬石印本。）

四庫未收書目提要續編卷二史部

胡玉縉

中興兩朝編年綱目十八卷

不著撰人名氏，亦無序跋。其書紀南宋高、孝兩朝事，始建炎元年，訖淳熙十六年，體例與陳均九朝編年備要同。考南宋編年之書，高宗一朝，有中興小紀、繫年要録、十朝綱要，孝宗一朝，有劉時舉續資治通鑑、無名氏宋史全文。是編視小紀諸書爲簡覈，而視劉書加詳，宋史全文則即以是編爲藍本，實爲考高、孝兩朝事蹟者不可少之書。文淵閣書目、張金吾藏書志皆著於録。張氏以爲續陳氏之書，瞿氏以爲均作。此歸安陸氏所藏影寫宋刊本，其儀顧堂題跋據真德秀九朝編年序曰「又將此及於中興之後」，吴師道禮部集有答陳衆仲問續陳均宋編年載楊巨源事，與四庫所收記光、寧兩朝之綱目備要合，以爲續編者既起於光宗，均之編年自當迄於孝宗，則此書即直齋書録「中興編年舉要、備要」之改名。其言頗爲有見，惟「改名」當作「初名」，蓋皇朝編年綱目備要（即九朝編年備要）有二本：一列目止廿五卷，後別爲一行云「已後五卷，見成出售」；一三十卷，「編年」下有空字二格（見黄丕烈注百宋一廛賦），瞿氏、陸氏皆謂空格即「舉要」二字。以彼證此，知解題所載爲改名，此爲初名也。此本十八卷，解題作十四卷者，殆亦後來有所改併歟。

（胡玉縉撰，吴格整理續四庫提要三種，上海書店出版社二〇〇二年版。）

中國善本書提要

王重民

中興兩朝編年綱目十八卷　十册（北圖）

鈔本　大字八行十六字，小字雙行二十三字

不著撰人姓氏，四庫全書總目亦不載。記南宋高宗、孝宗兩朝事。卷内有「陸耀之印」、「郎夫」、「味經書屋收藏」、「蓉鏡珍藏」、「雙清逸士」等印記，末有張蓉鏡跋，録如下（略）

（王重民中國善本書提要，上海古籍出版社一九八三年版。）

中華再造善本總目提要　唐宋編・史部

李致忠

中興兩朝編年綱目十八卷　宋刻元修本。框高十八・八釐米，寬十二・八釐米。每半葉八行十六字，小字雙行二十三字。黑口，左右雙邊。

存十卷（卷一至卷七、十二至十四）。

靖康之變，中原淪陷，金軍押徽、欽二帝北去，北宋滅亡。康王趙構於靖康二年（一一二七）在南京應天府（今河南商丘）稱帝，建立南宋王朝，是爲高宗。建炎三年（一一二九）升杭州爲臨安府，紹興八年（一一三八），定都臨安。十一年（一一四一）臣附於金，宋金訂立「紹興和議」，東以淮河，西以散關爲界，南宋歲貢銀、絹二十五萬兩匹於金。南宋雖然祇有淮河、長江以南半壁江山，但地域富庶，經過開發，經濟很快得到恢復和發展。王應麟玉海卷一百八十五記載，孝宗淳熙「十三年（一一八六），庫中所儲金至八十萬兩，銀一百八十六萬餘兩，下庫見緡五六百萬」。與此同時，杭州城市也迅速發展，據咸淳臨安志記載，杭州居住的主客户有「三十九萬一千二百五十九，口一百二十四萬七百六十」，成了當時世界上人口最多的大都市。且江浙、兩湖、江西、巴蜀、福建等地人文薈萃，文人輩出，文化繁榮，確呈復興景象，故史稱中興。

「宋自南渡，史學盛行，紀述之書，最稱該備，迄今存者固多。」（四庫全書總目建炎以來繫年要録提要）如熊克中興小曆四十一卷，趙甡中興遺史六十卷，李心傳建炎以來繫年要録二百卷，陳均中興編年舉要十四卷、備要十四卷，劉時舉續中興編年資治通鑑十五卷等，都是記載南宋高、孝兩朝史事的。中興兩朝編年綱目十八卷，亦是此類之書。這類書，多學朱熹資治通鑑綱目體例，大字列史綱，小字雙行講史事。中興兩朝編年綱目亦是此體，衹是此書不著編撰者名氏，蓋是書鋪所爲。此書有清影宋抄本，原爲鐵琴銅劍樓舊物，鐵琴銅劍樓藏書目録卷九著録，並謂：「是書不著撰人名氏，亦無序跋。紀南宋高、孝兩朝事，始建炎元年，終淳熙十七年。大書分注，體例與陳平甫編年備要同。平甫又有中興編年舉要、備要十四卷，或即其書，後人更其名耳。向來藏書家俱未著録，唯見文淵閣書目。」此影宋抄本，今藏中國國家圖書館，檢以核對，實即影抄今國圖所存殘宋本，宋本所缺内容，從别處補來，因而成了全書。因知宋本之殘，不始自近代。此宋本爲竹紙印造，似爲閩建刻梓。補版刻印亦精，建本風格更爲明顯。細檢此書，簡、俗、異體字亦復不少，如断、辞、礼、数、继、迁、荅、辛、孶等字，非俗即簡。宋元時期書鋪刻書，常用類似的簡、俗、異體字，原因無非是這些字結構簡化，筆畫減少，操刀易刻，節省工時，降低成本，便於易成速售，牟取利潤。這幾乎成了此期書鋪刻書的一大特點。此外當時書鋪刻書很講究營銷，常常自己策劃選題，自編自刻，此書很似此種情況下所爲，故可推定爲宋時書坊刻本。

此書鈐有「晉府書畫之印」、「敬惪堂圖書印」、「清樂軒」、「姜氏圖書」等印記。明代晉府藏書，以晉莊王朱鍾鉉最爲有名。朱鍾鉉（一四二八—一五〇二）爲晉憲王之子，初封爲榆林王，正統七年（一四四二）嗣爵晉王，博古好法書，刻有寶賢堂法帖。藏書之所名敬德堂。晉府藏書印之存在，表明此書遠在十五世紀即曾由明藩王收藏過，更增加了此本之價值。今藏中國國家圖書館。

（中華再造善本總目提要，國家圖書館出版社二〇一三年版。）

附録三　參考書目

宋李心傳建炎以來繫年要録，中華書局二〇一三年點校本。

宋李心傳建炎以來繫年要録，文淵閣四庫全書本。

宋李心傳建炎以來朝野雜記，中華書局二〇〇〇年點校本。

宋徐夢莘三朝北盟會編，上海古籍出版社一九八七年影印光緒三十四年許涵度刻本。

宋熊克中興小紀，福建人民出版社一九八五年點校本。

宋熊克中興小紀，文淵閣四庫全書本。

宋佚名撰皇朝中興紀事本末，北京圖書館出版社二〇〇五年影印清抄本。

宋佚名撰（一説留正等撰）增入名儒講義皇宋中興兩朝聖政六十四卷分類事目一卷，宛委別藏本。

元佚名撰宋史全文，中華書局二〇一六年點校本。

元佚名撰宋史全文續資治通鑑，臺灣文海出版社宋史資料萃編本。

元佚名撰宋史全文續資治通鑑，中華再造善本叢書影印元刊本。

元佚名撰宋史全文，文淵閣四庫全書本。

宋汪藻撰，王智勇箋注靖康要録箋注，四川大學出版社二〇〇八年版。

宋汪藻靖康要録，清刻十萬卷樓叢書本

宋李𡌴皇宋十朝綱要校正，中華書局二〇一三年點校本。

宋李𡌴皇宋十朝綱要，六經堪叢書本。

宋吕中類編皇朝中興大事記講義，上海人民出版社二〇一四年點校本。

宋劉時舉續宋中興編年資治通鑑，中華書局二〇一四年點校本。

宋李燾續資治通鑑長編，中華書局二〇〇四年點校本。

漢司馬遷史記，中華書局二〇一三年點校本修訂本。

宋王稱東都事略，臺灣文海出版社宋史資料萃編本。

元脱脱宋史，中華書局一九七七年點校本。

元脱脱金史，中華書局一九七五年點校本。

宋宇文懋昭撰，崔文印校證大金國志校證，中華書局二〇一一年版。

舊題清徐松輯宋會要輯稿，上海古籍出版社二〇一四年點校本。

清徐松輯宋會要輯稿，中華書局一九五七年影印本。

宋禮部太常寺纂修，清徐松輯中興禮書，續修四庫全書本。
宋陳騤南宋館閣録，中華書局一九九八年點校本。
宋洪遵翰苑群書，文淵閣四庫全書本。
宋王象之輿地紀勝，四川大學出版社二〇〇五年點校本。
宋王象之輿地紀勝，中華書局一九九二年影印本。
宋周淙乾道臨安志，浙江人民出版社一九八三年南宋臨安兩志點校本。
宋周淙乾道臨安志，宋元方志叢刊本。
宋羅濬寶慶四明志，宋元方志叢刊本。
宋周應合景定建康志，宋元方志叢刊本。
宋周應合景定建康志，南京出版社二〇〇九年點校本。
宋岳珂編，王曾瑜校注鄂國金佗稡編續編校注，中華書局一九八九年版。
宋徐自明撰，王瑞來校補宋宰輔編年録校補，中華書局一九八六年點校本。
宋朱熹、李幼武宋名臣言行録五集，臺灣文海出版社宋史資料萃編本。
宋杜大珪名臣碑傳琬琰集，四部叢刊續編本。
明楊士奇、黄淮等歷代名臣奏議，上海古籍出版社二〇一二年影印本。

宋李壁中興戰功録，清宣統藕香零拾本。
宋王明清揮麈録，上海古籍出版社二〇一二年點校本。
宋李心傳道命録，知不足齋叢書本。
宋趙善璙撰自警編，中華再造善本叢書影印九江郡齋刻本。
宋洪邁夷堅志，中華書局一九八一年點校本。
宋章如愚山堂考索，文淵閣四庫全書本。
宋王應麟玉海，文淵閣四庫全書本。
元馬端臨文獻通考，中華書局二〇一一年點校本。
唐陸贄陸宣公奏議注，叢書集成初編本。
宋宗澤宗忠簡集，文淵閣四庫全書本。
宋葉夢得石林奏議，光緒歸安陸氏影宋刊本。
宋胡寅斐然集，中華書局一九九三年點校本。
宋李綱梁溪集，岳麓書社二〇〇四年李綱全集本。
宋周必大文忠集，文淵閣四庫全書本。
宋趙鼎忠正德文集，文淵閣四庫全書本。

宋綦崇禮北海集，文淵閣四庫全書本。
宋朱松韋齋集，文淵閣四庫全書本。
宋王十朋梅溪集，文淵閣四庫全書本。
宋胡宏胡宏集，中華書局一九八七年點校本。
宋胡宏五峰集，文淵閣四庫全書本。
宋胡銓澹庵文集，文淵閣四庫全書本。
宋汪藻浮溪集，文淵閣四庫全書本。
宋汪應辰文定集，文淵閣四庫全書本。
宋程俱北山小集，四部叢刊續編本。
宋張九成張九成集，浙江古籍出版社二〇一三年點校本。
宋張九成橫浦集，文淵閣四庫全書本。
宋朱熹晦庵先生朱文公文集，上海古籍出版社、安徽教育出版社二〇〇二年朱子全書本。
宋葉適葉適集，中華書局二〇一〇年點校本。
宋樓鑰樓鑰集，浙江古籍出版社二〇一〇年點校本。
宋樓鑰攻媿集，文淵閣四庫全書本。

宋張綱華陽集，文淵閣四庫全書本。
宋方大琮鐵庵集，文淵閣四庫全書本。
宋史浩鄮峰真隱漫録，文淵閣四庫全書本。
宋吴泳鶴林集，文淵閣四庫全書本。
宋楊萬里誠齋集，四部叢刊本。
宋楊萬里撰，辛更儒箋校楊萬里集箋校，中華書局二〇〇七年版。
宋黄榦勉齋集，文淵閣四庫全書本。
宋韓元吉南澗甲乙稿，武英殿聚珍版叢書本。
宋吕祖謙東萊吕太史文集，浙江古籍出版社二〇〇八年吕祖謙全集本。
明楊士奇文淵閣書目，國學基本叢書本。
清永瑢等編四庫全書總目，中華書局一九六五年影印本。

後記

二〇一五年上半年，我爲二〇一四級的文獻學、宋史、中國古代制度史方向的研究生開設校勘學課程。爲了理論與實踐相結合，我選取了中興兩朝編年綱目，作爲同學們標點校勘的作業。其原因：一是劉本棟、王存梟同學曾拍照此書中華再造善本叢書本，並製作了電子版；二是此書篇幅合適，十八卷，十七名學生，每人基本上點校一卷；三是此書難易適中；四是此書不易找到，對研究宋史有一定的參考價值。我制定了校勘凡例，讓同學們録文，並進行初步的標點和校勘。具體分工如下：第一卷，韓遲；第二、第三卷，劉耀；第四卷，張静莎；第五卷，郭天祥；第六卷，喬騰；第七卷，謝清風；第八卷，孫朋朋；第九卷，賀雪姣；第十卷，王泉；第十一卷，張景素；第十二卷，裴沛；第十三卷，魏瑩瑩；第十四卷，李康；第十五卷，禹蛟；第十六卷，邵園亮；第十七卷，石悦；第十八卷，苗紅娜。對同學們的第一次校勘古書，我的評價是，大多人是嚴肅認真，録文成績大，而標點和校勘則差强人意。我在同學們基礎上，首先，複印原書，並對照校對録文，進一步校勘。二〇一六下半年，筆者有幸在中國國家圖書館網站上看到此書清影宋抄本。於是，對照此本，校對録文，並再次校勘全書。二〇一七年元月，全書點校殺青。本書送到中華書局後，承蒙編輯胡珂指示，臺北故宫博物院藏有此書的舊抄本，並指出二〇一三年國家圖書館出版社影印了該書，收入原國立北平圖書館甲庫善本叢書中。由於本單位没有購買此叢書，我又委託惠東博士找人在外地拍照了此書，對原稿又復校一過，於二〇一八年元月完成。

本書在出版過程中，得到責任編輯大量幫助，提出了很多寶貴修改意見，謹致謝忱！本書出版得到河南省「中國古代史研究中心」及「黄河文明省部共建協同創新中心」大力支持。

本書的點校肯定還存在不足之處，歡迎讀者批評指正。

初寫於二〇一七年二月十四日

又補充於二〇一八年元月二十五日

於河南大學仁和小區陋室書齋

由於各種原因，本書遲遲未能出版，責任編輯由胡珂老師改爲蔡鵾名老師。蔡鵾名老師接手後，對原稿又進行了系統審讀，提出了不少修改意見，對此深表感謝！

二〇二二年七月十五日

於河南大學仁和小區陋室書齋

中國史學基本典籍叢刊　書目

穆天子傳匯校集釋
國語集解
吴越春秋輯校彙考
越絶書校釋
西漢年紀
兩漢紀
漢官六種
東觀漢記校注
校補襄陽耆舊記（附南雍州記）
十六國春秋輯補
洛陽伽藍記校箋
建康實録
荆楚歲時記
大唐創業起居注箋證（附壺關録）
貞觀政要集校（修訂本）
唐六典
蠻書校注
十國春秋
皇朝編年綱目備要
皇宋十朝綱要校正
隆平集校證
宋史全文
宋太宗皇帝實録校注
金石録校證
靖康稗史箋證
中興遺史輯校
鄂國金佗稡編續編校注
皇宋中興兩朝聖政輯校
中興兩朝編年綱目
續宋中興編年資治通鑑
續編兩朝綱目備要
宋季三朝政要箋證

宋代官箴書五種
契丹國志
西夏書校補
大金弔伐録校補
大金國志校證
聖武親征録（新校本）
元朝名臣事略
明本紀校注
皇明通紀
明季北略
明季南略
國初群雄事略
小腆紀年附考
小腆紀傳
廿二史劄記校證